平谷寺庙志略

柴福善 编著

民族出版社

《平谷寺庙志略》编委会

柴福善，1956 年 12 月生于京郊平谷，首都师范大学政教系毕业，现为中国作家协会会员、中国散文学会会员、北京作家协会理事、平谷区政协学习与文史委员会主任。

1982 年起发表文学作品，先后在《人民日报》、《散文》、《北京文学》、《青年文学》等全国多家报刊发表诗歌百余首、散文 400 余篇，有多篇作品被《青年文摘》、《作家文摘》、《中国剪报》、《小品文选刊》、《品读》及美国《东方》杂志等多家刊物转载，并收入《2005 中国最佳散文》、《智慧不会衰老——人民日报 2010 年散文精选》、《2012 中国散文年选》等多种文集。散文集《江山有待》荣获全国第五届冰心散文奖，《两栖集——柴福善散文精粹》被中国散文学会指定为 2012 年特别推荐书籍。

出版散文集《逍遥人生》、《岁月无痕》、《往事与乡情》、《核桃树下的王蒙》、《秦时明月》、《江山有待》、《两栖集》，与著名古建专家罗哲文先生合著《中华名寺大观》、《中华名塔大观》、《中华名桥大观》、《中华名园大观》、《中华名楼大观》及《中国的世界遗产》，编著《平谷史话》、《丫髻山》及《丫髻山楹联匾额》，主编《泃水长歌》（三卷）、《平谷文物志》等。

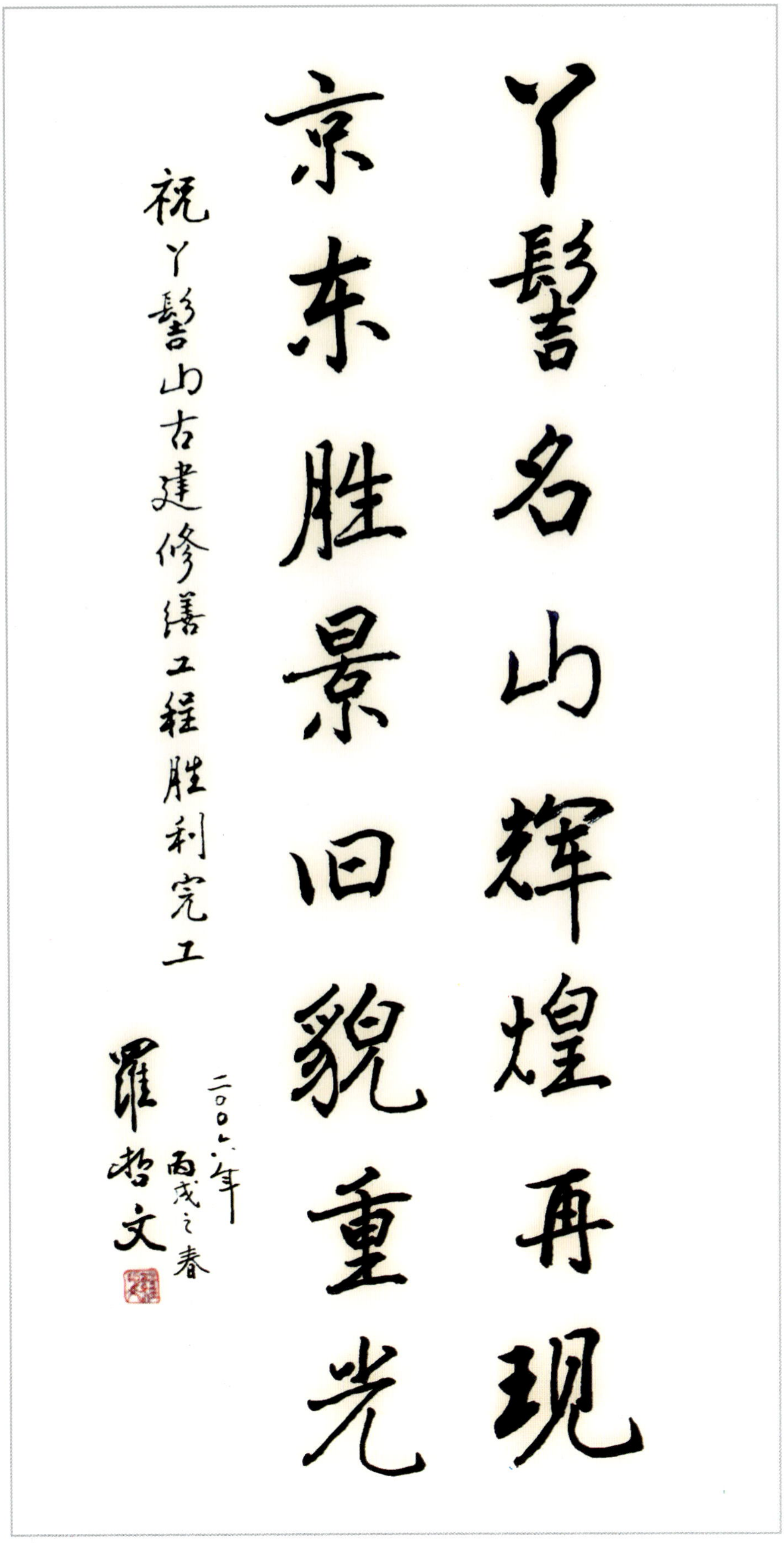

著名古建专家罗哲文先生为丫髻山题词

1947 年丫髻山西项旧照

刘家店镇北吉山村丫髻山全景

刘家店镇北吉山村丫髻山所存清康熙三子胤祉丫髻山行宫碑，摄于碑亭复建前

山东庄镇山东庄村轩辕庙大殿

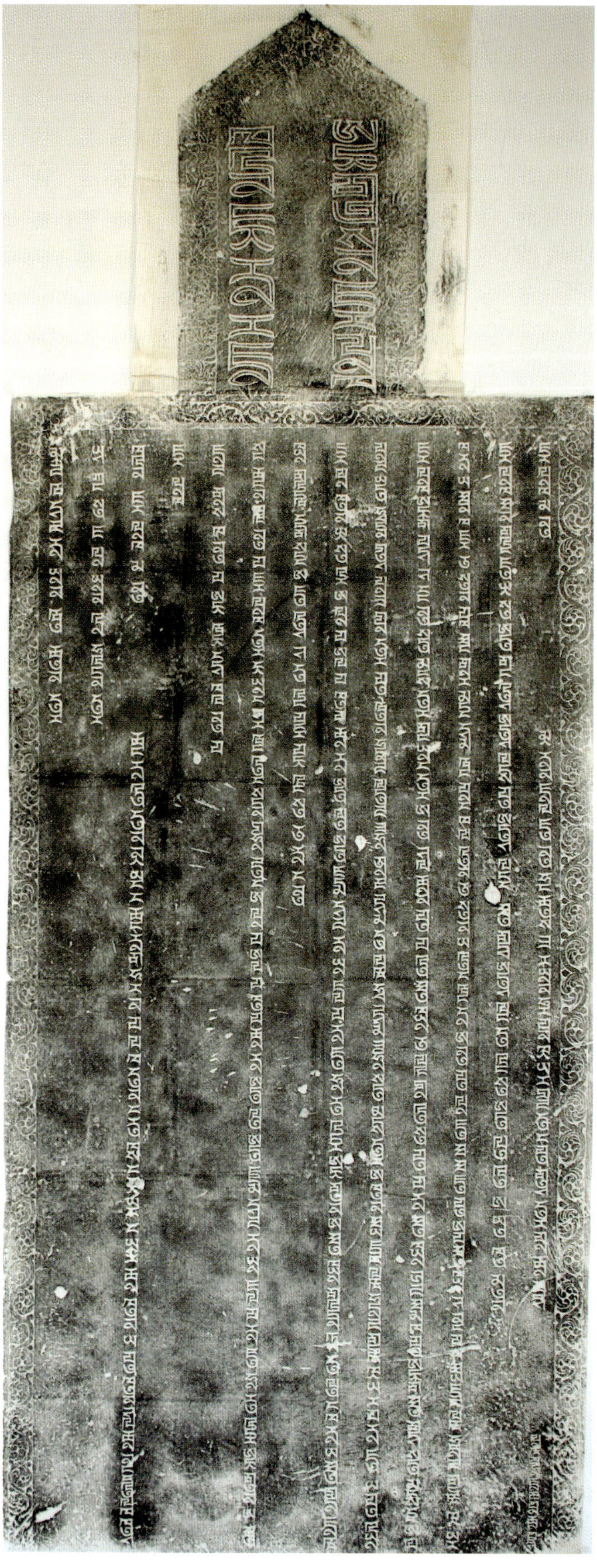

王辛庄镇太后村大兴隆禅寺遗址所存八思巴文碑拓本

镇罗营镇东寺峪村沐浴庵铜佛像

镇罗营镇关上村药王庙铁钟，现悬挂山东庄镇山东庄村轩辕庙钟楼内

马坊镇石佛寺村石佛寺现存唐代石佛像

北京拈花寺戒钵

南独乐河镇峨嵋山村兴善寺所存敕赐兴善禅寺匾额

大华山镇瓦官头村五道庙前老槐树

2007 年 4 月，作者在镇罗营镇玻璃台村街头向 89 岁老人刘德荣调查访谈

目　录

序　一

平谷历史悠久，有着丰厚的文化底蕴和璀璨的名胜古迹。作为文化的载体，寺庙的兴衰反映历史的发展和变迁，同人民群众的宗教、生产与生活关系密切，影响深远。举凡生老病死、婚丧嫁娶、求财乞福、去祸消灾、求学求官、家宅平安、生意兴旺，无不有相应的寺庙可以求神问卜，以获得心里的慰藉。这反映出活生生充盈的民俗生活，在民间生生不息。读罢福善先生的新作《平谷寺庙志略》，我欣慰地感到，作者对家乡历久弥香的文脉的温情与敬畏。这不仅是平谷的幸事，也是文化的幸事。

我同福善先生相识于20世纪90年代修志的事业中。在工作中感到，他有强烈的事业心和责任感，勤奋好学，文笔流畅。在工作之余热爱文学，尤其钟情于散文写作，笔耕不辍，著述颇丰。这部大作是他作为公务人员在出色完成本职工作之余，用两年多时间，不顾艰辛，走遍全区的山山水水、村村镇镇，对全区历史上已经消失和目前仍旧存在的1200余座大大小小的寺庙、一砖一石、一草一木逐个详加调查的成果。他访遍当地长者和熟知本地文史旧闻的前辈，虚心求教，不放弃一丝有价值的资料线索，付出了大量心血。他更用相机，形象地展现了寺庙的古老风情与变迁。大作图文并茂，相互辉映，历经沧桑，弥足珍贵。

民间寺庙的斑斓，幽谷的灵动，殿堂的巍峨，造像的精美，暮鼓晨钟下的一个个寺庙，在作者笔下熠熠生辉。这不仅对平谷地区而且对北京的历史、民俗和宗教文化的研究具有重要的史料价值。充分显示了作者热爱家乡、热爱生活的情怀，更加体现出作者对史志文化事业孜孜不倦追求的可贵精神和严谨的治学态度，令人感佩。

谨希望福善先生再接再厉，不断续写新的华章！

《北京市志》常务副主编
北京市社科院历史研究所原所长 赵庚奇

2013年3月29日

序　二

平谷，位于北京市的东北部，素以历史悠久、风土清嘉、人文彬蔚著称。早在10万年前的旧石器时代，在平谷这块土地上，便有人类繁衍生息。已经发掘的7000多年前的“上宅文化遗址”，填补了北京地区新石器时代早期文化的空白，汉高祖十二年（公元前195年）始建平谷县，属渔阳郡。迄今已有2200余年历史。

平谷宗教文化底蕴深厚。据史料记载，丫髻山东麓在东汉年间就有寺庙；唐朝即有道士在丫髻山上结庐修炼，明朝时期曾敕赐“护国天仙宫”匾额；清康熙五十四年（公元1715年），康熙皇帝作《玉皇阁碑文》，称丫髻山为“近畿福地”。自康熙时开始，丫髻山就被视作皇家祭祀之所，见证了平谷宗教文化的顶峰。平谷不仅有丫髻山这样的道教名山，其与佛道深厚的渊源更体现于民间。平谷历史上各类寺庙道观散落于全区各地，达千余座之多。说平谷有村就有庙，一点儿都不为过。这些寺庙道观承载并记录着平谷人关于生命、信仰的看法，是平谷历史文化不可或缺的一部分。

新中国成立以来，平谷的宗教文化在曲折中传承，不仅经历了“文化大革命”时期“破四旧”的寺庙道观集中损毁，更迎来了党领导下的宗教文化健康向上的大好机遇。近年来，平谷的宗教文化活动日益丰富，以丫髻山道教群为代表的道观寺庙得以逐渐重建，一批深受群众喜爱的文化庙会得以逐渐恢复，和谐寺观创建工作有声有色。丫髻山庙会与平谷国际桃花音乐节相得益彰，成为现代文化与古典文化相融共济、共同发展的典范。平谷宗教文化极大丰富了地方文化的内涵，推动了地方文化的发展和繁荣。

然而，恢复和重建的庙宇毕竟是少数，更多的小庙小观已经从我们生活中消失，而正是这些小庙小观才是真正意义上普普通通的平谷人宗教生活的见证，是平谷历史文化的重要表现。我总想让这些消逝的寺观在我们的历史上以一种特殊的方式留下记录，不至于百年过后，我们的后人，对这些影响先人千百年的文化现象没有任何的概念，让这段历史沉封在岁月的长河，无人知晓。

偶遇柴福善先生，谈起此事，柴先生有感乡村走访调研中发现的民间寺观消逝现状，非常支持我的想法。柴先生从事方志、文化工作多年，著述颇丰，对平谷历史文化了解甚详，对平谷寺庙情况非常熟悉。我请柴先生主持编录平谷历史上各类寺观情况加以保存，柴先生欣然应允，便有了《平谷寺庙志略》一书。该书以现有行政区划为脉络，详细记录各乡镇、村现有和过往寺观的创建、发展以及消亡。凡有建造存在历史者，大如丫髻道观，小如土地山神庙，皆一一编入，终得平谷各类寺观记录1200余处。这些记录，既以实地调查了解的一手情况为基础；又以文献、古籍相佐证，旁征博引；并辅以照片，图文并茂，文风严谨朴实，内容丰富全面，实为平谷寺观悠久历史的重要记录和见证。

《平谷寺庙志略》凝聚了柴先生多年的心血，汇聚了史志、文物、文史各方内容，是平谷地方史志的又一力作，填补了平谷宗教志的空白。《平谷寺庙志略》的出版，对于社会各界了解平谷寺观历史文化沿革有重要参考价值。

是以为序。

平谷区民政局局长
平谷区民族宗教侨务办公室主任

2013年3月12日

平谷地区寺庙概说

就寺庙而言，一般为纪念性祠庙、道教宫观、佛教寺院、伊斯兰教清真寺及天主教、基督新教教堂之总称，是供奉神像与祭祀、礼拜之所。寺庙多与宗教相伴而存在，平谷地区由于过去没有伊斯兰教传入，因此历史上也就没有清真寺建筑。而祠庙、宫观、寺院及教堂，在平谷地区都有，只是数量多少不同而已。

图1　平谷县城孔庙内景（摄于1961年）

据初步调查，历史上平谷地区寺庙有1200余座，其中，纪念性祠庙主要有三皇庙、太公庙、孔庙（图1）、关公庙、三义庙、药王庙等；道教宫观主要有老君庙、玉皇庙、东岳庙、真武庙、文昌庙、娘娘庙、城隍庙、三官庙、府君庙、斗姆宫、魁星楼、灵官庙、龙王庙、财神庙、虫王庙、火神庙、马神庙、瘟神庙、二郎庙、山神庙、土地庙、五道庙、狐仙庙等；佛教寺院主要有供奉如来佛、阿弥陀佛、释迦佛、当阳佛等庙宇和供奉观音及普贤、文殊、地藏菩萨庙宇；基督教堂因基督教传入亦晚，且不普遍，所以教堂仅有三四座。这些庙宇遍布城镇乡村，几乎有人居住的地方，就会有庙宇。

平谷地区最早的寺庙，是刘家店镇丫髻山东麓瓦堂寺，据明万历三十二年(公元1604年)《怀柔县志》“重修瓦堂寺碑记”记载，“创自汉时”。这不要说在平谷，就是在北京地区乃至全国，也应是比较早的了。峪口镇峪口村延福寺、马坊镇石佛寺村石佛寺、南独乐河镇峨嵋山村兴善寺等建于唐代，都是具有一定影响的寺院。辽、金及元、明时期，又有较大发展，建于辽代的如县城觉雄寺、东高村镇临泉寺、刘家店镇云岩禅寺、王辛庄镇净严寺、金海湖镇双泉院；建于金代的如山东庄镇香岚寺、黄松峪乡白云寺、金海湖镇三泉寺、平谷镇净宁寺；建于元代的如南独乐河镇延祥观；建于明代的如县城东岳行祠、真武观、朝阳观、山东庄镇慈福寺、南独乐河镇会云庵、峨嵋山碧霞元君殿、马坊镇娘娘庙等。明、清时，县内特设僧会司，掌管佛教事务。至民国年间，日渐衰微。据民国二十三年（公元1934年）《平谷县志》记述：“近数年来迷信渐除，奉释教者，老者死亡，少者还俗，全境僧尼仅三十六人，颇有江河日下之概”。这是佛教情况，而道教“观庙道士多者三人，少者一人，全县共有十人”。当然，这里的“全境”是指那时平谷70多个村庄的小县，而“江河日下之概”由此可见一斑。

平谷地区寺庙现存不多，20世纪50年代曾进行文物普查，当时县内200多座村庄，调查了64座村庄，仅存庙宇25座，包括河北村三官庙、英城村药王庙、大官庄村火神庙、北辛庄村灵云寺（也有称药王庙）、峪口村观音庙、峪口村延福寺、峪口村关帝庙、胡家营村观音庙、许家务村观音殿、许家务村北大庙、乐政务村九圣寺、北台头村观音庵、西鹿角村净宁寺、东樊各庄村通化寺、西柏店村常兴寺、高庙村观音庵、韩家屯村如意庵、石佛寺村石佛寺、东马各庄村三泉寺、东高村临泉寺、云峰寺村东大庙、滑子村药王庙、杨家会村青云寺、杏园村药王庙、萧家院（今太后村）龙王庙。

现在，全区275个行政村（含已改为居委会的金海湖镇罗汉石和东马各庄），仅存12处庙宇，包括平谷镇北台头村兴隆庵大殿、王辛庄镇大辛寨村三官庙正殿、井儿峪村龙王庙后殿、乐政务村九圣寺前殿、小辛寨村菩萨庙大殿、山东庄镇桥头营村五道庙、夏各庄镇贤王庄菩萨庙大殿、南独乐河镇北寨村关帝庙大殿、金海湖镇靠山集村菩萨庙、中心村五道庙、马昌营镇王官屯村老爷庙后殿菩萨殿、黄松峪乡菩萨庙。另外，镇罗营镇西寺峪村和大华山镇麻子峪村各存一座三五块石头搭的小石头庙，当地人称小山神庙。其实，这12处也不是完整的庙宇，往往只是其中一座殿堂罢了。就这样，历经沧桑，能够保存至今，也弥足珍贵。

20世纪80年代以来，丫髻山（图2）、峨嵋山道观群陆续修复，而平谷镇东鹿角村积善庵、山东庄镇山东庄村轩辕庙、鱼子山村龙王庙、金海湖镇东马各庄三泉寺、东上营村双泉院、海子村南观堂、滑子村药王庙、峪口镇胡家营村龙王庙、大华山镇泉水峪村胜泉庵、刘家店镇江米洞村山神庙、镇罗营镇关上村龙王庙、五里庙村五里庙、大井庙、张家台村龙王庙、东牛角峪村龙王庙、熊儿寨乡北土门村娘娘庙、黄松峪乡梨树沟村山神庙、黄松峪村朝阳洞菩萨庙等大小庙宇，也在旧址进行复建或部分复建。

图2 1947年丫髻山西顶旧照

如今，所存庙宇作为一种文化载体，受到了文物部门的重视与保护，如靠山集村菩萨庙、东高村临泉寺、北台头村兴隆庵被列为区级文物保护单位；而有的为市级文物保护单位如丫髻山，修复后已成为平谷西部重要的游览景区。

综观平谷地区寺庙，大致有以下几个特点：

一是分布范围广泛。平谷地区的寺庙除少数建在城镇外，绝大多数都分布于乡村。全区275座村庄中，几乎没有一座村庄没有寺庙。当然，20世纪四五十年代以来，个别由自然村独立成村或因修建水库等搬迁新建的村落除外。就全区来看，常常一个村很少只有一座寺庙，往往两三座、三五座，甚至最多者如峨嵋山村竟达24座。一些山村居住分散，一道山沟就近几家甚至一家，以砖石盖一座简陋的小庙，以方便供奉祭祀。而旧时人家，往往在自家屋舍门边，盖房造屋时就辟一小“壁龛”，人称“宅神窑”，逢年过节也烧香供奉，以图日子顺畅吉利。这种现象很普遍，如韩庄村一蔡家老房的宅神窑和克头村一老房的宅神窑（图3）还存在，已是很难得了。

图3 东高村镇克头村一老房的宅神窑

在广泛分布中，也有相对集中的，除峨嵋山村外，还有如将军关村6座，东上营村14座，北杨桥村12座，大官庄村11座，镇罗营上营村10座，下营村5座，熊儿寨村6座，黄松峪村11座，这些都应与明代屯兵、建营设寨有关。明代长城在全区内有48.52公里，几处设有关口营寨及养马场等。凡建有关隘城寨处，也就相应地建造了一定数量和一定规模的庙宇。后来这些地方逐渐形成了村庄，庙宇也相应的保留下来。

二是多为民间所建。平谷地区寺庙有皇家敕赐、敕建与官建者，但为数不多，占不了百分之一二。由皇家所敕赐、敕建的庙宇是一种荣耀，表示一定的地位和影响，而且往往具有一定规模。道教宫观中，丫髻山堪为代表。明代两位皇帝先后为丫髻山敕赐、敕建两方匾额。清康熙五十二年（公元1713年），为康熙皇帝60大寿祝禧，特赐内帑（库银），且皇会布施银5000两，创建玉皇阁，并做万寿道场。敕赐、敕建的还有如刘家店镇孔成峪村磕头沟云岩禅寺、山东庄镇山东庄村慈福寺等。官建者如县城文庙，自唐代以来朝廷诏令各州县建孔庙，每州县必建一座文庙。还有如城隍庙，为一座城池所必不可少。

平谷地区大量的庙宇为民间所建。有的为一村或几村甚至十几村集资所建，这种情况较多，如南独乐河镇北寨村关帝庙，是1936年全村人捐款建造的。大兴庄镇西柏店村常兴寺，由附近16个半村联合兴建，现存石刻碑文中有明确记载，三月十五庙会如何举办，也由各村会头共同商议。有的为几家或一家所建，如夏各庄镇夏各庄村张家庙、于家庙，就分别由当时的张家、于家所建，属于自己的家庙。就平原地区来说，一村往往有一两座、两三座庙，多为砖砌；对于山村来说，往往就地取材，因陋就简，甚至以三五块石头不抹泥不勾缝地一搭，没有门窗，没有神像，山里人一般称其为“山神庙”。这样的小山神庙，有时一村竟多达数十个。现在这样的小山神庙如大华山镇麻子峪村、镇罗营镇西寺峪村等还有存在，甚至还有香火。

三是大多简而实用。平谷地区寺庙整体上看，规模宏大者不多，如丫髻山建有庞大的道教建筑群，自元、明以来山上山下建有大小数十座庙宇，每一座庙宇都依山就势，又各自成为一座独立院落，参差错落于山间，一时成为京东名胜大观。而峨嵋山兴善寺（图4），作为一座佛教庙宇，格局完备，当地号称“八进大殿”，文人雅士多有题咏，盛誉一方。

在全区1200余座庙宇中，这样规模宏大、格局完备者寥寥无几，多为民间庙宇，因条件所限，往往不讲究排场，更注重从实用出发，庙宇随意散落村头山间，常常一座庙就一个殿，辟一小院，建一门楼，形同民间宅院。再好一点，建有东西厢房或配殿。真正建造二进殿以上者很少，即使建造二进殿，也往往各有供奉。如马昌营镇王官屯村老爷庙，即为二进殿，前殿供奉关公坐像，后殿则供奉菩萨像。大多庙宇常常就是一间，甚至是一“小间”，半间屋大小，如金海湖镇中心村现存的五道庙就是。有不少小五道庙还在那一间庙内中间，横砌一道隔断墙，前为五道庙，后为观音庙，俗称“倒坐观音”。

图4　南独乐河镇峨嵋山兴善寺千佛山阁旧照片

不仅建造庙宇注重实用，造像也如是。这些庙宇中供奉的神像，有铜像，如丫髻山碧霞元君祠5位娘娘像；有石雕像，如马坊石佛寺供奉的佛祖释迦牟尼像等（图5）；有木雕像，如孔成峪云岩禅寺；有铁铸像，如东辛壮铁佛寺观音等5尊铁像等。不过，大多数庙宇中是泥塑像，还有许多画像，尤其各村五道庙，几乎大多是画像。建庙者依据当时的条件，能够做到什么程度就做什么程度，最简单的就是画像了，甚至三五块石头搭的小庙，连神像也不画，摆一个小

图5　马坊镇石佛寺村石佛寺现存的唐代石佛

香炉，民间就如此烧香，以敬奉心中的神明。

这一切，是民众从需要着眼，为供奉所信仰的神灵，为方便一村人或几家人乃至一家人礼拜祭祀而已。

四是供奉多种神像。平谷地区寺庙无论大小，常常以供奉一种神像为主，如县城文庙就供奉孔圣人，城隍庙就供奉城隍，西沥津府君庙就供奉崔府君等。全区大致说来，旧时供奉有三皇、孔子、关公、刘备、张飞、药王、太公、老君、玉皇、东岳大帝、真武大帝、文昌帝、娘娘、城隍、三官、崔府君、斗姆、灵官、龙王、财神、虫王、火神、马神、瘟神、二郎、狐仙、山神、土地、五道、如来佛、当阳佛、阿弥陀佛、释迦佛、观音菩萨、文殊菩萨、普贤菩萨、地藏菩萨、四大天王及18罗汉等诸多神像，几乎包括了佛教、道教及纪念性祠庙中所供奉的主要神像。

这是就全区整体而言，不仅如此，平谷地区寺庙尤其山区寺庙，每一座庙宇中，前后殿可以供奉不同的神像，就是一座殿内，也往往供奉多种神像。上面谈到的马昌营镇王官屯村老爷庙是如此，最典型的镇罗营镇五里庙村五里庙，又称九神庙，只一间小庙，为近年所修复，里边为画像，完全依照过去样式所建造和绘画。

图6　镇罗营镇五里庙村五里庙内所绘神像

庙内北正墙绘有9尊神像，主要有土地、五道、火神、马王、龙王、牛王、财神、苗神、山神，龙王居中（图6）。庙宇虽小还前出廊，廊前东壁画有手持“生死簿”的判官，西壁画有右手拿“勾魂牌”、左手拿锁链的鬼卒。庙内东西墙还绘有行雨图等。庙前照壁北侧辟一小龛，摆放一只小香炉，画有观音像。

平谷地区寺庙的多神供奉现象，说明过去平谷建造寺庙注重实用，供奉神灵也一切从生活实际出发，需要什么神就供奉什么神。从中可以看出，民间多神信仰在过去是一种普遍现象。

五是形成多种多样的庙会。随着寺庙的建造，一些地方尤其一些规模较大的庙宇，逐渐兴起、形成了自己的庙会。纪念性祠庙有庙会，道教宫观有庙会，佛教寺院也有庙会。这些庙会往往随着所供奉的神而具体形成自己固定的时间，其庙会规模不等，影响范围不同，可以是一座城镇，也可以是一村或周边三五个村，影响大的还可到邻近周边各县，个别可达北京城区、天津、河北、山西等地。规模较大的庙会，就县城来说，有二月初二火神庙会、三月二十八天齐庙会、五月十六药王庙会、五月二十八城隍庙会等。乡村大大小小的庙会就更多了，如胡庄二月十九吉庆庵庙会、李蔡街四月初四娘娘庙会、桥头营四月初八府君庙会、峨嵋山四月十八水峪寺庙会、滑子村五月初一药王庙会。就二月十九观音菩萨生日这天，中罗庄、小峪子等许多村或唱大戏，或走会，一村村热闹非常。西古村三月三双髻山庙会，来亲戚了，要吃饭，主人就对亲戚说："不兴这个庙"。那时还不到春天，没有其他菜，正泡豆芽，就吃豆芽将就了，所以俗称"豆芽庙"。北杨桥村三月十八庙会，又称"饸烙庙"，到时吃轧饸烙。说到底，还是那时乡村生活穷困所致，亲戚、客人赶庙会来了，没有什么可招待，只得有什么将就吃什么了，以致所吃的菜或饭的名字慢慢就成为了庙会的名字。

平谷区最大的庙会要属丫髻山庙会（图7）了，从明代嘉靖年间（公元1522～1566年）兴起，至今已有400余年历史。北京、大兴、通县、顺义、密云、蓟县、兴隆、玉田、宝坻、三河、香河、武清等方圆数百里的人们纷纷前来朝山进香，连清朝内务府照例派官员前来致祭。

图7 丫髻山庙会情景

历史上的这些庙会，多结合佛、道两教宗教活动进行，人们赶庙朝山，礼佛敬神，是其中一个方面；唱戏、走会、民间艺人表演杂艺等休闲娱乐，商贩摆摊售货，进行物资交流，以及利用此时走亲会友等，也都是重要内容。庙会作为一种民间民俗文化，在平谷区具有悠久历史和深厚的民间基础，一直影响至今。

作为一种社会存在，平谷寺庙有其悠久的历史，尽管大多已不复存在，但其具有的价值、意义与影响，将长期存在。

一是历史价值。历史上，平谷地区处于中原与北方游牧民族的结合部地带，中原强大，就归属于中原；北方少数民族强大，就归属于少数民族领地。从刘家河出土的商代中期墓葬的青铜器看，其既受中原文化影响，又具地方特色。如大唐统一天下，就属于唐王朝。而两宋时，平谷地区分别属于辽和金。唐时平谷寺庙无疑是大发展时期，而辽、金时也建有许多有影响的庙宇。平谷地区的寺庙就是在这种历史背景下发展过来的，因而长期以来道教、佛教以及基督教、天主教等不同宗教文化和谐共存，共同发展，形成了所谓多元共存的特点，随之纪念性的祠庙、道教的宫观、佛教的寺院和基督教的教堂等，纷纷建立。

平谷地区寺庙的发展，与我国宗教的发展同步。据明万历三十二年《怀柔县志》“艺文”收录王源所撰《重修瓦堂寺碑记》，明确记载瓦堂寺“创自汉时”。瓦堂寺位于北吉山村北，丫髻山东麓。据此碑文，丫髻山有庙宇建筑，起码在东汉年间，因为佛教传入我国为东汉初年，不要说在平谷地区，就是北京地区乃至全国，瓦堂寺也应是比较早的一座寺庙了。

不仅如此，平谷地区寺庙既有皇家所敕赐、敕建，也有官方所建，当然大多为民间所建。这些庙宇多次复建、修葺，地方志书对此多有记述，留下了大量碑刻，对研究平谷地区的政治、经济、文化、艺术等，具有重要价值，值得我们高度重视。

二是文物价值。平谷地区过去庙宇林立，殿堂巍峨，但经过战争与历次政治运动，数百年风雨沧桑，能够保存至今者，不过百分之一二。这些仅存的庙宇，如金海湖镇靠山集村菩萨庙、平谷镇北台头村兴隆庵、东高村镇东高村临泉寺等，已被列为区级文物保护单位，而有些庙宇还没有得到足够的重视。作为一种历史的遗存，这些仅存的庙宇能够保存几百年不易。特别是平谷区极少有规模宏大的庙宇，因此，它们也就显得尤为珍贵了。

丫髻山道观群，历史上山上山下建有数十座殿堂，近年修复，已列入北京市文物保护单位。又如马昌营镇王官屯村大庙后殿菩萨殿（图8），殿内脊檩下保存有“大清乾隆岁次戊午年端月吉旦重修”题记，说明这是一座清代中早期所重建的庙宇，在全区现存庙宇中也是较早且有明确纪年的一座，其价值不可低估。

平谷地区这些现存的庙宇，具有多方面的文物价值，我们应该给予科学的保护与合理的利用。

图 8　马昌营镇王官屯村大庙后殿菩萨殿

三是艺术价值。应该说，平谷寺庙无论是建筑还是装饰，都是一种艺术，具有广泛而丰富的内容和内涵。

比如古建筑艺术，平谷寺庙或金碧辉煌、巍峨宏大，或简朴实用、严谨小巧，其建筑风格、建造特点各不相同。如复建的丫髻山道观群，有皇家最高规格的黄琉璃瓦建筑，也有民间的青瓦建筑；有规格较高的单檐歇山顶建筑，也有较为普通的单檐硬山顶建筑、单檐卷棚顶建筑，还有重檐攒尖顶建筑。歇山顶雍容华贵，硬山顶简洁朴实，卷棚顶空灵肃穆，重檐顶富丽堂皇，各具特色。从山顶到山腰到山下，这些建筑大大小小，高高矮矮，分布其间。在殿堂的内部建筑空间上，平谷地区庙宇常常不用天花板，全部梁架均露明可见，使视觉空间进一步扩大，采用传统建筑学上的“彻上明造法”，进而达到突出神、以神为主的效果。平谷区仅存的这十几处古代庙宇建筑，从屋顶梁架到前廊后厦，值得相关人士开展更为全面、专业的研究。

又如装饰艺术。庙宇作为宗教的载体，过去曾供奉大量的各式各类的神像。这些神像，既有铜铸，也有铁造，还有木雕、石雕，而大量的是泥塑及画像。现在多已无存，所存的马坊石佛寺 5 尊石雕像，为唐朝初年石刻，这在北京地区也不多见。又如现存区文物所的明代铜佛像，具有很高的艺术价值。另外，庙宇中所残存的砖雕艺术、壁画艺术、彩绘艺术，需要进一步具体搜集整理。如彩绘，现存庙宇的梁架上，可以看出既有旋子彩绘，又有苏式彩绘。又如覆于檐际的瓦当，上面多有模制的云纹、文字或动植物图案，像平谷区建筑最早的北吉山村瓦堂寺遗址上残存的龙纹瓦当等，是具有装饰效果的构件。又如脊饰，包括殿顶正脊两端的龙头形式鸱吻及殿顶戗脊或角脊上的一排仙人走兽形象，当初是取其趋吉避凶之意。再有，戗檐下的戗檐砖，有的素面无饰，有的则具有丰富生动的砖雕，如小辛寨村菩萨庙大殿上的戗檐砖，浮雕出大小狮子及其他图案，生动传神。如靠山集村菩萨庙，四角的戗檐砖竟雕刻出“阿”、“弥”、“陀”、“佛”四个大字（图9），突出了佛教文化特色。总之，庙宇殿堂的梁、柱、枋、斗拱、雀替、博风、山花、屋顶等部构件，在建筑中往往加以艺术处理，使之更富丽堂皇，庄重典雅，充满神秘感。

图9　金海湖镇靠山集村菩萨庙戗檐砖雕“弥”字

寺庙艺术博大精深，丰富多彩，在历史发展过程中，已经成为人类文明的一种积淀。积极推进平谷区寺庙艺术的研究和合理利用，对于繁荣发展平谷区文化事业、开展新农村建设以及城镇建设，无疑具有重要作用。

四是文化价值。上面已经谈及寺庙的建筑艺术与装饰艺术，这是就寺庙建筑的本身而言。其实，作为寺庙文化，重要的还包括庙会文化、碑刻文化及寺庙传说等。

庙会文化，最具代表性的是丫髻山四月庙会，其影响之深远、之广泛，堪称京东之最，影响至今。峨嵋山庙会、滑子村药王庙会，也都具有一定规模，曾影响一方。过去县城更是多有庙会，届时放烟火、走会、唱大戏等，活动繁多。这些庙会，不但是文化庙会，而且与生产生活相结合，进行物资交流。所以，城里人、乡下人都蜂拥而至。每当庙会之时，县城人山人海，极为热闹。现在丫髻山庙会和峨嵋山庙会，已逐步恢复。

碑刻文化，平谷地区的庙宇多已无存，但庙宇中的一些碑刻还存在，有些已被文物部门收藏保护，有些至今还散落民间。平谷区碑刻最多的是丫髻山（图10），山上山下，到处都有。现在还存有20余通，有些散碎的带字残碑甚至就墁在上山的石阶路上。丫髻山石碑大多已毁，尚存数十张原碑拓本。又如太后村大兴隆禅寺八斯巴文碑刻，其碑刻之完整、字口之好，为全国所少见，对研究八斯巴文极具价值，已引起专家的高度重视。另外，志书典籍中，还收录一些主

图 10 丫髻山西顶下碑林

要庙宇的碑文碑记，如《光绪顺天府记》、《钦定日下旧闻考》、民国二十三年《平谷县志》、明万历和清康熙《怀柔县志》、民国二十四年《三河县新志》等。这些现存的碑刻、拓本及碑文、碑记等，对于研究平谷地区寺庙的发展历史、平谷地区的历史文化乃至书法艺术以及中国宗教史等，都具有重要价值。

寺庙传说，由于平谷地区寺庙分布很广，历史悠久，随之产生了大量的传说故事。如果说，寺庙建筑等属于物质文化遗产，那么寺庙传说就属于非物质文化遗产。如丫髻山，传说之多，简直难以搜罗齐全，现已搜集100多个，所涉及内容广泛，上到皇帝、王公大臣，下到道士及民间百姓和神仙等，如《丫髻山上为啥没有水》、《乾隆赏钱》、《海瑞踢鼓》、《王二奶奶的传说》、《铁瓦殿的来历》等，就是其中的代表。兴善寺也有不少传说，《懒佛》、《千手千眼佛》、《三皇姑的传说》、《老和尚洞》等即是。关于药王的传说流传很普遍，全区范围内几乎大同小异。寺庙传说是民间口头文学，具有重要的思想价值、宗教价值、艺术价值、民俗价值及认识价值等。

这是从大的方面来说，其实就宗教文化而言，远远不止这些，有些甚至已经渗透到日常生活之中，成为人们生活的一部分，不以为是宗教了。比如“腊八粥”，释迦牟尼当年菩提树下坐禅悟道，终于在十二月八日开悟成道。佛教传入我国后，僧人有在佛成道节吃腊八粥的习惯，与传统的腊月祭日相结合，逐渐演化为佛俗共有的“腊八节”。当然，平谷有的地方也相传喝腊八粥是为真武成道之说。无论如何，平谷地区至今仍有腊月初八喝腊八粥的习俗，只是一般人却很少注意其原本与宗教相关。所以，千百年来，随着宗教在平谷地区的传播与发展，其思想与文化日益渗透到民众之中，成为民间积久成习的岁时风俗。

五是旅游价值。自古以来，往往重要的寺庙就是一方旅游景观之一，像丫髻山，清代康熙、乾隆、嘉庆、道光等皇帝及诸多王公大臣等，不止一次前来，乾隆皇帝还留下丫髻山的诗篇；峨嵋山兴善寺也是明清两代文人雅士登临之地，现在还保存着几通明代文人题写的诗文碑刻；再如蝎山双泉院，金章宗也曾来此，并在此狩猎。因此，平谷地区的寺庙，特别是现存的庙宇，就是重要的旅游资源，为别的资源所难以代替。

作为京东道教圣地的丫髻山，数百年营造了数十座庙宇，可惜几乎全部毁于战火及新中国成立初期。2004 年，丫髻山被列入北京市人文奥运保护项目，修缮修复了碧霞元君祠、回香亭、东岳庙、紫霄宫等主要建筑，就像著名古建专家罗哲文先生为丫髻山所题："丫髻名山辉煌再现，京东胜景旧貌重光"。现在丫髻山正逐步完善服务设施，已经成为平谷地区西部旅游的龙头项目。峨嵋山兴隆观也已修复，成为平谷地区中部的一个重要景点。东部如金海湖畔三泉寺，作为金海湖景区的一部分，现正在修复中，可以想见，不远的将来，三泉寺一定会为金海湖风景名胜区增添一抹凝重的风采。

其他现存庙宇，如贤王庄村菩萨庙（图 11），近年修缮后，一直作为村委会使用至今，既保护了古建筑，又使其得以很好地利用，两全其美。黑水湾村三皇庙在原址复建后，建成村文化大院，村民在此开展有益的文化活动。除旅游外，这也是一种很好的利用，发挥其存在价值。

图 11　夏各庄镇贤王庄村菩萨庙

当然，对于一般村中规模不大的庙宇，不可能也没有必要进行盲目地修复，那样会劳民伤财，得不偿失。而现在新农村建设中，确实出现了一些村利用搞民俗旅游，想再重建一些庙宇的想法和势头，甚至出现了个别村原来没有庙而人为造庙的现象，有关部门应引起注意。

我们对平谷地区的庙宇要进一步科学合理地利用，统筹规划，整合资源，打造品牌，营造亮点，更好地发展我们的旅游产业，使之成为全区新的重要经济增长点。

应该说，寺庙是人类社会的产物，是人类历史上最古老、最普遍的文化现象，也是人类智慧的结晶，是中华民族传统文化的重要组成部分。由于平谷寺庙具有多方面的价值，今后我们应进行很好的研究利用，使其更好地服务于全区经济、文化及社会，具有重要的现实意义与深远的历史意义。

一、平谷镇

平谷镇，辖13个行政村，旧有大小庙宇65座。分为纪念性祠庙8座，主要是孔庙、关公庙、药王庙；道教庙宇39座，主要是真武庙、城隍庙、龙王庙、马神庙、火神庙、虫王庙、五道庙等；佛教庙宇17座，主要是佛祖庙、菩萨庙等；基督教教堂1座，福音堂。现在，北台头村兴隆庵大殿尚存，东鹿角村积善庵为近年所复建。

1. 和平街村

和平街村，旧有纪念性祠庙关帝庙、道教庙宇马神庙、真武庙及佛教庙宇地藏庵、罗汉院。

关帝庙，位于老县城（图12）西门瓮城中。

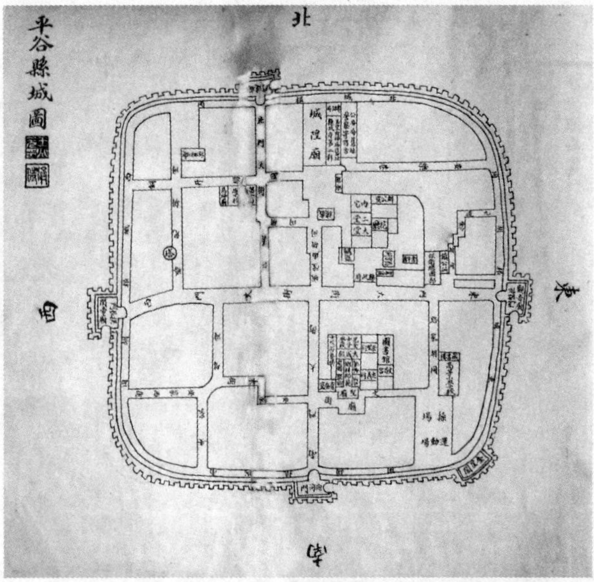

图12 民国二十三年《平谷县志》所刊平谷县城图

关帝庙，又称关公庙，俗称老爷庙，主要供奉关羽。关羽，三国蜀将，俗称关公。关羽少时以打铁为生，后到涿郡，与刘备、张飞结为兄弟，跟从刘备起军。建安五年（公元200年），被曹操俘获，委任为偏将军，封汉寿亭侯。之后，关羽脱离曹操，仍归刘备。建安十九年（公元214年），关羽驻守荆州，率兵大破曹军。后大意失荆州，被东吴将领吕蒙杀害。关羽生前官至“前将军”，封爵“汉寿亭侯”，以忠义闻名于世。死后，历代帝王对其多有加封，由“壮缪侯”、“忠惠公”、“武安王”，直至封为“三界伏魔大帝神威远镇天尊关圣帝君”、“忠义神武关圣大帝”及“忠义神武灵佑仁勇威显关圣大帝”等。由于历代统治者大力推崇，尤其清雍正三年（公元1725年），命天下直省郡邑皆得立庙，春秋祭以太牢，再有描写刘、关、张故事的著名长篇小说《三国演义》广泛传播，使关羽的社会影响不断扩大，祭祀的祠庙也在全国广为修建。而关羽就有了“武圣人”之称，与“文圣人”孔子齐名，关庙故又称武庙。

平谷地区过去信仰关公较为普遍，在县城、关口、营寨及一些村落等都建有关公庙，薄各庄村一村就建有大小3座关公庙，全区共有关公庙81座。这些关公庙中，按塑像大致分两种，一是关羽头戴冕旒，手持圭板，一副帝王装束，常称为关圣帝君，此类庙往往称作关帝庙；二是关羽形如武将，且周仓、关平在前侍立，此类庙常称作关公庙。总之，平谷地区过去关公庙较多，一是与城池及关隘、营寨有关，不但县城有，一些关城处及营寨一般也建，关羽是“忠义神武灵佑仁勇威显关圣大帝”，“神武”、“仁勇”自是守城作战所不可或缺；二是关公还“司命禄，庇护商贾，招财进宝”，且忠义，故被奉为财神，所以，祈求财神保佑，甚至祈求自己发财，为民众普遍信念；三是关羽被封为“三界伏魔大帝神威远镇天尊关圣帝君”，“伏魔大帝，神威远镇”，“祛病除灾，驱邪辟恶，诛罚叛逆，巡察冥司”，因此，平谷地区民间有时也将关公庙作为一种“镇物”，建在街头或河边等地，祈求一方平安，如北城子老爷庙，位于村北，正对泃河，即是此意。

老县城关帝庙，由于在西门瓮城中，村里人说关帝庙在“耳朵眼里”，极言其小。据民国二十三年《平谷县志》记载：“关帝庙，在县西门瓮城内，元至元年建，明成化六年重修”。关帝庙建于公元1264年至1294年间，正是元世祖忽必烈时。重修于公元1470年，为明宪宗朱见深时。

关帝庙坐北朝南，前有很小的院子，南为山门。庙有正殿三间，供奉关公泥塑坐像，前面东为关平侍立像，西为周仓侍立像。东侧有一间厢房，泥塑1匹马像，一人拉着马，故这间厢房称作马殿。因为关羽故里在山西运城解州，因此每年农历正月十五，平谷街上几家山西店铺的买卖人都到此烧香上供，祈求在新的一年生意兴隆。关帝庙随着20世纪40年代末50年代初拆毁城墙而毁。

马神庙，位于原老县城北门内大街路西，在城隍庙西约200米处。民国二十三年《平谷县志》“古迹·坛庙”中只简单记载一句：“马神庙，在县治西。”

马神庙，供奉马元帅之庙。马元帅，道教常称其为“华光大帝”，又称“灵官马元帅”、“三眼灵光”、“华光天王”、“马天君”等，道教护法四帅之一。相传他姓马名灵耀，因脑门中间还长一只竖着的第三只眼，故民间又称“马王爷三只眼”，并有“不知道马王爷长几只眼”的俗语。

马神庙坐北朝南，东西宽约50米，南北长约18米，中间南北向垒砌一道墙，墙中间一道敞门，所谓“分内外两院”。正殿为内院，大殿西侧为外院，建有房，旧时住看庙者，后改为县立第一初级小学。大殿前西侧1棵大槐树，已中空。大殿面阔三间，前出廊，西有耳房一间，存放杂物。大殿内砌筑神台，高约1.5米，神台上供奉马王泥塑坐像，俗称“马神爷”，高约2米。马王身上长着4只胳膊，两只胳膊向上举着，两只放在胸前。脸上长着3只眼，其中额头上1只竖眼。两旁各有1尊侍立像，一是韦驮，一是托塔天王。坐像前有1眼水井，墙上绘有壁画。马神庙于20世纪50年代拆毁，改建为村大队部。

在马神庙及城隍庙附近的北门街一带，残存一些柱础、条石等建筑石构件，附近一家墙脚，1通石碑垒在了墙里，做了墙基，旁边应是碑座，这或许是庙里的碑（图13）。在街头还散落一个墓志的方盖，过去县城北门外是有不只一座古墓葬的。而在一家房门前，还有1对石门墩。不远处，又有一较完好的旧门楼（图14），也有1对石门墩，这应是老县城难得的遗存了。这是2007年时所见，又五六年过去，不知是否还存在，那老门楼也许早改造一新了！旧门楼南侧就是仁义胡同（图15），这里承载着一个发生在明代的倪家与金家因宅基地相争、最后相让而让出一条胡同的美好故事。据民国二十三年《平谷县志》记载：倪光荐墓，在北门外，与金氏墓相望，有翁仲石兽。倪光荐官至明代工部尚书，金氏即指明代金纯，官至山西右布政使。所以，这个故事有所本。现在，这个故事已被列入市

图13　老县城北门街一老宅墙角下垒砌的石碑及旁边的碑座

图 14 老县城北门街一座老门楼

图 15 仁义胡同，其北口与北门街相接

图 16 平谷镇和平街村北门街北口东侧老民居

级非物质文化遗产，这条胡同作为故事的发源地已被重点保护。在北门街北口东侧那座老民居，后墙保留着满墙的壁画与字迹（图 16），上半部画有北京天安门城楼，闪闪放光，两边为招展的红旗。下半部书写着毛主席语录："社会主义制度终究要代替资本主义制度，这是一个不以人们自己的意志为转移的客观规律。不管反动派怎样企图阻止历史车轮的前进，革命或迟或早总会发生，并且将必然取得胜利。"这是毛泽东主席 1957 年《在苏联最高苏维埃庆祝伟大的十月社会主义革命四十周年会议上的讲话》中的一段话，在"文革"中是经常说的。而后墙所绘画和书写的年代，当在"文化大革命"之时。就其所画天安门等看，大约应在 1970 年前后。此照片拍摄于 2008 年 3 月，在 2012 年秋经过时，这座老房还在，顶上长满荒草。只是后墙壁画与字迹已经消失了，被涂抹了一层涂料，或许为美化环境吧，但还可以约略看到壁画与字迹的隐隐痕迹。

真武庙，位于老县城北门城上。民国二十三年《平谷县志》在"古迹·坛庙"中记载："真武庙，在县北城上，今废。"说明此庙早在 1934 年以前，就已经毁了。问及附近 80 多岁老人，都说没见过，他们小时登上北门城墙，还有一些柱础等物，不知是真武庙还是城楼遗物。真武庙应该是供奉真武大帝之所，但村里人已经不知其格局规模及具体所奉祀的神像了。

地藏庵，俗称庵庙，位于老县城内塔儿胡同北口内路东，坐北朝南，南为山门。庙内没有树和石碑，北为正殿三间，有西耳房一间及西厢房三间，正殿内供奉地藏王菩萨像。在抗战胜利后，国民党军统治时，地藏庵曾住“棍团”及大乡长。村里人说，“棍团”的人给国民党军干事，每人手里拿着一根棍子。地藏庵于20世纪50年代拆毁，改建为村大队部。

民国二十三年《平谷县志》“人物志·宦绩”记载：“牟云龙，关东杏山人，顺治五年知县事。才华敏练，品行端清。处常饶有嘉猷，遇变更能戡乱。六年七月，土寇蜂起，公行劫掠，直薄城下。公单骑迎寇，斩其渠魁，余孽尽殄。全万家之烟火，活一城之性命。寻以绩最，钦取广东道监察御史。邑民感其惠，为立祠塑像以祀。祠在县城东门内地藏庵中。”所记“祠在县城东门内地藏庵中”，或为塔儿胡同北口内路东这座地藏庵，而老县城东门瓮城内是观音庙，仅为一大间，不是地藏庵。民国二十三年《平谷县志》“艺文志·琐记”还记载：“相传清顺治六年七月，白莲教匪揭竿蜂起，直薄城下。经邑令牟云龙率兵众击溃，并剿灭阎家庄、马圈庄，庐舍为墟，由是二庄遂废焉。”看来所谓“立祠塑像以祀”，就为牟云龙剿灭那次白莲教起义及阎家庄、马圈庄之事了。

罗汉院，位于老县城西门内塔儿胡同。院内，有一座佛塔，村里人称之为大肚弥勒佛塔，坐北朝南，八角，二层。上层为空心，供奉大肚弥勒佛泥塑坐像，高约2米。塑像背后有一洞，里边有红布包着的东西，即是塑像时装藏之物。下层为塔座，南侧有32步台阶，可见塔座之高大。

民国二十三年《平谷县志》“艺文·金石”载有《平谷县古塔内辽〈陀罗尼经〉石刻考》：平邑县治西北隅现存之塔，其上截曾经颓圮，系因其旧基而重修者。高三丈余，非如其旧塔高出城头，势凌霄汉，为一邑之杰观也。惟《陀罗尼经》石刻仍存塔之东西两壁间。共石二方，一尚完好，高一尺三寸八分，宽一尺九寸；一已残缺，高一尺五寸二分，宽一尺九寸八分。书法高古，刻工亦精。按《重修古塔志》所载，塔自唐开元年创建，辽及明迭次重修。但是塔建于唐代无可考。其石刻载有“《陀罗尼经》，唐开元朝沙门不空奉诏译”云云，志文即误以塔亦建于开元。又据石刻，既系重熙十二年（公元1043年）记，足征是塔创建于辽时为确也。至明弘治初年，邑人张襘、张褕两都宪髫年时，二人闲步郊外，其兄襘见野花满地，偶成一联云：“野外黄花金钉钉地。”弟褕遥瞩城郭即对曰：“城中白塔玉钻钻天。”工对绝伦，至今传为佳话。以此证之，则明代塔犹完好。又按清代平谷续志内《地震记》云：“康熙十八年七月，平谷地震，古塔倾颓”。考清史亦载康熙十八年

（公元1679年）七月京师地震，诏群臣各言政事得失。平邑距京师仅百余里，必系同时地震。以清史记文互相考证，则是塔圮于地震时无疑矣。此后虽经重葺，因捐资艰窘，未能修复原状，为可惜耳。兹考此石刻并志其古塔之由来云。

1984年8月，在塔儿胡同施工中发现1通“大王镇罗汉院建八大灵塔记”碑(图17)，碑高70厘米，宽42厘米，厚12厘米。青石石质，方首抹角。碑阳额书“大王镇罗汉院建八大灵塔记”。正文阴刻楷书，字口清晰，保存完好。首题“无垢净光大陀罗尼经”。碑文17行，满行26字，楷书。年款“重熙十一年岁次壬午七月壬寅朔十七日戊午甲时建记”。说明罗汉院建于辽重熙十一年（公元1042年），为辽代中期，相当于北宋庆历二年。碑文主要镌刻的是《陀罗尼经》。这通石碑现为上宅文化陈列馆收藏。馆里同时收藏1通“罗汉院八大灵塔记”碑，碑高136厘米，宽71.5厘米，厚13厘米。青石质，方首抹角。额提“罗汉院八大灵塔记”，楷书。年款“重熙十三年岁次甲申四月壬辰朔八日丙时建”。或许是重熙十一年始建，至重熙十三年（公元1044年）建成，历时一年多。在“罗汉院八大灵塔记”碑碑文记载：“遂于开泰法师处，请到遗留佛舍利数十尊，用七宝石函葬塔基下。”不知开泰法师为何方高僧，住持何处。由此可知，当时塔下以石函安葬佛舍利数十尊。近年在塔儿胡同施工中，还发现一个石函，长62厘米，宽42厘米，高23厘米，汉白玉石质。函身三面线刻身着袈裟、手持经卷、法器的僧人像，另一面线刻两尊脚踏莲花的菩萨像，且以祥云托起一座寺庙建筑（图18）。专家鉴定为辽金遗

图17　大王镇罗汉院建八大灵塔记碑拓本

图18　大王镇罗汉院舍利石函线刻图案拓本

物，认为是“大王镇罗汉院舍利石函”。大致不错，更准确而言，结合碑文记载，可以断定这即是塔基下安葬佛舍利的“七宝石函”，为辽代遗物。

碑文中所记“大王镇”，平谷在辽时仍是大王镇。据明隆庆平谷旧志载：“唐废平谷为大王镇，入渔阳县。”至金大定二十七年（公元1187年）复为平峪县，即平谷县，属蓟州。这2通石碑及石函收录在《平谷文物志》及《平谷石刻》书中，对研究平谷历史文化，具有重要价值。

罗汉院及佛塔，毁于20世纪50年代。

2. 东鹿角村

东鹿角村，旧有道教庙宇五道庙2座、佛教庙宇菩萨庙2座和积善庵。

五道庙，为供奉五道将军之庙。五道将军，民间称作“五道老爷”。按道教说法，五道将军是东岳大帝属神，且是重要助手，掌管世人生死荣禄，为阴间大神，地位高于阎罗王前的判官。古典小说中的五道将军似乎可以代阎罗王决定世人寿限，但与阎罗王不同的是，五道将军更具同情心，能帮助、成全弱者实现自己的理想，是位具有正义感的冥神。传说中还有另一种说法，五道将军是盗神，又讹称为“五盗将军”，成了5个有名有姓的盗寇，百姓恐于失盗，便祭祀他们，以祈求手下留情。此说在平谷地区并不流行，平谷地区主要信奉的是前者，即掌管世人生死与荣禄。

平谷地区过去五道庙多达400余座，超过全区寺庙总数的1/3。这些五道庙，几乎分布于全区各个村落，极少哪村没有。因为旧时人去世了，家人都要到五道庙里进行“烧纸”“报庙”。所以，就分布范围广而言，平谷地区没有哪一类庙可与之相比。平原往往小村有一二座，大村会有几座。在大村，常常与自然村为基础，一自然村建一五道庙，如北独乐河村有7个自然村，就建有7座五道庙。山区村则以居住人家为基础，一道山沟可以有1座，也可以一家或相邻几家建1座，南山村建有大小14座五道庙；罗汉石村7座五道庙，其中1座为砖石垒砌，6座为三五块石头所搭。在山区，这种几块石头简单搭建的五道庙很普遍，也是山里人建庙注重实用的一种具体体现。

五道庙，东鹿角村有2座。一在村中间积善庵内，韦驮殿西侧，坐北朝南，一间，画有五道等神像，毁于20世纪40年代末；一在村后街东头，坐西朝东，庙前1棵柏树。庙为一间，画有五道等神像。毁于20世纪50年代初。

菩萨庙，为供奉菩萨的庙宇。汉传佛教中，一般认为有四大菩萨，即观音、文殊、普贤、地藏菩萨，因而也就有了我国四大佛教名山，即浙江普陀山、山西五台山、四川峨嵋山及安徽九华山，是这四位菩萨的道场。应该说，菩萨在佛教中不止这四位，菩萨在佛国里的地位仅次于佛，又叫“大士”。观音又叫观世音、观自在、观音大士。唐代因避太宗李世民讳，略去“世”字，简称观音。观音菩萨大慈大悲，神通无边。观音为佛国众菩萨的首席菩萨，在世俗中知名度和影响，不低于如来佛，特别在妇女信徒心中，地位甚至超过了如来佛。平谷地区有菩萨庙170余座，所供奉的观音、文殊、普贤、地藏四位菩萨都有，其中大多为供奉观音菩萨的庙宇。

菩萨庙，东鹿角村有2座。一在村南，坐南朝北，建在一座庙台上，正对着街口。庙为一间，供奉观音菩萨泥塑坐像，右手拿净水瓶，左手拿柳枝。观音坐像前有善财童子和龙女侍立像。农历二月十九为观音菩萨生日，到时在这里唱戏等，三里五村的人都来进香；一在村西北，也建在一座高台上，坐北朝南，对着街口，庙前有2棵柏树。庙为一间，画有菩萨像。这两座菩萨庙都毁于1957年。

积善庵（图19），位于村中间。其始建年代不会晚于明末清初，现存1通“乾隆三十三年（公元1768年）岁次甲子仲春起建积善庵碑”（图20），碑记记载：“创建不知始于何朝，旧殿三楹，几经重修。”“从记本朝雍正初年合村攒化重修殿宇”，“迄今四十余年”。这说明积善庵在清雍正年间进行重修，这之前已经建造，在清乾隆三十三年再次重修了。

积善庵坐北朝南，东西宽约6丈，南北长约7丈。南为山门，以砖砌筑的券拱形门楼，对开木门，门前有十几级台阶。进入院内为前殿，殿前一边1棵柏树，没有碑刻。前殿面阔三间，殿内供奉1尊泥塑坐像，有1人多高。殿西边有托塔天王站像。前殿辟后门，可通向后院。村里也有人说，这是韦驮殿。据说过去这殿里有许多小铜像。在辛亥革命以后，积善庵就改为学校了。1957年，学校一位老师去世前说：“西厢房埋有一个大缸，能装5挑水，缸里都是铜像，三四十公分高，有南海观音等，都散失了。”或许后来有人将铜像藏在了大缸里，埋在了地下。

图 19　平谷镇东鹿角村积善庵

图 20　平谷镇东鹿角村积善庵立于乾隆三十四年的重修碑

积善庵后殿，殿前一边 1 棵柏树，一边 1 通石碑，现存。后殿面阔三间，前出廊，廊东侧倒扣 1 口铁钟，高约 80 厘米。后殿有东西耳房各一间，为看庙人所住。殿前建东西配殿各三间，20 世纪二三十年代改为学校。殿内砌筑一座神台，神台上供奉 1 尊泥塑坐像，约 2 米多高。坐像前还有一溜小铜像。东西两山墙绘有壁画。

新中国成立后积善庵还作为学校，后改为供销社，再后来作为村大队部。2001 年进行重修，南北较过去短了 2 丈多，山门北移，悬挂“积善庵”匾额，山门石阶前有 2 尊石狮子。山门内没建前殿，垒砌了一道影壁，依然是东西配殿各三间、正殿（原后殿）三间、东西耳房各一间（图 21），两通石碑立在了山门内东侧。正殿檐下悬挂“三圣殿”匾额，殿内供奉“西方三圣”3 尊铜像，东为观世音菩萨，中为阿弥陀佛，西为大势至菩萨。“西方三圣”西侧，为关公等铜像；“西方三圣”东侧，为佛祖释迦牟尼铜像。庙内有一主持，法号慧修（图 22），说是出家于江西东林寺，修净土宗。

图 21　积善庵内景

图 22　积善庵住持慧修和尚

3. 东寺渠村

过去东、西寺渠是一个村，大致在日军进庄时即 20 世纪 30 年代末 40 年代初，以沟为界分庄。旧有道教庙宇龙王庙及五道庙 2 座。

龙王庙，位于东寺渠村东南，桥东侧北边。

龙王庙，供奉龙王的庙宇。龙王，道教神祇，源于古代龙神崇拜和海神信仰，认为龙掌管海洋中的生灵，司管人间风雨，因此水旱灾多的地区常崇拜龙王。大龙王有 4 位，掌管四方之海，称四海龙王。小龙王可以存在于一切水域中。民间为祈求风调雨顺，建庙以供奉龙王。龙王形象多是龙头人身。

平谷地区历史上建有 42 座龙王庙，东寺渠村龙王庙是一座较大的龙王庙。民国二十三年《平谷县志》"古迹·坛庙"中，有简单记述："龙王庙，在县城南寺渠庄。"志书所载，也说明 1934 年村还称寺渠庄，那时一定还未分庄。

龙王庙坐北朝南，南北长约 15 丈，东西宽约 7 丈。东南角辟山门，对开木门，宽 1 丈有余，这样宽大的木门在全区庙宇中不多见。庙分前后两进殿。前殿为正殿，面阔三间。殿前西侧建西厢房 4 间，殿前东南有 1 口大铁钟，高约 2 米。殿内砌筑神台，神台上供奉龙王泥塑坐像，黑脸庞，两边没有站像。正殿西侧辟一便门，可通后院。后殿面阔三间，有东西耳房各两间，东耳房辟为门道。后殿内供奉 1 尊泥塑坐像，村里人认为可能是菩萨。

龙王庙东侧有四五间房子，住尼姑。过去庙里有 3 位尼姑，两位年老的，一名赵印，一名何头，都 60 来岁。一位年轻的，称作奔儿头，20 来岁。抗日战争中，日军在龙王庙前院修建炮楼。1945 年日军一投降，村里人就把炮楼和龙王庙一起烧毁了。

五道庙，全村有 2 座。一在村南，现在村委会前边，坐北朝南，一间，画有五道等神像，还画有小鬼等像。1958 年拆毁五道庙，在原地盖了厕所；一在村东，坐北朝南，庙前有 2 棵大槐树，一二搂粗。庙为一间，画像，摆着 3 个石香炉。抗战时期，日军怕庙里藏八路军，强迫村民拆毁了五道庙。

4. 北台头村

北台头村，旧有道教庙宇五道庙 3 座及佛教庙宇兴隆庵、菩萨庙。

五道庙，全村有 3 座。一在村东，坐北朝南，庙前有棵大槐树。庙为一间，画像；二在村中心，坐北朝南，一间，画像；三在村西北，坐北朝南，一间，画像。3 座五道庙大致毁于 20 世纪 50 年代。

兴隆庵，位于村东，现在为村中心。

1959 年第一次文物普查时，兴隆庵还完整存在：名称，观音庵。年代，明。地址，北台头前街，坐北朝南。规模与形制，门楼一间，硬山箍头脊，筒瓦顶，代（带）前廊。长 2 米，宽 2.6 米。大殿三间，硬山脊，筒瓦顶，吻代（带）剑把，存垂兽，大式作法。长 11.35 米，明间 3.25 米，次间 3.15 米，五抹方格阁（槅）扇，砖石坎墙。东西有八个阁（槅）扇。撤（彻）上明造，旋子彩绘，插今（金）柱。现存情况，完整。附注，东西配殿各三间，硬山箍头脊，筒瓦顶，通长 9.35 米，明间 3.15 米，次间 3 米，撤（彻）上明造，旋子彩绘，前有插今（金）柱。绘有简画平面图。

《平谷文物志》也有记述：兴隆庵，位于平谷镇北台头村，始建于明，现为北台头村委会占用。

该庵，原占地 1300 平方米，整体建筑坐北朝南，建有山门、正殿、东西耳房、东西配殿等建筑，附属石狮、碑刻、古柏等。此外，山门外建有东厢房。

现存正殿三间，为七檩瓦石结构，面阔10.7米，进深7.5米，硬山筒瓦顶、排山滴水、花脊、砖吻、垂兽，走兽、戗檐砖雕刻龙纹（图23），前出廊，双层檐椽，施有苏式彩画。20世纪90年代初，村委会进行简单修缮，改换门窗，修整殿顶。

附属文物石碑2通，其中1通为王允成所立。

民国二十三年《平谷县志》“人物志”载：“王允成，字信波，北台头庄人，宣统乙酉拔贡”。

《平谷文物揽胜》也记述：“2006年，平谷区文化委员会投资8万元进行了修缮。”

普查资料与《平谷文物志》记载较为详实，与调查资料大致吻合。

图23　平谷镇北台头村兴隆庵正殿戗檐砖

兴隆庵，坐北朝南，东西宽约八九丈，南北长约十四五丈。南为山门，一座砖砌门楼。对开木门，宽约2.5米。山门前东侧有两小间，存放杂物。进山门，有4棵柏树，殿前一边1通石碑，其中1通为王允成所立。庙内现存1通“捐施田财碑”（图24），为清嘉庆十二年（公元1807年）所立。北为正殿三间，没有耳房。正殿前有东西厢房各三间，在东西厢房南侧，又各建两间小房，这样的小房称作“盝顶”。带“盝顶”的寺庙在平谷区其他村中还有，但不是很多。现在东西厢房、“盝顶”及山门已毁，仅存正殿(图25)。殿内供奉3尊泥塑菩萨像，墙上绘有壁画。1947年推倒神像。抗战时期，村里挖地道，大殿内东间为一地道出口。

图24　平谷镇北台头村兴隆庵捐施田财碑拓本

兴隆庵前有一条道，道南有一塔，为和尚坟。塔下为条石塔座，高约2米，座上有方砖“道光十六年”的塔铭。塔通高约7米。和尚塔毁于20世纪40年代。

菩萨庙，位于村东街口，坐南朝北，建在庙台上，仅一间，前有月台，庙内为画像。根据坐南朝北格局，或为观音菩萨画像。毁于20世纪40年代末。

图25　平谷镇北台头村兴隆庵正殿

5. 平安街村

平安街村，旧有道教庙宇城隍庙、佛教庙宇观音庙及基督教堂福音堂。

城隍庙，位于老县城北门内东侧，原老武装部院内，现为平安街。

图26　民国二十三年《平谷县志》所刊平谷老城“县府大堂前”照片，县衙在城隍庙南面

城隍庙，供奉城隍神之庙。古代城隍神，是护城佑民、主掌冥籍之神，后纳入道教系统。我国城隍庙最早出现于三国时期，唐宋以后，奉祀城隍习俗遍及全国各地。明洪武二年（公元1369年），太祖朱元璋颁诏加封各地城隍。城隍庙往往与县衙（图26）对称设置，主祀城隍，另有文武判官、牛头、马面及黑白无常等鬼卒。一些庙中还有地狱造像，阴森恐怖。“阴阳各司其职”，旧时府州县新官必先告城隍而后上任，是古代“人神共治”思想的反映。

历史上平谷地区有5座城隍庙，即平谷县城城隍庙、关上村城隍庙、上镇村城隍庙、上营村城隍庙及下营村城隍庙。民国二十三年《平谷县志》“古迹·坛庙”载：“城隍庙，在县城北。洪武年建，嘉靖二十年重修。”在“艺文志”中收录明嘉靖三十五年（公元1556年）五月邑人金濂《重修城隍庙记》：“洪武初，拓地面阳，构正殿三楹，以安神主。缭绕垣墙，门以三座，择道祝以司香烛。迨成化己丑，岁久渐颓。乡耆王真等合众缮修，旧规咸葺。嘉靖辛丑，元夕张灯，忽遭回禄之变……于是，营州中屯卫舍人王沐、乡耆周正等，共矢发心，愿襄盛举……鸠匠聚夫，先营大殿三间，爰及外门。高广各增前之三尺，上瓦下甓，杇镘四周。殿中塑圣像一尊，旁分侍从……经始于是年三月，落成于次年八月。”而在“金石”中载：“《重修城隍庙寝宫碑》，山西道监察御史金定撰，户部浙江清吏司主事张磐书，万历三年七月。在县治北城隍庙内。”通过志中所述，城隍庙始建于明洪武（公元1368～1398年）初年，成化五年（公元1469年）进行修葺。嘉靖二十年（公元1541年），正月十五日元宵节因张灯而毁于火灾，随后集资重建，于第二年八月竣工。万历（公元1573～1620年）初年，重修城隍庙寝宫。现存1961年所拍照片1张（图27）及简略记述：“平谷城关城隍庙，建于明万历三年，清道光时经过重修，至今完整存在。”此处说“建于明万历三年”有误，当是重修。至清道光年间（公元1821～1850年）再次重修，1961年“完整存在”的城隍庙，当是清道光时遗物。

图27　平谷县城城隍庙（摄于1961年）

城隍庙坐北朝南，东西宽约五六十米，南北长约100多米，庙东有空院。庙前约六七十米处，有一座戏楼，面阔约10米，进深约十五六米。戏楼起脊，前后两部分连接一起。前为前台（舞台），后为后室（化妆室）。前台4根红漆大柱支撑屋顶，极为轩敞。屋顶上方，面向台下处悬挂一方横匾：“演古励今”，下款：“合肥李鸿章题”。声名显赫的中堂大人为何要给京东偏僻小县平谷的这座戏楼题匾，原因尚不清楚。而迁居平谷的浙江绍兴人徐寿朋，官至外务部左侍郎，深受李鸿章赏识，曾辟居幕府，并辅佐其与八国联军议和。不知是否与此有关。演员出台的右门上写着“阳春”二字，左门上写着“白雪”二字。整座戏楼雕梁画栋，为他处所少见。村里人说，平谷戏楼京东有名，而这座戏楼是仿照县城药王庙戏楼所修建。

南为山门，山门前一边1根木旗杆，上有铁箍箍着，3米左右一道铁箍，旗杆大约三四丈高。底下为石座，2 米多高。石座以两块大石所拼合，中间凿有圆槽，以插旗杆，俗称夹杆石。旗杆顶上，饰以圆形状若帽子之物。山门面阔三间，为殿堂式建筑，中间两扇大门对开。门内，两边为多半人高的栅栏，东、西间泥塑一马及马卒。在马与栅栏间，东边泥塑一鬼卒，称丧门，两手攥拳，伸展着，浑身上下都是黑的；西边泥塑一鬼卒，称吊客，也就是吊死鬼，穿着白衣裳，戴着高高的白帽子，披散着长发，口吐长舌。两鬼卒目露凶光，状极吓人，又称“黑白无常”。村里人相传，过去认为黑夜出去，遇上丧门不好，背运。若遇上吊客好，是喜神，会有好运。调查中，也有说东边的鬼卒手拿一块勾魂牌，上写“你也来了!”山门上边，有一方木匾，写有“因果相乘”四个大字，据说为一位县长所题。

过了山门，便进入前院。东西钟、鼓楼相对峙。钟、鼓楼北边，各有一间小殿，东殿供奉土地，西殿供奉的大概是山神，人们记不清了。据说明太祖朱元璋就出生在土地庙里，所以他对土地及“上司”城隍极为敬重，下旨封京城和几个大城市的城隍神为王，封各府、州、县城隍神为公、侯、伯，并且重建各地城隍庙，规格高广要与当地官署衙门一样。平谷城隍庙应当在此背景下所建造，庙内塑有土地像也就很正常了。中间建有二道门，中间为大门，两边各有一小角门。

中院，有正殿三大间，进深约 4 丈，为全庙主殿。殿门上悬挂一方横匾：“天地良心”。两侧抱柱上书有楹联：“作恶不灭必有余孽孽尽则灭，为善不昌必有余殃殃尽则昌”。为陈景宜先生手笔。陈先生为平谷文人，擅长诗文书画，其字苍劲古朴、功力非凡。民国二十三年《平谷县志》收有其书法作品。当地人过去争吵时，就会拍着胸脯：“城隍庙的匾——天地良心!”即由此而来。大殿内光线昏暗，中间供奉城隍泥塑坐像，很高大，人须仰视。东西山墙边各塑有 2 尊侍立像，身高丈余，瞠目张口，袒胸凸肚，几分凶相，几分威猛。尤其东山墙边 1 尊站像，眼珠子有核桃大小，奇在肚脐是空的，内设“机关”，手一触动，那两颗眼珠便骨碌碌乱转，令人益发恐怖。这样的塑像，在全区其他庙宇中不多见。大殿前，建有东西厢房，东厢房称东司，西厢房称西司，为泥塑十殿阎罗七十二司，所谓阴曹地府情景。每司 5 位阎罗，并排坐于台上。台下除司值功曹、判官外，均为系列分组塑像，像高尺余。有望乡台、金桥、银桥等。一群群面貌狰狞的鬼卒，手持狼牙棒，驱赶着那些在阳世间所谓作恶之人，分别经受割舌、挖眼、摘心、锯体、油炸等地狱酷刑的惩罚。过去以此教化世人，要多做好事善事，不做坏事恶事，善有善报，恶有恶报，在此得到具体体现。

从城隍像两边过去，出中殿后门，就是后院。后院有后大殿三间，神台上供奉城隍爷和城隍奶奶坐像，高约 1.5 米左右。县志收录的《重修城隍庙寝宫碑》虽没有碑文，但就其碑名看，城隍庙建有寝宫，而后殿应该就是。后殿门前，有一间小殿，里边供奉着另 1 尊城隍像，外边穿戴着真人一样的衣裳。明清以后，全国各地的城隍庙中，一般都有 2 尊城隍神，一为泥塑，永坐正殿；一为木塑，以便“出巡”。这间小殿的城隍像，就是为农历五月二十八晚上坐轿“出巡”的。后殿东南有一角门，出角门为东跨院，是当时看庙老道的食宿之所。

老县城城隍庙，规制宏敞，巍峨宏丽。每年农历五月二十八，为城隍庙会，前后三四天。最热闹的一项活动，就是“城隍出巡”了。时在五月二十八晚上，以轿子抬着“城隍神”出巡，对鬼在阳世阴间的各种行为进行考察，实施奖惩。其线路是起轿后，至前面大街，西行，出西门，北拐，至北门，直至北门外不远处东侧高坎上的“行宫”，住上一夜。所谓行宫，就是一座三间殿堂，行宫前 1 棵大杨树。城隍神坐的大轿是木制框架，镶着玻璃，四面透明，轿外装饰着十几盏玻璃罩灯，灯火明亮，使观众尽可欣赏“城隍神”的“堂堂威仪”。“城隍神”的骨架以竹藤编扎而成，分量很轻，便于出巡起驾。颜面以纸胎做成，修眉长目，五绺须髯。城隍神头戴冕旒，身穿龙袍，足登厚底缎面朝靴，右手拿一把翎扇，端坐轿中太师椅上。8 个轿夫抬着，缓缓前行，以便众人瞻仰。大轿前排开仪仗队，或打着旗罗伞扇，或举着肃静牌，或擎着金瓜、钺斧、朝天镫。仪仗队前为卫队，俱着古装，持刀枪剑戟各种兵器。卫队前是乐队，敲响大鼓大锣，吹奏唢呐笙笛，热闹喧天，好不威风！加上无数灯笼火把，照耀得小城如同白昼。这时，不但县城万人空巷，就连附近十里八乡的人们也会赶来，把个小城大街挤得水泄不通！这时全县各村的花会，也前来赶场，一档档地走在城隍前面，各展绝技，热热烈烈地一直要闹上一夜。

老县城城隍庙，毁于 20 世纪 50 年代，现在庙址附近，还散落着柱础（图 28）、条石等遗物。区文物管理所 1982 年曾征集到一城隍庙木构件，长 264 厘米，宽 9 厘米，厚 6.5 厘米，上面竖写楷书：大清康熙十捌年柒月贰十捌日地震，坨倒。十玖年春月吉日重修。落款人□秀雷。清康熙十八年（公元 1679 年）七月平谷、三河发生了大地震，此记述充分证实了此地震给城隍庙所造成的严重破坏。

图 28　城隍庙附近散落的柱础

观音庙，位于老县城东门瓮城内，仅为一大间，供奉观音菩萨泥塑坐像，两边为善财童子和龙女侍立像。观音庙随着 20 世纪 40 年代末 50 年代初拆毁城墙而毁。

福音堂，位于老县城西门内大街路北，塔儿胡同南口东侧。

福音堂为基督教教堂。基督教创建于公元 1 世纪，在其发展过程中，出现了天主教、新教（耶稣教）等及其他一些派别。基督教即是以尊奉耶稣基督为救世主的各教派的总称，与佛教、伊斯兰教一起，并称世界三大宗教。我国现在一般将天主教、基督教（新教）并称，而其宗教建筑都称教堂。在民国二十三年《平谷县志》中，称基督教为“耶稣教”，由于进来时间较晚，在平谷区传播范围不广，所建教堂很少，有的甚至还以民房临时改建。至 1936 年，全县有教堂 4 处，教士 5 人（其中外国人 3 名），教徒 117 人。天主教，虽然清光绪初年，县内已有秘密信奉天主教者，庚子（公元 1900 年）年后渐多，在 1934 年教徒约有 300 人，但县内并无教堂设立。

福音堂，建于清光绪二十八年（公元 1902 年），坐北朝南，临街有四间房，西边一间为大门道，可进出车辆；东面三间是礼拜堂（讲经堂），南倒座。临街有一小门，朝东开，堂内有一排一排的座位，有铜鼓、洋号等。

每当传教时，教徒们就坐在室内，听传教士讲经布道，也学唱歌。而传教士据说是美国人，村里人称之为“大鼻子”。日军占领期间，外国传教士被迫回国，教会活动停止。抗日战争胜利后，教会活动恢复。

20 世纪 40 年代末 50 年代初，福音堂作为县文化馆用房，现在此地早已建为商店。

6. 胜利街村

胜利街村，旧有纪念性祠庙孔庙、道教庙宇魁星楼、文昌阁及3个壁龛。

平谷孔庙，又称文庙，村里人称圣人庙，在老县城南门内大街路东，旧盘峰宾馆前第二中学院内。

孔庙，供奉祭祀孔子之庙。孔子，名丘，字仲尼，春秋时（公元前551～前479年）人，我国古代思想家、教育家。汉武帝“罢黜百家、独尊儒术”后，孔子便被历代帝王所尊崇，汉、晋、隋代称其为先师、先圣、宣尼、宣父，唐代又加谥文宣王，宋代加封“至圣”，元代复加“大成”，合之则称孔子为“大成至圣先师文宣王”。庙名也随之一变再变：汉、隋代称仲尼庙、孔庙，唐代称孔圣庙、文宣王庙，宋代称宣圣庙、夫子庙，元代称先圣庙，明、清则称孔庙至今。自唐代诏令州县建孔庙以来，明、清时达到鼎盛。孔庙为官方所立，几乎每个州府、县城都有，只是规模大小略有不同而已。以大成殿为例，一般州府五至七开间，而县级往往三至五开间。只有曲阜孔庙和北京皇家孔庙，才九开间，所谓九五之尊，在这里得以具体体现。

平谷孔庙建于何时？民国二十三年《平谷县志》中，收录了明嘉靖甲申年《重修儒学记》、明嘉靖四十二年（公元1563年）《重修平谷县学记》、明万历六年（公元1578年）《重修儒学记》、清乾隆二十七年（公元1762年）《重修平谷县儒学记》、清嘉庆时邑人贾名伸《重修文庙记》、清光绪十六年（公元1890年）《重修平谷县学宫记》等多通碑文，这些碑文中，所说的“县学”、“儒学”、“学宫”、“文庙”，几乎都谈及修圣殿、展贤庑、易棂门、立礼门、拓明伦堂以及启圣祠、文昌祠、泮池等，而这些都是孔庙中的重要建筑。尤其是贾名伸《重修文庙记》中写道：“平谷县文庙，自乾隆己卯邑令张兰芳重修。”张兰芳在清乾隆二十七年作《重修平谷县儒学记》。看前后记载，可以说，这里所一修再修的，应该是孔庙。而碑刻中几处提到儒学等“建于至元间”。元至元年间（公元1264～1294年），为元代初期。元世祖忽必烈定都北京（元大都）以后，就建北京孔庙。其初衷，是蒙古族统治者入主中原，以此笼络尊崇孔子及儒家学说的汉人学士，进而巩固自己的统治。平谷的孔庙与儒学一起，建于此时，也顺理成章，明、清两代多有修葺。

民国二十三年《平谷县志》“学校”记载：“儒学在县治南，建于元至元间。明成化五年，知县郭铭重修。”随后，明嘉靖二年（公元 1523 年）、嘉靖四十年（公元 1561 年）、万历六年（公元 1578 年）等又进行重修。而明代平谷孔庙主要建筑为：“大成殿三间，东西庑各五间，戟门三间，棂星门三座，明伦堂三间（在殿后），崇德斋三间（在堂东侧），广业斋三间（在堂西侧），启圣祠三间（在殿东北），敬一箴亭三间、文昌祠三间（俱在殿东），教谕公廨、训导公廨（俱在殿西），名宦祠（戟门外东），乡贤祠（戟门外西），射圃一所（在学东南，今废），社学（在县治西，今废）。”

至清代，乾隆二十七年（公元 1762 年）、嘉庆丙子年（嘉庆二十一年，公元 1816 年）、道光三十年（公元 1850 年）及光绪十六年（公元 1890 年）等先后重修。清代平谷孔庙主要建筑为：“大成殿三间，东西庑各五间，文昌祠三间，崇圣祠三间，名宦祠三间，乡贤祠三间，忠义祠三间，戟门三间，棂星门三座（以上俱拆卸重修）。明伦堂三间（倾圮无存，重行筑建），文昌三代祠三间（增修）。奎星楼（城东南隅旧有奎星楼，重行新而高之）崇德斋三间（在堂东侧），广业斋三间（在堂西侧），教谕公廨、训导公廨（俱重修）。”

旧志所记，可以大略看出明、清两代平谷孔庙的基本建筑与格局。

由此看来，平谷孔庙建于元至元年间。初建时“浅狭卑陋”，后多倾废，明清两代多重建修葺，逐渐形成一座规模壮观宏大的古建筑群。至民国年间，平谷孔庙大致格局为：坐北朝南，南北长约 300 米，东西宽约 300 米。南面没有正门。村里人说，因为平谷没出圣人，不能开正门，故在正门位置上建一座大影壁，垒得很厚重。啥时出圣人，将影壁一扒，就是正门。而 1961 年 6 月北京市委书记处书记邓拓与廖沫沙等来视察，邓拓指着影壁风趣地说：“看来平谷县未出过状元啊，瞧这回龙壁没有打开，所以我们今天还得走西门哟！”言外之意，一个地区出了状元，孔庙南门就打开了。庙门朝西，平时都走这座西侧偏门。偏门与正门相距约 50 米。偏门为一门道，面阔一间。门外一片广场，门内 1 棵古槐，粗约 5 米，老干劲挺，枝叶繁茂。古槐主干中又生出 1 棵榆树，人称“槐抱榆”，堪称一奇。进门往北，一座高大牌楼，上书“棂星门”三个金色大字。棂星门红柱、青瓦、五彩斗拱，柱下是汉白玉夹杆石，虽经数百年风雨仍岿然不动，极为壮观

图 29　平谷县城孔庙内古树与牌楼（摄于 1961 年）

（图 29）。当年邓拓仔细观看这座牌坊，说与北京国子监牌坊形制相同，是古建筑中的珍品。棂星门下为泮水，一个椭圆形水池。泮水上并排 3 座砖砌券拱桥，汉白玉石栏。旧有“五步三座桥”之说，是说泮水 5 步左右宽，上建 3 座桥。桥左右各有 2 棵古柏。桥北三间殿堂为聚贤堂，过去学校办公之所。堂前 4 棵古柏，堂左右各辟一月亮门。

进月亮门可至第二进院，即孔庙正院。院子很宽阔，青砖铺地，古柏森森。正殿大成殿，面阔三间，前出廊。殿前为月台，高约 1 米。月台下一边 1 通石碑，螭首，龟趺座。殿前设一座香亭。大殿东西有耳房各两间，东耳房为校长室。

大殿内，设一木龛，约 1 人高矮，雕花，罗幔中供奉着“大成至圣先师孔子之位”牌位。龛两边为颜回、曾子、子思、孟子 4 个牌位。大殿内悬挂着三四方“大成至圣先师”等大匾，以颂扬孔子，一般都是名人、县长或县内头面人物等所送。大殿东西厢房，应该是旧志说的“东西庑各五间”了，祀奉先哲先贤 100 余人，包括孔门弟子 72 贤人牌位。后来厢房辟作学生教室。大殿东侧还有忠义祠、崇圣祠。另外，庙内还有名宦、乡贤二祠等。

大成殿东侧有一便门，通向后边第三进院落。大殿后为一所庭院，当地人说院内有五间正房，作为教室，没有东西厢房，或许是 20 世纪二三十年代以后了，而《平谷地名志》写道：“殿后有孔子家庙”。后院西侧为明伦堂，是对过去妇女“孝亲守节”的纪念与表彰，后在此设县立完全女子小学校。

孔庙东边建有一座书院，名“近光书院”，书院中有藏书楼。在书院曾建立过大学堂和近光小学。近光小学后来迁至孔庙，1946 年后改为城关完小。孔庙东南侧墙外圣庙街旁置一石碑，高丈余，上书“文武官员军民人等至此下马”，以示对至圣先师孔子的尊敬。

平谷孔庙共有殿堂建筑约 50 余间（图 30），前后三进院落，地势由南向北逐

图30　平谷县城孔庙内殿堂建筑（摄于1961年）

渐升高。院内古柏参天，碑碣林立。旧时春秋举行祭孔活动，由县长带领文武官员，前来祭拜，而文人学士都在聚贤堂集合，然后从两侧进入大成殿前举行仪式，因此又称聚贤堂为迎宾殿。过去祭祀甚至以整头猪、牛等作为祭品，很隆重。孔庙经过“文化大革命”浩劫及1976年7月大地震破坏，至20世纪80年代初，建筑物已荡然无存。二中南墙外的小胡同，因孔庙而旧称文庙街，20世纪70年代改称胜利东巷，20世纪80年代初更名文庙胡同。孔庙已毁，庙名则作了街巷之名，也是现代平谷城对平谷旧城保留的一些历史记忆了。

魁星楼，位于老县城东南角城墙上。

魁星楼，供奉魁星神之所。旧时，全国各地建有不少魁星楼、魁星阁之类的建筑。明代以《诗》、《书》、《礼》、《易》、《春秋》“五经”取士，每科所取第一名称“经魁”。“魁”有“首”之意。乡试中，每科前五名必须分别是某一经的经魁，故称“五经魁”，简称“五魁”，民间酒令“五魁首”即由此而来。而“魁”字源于古人的奎星崇拜。奎星为二十八宿之一，古人认为是主管文运之神，所谓“奎主文章”。因“魁”与“奎”同音，并有“首”之意，所以代替“奎”字，有了“经魁”、“五魁”之说。古代，状元又称“魁甲”。“魁星”后被形象化，一赤发蓝面如鬼，立于鳌头之上，一脚向后跷起，如鬼字的弯钩；一手捧斗，另一手执笔，表示在以笔点定中试者的名字。这就是“魁星点斗，独占鳌头”。这个形象过去被读书人视为神明，以为高中之照，极受读书人崇拜。

据民国二十三年《平谷县志》收录自清乾隆三十七年（公元1772年）起任平谷知县的朱克阅所撰《重建魁星楼叙赞》记载：“斗魁戴筐六星曰文昌宫……我平邑建其祠于学宫，由来远矣。至于斗魁，光连四辅，辉映三台，灿宇宙之英华，开古今之文治，与文昌相等埒，世多绘其像以崇祀焉。明永乐初，建楼于城东南隅。故自丙辰越己未，甲科一十六人。自戊子迄己卯，乙榜五十六人，五魁五人。乡会联芳，名臣辈出。二百年间，史书不绝也。启、祯而后，楼台倾圮……已百年有余矣。”面对楼台倾圮，知县主持重修，“余深嘉之，爰勒石而为之叙赞曰：‘魁楼数仞，峻极于天。杓携龙角，榜登虎前。衡临紫极，斗挂城边。瑞气朝应，神光夕悬。辟兹石室，澄我灵泉。泃跃金鲤，屏生玉蟾。文星丕照，甲乙科联。勖而多士，有开必先。’”即以此希冀“文星丕照，甲乙科联”，人才辈出。由此可知，魁星楼建于永乐（公元1403～1424年）初年，清乾隆时重修，于20世纪40年代中末期，随城墙拆毁而毁。

图31　平谷县城魁星楼
（约摄于民国年间）

魁星楼为一座亭阁形建筑，主体砖砌，六角形，两层，重檐，青瓦合瓦垄。上为六角攒尖顶。一层六根角柱，支撑挑出之檐。两层檐脊都饰有小兽。一层东面辟门，内设梯级，可至二层。从仅存的一张民国年间老照片（图31）来看，二层楼外没有平座和围栏，不能出来观赏景物。二层所看到的三面，均设有窗口，尤其东面窗似乎更大些，而且平时东面这扇窗子是开放的。或许另三面也相应辟有窗口了。

魁星楼上供奉1尊泥塑站像，为魁星，赤面，红袍，龇牙瞪眼，相貌狰狞，右臂半扬，手持朱笔，笔尖点向东方。东边即是城外泃河，泃河东岸马各庄附近，有座牛家坟，正是魁星朱笔所“点”的位置。传说牛家在古代就有人中了进士。

文昌阁，位于老县城南门内大街路东孔庙东侧，有一座门南开，原祀文昌帝君。20世纪30年代虽殿堂外形依旧，而殿内已改为平谷简易师范学校教室了。

3个壁龛，在胜利街村安家胡同北头，有3家房子，正对着。一王家在前院墙以3块砖垒一壁龛，朝南。另一王家在后檐下垒一壁龛，朝北。一张家焊洋铁壶的，墙上垒一壁龛，朝西。这3个壁龛人称“三座庙”。逢年过节人们也在那儿烧香，只是壁龛里没有神像，连纸像、画像都没有，或是心到神知，而无论什么神了。现在如在胜利街一打听“三座庙”，许多人还都知道。

7. 太平街村

太平街村，旧有道教庙宇东岳庙、娘娘庙、五道庙及佛教庙宇菩萨庙。

东岳庙，又称天齐庙，位于旧城西门外，原粮食局所在地，现慧慈医院东侧。

东岳庙，为供奉东岳大帝之庙。东岳大帝即泰山神，掌管人类贵贱和生死的大神。泰山，五岳之一。泰山神东岳大帝是山峰的神化和人格化，源于古人自然崇拜中的山川崇拜。泰山的崇高地位，与历代帝王在此封禅告祭直接相关。在泰山举行过封禅大典的先后有72位帝王。由于泰山神被认为执掌人世臣民贵贱高下之分、禄科厚薄之事、地狱各案簿籍、七十二司生死修短之期，权势极大，所以，受到历代统治者的崇拜。唐玄宗封其为“天齐王”，宋真宗封其为“人圣天齐王”，后又加封为“东岳天齐大生仁圣帝”，成为东岳大帝。因而所奉祀的庙宇称为东岳庙、天齐庙。过去，东岳庙、天齐庙遍布各地，其祖庙为泰山岱庙。平谷地区旧有3座东岳庙：老县城东岳庙、峪口村天齐庙和丫髻山东岳庙。

老县城东岳庙，民国二十三年《平谷县志》“古迹·坛庙”载：“东岳庙，在县西门外，洪武年间建，正统十年（公元1445年）县丞张铎重修。”在“艺文志”中收录3篇碑文：明正德元年（公元1506年）三月邑人金纯《东岳行祠记》、邑人金濂《重修东岳行祠记》、明万历六年（公元1578年）五月邑人倪光荐《重修岱岳行祠记》。金纯文写道：“平谷县治西一里，有东岳行祠……重修于胜国至元三年（公元1266年），不知创自何许时。永乐初，祠毁于兵，存者无几。正统甲子，河东张君铎来丞于兹，首倡士民复兴旧址……增中之殿三间，以居天齐；殿之左翼一间，以居炳灵；右翼一间，以居府君。东之堂三间，则为三义庙；西之堂三间，则为圣母殿。虡钟鸣鼓，有楼有枹。缭以垣墙，蔽以三门。”倪光荐碑文所记，万历年间重修依然是这个格局。

从碑文所载，可以看出明代时东岳庙较为宏大，有正殿、耳房、配殿、钟鼓楼及3座山门。所供奉神像，以东岳大帝为主，另供奉泰山三郎炳灵王、崔府君、圣母娘娘及三国刘备、关羽、张飞。其庙始建时间已无从查考，元初至元年间曾经重修，明代又多有重修。而据太平街人、86岁高龄的王文贵老人回忆，他小时这里就是一片遗址了，东南角有1眼水井，为石头所碹，还可看到龟趺及残碑等。他说他爷爷、奶奶年轻时都没见过这座庙。由此看来，东岳庙大致在清中期左右甚至以前就毁了。所以，县志中没有收录清代东岳庙有关碑文，或许与东岳庙被毁较早有关。

娘娘庙，位于旧城西门外，原粮食局所在地，现在慧慈医院的地方，东岳庙西侧约20米处。

娘娘庙，为供奉娘娘女神之庙。娘娘，道教及民间俗神中并非专指一神，如碧霞元君、九天玄女娘娘、顺天圣母、女娲娘娘、王母娘娘等。就平谷地区而言，共有21座娘娘庙，多供奉碧霞元君等，常常统称娘娘庙，以至时隔久远，有些地方具体供奉的哪位娘娘，都说不清了。

平谷老城娘娘庙，坐北朝南，东宽约20余米，南北长约近百米。南为山门，一座起脊的门楼，称作“门殿”，有四扇大门。两边各辟一便门。庙前为道，约5米处建有一座大影壁，当地人称之为“大照碑”，青砖所砌，略宽于正门。东西设有台阶，上来可步入庙内。门殿中，1尊泥塑站像，右手举一鞭。作为道教庙宇，此像应为王灵官，道教护法神。

前院，没有钟鼓楼，两侧建有东西厢房各三间，厢房里没有神像，过去为老道住房。前殿面阔三间，殿两边有墙，将庙隔成前后两院。殿两边各辟一个月亮门，可通后院。前殿前边有2棵柏树，殿前东侧有1通石碑。殿内供奉5尊娘娘泥塑坐像，有云霄娘娘、眼光娘娘、送子娘娘等，村里人特意说，与丫髻山西顶碧霞元君祠供奉的神像一样。墙上绘有壁画。

后院，没有厢房，只有后殿三间，东西耳房各一间。西耳房住有看庙人，东耳房供奉1尊观音菩萨泥像。过去，县城戒烟戒酒之人由老道领着，到观音菩萨前入戒，俗称“在礼儿”，从此不再抽烟喝酒。东耳房前边1棵大杏树，过去孩子进去偷杏儿吃。后殿内供奉3尊泥塑坐像，是男像，但不知具体是什么神像，也有人说中间是“真武”。墙上绘有壁画。

这是区内规模较大的一座娘娘庙，20世纪三四十年代，东岳庙三月二十八庙会，前后庙会期间，都来娘娘庙唱几天大戏，而且唱戏的人就住在娘娘庙的东西厢房里。20世纪50年代初，将娘娘庙拆毁，那地方建县农场了。

五道庙，位于村西南，现在大马雕塑的东北角，坐北朝南，面阔一间，画有五道等神像。若村里有人去世，家人则到五道庙烧纸报庙叫魂儿。五道庙毁于20世纪50年代。

菩萨庙，位于村中心，现在新华书店往北约200米处，坐南朝北，仅为一间，没有树和石碑。庙南墙抱角下，有1眼苦水井，有两个石头井眼，主要是洗衣服等，不能饮用。庙里供奉观音菩萨泥塑坐像，面朝北，人称倒座观音，两边有善财童子（村里人称之为红孩妖）和龙女站像。菩萨庙毁于20世纪60年代。

8. 西鹿角村

西鹿角村，旧有大小庙宇10座，包括纪念性祠庙药王庙、道教庙宇龙王庙、五道庙6座及佛教庙宇净宁寺、庵庙。

药王庙，位于村东，在净宁寺西南大坝下边，坐北朝南，建在一座高台上，没有树和碑刻。正殿三间，据说供奉的是药王孙思邈泥塑坐像，两边各一个侍立童子。墙上绘有壁画。药王庙毁于20世纪70年代。

龙王庙，位于村南，与药王庙对着，在洵河北岸，坐北朝南，建在一座高台上，正殿三间，供奉龙王泥塑坐像等。龙王庙不知毁于何时，在20世纪30年代末就已是一片废墟了。

五道庙6座，村里一街一座，都是一间，庙里为画像，都毁于20世纪五六十年代。

净宁寺，位于村东部。民国二十三年《平谷县志》记载："净宁寺，在西鹿角，至县八里。金大定二十年（公元1180年）建。今俗称鹿角寺。"《光绪顺天府志》记载："净宁寺在县南鹿角庄。俗称鹿角寺，金大定二十年建。"

1959年第一次文物普查资料中对净宁寺有记载：年代，辽，明清重修。地址，西鹿角村东，坐北朝南。规模与形制，东西配殿各三间，硬山脊，筒瓦顶，吻代（带）剑把，有垂兽，大式作法。长11.30米，明间3.20米，次间3.10米，撤（彻）上明造，前有插今（金）柱，旋子彩画。前殿拆毁，存有三间，长8米，明间3米，次间2.80米，明造。附属文物，有螭首龟趺石碑两块，东碑高2.20米，宽0.80米，厚0.30米，重修净宁寺记，万历三年（公元1575年）

乙亥春吉日立。西碑高2.35米，宽0.60米，厚0.25米，重修净宁寺记，顺治五年（公元1648年）仲春吉日立。现存情况，完好。保管和使用情况，学校。附注，1. 后殿五间，箍头脊，筒瓦顶，长16米，明间3.50米，次间3.30米，稍间3.15米，撤（彻）上明造，三架梁。2. 东西配殿各三间，硬山箍头脊，代（带）兽头，小式作法，长9.30米，明间3.20米，次间3米，西僚房三间。绘有简画平面图。

县志、府志所记均为金大定二十年，而普查资料写作辽，时间略有出入。在与村里人调查所谈寺庙格局等情况，同普查资料大致相同。

净宁寺，坐北朝南，东西宽约二十四五丈，南北有三进大殿。村里人说，净宁寺占地100亩，有房屋99间，南至河边。南面有山门，不是很大。门前一边1棵大树，原来是3棵，号称“老大”、“老二”、“老三”。门内，两边是四大金刚泥塑站像，脚踩八怪。看来，这里应是门殿合一，山门即是第一进殿金刚殿或天王殿。

进院，为东西配殿各三间，在东配殿北房山有1棵大榆树。东配殿供奉关公泥塑坐像，两边有周仓、关平侍立像。墙上绘有壁画，在南面山墙上，画有一只灯笼，还烧了一块，很传神。西配殿据说供奉的是麻姑等3尊泥塑坐像。北为正殿，殿前筑有月台，殿门前东侧扣一口大铁钟，高约1.5米。过去庙里是小学，村里人还在这里读书，大人常对孩子说：“别把钟弄开，里边扣着贼呢！”意在不让孩子碰钟。月台前下边，一边1通石碑，都是龟趺座，村里人称为王八驮石碑。西边碑座，大王八上还趴着一个小王八。据说两个王八是一公一母，底下大的母王八，母王八到河里偷水喝，被雷劈了，所以盖子上有一个大口子，后来用铁锔子给锔上了。这2通石碑，1通据说弄到西河沿儿垫水井了，另1通散落在离村委会不远的街头。街头石碑（图32）为清顺治五年（公元1648年）重修碑，上有“万历年间重修”等字样，说明净宁寺明清时曾经重修。

图32　平谷镇西鹿角村净宁寺内石碑，现散落街头

正殿，也就是二层殿，面阔三间。村里人称为罗汉殿，两边为十八罗汉泥塑

像，中间有一鳌鱼，下为莲花瓣座。东有托塔天王站像，西有韦驮站像。据此，中间供奉的神像应为佛祖释迦牟尼，而这座大殿应为全寺主殿大雄宝殿了。村里人说，神像为木雕鎏金，被人从泃河乘船偷走了。正殿墙上绘有壁画。其中画一道影壁，影壁后有一个火鸽子，过去不让上学的孩子摸："谁也不能摸，一摸鸽子就着火！"另外，据说罗汉殿梁上有一个济公的小塑像。大柁上绘有彩绘，所绘之龙都鼓凸出来，就像活的一样。有一罗汉拿着球逗柁上画的龙，把龙都逗得飞起来了。可见塑像与彩绘的传神。

后院，有4棵柏树，一角1棵。北为后殿，没有月台，中间一道砖砌甬路，殿门前砌筑8步台阶。前有东西配殿各三间，东配殿过去住和尚，西配殿为学校。后殿有西耳房一间。后殿据说为菩萨殿，村里人说他们小时殿内的神像就没有了，只看到神台上有3个莲花瓣座，听说很早就被人偷走了。据说供奉的是文殊、普贤等菩萨。墙上绘有壁画。在后殿正脊中间，有一个小庙，高约60公分，里面也供一小佛像。后殿神台下有一眼水井，村里人说通丫髻山，也有人说通邦均那边。

据村里人说，净宁寺里有大大小小的神像72尊，寺东西还有跨院，规模很大，过去在北京都有名。村里还有"先徐后贾后赶刘"之说，这当是指姓徐的人先来到西鹿角村，而后姓贾的、姓刘的才陆续到来。并有"老徐家出地100亩，老贾家出人看庙"之说。农历四月二十一为庙会，到时说书唱戏，全村人都来进香。

净宁寺神像毁于1948年，殿堂建筑毁于20世纪五六十年代。

庵庙，位于村东头，坐北朝南，建在一座高台上。有院落，南为一座小山门，前有十几级台阶。有正殿三间，殿内神台上，供奉观音菩萨泥塑坐像，在同一神台上，观音像前边，东为龙王爷（一般应是龙女），西为红孩妖。庵庙东西有跨院。抗战时期，村里人在院西南角搭一个打更的窝棚，黑夜有人站岗放哨，日军来扫荡时就报警。

20世纪50年代，村里人在庙里编盖顶、茓子，一不小心把篾子引着了，结果把庙给烧毁了。

9. 西寺渠村

西寺渠村，旧有道教庙宇八蜡庙、二郎庙、五道庙及佛教庙宇庵庙、菩萨庙。

八蜡庙，位于老庄村西。

八蜡庙，即虫王庙，供奉虫王之庙。平谷地区虫王庙仅有5座，3座名为虫王庙，2座名为八蜡（音同“乍”）庙。八蜡，我国上古时代人们在腊月（农历十二月）举行农事祭祀活动的名称。说到底，八蜡就是与农事有关的8种人事，包括神农、后稷、田间房舍小道、水庸（水沟）、昆虫等。后来民间将八蜡供奉为专门驱除虫害、捍御灾荒的神明——虫王。清代袁枚在《新齐谐·鬼多变苍蝇》中写道：“虫鱼皆八蜡神所管，只需向刘猛将军处烧香求祝祷，便可无恙。”这即是说，刘猛将军就是虫王了。

当然，民间对于虫王有几种说法。一说虫王是鹙，一种水鸟。金代时，有一年华中一带眼看要秋收了，不料发生蝗灾，蝗虫铺天盖地而来，百姓焦急万分。这时，天边飞来成千上万只鹙，很快把蝗虫消灭殆尽。朝廷闻悉此事，即封鹙为“护国大将军”。由于鹙是蝗虫天敌，功劳卓著，所以受到人们崇拜。每当蝗虫灾起，农民就祈祷“虫王爷”赶快飞来，救护庄稼。而更多人认为虫王爷是一位勇猛武将，即“刘猛将军”。刘猛，一位姓刘的猛将军，到底是谁，说法不一，其中以刘锜影响最大。刘锜，甘肃静宁人，南宋抗金名将，后来受奸相秦桧排挤，仅任地方官职。任上整顿田亩，治理水患，为百姓做不少好事。因驱蝗有功，被宋理宗封为“扬威侯”、“天曹猛将”。古人认为刘将军“生则敌忾效忠，死而捍灾御患，其世祀也固宜”，说他死后做了“虫王爷”。

八蜡庙，民国二十三年《平谷县志》“坛庙”中有简略记载：“八蜡庙，在县城西南寺渠庄。”至于所供奉的神祇，没有具体记述。

调查中，村里人谈道：八蜡庙坐北朝南，东西宽约40米，南北长约60米。南为山门，为一砖砌门楼，门前有五六级石阶。山门前西侧有1棵大槐树。进山门后，东南角有1座钟楼，一间，方形，一层，悬挂有1口大铁钟，高约1.5米。西边没有鼓楼。北为前殿，面阔三间，前出廊。殿内供奉8尊泥塑像，其中西边第一尊神像是炎帝，即神农氏，裹着树皮、树叶等。前殿有东西耳房各一间，西耳房供奉药王泥塑坐像，东耳房供奉雹神泥塑站像，雹神龇牙咧嘴，右手举着一根狼牙棒。殿内悬挂蓝地大匾，匾上字迹村里人记不清了。前殿没有东西厢房，也没有后门，从前殿东山墙外可到后院。

后院，有东西厢房各三间，民国时期东厢房作为学生教室，在此之前这里是否供奉神像不得而知；西厢房南间为老师所住，北间为村里办公之所。北为后殿，殿前一边 1 棵绒花树，东边的绒花树近 2 搂粗细，西边的绒花树 1 尺来粗。西边绒花树下有 1 通石碑，方座，碑高约 1 米七八。后殿面阔三间，前出廊，供奉 3 尊泥塑像，村里人说都长得龇牙咧嘴，挺“呐”（音 nē）的，具体是什么神像不清楚。

1946 年，国民党军（俗称顽军）在西寺渠西北角修一座炮楼，把东西厢房拆了，将砖弄去修炮楼了。八蜡庙毁于 20 世纪 60 年代末，拆大殿盖了 7 间教室。

原平谷区政协副主席韩牧苹先生曾在《平谷城关旧时风貌》的文章中写道“八蜡庙”：

“大殿中北面台上并坐八神，皆兽面人身或袒露上身，兽皮裹腰。八蜡就是祭八神。那八神是：

先穑：是指最先教民稼穑者，即炎帝。

司啬：后稷。

农：古代田官之神。一般认为是神农。

邮表畷：始创田间庐舍，开道路，划疆界的人。

猫、虎：谓猫能捕食野鼠以护田禾，虎能食野兽以护农人，故祭其神。

坊：堤坊。

水庸：水沟。以蓄水浇灌或排水治涝，故祭之。

昆虫：祭昆虫，以免虫害。

看过八蜡诸神，仿佛见到人类的远祖在那榛林莽莽、鹿豕狉狉的洪荒时代，构木为巢、刀耕火种地艰难求生的情景。”

韩牧苹先生是文化人，曾做过平谷中学校长及管文化教育的副县长。先生所写与村人所谈，可互为补充。这些神像当为先生亲眼所见，所写也应有所本。周代《礼记·郊特牲》中记载：“八蜡以祀四方”。东汉经学家郑玄为之注到：“四方，方有祭也。蜡有八者：先啬一也，司啬二也，农三也，邮表畷四也，猫虎五也，坊六也，水庸七也，昆虫八也。”先生所写与郑玄所注基本一致。

民国二十四年《三河县新志》卷四《舆地志·典礼篇》记载：八蜡注，在南店张相公庙内，前殿中供刘猛将军及八蜡神像。按降灵录，刘猛将军名承忠，元末授指挥，能捕蝗。后因鼎革自沈（或有沉字之意）于河。有司奏请立庙，授猛将军，同治五年封号普佑。八蜡，按礼郊特牲八蜡注：蜡祭八神，先啬（或为穑字）一，司啬二，农三，邮表畷四，猫虎五，坊六，水庸七，昆虫八。平谷与三河一衣带水，南北相邻，现在平谷境内西部及南部部分村落，过去就隶属于三河所辖。风俗习惯、祭祀之神等两地大致类似，故录三河县志所记于此，以为参考。

旧时靠天吃饭，对于天灾蝗虫，人们只好祈求虫王爷显灵，消灭害虫，保护庄稼。相传，正月十三是刘猛将军诞辰日。有些地方到时官方要进行祭祀，民间要举行迎神赛会，抬着刘猛将军神像游街。平谷地区似乎没有这些活动。民间有六月六是虫王爷生日之说，人们到时要到虫王庙去烧香上供的。

二郎庙，位于村东北，在东、西寺渠两村之间。

二郎庙，供奉二郎神之庙。二郎神，道教俗神，传说司水，影响相当广泛。其信仰起源于蜀，但所指不尽相同。一是秦代蜀郡太守李冰第二子，助父斩蛟锁龙，筑堰平患，蜀人奉为灌口二郎神，祠祀不绝。二是隋代嘉州太守赵昱斩蛟定患，后又显灵平定水灾，民感其德，立庙灌口，奉为二郎神。三是晋襄阳太守邓遐，斩水蛟除患，乡人立庙祠祀，因曾为二郎将，后尊为二郎神。四是《西游记》与《封神演义》中，所写玉皇大帝外甥杨戬，神通广大，曾诛六怪，劈桃山。其额上多1只眼睛，手执一把三尖两刃刀，皂靴前还有一条啸天犬。自古以来，在我国民间俗神信仰中，多以四川灌口为二郎崇祀正宗，且有迄今屹立在都江堰岷江东岸的二郎庙（又称二王庙）。全国许多地方都建有二郎庙，凡有水灾，必祈祷于二郎神。

平谷地区二郎庙所供奉的，几乎都是《西游记》、《封神演义》中描绘的二郎神杨戬。就全国而言，有水灾，祈祷于二郎庙中二郎神。可平谷地区遇水灾，则每每祈求于龙王，所以区内多建有龙王庙。而平谷百姓建庙奉祀二郎神，或许是因其神通广大，以祈求保佑一方平安吧。包括那只啸天神犬，也自为百姓所爱，旧时乡村，多有养犬，以看家护院。

民国二十三年《平谷县志》记载：“二郎神庙，在县城南寺渠庄。”此庙应毁得很早，在20世纪30年代后期就已经不存在了，以致现在谈起来，连七八十岁的老人也只记得有殿三间，坐北朝南，殿里有泥像。他们小时看那片庙址约有1亩多地，估计规模应该不小。村里人依稀记得，过去二郎庙里有个老道，用水罐到前边水沟提水。水沟有一泉眼，往外一个个地流米粒，够老道吃了。谁知老道不满足，想把泉眼挖大点儿，好多流些米。不曾想，一挖米就再也不流了。修行之人竟然也生贪心！二郎庙早已毁了，可这个传说还在当地口口相传。

在调查中，也有人说二郎庙大致毁于1941年或1942年，庙仅为一间，以砖垒砌，建在一座大土坎子上，没有围墙，从南面大坡上去。庙里为1尊站像。正月二十八烧香。现在土坎子都推平了。估计二郎庙不会是一间，区区一间小庙是不会写入志书的。

五道庙，位于老庄西北角，现在村委会东北角，坐北朝南，一间，画有五道等神像。过去村里有人去世了，白天不用说了，若是黑夜，家里人往往提着灯笼、端着小簸箕，一路哭着去烧纸报庙的。五道庙毁于20世纪40年代末。

庵庙，位于村西，现在村中间，在八蜡庙后边，接一条道。庵庙建一大土台上，坐西朝东，西边、北边是水坑，南边临道。庙前南侧有3棵大青杨树，每棵杨树都2人搂抱不过来，村里人夏天常来这里乘凉。庙内供奉观音泥塑坐像，两边为善财童子和龙女侍立像。庵庙毁于20世纪40年代末。

菩萨庙，位于村南，坐南朝北，正对路口。庙仅为一间，供奉观音菩萨泥塑坐像，毁于20世纪40年代末。

过去东、西寺渠是一个村，平谷古代八景之一的“泃水晚渡”（图33、图34、图35）就在村南东。村里流传着一个关于皇帝渡河的传说。说是过去哪代的一位皇帝，人家追他，到泃河边过不去了。这时出来一只小船，铜帮铁底，把他渡了过去。到了泃河这边，一眨眼船没了，渡船的人也没了，而追兵也追不上他了。这个传说有些传奇色彩，毕竟过去这里有渡口及渡船的。

图33 清雍正六年《平谷县志》所绘平谷八景之四泃水晚渡

图 34　民国二十三年《平谷县志》所刊“泃河晚渡”照片

图 35　20 世纪 30 年代所摄平谷寺渠码头，平谷老八景之一“泃水晚渡”即指此处

10. 下纸寨村

下纸寨村，旧有道教庙宇二郎庙及五道庙。

二郎庙，位于村北，过去大队的老库房处，坐北朝南，东西宽约 10 多丈，南北长约 10 多丈。南为山门，对开木门，约 2 米宽。山门前两侧各有 1 棵大槐树，有 4 搂多粗，早已空心。抗战时期，日军向村里要劈柴，放了。院内西侧，有一块大石头，约 1 米高，2 米见方，相传石头底下是井，后来平了，也没发现井。院内东侧，建有两间小房，为看庙人所住。北为大殿，面阔三间，盖的比较陡，据说是木匠与瓦匠闹翻了，故意让瓦匠不好瓦（音 wà）。大殿有东西耳房各两间。西耳房画有菩萨画像。大殿内砌筑神台，神台上供奉 2 尊泥塑坐像，东为二郎神杨戬，前有哼哈二将 2 尊站像，2 尊站像中间为啸天犬；西为关公，红脸庞，头戴布巾，身着绿袍，西侧为周仓、关平 2 尊站像。坐像前有 1 尊关公木雕像，高约三四十公分。墙上绘有壁画，主要是桃园三结义及关羽故事。过去村里孩子淘气，挖画像的眼睛，说有金子。大殿辟后门，庙后为庙产，约 10 来亩地。庙西侧为四五丈宽的跨院。庙东侧为大水坑，1948 年将神像全推水坑里去了。二郎庙于 1972 年拆毁，建了大队的库房。

五道庙，位于村中心，临街，坐北朝南，建在一座高台上，台有 1 米多高。庙前有 1 米多宽的石台，砌筑五六步石阶。庙仅为一小间，北墙画有神像，东西两山也有画像。庙内摆着3个石香炉，为长方形石头，1尺多长，八九寸高，六七寸宽。中间的香炉略大些，两边的略小些。五道庙毁于20世纪六七十年代。

11. 园田队村

园田队村，旧有纪念性祠庙药王庙、老爷庙及道教庙宇火神庙、五道庙、红庙。

药王庙，位于老县城西门外南岔子街南口路西高台上，在村北部中心。

药王庙，主要供奉我国古代历史上或传说中的名医。药王，道教俗神。由我国古代历史上或传说中的名医演化而来，如神农、扁鹊、孙思邈等，都被后人尊为药王，奉祀不辍。平谷地区药王庙，所供奉药王多为唐朝著名医学家孙思邈。

药王庙，坐北朝南，东西宽约40米，南北长约50米。前殿临街，有十几级台阶。殿前两边一边1个石旗杆座，俗称夹杆石。西侧夹杆石西南二三米远处，有1棵大古槐，称作露根槐，有三四搂粗，树心已空，人可从其中上下。大概过去由于长年水土流失，而冲出根来，数十条老根，露出地表，高约丈许，蟠曲遒劲。人或坐根上休憩，或在根上拴牲口，旧时为平谷城关一景。老槐树于20世纪50年代伐倒，今存民国时期所拍露根槐照片（图36），树前人名段富国，新中国成立后在村当保管，老家在静海县。照片上的牌匾写着的小学校名，为现在二小前身。

图36　平谷镇园田队村药王庙及露根槐（约摄于民国时期）

药王庙临街的为前殿，面阔三间，前为槅扇门，后面辟后门。殿内没有神像。前殿东西两侧各有一座小便门。从“露根槐”照片上可以看出，前殿为单檐卷棚顶。进入山门后，有东西厢房各三间，没有神像，在民国时就已辟为学堂，而作了教室。北为大殿，药王庙主殿，面阔三间，从“露根槐”照片上大致看，有大脊，合瓦垄，单檐硬山顶。大殿有东西耳房，不是原有建筑，西耳房建于抗战时期，东耳房建于解放战争时期，住学校的老师。大殿前有月台，方砖铺墁，东西两侧和南面中间砌有石阶踏步。殿内砌筑神台，神台上供奉3尊泥塑坐像，中为药王爷，由于时隔已久，村里人已说不出东西2尊神像名字。像前两侧没有站像。而韩牧苹先生在20世纪80年代所写《平谷城关旧时风貌》文中，说药王殿中供奉药王菩萨、眼光娘娘（治眼疾）及送子娘娘（治不育）等。由于药王庙毁于20世纪70年代，神像所毁更早，不妨并存二说，以备后察。

园田队村药王庙前约50米处，有一座戏楼，坐南朝北，正对药王庙。戏楼东西宽约20米，南北长约30米。前为演出的台子，石头座，台面以砖铺墁。后为两条脊楼子，楼为砖砌，前角东西两侧各有两个立柱，脊上饰以小人、小马等。戏楼廊柱、斗拱、彩画，与整个建筑十分和谐。台上右门写着“遏云”，左门上书“迴雪”，以示台上所唱所奏，其声不同凡响。在上下门间的上边，悬挂一方大匾，写着“演古励今”四个大字。旧时有“平谷戏楼盖京东”之语，说明这座戏楼规模之大、工艺之精，可惜20世纪50年代中期，为盖县委礼堂，将戏楼拆毁。过去每年农历五月十六日为药王庙会正日，庙会一般5天，香火极盛。韩牧苹先生回忆道：“三位娘娘座前摆着很多缠足妇女穿的小尖鞋，眼光娘娘脖子上放着不少布制的眼镜。”在庙会期间，连周边县的人都蜂拥而来。每当庙会时也唱大戏，青年小伙子往往从老槐树干空洞内爬上，坐老枝干上看戏，可容数十人。

平谷地区有药王庙18座，尤以园田队村药王庙规模最大，也最具影响。

老爷庙，位于村中间五道庙南约100米处，坐北朝南，面阔一间，中间横砌一堵隔断墙。南为老爷庙，画有关公坐像，两边画有周仓、关平站像；北为菩萨庙，庙北面有一道影壁，影壁南面写有字迹。庙内画有观音菩萨坐像，两边为善财童子和龙女侍立画像。过去农历二月十九菩萨生日，也在这里搭灯棚。1976年唐山大地震时，震塌了一个山尖。老爷庙毁于20世纪70年代末80年代初。

火神庙，位于老县城南门外，护城河岸一高台上，现为园田街中段路北。

火神庙，供奉火神之庙。火神是我国民间俗神信仰中的神祇之一。火的发明和使用在人类文明史上具有重要意义，人们崇敬火的发明者和管理者，尊其为火神。我国火神主要有祝融、炎帝、回禄（又称吴回）。此外，还有管理火种的火神，名阏伯。阏伯为传说中的原始社会五帝中帝喾长子，帝喾代高阳氏颛顼为帝王后，封阏伯于商丘，专门管理火种，称作“火正”。还有一种说法，阏伯为夏禹王时一部落首领，功勋卓著，禹王赐阏伯子姓，“封商地，任火正”。阏伯为造福黎民，建“火台”，传百姓取用，人们遂奉为“火神”。至今河南商丘还有古迹火神台，台上建有火神庙，供奉阏伯神像。

火神庙在平谷地区历史上建有8座，除峨嵋山村的火神庙是小三间外，夏各庄村火神庙、东上营村火神庙、洙水村火神庙、大官庄村火神庙及黄松峪村火神庙，都一间大小，或泥像或画像，较为简陋。火神庙无论大小，无论宏阔还是简陋，所供奉火神，既是对火神的祭祀，也是祈求火神保佑一方平安，不要发生火灾。

对于老县城火神庙，民国二十三年《平谷县志》“古迹·坛庙”中只简略记载一句：“火神庙，在县城南门外”，其他别无多述。《北京市平谷县地名志》谈及火神庙，说建于明朝。

火神庙，坐北朝南，东西宽约100米，南北长约四五丈。南为山门，对开木门。门前一道照壁，长约10米，以砖砌筑。从照壁两边上来，才可进入山门。山门为一砖砌门楼，山门前有七八棵松树，都有1搂粗细。庙南面过去是滥葬岗子，据说那里曾杀过人。

院内，有松树六七棵。前殿，面阔三间，为庙主殿。殿内砌筑神台，神台上供奉火神泥塑坐像，约2米多高，金身赤面红须，身后火舌缭绕。后殿面阔五间，供奉十八罗汉等，墙上绘有壁画。

据韩牧苹先生回忆，火神庙内东西有钟鼓二楼，且有东西配殿与耳房。殿阁崔嵬，松柏辉映，恢弘壮观。

庙西侧为跨院，前殿前边西侧设一便门，可直通西院。西院南边也有单独的一道大门。跨院约占地20亩，火神庙有自己的庙产，秋收时节在此作场院使用。火神庙的僧人住西院，另外庙里的马车、牲畜等，也在西院存放、饲养。韩牧苹先生在《泃阳杂录》中回忆“火神庙”：“正院西边门外为花园，有芍药、牡丹等名贵品种，寺僧还以其地种蔬菜。园中有水井1眼，颇利于浇灌。”看来，跨院里还是栽种了一些花草的。

每年农历二月二为祭火神之日，祭日前后有5天庙会。火神庙庙会与城隍庙庙会为旧时平谷县城规模最大的两个庙会。火神庙会期间要唱对台戏，即一台大戏和一台小戏。大戏的戏台搭得高大，戏班人数较多（一般五六十人），剧种为河北梆子、京剧等；小戏的戏台则搭的较小，戏班人数不过十几人，剧种是评戏（当时叫“落子”或“蹦蹦戏”）。两台戏人们可以随便观看，无需门票。

火神庙庙会因为在旧历二月初，正值一年农事的准备阶段，故出售生产工具者很多，如犁、铣、镐、镰刀、锄、耙、杈子、扫帚、笼、筐等物；再一类较多的商品是农民的生活用品，如锅、碗、盆、刀、勺、铲、杖之类。同时，卖小孩玩具的也不少，像泥娃娃、布老虎、小喇叭等。当然，最吸引孩子的是吹糖人、捏面人、棉花糖。庙会上还有唱大鼓的、舞刀弄枪卖艺的、拉洋片的、要猴的、跑马戏的等。入夜，有夜戏夜市，灯火辉煌，人声喧闹。尤其初二夜晚烟火老会，早早将烟花放置庙场西南角，天黑后燃放。开始是零星的鞭炮声和少量的“旗花”，之后接连不断地放出烟火，各种各样色彩、声响和变化，五光十色，令人目眩耳迷。最后“九连灯”，将“烟火”推向高潮。九连灯是把烟火和灯笼绑一高大的木架上，燃放时点着下端，在火花四射、烟雾腾腾中，那一串大灯笼自空而降，灯明火亮，灯罩上彩绘鲜艳，奇丽壮观。

火神庙毁于20世纪50年代初，县里在此建平谷轧花厂。60年代初，轧花厂失火，人们说：“把棉花放火神庙，还不着火。”也是一种因意外而造成的巧合。

五道庙，又称七圣神祠，位于村中间，在药王庙东面约100米处，坐北朝南，面阔一间，画有山神、土地、苗神、虫王、龙王、五道等7尊神像，龙王位居中间。两山墙画有降雨等壁画。五道庙毁于20世纪70年代。

红庙，位于过去老城区西门外南侧南岔子街，现在二小东边、妇幼保健站北边，那座公共厕所即是红庙庙址处。红庙坐北朝南，没有院落，就是一座三开间的殿，殿内供奉苗神泥塑坐像，两边没有站像。过去每年六月六祭祀苗神，保佑秋天有好收成。那时祭祀较为简单，乡村地保弄点便饭，弄壶水酒，周边村人上等户带点钱财来上供即可。过去夜里打更的也住庙里。烟熏火燎，墙上有什么都看不清了。过去建设街那片人家，也来这里烧纸报庙，看来也兼具了五道庙的功用。这里有一句老话，说是人死的鬼见庙就进去。红庙早已无存。

12. 岳各庄村

岳各庄村，旧有7个井8个庙之说，是说村里过去有7眼吃水井，都是挖下去，再用石头甃的。8个庙即指村里过去建有8座庙宇，包括纪念性祠庙老爷庙、道教庙宇八蜡庙、龙王庙、土地庙、五道庙及佛教庙宇福寿庵、菩萨庙、观音庙。

老爷庙，位于现在村中心，过去在村东北，坐北朝南，东西宽约3丈，南北长约4丈多。庙前正对丁字街口，建在一座庙台上。庙台高约1米，以石砌筑，没有院墙。台上没有树木。庙前东侧有1通石碑，高约2米多。庙有正殿三间，前出廊。殿内供奉关公泥塑坐像，红脸庞，黑胡子。两边一边有2个侍立像，其中周仓拿刀侍立东边，关平侍立西边。墙上绘有壁画，都是与关羽有关的如桃园结义、大破黄巾、过五关斩六将等故事，根据故事情节，一幅幅画用浪花一圈，让人能够很清楚地看出来，就像今天的关羽画册。过去村里人到春节时，到老爷庙上供进香，称之为“上平安供”。老爷庙毁于20世纪60年代初。

八蜡庙，位于村西部，一间，主要有神农、伏羲、虫王爷3尊画像。神农身着树叶、头上有两个小犄角，伏羲手里捧着一个八卦图，虫王爷抱一罐子。八蜡庙毁于20世纪60年代。

龙王庙，位于村西泇河东岸，村里人小时都没见过，大概在20世纪二三十年代就没有了，只有地基。大致可以看出，龙王庙为一间。村里人说，建这个龙王庙，就是为保护村庄。过去一发大水，村里人就到龙王庙烧香磕头，祈求别发水了，保护村里人别挨冲。

土地庙，位于村西南菩萨庙北约200米处，坐北朝南，建在一座小方台上。庙前有1棵槐树。庙台上有一方形石柱，高约1米，下为石基，方柱上是一平放的石板，石板上为石香炉。庙仅有一小间，庙内北墙为画像，已经看不清楚了，村里人也不知道啥时画的，应该画有土神等3尊神像，因为北墙画像下砖砌一神台，摆着3个石香炉。土地庙毁于20世纪60年代。

五道庙，位于村东头福寿庵西南角南墙外，贴墙而建，坐北朝南，面阔一间，画有五道等神像，毁于20世纪60年代初。

福寿庵，也称庵庙，又称东大庙，位于村东头，坐北朝南，东西宽约10丈，南北长约10丈，一个很方正的院落。南为山门，一座砖砌门楼，对开木门。山门前是一片小广场，西南侧有3棵大槐树。距山门前3丈处有一道墙，墙长约七八丈，墙外是大街，墙西侧有11步台阶，沿台阶而上可到小广场。院内北为大殿，殿前东侧1棵大柏树，约2搂粗，村里人称之为“胭脂柏”。还有2棵“片柏”，分别位于殿前西间窗外和山门内东侧。大殿门前西侧有1通石碑，高约2米，下为须弥座，正面碑首楷书“福寿庵记”四个大字。殿前西侧，有西禅堂3间半，西禅堂南山墙就是山门墙。20世纪30年代时，这里为村学校。院东南角有一间仓房。进山门，在山门东，紧挨着山门，建有南倒座一间，里面供奉韦陀泥塑站像，面朝北，双手合十向上，降魔杵横于腕上。

福寿庵大殿面阔三间，东西耳房各一间半。耳房住看庙和尚及杂工等人。殿顶为合瓦垄，大脊饰螭吻，垂脊有小兽。大殿内，中间砌筑神台，神台上摆满了小木雕像，都是站像，足有三四排，一排六七个，每个雕像的形象各异。这些小木雕像后来大多失落了。既然前面供奉有韦驮站像，正殿就应该供奉的是佛祖，会不会是以前有佛祖塑像呢？或者木雕像中有佛祖像呢？如果木雕像有佛祖塑像，那么，其他小木雕像大概就是十八罗汉了。大殿西间，供奉药王爷泥塑坐像，高约60厘米。东间空着。殿内没有壁画，檐下施以彩绘。

1954年，村大队将福寿庵作为库房。后来村里分为7个生产队，粮食装不下了，就把庙拆了，时在20世纪60年代初。

菩萨庙，过去位于村西南角村头，现在是菜园，坐西朝东，正对街口。菩萨庙南北宽不足3丈，东西长约四五丈，前有小院，东为山门，一座小门楼，对开木门。院内没有树和石碑，正殿为小三间，前出廊。殿内神台上，高约1米。神台上供奉1尊菩萨泥塑坐像，高约2米，村里人称为菩萨奶奶。在神台上，菩萨坐像两边，右前方1尊泥塑站像，村里人称为“红孩妖”。由此看来，左前方还应有龙女侍立像。而这尊菩萨像，就应该是观音菩萨了。神台前有供桌。菩萨庙后为一片空场地，有1棵大槐树几搂粗，都长空了。当地村民一般都春节时来进香。菩萨庙毁于20世纪60年代初。

观音庙，过去岳各庄村东南有一道墙垛，每逢年过节，村里人就在那墙垛上贴上纸的观音菩萨像，两边还有一副对联：“西湖三月景，南海一枝春。”横批：

“观音大士。”因为观音也有“南海观音”之说。村里人把这道墙也称其为观音庙。现在这道墙垛已无存。

13. 赵各庄村

赵各庄村，旧有纪念性祠庙老爷庙、道教庙宇五道庙及佛教庙宇菩萨庙。

老爷庙，位于村东头，坐北朝南，前临东西大街。南为山门，一座砖砌门楼。山门前东侧，有1棵大槐树，足有二三十米高，4搂多粗，直径有2米多。站在北边熊儿寨四座楼山上，能看到这棵大树，上面有很多老鸹窝。1958年县里盖招待所礼堂，把树给放了。山门东侧有两间南倒座房，为马殿，一边1匹泥塑马像。院内，正殿前有四五棵大柏树，最大的1棵有1搂多粗。1958年村里做高粱酒，放柏树做木桶了，只是后来酒也没做出来。正殿西侧，有厢房四间。正殿面阔三间，西耳房三间。殿内神台上，供奉关公泥塑坐像，两边一边有2尊站像。20世纪60年代初，拆老爷庙改造村小学。

五道庙，位于村中间，坐北朝南，东西宽约4丈，南北长约七八丈。南有山门，一座砖砌门楼，山门前为四方平台，以砖铺砌。平台上一边1棵大槐树，约二三搂粗，树干已空，可钻进人去。院内，前殿，殿前砌筑月台，前有五六步台阶。前殿面阔三间，殿内为画像，画有龇牙咧嘴的小鬼等叫差的。前殿前出廊，过去村里报庙的人，一般都在走廊两边报庙，两边也有画像。在前殿后房檐下，有座一出水的小门，朝北，中间存放灯笼等物。前殿东侧有便门，可进入后院。后院，有东厢房两间，为看庙人所住。后殿面阔三间，西间单隔出，住人。中间和东间贯通，神台上供奉2尊菩萨泥塑坐像，通高约3米来高。如此规模的五道庙，在全区不多见。1971年，拆毁五道庙，盖村大队部了。

菩萨庙，位于村北，孤零零仅为一间，坐南朝北，画有观音菩萨等像。菩萨庙毁于20世纪60年代。

二、兴谷街道

兴谷街道，辖5个行政村，旧有大小庙宇17座。分为纪念性祠庙2座，主要是关公庙；道教庙宇11座，主要是三官庙、五道庙；佛教庙宇4座，主要是菩萨庙。这些庙宇都已无存。

14. 杜辛庄村

杜辛庄村，旧有道教庙宇五道庙。

五道庙，位于村西北，坐北朝南，庙前一道影壁及1棵大槐树。五道庙面阔一间，中间横砌一堵隔断墙。南面，北墙画有五道等神像，两山画有判官、鬼卒等画像。在西墙上还画着一盏鲜红的灯笼，就像真的一样。门两边画有秦琼、尉迟敬德门神像；北面，辟券拱门，庙里画有观音菩萨坐像及善财童子和龙女侍立像。五道庙于1958年拆毁，大槐树（图37）尚存。

图37　兴谷街道杜辛庄村五道庙前大槐树

村东北有杜辛庄遗址。《平谷文物志》记载：杜辛庄遗址在1982年3月第二次文物普查中发现，占地面积约6000平方米，东、南至农田，西、北至鱼塘，东西长150米，南北长40米，其中有一条长40米、宽8米的灰沟，包含物丰富。20世纪80年代，对部分遗址进行清理，发现1处卵石铺成的圆形房基，出土、采集到大量石器、红色夹砂陶片及灰、褐色陶片，陶片多饰以细绳纹。根据出土器物特征，应为商代遗址。

图 38　兴谷街道杜辛庄村杜辛庄遗址西汉墓葬挖掘现场

图 39　兴谷街道杜辛庄村杜辛庄遗址东汉时期砖窑挖掘现场

为配合兴谷开发区建设，北京市文物研究所和平谷区文物管理所组成勘探队，于 2006 年 12 月至 2007 年 1 月，对遗址进行考古发掘。实际发掘面积 1980 平方米，共发掘遗迹单位 41 个，包括汉代墓葬（图 38）17 座、汉代砖窑（图 39）12 座、明代墓葬 12 座，出土铜、陶（图 40）、铁质各类遗物 160 余件。数量丰富，时代特征鲜明，区域特点突出，为研究北京地区汉代考古学及平谷地区社会经济史提供了新的资料。而汉代砖窑的发现，进一步揭示了我国古代窑业发展的内涵。明代墓葬的发现，在一定程度上丰富了北京地区明、清考古学研究的内容。据此，出版了《平谷杜辛庄遗址》一书。

考古发掘证明，杜辛庄遗址为汉代至明清遗址，未发现商代遗物。

图 40　兴谷街道杜辛庄村杜辛庄遗址中东汉墓葬出土的陶灯（复原）

15. 后罗庄村

后罗庄村，旧有纪念性祠庙老爷庙、道教庙宇三官庙、五道庙及佛教庙宇菩萨庙。

老爷庙，位于村西街口。过去那里有个大水坑，老爷庙在水坑西沿。老爷庙坐西朝东，东西宽约三四丈，南北长约七八丈，过去有院墙，后来坍塌了，就剩大殿。大殿为三间，供奉关公泥塑坐像，红脸庞，两边有站像，墙上绘有壁画。大殿明柱上，悬挂一副联语："日昌晶𣊫通天下，月朋𣊭䳊政乾坤"。横批："亘古一人"。1947 年推倒神像，20 世纪五六十年代拆毁老爷庙建村小学。

三官庙，位于村东南。

三官庙为供奉天官、地官、水官之所。三官，即天官、地官、水官合称。三官信仰源于原始宗教中对天、地、水的自然崇拜，三官功能为天官赐福、地官赦罪、水官解厄。因与人之祸福荣辱密切相关，故受到人们广泛崇奉。道教为我国本土教，常常把对中华民族发展起过重要作用的历史人物，树而为神。而三官来历说法不一，其中一种较为普遍的说法为，三官是我国远古三位部落首领尧、舜、禹，被道教封为三官大帝。因三官大帝的出生日是在三元日，即上元正月十五、中元七月十五、下元十月十五，所以三官又称三元大帝。供奉三官的三官庙、三元宫等遍布全国各地。平谷地区历史上有 23 座三官庙，后罗庄三官庙是具有代表性的一座。

后罗庄村南有一条河，村里人有"铜帮铁底运粮河"之说。三官庙就坐落河北岸，坐北朝南，东西宽约 5 丈，南北长约 14 丈。南为山门，一座砖砌门楼，对开木门。其砖"干磨细摆"，即磨砖对缝；椽是在方椽上为圆椽，再上又为方椽，村里人称"三出椽"。门楼上嵌"三官大帝"砖雕匾额。山门前约 3 丈远处，有一道砖砌照壁。照壁东西各有 1 通石碑，龟趺底座。东碑为"后罗庄建庄史"，西碑为"建旱水桥史"。

三官庙有前后两进大殿，前殿，西侧有厢房三间。东南角有 1 座钟楼，面阔一间，方形，二层，悬挂 1 口大铁钟，高约 1.2 米，上铸铭文。前殿面阔三间，进深三间，前边东西两边有门。前殿大脊高约 1.2 米，两端饰以鸱吻，两山垂脊饰小兽，殿顶为合瓦垄，瓦当有“朝天吼”。殿内神台上，供奉三官泥塑坐像，东西山墙绘有画像。在前殿东西山墙上，各镶嵌1通石碑，主要是建庙时捐款人的名字等，为功德碑。前殿西侧一道砖碹券拱门，可通后院。后殿前有东西厢房各三间，为看庙人所住。看庙人名王玉珠，本村人，会武术。后殿面阔三间，低于前殿，有东西耳房各一间。约在20世纪30年代时，后殿就已是空殿，村里人不知过去供奉什么神像。

图41　兴谷街道后罗庄村三官庙内遗物石门墩

三官庙毁于20世纪60年代末70年代初，现存庙内原来带有莲花浮雕的石门墩（图41）、1通石碑及一些石构件。三官庙南部一段残墙，现为一人家院墙（图42）。另外，三官庙前河已干枯，但还可看出河道痕迹。河上原来的“旱水桥”是一座石桥，在三官庙西南约四五十米处。村里人说，这座石桥建于明永乐年间（公元1403～1424年），现残存桥基、条石等，已半掩泥土中。

图42　兴谷街道后罗庄村三官庙现存的一段残墙

五道庙，位于村东路北，坐北朝南，面阔一间，中间横砌一堵隔断墙。南面，北墙为画像，中间为龙王画像，还画有五道等神像，两山墙也有雷公、闪公等画像。北面，开有北门，庙里画“千手观音”等神像。五道庙毁于20世纪60年代。

菩萨庙，位于村北口。过去北面的邻村熊尔营村南有一大水坑，坑中间有一大土包，土包上面建一座1丈见方的小庙，正对着后罗庄村，后罗庄就建了这座菩萨庙。菩萨庙坐南朝北，仅为一间，庙内画有观音等神像，砖垒供台。菩萨庙毁于20 世纪 50 年代。

16. 上纸寨村

上纸寨村，旧有道教庙宇三官庙、2 座五道庙及佛教庙宇菩萨庙。

三官庙，位于村南，坐北朝南，东西宽约 10 米，南北长约 26 米至 30 米。南为山门，砖砌门楼，门上镶嵌“三官庙”匾额。门前一片小广场，有一个打更的小房。前院，北为前殿，殿前两侧有 2 棵柏树，有 1 通建庙时立的石碑。西南角一座钟楼，二层，面阔、进深均为一间，二层上悬挂 1 口大铁钟，高约 2 米，上面铸有铭文。过去村里着火等有事时才敲钟。前殿面阔三间，供奉天官、地官、水官 3 尊泥塑坐像。前殿辟前后门，由后门可至后院。后院有 1 棵柏树，西厢房 3 间，厢房供看庙人所住及存放杂物。后殿面阔三间，供奉菩萨泥塑坐像。三官庙毁于 20 世纪五六十年代。

图 43　兴谷街道上纸寨村村中间五道庙前的老槐树

五道庙，全村有 2 座。一在村中间，这是一条大街，街北口为五道庙，南边是三官庙。五道庙坐北朝南，前有小院，庙前 1 棵大槐树，树已中空。大槐树曾被雷劈掉一半，剩下的部分二三个人也搂抱不过来。老槐树现在还活着，根部凸起了树瘤（图 43）；一在村西南，那道南北向街的北口，菩萨庙在街南口。五道庙前街口西边有 1 棵大槐树。2 座五道庙均为一间，画有五道等神像，毁于 20 世纪六七十年代的“文革”之时。

菩萨庙，位于村前街西南，为堵南北向街南口。菩萨庙坐北朝南，一小间，画有菩萨等画像。现已无存。

17. 中胡家务村

中胡家务村，旧有纪念性祠庙老爷庙、道教庙宇三官庙、五道庙及佛教庙宇菩萨庙。

老爷庙，位于村中心，坐北朝南，东西宽约5丈，南北长约15丈。南为山门，一座砖砌门楼，对开红漆木门。前有马殿，马殿前东边1棵大槐树，3搂多粗，树干已空；西边1棵大榆树，1搂多粗。马殿面阔三间，一边1匹泥塑马像，一边1位马僮。马殿辟前后门，可通院内。马殿东西两边各有一座小角门，都为砖砌门楼。院内，中为以砖铺砌的甬路，直通正殿。正殿前一边1棵大槐树，东侧1通须弥座功德碑，村里人已记不清碑上的内容及建庙或重修的时间了。正殿前西侧有厢房三间，存放杂物。正殿为老爷殿，面阔三间，东西耳房各两间。耳房住看庙的两个和尚。据说中胡家务老爷庙与岳各庄老爷庙一事，那儿看庙的和尚是这儿的徒弟。正殿前出廊，廊东侧悬挂1口大铁钟，高约1.2米，上铸铭文。殿内神台上，供奉红脸关公坐像，两旁为关平、周仓侍立像。墙上绘有壁画。正殿辟后门，可至后院。后院北为后殿，是菩萨殿，殿前有2棵柏树，各有1尺多粗，没有石碑。殿前建有东西禅堂各4间，旧时村公所就设在这里。菩萨殿面阔三间，东西耳房各两间。殿内神台上供奉观音菩萨坐像，两边有2尊侍立像，应该是善财童子和龙女。一边还供奉5尊小铜佛像。老爷庙毁于20世纪五六十年代，残存一碑座，上有浮雕人像，现砌在街边花墙内（图44）。庙内2棵古柏尚存（图45）。而原庙址早已成为村服装厂所在地，就以“双柏”命名。

图44　兴谷街道中胡家务村老爷庙内残存的碑座

应该说，中胡家务村老爷庙规模不小，以供奉关公为主，同时还供奉菩萨等神像，这种一座庙内甚至一座殿内供奉不同神像的现象，在平谷区较为普遍。

三官庙，位于村西南，坐北朝南，东西宽约5丈，南北长约8丈。南为山门，一座砖砌门楼。山门前为马路，路南有1眼水井。进山门，便有一间小殿，坐南朝北，殿里1尊泥塑站像，面朝北，正对北面的正殿三官殿。村里人不知此站像为什么神像，就道教而言，有可能是王灵官。院内没有树和石碑。三官殿面阔三间，殿两边有东西耳房，为看庙人所住。殿内供奉3尊泥塑坐像，为天官、地官、水官。两边还有站像。村里有“穷三官，富老爷”之说。过去一般初一、十五进香，人们大多到老爷庙，很少去三官庙，所以三官享受香火少，故有此说。三官庙毁于20世纪五六十年代。

图45 兴谷街道中胡家务村老爷庙内尚存的两棵柏树

五道庙，位于村西头，坐北朝南，仅为一间，庙前以砖垒砌一道影壁。庙内为画像，北墙画有五道等六七尊神像。过去要饭花子没地方去住，就住五道庙里。五道庙毁于20世纪五六十年代。

菩萨庙，位于村北，坐北朝南，东西宽约3丈，南北长约六七丈。南为山门，如乡村的二门楼子。山门前西南侧有1棵大槐树，约3搂多粗，树干已空。院内，北为正殿，殿前有2棵柏树，1搂多粗。正殿面阔三间，前出廊，殿内神台上，供奉3尊菩萨泥塑坐像，中间的菩萨右手拿一球，两旁没有其他塑像。菩萨庙毁于20世纪五六十年代。

18. 中罗庄村

中罗庄村，旧有道教庙宇五道庙3座及佛教庙宇菩萨庙。

五道庙，全村有3座。一在村西南菩萨庙前边，坐北朝南，建在一座高台上，东西两边是道，后罗庄、熊尔营人都走这两条道去平谷县城。五道庙为一间，画有五道等神像，附近贾家、韩家等家人去世，都到这座五道庙烧纸报庙；

一在村中间，坐北朝南，一间，画像。过去庙里住要饭的，经常有人给画像描描色。庙里老是烟熏火燎，墙漆黑，根本看不出画的是什么了。陈家人等附近人家有人去世了，家人就来这里报庙；一在村东北，原来属于前罗庄自然村村东。五道庙坐北朝南，仅为一间，画像。庙前1棵大槐树，后来放倒给学校打桌子了。3座五道庙都毁于20世纪50年代。

菩萨庙，位于村西南角，坐北朝南，东西宽约5丈，南北长约10丈。南为山门，平时不开。东侧有一小角门，平时进出的人都走此门。进门后，有一道砖砌影壁。影壁上镶嵌一幅石雕，上面雕有100条龙。过了影壁，进入前院，没有树和石碑。前殿面阔三间，殿内供奉观音菩萨坐像，两边有2尊侍立像，其中1尊为红孩妖。如此说来，这2尊侍立像就是善财童子和龙女了。在坐像前两侧，东边为韦陀站像，西边为托塔天王站像。墙壁上有画和字，如“慈航道士”等。殿内有匾额。前殿辟有后门，可通后院。后院有1棵老槐树，中间一条石砌甬道。北为后殿，高于前殿，面阔三间，东西耳房各一间，耳房为看庙人所住。后殿前面，在两山墙外建有东西厢房各三间，存放杂物。后来西厢房改作学校。后殿殿内供奉药王坐像，为铜铸，高约1米。还有其他铜像，村里人记不清是什么神像了。过去每年农历二月十九观音菩萨生日时，会在影壁东边搭一影戏台子，从唐山那边请影戏团来村唱影戏，曾演《五峰会》、《唐王征东》等剧目。1947年神像被推倒，庙毁于20世纪六七十年代的“文革”之时。

三、东高村镇

东高村镇，辖22个行政村，旧有大小庙宇68座。分为纪念性祠庙9座，主要是关公庙、三义庙；道教庙宇39座，主要是真武庙、三官庙、龙王庙、财神庙、火神庙、五道庙；佛教庙宇20座，主要是佛祖庙、菩萨庙。现在，东高村临泉寺前殿尚存。

19. 鲍家庄村

鲍家庄村，旧有纪念性祠庙关帝庙、道教庙宇五道庙及佛教庙宇普济庵。

关帝庙，位于村东北，坐北朝南，庙前1棵大槐树，有二三搂粗。庙面阔一间，庙内神台上，供奉关公泥塑坐像。传说庙前边有一块三角地，那里闹鬼，就建了这座庙镇着，因为关公是“伏魔大帝”。庙里有一个石香炉，黑夜村里一些孩子曾到庙里搬香炉，说可以练胆儿。关帝庙毁于20世纪50年代末60年代初。

五道庙，位于村东头，坐东朝西，建在一座高台上，高台西侧下面有1棵半拉老槐树，2搂多粗。庙为一间，庙内东墙画有龙王、苗神、虫王、马王、土地、五道等7尊神像。1947年土地改革推倒佛像时，把五道庙也拆了。

普济庵，又称菩萨庙，位于村西头。民国《三河县新志》“庙宇”所记鲍家庄有“普济庵”，看来村里人所记准确。

普济庵坐北朝南，东西宽约10丈，南北长约20丈。南有山门，一座砖砌门楼。山门前有空地，约2丈宽，下面有石阶。进入院内，村里人说是韦驮殿，面阔三间，辟前后门。殿内供奉韦驮泥塑站像，面向北，手拿金刚宝杵。韦驮像南面是大肚弥勒佛泥塑坐像。这应该是天王殿。从塑像两侧可以到后院。后面大殿为正殿，殿前一边1棵古柏，约2尺多粗。有东西厢房各三间，西厢房为看庙人所住，东厢房存放村会里的东西。大殿有东西耳房各两间，西耳房供奉狐仙。大殿面阔五间，前出廊，廊东侧悬挂1口大铁钟，约1米五六高。殿内神台上，供奉3尊菩萨泥塑坐像，中间为观音菩萨，两边有红孩妖和龙女侍立像。两山墙前有药王等泥塑坐像。庙有后院，有2棵大柏树，东边那棵有三四搂粗，西边那棵有二三搂粗。再往后是水坑。普济庵毁于20世纪50年代。

20. 北张岱村

北张岱村，旧有道教庙宇三官庙、2座五道庙及佛教庙宇西道寺、庵庙。

三官庙，位于村西北，坐北朝南，建在一座高台上（图46）。东西宽约60米，南北长约30米。高台前有戏台，以石头所垒，约十二三米见方。

图46　东高村镇北张岱村三官庙高台遗址

南为前殿，面阔三间，辟前后门。前殿东西两侧，各辟一座小门楼状的便门。前殿的前面，砌筑月台，宽约5丈。前殿内为画像，只是村里人已不知画的是什么神像了。

院内，北为后殿，后殿门前一边1通石碑，均为龟趺座，所谓王八驮石碑。殿前东侧有1棵松树，六七寸粗细。后殿面阔五间，东西耳房各两间，东西配殿各三间。耳房为看庙人所住，东西配殿画有神像。后殿前为槅扇窗，殿内神台上，供奉天官、地官、水官3尊泥塑坐像。三官坐像东西两侧，各有1尊泥塑坐像，其中西侧为药王，东侧不知什么神像。东西山墙前，一边2尊站像。殿内共9尊神像。两山墙绘有壁画。

过去农历正月初十为庙会，前后5天，唱蹦蹦戏、卖东西等。

图47 东高村镇北张岱村三官庙残存的碑首

三官庙于1947年推倒神像，20世纪50年代被拆毁。现存三官庙高台，街头散落着3个柱础，柱础约50厘米见方，柱钉直径40厘米。还有三官庙残碑（图47），是碑首，宽65厘米，高60厘米，厚18厘米，上雕刻二龙，所谓螭首，看去碑应较为高大。碑额阴刻篆书四个字，经请教京城书法家辨识，应为“万善同居”四字，尤其是“居”字，上边多出一笔，以致书法家辨识时也有些疑惑。碑首下边残留一些字迹，除一些村庄人名外，还有“顺天府”三字。明、清两代设顺天府，负责京畿地方之事，所属地方近京州县，包括三河、平谷。北张岱时属三河县。这碑应是明、清时所立，为功德碑，不是创建庙碑就是重修碑了。

五道庙，全村有2座。一在庵街西头，坐北朝南，庙前1棵大槐树，已空，2搂多粗。庙为一间，画有五道阎王神像，两边画有小鬼等像；一在村东街东头，坐北朝南，庙前1棵槐树，1尺多粗。庙为一间，画有五道阎王、小鬼等像。2座五道庙都毁于20世纪50年代。

西道寺，又称北大寺，位于村北，坐北朝南，东西宽约10丈，南北宽约10丈。南为前殿，有前门，没设后门。前殿东西两侧，各辟一小便门，为砖砌门楼，可通院内。前殿前面，一边1通石碑，方座。西边石碑上写着“西道寺”三个字，碑首写着“万古流芳”，下边为人名、捐款数额等，是1通建庙或重修的功德碑。还有一道画着画的影壁。院内，有东西配殿各三间，配殿内画有神像。北为正殿，面阔五间，东西耳房各两间，耳房为看庙人所住及存放杂物。正殿内砌筑神台，神台上供奉1尊泥塑坐像，村里人称“当阳佛”，座下四角各有一大力士。两山墙前为十八罗汉。东西山墙上绘有壁画。西道寺没有庙会，1947年推倒神像，为看庙人家住了，20世纪50年代拆毁。

庵庙，位于村委会北面，这条街因此称为庵街。庵庙坐北朝南，面阔一间，供奉南海大士，即观音菩萨泥塑坐像，一边1尊站像，当为善财童子和龙女。两山墙绘有壁画。庵庙毁于20世纪50年代。

民国《三河县新志》“庙宇”中，记载北张岱有“药王庙”，由于没有庙宇格局、供奉神像等具体内容，不知是否为三官庙或西道寺中的一座。

图48　东高村镇北张岱村一王家大宅院

2005年5月，作者去北张岱村，拍下了一王家老宅院，为祖上所留下，过去应是大户人家(图48)。厢房都有些坍塌了。大门朝东开，形如一座东厢房，有一座大门道，里边可放车及一些东西。进入大门，才是二门。二门是一座磨砖对缝的门楼（图49），很精致。正房前辟两个小龛（图50），据说右边大的供天地，左边小的供宅神。过一二年见其后人再问，说早拆了。很遗憾，如此规模且保存较为完整的三合套老宅院，区内几乎没见第二处。现在，随着城镇化的推进，新农村的改造，保存的具有地方特色、传统特色的北方民居建筑等，大概是愈来愈少了。

图49　东高村镇北张岱村王家大宅院磨砖对缝的二门楼

图50　东高村镇北张岱村王家大宅院正房及小神龛

21. 曹家庄村

曹家庄村，旧有道教庙宇五道庙。

五道庙，位于村西头，坐北朝南，面阔一间，庙前西侧有 1 棵大槐树，2 搂多粗，树干已空，大概有 500 多年了。庙内画有 7 尊神像，村里人记得东边是土地，习惯称之为“土地佬”。两山墙画有雷公、闪公、火烧云等壁画。

1958 年“大跃进”中，五道庙被拆毁，在村南挖两个土井，用拆下的砖甃井了，木头盖驴棚了。庙前西侧那棵老槐树存活下来，树干里边全空了，近年枯死（图 51）。2007 年 8 月被风刮倒在地，有外地人想买去做锯末。一听说这里过去是五道庙，用这槐树不好，本来都锯成几截了，每截 1 米多长，又不要了。进村调查时，被锯断的老槐树还在人家门前就地倒着，树中间有一道铁箍，都长树里边了。铁箍为两节，中间有插销。上有字迹“光绪丙午”（图 52），即清光绪三十二年，公元 1906 年，至 2007 年已经 101 年了。当年是一位山东的铁匠，村里人称其为“麻李”，是他年轻时打的铁箍。当初一树杈要掉，就专门打了这个铁箍，把树杈给箍上了。铁匠到晚年回老家了，70 多岁时专门回来又看一下这树和铁箍。这铁箍不知是随老槐树毁了，还是被哪位有心人收藏起来了。

图 51　东高村镇曹家庄村五道庙前被锯为几截的大槐树

图 52　东高村镇曹家庄村五道庙前大槐树所箍铁箍上打着“光绪丙午”四字

22. 崔家庄村

崔家庄村，旧有道教庙宇五道庙2座及佛教庙宇菩萨庙。

五道庙，全村有2座。一在村前街西头路北，坐北朝南，庙前有2棵槐树，1尺粗细。庙为一间，画有五道、雷公、闪公等神像；一在村后街菩萨庙西南侧，挨着大水坑，坐北朝南。庙为一间，画有五道等神像。2座五道庙都毁于1953年。

菩萨庙，位于村中间，坐北朝南，东西宽约15米，南北长约25米。南为山门，砖砌门楼，对开木门。山门前有8棵槐树，都1尺粗细。进二门就是韦驮殿，面阔一间，供奉韦陀泥塑站像，向北侍立，旁边有1个磬。过韦驮殿，有东西厢房各三间，院内还有1棵柏树。北为正殿，面阔三间，前出廊，廊东侧悬挂1口铁钟，高约1米，若发现有偷棒子的等事情，就会敲钟。殿两边有东西耳房各两间，西耳房为村里办公的地方，东耳房住看庙人。殿内，供奉1尊菩萨铜像，坐在莲花瓣上，有2尺多高。铜像两边，一边还有1尊坐像。两山前各有2尊泥塑站像。1947年以前铜像就没有了。殿里有1个铜香炉，下有3只腿，上有两个爬山虎作耳朵，后来香炉被人偷走到夏各庄卖了。菩萨庙毁于20世纪60年代，拆庙盖学校了。

23. 大旺务村

大旺务村，旧有纪念性祠庙老爷庙、道教庙宇五道庙2座及佛教庙宇南庙。

老爷庙，又称东老爷庙，位于村东头，坐北朝南，东西宽约9丈，南北长约6丈。庙南面为大水坑。南辟山门，一座砖砌门楼。院内，北为大殿，殿前一边1棵大柏树，没有石碑。大殿面阔五间，有东耳房一间，西耳房三间。殿内神台上，供奉关公泥塑坐像，北墙及东西山墙画满壁画。老爷庙毁于20世纪50年代。

五道庙，全村有2座。一在村中心后井台，坐北朝南，仅为一间，南边临街。庙里没有塑像和画像，村附近家里人“老”了，就到那里去烧纸报庙；一在村大街东头，坐北朝南，也是一间，没有画像等。过去山东等外地打铁的来了，没地方住，就住在五道庙里。2座五道庙都毁于20世纪50年代。

南庙，位于村南，现在村小学处，坐北朝南，东西宽约80米，南北长约50米。南为山门，院内东南角有钟楼，一间，两层，方形，悬挂1口大铁钟，高约1.7米，上面铸有铭文。过去发生偷东西等事情，就会敲钟。对于偷东西的人，要罚多少小米，或者罚多少钱。现在，这口大钟已不存在，1958年大跃进大炼钢铁时将铁钟弄去炼钢铁了，也有人说被推进了南面水坑里。北为正殿，殿前一边1棵大柏树，还有东西厢房各三间。正殿面阔五间，东西耳房各三间。耳房后来改为学校。殿内神台上供奉1尊大的泥塑坐像，高约3米，坐像下有莲花座。两边一边1尊站像，也有3米来高。两山墙前一边有八九尊泥塑坐像，有黑脸、红脸、黄脸的，据说是十八罗汉。这应该是一座供奉佛祖的佛教寺庙。庙里过去有和尚，村里人记得有元发、庆珍和尚。村里谁家有事就请他们去给念经，后来形成一句俗语："元发念经——对搭着来"。南庙毁于20世纪50年代。

村里人说，过去大旺务村叫大王府，后改为现名。南山叫青龙山，村里有一句与天气有关的谚语："下雨了，冒泡了，青龙山戴帽了"。南边三河县蒋福山有龙王庙，大旺务村人都到那里去求雨。那里有个龙潭，在青龙山那边底下。民国二十三年《平谷县志》记载："龙潭，一在县城南大王务十余里。"当指此潭。过去县里一些村求雨，都说到南山龙潭求雨。

图53　东高村镇大旺务村墓葬中出土的汉代九枝灯

据《平谷文物志》记载，村西南有一片占地面积约4万平方米的遗址，分布于高约1米的台地上。土层中发现灰坑痕迹，曾出土过折肩罐，地表可见夹砂陶片、鬲足等。初步断定为商周时期居住遗址。说明这里很早就有人居住了。1982年，在大旺务村曾发现一座墓葬，出土一个汉代九枝灯（图53），通高117厘米，分为灯座、盘上座等四节，盘沿上有对称灯3盏，灯间各有一陶舞俑。如此大型汉代陶灯，在北京地区不多见。

24. 大庄户村

大庄户村，旧有纪念性祠庙老爷庙及道教庙宇五道庙。

老爷庙，位于村东头，坐东朝西，正对大街。庙前有一小院，西面一座小门，门前没有树和石碑，直对着大街。进门后为一道影壁，以砖垒砌，没有字画，两面中间为“灯笼芯”，白灰抹缝。院内没有树，庙为一间，庙内供奉关公泥塑坐像，南为周仓持刀侍立像，北为关平侍立像，墙上没有壁画。过去村里人逢年过节和初一、十五来庙里烧香。1947 年土改中推倒神像，20 世纪 50 年代庙毁。

五道庙，位于村西头，坐北朝南，建在一座高台上，南面砌筑 6 步台阶。庙前 1 眼水井。1947 年前后村里只有 90 多户人家，都吃这眼井的水。五道庙面阔一间，神台上有 3 尊泥塑像，中间为坐像，两边为站像。墙上画有七十二司壁画，如光着脚走烧红的饼铛子等。塑像塑于 20 世纪 40 年代，为本村人张守信所塑，三里五村的庙里的神像都是他塑的。庙后墙上辟一小龛，高约七八十厘米，宽约四五十厘米，画有观音菩萨坐像。龛里摆着 1 个小泥香炉。五道庙毁于 20 世纪 50 年代。

25. 东高村

东高村，旧有庙宇 9 座，包括纪念性祠庙大老爷庙、小老爷庙、道教庙宇真武庙、龙王庙、2 座五道庙及佛教庙宇临泉寺、菩萨庙、白云庵。

大老爷庙，位于村东侧，坐东朝西，正对着堡子街，为两大间，前有小院，朝西开小便门。庙内供奉关公泥塑坐像，旁边周仓拿刀侍立。1957 年前后拆毁。

小老爷庙，位于村东大街东头，坐东朝西，面阔一间，前有小院。门前一道影壁，以砖砌筑。影壁底下以一块立砖垒上来，上边 4 块砖，顶上为帽子，两出水，上覆筒瓦，且饰以兽头。影壁磨砖对缝，一推就摇晃，但晃而不倒。原来最初垒砌时，在影壁里边底下栽了 3 根松木桩子，直通到顶，设计很是巧妙。庙内画有关公坐像。这是村里大财主王文的家庙，毁于 1953 年前后。

真武庙，位于村西北，坐北朝南，东西宽约 6 丈，南北长约 10 丈。南面建有南倒座三间，中间辟门，作为山门。山门前没有树和石碑，是一条街。南倒座东、西间各有1尊药王爷画像。院内，北为正殿，殿前西侧有1棵大柏树，1搂多粗；东侧有1通石碑，1米多高。据碑文记载，庙底下是一个黑水泉，修庙时把黑水泉镇住了。殿前有东西厢房各4间，过去作为学校。东厢房南侧有1棵无花果，约成人胳膊粗细。正殿面阔三间，东西耳房各一间半，西耳房住校长，东耳房作教室。殿内砌筑神台，神台上供奉真武帝泥塑坐像，右手举一把宝剑，左手掐着手指，食指直伸。坐像跟前有龟蛇塑像，两边一边2尊站像。

1944年日军烧庄时，将南倒座烧毁。其他殿宇毁于1946年国民党军进攻时。在真武庙西北五六十米处，有一砖窑，国民党军就在砖窑上往上垒了一座碉堡，住着国民党正规军的一个排，有30多人，他们有1挺重机枪、3挺轻机枪、1门迫击炮。冀东五十三团攻打，没打下来。黑夜开打，打到天亮。平谷县城、三河县城的国民党军也打过来，全奔真武庙，大概打了500多发炮弹，把真武庙炸没了，那棵大柏树树枝都打掉了。有1发大炮弹，落在李满成家草房上，没炸，给扔到大坑里。后来挖出来，将村里一人的手崩了。

龙王庙，位于村北，坐南朝北，正对泃河。过去泃河一发水，村外水达几丈深，所以村名东高村，就是村子建在了高台上。龙王庙也建高台上，北面是大坡，有榆树、槐树等，站这里往北可看见县城。庙为三间，供奉2尊泥塑坐像，一是龙王爷，一是龙王奶奶，两边没有站像。墙上绘有雷公、电母、风婆婆、腾云驾雾、龙喷水、提着锁链子的人等壁画。建这座龙王庙主要是为镇泃河水，不在此求雨。龙王庙毁于1953年前后。

五道庙，全村有2座。一叫大五道庙，也叫王家庙，过去是老王家修的。大五道庙在村中间，坐北朝南，面阔两间，前出廊，廊下右侧，有1通石碑。庙内砌筑神台，高约1米。神台上供奉五道泥塑坐像，黑脸庞，高约2米。前有供桌，摆着1个带着两耳的石香炉，香炉高约40厘米，直径50厘米。右侧判官侍立，左手拿生死簿，右手拿笔；左侧鬼卒侍立，龇牙咧嘴，右腿翘着，左手拿一大铁链子，右手举着勾魂牌，上写“勾魂取命”。判官、鬼卒2尊站像，与真人一般大小。墙上画有壁画；一叫小五道庙，也叫赵家庙，在村西南，坐北朝南，一间。由于这座五道庙内塑像和大五道庙内塑像都是村里人赵全所抓，所以与大五道庙内塑像一样。这座五道庙是村里赵家所修，只是赵家有人去世了，才去烧纸报庙，不允许其他姓的人家烧纸报庙，久而久之，其他姓的人家也就不去了。2座五道庙都毁于1953年前后。

临泉寺，位于村东。

《平谷文物志》记载：临泉寺，位于东高村镇泉水山（塔山）脚下，故名临泉寺。据《光绪顺天府志》记载："临泉寺在县东南东高郙。俗称高郙寺，辽建，明嘉靖二十七年重修。"民国二十三年《平谷县志》载："临泉寺，在东高村东一里，至县八里。大辽时建，嘉靖二十七年重修，今俗称高村寺。"

临泉寺原占地1.2万平方米，寺坐北朝南，建有山门、影壁、东西配殿、前后大殿、耳房等建筑。前大殿三间，供奉如来佛，山墙两边台上塑有十八罗汉。大殿两边各有耳房两间。东西厢房各三间，东厢房为"三义殿"，供奉刘备、关羽、张飞。楹联为"三人三姓三结义"，"一君一臣一圣贤"，横批为"义气千秋"。西厢房为仓廒。两厢房南端各有瓦房两间，为住持僧住处。后殿，三间，内供奉慈航、文殊、普贤3位菩萨。

临泉寺建筑大部分毁于50年代，现存后殿三间，面阔11.8米，进深8.8米，整体建筑为瓦石结构，硬山调大脊，前后带廊，七檩插肩柱。20世纪80年代进行维修，更换门窗，改换瓦顶。另存古井1眼、古柏5株、康熙四十三年（公元1704年）重修临泉寺碑刻1通。

临泉寺于1951年改为学校，现今为东高村中心小学。

临泉寺所存建筑，为全区为数不多的古建筑之一，故文物志记载较详。在调查中，村里人口述更为具体。

图54　东高村镇东高村临泉寺前水井

临泉寺，又称东大寺，坐北朝南，东西宽约10丈，南北长约20丈。南为山门，是一座券拱形门洞，高约4米，宽约3米，以砖砌筑，磨砖对缝，檐有斗拱，对开木门。山门前有1眼水井（图54）。相传过去东大寺在南山前边，地形是一只龟，东南角是龟头，自己会走。过去寺前没有井，后来打了这眼井。就像一颗大钉子，钉在了龟的脖子上，从此就在这里，不再走了。

前院，正对山门，有1棵柏树，树杈被大雪压折了。在前殿的前边，一边1

棵柏树（图55），殿前东侧还有1通石碑，上为螭首，下为须弥座，通高近3米。这通石碑为清康熙四十三年（公元1704年）重修临泉寺碑（图56）。碑中记载

图55　东高村镇东高村临泉寺前殿前面的古柏

图56　东高村镇东高村临泉寺前殿前面清康熙时重修临泉寺碑

图57　东高村镇东高村临泉寺前殿

临泉寺建于“辽之咸熙间”，查阅历史年表，辽时未有“咸熙”年号。只是在三国时魏元帝曹奂使用了“咸熙”，且仅用2年，在公元264年至265年。至此，三国魏已被西晋司马氏取代。估计临泉寺不大可能建于魏晋之交，即是碑中明确写着“寺建于辽之咸熙间”，《光绪顺天府志》、民国《平谷县志》都写“辽建”或“大辽时建”，当有所本。而辽代有兴宗“重熙”（公元1032～1055年）和道宗“咸雍”（公元1065～1074年）两个年号，或在这之间，或是“咸雍”之笔误，也未可知。而重修，是因清康熙十八年（公元1679年）平谷、三河大地震所震毁。“文革”中，造反派将此碑运至村北做桥板。“文革”后，又运回重立于殿前。前殿面阔三间（图57），前出廊，廊西侧悬挂1口大铁钟，高约1.5米。有东西耳房

各一间半，为看庙和尚所住。殿前木架上面，有一铁铸的“云板”，上面有云纹，据说是盘山老祖所赐。有东西厢房各四间，作为粮仓，存储谷子。村里过去实行捐仓，以待荒年，好开仓救济。粮仓由庙里的和尚看管。前殿内砌筑神台，神台上供奉释迦牟尼泥塑坐像，西边有1尊侍立童子。两山墙前，有十八罗汉泥塑像。墙上绘有壁画。前殿没有后门，在耳房两边一边辟一小便门，可通后院。

后院，后殿前一边1棵柏树，没有耳房、厢房及石碑等物。后殿面阔三间，殿内神台上，供奉菩萨泥塑坐像，两边一边1尊站像，西边站像为铁铸，高约1.5米，脑袋是木头做的。铁像和铁钟，在抗战时期被运到鱼子山八路军兵工厂铸造手榴弹了。铁像肚子里有五彩线及2本书，为铸造时装藏之物。

临泉寺东侧有跨院，东西宽约七八丈，南北与寺院一般长。跨院南有大木门。后殿东侧有一小便门，可通跨院。后院还有一盘碾子。过去看庙和尚与其父亲、哥哥、弟弟等一起，靠庙产生活。庙里有30多亩地，其中庙台上有20多亩，东山坡上有10多亩。

过去，如发现秋天有偷粮食的，村里就击鼓。如果有大事了，就敲钟。看来庙里这口铁钟是“警钟”了，一敲三里五村都能听见，村里的人就到临泉寺集合。在1947年土地改革中，推倒神像。后殿以及厢房毁于20世纪六七十年代的“文革”之时。现仅存前殿，文物志记载为后殿，恐有误，因为两山墙上的耳房痕迹清晰可见。东南角水井及院内5棵柏树尚存，水井边，垫着的一块黑乎乎的石头，当为1通石碑的碑首。过去建庙或重建时一定也立过碑的，如清康熙四十三年（公元1704年）碑文所记：“历金元明迄今；亦有年矣，其间兴废不一，旧碑修载其略。”所以，庙内当存不是1通碑了，井边之碑或早于清康熙碑。

菩萨庙，位于村南，坐北朝南，南临大街，为十字路口东侧。庙为一间，画有菩萨等像。画像是村里老画匠赵全的手笔，他还会抓泥像，龙王庙、五道庙的神像都是他抓的，壁画也是他画的。村里人说，他本人脖子往右歪，所以他抓的泥像也像他一样，脖子都有点歪。菩萨庙毁于1953年前后。

白云庵，位于村中间大街南，坐北朝南，东西宽约5丈多，南北长约30丈。北面临街处辟山门，为一道月亮门，山门前有7步青石台阶。进山门后为北殿，北殿南边有1棵柏树。北殿面阔三间，槅扇窗，前出廊，殿内砌筑神台，神台上供奉云霄、琼霄、碧霄三霄娘娘泥塑坐像。神台西边，为送子娘娘站像，背个上马子，一边露出小孩脑袋。两山前一边1尊站像，其中西山墙前为赵公明，手拄钢鞭，顶盔贯甲。北殿辟后门平时不开，从北殿东侧往南可进入中院。中院，北殿南面，有西配殿两间，为药王殿，供奉药王爷。中殿，殿前有东厢房三间，为庙内尼姑厨房等，庙里曾有3个尼姑，最后1个名普林。中殿为全庙主殿，殿前右侧有1棵大柏树，1尺多粗。中殿面阔三间，前出廊，殿内砌筑神台，神台上供奉3尊泥塑坐像。中为南海观音，坐莲花台上；西为文殊菩萨，坐骑为青狮；东为普贤菩萨，坐骑为大象。坐像后面设有屏风。南有南倒座房四间，为尼姑的储藏室。

过去农历三月十八为白云庵庙会，前后3天，唱大戏、走会。一般此时由北京城内请人来“唱京班大戏”，最次也是唱影戏。村里有13档花会，如大鼓、吵子、五虎棍、中幡、高跷等，全部出动。到时，周边村甚至三河那边都来人。村北2里，有一片尼姑坟，大概有十几个坟头，没有墓碑。过去管那块地方就叫姑子坟。

白云庵的塑像于1947年推倒，填村北的大坑了。庙宇建筑毁于1976年7月28日唐山大地震。

东高村东南约500米的塔山上，矗立着一座文峰塔，坐北朝南，为三层六角楼阁式实心塔，砖石结构，通高8米。全塔由塔基、塔身、塔顶组成（图58）。塔身二层南、北两面中间，分别镶嵌一方石刻塔铭。此塔重修于清道光时，而作为文峰塔，又为楼阁式，一般不会早于明代。文峰塔有振兴一方文化之意，尤其碑铭镌刻着不许在塔周围开掘石头，“如有任意开掘者，准□村中人赴县报官”。这则“告示”，无疑对文峰塔周边环境起到了一定的保护作用。文峰塔下的小山原名泉水山，光绪《顺天府志》记载：“城南八里曰泉水山。”建塔后俗称塔山，沿用至今。东高村文峰塔造型典雅古朴，虽近年略有修葺，但基本是清代遗物，为北京地区保存较为完好的一座文峰塔。

图58　东高村镇东高村文峰塔

26. 高家庄村

高家庄村，旧有道教庙宇五道庙2座及佛教庙宇菩萨庙。

五道庙，全村有2座。过去，高家庄村由平谷和三河两县管辖，村东半部归平谷管，西半部归三河管。修建五道庙也是一边1座。一在村东南，菩萨庙前面，坐北朝南，面阔一间，庙前有3棵大柳树，3尺来粗。庙内没有塑像和画像，村里人说，过去就是在墙上用白灰横竖画几道，其实没什么意思，就是为好看；一在村西北，坐北朝南，面阔一间，前面有一道影壁，两边有字画。庙前1棵槐树，三四寸粗。庙内没有塑像和画像。村里有人去世了，都来这2座五道庙烧纸报庙。

菩萨庙，位于村东头，坐北朝南，一间，前出廊。廊东侧，悬挂1口大铁钟，高约1米，过去一上香就敲钟。在抗战时期，八路军兵工厂弄去铸造手榴弹了。庙前有2棵槐树，1尺多粗。庙内供奉5尊泥塑坐像，中间是菩萨，还有药王等，两边没有站像，墙上也没有壁画。

1954年，将菩萨庙及2座五道庙一起拆毁，盖村小学校。

27. 侯家庄村

侯家庄村，据说原叫淮福新庄，后来来一位侯爷，就改为侯家庄了，不知啥时候改的。村里旧有道教庙宇火神庙和五道庙。

火神庙，位于村西。清乾隆《三河县志》“寺观”中记载侯各庄有“火神庙”。当是此庙。

火神庙坐北朝南，东西长约20米，南北宽约20米。南为山门，一座大门楼，对开木门。山门前东侧有3棵大槐树，各有1搂多粗。院内，有4棵松柏树，没有东西厢房，只有正殿三间，东西耳房各两间。大殿前出廊，廊内1口铁钟，高约80公分。大殿门前有三四级石阶。殿内砌筑神台，高约1米。神台上供奉1尊火神泥塑坐像，红脸庞，约1米多高。坐像一边1尊站像。神像前面有1张供桌，供桌上有1个磬。墙上绘有壁画。这在城乡火神庙中，也是具有一定规模的了。

火神庙于1958年拆毁，拆下的那些柁木檩架，都劈作劈（音 pǐ）柴，集体吃食堂做大锅饭了。

五道庙，位于村东，坐北朝南，一间，画像。由于时间久远，又烟熏火燎，画的什么神像早看不清楚了。庙里有2个泥香炉。五道庙毁于20世纪50年代。

28. 克头村

克头村，旧有道教庙宇五道庙、塘庙及佛教庙宇大庙。

五道庙，位于村中心，坐北朝南，面阔一间。庙前有月台，再前为大街。庙内供奉泥塑像，北面神台上有5尊坐像，神台两侧一边1尊泥塑坐像。台下一边1尊泥塑站像，东为判官，西为鬼卒。全区五道庙一般都是画像，有泥塑像的不多。五道庙毁于20世纪60年代初。

塘庙，位于村东头，坐北朝南，西为水坑，村里人称为“塘坑（音 kèng）”，由此得名塘庙。塘庙仅为一小间，前面临水坑，庙前一道影壁。庙内供奉3尊泥塑坐像。过去正月初一至十五村民来庙里送香，平常不去。村里人求雨、报庙烧纸都不来这里，看来与龙王、五道之神无关。塘庙早已无存。

大庙，位于村西头，坐北朝南，建在一座高台上，东西宽约7丈，南北长约10丈。前有石阶，可登石阶至山门。山门是一座砖砌门楼，对开木门，宽约2米。山门外，一边1棵大槐树，约1搂粗细。院内，东侧有2棵槐树。前殿，一大间，辟前后门，殿内供奉1尊泥塑坐像，其背后也有1尊泥塑像面朝北。村里人说不出是什么神像，估计面朝北的泥塑像可能是佛教的韦陀。殿两边走人，可通向后院。后院没有石碑，西有厢房四间，在20世纪三四十年代作为学校。后殿为正殿，面阔五间，前出廊，门上檐下悬挂一方大匾，上面写着四个大字，只是村里人已经记不清其具体内容。西有耳房两间，为老师办公之所。殿内砌筑神台，高约1.2米，神台上供奉3尊泥塑坐像，两旁一边2尊泥塑站像，墙上绘有壁画。村里人说不出供奉的神像名字，根据这种格局，如前面有韦陀站像，正殿供奉的就应该是佛祖释迦牟尼。这应该是一座佛教庙宇。过去正月初一至十五烧香，正月十四至十六3天为灯节，也散灯花等。正殿后面有后院，殿东有过道，可到后院。大庙毁于20世纪六七十年代的“文革”之时。

克头村原名霑霑庄，后改今名。这里地势低洼，一下雨周边村的雨水都往这儿流，水就泡着村庄。1957 年发大水，庄里积水有半人深。1980 年全村迁到现在的高地方，老村在新村的东边。现在老村还有 2 棵老树，有 100 多年了。在老庄西头，1 棵大槐树于 1958 年放倒，后又长出 1 棵小槐树，现在也有 1 尺多粗了。如今老村的地方都推成鱼塘，塘边已垂柳成行了（图59）。仅存的一座旧房，大概有百八十年了，房主为刘景江。旧房留有后门，青砖砌垛，秫秸苫背，小瓦覆顶。东屋内，奁拉几根秫秸秆，为典型的秫秸秆吊顶棚，糊一层顶棚纸。这样的房子平原地区已不多见。旧房西山，青砖砌垛，石头砌心，顶起大脊，砖垒的烟囱，而非乡村的一根泥烧的烟统管。前面，门东侧，设 2 个小龛，估计左边小的，或许在逢年过节时，放灯的；右边宽大的，券拱形，村里人说过去里边放香炉，当是供奉神灵的，是个宅神窑（图60）了。说来，这也是庙宇的一种，就像山里三五块石头搭一座小石头庙一样，只不过是小且简陋罢了。

图59　东高村镇克头村老村的地方被推成鱼塘，塘边已垂柳成行

图60　东高村镇克头村仅存的刘景江家一座老房的宅神窑

29. 门楼庄村

门楼庄村，旧有道教庙宇五道庙及佛教庙宇观音堂。

五道庙，位于村西头，坐北朝南。庙西侧有 1 棵大槐树，2 搂多粗，树干已空，从树洞中间长出 1 棵小榆树。庙为一间，画像，北墙画有五道等 3 尊坐像，两山墙画有判官、鬼卒等站像。庙后墙辟小龛，画有观音菩萨坐像。五道庙毁于20世纪50年代。

观音堂，位于村东头，坐北朝南，前有一石头台，1米多高，上面以砖铺墁，有一间屋大小，如戏台的样子。靠北为一堵砖墙，墙上辟一小龛，龛里画有观音菩萨像。村里人正月十五到这里来散灯花、烧香等。观音堂毁于20世纪50年代。

这些庙不大，村里人供奉如常，并说“庙小神仙大”。对于敬神，朴实的村里人确实是很虔诚的。

30. 南埝头村

南埝头村，旧有道教庙宇五道庙及佛教庙宇菩萨庙。

五道庙，原来位于村西，近年随着人口增加，村落向西发展，五道庙的位置现在已在村东北了。五道庙建在一座高台上，台有二三丈高。庙坐北朝南，南面砌筑石阶，以便上下。庙前1棵大槐树，有1搂多粗。庙里本有画像，过去烧纸烟熏火燎，再加上要饭花子在庙里住，使墙上的画像早就看不清了。五道庙毁于20世纪60年代。

五道庙西边，曾挖出老刘家墓，出土一块方砖，刻有“明嘉靖十八年”字样。这应是一方砖刻的墓志，大概是墓主人于明嘉靖十八年（公元1539年）去世。南面塔山上有一眼泉，流下来成一条小河，从村东绕到村北，流入洵河，村里人说是流了九十九道弯。

图61　东高村镇南埝头村菩萨庙内从大杨树根部生出的小杨树

菩萨庙，位于村东北，坐北朝南，东西宽约5丈，南北长约20丈。山门在南墙西侧，是一道便门。进院，前殿面阔三间，辟前后门。殿内神台上，供奉1尊泥塑坐像，两边各有1尊站像。据村里人所述，或许供奉的是观音菩萨，两边站像为善财童子和龙女。东西山墙上绘有画像。北为后殿，后殿前西侧1棵柏树，东侧1棵大杨树。大杨树二三人搂抱不过来，现在老杨树没了，从老杨树根上又长出1棵小杨树，也有1搂多粗了（图61）。

后殿东面有1通石碑，方座，为修庙时捐款人名及数量等的功德碑。后殿前西侧有厢房三间，20世纪三四十年代改作学堂。后殿面阔三间，西有耳房两间，中有隔断墙，东间屋略大，西间屋略小，为看庙人所住。后殿内，村里人说明间（中间）供奉的是菩萨，东间有拿枪拿刀的泥塑像，村里人说不出是什么神像，或许是佛教中的韦陀等像。

过去农历二月十九观音菩萨生日时走会，说大鼓书，到时前后殿搭席棚连上，烧香，热闹四五天。

菩萨庙毁于20世纪50年代。

31. 南宅村

南宅村，旧有道教庙宇二郎庙、五道庙及佛教庙宇北大庙、小观音堂。

二郎庙，位于村西北，泃河岸边，大坡坎上，南为村庄。庙坐北朝南，东西宽约10米，南北长约10米，四面围有院墙。南为山门，一座砖砌门楼，院内没有石碑和树木，只有大殿三间，殿内神台上，供奉二郎神坐像，东侧前边有一只白狗塑像。二郎像两边一边1尊站像。东西山墙绘有壁画。二郎庙毁于20世纪50年代初。

五道庙，位于村东南，坐北朝南，建在一座高台上，前有四五步台阶。庙西侧有1棵大槐树，约1搂多粗。庙为一间，画有五道等神像，两山墙绘有壁画。五道庙毁于20世纪50年代。

北大庙，位于村北，坐北朝南，东西宽约14丈，南北长约8丈。南为山门，一座普通的二门楼子，对开木门。山门前约有2丈来宽空地，西侧有4棵槐树，七八寸粗。山门空地前为一大下坡，坡下边有道。道边就是村庄。院内，没有树和石碑，有正殿，面阔三间，东西耳房各两间，东西厢房各两间。东厢房供奉1尊泥塑坐像，一边1尊拿着刀枪的侍立像，还有一小铜像。东厢房南山墙悬挂1口大铁钟，高约1.5米；西厢房供奉1尊泥塑坐像，两边也有侍立像。山门内两边各有一间南倒座，据说也有神像。殿内砌筑一座神台，约1米多高。神台上，供奉1尊大的泥塑坐像，村里人说是菩萨像。东西两山墙一边1尊站像。正殿内神台上，供奉1尊泥塑坐像，或说是如来佛，或说是观音菩萨，两边各有1尊站像。墙上绘有壁画。坐像上面悬挂一方大木匾，上写着四个大字，不知什么字了。过去初一、十五开庙门烧香。

北大庙东有跨院，跨院内有北正房五间，后来作为学校。庙西也有空地。庙北有后院，长约10来丈，约10亩地，作为庙产。村里人记得，看庙的是个村里人，叫小田文，姓李，于20世纪40年代中期去世。北大庙应该是一座佛教庙宇，1946年拆毁，盖学校了。

观音庙，位于村西部中间，坐南朝北，面对大街，街北头就是二郎庙，两庙相距约100米。庙为一大间，画有观音菩萨像，毁于20世纪50年代。

在南宅庄户村调查时，由于他们不少是从南宅村搬来的，所以也谈了不少南宅村的庙宇情况，就结合两村人所谈，综合整理而成。

32. 南宅庄户村

南宅庄户村，旧有道教庙宇财神庙和五道庙。

财神庙，位于村中十字路口处，坐北向南，仅为一间，北墙上画有3尊财神像，村里人说不清供奉的是什么财神。财神庙于20世纪50年代自然坍塌。

平谷地区历史上专门供奉财神的庙宇不多，如东上营村财神庙，并非独立的一座庙宇，而是建在老爷庙东耳房内，仅为一小间，殿内供奉1尊财神泥塑坐像。南宅庄户村的财神庙，尽管规模很小，但毕竟是独立的一座庙宇，也就难能可贵了。

图62　东高村镇南宅庄户村五道庙后边的水井

五道庙，位于村中间小前街东侧，坐北朝南。庙前1棵大槐树，有1搂多粗。庙为一间，画有五道等神像。五道庙毁于20世纪50年代末。

五道庙后边，有1眼水井，石井口，双眼，有5丈多深，井边已被绳子磨出多道沟痕（图62）。全村人过去一直都吃这眼井的水。南宅庄户建村大概有600

多年了，村民多是由南宅村搬来的。现在全村有200多户，600多口人。村西有一土山子，相传有一位将军，打仗中被人家割了脑袋，就打个金脑袋安葬在这里。后来堆了土山子，土山子前边过去确实有座坟。现在土山子和坟都没有了。

33. 南张岱村

南张岱村，旧有道教庙宇五道庙3座及佛教庙宇大庙。

五道庙，全村有3座。一在村南街口，又称张家庙，坐北朝南，庙前东侧1棵大槐树，1搂多粗。庙为一间，北墙画有3尊坐着的神像，东西山墙画有量天尺、下雨等壁画。北墙画像下砌筑神台，摆着3个石香炉；一在村东北，又称史家庙，坐北朝南。庙前西侧有1棵大槐树，2搂多粗，树干都长空了。庙为一间，画有五道等神像。1944年挖地道时，这座五道庙是一个地道出口；一在村西北，又称李家庙，坐北朝南。庙前东侧1棵槐树，1搂多粗。画有五道等神像。3座五道庙都毁于20世纪50年代。

大庙，位于村东北。清乾隆《三河县志》在“寺观”中记载南张岱有“福胜寺”，或为此庙。

大庙原为南宅李家家庙，后归到南张岱，连看坟再看庙。李家人是“燕王扫北”时过来的，占的南张岱这地方。那时应该还没有南张岱村呢，先建了这座大庙，同时也有人在那里看坟。

大庙坐北朝南，东西宽十二三丈，南北长30多丈。南为前殿三间，中间有门，且辟后门。在前殿东侧，有一座山门。前殿前面有空地，为看庙人所种。其东南30多米处，有一座土台子，高约1.5米，10米见方，村里人说此处为戏台。前殿内，中间供奉大肚弥勒佛泥塑坐像，两边为四大金刚踩八怪。墙上绘有壁画。院内，东南角，即山门内东侧，有1座钟楼，高约10米，一间，方形，辟西门，有6级台阶，北、南、东三面各辟一圆窗。钟楼内，悬挂1口大铁钟，高约1.5米。北为后殿，后殿前一边2棵松树，各1尺多粗。有东西厢房各五间，为看庙人所住及村公所办公之地。后殿面阔三间，东西耳房各五间。东耳房有三间是药王殿，有10多个小铜像，没有泥塑像，中间大的就是药王，高约二三十厘米，用黄布盖着。后殿神台上，供奉如来佛泥塑坐像，后面有罩碑及大鹏金翅鸟等，两边为十八罗汉泥塑坐像。如来佛像上面悬挂有木匾，后殿门上也有匾额，墙上绘有壁画。按佛教寺院建筑格局，前殿为天王殿，后殿为大雄宝殿。

大庙东有跨院，又称柏树院，有1棵大柏树，3丈左右高，3搂多粗，在村外老远地方就能看见。西边也有跨院，后大殿西边有月亮门，可通西院。西跨院有西厢房五间等。在前殿的大肚弥勒佛旁，是一个地道口，1944年所挖。村里的地道，从西北角出村。1944年，民兵钻进地道，日军用小钢炮打，把大庙前殿打着烧了。后来日军又找来扇车，往地道里扇风。

大庙由于年久失修，在1976年7月唐山大地震中塌毁。

34. 普贤屯村

普贤屯村，旧有纪念性祠庙老爷庙、道教庙宇五道庙及佛教庙宇菩萨庙。

老爷庙，位于村子的南部，坐北朝南，面阔一间（也有两小间之说），前有小院，没有树和石碑。庙前一道影壁，以砖垒砌。庙内北墙画有3尊坐像，中间是红脸关公，东边是刘备，西边是张飞。两山墙画有壁画。庙内有3个石香炉。村里人逢年过节到这里烧香上供。

五道庙，位于村中间。西边是南北向的那条街，五道庙侧对北街口。庙面阔一间，中间横砌一堵隔断墙。南边是五道庙，画有五道阎王、雷公、闪公等画像，摆个小泥香炉；北边是菩萨庙，坐南朝北，画有观音菩萨坐像，两边为善财童子和龙女站像。

老爷庙与五道庙一起，于1956年拆毁，盖初级社的驴棚了。

菩萨庙，村里人只是听说有这么一座庙，没有见过，据说在村中间一个大坡下边，是拆了菩萨庙，盖的五道庙。《平谷县地名志》记载：普贤屯明代成村，因有普贤菩萨庙，故名。而民国《三河县新志》“庙宇”中记载普贤屯有复兴寺，称寺当为佛教庙宇。地名志所记与三河县志所载，不知是否就是村里人说的菩萨庙。

至于村名，地名志说以庙而得名，这是一说。村里人说，据传过去有个外来户，带着一尊普贤菩萨像，村因此改名普贤屯。立庄时不叫这个名字，叫什么村里人说不清了，只知道立庄时最早来的户姓包，是“坐地户”，大约有400多年了。现在全村还有3户包姓人家，人丁不是很旺。倒是晚来的姚姓为大户，有百十户，近300人。全村到2013年为170户，528人，姚姓占了大部。而姚姓是从山东聊城来的，始祖叫姚进城，至今有12代，300多年了。至今姚姓人还能顺口说出“一片杨树林，一座孤女坟”来，当是辈辈口口相传的对聊城故乡的一点记忆吧。

当然，说道“屯”，一般多指军屯。明朝初年，平谷、三河这一带多有驻军，如永乐元年（公元1403年），就迁营州中屯卫于平谷。这些驻军，常常以卫、所为单位，所辖军人为世袭，称为军户，携家属在卫、所周围定居屯垦，这些定居点多有带“屯”字的地名。像普贤屯以及郭家屯等村庄，不知是否由此延续而来，谨记此，供研究者参考。

普贤屯村的这两座庙宇都不大，且早已无存。倒是现存一座老门楼，是过去的一座大门道，现在已然不多见了。还有一家门前保存的过去的上马石，没有英城村的那对上马石精致。上马石这家原是村里一个大户，大门没了，只剩两个没有纹饰、素面的上马石。上马石西边有一道胡同，胡同西侧那道山墙上，有一些图案和“琴棋书画”四字，一看就有些年月了，或在新中国成立以前所绘。有座姚家老宅，有门楼和“学大寨赶夕阳誓争粮食双跨江”标语（图63），这应是20世纪60年代末70年代初的标语口号了。在老房西侧，一座很精致的门楼，在后房檐下又出一短檐，下面为门，有两个八角形的小木柱嵌在门楣上，上有“福禄”二字（图64）。这小木柱就是过去所讲究的“门当户对”的“户对”了。还有其他对联及横批，看不清了。这些都是难得的民俗文物。

图63　东高村镇普贤屯村姚家老宅有门楼和“学大寨赶夕阳誓争粮食双跨江”标语

图64　东高村镇普贤屯村姚家老宅门楼木柱上有“福”“禄”二字

在村南，有1眼水井，常年流水，称为满井。井东边六七十米处有1眼泉，水很冲，称为大泉。村里人说，过去这里有1对金鸽子，让南蛮子憋宝给憋走了。井西边有2座小石桥，井南边一道小河。小石桥连接着南北道路（图65），往北穿过村子，直通门楼庄。人们说这条道是一条龙，井与泉就是龙眼。以前村里人就吃这眼井里的水。约在1964年前后，村里淘井，以方松木条一层层垒成方形井帮，方木之间以铁锔子勾连，井上铺条石。井底扣一个大铁锅，锅底凿一个窟窿，就从窟窿往上冒水。大泉是在20世纪70年代大旱时干的，满井是在这之后的80年代干的。从20世纪80年代初到现在，这里的地下水位下降了20米，而普贤屯村海拔仅23米。村里人认为普贤屯的位置好，风水不错，建庄以后一直就在这个地方，像离这儿不远的南宅庄户，原来在南宅村东面，离洵河很近，一年发大水，就只好搬到南宅村东北、相距七八百米的现在的地方了。

图65　东高村镇普贤屯村南旧时的小石桥，已打在了路下面

35. 前台头村

前台头村，旧有道教庙宇五道庙及佛教庙宇菩萨庙。

五道庙，位于村西头西街口，坐北朝南，一间，画有五道等神像，两山墙画有雷公、闪公、小鬼推磨等壁画。庙内摆放1个石香炉。五道庙毁于20世纪50年代。

菩萨庙，又称东大庙，位于村东边，坐北朝南，东西宽约10丈，南北长约10丈。南为山门，一座砖砌大门楼，青砖青瓦，对开木门约5米宽。早先院小，20世纪40年代初，向南扩出3丈，原来1棵槐树在庙外西侧，扩建时扩进了院内，形成后来的格局。庙前临道。院内，那棵槐树有2搂多粗，略空。北为大殿，殿前西侧1棵柏树，1尺二三寸粗细。院内没有东西厢房。大殿面阔五间，东西耳房各两间。东耳房为学校，西耳房为老师所住。大殿前出廊，廊内东侧有

1 口大铁钟，高约 1.2 米，过去村里一逮住偷庄稼的就敲钟，村里人就到庙里看热闹："要罚人了！"

大殿内砌筑神台，神台上供奉 3 尊菩萨坐像，中间坐像为铁铸，2 米来高，头是泥塑，外饰彩绘。两边站像为泥塑，都坐在莲花座上。东边那个莲花座下，每角有 1 个小人。村里人说这 4 个小人一叫扳倒井，走在路上口渴了，把井扳倒就喝到水了；一叫拳打井，用拳一下打出水来；一叫撸道直，一叫扳倒山。这 4 人后来遇到了菩萨，菩萨让他们搬自己坐着的蒲墩，他们搬不动，就给压在底下了。这 4 人应该是坐像下雕饰的大力士像了。3 尊菩萨都是女像。据说中间铁菩萨是一次泃河发大水，从西鹿角那边冲下来的，村里人打捞上来建庙，又配 2 尊泥塑菩萨一起供奉。过去不知道是铁菩萨，后来推倒神像时才知道的。

20 世纪 60 年代末，菩萨庙拆毁，盖村小学。庙前那棵柏树，在建小学时下面堆放石灰，给烧死了。

村东头外有一土包，高约 1 丈 5 尺，称为"高庙"。土包底下有砖，还以砖垒砌了左边一洞，右边一洞。据说里边住道人。村里人说是什么"丘子"，一些地方似乎管坟地就称"丘子"。"文革"后期平掉时，挖出不少席纹砖、大钱等物。

36. 青杨屯村

青杨屯村，旧有纪念性祠庙关公庙及道教庙宇三官庙、五道庙。

关公庙，位于村东。清乾隆《三河县志》"寺观"记载青杨屯有"关帝庙"，即指此庙。民国《三河县新志》"金制古物"记载："关帝庙钟高五尺五寸，径四尺，铸年未详。在青阳屯。"在调查中，村里人未谈及此钟。

关公庙坐东朝西，南北宽约 20 丈，东西长约 20 丈。西为山门，对开红木门。山门前一道影壁，长约 3 米，高约三四米，以砖垒砌，底座窄，上面宽，村里人说一般的瓦匠修不上。影壁上有砖雕，西面为"二龙戏珠"，东面为"李春孝打虎"。据说李春孝力气很大，十几岁时为救父曾把一只恶虎打死，周文王打猎中收了李春孝。

院内，西南角有 1 棵大槐树，四五搂粗。东面南部为正殿，山门与正殿门对着，中间铺砌甬路，正殿前北边有 1 棵龙果树，五六寸粗。龙果树所见不多，生长缓慢，树身大部脱皮，枝形如龙爪。开白色花，果实青皮黑壳，内为白色豆状，甜脆清香，麦收时节果实成熟。正殿面阔三间，南有耳房，为看庙人所住。殿内砌筑神台，神台上供奉关公泥塑坐像，头戴冕旒，帝王装扮，志书记载为关帝庙，名副其实。北边有周仓持刀侍立像。墙上画有壁画，形如现在的连环画形式，如“三战吕布”等三国故事。院内西北部，贴北墙和西墙，建有菩萨殿三间，坐北朝南，供奉1尊菩萨泥塑坐像。在菩萨殿东侧，关公殿北侧，后来又盖两排房，各三间，南北对着。两排房中间有1棵柏树，1尺多粗。

过去是逢年过节烧香。1947年，推倒庙内神像，改作学校。20世纪60年代，殿堂建筑被拆毁。

三官庙，位于村西北，坐北朝南，有正殿三间，前有一小院。三官庙应该供奉天官、地官、水官神像，村里人没有细说。庙前原想修一座关公庙那样的影壁，后来没修成。三官庙毁于20世纪40年代末。

五道庙，位于村南，坐北朝南，建在一座高台上，前有三四步石阶。庙前一边1棵槐树，有1搂多粗。庙为一间，庙内中间横砌一堵隔断墙。南为五道庙，北墙画有五道等神像，东西山墙画有小鬼叫差等壁画；北为菩萨庙，画有观音菩萨坐像及哪吒等侍立像。五道庙毁于20世纪60年代。

在关公庙北边墙外，有一片和尚坟，六七座坟头，有2棵大杨树，村名由此而来。还有1棵大槐树，树干都空了。这里之所以有和尚坟，大概与关公庙内有菩萨殿有关，即是说关公庙里曾住着和尚。青杨屯立庄应在明初，燕王扫北之时，据说王家一个老太太带着一个儿子，随龙过来的。村东头有王家坟，20亩地。后来，王姓陆续迁到果各庄、西鹿角等村。2007年时，全村407户，240户姓王，占60%。全村有王、高、刘、张四大姓，刘姓是从河北三河山河营迁来的。

37. 西高村

西高村，旧有纪念性祠庙老爷庙、道教庙宇五道庙及佛教庙宇菩萨庙、小菩萨庙。

老爷庙，位于村西，坐东朝西，建在一座高台上。西为山门，砖砌的门楼，前面有17级台阶。山门前有1棵老槐树。庙西为洵河，有1眼白马泉，很大，据说当初是为镇白马泉而建老爷庙。老爷庙南北宽五六米，东西长十二三米，有一小院落，院内没有树和石碑。正殿为一大间，一说两间，殿内神台上，供奉关公泥塑坐像，金脸庞，头戴冕旒，手持圭板。南北两边还有2尊坐像，南为二郎神，二郎神下面还有1只小狗；北面是一个白胡子老人，村里人不知是什么神像。贴着两山墙处，一边3尊站像，一进门右边把门的是拿着大刀的周仓。墙上绘有三国故事壁画。老爷庙毁于20世纪50年代。

五道庙，位于村中心，坐北朝南，面阔一间，前出廊，庙前写着“七圣神祠”。庙东边有1棵大槐树，树干已空。庙内供奉泥塑像，北面正座有土地、马王、龙王、财神、五道等7尊神像，其中马王居中。东西有2尊站像，东为判官，西为鬼卒，鬼卒手里拿着勾魂牌，上面写着“你也来了”。墙上画有雷公、闪公等壁画。1947年推倒神像，20世纪60年代庙毁。

菩萨庙，俗称西庙，位于村西头，坐北朝南，东西宽约7丈，南北长约8丈。南为山门，砖砌门楼，有6尺多宽，上面有小兽。山门前一边1棵槐树（图66），山门外东侧还有4间房子，称为“戏房子”，过去唱戏之人在这里住过。山门西边有1盘石碾。进山门后，是一道影壁，以砖垒砌。院内，北为大殿，殿前一边1棵柏树，殿前两边有东西禅堂各三间，东禅堂为学校，西禅堂为和尚所住。大殿面阔三间，有东西耳房各两间，耳房存放杂物。大殿前出廊，后出厦。前廊东侧，悬挂1口铁钟，约2尺多高，铸有铭文。前廊东侧还有1通石碑，碑首有“重修白衣庵”字样，看来这座庙宇原名为“白衣庵”。殿内中间筑有神台，神台上供奉观音菩萨泥塑坐像，两边有2尊侍立像，东为红孩妖（善财童子），西为龙女。殿内东西两间为画像，村里人说东间画的菩萨座下骑着1头大象，穿白衣，应该是普贤菩萨。画像前摆着一个小供桌，上面供奉1尊药王泥塑坐像，高约40厘米。西间画的菩萨座下骑

图66　东高村镇西高村菩萨庙前大槐树

的是狮子，穿绿衣，应该是文殊菩萨了。墙上画有壁画，如同连环画，主要内容为善财童子“五十三参”。殿内檐下，悬挂一块方形功德木匾，上写“万善同归”四个大字，还有谁捐几斗米、多少钱等，是方功德匾。

过去腊月三十黑夜，村里人到菩萨庙填海灯。农历二月十九为观音菩萨生日，到时来烧香等，平常初一、十五来烧香，上供时端点煮的饺子或蒸的包子。1947年推倒神像，20世纪80年代庙毁。现存菩萨庙前1棵大槐树和1个碑座（图67）。

图67　东高村镇西高村菩萨庙内残存的石碑座

小菩萨庙，位于村东北，坐南朝北，村里人说此庙是为镇着北边的一座罗家坟。庙仅为一小间，庙前一道影壁。庙内画有观音菩萨坐像及一副对联：“问大士因何倒坐，恨凡夫不肯回头”。小菩萨庙毁于20世纪50年代。

西高村东北，平三公路西侧原金属公司院内，有巨构家族墓，俗称巨家坟。民国二十三年《平谷县志·地理》载：巨构墓，金节度使，在县南八里，有碑。《金史》有巨构传。巨构年二十登进士第，官至横海军节度使。村里人说，巨家坟有一片石人石马。20世纪60年代在墓地上面代建木材站。据说墓里埋的人是金脑袋。立着的1通石碑被土掩埋，有七八尺高。而石碑所书文字，称东、西高村为“东、西皋村”。1984年，巨构墓附近发现一座石椁木棺墓，墓内有一方墓志，清理出土随葬品50余件（图68）。虽志文漫漶，但尚能辨识部分字迹，可知墓主人于皇统□□十月二十四日生，卒于泰和三年（公元1203年），与巨构大致为同时代人。

图68　东高村镇西高村金代墓葬出土的双系罐

38. 张岱辛撞村

张岱辛撞村，旧有道教庙宇五道庙及佛教庙宇大庙。

五道庙，位于村中间，坐北朝南，庙前有4棵大槐树，一边2棵，均有1搂多粗。庙为一间，画像，北墙中间画一大像，有两个大黑眼睛。两山墙画有雷公打鼓及闪公、云彩等壁画。五道庙毁于20世纪50年代。

大庙，位于村外北边。清乾隆《三河县志》“寺观”中记载“新撞”有“隆恩寺”，不知“新撞”是否就是张岱辛撞，如果是，则隆恩寺可能就是村里人所说的大庙了。

大庙坐北朝南，东西宽约5丈，南北长约8丈。南为前殿，面阔三间，中间辟前后门，院内东厢房南山墙南边辟一小便门，向东开。前殿前面一边1棵大槐树，1搂多粗。前殿门前一边1个石狮子。殿内神台上，供奉观音菩萨泥塑坐像，拿一净水瓶，瓶里插着树枝。在同一神台上，观音西侧，有个站像，村里人称之为红孩儿，穿着一个小肚兜，佛教称之为善财童子。

院内，北为后殿，后殿前一边2棵松柏树，各有七八寸粗。有东西厢房各三间，住着看庙的老道，称为“小老道”。以前有个老道会武术，走后，又来个小老道，有家室，连种庙地再看庙。后殿面阔三间，东西耳房各一间，耳房存放杂物等。后殿前出廊，廊内悬挂1口大铁钟，高约1.5米。殿内神台上，供奉3尊泥塑坐像，中间坐像下为莲花座，一角1个大力士，座下为鳌鱼。村里人说：“鳌鱼翻身，地动山摇，花子撂瓢。”过去人们认为鳌鱼翻身会地震；而年份好过，花子就不用要饭了。两边的坐像，西边的骑着象，东边的骑着虎（村里人这么记忆的）。大致看来，坐鳌鱼的也许是观音，也许是如来佛。就这座殿宇而言，或许是观音菩萨了，其他骑象的当为普贤菩萨，骑虎（当为狮吧）的或为文殊菩萨。也就是说，前殿供奉观音菩萨，后殿供奉观音、普贤、文殊3位菩萨，这是一座菩萨庙。当然，坐鳌鱼的若是如来佛，两边是文殊、普贤菩萨，则是“华严三圣”了。

大庙毁于20世纪50年代，拆庙改建北张岱村小学，那时张岱辛撞村与北张岱村是一个高级社。

关于村子来历，村里人说，先有南张岱，后有张岱辛撞。在村北边，大庙南边约200米处，有一座土包，称之为“高顶”，高约20米，圆的，周边有六七十米，四遭还有好多小坟头，村里人叫丘子。20世纪60年代末平整土地中，将这些丘子平了，也包括“高顶”，出土一个小木牌，上面有水笔字，什么字村里人记不清了。还有黄绸子，一着风就没了。还出土了鎏金的铜箍以及陶罐等物。这极有可能是一座汉代墓葬，因为在北张岱村东，现在还保存着一座大型砖室汉墓（图69），且这里发现了北京地区目前唯一出土的东汉石墓门（图70）。张岱辛撞村墓葬与北张岱村汉墓或可一起研究。

图69　东高村镇北张岱汉墓

图70　东高村镇北张岱汉墓石墓门

39. 赵家务村

赵家务村，旧有纪念性祠庙老爷庙、道教庙宇五道庙3座及佛教庙宇大寺。

老爷庙，又称庙上庙，位于村西北，坐北朝南，东西宽20多米，南北长四五十米。前殿为马殿，是南倒座，面阔三间，中间是门，东西间各塑1匹马像，且有一拉马的马僮。院内，有东西厢房各三间，北为正殿，面阔三间，前出廊，没有耳房，梁架施以彩绘。殿前东侧，有1通石碑。殿内砌筑神台，神台上供奉关公泥塑坐像，红脸庞，脸前耷拉着穗穗。这当是关帝的打扮，即头戴冕旒。与大寺一样，1943年被日军将大殿砖拆走，去修炮楼了，但梁架没倒。“文革”时由于老爷庙年久失修而倒塌，已是20世纪70年代了。1977年，在大殿后面，挖出一座道士墓，有2个大瓷罐一扣。

五道庙，全村有3座。一在村前街西头，庙前1眼水井；一在村中街东头；一在村东头。3座五道庙都坐北朝南，面阔一间，画有五道等神像，毁于20世纪60年代。

大寺，位于村中间，民国《三河县新志》“庙宇”中记载赵家务有“兴胜寺”，或为此庙。

大寺坐北朝南，东西宽约5丈，南北长约四五十米。南为山门，山门前有2棵槐树。大寺有前后两进殿，有3棵柏树，都约1搂粗细。前院，主要是前殿，面阔三间，两边一边一个小便门，可通后院。前殿辟前后门，所谓穿堂过屋。前殿内供奉四大金刚泥塑站像，用村里人的话说就是“四大金刚踩八怪”。过了前殿为后院，有东西配殿各三间，东配殿供奉2尊泥塑坐像，其中南面是二郎神，下面还有1只小狗。北面不知什么神像；西配殿也供奉2尊神像，有1尊神像搭拉下一串珠子。北为后殿，全寺主殿，面阔三间，前出廊，廊东侧悬挂1口铁钟，高约1.2米。西耳房两间，为菩萨殿，供奉的是铜像。后殿内砌筑神台，神台上供奉如来佛泥塑坐像，下为莲花台座，座下四角各有1个大力士扛着。两边为十八罗汉泥塑像。

过去大寺有看庙的，初一、十五打钟。1943年，日军拆大殿的砖，去垒大庄户炮楼。当时梁架没倒，后来村里又砌上，当学校的教室。大寺毁于20世纪80年代。

40. 赵庄户村

赵庄户村，旧有道教庙宇五道庙。

五道庙，位于村西大坑沿北边，坐北朝南，庙西侧 1 棵大槐树，有二三搂粗。庙为一间，北墙画有五道等神像，东西两山墙画有壁画。五道庙拆毁于 20 世纪 50 年代，木头盖生产队猪圈了。大槐树也同时放了，给村小学打了桌椅。

四、王辛庄镇

王辛庄镇，辖21个行政村，旧有大小庙宇84座。分为纪念性祠庙10座，主要是关公庙、药王庙；道教庙宇47座，主要是真武庙、龙王庙、三官庙、五道庙等；佛教庙宇27座，主要是佛祖庙、菩萨庙等。现在，大辛寨三官庙前殿、井儿峪龙王庙后殿、乐政务九圣寺前殿、小辛寨菩萨庙大殿及太后村大兴隆禅寺八思巴文碑等尚存。

41. 北上营村

北上营村，村里人说是宋朝立的庄，北面有北大园（辽国萧太后花园），南面有南大园。村北有个上营城，村东南有个地方称校军场。这与地名志所载北上营明代成村有出入。明永乐年间（公元1403～1424年），在此地建堡驻军，分上下二营，此地为上营，后为村名。应该是先有营，而后有村。

北上营村旧有道教庙宇真武庙、龙王庙、五道庙及佛教庙宇观音庙。

真武庙，又称真武祠，位于村东头山上，坐北朝南，面阔一间，庙前有1通石碑，长方形碑座。上写着“熊耳营北山真武祠”等。石碑上，有“宋朝”、“杨”、“呼”等字，即是杨家将等事。这是碑前，碑后面两边有龙。碑首为圆形，有花纹，这种形制或为明代碑刻。碑文竖写，从右往左念。有半块残碑在村北一吃水井处，现在也拆没了。庙内为泥塑像，中间供奉真武大帝坐像，高1.5米多。两边各有1尊站像，略小些，高约1米。其中东边是龟，西边是蛇，头为人像，脑门上一个写一“龟”字，一个写一“蛇”字。两山墙为画像，东山墙画周公在中间，桃花女在周公北边，南边一个像骑着马拿着鞭子等；西山墙画有骑着驴的以及好多小人等。

真武庙于20世纪50年代塌毁，庙里石碑毁于1968年。近年在原址复建，只是格局比原来扩大了，一座高大的山门，周遭围绕院墙，建有前殿及后殿，且住有道士（图71）。

图71　王辛庄镇北上营村近年复建的真武庙全景

龙王庙，位于村东街中间，坐北朝南，建在一座高台上，南有四五级石阶。龙王庙面阔一间，前出廊，庙内砌筑神台，神台上供奉3尊坐像，中间是龙王，两边各有1尊小泥像，村里人说好像是虫王等。两山墙画有壁画，如东山墙画有量天尺、风婆、雷公、电母等，都腾云驾雾，还有托塔天王、天兵天将，要捉拿下面的小妖精等。西山墙画有天兵天将拿住了小妖精，回兵了等情景。龙王像前有1个石香炉，重约150斤。过去天旱了，村里人到太后龙潭去求雨。求雨时，大家要带着柳条帽子，敲锣打鼓，其中有一个人后背背着画着的王八。到龙潭取水回来，从谁家门口过，谁家就要往背着王八的人身上泼水。过去村里有“会”，大概相当于现在的村委会。俗称“会里”。过去走会等都由会里组织。龙王庙毁于20世纪50年代末。

五道庙，位于村西街北头，坐北朝南，建在一座高台上。庙前一道影壁，以砖砌筑，中有砖芯。村里人说，影壁出古，过去村里人就是照着那垒，也垒不出来。底下是座，上有收缩，中心窄，上又出檐，再往回缩，上再出檐，磨砖对缝，两边砖芯抹有白灰。影壁两边，南面有画，画有一个老头，大胡子很长，拄着一根拐杖，好像是老寿星。旁边有树，还有好多小人。北面有字，以毛笔所写，碗口大小。庙为一间，庙里为画像，北墙画有龙王、山神、土地、五道等5尊神像，五道位居中间。五道庙毁于20世纪70年代初。

观音庙，又称南大庙，位于现在村中心，坐南朝北，东西宽约5丈，南北长约7丈，有两道门。南面头道山门，有如农家院的门楼，对开木门。门前辟一片广场。进入山门后，为前院，是一空院，南北长约3丈。二道门有大小3个门，中间为大门，如同一大间房门，村里人俗称风阁门，又称屏风门。大门上有一方木匾，是井峪村、苏子峪村、杏园村、乐政务村等赠送。大门两边各有一小便门，砖砌，为敞门。进入二道门后，为后院，北为正殿，面阔三间，前出廊，有东西耳房各一间。耳房为看庙人所住。正殿前面有东西厢房各三间，在20世纪三四十年代就已改为学堂。正殿中间供奉3尊菩萨泥塑像，坐在莲花台上，上有3个木龛，满是木雕，外罩一层黄布。中间为观音菩萨，东边为地藏菩萨，西边为文殊菩萨。两边各有1尊站像，东边是手持降魔杵的韦驮，西边是手托一塔的托塔李天王。在南面墙上，有“熊儿营沈同善”画像。村里人说，沈从善要活着有100多岁了，大概是人死后画在这里的。菩萨庙雕梁画栋，很是精致。就全区而言，菩萨庙一般不大，供奉1尊菩萨居多，也有一些供奉3尊菩萨，但多是观音、文殊、普贤3位菩萨，像北上营供奉观音、文殊和地藏菩萨的庙宇不多。观音庙毁于20世纪70年代。

42. 北辛庄村

北辛庄村，旧有道教庙宇七圣庙及佛教庙宇法华寺、如意庵、菩萨庙。

七圣庙，位于村东，坐北朝南。沿东山墙往南砌一道影壁，以石头砌筑，东西两面抹白灰，上面写有毛笔字。村里人说字是名人所写，写得很好，具体内容记不住了。这道影壁正对前大街东口，与西大庙弧形墙相对应。七圣庙仅为一间，没有院落，前面也没有门窗，敞着。庙中间东西向砌一道墙，将一间小庙隔为南北两个小间。南面，画有龙王、虫王、山神、土地、苗王、财神、五道，龙王在中间，五道在最西边，土地在最东边。两山墙画有小鬼、判官等像。村里人去世了，家人来这里烧纸报庙，名为七圣庙，实际就是五道庙。村里人对中间墙的北面没有细说，一般都是画有观音坐像的，这里也应大致如此。七圣庙早已无存。

法华寺，又称西大庙，位于村西头。

1959年第一次文物普查资料记载：名称，药王庙。年代，建于明代，咸丰年重修。地址，平谷县北辛庄西，坐北朝南。规模与形制，山门，硬山清水脊，筒瓦顶，门宽0.80米。前东西各有大殿三间，造形同。硬山箍头脊，筒瓦顶，苏式彩画，门窗改修，通长11.30米，明间3.20米，次间3.10米，深6.80米，内部撤（彻）上明造，五架梁，前插今（金）柱。附属文物，有石碑一块，已仰卧，咸丰重修。周围环境，东临道，南北西靠平原田地。现存情况，四壁坚硬。保管和使用情况，学校。附注，后殿三间，硬山清水脊，代（带）兽头，长10.55米，明间3.15米，次间3米，进深6.90米。后殿西有僚房三间，东西厢房各三间。附有简画法华寺平面图。

与村里人调查座谈情况基本相同。法华寺，坐北朝南，东西宽约20米，南北长约60米。南有两座山门，是两座小门楼。与普查资料有异。山门前有一个小广场，西侧有一道弧形墙，墙东面正对前大街，形成了大街的影壁。影壁东面辟一个小龛，画1尊比干财神像，因此这里又被称为小财神庙。广场南侧，修筑一座戏台，以石砌筑，约1人高矮，正对着药王殿。过去农历四月二十一为药王生日，举行庙会，就在戏台上唱戏，还曾唱过对台戏，就是两个戏班子同时唱两台戏。

进入山门，为前院，有东西两座前殿，西殿为药王殿，殿前1通石碑，为平面的碑首，没有“交龙”，碑座现存。殿前一座方亭，底下为砖座，高约1.5米，上有4根木柱，攒尖顶。人无法进入亭里，可能是香亭。药王殿面阔三间，前出廊，没有彩绘。殿内供奉药王泥塑坐像，两山画有华佗等10大名医像。村里人说，药王殿没有后门，与东面老爷殿的两山墙之间，另盖一个房子一样的8尺门道，通向后院。村里人说，这座殿与老爷殿的建筑差远了，老爷殿有“垫”有“嵌”，就像故宫的建筑一样。

东殿为老爷殿，老爷殿东山墙外有5尺胡同，可通后院。老爷殿面阔三间，前出廊，大殿木工很讲究，还有彩画，贴上的金箔都鼓凸出来。殿内神台正中供奉关公坐像，头戴软扎巾，红脸，五绺黑髯，草绿衣袍。前有周仓、关平侍立像，还有大刀、马像等。两山墙前还塑有几尊泥塑像，墙上绘有与关公有关的三国故事壁画。关公坐像后有罩碑。从坐像两边可出后门，后门两边墙上，绘有12美女，关公在曹营中有美女给他吹拉弹唱，“上马金，下马银，赐他美女十二人。”也是曹操想收买关公，特别的关照，而关公辞别曹操而去。村里过去正月十五走会，正月十四要去拜庙，哪座庙都拜。当进了老爷殿，上香、上供，要走场且唱："汉某关公是英豪，三国之上把名标。只因保定二皇嫂，找不着仁兄降过曹。辞别了曹操又把仁兄找，饯行来在霸王桥。张辽许褚来追赶，刀来斜挑溅红袍。"这是边走会边唱的8句琴曲。

对于东西两座大殿，村里人特意说是"鞍子脊"，当是古建中的卷棚顶了。

后院，北面东侧为菩萨殿，西有耳房三间，耳房西侧有过道，可通庙后。耳房过去为禅堂。菩萨殿前有1棵龙爪槐，直径约有2米，遮了半个院子。殿前西侧，有1通石碑。后院有东西配殿各三间，住看庙人。菩萨殿面阔三间，前出廊，殿内供奉3尊泥塑坐像，中间为观音菩萨，两边分别为文殊、普贤菩萨，坐骑分别为望天吼、金狮、白象。

从庙前戏台正对着药王殿及村里庙会在药王生日之时，尤其普查资料也写着"药王庙"，或许这座庙宇就是以供奉药王为主，也可能药王殿建得更早些，老爷殿虽然建得精致，也许会晚些，建筑自是后来居上了。从南面有两个小山门看，极可能西面药王殿单是一座庙宇，东面老爷殿与菩萨殿一起，是另外一座庙宇。从老爷殿建筑的精致看，当是东面的主殿。调查中，既然村里老人说叫法华寺，当以菩萨殿为主了，属于佛教庙宇了。

如意庵，又称地藏王菩萨庙，位于村东部，坐北朝南，东西宽约7丈，南北长约12丈。南为山门，一座砖砌门楼，对开木门。前院，一边1棵古槐，直径约1.5米，树干已空，但依然枝叶繁茂，馒头形状，枝条能垂到地面。有前殿一间，殿内中间为木板做的罩碑，前有韦陀泥塑站像，1米多高，手拿金刚宝杵，故此殿被称为韦驮殿。罩碑后面画有观音像。前殿两侧有墙，各开一座小门楼，通向后院。后院，北为正殿，有东耳房两间，西耳房一大间。殿前有东西配殿各三间，为看庙人所住。殿前西侧，有1通石碑。对于正殿，村里人说这个殿是"五脊六兽"，不同于西大庙的东西大殿，当是北方建筑中常用的硬山顶了。正殿内供奉地藏王菩萨泥塑坐像，坐下骑的是鳌鱼。村里人说，过去老话说鳌鱼翻身就要地震。两山墙画有十殿阎君壁画。如意庵毁于20世纪80年代。

菩萨庙，位于村后街东头，坐东朝西，正对后街街口，仅为一小间，前有一道照壁，以石头垒砌，较为简陋，照壁上没有书写字画。庙前一边1棵大槐树。庙内东墙画有观音、文殊、普贤3尊菩萨画像。南北山墙仅以白灰抹墙。菩萨庙毁于20世纪50年代。

43. 大辛寨村

大辛寨村，原与小辛寨为一村，名西寨务。相传辽时，这里曾设中营大寨，一位辛姓将军战斗中阵亡，人头被砍下，上赐镶金木质人头葬此，村由此得名大辛寨。

村周边多次出土战国铜箭头、铜矛等兵器，这里或许曾是古战场。泇河自村西北向东南流过，汇入泃河。郦道元《水经注》引《竹书纪年》所记："齐师及燕战于泃水，齐师遁"，是说齐燕两国军队在泃河边打仗，把齐国军队打败了。不知所记与大辛寨一带出土兵器（图 72）是否有关。村北曾发现汉代墓葬群。

图 72　王辛庄镇大辛寨村出土的战国青铜矛

村里有"扳倒井、自来佛、将军坟松树多"之说，一些相关书中也有所记。"扳倒井"现在村南地下，并非人力所扳倒，而是清康熙十八年（公元 1679 年）"平谷、三河大地震"时，震得井壁倾斜。那是我国地震史上一次很有影响的地震，而平谷、三河地区为震中。民国二十三年《平谷县志·灾异》记载："计地震所及，东至奉天之锦州，西至豫之彰德，凡数千里，平谷、三河极惨。"志中明确记述："大辛寨庄南有砖井歪斜，人呼为扳倒井，以地震移动之所致。""将军坟松树多"，自然是指辛将军之墓了，村里人称其"辛柱将军"，"坟山"有三四丈高，圈了几亩地，墓地上长有许多大松树。现在均已无存，且坟地上已盖了房子。只有 1 通辛将军墓碑尚存，碑很高大，一直埋藏一家院内。只知碑上刻着皇上"圣旨"，而辛将军究竟叫什么？什么时代人？官居何职？因何战而亡且葬于此？又是哪朝哪代皇帝所颁圣旨？这些都不得知，他日若将墓碑挖掘出来，一切也许就真相大白了。至于"自来佛"，相传泇河发大水，从北部山区苏子峪冲下 1 尊石佛，供奉于净严寺中。

过去大辛寨村临一条南北官道，南通天津，北通古北口，从古北口到天津这里是必经之路。大辛寨主要庙宇都建官道两旁，不但便于村里人拜庙进香，大概也便于官道来往之人进香了。

大辛寨村旧有纪念性祠庙老爷庙、道教庙宇三官庙、五道庙及佛教庙宇净严寺、菩萨庙。

老爷庙，位于现在村委会西南角，旧官道东侧，建一大坎子上。

“老爷”，民间对关公的俗称，老爷庙供奉的就是关公。旧有“县县有文庙，村村有武庙”之说。封建统治者封孔子为“文圣人”，封关羽为“武圣人”，所以文庙即孔庙，武庙即关公庙。“县县有文庙”，是实，尊孔读经，统治者曾昭示天下，州县必须建文庙；而“村村有武庙”，不免有些夸张，但全国寺庙最多者，则非关庙莫属。

老爷庙坐北朝南，东西宽约5丈，南北长约六七丈，南有山门，为一砖砌门楼，如乡村旧时的“二门楼子”。院内建有两进殿宇。前殿为马殿，面阔三间，小灰瓦合瓦垄。殿内一边1匹马，泥塑，马旁一边1拉马者，村里人也有周仓、关平之说。村里老人们小时，家长嘱咐：“谁也甭骑殿里的马，骑可下不来!”那是供奉的“神马”，谁也不能随便骑的。家长是在告诉孩子要“敬神”。前殿为过殿，设有后门，可通后殿。后殿为正殿，面阔三间，东西耳房各一间。大脊两端饰以螭吻，两山四条垂脊饰以神兽。殿前1通石碑。殿内砖砌神台，高约1米。前有砖砌供桌及石香炉。神台上供奉泥塑关公坐像，红脸庞，三绺儿胡须。过去这里是村外野荒地，“谁敢到老爷庙，摸老爷胡子去?”孩子们摸黑谁也不敢进庙里去。老爷庙于20世纪40年代末因年久失修而倾圮。

三官庙，位于村中心，旧官道西侧。东西宽约5丈，南北长约十五六丈，当初规模较为宏大。三官庙坐北朝南，南为山门，一座高大的砖砌门楼，对开木门约1丈宽窄，从门槛至上门洞高约8尺。门前铺有3步台阶。从台阶至上脊，足有2丈高矮。门前1对石狮。周围护以8尺高墙。

进入山门后，为一空院，形如广场，南北六七丈长。中辟一道二门，门前一边1棵大槐树，并石砌一座宽约3丈的台子。二门前广场为旧时春节搭灯棚及村里有事集会之所。进入二门，北为正殿，面阔三间，进深三间。东耳房一大间，西耳房一小间。耳房为存放杂物等用。正殿为单檐硬山顶，上覆青瓦，合瓦垄，大脊饰以螭吻，垂脊饰以神兽。梁架饰以旋子彩绘。两山梁架间墙壁饰以墨笔壁画，主要为人物画。如一山林间，一座茅屋，一位老人站在支开的窗前，一童子似在外相问（图 73）。正殿前出廊，廊下东侧悬挂 1 口铁钟，钟高约 1 米，过去村里有事包括发生火灾等就敲此钟。

图 73　王辛庄镇大辛寨村三官庙正殿梁架间壁画

正殿内，中筑神台，1 丈多长，比中间一间屋还长。前摆供案，长约 1 丈，高约 3 尺。俗有“三尺供桌好烧香”之说。供案上 1 个铁香炉。神台供奉着 3 尊泥塑坐像，既是名为三官庙，这 3 尊神像应该是“三官”，即天官、地官、水官，也就是我国远古的 3 位部落首领尧、舜、禹，道教为我国本土教，常常把对中华民族发展起过重要作用的历史人物，树而为神的。当地人相传这 3 尊神像是“老哥仨”，老大黑脸，坐西侧；老三白脸，“尖”，抢在了中间；老二也是白脸，只有坐东边了。“老哥仨”又是谁呢？村里人不知道。

三官庙现存正殿（图 74），其他建筑均已毁，殿前几米处即已建造了民房。正殿曾于 1954 年修葺时揭瓦过。

图 74　王辛庄镇大辛寨村三官庙正殿

五道庙，位于村东街口。

五道庙一般应供奉五道将军，当然，就平谷地区而言，五道庙内常常同时供奉几尊神，如龙王、山神、土地、苗神、虫王等等，最多可同时供奉“九神”。按道教之说，五道将军为东岳大帝属神，掌管世人生死荣禄，为阴间大神。

五道庙仅为 1 小间，而且很简陋，庙内也没有塑像，只在墙上画有画像，画着五道将军及其他神像，具体画什么神，时间久远，村里老人也记不得了。五道庙主要是村里人故去时，家人到那里去报庙烧纸。

五道庙毁于20世纪六七十年代的“文革”之时。

菩萨庙，位于现在村委会南，十字街头处，坐落旧官道东，与道西三官庙南北错落开来。

菩萨庙坐南朝北，俗称“倒坐观音”。佛教中，一般认为有四大菩萨，即文殊、普贤、观音、地藏菩萨。而观音菩萨在世俗中知名度很高，在佛国里地位仅次于佛。观音又叫观世音、观自在、观音大士。唐代因避太宗李世民讳，简称观音。所谓观世音，是说世间众生受苦受难时，念诵其名，菩萨就会“观”声音而前往解救。

大辛寨菩萨庙，规模不大，只有很小一间，没有门窗，庙里也没有塑像，只有观音画像，且早模糊不清。画像前1个石香炉。村里老人说，菩萨庙在他们小时就已破败不堪，可见其年代应该很久远了。

净严寺，俗称石佛寺，以庙内供奉1尊石佛而得名，位于村西南角，泇河东岸。

民国二十三年《平谷县志》记载：“净严寺，在大辛寨，至县八里。辽天庆十年建，正德元年重建。今俗称辛寨寺”。“辽天庆十年建”，即净严寺建于公元1120年，辽代末期了，相当于北宋宣和二年。而“正德元年重建”，即公元1506年重修，已是明代中期。

净严寺坐北朝南，建一座石砌高台上，台高丈余，东侧有石阶可上。寺东西宽约5丈，南北长约6丈，有二进殿宇，没有山门，也没有院墙。

前殿，面阔三间，没有耳房。殿内供奉1尊石佛，人称“自来佛”（图75）。说到此佛，村里老人随之说出一串顺口溜：“扳倒井，自来佛；松柏树，上七下六十三棵；倒流河……苏家坡，紧对卸甲桥”。村里人解释说，“扳倒井”，唐王李世民征东时，经过此地，又饿又渴，见一井，可够不着水，就扳倒了让大家喝。而井台上还有马蹄印呢，说是马也用蹄子帮着

图75　王辛庄镇大辛寨村净严寺石佛（摄于1961年）

刨。顺口溜中的“倒流河”，后边应该有半句对应的话，老人想不起来了，只能是遗憾的空缺。而倒流河是泃河一条支流，泃河水东南流，一顶，支流的水波纹就逆流上淌，感觉就像河水倒流。至于“卸甲桥”，村里老人说，那是“白袍”征东时，细问，道是征高丽，就是朝鲜。看来这“白袍”也是代指唐王了。“白袍”至此休息，卸下铠甲，搭桥栏上晾着。这是一座石桥，在村南三四百米处，南北向，老人讲，这桥他们小时也没见过，也是听前辈人口口相传的。扳倒井在桥北不远处路边。“苏家坡”，即是苏家一大片土地，正好对着卸甲桥。那里有苏家坟，苏家是村里老户，也称“坐地户”。大辛寨最早的有苏家、周家、张家等。相传有一条土龙围着大辛寨，风水很好。而净严寺正建在土龙头上。

关于“松柏树”，是说净严寺前殿台上有7棵树，台下有6棵树，那柏树全是“香柏”。自来佛，因净严寺建在一座大坎子上，西为泃河，一年发大水，河里喊“救人”。村里人赶紧将那人打捞上来，抬到坎子上，撂下，一看是1尊石佛，就供奉在了前殿里。一些书上说石佛从“北部山区苏子峪冲来”，可村里老人并没这么说，只是说是河水冲来的，大同小异。石佛高约2米，坐莲花座上，下有八楞石柱，最下有石座。石佛左手按腿，右手伸开，佛身包金。莲花座上镌刻有清康熙十八年大地震的文字。结合现存留下的石佛照片及当时人所记对照，村里老人所谈不谬。照片旁写道：“该处原为净严寺庙基，建于辽代。解放后才被拆去，至今尚存释迦佛石像一尊，但拆庙时已被局部毁坏。石像墩座上有一碑文，兹抄录如下：

京都平谷县大辛寨庄因十八年七月二十八
日巳时地振
圣像悔变士姓　　诚心整
　　　　　　　　信士俞应魁
大清康熙二十四年十月二日重立。”

碑文中，“地振”当为“地震”，也许当时人们就是随手一写，只要是个振字就行了。“悔变士姓”，不知作何解。因佛像已毁，据说佛像底座因记载地震情况，被北京有关部门运走，不知下落，也就一时难以考证了。巧合的是康熙十八年大地震是七月二十八日，1976年唐山大地震也是7月28日，只是一个是农历，

一个是阳历，一个是1679年，一个是1976年了。“信士俞应魁”，不知何许人。对于石佛，是在地震6年后重立。如果地震能将如此大石佛震倒，那么，庙宇恐怕很难完好，是否重修或抢修没说，今天也就不得而知了。村里老人还说，那石佛有可能是唐代石佛。可惜石佛毁于20世纪五六十年代，佛头被人抛进村南泇河里。那时队里有分白薯的大秤，有人称过，佛头重148斤。

石佛背后上方，村里人说有很高的“佛罩”，并说上面雕有许多贴金小佛。这里说的“佛罩”，或许是佛像背后的“背光”了。石佛前边，一边4尊泥塑站像，很威武，据说是八大金刚。石佛背后有壁画，画有倒坐观音，观音上边还画有雷公、电母等神像。梁架上有彩绘。前殿辟有后门，可通后殿。

后殿，有东西配殿，据说供奉的都是铜佛像，毁于火灾，20世纪三四十年代村里老人所见就是残垣断壁了，只是那些烧焦的柁檩还在，有可能毁于清末民初。后殿前西侧，1通石碑，龟趺座。后殿东侧为跨院，为看庙和尚所住。

净严寺于1954年被拆毁，拆庙时见大柁上写有字迹：“大辽重修”，落款为“西寨务”。如果是“大辽重修”，那么，建寺起码是辽代或早于辽代了。梁上“西寨务”落款，说明大辛寨以前曾叫西寨务。村里老人说，因为“寨务”与“债务”谐音，背着债务日子不好过，因此，辽以后就改为大辛寨了，这也是村里人向往美好生活的一种朴素的情感。

净严寺庙址尚存，在一片果林中，仍可见一片略高的土台，一个斜楞着的残龟趺（图76），一个露在地表的雕有莲花瓣的青石柱础（图77），几块还在原处的基石及大量瓦砾，让人想见昔日庙宇的宏伟壮观。

图76　王辛庄镇大辛寨村净严寺遗址上残存的龟趺

图77　王辛庄镇大辛寨村净严寺遗址上残存的雕花柱础

44. 东古村

东古村，旧有纪念性祠庙三义庙、道教庙宇五道庙3座及佛教庙宇菩萨庵。

三义庙，位于村中心。

三义庙为供奉祭祀刘备、关羽、张飞之庙。刘备，涿郡（今河北省涿县）人，汉景帝之子中山靖王刘胜后代，蜀汉开国皇帝。刘备在涿郡，与关羽、张飞结为兄弟，世称"桃园结义"。关、张后辅佐刘备在成都即位称帝。伐东吴兵败，退回白帝城，因病崩逝，谥号昭烈帝，史称刘先主。关羽因大意失荆州，被东吴将领吕蒙杀害。生前官至"前将军"，封爵"汉寿亭侯"，以忠义闻名于世。死后，历代帝王对其多有加封，由"壮缪侯"、"忠惠公"、"武安王"，直至封为"三界伏魔大帝神威远镇天尊关圣帝君"、"忠义神武关圣大帝"及"忠义神武灵佑仁勇威显关圣大帝"等。张飞为车骑将军领司隶校尉，任巴西太守，镇守阆中达七年之久。后刘备强令东征，兴兵伐吴，为关羽复仇。张飞就在发兵之际，被部将范疆、张达谋害。张飞死后，谥封桓侯。

东古村三义庙规模比较大，现保存1961年拍摄的三义庙照片（图78），且记有简短文字："东古村，三义庙，清道光己亥年重修，至今已出现很多裂缝，山墙已经倾斜，外墙亦将倒塌。"清道光己亥年，即道光十九年，公元1839年。看来1961年时三义庙已年久失修，应该就是清道光时重修的遗物。

图78　王辛庄镇东古村三义庙（摄于1961年）

三义庙坐北朝南，东西宽约18丈，南北长约25丈。南为山门，砖砌门楼，宽约1丈，对开的大木门，木门两边有抱鼓石，较为气派。山门前两侧有4棵杨树及槐树，约有二三搂粗。山门前有一座石头砌筑的戏台，高约1.5米，3丈见方。三义庙有前后两进殿。前院，院内有 1 棵大松树和 1 棵杨树。北为前殿，面阔三间，有东西耳房各两间。前殿前出廊，廊下东侧有 1 个铁罄，直径约有 1 米，底部中间有一孔。檐施彩绘，檐下悬挂一方大匾。殿内塑有刘备、关羽、张飞 3 尊泥塑坐像，两侧各有 3 尊泥塑侍立像，手持不同兵器，墙上绘有壁画。前殿辟有后门，从神像两侧经后门可至后院。前殿有东西厢房各四间，东厢房作为学校，西厢房存放杂物。后院，院内四角有 4 棵松树。院中偏东 1 棵垂柳，院东北角还有一棵绒花树。后院没有碑刻。北为后殿，面阔三间，东西耳房各两间，西耳房做客房。后殿前出廊，在前廊东侧，悬挂 1 口大铁钟，高约 1 米，没有铭文。殿内正座供奉 1 尊菩萨坐像，为铜铸，高约 50 厘米。两旁还有泥塑站像，两山墙上画有十八罗汉像。村里人说，还有好几尊铜像，记不清都是什么神像了。民国初年，曾有几个砸明火的人，拿着枪，来到三义庙，抢走了庙里的几尊铜像，并用枪打伤了一个村里人。后殿前有东西厢房各五间，庙里有三四位大小和尚，就住在厢房里。过去每当有人来烧香时，看庙的和尚就说："烧香撂香钱，不撂香钱神佛知道。"

三义庙东有跨院，还有百十亩地庙产。

三义庙本来为敬神之所，据说过去村里有个好吃懒做的人，一天到前殿神像前祈祷："大小给个病，可别丧了命！"不想神像后边藏着一个人，随口答道："明天就让你死了！"那个好吃懒做的人一听"神"说话了，吓得就跑，回家真吓出病来了。这也是在神面前搞的一个小恶作剧。

三义庙神像推倒于 1947 年，殿堂建筑毁于 20 世纪 70 年代末。

五道庙，全村有 3 座。一在村西，仅一间，坐北朝南，有小院，院内有 2 棵柏树。庙里为画像；二在村中间白家街中部，也是一间，坐北朝南，没院，庙里为画像；三在现在村南公园东面，一间，坐北朝南，没院，画像。这座五道庙前面 1 棵大槐树，北面同时盖一朝北的小房，画像。3 座五道庙毁于 20 世纪 80 年代，拆庙改盖村小学。

菩萨庵，位于村东北，建在一个土岗上，坐北朝南，面阔一间，前有影壁，影壁北面有画，也有菩萨像。庙西有几棵大杨树。庙里为画像，正面画的是菩萨像。抗战时期村里挖地道，菩萨庵是一个地道口。菩萨庵毁于 20 世纪 50 年代。

45. 东杏园村

东杏园村，原来与西杏园村是一个村，1955 年才独立成村，过去只有 1 座道教庙宇五道庙。

五道庙，位于村西头，坐北朝南。庙前 1 棵大杨树，现存，为二级古木（图 79）。树下有一道影壁，以砖包角，石头砌芯，白石灰抹面，两边有字，为 1911 年重建。五道庙为一大间，画有五道等神像，毁于 20 世纪 60 年代初。原五道庙旁的水井及水槽（图 80）尚存。

图 79　王辛庄镇东杏园村五道庙前大杨树

图 80　王辛庄镇东杏园村五道庙旁水井及水槽尚存

46. 放光庄村

放光庄村，旧有纪念性祠庙老爷庙、道教庙宇五道庙 3 座及佛教庙宇朝阳庵、菩萨庙。

老爷庙，又称东大庙，位于村东头，坐北朝南，东西宽约 7 丈，南北长约 10 丈。南为山门，砖砌门楼。进山门后，有一道影壁，南北两边有字。北为正殿三间，东西耳房各两间，没有东西配殿。耳房住看庙人及存放杂物。殿前有 2 棵大柏树。殿内有木雕神龛，龛内为关公铜像，高约 60 公分。后墙和东西山墙绘有壁画，如同现在的连环画，画有三国故事。

过去天大旱时求雨，村里人抬着一个用柏树枝搭的轿，让村里一个姓贾的人（没头发，都叫他秃亮巴儿）抱着关公铜像。村里人说，在20世纪40年代末，一村干部不让搞迷信，夺过铜像一下摔在地上，将铜像头摔掉了，以后村里就不再求雨了。

村里人说，老爷庙距今大约建有200年了，相当于清代中期，1981年拆毁。

五道庙，过去全村有3座，一在村南部叫庙台的地方，坐北朝南，一间，画像，由于过去村里人来这里报庙烧纸，庙里熏得漆黑。庙前有1棵大槐树，二三搂粗，人们可以在盘起的树根上坐着乘凉。树冠遮下的树荫，足有180平方米，过去村里人常在树下说书。大槐树后来放倒，树干没空，给村小学做桌子了。此庙毁于20世纪50年代；一在朝阳庵院内西南角，从朝阳庵山门进去，往西一走就是，坐北朝南，一间，画像，附近的人家来这里烧纸报庙。与朝阳庵一起拆毁；一在村西北角，又称七神庙，坐北朝南，东西宽约3米，南北长约8米，有小院，南面辟券拱门，门上有门额，门两边有一副对联，其中一句“这条路谁都走”应是上联，下联村里人记不清了。这是村里人张仰光写的，他要活着有180多岁了，这庙建有一百五六十年了。五道庙正殿为一间，庙顶起大脊，两端饰有“龙头”，前出廊，有窗，中间为对开门。殿内正座画有菩萨像，两边各有2尊画像，东西山墙各有1尊画像，画有财神、马王、路神、喜神等。廊前东山画有判官，拿着生死簿；廊前西山画有小鬼，举着一块招魂牌。庙后辟一小壁龛，约60厘米高矮。龛内供奉泥塑韦驮站像，双手合十，金刚杵横于腕上。庙内悬有“功德匾”，为村里人当年建七神庙时捐款的名字等。过去建得如此精致的五道庙，全区不多。此庙毁于20世纪50年代。

朝阳庵，位于现在村中心，过去在村北，又称北大庙，坐北朝南，东西宽约23米，南北长约19米。南为山门，是一座砖砌、起脊的门楼，宽约2.5米。院内北为正殿，面阔三间。正殿东有耳房三间，殿西北角有一座二层角楼，与正殿高矮差不多，中间有木梯可以上去，村里人并不清楚其用途。殿前一边1棵大柏树。殿西南角一座小五道庙。正殿内砌筑神台，高约1.2米。神台上供奉菩萨泥塑坐像，高约1.5米，黄色，村里人称之为“金身”。菩萨坐像下有莲花座，座高0.5米。两山墙画满壁画。殿内悬挂匾额。《平谷县地名志》记载：“据传村中原有寺庙，大殿脊上有铜顶，在日月照耀下放光，称放光寺，村以寺得名放光庄。曾俗称方广"，但没有明确说是什么庙。或许就是朝阳庵也未可知，从殿前古柏看，起码有数百年历史了。

抗战时期，朝阳庵里住着日军30多人。1944年农历五月初四，四周百姓来了，因痛恨日军，就把庙给点了，日军连夜撤回了平谷城。

朝阳庵于20世纪70年代末80年代初作为村里幼儿园，那时主要建筑还存在。在那里上过幼儿园的人甚至说，80年代初正殿东边台上还有2尊泥塑像，孩子爬上去玩耍，只是不知道是什么神像。20世纪80年代初拆毁，庙址盖民房了。

菩萨庙，俗称南菩萨庙，位于村南头，泇河北岸，坐北朝南，面阔一间。庙内为菩萨画像，正座的菩萨画像比较大。村里人说，菩萨庙建有100余年了，当初是为镇泇河而建。一建菩萨庙，泇河河道就往南改去了，是河水冲的。老话说"十年河东，十年河西"，泇河也经常南北改道。河南岸是北城子村，过去两村以河为界，河往南去，就占了北城子村的地了。北城子村在村北头也盖了二三个小庙，都坐南朝北，对着泇河北岸的菩萨庙，甚至北城子村有人悄悄过来把菩萨庙里菩萨画像的眼给抠去。菩萨庙于20世纪50年代被拆毁，改建为村小学。

在放光村东南约四五里地处，即王辛庄村与中罗庄村之间，石河北岸，有贾家坟，曾有"贾氏祖茔全图碑"（图81），立于清嘉庆十三年（公元1808年），贾国杰率合族人等立。之所以中间隔着王辛庄村，是因为王辛庄建村晚，过去与东古、西古为一个村，大约在20世纪20年代才在此独立成村。碑文记述了贾氏家族几处老茔所在位置及贾名伸出资置办祭田、绘制茔图经过等。民国二十三年《平谷县志》"人物志·科第·进士"中记载："清，嘉庆丙辰科一人，贾名伸，放光庄人。""嘉庆丙辰"即嘉庆元年（公元1796年）。实际上，在清代考中进士者，仅此一人。"人才志"对其父贾国杰有传略，"逢国家开千叟

图81　王辛庄镇放光村贾氏祖茔全图碑拓本

宴，国杰以年逾古稀荣与耆筵，恩赏御制诗、寿杖、银牌等件”。是说贾名伸的父亲贾国杰参加了乾隆皇帝举行的千叟宴，并受到了赏赐。

47. 贾各庄村

贾各庄村，旧有道教庙宇真武庙、马神庙、五道庙及佛教庙宇西大庙。

真武庙，位于村北，建在高坡上，坐北朝南，面阔一间，沿着中间脊檩横砌一堵隔断墙。南面，置门窗，庙内供奉真武大帝泥塑坐像，脚下踩着龟蛇二将，前面一边1尊站像，为周公和桃花女。北面，也有门，庙里供奉1尊站像，为韦陀，拿着金刚宝杵。村里人说，往北是奔小辛寨的一条路，庙在路东，修建真武庙，就是为镇这条路的。真武庙毁于20世纪五六十年代。

马神庙，位于村中间，坐北朝南，仅为一间，建在一座高约1.5米的台上，前面砌筑几步台阶。庙内供奉马王泥塑坐像，3只眼，其中额头那只眼竖长着。马神庙毁于20世纪五六十年代。

五道庙，位于村北街东头，坐北朝南，建在高台上，前有四五步台阶。在庙东南角台座下，有1棵大槐树。庙为一间，画像，北墙画有五道等5尊神像，两山墙绘有壁画。在庙进门处墙上，一边画有判官，一边画有鬼卒。五道庙毁于20世纪五六十年代。

西大庙，位于老村后街西头，坐北朝南，东西宽约8丈，南北长约9丈。庙前为广场，西侧1棵大杨树，有五六搂粗，10余丈高，树冠有半亩地大，在县城东边张辛庄就可以看到这棵大杨树，距离15里地。1936年，村里卖给外村人了，卖了100块现大洋。人家照空树买的，村里也按空树卖的，结果放倒不空。据说这棵大杨树是大辽时期栽的。东侧还有1棵小杨树，有2搂多粗，也有八九丈高，1940年放倒。那是东寺渠日军修大桥，看到了这棵杨树，硬让人放了。

庙南面没有山门，直接就是前殿药王殿，殿前南面和西面为墙壁，殿前东侧有4步石阶，上石阶后，为方砖墁地，从药王殿前门可进入殿内。药王殿东侧，辟一小便门，为砖砌门楼，过去香客、学生等都从便门进入庙内，逢初一、十五南门才开。到时周边如大辛寨、小辛寨等村人也来烧香上供。药王殿面阔三间，神台中间供奉药王泥塑坐像，据说是药王孙思邈。在同一神台上，药王坐像两边一边1尊站像。东西山墙上，画有华佗等10大名医画像，一边5尊。坐像后边有挡板，从两侧出后门，可到院内。

院内，有3棵树，其中北面正殿前西侧，有1棵大柏树，1搂多粗。殿前东侧，1棵小柏树，1942年为本村一在道之人所捐栽。西耳房前有1棵大榆树，约有1搂粗，树冠又圆又大，很壮观。院中间铺砌甬路。殿前有东西厢房各三间，西厢房在20世纪三四十年代改为村小学，再早在这里开设私塾；东厢房北间为一个看庙和尚所住，另两间闲置。正殿有东西耳房各两间，耳房存放杂物，后来西耳房为教师所住。正殿面阔三间，前出廊，廊西侧有一木架，悬挂1口铁钟。铁钟高约1米，上铸铭文，上有徐姓、任姓、王姓、张姓、常姓、孙姓等人名。据说那时是姓孙的家庙，庙西有孙家坟，以后又是贾各庄村庙了。东耳房存有1口小铁钟，高约40厘米，上面有项姓、王姓、孙姓名字，当时还没有别的姓，现在项姓、孙姓已经没有了。这钟大概有几百年了，从一建庙就有。1960年被村里人砸碎卖铁。正殿内，神台上供奉观音菩萨泥塑坐像。在同一神台上，观音菩萨塑像两边，一边还有1站童，左为童男，右为童女，应该是侍立的善财童子和龙女。东西山墙和北墙绘有壁画，有大海、太阳等。殿内有大匾，原来这庙叫什么“寺”，村里人说不清了。

庙里住有和尚，大概在清末时，老和尚姓任，他的徒弟空印。空印后来转到小辛寨去了。到空印徒弟觉庵，已经是20世纪20年代。过去，初一、十五开庙门，信徒及村里人来庙里烧香。等日军一进关，就不烧香了。后来前殿药王殿存放许多棺材。1947年推倒神像，把菩萨像推到庙南边的大坑里了，泥像肚子里有一面铜镜和一本黄皮的线装书，这是塑像时的装藏之物。庙址处还保存1棵大柏树（图82），几年前小学迁走后，此地被人承包，盖房时，木工将柏树一些枝杈锯掉，做墨斗盒了。1942年所栽的小柏树，几年前枯死被锯掉，地上仅剩碗口粗的树桩。

图82　王辛庄镇贾各庄村西大庙遗址上所存的大柏树

西大庙毁于20世纪60年代，拆大庙建村小学。

调查中，村里人谈及村南有一地方，称“破庙子”，就是现在服装厂的厂址处。过去这里有个阎各庄，明末清初时闹过白莲教，上面把这村给洗了。据说岳各庄还有一家姓阎，是从这儿搬去的。民国二十三年《平谷县志》“艺文志·琐记”记载：“明代平谷旧志载有距城四里阎家庄、马圈庄二村。近百年来，邑中所属久已无此村庄。询之故老，尚能指其遗址。访其处，则禾黍高低，无一居室。惟农人耕地犹有犁出房基者，则信乎其昔为村落也。相传清顺治六年七月，白莲教匪揭竿蜂起，直薄城下。经邑令牟云龙率兵众击溃，并剿灭阎家庄、马圈庄，庐舍为墟，由是二庄遂废焉。”村人所谈与志书吻合。志中提及马圈庄，今在何处？即是都“距城四里”，两村当相距不远。近年作者曾与负责筹建林业局（今园林绿化局）楼的人相谈，他说挖地基时，曾挖出不少砖头瓦块。林业局办公楼约建于20世纪90年代初，其所在地位于岳各庄村东不远处，他曾与岳各庄村人打听，告说过去是马圈庄。记此，也是对旧志的拾遗补缺吧。

48. 井儿峪村

井儿峪村，旧有道教庙宇二郎庙、龙王庙及佛教庙宇龙泉寺、降香寺。

二郎庙，位于村西南，建在一个小高岗上，仅面阔一间，20世纪40年代曾进行重修。庙内神台上供奉的，就是《封神演义》中的二郎神。二郎神为泥塑坐像，头戴帽盔，身着铠甲，坐像前东边1尊站像，西边1只小狗。

据说二郎庙为“镇”正对着的杨家会村的西山杨山子。杨家会村过去老是死驴，20世纪40年代就在杨山子东边修建了一道影壁，正“罩”着二郎庙。二郎庙毁于20世纪六七十年代的“文革”之时，现在杨山子东边那道影壁也已无存。

龙王庙，位于塔山东南角，原来的大队部，为村中心。

龙王庙东西宽约七八丈，南北长约十几丈。南面辟山门，是一座砖砌门楼。院内有2棵柏树，四五寸粗细。前后两进大殿，前殿为主殿龙王殿，面阔三间，前出廊。东头廊下有1口铁钟。殿内砌筑神台，高约1.2米。神台上供奉龙王泥塑坐像，在台上一边1尊站童。龙王坐像前一边2尊站像，西为风婆婆、闪公公，东为雷公（塑像为猪头）及一个管晴天的男人形象的塑像。两山墙绘有龙王、云等壁画。前殿毁于20世纪60年代。

后殿为菩萨殿（图83），面阔三间，有东西耳房各两小间。殿前有东西厢房各三间，为和尚所住。殿内供奉3尊泥塑坐像，中间为观音菩萨，东为药王，西为关老爷。坐像前设供桌。后殿现存，近年进行了修葺（图84）。

图83 王辛庄镇井峪村龙王庙后殿修葺前

图84 王辛庄镇井峪村龙王庙后殿近年修葺后

村里人一般初一、十五来庙里烧香。

龙泉寺，位于村北西侧半山上。山东面即是太后村的大兴隆禅寺，当地人称龙泉寺为上寺。

图85 王辛庄镇井峪村龙泉寺遗址残存的碑首

据《光绪顺天府志》载：“井儿峪龙泉寺，元至正十年（公元1350年）建，嘉靖二十年（公元1541年）重修”。龙泉寺坐东朝西，依山就势而建。一进大殿，面阔三间。前有小院，西为山门，山门前垒砌30多级石阶。殿内砌筑神台，神台上供奉如来佛泥塑坐像。两侧塑有十八罗汉。殿前1通石碑（图85），已残，现存，从碑首看似明代碑刻。殿前南侧建有配殿，面阔三间，供奉观音菩萨泥塑坐像，两侧有红孩儿、龙女站像。两边还有七八尊、五六十厘米高的小铜佛像。现在，寺庙遗址尚存，可见1眼旧水井（图86）及原来的石阶。村里人称石阶为“礓礤儿”，是一种民间俗语。残存的碑首上正面写着“龙泉碑记”。其背面写着“皇图永固”，当是一种祝愿的语词，也是当时的一种套话了。

龙泉寺住着尼姑，附近还有姑子坟。村里人相传，这里曾有一个尼姑被和尚诱导，怀孕后在太后庙生产。这与旧志的一尼姑在太后大兴隆禅寺井边汲水，内急，溺于潭侧，感儿受孕的记载大致吻合。

图 86　王辛庄镇井峪村龙泉寺遗址所存的水井

庙后东侧的小山上，建有云照塔，三层六角，楼阁式，叠涩出檐，实心。后塔毁，下有地宫。现存 1961 年所拍照片（图 87），并有简单记述：“井儿峪云照塔，清雍正元年（公元 1723 年）重修，至今完整存在。”1992 年 3 月，县文管所对云照塔塔基进行清理，清理出骨灰 1 包、宋代钱币 17 枚。根据出土钱币，塔或为辽金时所建。随后在原址复建，改为了五层（图 88）。塔前有 1 通旧碑，旁边又立了 1 通新碑。

过去，村里还有一座降香庙，不知何时所建，何时所毁。现在的老人都没见过，只是在他们小时听老人说，庙里供奉的是倒坐观音。

图 87　王辛庄镇井峪村云照塔

（摄于 1961 年）

图 88　近年修复的井峪村云照塔

49. 乐政务村

乐政务村，又称下箭府，旧有道教庙宇五道庙及佛教庙宇九圣寺。

五道庙，位于村后大街东头，坐北朝南，仅为一间，前有一个小月台。五道庙原称七圣神祠，画有7尊神像，有马王、山神、土地、财神等。1933年重修时改画为9尊神像，增加了菩萨和五道。东西山墙画有雷公、电母、风婆、雨师等壁画。东南角画一判官，手拿生死簿；西南角画一鬼卒，一手拎着锁链，一手举着招魂牌，上写“你也来了!”五道庙毁于20世纪70年代。

九圣寺，位于村北。

1959年第一次文物普查资料，收录了九圣寺：名称，九圣寺。年代，宋代建，万历年重修。地址，平谷县峪口公社乐政务庄北，坐北朝南。规模与形制，山门一间，硬山清水脊，筒瓦顶，小式，长3.30，进深4米。前殿三间，硬山脊代（带）垂兽，四小兽，筒瓦顶，大式。长11.30米，明间3.50米，次间3.25米，撤（彻）上明造五架梁，前后插今（金）柱，旋子彩绘，进深6.95米。附属文物，前殿石碑1块，已仰伏，碑身高6.5尺，宽2.3尺，厚6寸。碑文重修九圣寺，大明万历四十七年（公元1619年）重修，大钟一口字不清。现存情况，很完整。保管和使用情况，学校。附注：①东有鼓楼，硬山箍头脊，两边代十字风板，每边3.35米，内装大钟一个。②后殿三间，硬山箍头脊，筒瓦顶，通长10.50米，明间3.25米，次间3.20米，旋子彩画，深6.30米。内部撤（彻）上明造五梁，前有插今（金）柱。③东西僚房各两间，清水脊，瓦顶。④东西配房各，清水脊，瓦顶，长9米，明间次间均3米，进4.30米。资料后面附有九圣寺简画平面图。

一普资料记其建造年代为宋，未具体说是北宋还是南宋，当时平谷地区北宋时为辽，南宋时为金。所说后殿“东西僚房各两间”，“僚”应“寮”字，当是后殿的东西耳房。而后殿“东西配房各”后缺语，根据平面图，应补“三间”二字。

平谷区文化委员会编《平谷文物揽胜——北京市平谷区第三次全国文物普查资料汇编》，收录了九圣寺资料：乐政务九圣寺，位于平谷区王辛庄镇乐政务村北，始建年代不详，明代万历年间重修，坐北朝南，现存屋面为合瓦带蝎子脊屋面，水泥地面。该寺原有前后两进殿，南有山门，山门前有影壁，东南有万古流芳碑。后殿毁于80年代初，钟楼毁于20世纪初。现存前殿3间，室内外墙体表面污染严重，两山墙均存有竖向通裂缝一道，博缝头个别缺失，墀头角柱石歪闪严重，原装修无存，后改新式门窗。重修九圣寺碑通高2.08米，碑首宽76厘米，碑身宽72厘米，厚18厘米。青石质，方首抹角，碑首刻如意云纹，海水江崖，边框为团织草叶纹。碑阳字迹磨灭不清，首题“重修九圣寺记引”，碑阴额题“万古流芳”，正文字迹不清。

三普资料说九圣寺“始建年代不详”，或是未看到1959年第一次文物普查资料之故。

在2007年4月作者进村调查中，村里人细致谈了九圣寺情况，三方面资料可互相参考。

九圣寺，位于村北，坐北朝南。南为山门，一座砖砌门楼，两出水，对开木门。山门前建有一道影壁。九圣寺有前后两进大殿。

图89　王辛庄镇乐政务村九圣寺前殿前东侧“万古流芳”碑

前院，东南角有钟楼，二层，一间，方形，南北两山为卷棚顶，南北两面各辟一圆窗。东面辟券拱门，西面上面敞着，下面为券拱门。钟楼内悬挂1口大铁钟，高约1.5米，上面铸有铭文。前殿，前筑月台，殿前东侧有1通“万古流芳”碑（图89），碑上记载明万历年间重修及捐款人姓名等，其中老高家捐款最多。月台前一边1棵柏树，前院西南角1棵柏树，前殿有东耳房两间，为门道，可通后院；西耳房五间，为庙里和尚所住。这为一普资料平面图所没有，但前殿西山墙上耳房痕迹及五间耳房后墙尚在。前殿前面有东西配殿各一间，东配殿供奉刘备、关羽、张飞3尊泥塑坐像，南北两山前有站像。门上有联语：“三人三姓三结义，一君一臣一圣人。”横批：“亘古一人。”这应为三义殿。

西配殿供奉达摩老祖。这东西配殿也为一普资料平面图所没有，但村里老人80多岁，能够说得如此具体，应该不是凭空想象。前殿面阔三间，村里人称之为“明三暗九”格局（图90）。殿内砌筑神台，神台上供奉当阳佛，当阳佛背后为双手合十、腕上横着金刚宝杵的韦驮站像。两边为十八罗汉，如东南角和西南角为降龙、伏虎罗汉，降龙罗汉所降的龙在明柁南头，是1条泥塑的龙，伏虎罗汉手下搂着1只小老虎。神台前有木制供桌，供桌下有1尊“土地爷”塑像。还有红孩妖等10来个小像。前殿墙上绘有壁画。前殿辟后门，可通后院。

图90　王辛庄镇乐政务村九圣寺前殿，近年进行了修复

后院，有东西厢房各三间，东厢房为看庙人所住，西厢房为学堂。北为后殿，后殿前东侧有1棵螺旋柏（图91），与螺旋柏对应，还有1棵梧桐树。后院南面还有2棵梧桐树。后殿有东西耳房各两间，东耳房过去为村会里开会的地方，西耳房存放走会等公用的桌椅等东西。后殿面阔三间，前出廊，廊东侧供奉1尊地藏菩萨坐像，一边1尊站像，均为石刻，很精致。后殿内，中间神台上有一木制佛龛，里边供奉南海观音泥塑坐像，两边为善财童子和龙女侍立像；东间供奉关羽泥塑坐像，红脸。东边为周仓手持大刀侍立像，西边为关平手捧大印侍立像；西间供奉药王泥塑坐像，或说是药王爷、药王奶奶，或说是明代名医李时珍、隋唐名医孙思邈。后殿墙上绘有壁画。

图91　王辛庄镇乐政务村九圣寺后殿前东侧螺旋柏

九圣寺后殿毁于20世纪80年代初，钟楼毁于2000年。现存前殿及螺旋柏和2棵梧桐树，后殿前廊东侧供奉的地藏菩萨所坐的莲花座（图92）及寺内石碑还散落寺南一人家外。近年有关部门对所存前殿进行了保护修缮，并将散落的石碑及莲花座运至前殿东侧加以保护。

图92　王辛庄镇乐政务村九圣寺内莲花座散落街头

50. 莲花潭村

莲花潭村，旧有道教庙宇五道庙2座及佛教庙宇菩萨庙、观音庙。

五道庙，全村有2座。一在村西头，坐北朝南，一间，庙东侧有2棵大槐树，南北各1棵。北边那棵有三四搂粗，中间糟朽得空了，只几个枝杈活着。南边那棵也有三四搂粗，长着一大弯，如龙一样，爬过人家的房脊，在人家屋前支一根大柱子。树干都空了，人可以从中间过来过去。五道庙里为画像，画有龙王、山神、土地、五道等5尊画像；一在村东，也是坐北朝南，一间，画像，与村西五道庙相差不多。2座五道庙毁于20世纪50年代。

菩萨庙，俗称东大庙，位于村东，坐北朝南，东西宽约40米，南北长约50米。南面有两道山门，第一道山门略宽，对开红漆木门。山门前一边1棵杨树，东边的杨树更粗大，有三四搂粗，3丈来高，伸展3个枝杈，靠南部的枝杈如莲花瓣状。前院，东南角有钟楼，二层，一间，方形，上层悬挂1口大铁钟，高约2米，钟上铸有铭文。西南角有1棵大松树，与钟楼相对。有东西厢房各三间，存放杂物。厢房北面有一道横墙，中间为第二道门，比第一道门略小，也是砖砌门楼。从第二道门进入后院，北为后殿，殿前有1棵柏树，六七寸粗。殿前东侧有1通石碑。后院东南角，贴墙建一座陀头庙，坐南朝北，仅一间，很窄的一个小庙，有1尊五六十厘米高的韦陀泥塑像。后殿面阔三间，前出廊，有东西耳房各一间，为看庙和尚所住。据说过去庙里有个和尚会飞檐走壁，抱一袋米都能在房脊上走。庙里过去据说是铜佛像，让这个和尚给弄走卖掉，换为泥塑像了。后殿中间，供奉观音菩萨泥塑坐像，坐莲花瓣上，手持净水瓶。在同一神台上，为善财童子和龙女侍立像。村里人称善财童子为“红孩妖”，并说过去村里一小孩淘气，打红孩妖一脖搂，结果那小孩脑袋脖子疼了3天，后来上供才好。后殿东间，供奉关公泥塑坐像，周仓、关平侍立两旁。后殿西间，有塑像，但村里人记不住是什么神像了。正殿墙上绘有壁画，村里人记得有菩萨坐在白云莲座上的情景。菩萨庙毁于20世纪50年代。

观音庙，位于村北，坐南朝北，仅为一间，庙很窄小，贴着观音画像，村里人称之为倒坐观音。观音庙毁于20世纪50年代。

过去天旱求雨，村里一家拿1斤面，到东大庙一起吃“会”。村里人恍惚记得，东大庙里供奉着龙王爷。吃“会”时，摆好一个小龙架子，将龙王爷像放上去，架子上插满柳条，4个人抬着，到盘山那边去求雨。近处，有时也到西古村双髻山求雨。村里有一条刘家胡同，南北向，很窄，并过两人也要错身而行。这里还保存着原来的旧墙，地上为青石墁地（图93）。这条胡同，过去为两县之分：胡同西为三河县管辖，东为平谷县管辖，也是一村分两县了。

图93　王辛庄镇莲花潭村刘家胡同

51. 齐各庄村

齐各庄村，旧有纪念性祠庙老爷庙、道教庙宇五道庙及佛教庙宇菩萨庙。

老爷庙，位于村东，坐北朝南。庙前东侧，1棵大槐树，有五六搂粗，树干已空。老爷庙有正殿三间，前出廊，为栅栏门。殿内供奉关公泥塑坐像，头戴冕旒，应为关帝像。两边一边1尊站像，为周仓、关平。关公为农历六月二十四生日，村里人说，若六月二十四磨刀（称为“老爷磨刀”），到八月就会下雨，因此村里有磨刀求雨的习俗。菩萨庙有和尚，那里的和尚到时候也到老爷庙，村里庙和尚全管。过去初一、十五老爷庙开庙门烧香，尤其是过大年要上供、烧香。老爷庙毁于20世纪六七十年代的“文革”之时。

五道庙，位于村中间，坐北朝南，建在一座高台上，庙前有3步台阶。庙为一间，画像，北墙画有五道、虫王等神像，两山墙画有风婆、雷公、闪公等像，如雷公打鼓，其声音传下来就是雷了。五道庙毁于20世纪30年代。

菩萨庙，又称西庙，位于村西头，坐北朝南，东西宽约5丈，南北长约七八丈。南为山门，宽约7尺，砖砌门楼，下有石门墩。山门前面为水坑。院内，有五六棵松柏树，其中1棵大松树。院内没有石碑。北为正殿，东西耳房各一间，耳房存放杂物。正殿面阔三间，殿内神台上，供奉四五尊小铜像，高约20多公分。1958年大炼钢铁时给收走了。农历二月十九为观音菩萨生日，过去这天村里人就来庙里填海灯。海灯就是一个吊着的圆碗似的，往里填香油。菩萨庙毁于20世纪60年代，而那棵大松树现在还活着，4棵柏树已枯死3棵，枯死的3棵尚在（图94）。村委会内保存一对石门墩，有人说是西庙的，并说不知谁弄到家

图94　王辛庄镇齐各庄村村西菩萨庙遗址保存的松柏树

图95　王辛庄镇齐各庄村委会内保存的石门墩

里藏着，听说不好，就撇到一边，村委会运到这里保护了。调查中说庙门前只有一小门墩。而这门墩高约 1 米，上有石鼓、雕花等，石刻较为精美（图 95）。

52. 王辛庄村

王辛庄村，旧有道教庙宇五道庙、文昌庙。

五道庙，位于村中心街北，坐北朝南，建在一座高台上，庙前西侧 1 棵大槐树。庙为一间，靠后横垒一堵隔断墙。前为五道庙，北墙画有苗神、财神、五道等 5 尊神像，两山墙也有画像。后面为菩萨庙，画有观音菩萨坐像，一边为善财童子侍立像，一边为龙女侍立像。村里人记得是王洪奎画的观音像。五道庙西面还有一大间，村公所在里面办公。抗战时期，里边挖个地道口。五道庙毁于 20 世纪 50 年代。

文昌庙，位于村西，又称西小庙。王辛庄村过去与东古、西古为一个村，大约在 20 世纪 20 年代，王姓、张姓人与东古村、西古村人打官司，才分开另建王辛庄村。建村后，便建了一座五道庙，作为村里人死了报庙之所；又建一座文昌庙，大概是希望村里多出文化人才吧。文昌庙坐东朝西，正对西边一条水沟，水沟从北朝西拐弯，小庙正在拐弯处。文昌庙只有 2 米高，面阔不过 5 尺，进深仅 3 尺，庙前为砖碹券拱门。庙虽小，建造得却较为精致。庙内为画像，画着文昌帝君，前面摆着 1 个石香炉。1958 年大跃进平整西沟时，西小庙被毁。

图 96　王辛庄村西头麦地边，有个石碑座，为原贾家坟前贾明伸墓前的碑座

村西头麦地边，有个石碑座，村里人说为原贾家坟前贾明伸墓前的碑座（图 96），碑已不存。这碑座旁还有一碑座，普通料子石所凿。此碑座与贾家坟无关，是石河南边一家坟地的。

53. 西古村

西古村，旧有纪念性祠庙老爷庙、药王庙、道教庙宇娘娘庙、五道庙及佛教庙宇菩萨庙。

老爷庙，位于村东头路北，坐北朝南，正对街口。庙仅为一小间，画像。现已无存。

药王庙，位于村西北双髻山前。

民国二十三年《平谷县志》“山脉”中记载：“双髻山，在县城西北十五里，双峰耸峙，蟠结若鬟，故名。山麓有药王庙，上有王母宫。”

药王庙东西宽约7丈，南北长约七八丈。南为山门，有3座门，中间为门楼，最大；两边为便门，略矮一些，相距2丈多远，中间以卡子墙连接。门外为广场，过去逢年过节在这里走会等。门外东侧，有1棵大杨树，七八搂粗。院内，前殿有月台，月台前面有10来步台阶。月台西侧，有3棵大柏树。前殿为药王殿，面阔三间，前出廊，有东西耳房各两间，耳房为看庙人所住。前殿辟前后门。殿内神台上，供奉3尊药王泥塑坐像。

村里流传着关于药王的传说：说药王是南方人，在当地瞧病，瞧一个死一个。后来一天下小雨，有一个算卦的看见了，对他说，等车上树，牛上房，媳妇脚有八斤半沉，你就时来运转了。药王走着走着，就听媳妇说，我脚有八斤半了。再走着走着，药王看见一头牛真的上了房了，一个老太太腿疼，把纺车绑在树上纺线。结果全应验了。后来，药王半路上遇见一个出殡的，药王对那家人说，没死。家人说，死好几天了。药王让打开棺盖，里边的人坐起来了。原来那女的坐月子，生小孩受风。家里人以为她死了，药王给扎了几针，活了。在调查中，山东庄村人关于药王的故事说得更为详细。

后院，没有树，也没有院墙，只有正殿三间，村里人说是狐仙殿。殿内中间供奉1尊菩萨像；西间供奉狐仙像，为男人打扮；东间为1尊画像，不知什么神像。

药王庙在新中国成立初期已毁。

娘娘庙，位于村北双髻山顶，民国二十三年《平谷县志》中所记王母宫，即是娘娘庙，坐北朝南，南为山门，一座砖砌门楼。山门前东南有1眼石井，圆形，一碾盘盖着。石井现存（图97）。山门内东侧，建有钟楼，方形，如一座小亭子，悬挂1口铁钟，约1米多高，旧时初一、十五敲钟。站山顶敲钟，县城都能听见。娘娘庙有大殿三间，殿内供奉7尊娘娘泥塑坐像，正座3尊略靠前，两边各2尊略靠后，两山前一边有四五尊站像。村里人传说，双髻山的娘娘为大娘娘，丫髻山的娘娘为二娘娘，峨嵋山的娘娘为三娘娘。

2007年进村调查时，娘娘庙遗址尚存。遗址西侧，村里人垒一简易小石庙，里面供奉玉皇大帝和王母娘娘像，有3个小香炉（图98）。在小石庙西侧又搭一更小的石庙，更为简易，当是山神庙。近二三年，在遗址处修建了大殿，重檐歇山顶（图99），其形制远远超越以往，而且不是砖木结构，改作水泥建构，不知由于什么又中途停工了。

农历三月三为庙会，又称豆芽庙，到时亲戚来了，家里一般困难，没啥吃的，就泡着豆芽，对亲戚说："不实兴。"就将就着吃豆芽吧，就称为豆芽庙了。

图97　王辛庄镇西古村北双髻山顶娘娘庙前石井

图98　王辛庄镇西古村双髻山顶所建的简易小庙

图99　王辛庄镇西古村双髻山顶近年复建的庙宇

五道庙，位于村中心，坐北朝南，庙前1棵大槐树，庙西侧有2棵大槐树。庙为一间，中间横砌一堵隔断墙。前为五道庙，画有五道等三四尊神像。后为倒坐观音庙，画有观音像。现已无存。

菩萨庙，又称庵庙，位于村中间，原老村委会处，坐北朝南，东西宽约20米，南北长约70米。南为山门，一座砖砌起脊门楼。院内，有3棵柏树，大殿前西侧那棵柏树现在还有，只是近年枯死（图100）。北为正殿，有东西耳房各两间，耳房住看庙的老道。老道是本村人，叫梁雨田。正殿前出廊，面阔三间，神台上供奉1尊泥塑坐像，一边1尊站像。西山墙前有1尊站像，不知为何神像。根据村里人所述，主要供奉的应该是观音菩萨及侍立的善财童子和龙女。村里人说，有一人小时候闹眼疼，东边将军关中心村的人跟他说："让你们村的菩萨看一下就好了。"菩萨庙后为村大队部所在地，现已无存。

图100　王辛庄镇西古村菩萨庙内近年枯死的古柏

54. 西杏园村

西杏园村，旧有纪念性祠庙老爷庙、道教庙宇五道庙及佛教庙宇菩萨庙。

老爷庙，位于村东头，现在村委会的地方，坐北朝南，东西宽约15米，南北长约20米。南为山门，一座农村普通的砖砌门楼，比平常的二门子宽一点。山门前一边1棵大槐树。院内，山门东侧为钟楼，二层，面阔一间，进深一间，是一座方形建筑。钟楼里悬挂1口大铁钟，直径约1米，高约1.5米，上面铸有铭文。"文革"中，村里的造反派要砸铁钟，在县检察院工作的干部杨秀和正回村休养，制止说："这是古物，不能砸!"结果造反派批斗了杨秀和一年。后来杨秀和被检察院接回去了，最后大钟还是被砸了。院内没有树和石碑，北为正殿，面阔三间，前有走廊，有东西耳房各两间。殿内砌筑神台，神台上供奉关公泥塑坐像。关公两边各有2尊侍立站像，其中，西有周仓，手持大刀；东有关平，村里人说可能还有赵云。墙上绘有壁画，都是有关关公的故事。正殿前有东西配殿各三间，住看庙人及存放杂物等。过去正月十五进香、走会、说鼓书、散灯花等。老爷庙毁于20世纪60年代，有两个柱础（图101）尚存，为青石质，较为粗糙。

图101　王辛庄镇西杏园村所存老爷庙柱础

五道庙，位于村东，坐北朝南，仅一间，前出廊，前面筑有月台，月台前有1棵大槐树。庙里为画像，画有阎王、小鬼、判官等，摆着3个石香炉。据此，北墙正面应该画有3尊神像，只是村里人说不清了。过去，村里在五道庙前搭台唱戏，就在五道庙里化妆。五道庙毁于20世纪60年代的“文革”之时。

菩萨庙，位于村西北，坐北朝南，东西宽约20米，南北长约25米。南为山门，一座砖砌门楼。山门前为空敞地。院内，有4棵杨树，曾有1棵小柏树后枯死了，没有石碑。北为正殿三间，殿内中间供奉1尊观音菩萨泥塑坐像，前面两边为善财童子和龙女侍立像；西间供奉药王泥塑坐像，怀抱一个葫芦；东间供奉1尊不知名泥塑坐像。过去农历二月十九是观音菩萨生日，到时村里人来进香，还搭灯棚、走会等。菩萨庙毁于20世纪60年代。

55. 小辛寨村

小辛寨村，旧有道教庙宇三官庙、五道庙、南小庙及佛教庙宇菩萨庙。

三官庙，俗称西大庙，位于村西头，坐北朝南，东西宽约7丈，南北长约八九丈。主要有大殿三间及山门等，供奉天官、地官、水官3尊泥塑坐像。过去庙里住着一个看庙的老道，是本地人。三官庙毁于20世纪80年代。

五道庙，位于村中间，坐北朝南，一大间，庙里为画像，村里有人去世，家人来这里烧纸报庙。五道庙毁于20世纪50年代。

南小庙，位于村南头，坐北朝南，面阔一间，画像。村里人都不知画像具体内容，甚至连小庙的名字也说不出，就因在村南头，就称其为南小庙了。村里人肯定地说，这不是五道庙，没有人来这儿报庙烧纸。过去春节时，村里人糊“走马灯”，就来这里挂灯笼。南小庙毁于20世纪50年代。

菩萨庙，又称吉祥庵，俗称东大庙，位于村东头，现在村委会所在地，始建年代不详，清乾隆年间（公元1736～1795年）重修。菩萨庙坐北朝南，东西宽约7丈，南北长约八九丈。南为山门，一座砖砌门楼，对开木门。院内北面为正殿（图102），面阔三间，10.72米，进深6.7米，硬山大脊，砖望板，筒瓦顶，排水沟滴，砖吻垂兽，走兽，戗檐砖雕狮子绣球图案（图103），双层檐椽，前出廊，施以旋子彩画。现存，近年经更换门窗等修缮。殿内神台上，供奉1尊泥塑坐像，村里人只记得是菩萨像，但不知道供奉的是什么菩萨了。正殿两边有东西耳房。正殿前门两边有2棵大柏树，在正殿前左侧，有1通石碑，通高约3米，现存，但碑首已失，碑身段为两截，碑座（图104）

图102　王辛庄镇小辛寨村吉祥庵正殿

图103　王辛庄镇小辛寨村吉祥庵戗檐砖雕狮子绣球图案

图104　王辛庄镇小辛寨村吉祥庵内所存碑座，堆满垃圾

现存，已堆满垃圾。碑文记述了菩萨庙的重修情况。正殿前东西两侧，有东西配殿各三间，村里人称其为东西禅堂，东禅堂为看庙和尚所住。在东西配殿南侧，贴着南山墙，各建两小间房，比配殿窄且矮一些，村里人称之为“盝顶”。依盝顶南墙垒一道墙，中间辟一道平门，即是常说的二门子，与山门对着。

20 世纪 50 年代，菩萨庙山门及东西配殿等被拆，现仅存正殿。过去平时庙里住着一个和尚，一般不让人进去。村里正月十五有庙会，到时走会，很热闹。

56. 熊尔营村

熊尔营村，旧有庙宇 7 座，包括纪念性祠庙关公庙、道教庙宇真武庙、山神庙、五道庙 3 座及佛教庙宇庵庙。

关公庙，位于村南，那里有一个水坑，水坑中间有一土台，关公庙就建在土台上，坐北朝南，没有院，庙前一边 1 棵槐树。庙不大，宽约 2 米。庙内供奉关公泥塑坐像，红脸庞，高六七十厘米；两边一边 1 尊站像，为持大刀的周仓及关平，高四五十厘米。1974 年庙被拆毁。

真武庙，位于村中间，坐北朝南，东西宽约 7 丈，南北长约 10 丈。南为山门，是一座砖砌门楼，对开木门。山门东侧还有一小角门。山门南面，有一座戏台，以石头垒砌。前院，西有厢房五间，过去村里有些老年人打好的寿材（棺材）就存放厢房里。东西向垒砌一道院墙，中间辟二道门，也是一座门楼。后院，有 2 棵龙爪槐，大殿前东侧 1 棵柏树，西侧 1 棵松树，没有石碑，有东西厢房各三间，20 世纪三四十年代改为学校。北为大殿，面阔三间，前出廊，廊东侧悬挂 1 口大铁钟，高约 1 米五六，铸有铭文。1958 年大炼钢铁时被砸碎铸铁了。大殿有东西耳房各两间，东耳房住看庙人，西耳房供学校老师办公。大殿内，神台上供奉真武大帝泥塑坐像，坐像前边一边 1 尊站像。两山墙绘有与真武有关的壁画，如西山墙画着真武帝在那儿坐着，头上有一个鸟巢。

过去，村里逢初一、十五到庙里烧香、打钟。村里有句老话：“忘了日子了，听打钟”。1958 年，拆毁真武庙盖村小学。

山神庙，位于村北，坐北朝南，建在石堆子上，仅为一小间，中间横垒一道隔断墙，前为山神庙，画一山神像；后面画 1 尊吴当画像，村里人不知吴当是什么神，或是谐音？村里有句老话：“先有吴当后有天，我比吴当还在先。”或有两层意思，一是说人的辈分高，生得早；二是说吴当是人类的远祖。上世纪六几年的时候，部队在附近打炮，一炮弹落那儿，山神庙被炸塌了。

在山东鲁西北平原南部有济阳县，为济南近郊，南靠黄河。济阳有个仁岸村，原来村很大，村民都姓吴，称吴当庙村。后来黄河经常改道，村子有被淹的危险，有些村人便陆续外迁。村人取“以仁为岸，万世永盛”之意，便改名仁岸村。村里有座吴当庙，规模很大，主要供奉元始天尊等神像，是一座道教庙宇，现已无存。村当以庙而名了。村里至今流传着一句民谣：“先有老子后有天，吴当比老子还在先”。村里吴姓人称吴当为始祖。两地所言大同小异。这句民谣在区内其他村调查时未曾闻说。询问熊尔营村人，说主要有卢、沈、高、王四大姓，没有吴姓。或许早年有而他迁了，或许村里人有从山东济阳那一带迁徙至此的，也未可知。

五道庙，全村有3座。一在村南，一在村西，一在村东北，都是坐北朝南，一间，画有五道等神像，村里人在附近烧纸报庙。3座五道庙都毁于20世纪60年代。

庵庙，位于村西头，坐南朝北，东西宽约6丈，南北长约7丈。北为山门，一座砖砌的门楼，门楼上镶嵌着砖雕匾额，有“庵庙”二字。山门外临街。据说庵庙过去是尼姑庵。进入山门，为前院。山门内东侧，有1通石碑，长方形碑座。前院仅有1丈多宽，没有树。前殿为药王殿，前出廊，面阔三间，辟前后门，是一座过殿。殿内供奉3尊泥塑坐像，中间为药王，两边的塑像村里人已记不清。药王坐像背后，有1尊小神像，也为坐像。后院，在药王殿后面西侧有1棵柏树，2搂多粗。从柏树中间生出1棵椿树（图105），粗约20多公分。柏树现在枯死了，还长在那里（图106）。后院有东西厢房各两间，为看庙人所住。相

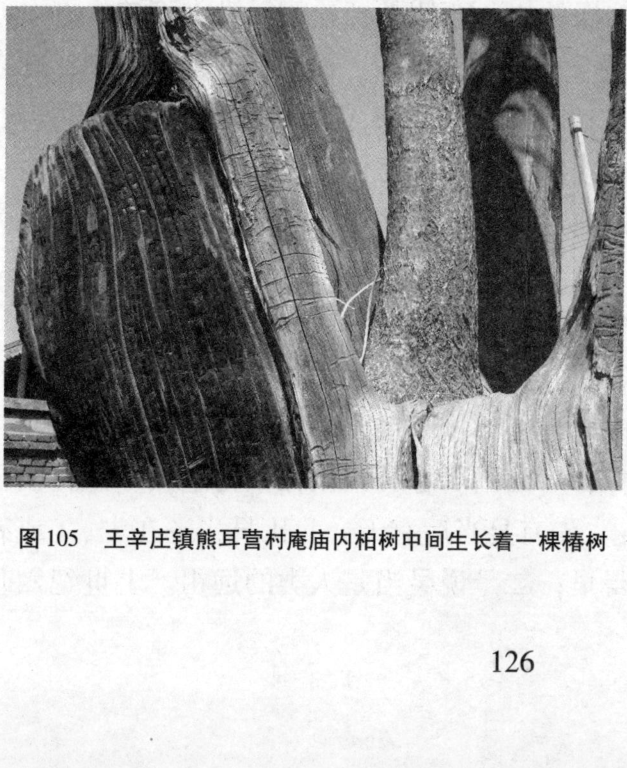

图105　王辛庄镇熊耳营村庵庙内柏树中间生长着一棵椿树

图106　王辛庄镇熊耳营村庵庙内已枯死的古柏

传，一老和尚病了，有人侍候着。老和尚放个屁，侍候人说："您要好了。"和尚说："你咋知道?""您阳气上升。"和尚听了，说："我送你本书，给你碗饭吃吧，就是看日子。"又传，有一个云游和尚，住在庙里，睡午觉醒来，说："河南好麦子。"人问："您咋知道?"云游和尚从袖口里掏出俩麦穗。说明这和尚身手不凡。后殿没有东西耳房，东西厢房跨出去，盖在后殿前两山墙外面。后殿为菩萨殿，面阔三间，殿内神台上，供奉3尊泥塑坐像，中间为观音菩萨，村里人称之为慈航，下为莲花座；两边为普贤、文殊菩萨，下面分别以狮子、犼为坐骑。东西山墙各有1尊站像，一位是托塔天王，一位挎一宝剑，或许为韦陀。墙上没有壁画。庵庙毁于20世纪50年代。

57. 许家务村

许家务村，旧有纪念性祠庙老爷庙、道教庙宇五道庙3座及佛教庙宇菩萨庙2座。

老爷庙，位于村北，坐北朝南，东西宽约10多丈，南北长约20丈，四周一圈院墙。南为山门，面阔三间，两边一边泥塑1匹马和1尊马童站像。进入山门，北为前殿，殿前一边1棵大梧桐树，足有几搂粗。抗战时期，梧桐树被日本"警防队"放了，拉去劈柴烧了。前殿为老爷殿，面阔五间，前出廊。殿内供奉关公镀金泥塑坐像，两山墙和后壁满是壁画，内容为三国故事。在关公坐像背后，有一画像，面北而立，似捧着宝剑，不知是否为道教护法神王灵官像？前殿辟有后门，可通后院。后院，北为后殿，殿前一边1棵柏树，约1搂粗。殿前西边有西厢房三间，住看庙人。后殿面阔五间，殿内供奉一排5尊泥塑坐像，村里人说，老辈人说这是"五大王"，哥5个，各个塑造得龇牙咧嘴，说是哭的。其中，老五个小，其他哥么都占两边，让他占中间。西山墙有1尊小泥像，高约二三十公分，说是一个小孩。后殿西有耳房三间，里边也供奉着小神像。后殿后面有后院，约2亩地大小。过去农历六月六，村民们来这里求雨。老爷庙毁于20世纪70年代，村里人在拆庙时，还看到柱子上有彩绘。

五道庙，全村有3座，一在村西，坐北朝南，面阔一间，画有五道等神像。村西半部谁家老人去世了，家里人都来这里烧纸报庙。过去来村里打铁的人也住五道庙里；一在村中心，坐北朝南，一间，画像。村东半部人家来这里烧纸报庙；一在村西南，坐北朝南，一间，画像，该庙附近的人家来这里烧纸报庙。3座五道庙早已无存。

菩萨庙，全村有2座。一在村西，坐北朝南，建在一座高台上，一大间，庙内为1尊菩萨泥塑坐像，毁于20世纪60年代；

一在村南，这是一座大庙，1959年第一次文物普查资料有记述：名称，观音庵。年代，建于辽金，明重修。地址，平谷县峪口公社许家务庄南，坐北朝南。规模与形制，观音殿三间，硬山脊，有垂兽，东西吻已坏，大式作法，长11.30米，明间3.40米，次间3.35米，进深7.30米，筒瓦顶，门窗改修，内部撤（彻）上明造，五架梁，前后插今（金）柱，旋子彩画。东西耳房各两间，清水脊，瓦顶。东西配殿各三间，长8.90米，明间3.15米，次间2.80米，深6.30米，旋子彩画。附属文物，大钟一口，万历年造。周围环境，东靠田地，西依住户，北临小街，南边小道。保管和使用情况，学校。附注，山门，硬山箍头脊，长3.45米，进深3.72米，筒瓦顶。附有简画观音庵平面图。

调查的菩萨庙情况，与普查资料可互为参考：菩萨庙位于村南，坐北朝南，东西宽约7丈，南北长约10丈。南为山门，一座砖砌门楼。进山门后，有一间前殿，为药王殿，殿内供奉药王泥塑坐像，高约1米。过了药王殿，北为正殿，有东西耳房各两间，正殿前有东西厢房各三间半，西厢房为学校，东厢房老师住和存放杂物。正殿面阔三间，前有月台及1棵大柿子树。殿内供奉菩萨泥塑坐像等。菩萨庙有东西跨院和后院，后院为一空院，有几棵柿子树。过去农历二月十九菩萨生日时为庙会，说大鼓书、添海灯等。菩萨庙毁于20世纪80年代。

58. 杨家会村

杨家会村，旧有纪念性祠庙老爷庙、道教庙宇三官庙、五道庙及佛教庙宇观堂庙、菩萨庙。

老爷庙，位于村中心，坐西朝东，正对东街口，南北宽约3丈，东西长约3丈。东面辟有山门，院内有2棵松树，北面有1座小钟楼，高约1.5米，钟楼内悬挂1口铁钟，钟上铸有铭文。西面有正殿三间，殿内供奉关公泥塑坐像，红脸庞。前有2尊站像。老爷庙毁于20世纪60年代。

三官庙，位于村中间，坐北朝南，东西宽约5丈，南北长约5丈。南为山门，砖砌的门楼。山门前有一条道，道南1眼水井，村里人就吃这眼井里的水。院内有4棵松树，没有石碑，也没有配殿。北为正殿三间，前出廊，东西耳房各一间。殿内供奉天官、地官、水官3尊泥塑坐像，村里人说两侧有站像，但已说不清是什么站像了。墙上没有壁画。三官庙毁于20世纪六七十年代的“文革”之时。

五道庙，位于村中心老爷庙西边，坐北朝南，庙前有1棵大槐树，约3搂粗。五道庙面阔一间，中间横砌一道东西向隔断墙，将其隔为南北两个小间。南面画有五道等神像，北面画有观音菩萨等像。这样的小庙布局，在全区较为普遍。五道庙早已无存。

观堂庙，位于村东北，坐北朝南，相传过去是为镇井峪山上那座塔而建。庙为一大间，画像，中间为一坐像，两边一边1尊站像。所画应该是观音菩萨与善财童子、龙女，也与观堂庙名相符。观堂庙毁于20世纪60年代。

菩萨庙，又称南庙，位于村南，坐北朝南，东西宽约20米，南北长约30米。南面为山门，一座大门楼子。院内，北为正殿，有东西耳房各两间，东耳房住一个看庙人。殿前东边1棵松树，西边1棵柏树。正殿前，建有东西配殿各三间。正殿面阔三间，前出廊，廊东侧悬挂1口铁钟，高约1米，过去初一、十五打钟。殿内神台上，供奉观音菩萨泥塑坐像，约有1米多高，手拿净水瓶。观音坐像旁一边1尊站像，应是善财童子和龙女。菩萨庙毁于20世纪70年代末。

59. 翟各庄村

翟各庄村，旧有道教庙宇五道庙及佛教庙宇菩萨庙。

五道庙，位于村中间。翟各庄村为“人”字街，五道庙恰建在“人”字两笔交叉处，坐北朝南，面阔一间，中间横砌一道隔断墙，将其分为南北两个小间。南面敞着，庙内前有神台，墙上画有龙王、山神、土地、五道等7尊神像。村里人记得庙前一副联语：“老龙王退祠堂修真养性，七圣贤回本位扶保平安。”后面也是画像，村里人说不清了，一般应该画的是观音菩萨等神像。五道庙毁于20世纪60年代。

菩萨庙，又称西大庙，坐东朝西，南北宽约10来丈，东西长约10来丈。西为山门，面阔一间，两扇对开木门。山门前是大道。进山门，前院为空院，没有树和石碑。北为东西向一道隔墙，墙中间建有前殿，面阔一间，辟前后门。殿内供奉1尊韦陀泥塑站像，面向东，正对东面的正殿，故又称之为韦驮殿。进入后院，在韦驮殿两侧，一边1棵老松树。后院没有石碑，南有配殿三间，有后门，殿内供奉1尊药王泥塑坐像，此殿又称为药王殿。北有厢房三间，为看庙人所住。东为正殿，北有耳房两间，南有转角房，将正殿与药王殿相连。转角房辟有一门，与东大街相通。正殿面阔三间，殿内供奉观音、文殊、普贤菩萨3尊泥塑坐像。南北山墙和东墙画有壁画，如其中一幅画画有一人被人从山上推下来，在半山腰，菩萨伸出一手救下。1947年推倒菩萨庙神像，20世纪80年代殿堂建筑拆毁。

村里人记得，村东北，大岭东边下面，有一片赵家坟，有六七棵古松树，坟地南面有一座石砌的门楼。村里的一些赵姓人家就是当年为看赵家坟过来的。石门楼在1948年前后即土改复查时就没有了，现在那个地方还叫石门。当代京剧名家、余派老生赵世璞、曲艺名家赵世琳哥俩就是翟各庄村人。

60. 太后村

太后村，辖黑虎峪、牛角峪、牛金坨、东坡、秋峪、萧家院6个自然村，北、东、西三面环山，南部山口敞向平谷城。旧时统称萧家院，民国时因山中有兴隆寺，改名兴隆庄。抗战时期化名太后，沿用至今。最早萧姓居住于此，因四周群山环抱，形如宅院，故称萧家院。萧家院地处萧家岭主沟西侧，楼子山东侧峡谷间。楼子山东麓龙泉沟上部有一泉水，名龙潭，早年自溢成溪。1958年，村人为开源引水进行爆破，以至破坏地质构造，造成水漏，后将余水以铁管引入水窖，供泉下人家饮用，现已干涸。泉东侧约二三百米处1眼井，尚有水，因附近人家近年已搬迁，井遂废弃。当地人说，据传当年尼姑吃龙潭水，和尚吃井水。

太后村旧有道教庙宇龙王庙、五道庙3座及佛教庙宇大兴隆禅寺。

龙王庙，位于村西侧楼子山东麓，这里为萧家院，属于村四队。旧有龙潭，潭有砖砌券拱形门，下两步台阶，下面是水，人们常钻进去打水。潭上面建一座龙王庙，坐北朝南，仅一间大小，中间是木门，两边有木窗。庙内北墙绘有龙王画像，东西墙画有雷公闪公等像。据说过去不是画像，是泥塑像。龙王庙毁于20

世纪50年代。

过去，天旱时人们就来这里求雨。求雨时，村民一般要敲着8面大鼓，震得山响。还有4人抬着高桌，桌上1尊佛像。人们围着龙潭，往潭里扔点心。另外，一人背个纸盖子，上面画着王八形状，充作王八，人们从潭里打水往他身上泼。人们认为王八会憋雨。而来的人都戴着柳条帽子，在地上跪着祈祷。村里人说，往往求雨后时间不长，天就真的下雨了。

五道庙，全村有3座。秋峪一座，在沟里口宋文彬家房子东边，属于一队。一间，画像；牛金坨一座，在张伟家房东边，属于二队。一小间，画像；东坡一座，在马俊兴家房前边，属于三队。一小间，画像。过去龙潭龙王庙一带的人家，如有老人去世了，家里人也到龙王庙烧纸报庙。3座五道庙早已无存。

此外，过去村里人家住的较为分散，往往一家就在自家旁边山前台地坝墙上，垒一个小石头庙，就是三五块石头简单的一搭，极小且简陋，供奉山神等，称为山神庙，其究竟有多少现在村里人难以计数了。自家逢年过节也烧香、贴神像等，家人去世，也来烧纸报庙。2012年12月去村里调查时，77岁的杨玉和老人说，他家过去的小石头庙，原在大坝墙上面，后来垒坝墙，就垒在了坝墙上，现在还有。

大兴隆禅寺，原在龙潭南侧（一说在潭西台地上）三四十米处，坐西朝东，后下迁潭东重修，改为坐北朝南。其始建年代不详，据现存碑文记述，元至元二十七年（公元1290年）八月，第五代住持行泰驻锡，修葺古刹殿庑。至元二十九年（公元1292年），中书平章政事铁哥之母代国太夫人李氏布施白金2000两，重修殿宇，自余杭迎《大藏经》5000余轴安奉。至元三十一年（公元1294年）正月，元世祖忽必烈在大都驾崩。四月，元成宗铁穆尔在上都即帝位。五月，元成宗以皇帝名义向各地佛、道、基督教寺院重颁护持圣旨，免除差发，告天祝寿。六月，以皇帝名义拟旨，宣谕军兵及州县官员人等禁约骚扰平谷兴隆寺等寺院。十月，元成宗自上都回到大都。元贞元年（公元1295年）春，平章军国重事、宣政院使答失蛮等四位使臣赍擎禁约骚扰的公告圣旨，在大都路开读。大德元年（公元1297年）七月，兴隆寺修建完工，彩绘焕然，交辉互耀。十二月，翰林直学士乔达撰大兴隆禅寺创建经藏记刻石，在兴隆寺立碑。大德三年（公元1299年）六月，禁约骚扰的公告圣旨刻石，在兴隆寺内立碑。

大兴隆禅寺东西宽和南北长各约15米，围有院墙，前为山门。山门为砖砌门楼，两扇对开门，门额有匾，嵌在上面，年代久远，当地人记不清匾上什么字了。门较为宽绰，当地人说一个驴驮子可赶进去。寺外西南角，有1棵大黑枣树，树围粗壮，需二三人搂抱才能围拢。院内只有正殿，面阔三间，前有廊，后有厦。村里人有“明三暗九”之说，即正殿三间，前有廊，后有厦，廊与厦各“算”三间，也就“三三见九”了。这是佛教庙宇，当地人说主要供奉菩萨画像，两旁绘有十八罗汉像。山门内，左右各有1通石碑，均为龟趺座。还有一八棱经幢。1943年农历九月三十，寺庙被日军烧毁。庙址后来被盖为民房，现为耕地，已看不出一点庙宇旧貌。现在，2个龟趺，一被凿为水槽，井边洗衣物等多年（图107）；一已碎为几块。遗址边还有莲花瓣座、残经幢构件（图108），当地人管这叫碑“帽子”，帽子下面有刻画的线条，当地人说是“八卦纹”。此经幢应高二层或三层，八棱碑身被当地人改作碌碡了。一些柱础构件及残碎沟纹砖散落于遗址四周。现存2通元代碑刻，立于原址西侧山脚下，保存完好。

图107　王辛庄镇太后村大兴隆禅寺遗址现存早已凿为水槽的龟趺座

图108　王辛庄镇太后村大兴隆禅寺遗址上现存残经幢构件

在寺东南1里左右，有一塔，4米多高，座为汉白玉石所砌，塔身砖砌，如一坛子倒扣，上有三层塔刹，最上是塔尖。塔刹东面有一小门，里面供奉1尊观音菩萨铜像，高约30厘米。一块方砖遮挡着小门。根据当地人所述，此塔类似于京城北海的白塔，为覆钵式塔，是否喇嘛塔就不得而知了。塔边有和尚坟，往东边几百米，还有一片和尚坟，当地人称“和尚楼”。塔毁于20世纪60年代“文革”中期，铜佛下落不明。塔下有地宫，长约1米，宽约50厘米，里面是尸骨。据村里人说，和尚、尼姑死了，就葬在这里。

民国二十三年《平谷县志》有关于大兴隆禅寺的记载："兴隆寺，在瑞屏山下，至县二十里，元大德元年建，宏（弘）治年间重修，今俗称萧家院。"又载："县治西北二十里，山势高耸，叠嶂环抱，中心砥平。西山下有龙潭，水势渊深。相传旧有尼庵，幼尼出行汲，忽内急而溺于潭侧，潭中龙因有人道之感，孕而生女，弃之山陬。邻村萧姓者怜而养之，长而聪慧。后入辽宫为后，主卒子幼，后即专政，遂有萧太后之称，至今其地名萧家院。中有僧庙，遗古碑一，皆蒙古文，土人莫之能识。"而所存 2 通元代碑刻（图 109），一为《大兴隆禅寺创建经藏记》，一为《大兴隆禅寺圣旨碑》。

图 109　王辛庄镇太后村大兴隆禅寺遗址现存两通元代碑刻

《大兴隆禅寺创建经藏记》，元大德元年（公元 1297 年）立石。碑高 220 厘米，宽 74 厘米，厚 17 厘米，青石材质，螭首。碑阳篆额"大兴隆禅寺创建经藏记"，正文阴刻楷书，首题"蓟州平谷县大兴隆禅寺创建经藏记"，翰林直学士、奉训大夫乔达撰并书，桂阳路僧录镇国退堂佛光大禅师满聪篆额。碑文记述此寺创建经藏过程及藏经数目、来源。其中写道："至元二十七载，岁在庚寅秋八月，泰公禅师复住蓟之瑞屏山大兴隆禅寺驻锡……遂遣人于余杭迎大藏金文五千余轴，安奉于寺。""泰公"，应是立碑的"本寺第五代住持龙泉长老行泰"。而施主（大檀越）为"中书省平章政事帖哥光禄之母代国太夫人李氏"等。这里所列"中书省平章政事帖哥光禄"，帖哥位列宰辅，官居一品。帖哥即《元史》列传的铁哥，属同名异译。史传载铁哥母为汉人，未著姓氏。1962 年北京龙潭湖附近出土的《铁哥公墓志》称"妣李氏，贞淑慈俭，内治有法，封代国太夫人"，与经藏记碑所记吻合，

"元大德元年"立石，而非建庙。由碑文可知，大兴隆禅寺始建年代应早于至元二十七年（公元 1290 年），因为龙泉长老行泰是"复住"，且是"第五代住持"。据此大致推断：大兴隆禅寺早可至辽，因为萧家院据传辽代成村，极有可能成村后即建庙了。另外，此寺原坐西朝东，辽为契丹人政权，契丹人有尊日东

向习俗，京西大觉寺坐西朝东，即为辽代所建，可为旁证。至晚不过金代中期，“大德元年”为元成宗铁穆耳年号，是在公元1297年，既然龙泉长老行泰是“第五代住持”，一代按25年或30年记，上推5代，大致一百三四十年左右，即公元1160年左右，相当于金世宗大定年间，即金代中早期。中国社科院近代史研究所研究员、著名八思巴文专家蔡美彪先生所撰《平谷元兴隆寺圣旨碑译释》一文，其中也谈及此寺，认为创建当在辽朝末季至金朝前期，大体一致。

《大兴隆禅寺圣旨碑》，俗称八思巴文碑，元大德三年（公元1299年）立石。碑高240厘米，宽82厘米，厚22厘米，青石材质，螭首。碑阳四框饰以波浪纹，碑额、正文皆为八思巴文，字口清晰，保存完好。碑阴：篆额，正文阴刻楷书，即元代白话文，模糊不清。

碑阴录文

碑额：皇恩特赐圣旨译本

正文：长生天气力里

大福荫护助里

皇帝圣旨。管军的官人每根底，军人每根底，城子每的达鲁花赤每根底，官人每根底，经过的使臣每根底，宣谕通知圣旨成吉思皇帝的、月阔歹皇帝的、薛禅皇帝的圣旨里，和尚每、也里可温每、先生每，不拣甚么差发科配休出者，告天祝寿者道有来。如今依在先的圣旨的体例里，不拣甚么差发科配休出者，天根底祷告祝寿与者，么道。属大都路的蓟州平谷县瑞屏山里（兴隆）寺、净严、独乐、华严寺里每有的泰长老、兴觉两个根底将着行的圣旨与了也。这的每的寺里有的他每的房舍里每，使臣休安（下）者（铺马祗应）休要者，商赋地税休当者。但是属寺家的田园、土地、水、碾水磨、铺席、店舍、热水堂子不拣（甚么物件他每的），休夺要者。更，这泰长老、兴觉两个有圣旨么道，无体例的勾当休行者。无体例的勾当行呵他（不怕那）圣旨俺的。

马儿年六月十二日上（都有时分写来）

大德三年七月日住持妙光寂（下缺）立石 都（下缺）

净严寺（缺）瑞屏庵山主（缺）

华严寺住持讲经沙门兴思

独乐寺监寺兴如 知客

银青荣禄大夫平章军国重事宣政院使领泉府卿答失（蛮）

通议大夫山北辽东道提刑按察使刘公□

管领鹰房相公答剌赤

开读使臣总管郭天禅（押）

本译文参照史学家蔡美彪先生所撰《平谷元兴隆寺圣旨碑译释》，而此圣旨宣谕军兵、官员使臣人等，禁约侵扰寺院。录此译文，以备研究者或读者参阅。在此圣旨刻石右下方，还刊有八思巴文小字一行，是圣旨书人“刘嗣正书”，这在现存八思巴文碑文中实为少见。圣旨下面分别为“立石僧众题名”和“开读官员题名”。圣旨中提及“马儿六年”，为至元三十一年（公元1294年）。在这里，标点的“水、碾水磨”，是否标点为“水碾、水磨”更好？当然还要请教于蔡老先生。无论如何，这样的蒙汉文圣旨碑，而且字口这样完好，在北京地区绝无仅有，即使在全国也不多见，故此相当珍贵（图110）。国内一些专家在有关八思巴文碑刻书籍中，先后收录此碑拓本或论文。

图110　王辛庄镇太后村大兴隆禅寺遗址所存八思巴文碑拓本

大兴隆禅寺的修建与圣旨的颁发，涉及官居一品的中书平章政事。可见，此庙并非一般庙宇。或许最初在潭南侧时，规模比后来北迁要大。潭南庙址处，现为一家旧民房，至今大墙遗址尚存。村里人世代口口相传，应该不会有误，只是不知由于什么变故而北迁，更不知何时北迁了。

大兴隆禅寺虽已毁于日本人之手，但碑刻、龟趺及一些建筑残件等尚存，这些都是重要的文物，还有历代相传的关于辽太后诞生于此的传说以及金章宗出猎登台观逐兽的发箭台等，这些丰富的文化资源，值得进一步珍视与挖掘整理，对于今后当地经济发展、文化建设，具有重要意义与价值。

61. 太平庄村

太平庄村，旧有道教庙宇五道庙、三官庙及佛教庙宇菩萨庙。

五道庙，位于村东头街北，坐北朝南。庙前有一道影壁，为磨砖对缝。底小上大。据村里人说影壁里边楔的是松木条子，周边有一砖雕云纹，顶覆筒瓦。庙前一边还有1棵大槐树，东边槐树下有1眼水井（图111），村东半庄的人家都吃此井的水。五道庙仅为一间，前出廊，“冰炸纹”窗棂。庙内为画像，画有五道等神像。五道庙毁于20世纪六七十年代的“文革”之时。

图111 王辛庄镇太平庄村五道庙前古井

三官庙，位于村西头，坐北朝南，东西宽约10多米，南北长约50多米。南为山门，一座砖砌门楼，2米多宽。山门前一边1棵大槐树，各有2搂多粗。山门内，有一道影壁，上有砖雕图案。前院，有2棵大柏树，至今尚存，只是近年已枯死（图112）。有西厢房三间，为看庙人所住。北为前殿，村里人说是“前出廊，后出厦”，“明三暗九”格局，即是面阔三间，进深三间。殿内神台上，供奉3尊泥塑坐像，即天官、地官、水官，坐像后面有“罩碑”。两山墙画有“七十二司”等壁画。东山墙北边有一木雕佛龛，高约2米，供奉1尊菩萨铜像，铜像鎏金，高约40厘米。前殿辟有后门，可通后院。后院，有西厢房两间半，那半间是厨房。后殿，

图112 王辛庄镇太平庄村三官庙遗址现存已枯死的2棵古柏

村里人说有四间，为菩萨殿，后改为学校，就将菩萨像移到前殿了。

据说三官庙是太平庄立庄时建的庙。村里人听过去老人说，他们是随“龙”过来的，也就是“燕王扫北”时过来的。这座庙在村西北，那边是“西官道”，从放光、杨家会到太平庄、大辛寨。这么说来，太平庄村及这座三官庙都为明初所建了。1950 年，将三官庙翻建，用于村小学，20 世纪 80 年代拆毁。

菩萨庙，位于村东街南头，为堵南街口，坐南朝北，仅为一间，北面有一道砖砌影壁。既然是菩萨庙，就应该是供奉菩萨的庙宇，可村里人已不记得庙内是塑像还是画像了。菩萨庙毁于 20 世纪 50 年代。

五、山东庄镇

山东庄镇，辖 12 个行政村，旧有大小庙宇 120 余座。分为纪念性祠庙 3 座，主要是轩辕庙、关公庙；道教庙宇 100 余座，主要是老君庙、真武庙、三官庙、五道庙、龙王庙、山神庙等；佛教庙宇 13 座，主要是佛祖庙、菩萨庙等。如今，山东庄村轩辕庙、鱼子山村龙王庙等为近年所复建，桥头营村五道庙尚存。

62. 北寺村

北寺村，旧有道教庙宇五道庙、佛教庙宇龙泉寺。

五道庙，位于村西，坐北朝南，建在一座高台上。庙前约 1 丈远处，有一道影壁。庙为一大间，前出廊，庙内为画像，是村里一个叫王珠的人在 20 世纪 20 年代所画。庙内有 1 石香炉。五道庙毁于 20 世纪 50 年代。

龙泉寺，位于村西北角。据《光绪顺天府志》记载："北历店龙泉寺，亦元至正四年建，嘉靖二十七年重修。"又据民国二十三年《平谷县志》记载：龙泉寺"一在北沥西庄，至县十里。元至正四年建，嘉靖二十七年重修。今俗称沥西寺。"《平谷县地名志》在写到"西沥津"时记述："原称沥津庄，因泃河水从海子村西渗入地下，至该村东又从地下复出，继续西流，故称。1920 年分成东西两村，该村在西，故称西沥津。"对北寺村记述："原称沥津庄。于 1920 年分为东沥津和西沥津，该村属东沥津。1958 年东沥津又分为北寺、东洼、大坎 3 个村。该村因在北面，其南有龙泉寺，故名北寺"。从以上资料可大致看出北寺村的隶属变迁，《平谷县地名志》说龙泉寺在村南，或许有误，因为在调查中，村里人说在村西北角。这是寺庙位置，而始建年代为元至正四年，即公元 1344 年，为元朝末代皇帝元顺帝妥懽帖睦尔之时，时为元朝晚期了。重修于嘉靖二十七年，为公元 1548 年。

龙泉寺坐北朝南，东西宽约十二三丈，南北长约30丈。南为山门，中间一座大门，两边各有一座小门。前后建三进大殿，前殿东南角一座钟楼，西南角没有鼓楼。钟楼面阔一间，进深一间，二层，上面悬挂1口大铁钟，过去每月初一、十五打钟。铁钟高约2米，北面有一方格。村里人说，龙泉寺至正四年动工，修了4年。庙里叫一个小和尚去化缘，一老太婆给5个大钱，小和尚嫌少没要。回来，铁钟老是铸不上，结果回去又要来了，四面每角的方格上各铸一个，中间铸一个，这才铸好。大钟足有800斤，抗战时期送到八路军兵工厂铸造手榴弹了。

前殿为天王殿，面阔三间，殿内供奉四大天王泥塑站像，每尊高1丈左右，村里人称其为“四大金刚踩八怪”。前殿建有西耳房，供奉达摩老祖。前殿前面，有东西配殿各一大间。中殿，早在20世纪三四十年代就已经成废墟了，村里人几乎没见过，据说是十八罗汉殿。一般佛教庙宇，十八罗汉往往在大殿两侧，中间供奉的应该是佛祖释迦牟尼，这座大殿也应该是大雄宝殿。二进院内，有2通石碑，1通为汉白玉碑，1通为青石碑。后殿为菩萨殿，前出廊。廊东侧，有1口铁钟，高约1米。后殿面阔三间，殿内供奉菩萨泥塑坐像，有二三尊，约1米多高。村里人说不清菩萨塑像的名字。殿内还有许多小佛像，高约三四十公分。

相传庙里有一个和尚，是个花和尚，吃喝嫖赌，甚至拆庙里的椽子烧火。早先村里流传一首歌谣：“花和尚，带铃铛。你拉着，我骑上。”这是把那个和尚当做牛马一样的牲口看待，可见当地人对花和尚的深恶痛绝。

庙外西北约60米处有一座塔，青石垒砌，几层及形制已无从查考。

龙泉寺毁于抗战晚期。抗战时民兵挖地道，钟楼就是秘密出口。现仅存1个残经幢（图113）及1通石碑（图114）。

图113　山东庄镇北寺村龙泉寺残存的经幢

图114 山东庄镇北寺村龙泉寺石碑，被垒砌在街头一花墙下

63. 北屯村

北屯村，旧有道教庙宇五道庙3座及佛教庙宇石佛寺、菩萨庙。

五道庙，全村有3座。一在村西头，菩萨庙西边约20米处，坐北朝南，中间横砌一堵隔断墙，前为五道庙，北墙画有五道、虫王等5尊画像，前面摆着5个香炉。村里人记得虫王是农历七月初一上供。两山墙也有画像。后面为观音庙，正座画有观音菩萨坐像，毁于20世纪60年代；一在村中间，坐北朝南，正对南边街口，东南角有1棵古槐，1搂多粗。庙为一间，画像。其中画有判官、鬼卒等，在鬼卒的勾魂牌上，写着一句话："文凭引路，要找汉奸。"末了又加一句："汉奸人者来了！"是在抗战时期，村里张德海画的，他是画匠，这也反映了人民对日本侵略者及其汉奸的痛恨。抗战时挖地道，这座五道庙是个暗口。五道庙毁于20世纪60年代末；一在村北上街西头，坐北朝南，建在一座一人高矮的台上，庙前西侧有1眼水井。一间，画有五道、判官、鬼卒等像。过去村里曾在这里唱戏。五道庙毁于20世纪70年代。

另外，在村东头，东边有条河，建一道石头影壁，正对大街，影壁西侧辟一神龛，高三四十厘米，里面摆有小泥香炉，画有财神像。实际上这也是一座小财神殿，现已无存。

石佛寺，又称上庙，位于村西北。

民国二十三年《平谷县志》记载:“石佛寺,在东胡家务北,至县十里,元至正二年(公元1342年)建。”据《平谷地名志》记述:北屯,明代成村,称东营防胡府,后改称东胡家府,又改称东胡家务。抗战时化名北屯,沿用至今。由此可知,东胡家务即今天的北屯村。县志所记石佛寺,建于元朝末年。

石佛寺东西宽约5丈,南北长约七八丈。南为山门,山门外有一片柏树,大都1尺来粗。有3通石碑,下为龟趺座,即所谓王八驮石碑。相传下大雨,为不让雨水冲屯,两个王八将水从村北引到村东。院内,有四五棵柏树,约2尺来粗。有东西厢房各三间,为看庙者所住。北为正殿,有东西耳房各一间。正殿面阔三间,供奉观音菩萨泥塑坐像,两边还有2尊侍立的小像,应是善财童子和龙女。村里人说泥像是本村高凤林“抓”的。

既然叫石佛寺,不知最早是否供奉石佛,本村人所“抓”泥像,或许为后来所塑。据说石佛寺曾有和尚三四十人,外边有地,1顷左右,后来和尚种不了,就租出去。看来当初规模不小。石佛寺毁于20世纪60年代。还残存1个龟趺(图115),龟趺头被村里人在上面弄钢筋弄坏了,头已不知下落。碑身在一个井沿上垫着井口,因当时井上边堆有好多柴火,看不到。所存龟趺座及碑身,不知是不是建庙时元代碑刻,抑或后代重修碑刻?

图115 山东庄镇北屯村石佛寺残存的龟趺

菩萨庙,又称观音庙,俗称下庙,位于村西头,坐北朝南,东西宽约15米,南北长约四五十米。南为山门,山门前西侧有1棵古槐,四五搂粗。前院,没有树和石碑,有东西厢房各三间,东厢房过去是碾道,后来一间存放杂物,一间为老师住;西厢房为学校,中间是通道。后院,有1棵大柏树,2尺多粗。院内没有石碑。正殿面阔三间,东西耳房各一间。殿内供奉观音菩萨泥塑坐像,为20世纪30年代村里人高凤林所塑。村里人记得,过去有个大铜佛座,据说佛像被人卖了,当时还有和尚看庙。在观音像边,还有小铜佛,高约三四十公分,过去天旱时求雨，就抬着小铜佛，到大旺务南山龙潭去求雨，也到峨嵋山水峪寺求雨。菩萨庙毁于20世纪50年代。

村南1.5里处，有一座宝顶坟，高约八九米，直径五六米，灰土夯筑。东南有一小坟，略西北还有一小坟，直径二三米。宝顶坟有盗洞，早年曾被人盗。1975年平整土地时宝顶坟毁，出土了耳环、鸡蛋大的球等，送到了县文物部门。村里人称墓主人是皇带子，说是皇上家的后代，具体不知是谁。

64. 大北关村

大北关村，旧有道教庙宇三官庙、五道庙及佛教庙宇菩萨庙。

三官庙，位于村中心，现在村委会南边。三官庙东西宽约10米，南北长约十五六米。南为山门，一座小门楼。山门前西侧，有1眼水井。院内，大殿前两侧，一边1棵柏树，没有石碑。大殿面阔三间，前出廊，廊东侧悬挂1口大铁钟，约1米多高，钟上铸有铭文。村里人记得钟上有清代道光或是咸丰年间修的字样。这说明三官庙大概建于清代了。在“文革”后期，村里有一铸造厂，铁钟被搬去化铁了。殿内筑有神台，神台高约1.5米，前边有一张大供桌，3米多长。神台上供奉3尊泥塑坐像，分别为天官、地官、水官，其中两个白脸、一个黑脸。三官像前边一边1尊站像，西边那尊站像为绿脸。墙上画有壁画。三官庙毁于20世纪70年代中期。

五道庙，位于村中心，十字街西北角，坐北朝南。庙旁1棵大槐树，有2搂多粗，抗战时期被日军放倒。庙为一间，画有五道等神像，摆着3个泥香炉。过去要饭的老住庙里，墙上烟熏火燎的。五道庙毁于20世纪六七十年代的“文革”之时。

村五道庙以北，兴正月二十八庙，后改为二月二庙，庙会一天。村里人说，五道庙以北的多是财主。过去是石头墁街，牲口走上去当当作响。过去村里唱影戏，就是摘两个大门一搭。村里原来唱影戏的是财主的子弟，财主怕他们要钱，就弄拨影戏让他们唱。

菩萨庙，位于现在村委会院内，在三官庙北边，五道庙南边。菩萨庙有一小院落，为三小间，庙内供奉1尊铜菩萨像，高约1.2尺，还有约三四十公分高的泥塑像。后来铜菩萨像供奉到三官殿内东北角，以后下落不明。菩萨庙于20世纪30年代倒塌。

村南旧有石桥，为两孔桥，村委会内现存一块大条石。村北果树地边有一块李家墓碑（图116），看落款，似是“万历”时所立，一李姓村人，大概在外为官，为母亲所立。碑首“绎先勖后”四字，应有缅怀先人、勉励后人之意吧。碑身字小，不易看清。

图116　山东庄镇大北关村北李家墓碑

65. 大坎村

大坎村，旧有道教庙宇五道庙。

五道庙，位于村中间，坐北朝南，庙前一道砖砌影壁。庙前西南角1棵大槐树，中空，2搂多粗。庙为一大间，中间横砌一堵隔断墙，前为五道庙，有门，画有五道、土地2尊神像。东西两山墙也画有壁画。后为菩萨庙，没有门，所画观音菩萨右手拿一插柳枝的净水瓶，左手拿一拂尘。左边画有善财童子。上边挂着的大海灯，一到过年时就点起来，点到正月十五。届时各家都去送香油添海灯。其实海灯就是一个敞碗，直径约30厘米，碗中放一棉花捻儿。

村里人说，画像为乔仲文所画，乔是南独乐河人，在平谷很知名。画的土地爷有胡须，就像真的似的。据说他曾给一个庙里画了一只苍蝇，在一角上，栩栩如生。说他曾在故宫画过山墙等壁画。那时平谷人挺土的，他就穿着小棉袄，人家在宫里画像都穿着大褂。等画时，因为是很高的山墙，要搭脚手架，所以个个找自己得画的地方，把最难画的地方给他撂下了。他也不着急，就抽着旱烟袋。大家都有些看不起他。尽管在最高处，但见他也不上去，就用竹竿举着笔，蘸着颜料画。画完了，一下子大家就师傅长、师傅短的敬仰了。由此可见他画技之高超。周边不少村庙里的画像，都说是乔仲文画的。

五道庙前那棵大槐树，现在只剩南半拉树干活着（图117）。从树干南部的缝隙可以看到北边站着的人（图118）。村里人在树洞里又栽一棵小榆树，已有胳膊粗细了，过不了几年，一定会长得很粗壮的。

五道庙毁于20世纪50年代。

图117　山东庄镇大坎村五道庙前大槐树

图118　从大槐树干南部的缝隙可以看到树中间栽的小榆树及那边站着的人

66. 东洼村

东洼村，旧有道教庙宇五道庙。

五道庙，位于村中间，坐北朝南，庙前东西各有1棵槐树，一二搂粗。庙为东西两间，中间南北向有隔断墙，开两门。东间是五道庙，村里人死了，家人来此送纸报庙。西间为村里人打更的用房。五道庙为画像，村里人记得北墙和东西山墙都有画像，如画有小鬼推磨，人被头朝下磨等，大概画的是七十二司，意在教育人要行好事。五道庙毁于20世纪80年代。2棵大槐树在1958年放了，大炼钢铁了。

67. 李辛庄村

李辛庄村，旧有道教庙宇五道庙及佛教庙宇菩萨庙。

五道庙，位于村西，大坑北沿，坐北朝南，面阔一间，庙前有2棵槐树，约

1尺来粗。庙内为画像，村里一姓刘的人画的，俗称刘画匠。北墙画有5尊神像，其中有五道、苗神、土地等，五道在中间，两山墙画有“七十二司”以及判官、鬼卒等。小庙不大，过去乞丐没地方住，就住在五道庙里，称为“住庙”。五道庙毁于20世纪60年代。

菩萨庙，位于村东北，现在村委会前头，坐北朝南，只有一间，中间横砌一堵隔断墙。前面为菩萨庙，北墙画有3尊坐像，中间神像村里人称为菩萨，为莲花座。后面，砌有券拱门，里边也是画像，画的是火神爷坐像，手里拿着一把宝剑或钢鞭，胡子是红的，故称火神庙。过去正月初一至十五，村里人来此庙烧香。菩萨庙毁于20世纪60年代。

1944年抗战时期，村里挖地道，由李新庄到山东庄，再往西到放光，菩萨庙、五道庙都是地道口。

68. 桥头营村

桥头营村，旧有道教庙宇五道庙。

五道庙，位于村中间，坐北朝南，前面有小院，南面为山门，是一座小门楼。五道庙面阔三小间，贯通，庙里为画像，如墙上画着人死后喝迷魂汤等情景。五道庙现存，20世纪70年代曾揭瓦（音wà）过。现在院内，前边是出租的房屋，有车床等物，院里搭了不少东西。五道庙作为磨面房，或说粮食加工房，还在使用（图119）。庙前1棵槐树，当初不是很大，现在也不小了，而且不知几时已经枯死。庙西边有一条小窄胡同，过去村里有人去世了，家人就从胡同来庙里烧纸报庙，所以俗称“鬼道”。

图119　山东庄镇桥头营村五道庙，现在作为粮食加工房还在使用

民国二十三年《平谷县志》中有“崔府君庙，在县城东北桥头营”的记载，

现在府君庙遗址归西沥津村了，但村里人对府君庙情况说的还是比较清楚。

过去桥头营村东有一座石桥，村里人说是汉白玉的石板桥，建于清代。桥长约 10 米，宽约 5 米，村名亦由此而得。现在，重修石桥碑还在，立于清光绪二十六年（公元 1900 年）。如今碑已断为两截，作为一家锅炉垫石（图 120），应予保护为好，毕竟与村有重要关系。

图 120　山东庄镇桥头营村残存的重修石桥碑

69. 山东庄村

山东庄村，旧有庙宇 10 座，包括纪念性祠庙轩辕庙、老爷庙、道教庙宇真武庙、三官庙、龙王庙、五道庙 3 座及佛教庙宇慈福寺、白慈庵。轩辕庙作为祭祀黄帝等的庙宇，为 1995 年所复建。

轩辕庙，位于村西庙山上。

据明代刘侗、于奕正《帝京景物略》“畿辅名迹 · 延祥观柏”记载：“观东北十五里，冈窿然，如大冢，渔子山也。世传是轩辕陵，或呼之轩辕台也。旧有轩辕庙焉，今圮也”。明代蒋一葵《长安客话》记载：“世传黄帝陵在渔子山。今平谷县东北十五里，冈阜窿然，形如大冢，即渔子山也。其下旧有轩辕庙云。”清代孙承泽《天府广记》载：“京东平谷县境内渔子山有大冢，俗称轩辕台，相传为黄帝陵。旧有庙，今圮”。民国二十三年《平谷县志》（图 121）载：“渔子

图 121　民国二十三年《平谷县志》所刊“渔山轩辕陵”照片

山，在县城东北十五里，上有轩辕庙”。“轩辕黄帝庙，在县城北渔子山上”。“县治东北山东庄之西有山，岗阜隆然，形如大冢。相传为轩辕坟，然无实录可稽，真赝莫辨。上有轩辕庙，亦不知建自何代。庙内碑文引唐陈子昂轩辕台诗：‘北登蓟邱望，求古轩辕台。应龙已不见，牧马空黄埃。尚想广成子，遗迹白云隈。’以证其处。又《礼乐》记载，封黄帝之后于蓟。以此，则所传非无因耳。”此外，《大明一统志》、《光绪顺天府志》、《日下旧闻考》等典籍中亦有记载。

黄帝，为我国远古时部落联盟首领，本姓公孙，为少典之子。因出生于轩辕（今河南新郑西北），故号称轩辕。而长于姬水，便以姬为姓。又建国有熊（今河南新郑），亦称有熊氏。因其有土德之瑞，故号黄帝。黄帝大约生活于距今5000年前，相传率领氏族部落，伐炎帝，战蚩尤，统一各部族，建都于河北涿鹿。同时，黄帝创造文字，始制衣冠，制造舟车，培育蚕桑，发明指南车，定算数，制音律，创医学等，而彪炳千秋，尊为中华民族“人文始祖”。远古中相继为帝的5个部落首领为黄帝、颛顼、帝喾、尧、舜，黄帝居五帝之首。《史记》载，黄帝建都于河北涿鹿。涿鹿紧邻北京门头沟，距平谷不过百余公里，这里留下黄帝或黄帝后代活动遗迹，实属正常。而《礼记·乐记》所说，为“武王克殷，反商，未及下车，而封黄帝之后于蓟。”蓟指今北京地区，包括平谷，说明西周初期黄帝族一支仍居处于北京地区。

图122　山东庄镇山东庄村轩辕庙明代重修碑额（燕龙生摄影）

轩辕庙，坐北朝南，东西宽约七八丈，南北长约七八丈，南为山门，形如门楼。院内有2棵槐树，门内西侧1通石碑，现碑座及“重修轩辕庙记”残碑尚存（图122）。正殿三间，殿内为泥塑坐像，中为黄帝，东为神农，西为伏羲。村里人称神农为药王，伏羲为药圣。1941年，日军在庙内修建炮楼。1945年，日本投降后炮楼拆毁。轩辕庙毁于20世纪50年代。1993年4月，北京市文物研究所与平谷县文物管理所联合对轩辕庙遗址进行考古发掘，清理出汉代板瓦残片、辽金兽面瓦当（图123）、明清建筑基础等。1995年，在原址重建仿汉代风格的钟楼、鼓楼、山门（图124）、大殿（图125）、东西配殿等建筑，重塑黄帝（图126）、神农、伏羲像，并将东西配殿辟作陈列室。

图123　山东庄镇山东庄村轩辕庙遗址出土的辽金兽面瓦当（燕龙生摄影）

图124　山东庄镇山东庄村轩辕庙庙门

图125　山东庄镇山东庄村轩辕庙大殿

图126　山东庄镇山东庄村轩辕庙大殿内黄帝塑像

山东庄轩辕庙及轩辕台，与陕西黄陵等一样，为人文始祖黄帝纪念地之一。而诸多典籍所述“冈阜隆然，形如大冢”的轩辕台（黄帝陵），就在庙北形如一道“龙脉”的一座山包上，举目可见。有祖共祭，现在每年4月，海内外中华儿女在这里隆重祭祀人文始祖黄帝，已成为一项传统的文化活动。

也许是村里人称神农为药王、伏羲为药圣等原因，村里流传着药王的传说故事。药王在平谷地区信仰较为普遍，关于药王的传说也很多，但都大同小异。山东庄村关于药王的传说故事更为详实、具体、生动：

药王原本在北方行医，当时虽有点名气，但一些人还不大认可。

一小伙儿要试试药王的本领，就装病让家人去请药王。左等不来，右等不来，小伙儿爬上墙头张望，一看药王来了，赶紧往下跳，跑进屋躺在炕上，忽然觉着肚子有点疼。药王一看，对家人说：“这个人没救了，准备后事吧，他肠子断了。”小伙儿果然死了。

另一小伙儿也想试试药王本领，就把槐树籽泡的水抹一身，躺在炕上，乍一看真像得了黄病，药王一看，对家里人说：“这个人没救了，准备后事吧，他槐毒入骨了。”这个小伙儿也死了。

这一来，就传开了，说药王瞧病，瞧一个死一个。吓得谁有病也不敢请。药王呆不下去了，找算命先生占了一卦，说你出名在北方，行医非得到南方去。药王问，走到啥地方为止呢？算命先生说，走到你媳妇的脚够八斤半就行了。

药王收拾了行礼，和媳妇一块儿往南方走。走了好多日子，到河南一带，天一个劲儿下雨，路泥泞得直沾鞋。媳妇实在走不动了，就说：“歇歇吧，我的脚够八斤半了。”药王忽地想起算命先生的话，便找个地方住下了。

第二天，药王刚出门，见一家出殡，一打量棺材，上前拦住：“你们快放下，棺材里的人没有死！”人们放下棺材，问：“你怎么知道没死？”药王说：“你们看，死了的人是不会滴出鲜血来的。”原来棺材里装殓的是一年轻媳妇，生孩子活活疼死的。人们赶忙开了棺，药王在媳妇身上扎了几针，只听“哎呀”一声，媳妇坐起来，好了。

这一下，药王名声大振，整个儿南方，几乎无人不知，无人不晓。

有一年，药王回家探母。母亲病了，哥哥让他给治，他说治不了。哥哥一气之下，自己推着母亲去求医。走到半路，母亲渴得要命，前不着村，后不着店，荒郊野外哪儿有水呢？哥哥抬头一看，前面有一块头盖骨，头盖骨里有半下水，水里泡着两条蚯蚓。哥哥把蚯蚓捏出去，水给母亲喝了。时候不大，母亲说：“我觉着痛快点了。”娘俩继续赶路，肚子饿了，哥哥去找吃的，一进村，正碰上姑嫂两人簸糠碾米，就上前施礼，说：“大嫂，我妈有病，出来求医，你们可怜可怜我们吧！”姑嫂两个心眼好，舀出新米做成饭，给他妈吃了。时候不大，母亲说：“我觉着痛快多了。”又走，母亲说想吃鸡肉，来到一小山村，村里就18家。有一家养着一只公鸡，公鸡淘气，每日里串18家门，吃18家食。哥哥进村说明来意，村里人就把公鸡送给了他。回来。哥哥把鸡给母亲炖吃了。时候不大，母亲说：“我觉着没病了，咱们回去吧。”

回到家，哥哥责怪弟弟：“你还称得上药王，连母亲的病都治不好！”“我不是不给妈治，我难找3种药。”“哪3种药？”“第一种是二龙戏水在脑浆，第二种是姑嫂二人来簸糠，第三种是18家养个公凤凰。”哥哥一听，母亲吃的正是这3种药。

且说有一大财主家的小姐不会笑，请了很多先生都没治好，这天把药王请去了。

过去的小姐大门不出，二门不迈，不能见外家的男人。因此，先生也不能直接号脉，只能长线评脉：一根细绳，一头拴在病人的手腕上，另一头让先生攥着。

也巧，这天正赶上小姐睡觉，丫环就把绳子拴在了板凳腿上。药王攥着绳，号了一阵，说：“老爷，大喜了。您女儿得的是胎气病，还是两个。”

老爷一听不高兴了，自己的闺女还没有许人，哪里来的胎气呢。就和药王争论起来。这时小姐醒了，听外边争论得很热闹，就问丫环。丫环咋来咋去的一说，小姐就让丫环把板凳搬下楼去，把事情对药王说明白。药王听了，笑笑说：“你们把板凳腿劈开，里边准有两个东西。”家人劈开板凳腿一看，里边果然有两个肉虫子。

丫环上楼把这事和小姐一说，小姐听说世上还有这样高明的先生，咯咯地笑了。

小姐笑了，老爷要重重地酬谢药王，药王啥也没要，撩起长衫走了。

老爷庙，位于村东南，坐北朝南，东西宽约四五丈，南北长约20来丈。南为山门，砖砌门楼。山门前砌筑十五六级台阶，台阶东侧，有1棵大槐树。院内有前后两进大殿，前殿面阔五间，殿内供奉关公泥塑坐像，红脸庞。东侧为周仓侍立像，拿一把大刀；西侧为关平侍立像。村里人说前殿西侧也有一些塑像，记不得塑的什么像了。殿内有关于关公事迹的壁画。从前殿西侧门进入后院，后殿面阔五间，为菩萨殿，殿内供奉观音泥塑菩萨，手持净水瓶。观音两侧侍立善财童子和龙女。在观音两边，还各有1尊塑像，不知名字。墙上绘有壁画。庙西侧有跨院，为看庙人所住。老爷庙毁于20世纪50年代。

真武庙，位于村中间，坐北朝南，东西宽约15米，南北长约9米。四周没有院墙，殿前2米处有一道影壁，影壁下边有台阶。大殿面阔三间，殿内供奉真武帝泥塑坐像，前面两边有周公和桃花女侍立像。真武庙不知建于何时，神像毁于1947年，庙毁于1955年。拆毁真武庙，在那儿盖了山东庄粮库。

三官庙，位于村北，在龙王庙后面东北角，坐北朝南，有院落。东西宽约四五丈，南北长约五六丈。南为山门，山门前西侧1棵大槐树，有2搂半粗。院内有正殿三间，供奉天官、地官、水官3尊泥塑坐像。正殿前有东西配殿，为看庙人所住。三官庙毁于20世纪50年代。

龙王庙，位于村北，现在村小学门口道东，面阔一间，坐北朝南。庙内为龙王等画像。其实此庙也是五道庙，村里人去世了，也来这里报庙烧纸。龙王庙毁于20世纪50年代。

五道庙，全村有3座。一在村东南前街东南角，建在一座高台上，坐北朝南，庙前有1棵大槐树。庙为一间，画像；一在村后街西头，坐北朝南，有一个小院。庙为一间，画像；一在村西，现在村委会门口处，坐北朝南，庙前有一影壁，上面写有字迹。庙为一间，画像。3座五道庙都毁于20世纪50年代。

图127　山东庄镇山东庄村慈福寺东配殿（摄于1961年）

慈福寺，位于村北，现在村小学的地方。据《光绪顺天府志》载：“慈福寺在县东北山东店。俗称山东寺，正统九年（公元1444年）御马监太监刘□建，基台崇拓，栋宇恢弘，丹碧文珉，各呈工巧，勅赐名曰慈福，有邑人金纯撰碑。正德四年，营州屯卫官舍景祺、邑人杨友重修”。现存1961年所拍慈福寺东配殿（图127）、山门（图128）及石碑（图129）照片，并有简略记述："山东庄慈福寺，明正德四年（公元1513年）重修，至今山坪处已有裂缝。山门为丁亥年所建，其下面亦局部损坏。石碑即重修时所立。其他建筑，均后代所重建。"即是说，慈福寺为明正统九年御马监太监刘□出资建造，时为公元1444年，府志空缺太监名字。至明正德四年，即公元1513年重修。

图128　山东庄镇山东庄村慈福寺山门（摄于1961年）

图129　山东庄镇山东庄村慈福寺石碑（摄于1961年），从其形制看，大致应是明代碑刻，极可能是金纯撰文碑

民国二十年《平谷县志》所录明正德四年邑人金纯（官至山西右布政使）撰《重修慈福寺记》，记载"御马监太监刘公僧"，"出金若干万缗"，"取其地之面阳构如来大殿，列左右为迦蓝、祖师。大殿之南为天王，又其南为山门。周以垣墉，树以嘉木。由侧门直北，则为方丈、为僧房、为湢浴庖厨之舍。为楹凡六十有奇。""公遂奏请于朝，赐名'慈福'。""始，公批地按图，意犹未慊，将欲更营法藏、护国、转轮诸殿。直北鄙多事，扈驾亲征，致身王事，赍志竟终。"即是说御马监太监名叫刘僧，弥补了府志之缺。开始建有如来殿及配殿迦蓝殿、祖师殿，南面建有天王殿、山门，周遭建有院墙，院内植以花草树木。后面建有方丈室、僧房及浴室、厨房等，共60余间。刘僧奏请皇上，英宗朱祁镇赐名慈福寺。后来刘僧还想再营造法藏殿、护国殿、转轮殿等，恰值北方边境地区多

事，英宗朱祁镇御驾亲征，在怀来城外土木堡被蒙古瓦剌部首领也先俘虏，续建的事也就停止了。

慈福寺坐北朝南，东西宽约80米，南北长约120米。南面为山门，一座砖砌门楼，整座山门宽约10米。券拱门洞，门洞宽约6米，对开木门，村里人说大马车过去可以从门洞直接进去。山门上边镶嵌着汉白玉石匾额，刻着“赐建慈福寺”五个大字。山门前一个小广场。山门外东侧，有6通石碑。前殿应为天王殿，村里人称为金刚殿，殿内中间没有塑像，两侧有四大天王塑像，脚下踩着小塑像，村里人称四大金刚踩八怪。后殿应为如来殿，按佛教说就是大雄宝殿，村里人说二进殿是十八罗汉殿，也就是在后殿供奉的如来佛两侧，塑有十八罗汉了。后殿前东西两侧，建有东西配殿。调查中，村里人所说的建筑格局，基本与金纯碑记一致。慈福寺大部毁于20世纪60年代，由于年久失修，拆毁盖小学了。1976年大地震后，还存有东配殿、山门、石碑等建筑，现仅存残碑（图130）、石构件（图131）等遗物。

图130 山东庄镇山东庄村慈福寺残存的经幢，现存村委会内

图131 山东庄镇山东庄村慈福寺残存的石刻遗物，现存村委会内

白慈庵，又称庵庙，位于村中间真武庙前，坐北朝南，东西宽约5丈，南北长约3丈，有院落。一座山门，在正殿西山墙外西侧，向北开门。正殿三间，山门即是一间西耳房。村里人说他们都没见过庙里的塑像，只是听说叫庵庙或姑子庙。相传在20世纪20年代，这里住过道姑。后来来了尼姑，说是从通县来的。

原称白慈庵，后又称水月庵。建国前，村公所就设在庵庙里。白慈庵毁于“文革”以后，为20世纪70年代末了。

70. 桃棚村

桃棚村，旧有道教庙宇五道庙4座及三五块石头所搭的小山神庙70来座、佛教庙宇桃棚寺。

五道庙，村里人又称山神庙，全村有4座，建筑上略大一些，分布在居住较为集中的地方。似乎村里没有专门的五道庙，村里有人去世了，即到这几座庙里烧纸报庙，也会就近在自家附近的小石头庙烧纸报庙。大致来说，一座在村入口处一队，一座在村里沟二队，2座在村鸭桥四队，一般都不大，1米多宽或2米来宽，以石头简单垒砌，上面石板等覆顶。村里老人说，村入口处那座略大一些，庙里为画像。4座五道庙都已无存。

过去，由于山里人家居住分散，几乎家家都有山神庙，这种山神庙仅仅用三五块石头一搭，过春节时贴个山神像，祈求来年风调雨顺。过去全村有70来户，就搭建有这样的小山神庙70来座。要是谁家没搭建，别人会说他是“二毛子”，意思是说他不信神。这些小山神庙现在都已无存。

平谷地区多山，三分之二为山区，北部、东部、东南部都是连绵的山，最高峰东纸壶山海拔1234米。因此，平谷地区山神信仰比较普遍，毕竟在漫长的生活中，进山、出山、抬头、低头总会见山，自然要祈求山神保佑人们平安顺利。平谷地区历史上的200多座山神庙，主要分布于山区半山区，或临山较近的地区，平原地区一般没有。

桃棚寺，据村里老人说，西山叫九泉山，有九道泉水，常年不干。现在水位下降，水少多了。过去泉水淌得咕咕响，村里人过去主要就吃泉水。至今泉水尚存，在井口水泥抹的井边写有“一九九七年重建香港回归”字样（图132）。九泉山中部泉水旁有桃棚寺，以前老人就没见过，所以桃棚寺不知建于何时，也不知毁于何时。村里人说他们小时，见过一些砖头瓦块。现在早已是山地了，种上了柿子树。原来有一石碑，说是八棱的，应该是经幢。经幢现存一截，高约60公分，在一家院中。经幢座还在，每一面有浮雕，似三条鱼图案（图133）。碑座

图 132　山东庄镇桃棚村九泉山泉水井

图 133　山东庄镇桃棚村桃棚寺残存经幢构件

现在“桃棚村 63 号”人家，已无人居住。庙下不远处有 1 眼水井，大旱那年（应该是 20 世纪 90 年代），挖大口井，想挖一个大水池，挖出几块大瓦，瓦有 1 尺左右大，是大板瓦，有 1 寸多厚，或许桃棚寺因为泥石流而掩埋里面了。在桃棚寺遗址西南角不远处，村里人说有很多坟头，一直称为和尚坟。在新中国成立后平整土地中，曾挖出好多人骨头。2010 年村里修路时，在桃棚寺遗址附近，发现不少陶片、瓷片及残神兽等，如一瓷片为香灰胎的钧窑瓷片。经文物收藏专家鉴定，基本认定为辽金时期之物。即是说桃棚寺大概由于泥石流或人为因素，至晚毁于金代。至于建于何时，根据所存残经幢，有可能建于辽代或辽以前。

村北九泉山北端，有一神仙洞。据《平谷文物志》记载，桃棚岩画，洞口朝东南方向，由 3 个小洞组成，洞高 3 米，宽 14 米，深 15 米，岩画位于中间洞口岩石上，岩画由红、白绿 3 种颜色画成，中间上方为一矩形图案，似匾额，但无铭文。下端为一佛像图案，五观不清。左、右两侧绘有鸟、兽、塔、云图案。为明代作品。

经村里人带领，实地踏察神仙洞，山路很不好走。北小洞内，据说过去有小炕，可住一人，或为修行之人所住了。细看，似乎没有炕的痕迹。小洞与大洞相连，从小洞可以望大洞。大洞南部又有一小洞，可通洞外。岩画主要分布在洞口

图 134　山东庄镇桃棚村北九泉山神仙洞壁画（局部）

上面的岩壁上，红色为主，也有绿色、白色等，已经很难看出岩画之意了（图 134）。有的似太阳，轮四周有火；有的似云朵；中间为白的图案，左边似碑，右边似塔，圆球上边似五重相轮。左边一只小鸟，在云中飞翔。下面一只小鸟，上面似是一支翘着尾巴的狗。如果是狗，在飞鸟之上，也当是天狗。一长方形框内，原来就没画什么，不知最初作何用。岩画实在模糊不清，只是隐隐可见画满岩壁，但实在无法辨析岩画内容了，或许这洞穴也是一种庙宇，且壁画极可能会早于明代，与桃棚寺同时也未可知。

村里还流传一个故事，说九泉山有和尚庙，太后村有尼姑庵，老尼姑带个徒弟小尼姑。老尼姑来这里与老和尚下棋，小尼姑给老尼姑送饭，见了小和尚，日久生情而怀孕。生小孩时，恰巧辽兵打来。小尼姑一边跑一边流血水，染红了石河里的石头，那道石河就叫红流河。小尼姑哪能生小孩？所以生下的小孩就扔了，被萧家院人捡了，就随了萧姓。后来长大了，进了辽宫，做了太后。这与民国二十三年《平谷县志》所记（见太后村大兴隆禅寺），略有出入，但可互相参照。

另外，平谷境内长城，专家认为为北齐所创修，延用至隋唐，至明代进一步重修、加固和完善。近年在桃棚村北九泉山，就发现了一段明以前的长城（图 135），有可能是北齐长城。桃棚段明前长城，墙体长约 300 余米，有 5 座敌台。桃棚段明前长城，沿着九泉山往西南，向着魏家湾、太后那边而去。不知这神仙洞穴和古老寺庙与北齐是否有关？北齐也是一个信佛的时代。

图 135 山东庄镇桃棚村北九泉山明前长城敌台遗址

71. 西沥津村

西沥津村，旧有道教庙宇府君庙、玉皇庙、五道庙 2 座及佛教庙宇菩萨庙。

府君庙，位于村北。

府君庙，为供奉冥界首席判官崔府君崔珏之庙。在全国各地的东岳庙、阎王庙、城隍庙中，都有判官角色。判官为森罗殿阎王爷主要助手，按职务分主要有掌刑判官、掌善簿判官、掌恶簿判官和掌生死簿判官四种，分别掌管着阴律司、赏善司、罚恶司和查察司。而掌生死簿判官权力最大，为首席判官，崔珏就是首席判官。崔珏，字元靖，乐平（今山西昔阳）人，唐贞观年间进士，做过山西子长县令，有功德于百姓，故建崔府君庙以祭祀。一说崔珏做过滏阳（今河北磁县）县令，死后成神，“主幽冥”，当了阴间判官，世称崔府君。

府君庙原属桥头营村，民国二十三年《平谷县志》中有“崔府君庙，在县城东北桥头营”的记载。明嘉靖十六年（公元 1537 年）始建，清代多有修葺。1961 年所拍古建筑照片中，有府君庙山门及石碑照片 2 张，并有简略记述：“桥头营崔府君庙，建于明嘉靖十六年，现存明构尚有山门（图 136），其下部已有裂缝。其

图 136 山东庄镇西沥津村府君庙山门（摄于 1961 年）

他建筑均在清时经过重修。石碑（图 137）亦在，清乾隆年间（公元 1736～1795 年）所立。”

图 137　山东庄镇西沥津村府君庙内清乾隆时所立石碑（摄于 1961 年）

府君庙建在一座高土坎上，坐北朝南，东西宽约 70 米，南北长约 60 米，四周围有院墙，整座庙宇建有两进大殿，并有东西跨院及后院。南为砖碹拱券形山门，宽约 5 米，磨砖对缝垒砌，叠涩出檐，上挑大脊，单檐歇山顶，小青瓦合瓦垄。门楣上镶嵌一方石匾（图 138），双钩楷书“府君庙”三个大字，并刻有“嘉靖十六年岁次丁酉四月吉日建”等字样。山门为石门槛，门槛前有五六步石阶，石阶两边为石栏。如此规模的山门，在全区不多。山门前两边一边 1 棵大槐树，都有 1 搂多粗。

图 138　山东庄镇西沥津村府君庙山门匾额拓本

进山门，为一条甬路，甬路两边一边 1 座马殿，称东西马殿。每座马殿均为一间，各有泥塑 1 马和 1 人像，拉马人一手拉马一手持枪。马殿北边一边 1 通石碑，为龟趺座，俗话说的“王八驮石碑”。石碑北面略高，接甬路有 10 来步石阶，而石碑就在台阶两侧。甬路东侧石碑后，有 1 棵大绒花树，七八寸粗细，生长几十年了。

上石阶后，为一平台，台上为前大殿，面阔三间，进深三间，前出廊，后出厦，没有耳房。殿内中间供奉崔府君坐像，泥塑，全身金色。由于塑像早已毁，西沥津和桥头营两村人都难以说清。而有关书中所描绘的判官典型形象为：戴一顶软翅纱帽，穿一件圆领红袍，束一条犀角大带，踏一双歪头皂靴，长一脸络腮胡须，瞪一双圆眼，左手拿善恶簿，右手执生死笔。不知府君庙内府君塑像与此是否类似。大殿前有哼哈二将，两山前一边还有二三尊站像，拿刀持枪等侍立两旁。墙上绘有壁画。殿前西侧有1座钟鼓楼，面阔一间，方形，一层。钟鼓楼内悬挂1口大铁钟，高约2米，直径约1米。每月十五，庙内老道敲钟。抗日战争时期，民兵在钟楼挖有地道口，直通村里。大殿东侧有门，可通后院。

后大殿，殿前有2通碑刻，其中1通为须弥座。后殿三间，前出廊，后出厦，有东西耳房各两间。殿内供奉送子娘娘塑像，村里人过去做了不少小鞋献于娘娘像前。就连后殿前的柏树下，也献了不少小鞋，柏树上还挂着一些小红旗等。后殿墙上绘有壁画。东西配殿各三间，东配殿毁于抗战时期。对于西配殿是否供奉神像，村里人难以说清。由于时间相隔太久，且神像大都毁于1947年土改复查中，西沥津与桥头营两村老人所说庙宇布局基本一致，但殿堂大小及所供神像等，有出入。

过去农历四月初八为庙会，三里五村人都来进香赶会，唱大戏、走会、拉洋片、挑挑儿做买卖等，一时间热闹非常。

府君庙毁于20世纪60年代，至今遗址上存残碑（图139）、残龟趺(图140)等。在桥头营村新开街7号民宅东墙外有立于明嘉靖二十二年（公元1543年）重建府君神祠碑，碑文记载“桥头营有庙曰府君，自□□迄今建□已数百年”。

图139　山东庄镇西沥津村府君庙遗址旁残存的碑刻，细看文字，有府君庙住持募捐修石桥等内容，或为修建或复建桥头营石桥的碑刻

图140　山东庄镇西沥津村府君庙遗址残存的龟趺

说"数百年"大概建于辽金了，因为元代至此仅一二百年，当不足以称"数百年"的。而民国县志所说"明嘉靖十六年"，或为开始重建时间吧。在上宅文化陈列馆有清康熙二十五年（公元1686年）所立重修府君庙碑（图141），碑文记载："大清康熙十八年岁次己未七月二十八日巳时地震，不为民居倾圮，而庙宇难存，宁独坚于府君之庙乎？斯殿一概全颂"。记载平谷、三河大地震，使庙宇皆毁，随后复建。全区有县城城隍庙、王辛庄镇大辛寨村净严寺、东高村镇东高村临泉寺等多处庙宇碑刻对此次地震的记述，可见这次地震毁坏之强烈。巳时，即上午9时正至上午11时，多亏是白天，若是夜里，如此大的地震，所造成的损害恐不可设想。这2通碑文收入《平谷石刻》一书。过去庙内两座大殿前后有古柏六七棵，现仅存2棵（图142）。还有2个雕有莲花瓣的青石柱础（图143），很大，也很精致，可以想见当年庙宇的堂皇气派。村里人有"过去河北省就这一座府君庙"之说，也许有些言过其实，但全国府君庙确实不多，况且平谷过去确实属于河北省，1958年才划归北京市。

图141　上宅文化陈列馆所藏清康熙二十五年（公元1686年）所立重修府君庙碑

图142　山东庄镇西沥津村府君庙遗址所存古柏

图143　山东庄镇西沥津村府君庙遗址半掩土里的雕花柱础

玉皇庙，位于村南。

玉皇庙为供奉玉皇大帝之庙。玉皇大帝，道教中最高级的神明之一，其地位在三清尊神之下，而在世俗心目中，玉皇大帝却是最大的神，为众神之王。玉皇大帝的塑像或画像，一般是身穿九章法服，头戴十二行珠冠冕旒，有的手持玉笏，旁侍金童玉女，完全是秦汉帝王的装扮。

玉皇庙坐北朝南，东西宽约十几米，南北长约30余米。南为山门，前有10来步石阶，二进殿，前殿面阔三间，殿内供奉玉皇大帝泥塑坐像。殿前东侧有1座钟楼，悬挂1口铁钟，高近2米。前殿辟有后门，进入后院，后殿面阔三间，村里人已不知殿内供奉什么神像。前殿曾做村生产队库房。玉皇庙已毁，现仅存前殿西山墙。

五道庙，全村有2座。一在村中间，坐北朝南，有一小院，前面辟一小门。庙内为画像，墙壁上满是神鬼的壁画；一在村南玉皇庙前边，坐北朝南，没有院，庙前有一道砖垒的影壁。庙为一间，有门窗，画有五道等神像，北墙下面有神台，神台前有香炉。2座五道庙约毁于20世纪70年代。

菩萨庙，位于村东。过去村里常发大水，就在村东大土坎上，建了这座菩萨庙，以为镇水。菩萨庙坐西朝东，仅为一小间，没有院，没有门窗，前面就那么敞着。庙里供奉菩萨泥塑坐像。菩萨庙大约毁于20世纪70年代。

72. 小北关村

小北关村，旧有道教庙宇五道庙及佛教庙宇朝阳庵。

五道庙，位于村西头，庙西边和南边为水坑，两个水坑相连。庙南有一座石桥，桥板长2米，宽50厘米，厚40厘米，桥面有3块大条石，现在桥已无存。五道庙坐北朝南，只有一间，前面没有窗户，为木栅栏。庙内为画像，前有1个石香炉。过去要饭的常住在庙里，烟熏火燎，早看不出有什么画像了。五道庙毁于20世纪70年代。

朝阳庵，位于村东头，坐北朝南，东西宽约15米，南北长约20米。西有一条胡同，后边为一大院，庵里有庙产。南为山门，一座砖砌门楼，门楣上镶嵌砖的匾额，有“朝阳庵”三个大字。山门外为广场，2丈多宽，过去正月在这里搭灯棚。院内，有2棵柏树。北为大殿，殿前有东西厢房各三间，东厢房住看庙的老道，俗姓王，俗称他为“二老道”。西厢房为老道养牲口的地方。大殿有东西耳房各一间，东耳房存放杂物，西耳房为门道，可通后院。大殿面阔三间，前出廊，廊东侧悬挂1口铁钟，高约80厘米，铸有铭文。大殿为菩萨殿，供奉3尊小铜像，为坐像，1尺来高。1944年挖地道，地道口就设在庙里，那时地道四通八达。

1947年春天，国民党军（村里人称“顽军”）烧大殿，将北面的那棵柏树烧糊了北半边，南半边只剩一点树皮还活着，到现在柏树北边日渐糟朽萎缩，南边依然在生长，约有1搂多粗，堪称奇迹（图144）。南面的那棵早已无存。现在这里为社区服务中心，由镇卫生院管理。

图144　山东庄镇小北关村朝阳庵内古柏

73. 鱼子山村

鱼子山村，旧有大小庙宇12座，包括纪念性祠庙老爷庙、道教庙宇玉皇庙、真武庙、双峰圣水洞、龙王庙及山神庙2座、五道庙2座及佛教庙宇香岚寺、祥云寺、红花寺。

老爷庙，位于村中心，崇光门楼内。村西北旧有鱼子山寨，据《四镇三关志》载：“洪武年建，通步缓”。东西长约200米，南北宽约200米，建有围墙，以山石垒砌。南北设门，今北门无存，崇光门为南门，多次重修。崇光门下为券拱门，南北贯通，以供人出入，南侧上书“崇光门”三个楷体大字（图145、图146）。上为单层楼屋，面阔一间，硬山顶，上覆筒瓦，调大脊。这是一座过街楼。楼屋内供奉关公坐像，泥塑，故称老爷庙。旧有对联，现已无存，村里人记得横批为“亘古一人”。抗战时期，平（谷）密（云）兴（隆）联合县县委书记李子光等经常在此开会研究工作，故当地又称“子光楼”。近年经修葺，保存完好。

图 145　山东庄镇鱼子山村鱼子山寨
南门崇光门（20 世纪 90 年代摄）

图 146　山东庄镇鱼子山村鱼子山寨
南门崇光门（2011 年摄）

玉皇庙，位于村东北。建在一座高台上，坐北朝南。东西宽约三四丈，南北长约 5 丈。前有十几级台阶，沿台阶可登上庙台。庙台上为正殿三间，前为敞院，没有院墙。殿内供奉玉皇大帝神像，泥塑坐像。此庙于 1942 年被日军烧毁，遗址无存。

真武庙，位于村中心，现在峡谷山庄内，崇光门北侧。真武庙坐北朝南，东西宽约 3 丈，没有院墙，南有山门楼。正殿供奉真武大帝，为泥塑坐像。1942 年前后被日军烧毁。

双峰圣水洞，旧称老君堂，位于村北，大峡谷东侧北山上，又称北洞。为一座道教庙宇，依洞穴而建，所建年代不详，洞深 15 米，高 3 米有余。坐东朝西，前有小院，现存遗址（图 147）。洞内供奉太上老君。现存 2 通石碑，1 通《双峰圣水洞碑》（图 148），立于清咸丰六年（公元 1856 年），上书施主名字及所施场地四至；1 通《重修老君堂捐资碑》，立于清咸丰□□年，应晚于《双峰圣水洞碑》，上书重修老君堂捐款人名字及数量。抗战时期，这里为八路军十三团装配车间，八路军在祥云寺的西洞将手榴弹、地雷等铸造好后，在这里进行装配，运至前线。

图 147 山东庄镇鱼子山村双峰圣水洞遗址，洞前所立碑刻为“重修老君堂捐资碑”

图 148 山东庄镇鱼子山村“双峰圣水洞碑”拓本

图 149 山东庄镇鱼子山村近年复建的龙王庙

龙王庙，位于村北，峡谷山庄下边。坐东朝西，面阔一间，绘有龙王画像。毁于 20 世纪六七十年代“文革”之时，1993 年复建（图 149）。仍为一间，门边悬挂对联：龙从百丈潭中起，雨从九重天上来。横批：风调雨顺。庙内供奉龙王泥塑坐像，墙上绘有壁画。庙旁有“龙潭”。因近年水少，这里水也少了，但一直没有干过。当地有俗语：“龙潭干了，酒也干不了。”比喻主人准备的酒多，喝不缺。

山神庙，全村有 2 座。一在村南，坐北朝南，面阔一间，画像，20 世纪五六十年代自然塌毁；一在祥云寺山门西侧，面阔一间，坐北朝南，绘有山神画像等，人们还记得墙上画有一狼叼一孩子的图案。此庙随着祥云寺而毁。

五道庙，全村有 2 座。一在峡谷山庄中心，一在大果园对面。2 座五道庙都坐北朝南，面阔一间，画有五道将军等神像，1942 年被日军烧毁。

香岚寺，位于村西北，大果园北坡，俗称“前寺”。

据民国二十三年《平谷县志》记载：“香岚寺，在渔子山寨南二里，至县二十里。金明昌三年（公元 1192 年）建，嘉靖二十四年（公元 1545 年）重修。今俗称独波峪寺。”

民国二十七年《密云县志》绘有平面图（图150）及简略记述：寺名，香岚寺。所在地，鱼子山村西山，住持僧人，无。在寺僧人数，无。寺之沿革，寺为明万历九年（公元1581年）修建。庙产，并无庙产，庙地已改作初级小学。庙为瓦房，占地一亩四分。庙坐北朝南，南面为天王殿，中间辟前

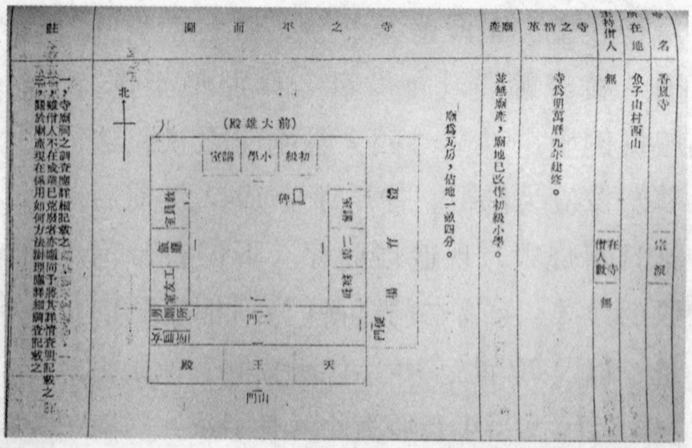

图150 民国二十七年《密云县志》所绘鱼子山村西山香岚寺平面图

后门。进入前院，天王殿后东侧，有小便门，由小便门可至庙东侧体育场；天王殿后西侧，为男女厕所。前院较为狭窄，垒砌东西一道隔断墙，中间辟二道门。后院，有东西厢房各三间，东厢房为学生教室，西厢房为教员室、饭厅及工友室。北为大殿，为大雄殿，面阔三间，为学生教室。殿前东侧，有1通石碑。志书收录重修香岚寺碑碑文：所在地，鱼子山香岚寺殿前。建立之沿革，明万历年住持僧广增重修是庙时立此碑记。现况，年代过久碑迹残缺。记载文，鱼子山寨西南二里许，有香岚寺。其由来极远，未谂建于何代，即佛藏所载独波浴寺也。衣山带水，秀丽无比，及诚如来传钵之地。先年有螭首碑石，纪其创修年月，后为薄德者磨灭之，至今无征焉。中有大雄殿三楹，天王殿三楹，茄蓝、祖师殿各一楹。延世即远，梁栋日就亏缺，墙垣因而倾圮，塑像为之毁落。在这种境况下，于明万历九年重修香岚寺。

志书所记基本清楚，与村里人调查座谈更为详细，可互为参照：

香岚寺坐北朝南，东西宽约5丈，南北长约10丈。南有山门，一座砖砌门楼。山门前为大坎子，坎下是大果园。全寺分为前后院。山门内为前院，建东西厢房各三间，后来在前院东侧辟一小门，20世纪三四十年代学生上学从这里经过。后院，南有一敞门，门两侧各有一两间倒坐房，房中供奉着神像，当地人说是“四大金刚踩八怪”，也就是佛教中手持伞、剑、琵琶等不同法器的“四大天王”。北面有正殿五间，东西厢房各三间。20世纪三四十年代香岚寺作为学堂，

西厢房是老师办公与居住的地方，东厢房是教室。正殿前筑月台，月台前有1通八棱经幢。殿内供奉1尊泥塑坐像，根据倒坐房供奉“四大金刚”之说，这尊塑像应为佛祖。香岚寺于1942年前后被日军烧毁，现遗址尚存。不仅有带沟纹的残砖，且有二门（敞门）“倒座”旧址，以及20世纪30年代所栽的一棵松树（图151）。当年老师为此写有字条：门前松树，不许摇动。70多年间，已长有1搂粗细了。

图151　山东庄镇鱼子山村香岚寺遗址所存的松树

祥云寺，位于村西北。

民国二十七年《密云县志》绘有平面图（图152）及简略记述：寺名，祥云寺。所在地，鱼子山村西北山，住持僧人，无。在寺僧人数，看庙者一人（名岳璧）。寺之沿革，本寺荒废已久，破烂不堪，建于何代，无从查考。庙产，并无庙产，其看庙者，以佣工为生活。庙共占地一亩六分，瓦房多处坍塌。庙

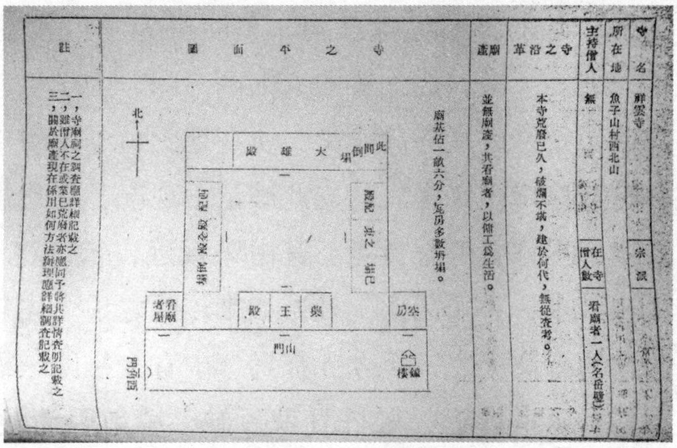
寺名：祥雲寺
宗派：
所在地：魚子山村西北山
主持僧人：無
在寺僧人數：看廟者一人（名岳璧）
寺之沿革：本寺荒廢已久，破爛不堪，建於何代，無從查考。
廟產：並無廟產，其看廟者，以傭工為生活。
寺之平面圖：廟共佔一畝六分，瓦房多數坍塌。

註：一，寺廟之調查應詳細記載之；二，雖僧人不在或業已荒廢者亦應同予將其詳情查明記載之；三，關於廟產現在係用如何方法辦理應詳細調查記載之。

图152　民国二十七年《密云县志》所绘鱼子山祥云寺平面图

坐北朝南，药王殿前为前院，围以院墙。前院院墙比后院两边各宽出一间之地。西开角门，东有钟楼。药王殿面阔三间，辟前后门。沿药王殿南墙东西垒砌一道隔断墙。药王殿东侧，在后院墙外，贴东西隔断墙建一间房，南面辟门，为空房，南与钟楼相对；药王殿西侧，在后院墙外，贴东西隔断墙建一间房，南面辟门，为看庙人住屋。药王殿作为山门，由此进入后院。后院，原有东西配殿各三间，东配殿已塌毁，西配殿已全部倒塌。北为大雄殿，看格局面阔应为五间，东

间已倒塌。

志书所记与调查资料略有出入。

祥云寺坐北朝南，依山就势而建，所建年代不详。当地有“先有寺，后立庄”之说，即指祥云寺。山门在下边，有两进殿堂。前殿为正殿，面阔三间，有东西耳房各两间，西耳房住看庙和尚，东耳房存放杂物。殿内供奉观音菩萨坐像。后殿面阔五间，有东西耳房。殿内供奉千手千眼佛，其中一手举日，一手举月。殿前有东西厢房。前殿东南角建有一座钟楼，面阔一间，进深一间。20 世纪 50 年代，此处挖出 1 口大钟，约 1 米多高。1942 年前后，祥云寺被日军烧毁，今遗址尚存。过去寺内有七八棵大柏树，1948 年伐倒。

在抗战时期，祥云寺为八路军兵工厂铸造车间所在地，旁有一洞穴，称西洞。一处山石，八路军兵工厂在此放炼炉，铸造手榴弹、地雷等武器。祥云寺前殿石阶仍在（图 153）。前殿东侧钟楼遗址尚存，大致可知钟楼为方形。遗址上可见前殿殿址及掩映土中的前殿柱础、露在外面的柱础。后殿殿址及柱础尚在，殿后为悬崖峭壁。前殿南面残存着坝墙，东侧高一点抹灰的残墙为钟楼遗址。祥云寺东侧也为悬崖峭壁，约数十丈深，下为通往大峡谷景区之路。

图 153　山东庄镇鱼子山村祥云寺前殿的石阶

红花寺，位于村西南。此庙不知毁于何时，村里人只见过庙的废墟。由名字可知当为一座佛教庙宇，供奉什么神像无从知晓。

六、夏各庄镇

夏各庄镇，辖15个行政村，旧有大小庙宇58座。分为纪念性祠庙6座，主要是关公庙、三义庙、药王庙；道教庙宇38座，主要是真武庙、龙王庙、三官庙、山神庙、五道庙等；佛教庙宇13座，主要是佛祖庙、菩萨庙等；基督教堂，1处。现在，仅有贤王庄村菩萨庙大殿尚存。

74. 安固村

安固村，旧有道教庙宇五道庙3座及佛教庙宇安固寺、普济寺。

五道庙，全村有3座。一在村西十字街口西北角，坐北朝南。前为敞院，进院后，再进一座小山门，山门为砖砌门楼。庙为一间，画有五道等5尊神像，两山墙画有“行雨图”等壁画。为村里人杨伯清所画；一在村后街东头，坐北朝南，面阔一间，前为栅栏门，庙前为小街。庙内画像；一在村北头，坐北朝南，建在一座高台上，庙前1棵大槐树。庙内为画像。3座五道庙都已无存。

安固寺，又称万寿寺，俗称东大庙，位于村东南。

《平谷文物志》记述：安国寺遗址，位于夏各庄镇安固村。占地4000多平方米。

安固寺，号称京东第一庙。该寺始建年代不详，明朝太监刘瑾奉命重修此庙。寺庙整体为明三暗九格局，寺中有一巨大雪柏及四五百株柏树、碑刻。寺内分别供奉菩萨、四大天王、十八罗汉等23尊造像。该寺原有庙产地720亩。

据《平谷地名志》载：“安固，秦、汉时期称安岗。金、元、明时期称安固屯，清代称安固。”民国二十三年《平谷县志》载：“安固寺，在县东八里。”

寺庙于抗日战争中，为避免日本侵略军拆毁寺庙修建炮楼，而自行拆毁，现无存。

2002年10月修筑公路时，在遗址处出土了两尊汉白玉石质造像，残高分别为1.05米、0.8米，其中一尊无头，脚踩莲花；一尊身上有龙缠绕，雄伟威猛。造像线条流畅，形象生动，具有较高的考古研究及艺术价值。经初步鉴定，为唐代造像。

据安固村村民熊自奉老人讲："在秦王李世民征东时，大元帅尉迟敬德领兵征战，至蓟县甘泉寺，一群和尚拦住去路，与之交战，和尚战败而逃。尉迟公追至安国寺中，未见和尚，却发现寺内供奉的十八罗汉及石人、石马浑身湿漉漉的，好似被追赶的和尚，认定是他们在显灵作怪，于是，尉迟公用赶石鞭将其个个打得腿残臂断。"相传过去为石像，这次两尊石像的发现，印证了历代口碑相传的真实性。

图154　夏各庄镇安固村近年出土的安固寺造像之一

《平谷石刻》中也收录了安固寺造像，记述略有不同：安固寺造像，残损。其中一尊残高80厘米，为无头文官立像，莲花底座（图154）；另1尊残高105厘米，为广目天王立像，广目天王是佛教的四大天王之一，身白色，穿甲胄，手中缠一蛇（赤龙），雄伟威猛。汉白玉石质。经首都博物馆专家鉴定为明代造像。

相传造像原供奉于夏各庄镇安固寺内，寺庙于抗战时期被拆毁，造像遗失。2002年10月，安固村修路施工中发现造像。现存于首都博物馆。

文物志及石刻书中，将安固寺写为安国寺，当为笔误。文物志因其发现不久，经初步鉴定为唐代造像。编写石刻书时，2尊造像早已由首博运走展出，首博所鉴定为明代造像，也许是对的。另外，2尊雕像一为广目天王，说另一为文官像，值得推敲。作者对雕像没有研究，认为即是寺院中雕像，应该按佛教方面去考虑也许更好。没注意其他庙宇中是否有文官像，一般是封建时代的高官墓前才有文武官像的。再说，安固寺并非建于唐代，而是建于元至正初年，即公元1341至1368年间，属于元朝末年，自然不可能雕刻出唐代雕像。其建庙时间，在石刻书中收录的《重修安固万寿寺碑记》有明确记载。

重修安固万寿寺碑（图 155），高 165 厘米，宽 80 厘米。青石质。边框为草叶纹。首题“重修安固万寿寺碑记”。年款“大清嘉庆六年”。碑现存安固村。碑记记述：“邑东八里强，有村曰安固。村东数武外，有寺曰万寿，古刹也。地势高平如掌，规圆如璧；侧横大岭，斜带沟流。前望冈峦罗列，静□□□；背俯阡陌纵横，俗尘迥隔。乃修，因之胜境，实荐福之明区。旧载入盘山志中，以备名庵之数。新志阙焉，盖其慎也……寺建于元至正初年，历胜国，迄本朝，续修者难可殚数。顾第因往基，复旧制，以期无所失坠而已……自乾隆四十三年（公元 1778 年）起，积至嘉庆六年（公元 1801 年），统计重修如来大殿三楹，东伽蓝配殿三间，西祖师配殿三间，正二山门一座，南客堂三间，东西禅堂九间，东配楼三间，群房四十余间，内外培松柏三百余株，前后置香火地三顷五十余亩。”

图 155　夏各庄镇安固村安固寺重修碑拓本

由碑文可以看出，寺名万寿寺，安固寺当为俗称。元至正初年建造，后多有修葺，至清嘉庆六年重修，前后历时 23 年，其规模宏大，写入了《盘山志》中，号称盘山七十二寺之一。在调查中经与村人座谈，所谈可与志书、碑文所记互为观照。

安固寺，位于村东南，坐北朝南，建在一大高台上，东西宽约 30 米，南北长约 70 米。寺庙为并排两院，走西门。南为山门，是比一间屋要大的门楼子。进入山门后，村里人说是南北一过路厅。东南角一戏台座子，是一个和尚修的，据说没修完和尚死了。院内有 4 棵大柏树，其中 2 棵直柏，2 棵疙瘩柏。北面是十八罗汉殿，面阔三间，罗汉是石头雕刻的。第一个大肚子石像，脑袋上拴一个蛤蟆，一动，眼珠子就动。看来石雕像很精致了。东院，为菩萨庙，面阔三间，画像。有东厢房三间。东角建有钟楼，悬挂着大铁钟，有 2 米高。安固寺毁于抗战时期，日军让送劈柴，拆木头。自己人就给拆了，有个叫张殿元的，放了柏树卖了，日军知道了，就把他弄死了。

村里人所说的罗汉殿，当是碑文所记的如来殿了，此处供奉的应是如来佛，只有佛祖两旁才会有十八罗汉。而前面的所谓过路厅，当是如来殿前面的天王殿，供奉四大天王，近年发现的石造像，经鉴定为广目天王立像（图 156），就应是其一，且为民间称之为“风”、“调”、“雨”、“顺”中的“顺”了。

普济寺，俗称西大寺，位于村西头路北，为村小学所在地。

1961年所拍古建筑照片中有普济寺照片（图157）1张及简略记述：“安固普济寺，清道光时重修，至今仍完整存在。”

图156　夏各庄镇安固村安固寺广目天王造像

图157　夏各庄镇安固村普济寺（摄于1961年）

普济寺坐北朝南，南为山门，一座砖砌门楼，门楼上镶嵌一方石刻匾额。石额现存上宅文化陈列馆，其高33厘米，宽90厘米，厚10厘米。青石质。“普济寺”三字阴刻行楷（图158）。年款“大清咸丰七年八月穀旦”。陈景伊书。陈景伊为城内人，清岁贡生。博学，擅文词，操行高洁，为邑中名士，兼工书画，尤善草书。民国二十三年《平谷县志》有传，且收录其两幅草书扇面作品。山门外，

图158　夏各庄镇安固村普济寺匾额拓本

有一道影壁，影壁上有字。有几棵大槐树，其中门前西侧有1棵槐抱榆，即大槐树上长出1棵榆树。村里人说，这些大槐树有千百年历史了。山门内，也有一道影壁。前院，东侧有1眼水井，西侧有四间平房，连住人又做碾道。前殿，面阔三间，殿内供奉关公泥塑坐像，两边一边1尊站像，为周仓、关平。前殿两边有墙，东房山外有一小便门，可通后院。后院，有2棵柏树（图159），大殿前有东西禅堂各三间，禅堂里有小铜像，三四十公分高。大殿面阔三间，东西耳房各一间。殿内画有菩萨等像。村里人记得，后殿有4盆花，其中有1盆牡丹，还有1个养鱼缸。看来庙里的人还是很有生活情趣的。

图159　夏各庄镇安固村普济寺遗址上所存古柏

在抗战时期，也就是1943年腊月二十二清早，驻平谷的日本守备队长丸山带100多日军和伪军，突然包围了安固村，挨户搜查，把村里男人驱赶到普济寺里。日军强迫人们脱光衣服，在寒冷的天气里，到南边大墙下罚跪。杨各庄有3个人去南山打柴，也被圈到这里，日军就夺过他们的3条扁担打人。不仅如此，日军还让年老的张士敏、张学臣到井里打水，往赤身裸体的乡亲们身上泼。两位老人不忍心这么做，日军就把他们俩打倒，推下井去，还往井里砸石头。然后，日军自己打水泼，直到泼得人们个个冻倒在地。这时，丸山气势汹汹地嚎叫："安固的土八路活动厉害，贾春一就是八路军的办事员。如有人把他劝降或举发，可以免全村人死。不然的话，人通通的死，房子通通的烧光！"乡亲们没有人理睬敌人，丸山气急败坏，眼看着要向乡亲们下毒手。这时，从西边碾棚里跳出一个人来，大喊："我就是贾春一，不要伤害乡亲！"说着走到日军面前。乡亲们得救了，贾春一却被日军带走了。普济寺毁于20世纪70年代末，拆庙建村小学了。寺址现存3棵古柏、大殿雕有莲花的柱础（图160）、雕砖及保存的石碑（图161），从碑首隐约看出"重修"字样，碑首为"二龙戏珠"的"螭首"。

图 160　夏各庄镇安固村普济寺遗址所存雕花柱础

图 161　夏各庄镇安固村普济寺遗址所存石碑

安固村东台地有龙坡遗址，占地面积近 4000 平方米，东西长约 70 米，南北长约 60 米，文化层厚约 10 米，地表多处散露陶器碎片，曾出土石器、铜镜、瓮棺等。1997 年 3 月至 4 月，中国社会科学院考古研究所、市文物研究所共同发掘，实际发掘面积约 70 平方米，发现灰坑 10 余座、房址 1 座、圆形夯土台基 1 座及大量陶、石类文物。经分析，龙坡遗址属于商代晚期、西周早期。由于其出土器物内涵单纯，少见同时期其他文化的影响，对研究北京地区此类遗存提供了一个比较标准的样本。

75. 陈太务村

陈太务村，旧有纪念性祠庙老爷庙、道教庙宇五道庙。

老爷庙，位于村东，坐北朝南，面阔一间，庙内为画像，中间画有刘备像，东侧画有关羽像，西侧画有张飞像。村里人虽然称其为老爷庙，实际是三义庙，而且是区内最小的一座三义庙。庙西和庙南各有 1 棵大槐树，都三四搂粗细，抗日战争中被日军放倒。老爷庙毁于 20 世纪 50 年代。

五道庙，位于村中心，坐北朝南，建在一高台上。庙为一间，庙前有一道影壁，影壁南北两面都有山水画。庙前一边 1 棵五六寸粗的槐树。庙内为画像，北墙画有 7 尊神像，中间为五道，两边有山神、土地等。前面摆着 7 个香炉。两山墙画有雷公、闪公、小鬼等像，其中还画有“蛇变美女”图，美女头，蛇身，雷公正在以雷劈它。五道庙毁于20世纪六七十年代。

陈太务村委会前为街心公园，有1棵槐树，约六七十年了。树边1眼水井，为四眼石井口，村里人说一立庄就有这眼井了，人们过去都吃这井的水。为保护这眼古井，修公园时将井用水泥篷上了，以备将来急需。而四眼井，在全区不多见。

76. 稻地村

稻地村，旧有纪念性祠庙老爷庙、道教庙宇五道庙。

老爷庙，位于村中间，坐北朝南，东西宽约7丈，南北长约6丈。庙前有场院及菜地，庙后也有菜地，为庙产。庙前为南倒座三间，中间为大门道，供奉菩萨泥塑坐像，有12只胳膊，为千手观音。后来失火重修，胳膊安不上了，最后只安了11只胳膊。一进门道的门槛上面，供奉1尊铜佛像，高约三四十公分。西间为和尚所住。院内，北为正殿，殿前一边1棵柏树（图162），东南角还有1棵小柏树及1棵松树。正殿有东西耳房各两间，东耳房住着老师，西耳房存放杂物。殿前有东西厢房各三间。正殿面阔三间，前出廊，廊东侧有1口铁钟，高约1米。殿内供奉关公泥塑坐像，两边没有站像。老爷庙毁于20世纪70年代，现存庙内2棵古柏及一方配殿柱础（图163）。

图162　夏各庄镇稻地村老爷庙遗址所存2棵古柏

图163　夏各庄镇稻地村老爷庙遗址所存配殿柱础

五道庙，位于现在村委会院内，坐北朝南，东西宽约四五丈，南北长约三四十米。南为门楼样的山门，山门前两边一边1棵大槐树，1搂多粗，还有2棵杨树。院内，北为正殿，殿前西侧有1通石碑。正殿面阔三间，东西耳房各一间。西耳房住看庙的，东耳房辟有北门，供奉菩萨神像。正殿内神台上，供奉五道泥塑坐像，东西山前一边有3尊站像，主要是小鬼、判官等。神台前1张大供桌，墙上没有壁画。像这样规模及有塑像的五道庙全区很少。五道庙于20世纪50年代拆毁。

77. 大岭后村

大岭后村，位于北京平谷、天津蓟县、河北三河三省市交界处，所谓“鸡鸣三省”之地。1957年划归平谷。过去这一带整体叫大岭后，一分为三，现在分别叫蓟县大岭后、三河大岭后及平谷大岭后。

大岭后村旧有道教庙宇山神庙5座。

山神庙，全村有5座。一在村西西天井的地方，那里有几户人家全姓罗。庙坐北朝南，1米多宽，2米高，就地取材，以石头垒砌；一在村西西天井沟口，那里只有姓吴的一家。庙在他家门口，坐北朝南，以石头垒砌，1米多高，更简陋，人进去都伸不直腰；一在村南西八里沟口，在姓陈的家门口南边，梁脊上，坐南朝北，宽约1米，高约2米，进深约1.5米；一在村委会东边，老于家门口，坐北朝南，宽约1米多，约2米多高；一在村北东天井北沟，那里是张德才一家。庙在他家房子下边的地边上，坐西朝东，1米多宽。这5座山神庙，都是石头垒砌，一般上面以两三块长石条一篷，顶上铺石片当瓦。庙里没有塑像和画像，就是逢年过节时贴“纸码”，也写对子、挂挂贴。纸码就是一张纸画的1尊神像，宽约20公分，高约30公分，比如山神、土地、龙王、虫王、河神、路神等。往往在庙里挨着贴。到时也烧香，附近人家有人去世了，就去附近的庙里烧纸报庙。这5座山神庙都毁于1942年。

1942年农历十月十九，日军来村扫荡拆房，把人挑的、活埋的，一天就死了7个人。那时，只有于家2户、罗家3户、陈家1户、吴家1户、张家1户等，总共10来家，三四十人。现在有19户，53口人。

78. 纪太务村

纪太务村，旧有纪念性祠庙老爷庙、道教庙宇五道庙2座及佛教庙宇庵庙。

老爷庙，位于村南，恰在三岔路口处。庙坐北朝南，面阔一间，画有关公及周仓、关平等像。毁于20世纪50年代。

五道庙，全村有2座。一在村东，一在村北街西边。2座五道庙都坐北朝南，一间，画有土地、苗神、虫王、五道等神像。毁于20世纪50年代。

庵庙，位于村东，坐北朝南，东西宽约8丈，南北长约12丈。南为山门，一座砖砌门楼，磨砖对缝，建筑形式村里人说是“三出水”。院内没有树和石碑，有东厢房五间，后改作学校。东南角建有钟楼，一间，方形，二层，上面悬挂1口铁钟，高约1米五六。西南角没有鼓楼。北为正殿，面阔三间，殿内供奉3尊菩萨泥塑坐像，前面摆放3个香炉。东西各有空院。庵庙毁于20世纪50年代。

79. 龙家务村

龙家务村，旧有道教庙宇五道庙2座及佛教庙宇菩萨庙。

五道庙，全村有2座，一在村前街东头，坐北朝南，一小间，庙内画有五道、土地等神像；一在村后街西头，坐北朝南，一间，画像。2座五道庙都毁于20世纪50年代。

菩萨庙，俗称大庙，位于村中间，坐北朝南，东西宽约7丈，南北长约7丈。南面为山门，砖砌门楼，对开木门。山门前约3米处，有土岗子，全是砖头瓦块。村里人有说过去这里有一座大殿，据说叫三堂庙；也有说在1947年土地改革时就是一堆瓦砾了，过去有几间房子，并说这座庙过去很大，不是就这么一座殿。在土岗子上，有2棵大榆树。

菩萨庙内，有一座正殿，殿前有1棵柏树，院西南角有1棵榆树。在榆树上挂着1口大铁钟，高约1米，上面铸有铭文，有“民国年间”的字号及村名“龙家渥”等字迹。正殿面阔三间，前出廊，檐下悬挂1方大匾，黑底金字，有“万古流芳”等字；背后有捐款人名字、款数、重修时间等。有东西耳房各两间，耳房住看庙的。殿内供奉观音菩萨泥塑坐像，坐像前一边各有 2 尊侍立像，其中东边有一红孩妖，西边有一拿着降魔宝杵的韦陀。

过去村里逢年过节及每月初一、十五烧香。菩萨庙的和尚叫田明，与安固的和尚贤口、贤王庄和尚贤彬是一起的，贤彬徒弟就是田明。后来田明回安固了，新中国成立后上了县敬老院。村里有“从南道到北道，九缸银子十八窖”之说，是传说庙址下或村附近地下埋着一些金银财物吧。还说大庙过去有一条大蛇，是黑蛇，有扁担那么长。

菩萨庙于 1956 年拆毁。

80. 马各庄村

马各庄村，旧有纪念性祠庙三义庙、道教庙宇龙王庙、五道庙及佛教庙宇观音庙、庵庙。

三义庙，位于现在村中间，原来在村西，坐北朝南，东西宽约 5 丈，南北长 10 余丈。南为山门，砖砌券拱门楼，两扇木门 1 丈多宽。庙内北为正殿，殿前门两边，一边 1 通石碑，龟趺座。大殿面阔三间，殿内神台上，供奉刘备、关羽、张飞 3 尊泥塑坐像，两旁一边有 2 尊站像，其中一边是周仓、关平。大殿前西侧，有西配殿三间，为药王殿，供奉孙思邈泥塑坐像，村里人称其为药王爷。两山墙上画有壁画，其中画一老虎，据说吃一妇女，簪子卡在老虎肚子里，消化不了。老虎给孙思邈磕头，孙思邈帮助取出簪子，老虎从此就一心跟着孙思邈了。这座药王殿只是三义庙的一座配殿，不是单独一座庙宇。村里人往往一谈起来，说还有一座药王庙，即指此殿。

图 164　夏各庄镇马各庄村三义庙遗址所存古槐

庙内有 2 棵大槐树，其中西边的槐树上悬挂 1 口铁钟，高约 1 米，过去每月初一、十五敲钟，烧香。2 棵大槐树现存（图 164），庙里的 2 通石碑据说就埋在大槐树下。

三义庙毁于20世纪六七十年代的“文革”之时。

龙王庙，位于村西南泃河岸边，坐北朝南，一大间。村里人记不得是画像还是塑像了，应该供奉的是龙王，过去几乎年年发水，祈求龙王保佑。而天旱了去求雨，祈求龙王下雨。在20世纪三四十年代一次发大水，将龙王庙冲走了。

五道庙，位于村中间，三义庙前面，现在村卫生社区服务站的地方，坐北朝南，一间，画有五道、土地、虫王等神像。过去都是村里人去世了，家里人来这里烧纸报庙。一些要饭花子没地方住，就住五道庙里。战争时期，有的特务也装扮成要饭的来这里探听消息。

20世纪50年代末，闹水灾，泃河发大水，将五道庙淹塌了。那时，大水有房檐高，人都跑到房上去，公家派人给送吃的。

观音庙，位于村北街东头，坐北朝南，建在一座高台上，庙门正对着北街头。观音庙为一大间，庙内神台上，供奉观音菩萨泥塑坐像。墙上还有一红孩儿画像，穿一个红肚兜，村里人说是《西游记》里牛魔王的孩子，被观音菩萨给收了。过去农历二月十九是庙会，到时搭灯棚、填海灯等，还在观音庙对面摆场说大鼓书。观音庙毁于1947年。

图165　夏各庄镇马各庄村北马成墓碑（摄于1961年）

庵庙，位于村西，现在村委会东侧，坐北朝南，东西宽约5丈，南北长六七丈，是个板打墙的敞院，没有山门。北为正殿四间，村里人已记不清庙内供奉什么神像。庵庙在20世纪20年代时就已破烂不堪，现早已无存。

村西北，旧有一座东汉全椒侯马成墓，墓前有石碑、石桌、石香炉等。村里人说，马成是马各庄村人，曾救过刘秀性命。史书记载马成为河南南阳人，为东汉开国功臣，后封为全椒侯，其封地在今安徽全椒县。不知为何这里有马成之墓。现存1961年拍摄的马成墓照片一张（图165）。

81. 南太务村

南太务村，旧有纪念性祠庙老爷庙、道教庙宇五道庙 2 座及佛教庙宇如来庙。

老爷庙，又称东大庙，位于村东北角。

老爷庙现存 1961 年所拍照片（图 166）一张及简单记述："南太务东大庙（当地称之为东大庙），清乾隆时七年（公元 1752 年）重修，至今完整存在"。照片所拍应为前殿，面阔三间，殿前东侧 1 棵柏树。这与村里人所说基本一致。

图 166　夏各庄镇南太务村老爷庙（摄于 1961 年）

老爷庙坐北朝南，东西宽约 10 丈，南北长约 16 丈。南为山门，一座砖砌门楼，门楼上画有云龙彩绘。进入前院，北为前殿，殿前东侧有 1 棵柏树，有 1 通方座石碑。碑通高约 2 米多，碑座为青石，雕有龙等图案，1999 年被外地人以 300 元买走。碑身刻满了小字，记载建庙的情况及捐款人名等。碑首为半圆形，雕有龙的图案。碑身过去当桥板用，后被埋入了地下。过去老人说这碑是唐朝的碑。前殿面阔三间，前出廊，后出厦。前廊东侧悬挂 1 口大铁钟，1 米多高，上面铸有铭文，敲钟的地方一边有 1 个烧饼大的圆。殿内筑有神台，神台上供奉关公泥塑坐像，红脸庞，五绺长髯。两侧有两三尊站像，如持大刀的周仓、张飞等在东侧，关平、赵云等在西侧。墙上绘有壁画，画的是三国故事。前殿辟有后门，可通后院。后院，有 4 棵六七寸粗的柏树，还有 2 棵柳树，东南角有一盘石碾。后殿面阔三间，有东西耳房各两间，住看庙人。后殿村里人说是五圣殿，神台上供奉的是五圣菩萨，其中东边 1 尊泥塑坐像为观音大士，即是供奉 5 尊菩萨像了。这 5 尊菩萨像都有不同坐骑，村里人称之为"四不像"。坐骑背上都有莲花台，菩萨坐在莲花台上。神台上还有 36 个小神像，高 30 多厘米。墙上绘有壁画，有如现在的连环画。

村里人流传着一个关于鲁班的故事。一天鲁班穿得破衣拉挂的来了，工头不认识他。等吃完饭，叫抬来一根椿木桩，左划右划，让人抬走了，他起身也走了。工头一气，拿脚一踹椿木桩，没想到全散了，正是满大殿用的木楔子。这个传说，说明一是这座大殿建得好，二是乡村盖房一般都有椿木的习俗，因为民间传说椿树被封为树中之王。村里人还说，在前殿老爷坐像上面，悬挂一方大匾，上面写有“乾隆十四年重修”的字样。据说，当年乾隆皇帝从盘山下来，经过这里。忽然南边来一大黑旋风。乾隆皇帝问：“何人保驾?”有人回答：“二弟关羽!”“三弟呢?”“镇守辽阳。”乾隆皇帝回来后，就让重修此庙。

村里人说老爷庙毁于1958年，但所保存照片拍摄于1961年，当时平谷建设局汇编了《平谷县附近古建筑现况调查资料》。看来此庙应毁于20世纪60年代以后，村里人所记或许有误。

五道庙，全村有2座。一在村东，坐北朝南，一间，画像。北墙画有山神、土地等，五道是黑脸。两边画有判官、鬼卒等；一在村中间，坐北朝南，一间，画像画的与村东那座基本一样。这2座五道庙毁于20世纪50年代。村里人说，过去南太务死人不管男女，东边死一个，西边也死一个，说是2个五道庙争嘴。村里人说，南太务为“凤”地，东西大坑是翅膀，村中间五道庙是头，后来有人挖了3个大坑，给破了。

如来庙，位于村西北角，现在村小学的地方。如来庙坐北朝南，东西宽约10丈，南北长约10多丈。南为山门，一座砖砌的门楼。院内，正殿前东侧1棵大柏树，西南角1盘石碾及1棵平顶松。殿前西侧有1通石碑。正殿前有东西耳房各两间，据说曾住过尼姑，后来东耳房当小学教室及老师宿舍。殿前还有东西厢房各三间，东厢房改作了学校，西厢房过去给村里没房子的人家住。正殿面阔三间，殿内神台上，供奉如来佛泥塑坐像，坐在莲花台上，四角各有1尊大力士。如来佛像高约1.7米，莲花台高约1.2米。殿内有十八罗汉泥塑像，东西两山前各有4尊，靠北墙有10尊。东墙最南边为济公，拿一个小碗。殿内明柁上，雕有两条龙，济公正在逗龙呢。如来庙毁于20世纪60年代。

82. 魏太务村

魏太务村（图 167），旧有道教庙宇二郎庙、五道庙。

图 167 作者（中间）在夏各庄镇魏太务村街头与村里人调查访谈

二郎庙，位于村西头，现在村小学的地方。此庙坐北朝南，东西宽约 20 米，南北长约 20 米。南为砖砌门楼的山门，山门前有一道影壁。院内，北为正殿，殿前 1 棵柏树，有东西耳房各两间，东西配殿各五间，过去改作小学校。正殿面阔三间，东西山墙绘有壁画，殿内为泥塑像。村里人具体塑像名称说不清了。即是称为二廊庙，供奉的应是二郎神了。庙已无存。

五道庙，位于村西北，坐北朝南，仅为一间，画有五道等神像。新中国成立以后在那附近打井，把五道庙拆了，木头盖村小学校时用了。

83. 王都庄村

王都庄村，旧有道教庙宇五道庙及佛教庙宇菩萨庙。

五道庙，位于村东头路北，坐北朝南，面阔一间，有小院落，庙前一道影壁，还有 1 棵大槐树。树干空了，三四个孩子可以钻进去藏猫猫。庙内画有五道等神像。五道庙毁于 20 世纪 70 年代。

菩萨庙，位于村东路北，坐北朝南，东西宽约 9 丈，南北长约 20 来丈。南为山门，是一座砖砌门楼，前有石阶。山门前东侧 1 棵大榆树，有 1 尺四五粗，长得很高。院内，有几棵柏树，北为正殿，有东西耳房各三间，东耳房为村会里放灯笼等，西耳房存放杂物。有东厢房三间。正殿面阔三间，殿内神台上，供奉3尊泥塑坐像，中间为观音菩萨，两边侍立善财童子和龙女。3尊坐像前还有一些小泥塑像，其中有眼光娘娘。西山墙前有药王泥塑坐像，东山墙前有韦陀侍立像，手拿金刚宝杵。墙上绘有壁画。抗战时期，日军将塑像里边的装藏之物都掏走了。看庙的是个老道，姓魏，村里人称之为“魏老道”，院里的柏树就是他栽的。菩萨庙毁于20世纪50年代初。

84. 夏各庄村

夏各庄村，旧有庙宇11座，包括道教庙宇三官庙、虫王庙、龙王庙、马神庙、张家庙、于家庙、五道庙、山神庙、火神庙、无名庙及佛教庙宇朝阳寺。

三官庙，位于村西头。

1961年所拍古建筑照片中有三官庙照片1幅（图168）及简略记述：夏各庄三官庙，清嘉庆十九年、道光十七年都经重修扩建，至今仍完整存在。

图168　夏各庄镇夏各庄村三官庙（摄于1961年）

在与村里人调查时，他们说，清光绪二十六年（公元1900年）发大水，把庙冲走，就剩一个门楼子，现在早就没了。与上面所记有出入，也许所拍照片为别的寺庙，也未可知。如从殿前东侧一棵柏树看，有可能是朝阳寺后殿。

虫王庙，位于村西，在朝阳寺西边约100米处，仅一间，前有一极小的院子，邻大街。庙里没有树和石碑，画着虫王爷像。早已无存。过去农村庙宇，大都很简陋，而且所供神祇，也是根据现实所需，生活所用，这座小虫王庙就是实例。

龙王庙，位于村西大门里边，坐北朝南，南临东西向大街。庙为两间，画有龙王等神像。过去天旱了，就到庙里求雨，唱影戏，也巧，一唱过不了3天就下雨。若天大旱，就去大庙朝阳寺大肚弥勒佛那儿许愿，唱大戏。四周村里有句老话，说是“有雨不下，非得夏各庄说话”。就是指夏各庄人许愿。龙王庙于1958年被拆毁。

马神庙，位于村北大街东头，那条街叫马大街，在一十字路口抱角处。坐北朝南，一大间，没有树和石碑，画有马王等神像。早已无存。

张家庙，位于村中间，坐东朝西，一间，画像。早已无存。附近人家都来这里烧纸报庙，实际是一座五道庙。

于家庙，位于张家庙南六七十米处，坐北朝南，一大间，庙前1棵大槐树，约有1搂粗。庙里为画像，附近人家也来这里烧纸报庙，是一座五道庙。早已无存。

五道庙，位于村东头，坐北朝南，庙前有二三棵大槐树。庙为一大间，画有五道等神像，附近人家来这里烧纸报庙。五道庙早已无存。

山神庙，位于村南，坐北朝南，庙前有1通石碑，碑东边有1棵大槐树。庙为一间，前有小院，前边敞着，庙前为东西向一条道。庙内为泥塑像，神台上中间为山神，西边为土地，东边为五道。两边一边1尊童男童女站像，脸对着脸。台下，东为判官站像，西为鬼卒站像。两边山墙上，画有雷公、闪公等神像。神像是请独乐河村的人“抓”的。附近人家也来这里烧纸报庙。山神庙毁于20世纪50年代。

图169　夏各庄镇夏各庄村山神庙前大槐树

山神庙前大槐树（图169），已空，北半树已朽掉，还顽强地活着。树东半部，已空透并长出了大树瘤。

火神庙，位于村东南，坐北朝南，庙前有2棵大槐树。庙为一间，供奉火神爷。正月十五在火神庙东一片空地搭棚，用香灯纸马等供奉。过去张家胡同着火，烧了好多家，从此就供火神爷了。火神庙早已无存。

无名庙，位于龙王庙东边六七十米处，一“丁”字街东头，坐东朝西，两间，画像。村里人不知画的是什么神像，也不到这里烧纸报庙。此庙毁于20世纪50年代。

朝阳寺，位于村西。

《平谷文物志》记载：朝阳寺，位于夏各庄镇夏各庄村西营，始建年代不详，大清道光十八年《重修朝阳寺记》中记载：嘉庆十九年建修弥勒大殿三楹，道光十七年修整正殿禅室、周围垣墙。民国二十六年碑刻中记，寺庙已改成学校，再次进行重修。

该寺整体建筑坐北朝南，原有山门、钟鼓楼、前后大殿、东西厢房、耳房及部分石刻、古柏。建筑大多已毁，现仅存山门、大殿。

大殿三间（残损），面阔10.5米，进深6.9米，砖石结构，糙砌，硬山大脊，筒瓦顶，排水沟滴，砖吻、垂兽、走兽，戗檐砖雕荷花图案，古朴大方，双层檐椽，前出廊，施有旋子彩画，清晰可辨。山尖内侧白色墙壁，分别绘有6幅水墨画，内容为神话故事，保存完好。门窗全无。

山门，面阔2.44米，进深1.70米，硬山筒瓦顶，大脊，博缝头雕有“寿”字，保存完好。另存古柏及碑座等石构件。

经与村里人调查，大致情况较为清楚。

朝阳寺，坐北朝南，东西宽约50多米，南北长约70米。南为山门，砖砌门楼，山门前有一道影壁，以砖砌筑，扇子面形状。全寺有前后两进大殿，前院，前殿西侧，有棵歪脖松树，还有1通石碑（图170）。东有钟楼，二层，悬挂1口大铁钟，高近2米。一敲钟，夏各庄和安固等村都能听见。过去是初一、十五敲钟。殿前有东西厢房各三间，东厢房做为仓房，西厢房后来作为学堂。前殿有东耳房两间，其中有一小门道，可通后院。前殿面阔三间，殿内供奉大肚弥勒佛泥塑坐像，背后为倒座观音塑像。从塑像两边可通

图170　夏各庄镇夏各庄村重修朝阳寺碑，这是在黄松峪乡黑豆峪村东方石窟园景区中，龟趺座为另配，非原物。此碑连同其他石刻已于2004年迁至上宅文化陈列馆

后院。两山墙有画像。后院，后殿前一边1棵大柏树，东西配殿各三间。后殿有西耳房一间，为庙里的老和尚做饭的厨房。后殿为全寺正殿，面阔三间，神台上供奉1尊大泥塑坐像，两边为十八罗汉。大泥塑坐像应该是佛祖。

村里人说，朝阳寺过去归盘山管辖，建有200多年了。本来后殿保存下来了，可2004年在庙址修建村公园，竟把仅存的后殿拆毁。原寺内2棵古柏，挂着市林业局古树名木的牌子，于近年枯死（图171）。村里人有一说，庙拆柏死。即是说，庙没拆前，古柏是活着的。庙内碑座散落公园一角（图172），碑座上镌刻着狮子图案。朝阳寺门楼，近年重修，已改旧貌（图173）。据说拆大殿时，没人敢拆门楼，就保留一些旧物，如旧墙垛等。

图171　夏各庄镇夏各庄村朝阳寺后殿前2棵古柏，已枯死

图172　夏各庄镇夏各庄村朝阳寺遗址残存的碑座

近年随着夏各庄村的拆迁改造建新城，旧房已全部拆毁，代之而起的是一片林立的高楼。过去存有西大门及坝墙（图174），为防护发河水。西门旧有2棵大槐树死了，近年又栽2棵小槐树，已长得有些规模。2005年新修了西门，以钢筋水泥构筑，失去了过去的古朴风貌。2012年，村里组织人编写了一部《夏各庄村史话》，收藏家、本村人李润波参加了编写，其中他执笔了“古寺兴衰”一节，写了朝阳寺、严慈寺、白塔寺，后两寺在调查中未曾听村里人说。而严慈寺位于北京平谷区与天津蓟县交界的山梁上，主要在蓟县境内。朝阳寺中收录的史料较为珍贵，一并录此，以便后人研究参考。

图 173　夏各庄镇夏各庄村朝阳寺重修后的山门

图 174　夏各庄镇夏各庄村重修后的西门及两侧坝墙，这是 2007 年 5 月时情景，现在随着新城改造的推进，2013 年初时村庄仅剩几十户没拆，西门及坝墙早已无存了

一、朝阳寺。俗称大庙，不知始建何年，明永乐年间尚存大殿一座。配殿两座，嘉庆十九年正殿倾圮，住持僧成珠邀集村民集资在院新盖一座大殿，称弥勒大殿。道光十八年住持僧灵文又化缘将后大殿重修，并邀请村人马延年为弥勒大佛作铭记，全文如下："金轮普照，光耀下临。惟兹最上，元人不钦。大至三界，小入微尘。无终无始，亘古至今。虽历亿劫，朗然如新。生自周昭，来自汉明。至唐最盛，崇惟大清。矧我庸众，悉不钦承。丹槛刻桷，奋力经营。鹰飞鸟跃，展也大成。朝夕讽诵，暮鼓晨钟。惟祈默佑，各秉处诚。国恩家庆，五谷丰登。四方平定，万国威宁。"

清末，这座大庙尚有和尚 5 名，主持圣缘、圣仆，小和尚 3 名。庙产 20 亩，并有大岭下交界牌左近山地一片。1920 年，配殿改为学校。1937 年 5 月，村民集资大洋 199 元，改寺庙前后大殿为学校，并刻立石碑，新中国成立以后成为夏各庄的小学校，一直使用到上世纪 80 年代初期。后大殿前有柏树 2 株，干径约 70 公分，东边那棵树略细，枝干上悬挂 1 口铁钟，"文革" 开始即被砸毁。2004 年，大庙拆除时，2 棵古柏双双随之干枯。

二、严慈寺。即老爷岭上的老爷庙，占地约 30 亩山场，地势幽僻。据传，明朝以前就有此庙，清朝香火旺盛，乾隆皇帝路过时曾上庙进香。此庙毁于战火，现遗址尚存，有多处碑座，尚存一块完整的碑，因俯卧难以见到文字，碑身宽大，碑首盘龙浮雕，有"大岭新庙"字样。

三、白塔寺。村东北角有地名亭子，原有一座白塔寺，不知建于何时，明初期已废，仅留一八角亭。八角亭于清代毁坏，上世纪30年代至50年代初，村民在八角亭原址陆续堆积土800方，长约30米，宽10余米，高3米多，名称仍叫亭子，以镇风水，1975年冬平整土地时推平。

85. 贤王庄村

贤王庄村，旧有道教庙宇真武庙、五道庙及佛教庙宇菩萨庙。

真武庙，位于村东，坐北朝南，仅为一小间，庙里为画像，中间画有真武大帝，两边画有土地等神像。真武庙毁于20世纪50年代。

五道庙，位于村南，建在一座高台上，坐北朝南，一大间。庙前有一道影壁，影壁南面写一大“佛”字，北面书写着诗等小字。庙前1棵大槐树，有3搂粗。庙内为画像，北墙画有五道等5尊神像，五道在正座，黑脸。还有红脸、白脸等画像。东西两山墙上，画有上刀山、油锅炸等阴曹地府情景。在庙门口外两边，东面画一判官，手拿生死簿；西面画一鬼卒，拿着锁链，去锁鬼魂。五道庙毁于20世纪60年代。

菩萨庙，位于村西，现为村委会所在地。

《平谷文物志》对这座菩萨庙有记载：贤王庄菩萨庙，位于夏各庄镇贤王庄村，始建于辽，现为村委会占用（图175）。

该庙原占地约600平方米，整体建筑坐北朝南，建有山门、大殿、东西耳房等建筑。庙后有庙产地数亩。

图175　夏各庄镇贤王庄村菩萨庙

现存正殿3间，坐北朝南，面阔10.2米，进深6.3米，硬山筒瓦顶、排山滴水、砖吻、垂兽、走兽、草花盘子、戗檐砖雕喜鹊登梅吉祥图案，形象生动，雕刻精炼，盘头雕有花草，风格与戗檐砖雕相同，枭混砖表面雕刻海水江崖纹饰。

前后插肩柱，双层檐椽，内有彩绘。殿前两株古柏，生长茂盛。寺内原有一座经幢，现无存。1997年村委会对大殿、山门进行修缮。

2011年区文化委所编《平谷文物揽胜——北京市平谷区第三次全国文物普查资料汇编》中，基本照录志载内容，在“1997年村委会对大殿、山门进行修缮”后有“大殿房脊重新进行了揭瓦（音wà），门窗进行了改造，室内墙壁进行了粉刷，屋顶重新吊顶，地面铺设了瓷砖”等内容。

与村里人调查所谈，与志载及资料汇编基本一致。菩萨庙坐北朝南，东西宽约7丈，南北长约10丈。南为山门，一小间砖砌门楼，磨砖对缝，对开木门。村里近年在山门处建了南倒座房三间，中为券拱形门道。山门前过去有一片空场。院内北为正殿（图176），正殿前有东西厢房各三间。正殿门前两侧，一边1棵大柏树，现存。殿前东侧，有1通石碑。正殿面阔三间，有东西耳房各两间。东耳房住看庙的和尚，和尚叫田明，这与龙家务村所谈一致。西耳房过去为学校。殿内筑有神台，高约1米。神台上供奉观音菩萨坐像，为铜铸，高约1.2米。铜像下面有莲花座，高约0.5米。神台上铜像前还摆有四五尊小铜像，高约30公分以及一些十几公分高的更小铜像。两山墙没有壁画，檐下檩上绘有八仙过海等彩画。过去每月初一、十五及逢年过节烧香。

图176　夏各庄镇贤王庄村菩萨庙正殿及殿前古柏

贤王庄村有1棵最古老的槐树，树干已成空洞。几年前因孩子往里扔爆竹，半夜起火，本来老槐树还活着呢，一下给烧死了（图177）。2007年3月进行调查时，还可以看到被火烧得焦煳的老槐

图177　夏各庄镇贤王庄村烧死的老槐树

树。几年过去，不知是否还在，也许早放掉了。

86. 杨庄户村

杨庄户村，旧有道教庙宇五道庙。

五道庙，位于村西街道北，坐北朝南，建在一座高台上，庙前边和后边都是大坑。庙前一道影壁，以砖砌筑。前有小院，南为山门，一座小门楼，庙门上边悬挂一方木匾，上边写着建庙捐款的人名等。庙内为画像，北墙画有7尊神像，其中有五道老爷，东西山墙还画有雷公正劈一蛇以及小鬼等壁画。庙内摆着几个香炉，香炉特别大。五道庙于20世纪60年代初拆毁。

87. 杨各庄村

杨各庄村，旧有道教庙宇三官庙、龙王庙、五道庙及佛教庙宇庵庙。

三官庙，位于村西，坐北朝南，东西宽约8丈，南北长约12丈。南为山门，一座砖砌门楼，对开木门，门墩连着一对小石狮子。门楣上镶嵌着“三官庙”砖刻匾额。山门前旧有3棵大槐树，曾刮大风给刮倒了1棵。现存这棵大槐树，过去是在山门东侧，树干早已长空，为区内现存最大的1棵古槐了（图178）。近年用木杠加以支撑，以加强保护。

图178　夏各庄镇杨各庄村三官庙前大槐树

三官庙有前后两进大殿，前殿院内有4棵柏树，一角1棵。村里人说，20世纪20年代，有一支温照元的队伍，从南边过来，被人打败，路过这里就住庙内。柏树上拴马，马将柏树啃死2棵。现在还有1棵柏树活着，看去不是很粗大

(图179)。村里人只记得是温照元，但不知温是何许人。前院西侧，还有1口铁钟，高约七八十公分，在一木杆上悬挂着。1947年前后，与杨庄户分庄时分庙产，他们将这口铁钟弄走了。前殿面阔四间，村里人说，本来是三间的地方，当初建庙时就建了四间，前出廊。殿内筑有神台，高约1米，神台上供奉三官泥塑坐像。墙上绘有壁画。前殿有前后门，从后门可至后院。

图179　夏各庄镇杨各庄村三官庙内古柏

后院没有树和石碑，北为后殿，面阔四间，殿内神台上供奉观音菩萨坐像，两边有善财童子和龙女侍立像。后殿有东西耳房各三间，住看庙的和存放杂物等，过去三官庙有几亩地，作为庙产。后殿前建有东西配殿各三间，20世纪二三十年代时东配殿改作了学校，西配殿住看庙的。

村里人说，据说过去是杨姓先到这里建的庄，杨家有人做官回来，修了这座三官庙。对于供奉的三官神像，村里人有“老哥仨”之说，并具体说是拜把子兄弟，不是一奶同胞。过去正月十五在庙里搭灯笼棚。

三官庙毁于20世纪六七十年代的“文革”之时。

龙王庙，位于村东，挨着五道庙，坐北朝南，建在一座高台上，为小三间，有小院，一座砖砌山门，山门前有三步石阶。庙内有龙王泥塑坐像，墙上绘有壁画，画着雷公、闪公等画像。龙王庙下前是道，道东边有一泉眼。村里人说，过去听老人讲，在泉眼里压着一碾砣子，从碾砣子眼里往外滋水，不是很冲，并且说那是海眼够不着底。

龙王庙毁于20世纪六七十年代的“文革”之时。

五道庙，位于村东，坐北朝南，一大间，前有小院，有1棵槐树。庙里画有五道等神像。“文革”中，红卫兵“扫除一切牛鬼蛇神”，就把五道庙给拆了。

庵庙，位于村东，坐西朝东，南北宽约五六丈，东西长约五六丈。南有山门，为砖砌门楼，山门上镶嵌有匾额，村里人记不得上面的具体内容了，大概是4个大字，应该是庙名的。山门前有1棵大槐树。进门后，有一间小殿，门朝西开，正对大殿。殿里有1尊泥塑站像，面朝西，手里拄着一个枪一样的东西。由于是佛教寺庙，根据村里人所述，可能是佛教中的韦陀。西有正殿三间，南北厢房各三间。抗战时期，村公所就设在这里。大殿内砌筑神台，高约1米。神台上供奉菩萨泥塑坐像，高约1.5米。在菩萨像周围，有好多小铜佛像，高约20多公分。

庵庙据说为村里老张家所修建。老张家的人也有外出做官者，回来一看杨家修了三官庙，大脊上的兽头正好对着张家坟，认为把张家坟给镇着了，就修了这座庵庙，大脊上的兽头正对着杨家坟，杨家坟在马各庄南，一条小河北岸。

庵庙毁于20世纪六七十年代的“文革”之时。

88. 张各庄村

张各庄村，旧有道教庙宇五道庙、佛教庙宇菩萨庙、西大庙及基督教张各庄教堂。

五道庙，位于村南，坐北朝南，画像，北墙画有三四尊神像，两山墙绘有壁画。全村人都来这里报庙送纸。五道庙毁于20世纪80年代。

菩萨庙，位于村中心，坐北朝南，面阔二间，东西宽约2.2丈，南北长约4丈。庙内为画像，画有2尊菩萨像。曾作为村公所办公的场所，后来改为村里加工粮食房。20世纪90年代初，因村里修路而拆毁。

西大庙，位于村西，坐北朝南，东西宽约25米，南北长约47米。南为山门，形如过去乡村盖的门楼，对开木门。山门南面有1棵大槐树，直径有1.5米多，3搂多粗，树干都空了，里面能藏5个人。前院，有3棵柏树，没有碑刻。前殿面阔五间，有东耳房。殿内供奉四五尊泥塑像，村里人已说不清是什么像了。前殿辟有后门，可通后院。后院，东北角有二三棵松树，西有厢房三间，正殿面阔五间，有东西耳房各三间。后殿前出廊，殿内有两排明柱，一排4根，那就是进深三间了。西大庙规模不小，村里人不知道庙内所供奉的神像了。根据村里人所谈，此庙应该是佛教庙宇。西大庙毁于20世纪七八十年代。

张各庄教堂，位于张各庄村。据2001年版《平谷县志》记载，清光绪二十年（公元1894年），张各庄有秘密信奉基督教者。有布道员1人，民房改建的教堂两间。义和团运动中，教堂被焚。布道员佯装病死，其家人披麻戴孝，出殡、埋葬后，在室内地洞藏数月之久。光绪二十七年（公元1901年），教会索赔大洋2000元。

教堂情况，村里人所谈更为详细些。张各庄教堂，位于村东南角，就是一家普通的民房，东西宽约5丈，南北长约10丈，门朝南开，黑色大门，有门道。门前临街，院内有正房五间。这是一陈姓家的房子，一说西边三间家里住人，东边两间作教堂；一说陈家人住在相邻的西院。教堂里边有桌子、板凳等。全村大约有20来家入教。礼拜天做礼拜，村里信教的大人孩子到时去那里聚会，不信教的孩子也去，有花生等东西吃。活动时，有一摇铜铃的，召唤人聚会。铜铃直径1尺粗细，扁圆形，挂院东侧。到时宣讲《圣经》，有时是由美国传教士讲，有时是由本地人讲。陈家一人为“长老”，就是村教会的“头”。

陈家据说是辽宁抚顺老家，随清朝进关来的，满族人，正蓝旗。义和团时，管这些信教的称“二毛子”，他们跑到北山躲着去，好长时间还不回来。陈家后来有西厢房三间，据说是政府给盖的，也有说是教会盖的。而对火烧教堂一事，村里人只是听说烧过，详情不清楚。

七、南独乐河镇

南独乐河镇，辖13个行政村，旧有大小庙宇90余座，分为纪念性祠庙8座，主要是关公庙、三义庙、药王庙；道教宫观60余座，主要是老君庙、真武庙、娘娘庙、五道庙、龙王庙；佛教寺院16座，主要是观音庙等；教堂1座。如今，北寨关帝庙、峰台三义庙现存，峨嵋山山神庙、三官庙、娘娘庙、玉皇庙等为近年所复建。兴善寺遗址尚存。

89. 北独乐河村

北独乐河村，过去有7个自然村，即邢家庄、曹家胡同、堡子庄、孟家庄、高家庄、王家庄及国家庄。全村旧有大小庙宇13座，包括纪念性祠庙老爷庙3座、道教庙宇真武庙、五道庙7座和佛教庙宇菩萨庙及三教主庙。

老爷庙，位于村西，过去在曹家胡同西。

老爷庙坐北朝南，南北长约50米，东西宽约50米，四周围有院墙。南为山门，20世纪30年代时就是栅栏门，前临东西向大街。进入前院，北为前殿，殿前东侧有1棵松树，东房山还有1棵柏树。前殿为主殿老爷殿，面阔三间，前出廊。殿内供奉关帝泥塑坐像，头戴冕旒，两旁各侍立1尊泥塑站像，西为黑脸的拿着大刀的周仓，东为关平。两山墙画有阴曹地府七十二司等。前殿没有后门，从东侧可至后院。

后院，没有树和石碑，北为后殿菩萨殿，面阔三间，前出廊，西有耳房三间，住看庙人，看庙的是本村人。菩萨殿没有泥塑像，画有菩萨坐像，下为莲花座。

过去正月十五搭灯棚，说书等。老爷庙毁于20世纪50年代初，拆庙盖村小学。

村里人说，在孟家庄、邢家庄都有一个小老爷庙，就是一间，画像。还具体说孟家庄老爷庙，中间是关公，一边是周仓拿大刀，一边是张飞。那张飞瞪着眼，孩子看了害怕，出来了回头再看，眼还追着瞪着你，画得很传神。

真武庙，位于村中间，曹家胡同东头。

真武庙坐北朝南，南北长约15米，东西宽约15米，四周有院墙。南有山门，一座砖砌门楼，对开木门，前临大街。山门前一边1棵大槐树，1搂多粗。院内没有树和石碑，北为正殿，面阔三间，殿内供奉真武帝泥塑坐像，高约2米，右手掐真武诀。前边一边1尊泥塑站像。真武帝像前，有一张大供桌，供桌有1米宽，3米多长。20世纪40年代末土改复查时，推倒神像，真武帝像里有4本书，让一个孩子拿走了。

当地人称这座庙为“征王庙”，应该是“真武庙”叫白了，区内其他村也有这么叫的。村里人说真武庙不是明代建的，应该建于大元朝。他们说，真武庙旁边有3丈宽的大道，那是元朝时修的官道，从峰台村那边过来，奔向黑豆峪那边的“鞑子坟”。“鞑子坟”在刘家河村东，黑豆峪村西。而近年“鞑子坟”出土的墓志，为“金耶律氏墓志铭（图180）”及“金萧资茂墓志铭”，均为金代墓志，并非元代墓葬。

图180 黄松峪乡黑豆峪村西出土的大金漆水郡夫人耶律氏墓志盖

真武庙毁于20世纪50年代，拆庙盖民校了。由于过去老爷庙在西，真武庙在东，所以村里有“两庙夹一庄，要死死一双”的俗语。

菩萨庙，又称小寺庙，过去位于村中间，现在村委会前，曹家胡同南边。

菩萨庙坐北朝南，南北长约70米，东西宽约40米。南有山门，山门前垒砌四五级石阶。山门外一边1棵大槐树，有1搂多粗。山门前为空场，正对山门有1棵大柏树，也有1搂多粗，过去村里不少人认大柏树干妈。柏树南边有一座戏台，山门与戏台相距约20米。戏台石头垒砌，高1米五六，约8米见方。北为大殿，面阔三间，前出廊。殿前一边1通石碑，方座。西边那碑上写着菩萨庙建于大明朝，东边碑上写着大清朝重修。碑上刻着许多人名，是2通功德碑。殿内砌筑神台，神台上供奉观音菩萨泥塑坐像，用村里人说的话就是白衣菩萨，怀里抱着1个小孩。

两侧一边1个童子站像。殿东有耳房7间，西耳房三间，作为学校。院内东南角有钟楼，一间见方，四面辟券拱窗，悬挂1口大铁钟，1人高，1搂多粗。

菩萨庙过去有一个和尚，是村里田家的。田家与菩萨庙就隔一堵墙，和尚不住庙里，白天在庙里修行，晚上跳墙回家，俗称“二和尚”。过去农历二月十九，村里庙会，给菩萨填海灯，村里人都是用香油去填。村里年年在戏台那儿唱戏，如唱过河北梆子《大赐福》等。顺义河北梆子“合凤楼”剧团唱过《转黄袍》。村里人传说，菩萨庙供奉的白衣菩萨是当地人，由白蛇变的。过去那里是蛇地，拆戏台时里边都是蛇，都卷着盘着。

村里人流传着一个故事，说是一年发大水，河在村西，西河套有北寨下来山水，有两个绵羊在村西头撞架，山水就没进庄往西流去了。峨嵋山娘娘顶上有人喊：“北独乐河别冲，有俩半好人！”至今人们谈来，还津津乐道。

菩萨庙后来变为小学，戏台拆毁于新中国成立前。菩萨庙于20世纪60年代拆毁，盖村小学了。

三教主庙，位于村西南，在王家庄西头。

三教主庙坐北朝南，南北长约15米，东西宽约15米。周围院墙，南有山门，为砖砌门楼。没有厢房、耳房，就是大殿三间，殿内为泥塑像，其中中间1尊为坐像，坐在鳌鱼头上。两边还有站像。村里人说不清塑的是什么像，根据所述，三教或许就是儒道释吧，供奉的当是孔子、老子及佛祖释迦牟尼了，如中间的坐像，就有可能是释迦牟尼。墙上有壁画。

过去正月十五灯节，村里搭灯棚、唱影戏，往往在庙前挂纸灯笼。

三教庙在20世纪50年代末60年代初拆毁，盖村小学了。

图181　清雍正六年《平谷县志》所绘平谷八景之八“独乐晴波”

五道庙，过去全村由邢家庄、曹家胡同、堡子庄、孟家庄、高家庄、王家庄及国家庄7个自然村组成，每个自然村有1座五道庙，都是1小间，画像，有的还画有七十二司阴曹地府等。这些五道庙都已无存。

在南、北独乐河村之间有一条独乐河，平谷八景之“独乐晴波”（图181）当在这里。据民国二十三年《平谷县志》记载，独乐河，或伏或见，断续无常，西流入于泃河。这是一条石河，且是季节河。至今石河尚存，只是20世纪六七十年代已将石河调直改道，现在除非雨季，平常很难有水了。

90. 北寨村

北寨村辖北寨、庙沟、东石片、福吉卧等10个自然村，明代成村，因在明长城两侧，即峨嵋山口里口外，各有一座守军营寨，北边的称北城寨，近代简称北寨。

北寨村旧有“一步两座庙”之说，在村西南庙沟口，有两小间房，没有门窗，不知啥时盖的，20世纪60年代拆毁。其东间为五道庙，绘有五道、山神、土地等画像；西间为老爷庙，绘有关公等画像。至于以三五块石板搭的小山神庙，起码有十四五座，几乎每道山沟都有，过去村里人农历初一、十五也去烧香，有老人去世了也到那里报庙。

关帝庙，位于旧村部北，坐北朝南，没有院墙与山门（图182、图183）。殿前一棵老槐树，1947年前后所栽。现有一排西厢房，为新中国成立后所盖。关帝庙面阔三间，墙主体为石砌，墙角青砖，顶覆小青瓦，与普通民居无异。虽长期无人使用与管理，已残破不堪，但梁架较好，尚可看出旧时梁架有彩绘。东西山墙和北墙旧有壁画（图184），都是三国故事。近年进行了修缮。

图182　南独乐河镇北寨村关帝庙修葺前

图183　近年修葺后的北寨村关帝庙

过去，庙内筑有神台，高约1米，长约2米。神台供奉着关羽泥塑坐像，金色脸庞。东为关平站像，关公之子，手捧大印；西为周仓站像，关公马童，持青龙偃月刀。神台前有供案和香炉。新中国成立前曾作为小学校，塑像就是那时推倒的。

图184　南独乐河镇北寨关帝庙内保存的壁画

此庙1936年村里集资建造。那时，村里有个李财主，请人看风水，说北寨要建“三台”，即庙东有戏台，庙南（现在旧村部处）有井台，庙这个地方为庙台。过去村里谁首富就当“庄”，李财主“组织”村里人摊钱，盖了这座关帝庙。旧时春节，家家去庙里烧香。正月十五灯笼会，年年那里挂灯笼。一般就是简单的木框灯笼，中间插蜡烛，没有现在这么多式样。

北寨村东部山间，保存着一些散落的老宅院（图185），宅院墙上保留着许多“文革”中的标语和毛主席语录等。那道院墙的南墙为石头和大城砖所垒砌，城砖当拆自明代营寨寨墙了。院墙外，保存着已走了几百年的光滑的石头路（图186）。这些老宅院很有北方民居特色，古朴雅致，且打着时代痕迹，十分难得。这些照片摄于2008年4月。2012年6月去时，多已不复存在，一些人家还在继续翻盖高大的新房。

图185　南独乐河镇北寨村老宅院

图186　这些老宅院墙外都书写着“文革”时的标语

91. 峨嵋山村

峨嵋山村，明时建有峨嵋山营寨，现残墙尚存。旧有庙宇20余座，包括纪念性祠庙三义庙、药王庙、老爷庙、道教庙宇火神庙、马神庙、真武庙、紫云观、五道庙3座、龙王庙、虫王庙、回香庭、山神庙、三官庙、娘娘庙、玉皇庙、周家庙（五道庙）及佛教庙宇兴善寺、观音庙、地藏庙、南庵、菩萨庙、兴隆顶前观音庙。一村如此多大小庙宇，应与营寨有关。而兴善寺建于唐时，在京东颇有影响，20世纪40年代被日军所毁。

三义庙，位于村中，又称老爷庙。

三义庙坐北朝南，东西宽约四丈，南北长约三四丈。前有山门，为砖砌门楼，上有砖刻“三义庙”额匾。院内没有树，也没有碑刻。

正殿面阔三间，檐下悬有一匾，上书“亘古一人”四个大字。殿内神台高约1米，供奉刘、关、张3尊塑像，刘备居中，东为关羽，西为张飞。塑像高约2米。神台前两侧塑有赵云、周仓等侍立像。

三义庙毁于“文革”中。

药王庙，位于峨嵋山营遗址西南，旧为小学。

药王庙坐北朝南，东西宽约10来丈，南北长约六七丈。有院，前为山门，砖砌门楼。大殿三间，东西有耳房各四五间。东耳房为平谷学生，西耳房为蓟县学生。过去峨嵋山村由蓟县、平谷两县管辖，时在1936年前后。

大殿供奉药王孙思邈。

药王，道教俗神。由中国古代历史上或传说中的名医演化而来。一为神农，尝百草，首创医药，后世尊为药王；二为扁鹊，洞晓医源，深明医理，后世祀为药王。道教尊扁鹊为药王真君；三为孙思邈，后人尊为药王，奉祀不辍。在我国民间信仰中，药王信仰甚为普遍。因各地民俗不同，信奉药王也远不止这几位。在民间，人们祭祀药王，就是为祈求安康、祛病禳灾的一种精神寄托。

孙思邈（公元581~682年），唐朝著名医学家。京兆华原（属今陕西耀县）人。少时因病学医，博涉经史百家，兼通佛典，善谈老庄及百家之说，性好道家之学，行医修道，拒不为官。孙思邈总结唐以前临床经验和医学理论，收集方药、针灸等内容，著有《千金要方》、《千金翼方》。书中收集有5300余药方，记载800余种药物，对其中200余种药物的采集和制作做了专门记述，对我国医药学作出了重大贡献，后世尊为“药王”。同时，孙思邈也受到历代道家推崇。唐代被敕封为“真人”，宋徽宗敕封为“妙应真人”。

图187　南独乐河镇峨嵋山村药王庙前老槐树

在药王庙大殿神台上，孙思邈一手拿一葫芦，旁边卧一老虎。葫芦上有一眼儿，装有香灰。村里人把葫芦眼儿里的香灰带回家，说能治病。大殿两山和后墙绘有壁画。

院内没有碑，没有树。山门前有2棵槐树，后来东边那棵死了，西边那棵现在还活着（图187），只是树下有一道锯口，村里一精神病人给拉的。那人疯疯癫癫，说那槐树一碰就流血，拿锯就在树根部拉了一圈。

药王庙不知始建何年，抗战时期，八路军曾在庙里设修理所，修理枪支等。塑像毁于抗战时期，庙毁于20世纪60年代。

周家庙，位于村西。老周家住在那里，为周家家庙。后来周家搬走，周家庙就成为五道庙了。

真武庙，村里人称其为“征王庙”。真武庙在村内，坐北朝南。南北长约10米，东西宽约10米，有院和山门。山门为一小门楼。正殿面阔三间，小灰瓦，大脊，两端有鸱吻。硬山，垂脊有小兽。殿内正中神台供奉3尊神像，中间一坐像，两旁一边各有3尊神像。这些神像，除中间应为真武大帝外，其他塑像不知名字。墙上绘有壁画。真武庙今已无存。

紫云观，又称北观，位于村北山脚。紫云观坐北朝南，依山就势而建。南为山门，面阔三间。中为老君殿，面阔三间，供奉太上老君。后为阎王殿，面阔三间，供奉阎王及牛头马面等。观内还有真武殿和文昌殿。调查中，村里人所说不一，还说阎王殿在老君殿的两边耳房，文昌殿在真武殿耳房。紫云观内有1通交龙碑，碑首现立在村里大槐树下老井边，过去作为辘轳的支架（图188、图189）。从碑首看，当为明代以前碑刻，最晚也是元代碑刻，即是说紫云观最晚建于元代了。观内有2棵古柏，现存（图190）。新中国成立后，拆紫云观建了村小学。

图188　南独乐河镇峨嵋山村老槐树及古井

图189　南独乐河镇峨嵋山村紫云观碑首

龙王庙，位于村北，一间，没有院墙，就是孤零零一座小庙，坐北朝南。庙内为画像，画有龙王、苗神、雹神等。苗神在龙王东边，雹神在龙王西边。1942年4月11日，日军烧毁兴善寺时，也将龙王庙烧毁。

旧时天大旱时，往往村里人要到龙王庙求雨。一般头10来天，写“黄表”，压在老爷庙那儿，家家门口贴一条“黄表”，都是学校学生来写，写一句求雨意思的话。如果到时没下，就要再到龙王庙去求。

图190　南独乐河镇峨嵋山村北山山脚紫云观遗址所存2棵古柏

每当久旱不雨，村里百姓便头戴柳条，光着脚，谁也不准穿鞋，到龙王庙去求雨。回来时，从龙王庙那儿带点水，意思回去好下雨。县太爷带着衙门里的人，也曾来这里求过雨。一般县太爷是到东马各庄去求雨。县太爷也戴柳条，不许带官帽。

当地人说，这里的龙王爷老家是中桥村的，是一个小女孩儿。人们都说她傻，比如天挺晴的，她却说：背（音 bèi）柴吧，背柴吧！天果然就下雨了。又如天阴得很沉，赶集的百姓要背着柴走，她又说：没事。平常小女孩骑着线轱辘，到峨嵋山叫庙，一叫庙就到龙王庙。

平谷八景有“灵泉漱玉”，民国二十三年《平谷县志》记载，灵泉，在灵泉山麓龙王庙神座下，水高地数尺，山下接修土梗引水西行，穿水峪寺而过。七曰：灵泉漱玉。此景在南独乐河镇峨嵋山村东，泉水尚在，只是流量不如从前了。自龙王庙遗址北望，山峦耸立。清雍正六年《平谷县志》所绘“灵泉漱玉”图（图 191）正是北面之山，只是绘画中将山顶略为“拔”高，从而更具艺术性，且泉水从山上倾泻而下。

图 191　清雍正六年《平谷县志》所绘平谷八景之七灵泉漱玉

马神庙，在村南口内。

马神庙，应该是祭祀马神的庙宇。北京地区过去马神庙不止一座，现在北京景山一带还有“马神庙街”，庙早没了，演变成一条小街的名字。到底马神是谁?京北居庸关 1997 年在原址复建马神庙，这是北京现存惟一一座马神庙。这座马神庙始建于明弘治十七年（公元 1504 年），共有 3 个殿，分别供奉马王殷郊、马王房星等 11 尊神。而京城一般认为马神庙里祭祀的是马王爷，一副红脸膛，白胡须，像二郎神一样，脑门中间还长一只竖着的第三只眼睛。民间有“马王爷三只眼”之说，并有“不知道马王爷有几只眼”的俗语。

明代，峨嵋山营常年驻军，据《四镇三关志》载：峨嵋山营“永乐年建”。此营为明代长城沿线防护营寨，大约建于公元 1403 至 1424 年间，为明朝初年。营在峨眉山村北，从北至南分上、中、下三营，上营为石筑营墙，东、南、西三面设有砖券门楼，南门额上镶嵌“峨嵋山营”石匾（图 192），现仅存北部残墙，其匾额为上宅文化陈列馆收藏。中营、下营没有营墙，但下营西南原有校军场一处。当时作战主要靠战马，平谷区境内那时就有三四处养马场。而峨嵋山村有 20

图 192　南独乐河镇峨嵋山营匾额拓本

来座大小庙宇，与村形成发展有关，更应该与明代关口营寨有关。这里修建马神庙，大概就是为祈求马神保佑战马健康，更具战斗力吧。

到清代以后，这里的营寨关口等失去了应有的作用，而马神庙依然保存下来，百姓们祈求马神保佑自己的马，包括自己的大牲畜，欢蹦乱跳地不生病，能够更好地耕地、运输，为自家服务，这是百姓最朴素最真诚最直接最实际的心愿。

马神庙坐北朝南，面阔三间，两边有院墙，南面敞着。殿内有神台，约 1 米高。神台上供奉着马神爷，泥塑坐像，塑像高约 2.5 米，3 只眼。两边有 2 尊侍立像，村里人已不知塑像名字。墙上没有壁画，庙前没有碑刻。马神庙不知毁于何时，今已无存。

火神庙，位于村南。

火神庙坐北朝南，面阔一间，宽约 4 米。没有院墙与山门。殿内设有神台，高约 1 米左右。神台上供奉着火神像，泥塑坐像，高约 2.5 米。火神像前两侧，各有 2 尊站像，村里人已不知叫什么名字了，只大致记得那些站像塑得挺“呐”（音 nē）的。“呐”是乡下俗语，意为面相较为凶恶。北墙和东西两山有壁画，村里说不出画得什么内容了。

火神庙今已无存。旧时村里正月十五走会，先要来这里烧香，从这里起会。

虫王庙，位于村西。一间，画像。今已无存。

五道庙，村里人说有 3 座，或在村里，或在村东头。村头的五道庙，面阔一小间，没有塑像，为画像，中间一主像是阎王爷，旁边画有判官等。庙内有一土台，村里人在那里烧纸。3 座五道都已无存。

山神庙，位于村北山间。民国二十三年《平谷县志》“名胜”中记载：“兴隆顶，在县治东北二十里，建碧霞元君殿，其后建玉皇殿。山半有观音庙，又前为山神庙，其下为回香庭。其南建戏楼。每岁四月十八日演剧为庙会，远近男妇携酒而游者纷如蚁聚，东西山麓几无隙。”志中所记，即有这座山神庙。坐北朝南，面阔一间，前有小院，并建有门楼样的山门。庙内供奉 2 尊泥塑像，一位山神，一位土地。两边一边一位站童。毁于抗战时期，近年在原址复建。庙前有说明牌："山神，护国佑民，赐福众生，消灾解难，后被道教称为威灵感应普德天尊，是地方的保护神。"山神庙成为兴隆顶道观群的一部分。而志书所记四月十八日庙会，与山下兴善寺为一个庙会，统称峨嵋山庙会。

志书记载，在山神庙上面，还有一座观音庙。近年在这个地方新建一座文昌庙。南为"三界仙境"山门，正殿为文昌殿，供奉文昌帝君、孔子及朱熹。西配殿为护法殿，供奉狐仙爷、狐仙奶。东配殿为三官殿，供奉天官、地官、水官。2012 年，在文昌庙北侧山上，建有慈航殿，面阔三间，一座小院，殿内供奉观音菩萨，两侧善财童子与龙女侍立。这应该是对观音庙的复建，只是位置略往山上移了。

娘娘庙、玉皇庙，位于村北山兴隆顶。村里人称其为庙，其实是前后两座殿堂。毁于抗战时期，近年复建。南为兴隆观山门，山门内东为钟楼，西为鼓楼。前殿为娘娘庙又称元君殿（图 193），面阔三间，前出廊，殿内供奉碧霞元君、送子娘娘、催生娘娘、眼光娘娘、天花娘娘泥塑神像。殿前有东西配房各 3 间，为道士僚房。

图 193　近年复建的峨嵋山村兴隆顶元君殿

后殿为玉皇殿，面阔三间，前出廊。殿内供奉玉皇大帝，金童玉女及张天师、许天师、葛天师、萨天师等神像侍立两侧。殿前有东西配殿，东配殿为药王殿，中为药王孙思邈，南为张仲景，北为扁鹊。西配殿为财神殿，中为文财神比干，北为武财神赵公明，南为武财神关羽。玉皇殿前有 1 棵橡子树，当地人称碗子树。此树有三干，其中一干有两处疤痕，为复建施工时，以骡马驮运砖瓦材料，一骡子拴此树上，将树皮咬去，疤痕随树越长越大。也是一段轶事。复建后，观内住有道士。

平谷八景有"峨嵋耸翠"（图 194），当在峨嵋山村北，民国二十三年《平谷县志》记载，峨嵋山在县城东北二十里，层峦秀起，双娥如画，故名。志刊峨嵋耸翠照片（图195），站原来的汽水厂址北望，其情景与旧图相吻合。只是今山顶复建兴隆观，建筑规模略大于旧制。

图194　清雍正六年《平谷县志》所绘平谷八景之五“峨嵋耸翠”

图195　民国二十三年《平谷县志》所刊“峨嵋耸翠”照片

兴善寺，又称水峪寺，位于峨嵋山下。

民国二十三年《平谷县志》“古迹·坛庙”记载：“兴善寺，在峨嵋营东二里，至县二十里。唐咸通三年（公元862年）建，（明）正统八年（公元1443年）重修。寺之东北一里许，灵泉山下有泉出焉，经流于寺，今俗称水峪寺。”《光绪顺天府志》也有记述，与此大同小异。

兴善寺占地面积约1万余平方米，由南向北，依次建有山门、金刚殿、钟鼓楼、如来殿、卧佛殿、地藏菩萨殿、真武殿、大悲阁等。至今村里人谈及寺内殿堂，仍津津乐道地号称“八层大殿”。京东庙宇林立，如此规模宏大者不多。

山门，为3座门，中间1座高大，券拱形门洞，上为石券拱，歇山顶。石脊，两头饰以鸱吻，垂脊饰陶质小兽，顶为小瓦合瓦垄。石券拱上镶嵌一方石匾额：“敕赐兴善禅寺”。在近年在寺庙遗址发现了这方匾额，现存峨嵋山村东一农家院里。匾额已残，为青白石质，四周凸起，叠涩巴达马加联珠框饰。“巴达马”纹饰，简单说就是莲瓣纹饰，具体到这方匾额为二连方莲瓣纹饰。横额中间剔地阳刻楷书，存有四字："敕赐兴善"（图196），"禅"为半字。门两边一副对联：上联"金天荡荡菩提戒"，下联"宝地巍巍大教门"。门为对开木头大门，下有石门槛、石门墩，门前一对石狮子。两座旁门略小，同样券拱形门洞，但是硬山顶。3座门各自独立，中间以卡子墙相接。兴善寺山门高大威武，建筑精良。旧县志收入一幅山门照片（图197），山门前两棵杨树，高大挺拔。整座寺院周围护以院墙，石头砌筑虎皮墙体，墙上部涂以红土。当地有"大山的坝墙，盘山的礓礤儿（石阶俗称），水峪寺的山门"之说。大山即道教胜地丫髻山，丫髻山西顶坝墙高大，远远眺望似有布达拉宫之势。而盘山为我国历史上15大名山之一，有很多石阶。由此说明兴善寺山门非同一般。

图196　近年发现的敕赐兴善禅寺匾额

进门后一条石砌甬路，甬路旁栽植两排平顶松，约1丈多高，1搂多粗。旧诗称兴善寺"吟风背日木千章"，不为过。进山门不远处，有一座三间房大的基础，村里人称磉盘，只是一座磉盘，没有建筑。不知过去作何用途。所谓"八层大殿"，是包括这座磉盘的。甬路通向第一进殿金刚殿，又称天王殿，面阔三间，歇山顶，灰瓦，前出廊。村里人称这座寺院的建筑都是"四方八厦"，应是前廊后厦的形式了。殿前一边1通石碑，龟趺螭首，2通碑身都以一块整体石头雕凿而成。殿内供奉四大金刚泥塑站像。四大金刚又称四大天王，护国安民，掌管着世间的风调雨顺。

图197　民国二十三年《平谷县志》所刊兴善寺山门照片

四大金刚高约 4 米左右，各自手持不同法器，每个天王脚下踩着 2 个小鬼怪，人称“四大金刚踩八怪”。天王殿辟有后门，可通二殿。

第二进殿为如来殿，村里人称药师殿，面阔三间，歇山顶。如来殿为全寺主殿。殿前东侧一座钟楼，面阔一间，进深一间，平面呈方形，二层，悬挂 1 口铜钟，上面铸满铭文。日军烧毁寺院时，铜钟被烧扁了，村里人砸碎送至鱼子山八路军兵工厂，去制作地雷、手榴弹。到那儿一称，900 斤。当时挂钟钮搬不动，还没运去。如此说来，这口铜钟起码有 1000 余斤。按佛教寺院格局，天王殿后面的大殿，应是大雄宝殿。县志记载是如来殿，村里人记忆为药师殿，结合起来，此殿供奉的或许是药师佛，又称药师如来佛，为东方净琉璃世界教主。此佛坐像，塑有 6 只胳膊，其中上面两只高举，一手拿一圆盘，分别写一“日”和“月”字，寓意着“大千世界”了。村里人说，药师佛后面有罩碑。两边各有 2 尊站像。

第三进殿为卧佛殿，面阔三间，殿内供奉 1 尊卧佛，即佛祖释迦牟尼，头西脚东，约四五米长。京西有一座卧佛寺，1 尊铜卧佛重约 50 余吨，侧身而卧，双腿直伸，右手曲肱托首，左手舒放腿上。卧佛背后和两侧，泥塑 12 圆觉立像。据说这是释迦牟尼圆寂时，向诸弟子嘱咐后事时情景。兴善寺这尊卧佛，应该与此相差不多，只不过不是铜铸，且旁边没有 12 圆觉立像而已。不过，当地另有传说：这是位懒佛，一天父母出门去了，给他烙张大饼挂脖子上。不曾想，他只吃了脖子前边的，懒得转个，嘴够不着，饿死了。过去妇女来殿进香，从卧佛边走过，往往摸摸佛脚，说管手心不出汗。殿两边院墙镶嵌着 4 通诗文碑，为明代关中杨兆（图 198）和山西徐学古所书写。

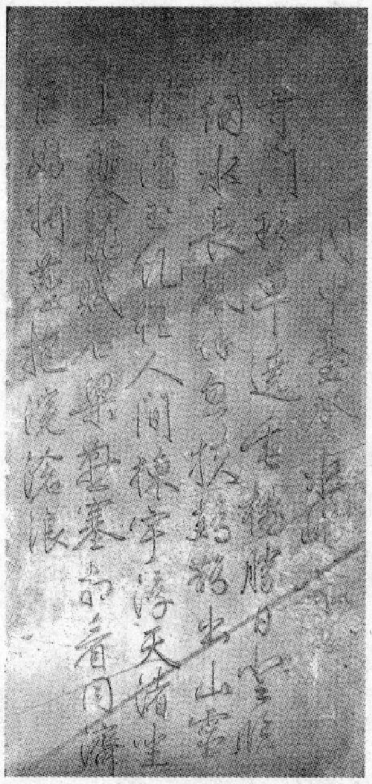

图 198　明代杨兆《同中台登水峪寺》诗碑（其一）

第四殿和第五殿，按志书记载，分别是地藏菩萨殿和真武殿，而当地人说真武殿在前，地藏菩萨殿在后，并把地藏菩萨殿说成是阎王殿。大概与释迦牟尼任命地藏菩萨作幽冥教主有关，即管理阴间，他在佛前立下宏愿：“地狱不空，誓不成佛！”这两座殿都面阔三间，约在 20 世纪二三十年代就坍塌了，那时残墙、磉基仍在，尤其供奉神像的位置，还支楞着泥塑神像内的木骨架。

第六殿，名大悲阁，当地称作“槁”，也就是高大的建筑之意。大悲阁为兴善寺最后一座建筑，坐落北山腰，与前边几进殿宇在一条中轴线上。阁西依峭壁。阁前为路，路边石隙生1株古柏，蓊郁参天，有人曾伸开双臂搂抱树干，记得是2搂零1拃。柏树生长极慢，粗壮至此不易，何况还长于“石隙”间，显然已“数百年物”了。大悲阁二层建筑，歇山顶，大脊饰鸱吻，垂脊饰小兽。阁内面阔三间，外面看却五间（图199）。阁内供奉1尊泥塑高大站像，有32只手，脚站一层，而上面的手则摸着了二层脊檩。据载阁“奉千手千眼佛，高三丈余，左右侧立像高半之。东西墙壁塑诸天神像，北面塑悬山，分十八洞，洞塑罗汉一。阁之二层，四壁皆塑小金佛，高七寸，三面皆满，相传名千佛山阁。”志记“奉千手千眼佛”，一层洞塑十八罗汉，一般只有佛才能如此。而从“大悲阁”名字看，应是“千手千眼观音”，因为观音菩萨就是“大慈大悲”。观音的各只手拿不同器物，手心都有一只眼睛。观音像旁还有2尊小站像，一男一女，这应是善财童子和龙女了。就在阁一层东山墙上，还塑一狼背一小孩。虽已多年过去，村里人们还清楚记得，只是不明白为什么在佛教寺院里，画狼背孩子有什么教义上的寓意。观音菩萨头很大，里边是空的，过去村里人没事就钻进去，4个人坐着打牌押宝，还有一二人挤着旁观。当地人说这尊大站像是“三皇姑”，一般观音像即是女像装扮。“三皇姑”舅母热心肠，要给外甥女找婆家，“三皇姑”说不找了，我要去修行。舅母说你修成了，我就给你跪着。不想“三皇姑”真修成了，舅母也就真的去跪着了。就在大悲阁前廊阶条石上，刻有两个跪着的人像，就是她舅母夫妻俩，任人过来过去地踩踏。当地人还说，那两尊小站像，是“三皇姑”父母。东边是父亲，西边是母亲，“三皇姑”有一只手拿一串葡萄，正往父亲

图199　民国二十三年《平谷县志》所刊
水峪寺千佛山阁照片

手里递呢。大悲阁是木头的，从西山墙有梯级可以上去。当地流传两句顺口溜："山门倒了石门开，大槁倒了鲁班来。"大意是说，如果兴善寺的山门倒了，就要再建一座石门；大悲阁倒了，别人修不了，只有鲁班来修才行。极言兴善寺山门与大悲阁建造的坚固与建筑艺术的高超。

兴善寺东有跨院，称为禅院，正面依山麓建楼二层，面阔五楹。东西禅舍各三间，南舍五间。在二层楼上，存放许多大箱经书。志书记载地藏菩萨殿内贮经12柜，看来寺院年久失修，地藏菩萨殿坍塌后，大概就移经书至禅院楼上了。旧县志存有20世纪30年代禅院大楼照片（图200），为卷棚顶，檐柱有抱柱联，字迹模糊不清。倒是一层檐下悬挂一条横幅，上书"忠孝仁爱信义和平"8个大字。在佛家寺院，竟然也把儒家的忠孝仁爱等联系起来了。细看，门窗纸不少都破了，客观上印证了志书记载平谷地区释教在20世纪二三十年代"颇有江河日下之概"之说。

图200　民国二十三年《平谷县志》所刊水峪寺僧院大楼照片

看照片，楼前西侧一水池，池中一方奇石。池边2棵柏树。禅院建造得很具一些园林意味。志书还载："寺东一里许，灵泉涌出，依山路西流，路中断，接以石桥而凹其中。两旁行人，凹中受水。又作孔，使水半漏桥下，飞珠喷玉，若骤雨声，名漏桥垂瀑（图201）。半仍西行入寺内。寺之西禅舍为庖厨，内有方井，深约2尺，水过其

图201　寺旁漏桥垂瀑处

中，将菜馔置木盘中，放井内，听其自然流行，穿寺而西，在溪边可坐待其流至，取用之，较曲水流觞更为奇绝。”至今那道灵泉依然流淌。而当初是流进禅院，进入西侧厨房。再西流进寺院中，正是卧佛殿前，上搭平板小石桥，桥上护以石栏。泉水经此西流而去。现在泉已改道，可那个“漏桥垂瀑”的漏桥尚在。漏桥南边有一1米多宽大石板，依漏桥横陈泉上。所谓“人在桥上走，水在桥上流”，即指此处。那块大石板而今砌在漏桥北水渠下，尚可看到。

这禅院为僧人居住之所。据说历史上最多时有100多个和尚，至20世纪三四十年代，仅有二三个了，其中还有一个和尚一只手，一个和尚是瘸子。寺院东面有两片和尚墓地，一片被水冲走了。一片大坟墓，数不清有多少坟茔，但没有墓塔。

旧时农历四月十八为峨嵋山庙会，历时前后3天，四方众人纷纷来赶庙会。

兴善寺规模宏敞，楼殿崔巍，旧时即称“远近寺院无出其右者”。而“寺内外乔木阴阴，山花簇簇，四时有景，入夏尤佳，岩泉之胜，莫能殚述”，堪称一方胜景，文人雅士多有吟咏。卧佛殿前东西院墙镶嵌4通诗文碑，读来诗佳，书法亦佳，且刀下镌刻出书法神韵。如关中杨兆所作《同中台登水峪寺》诗第二首：

出入蒹葭带夕阳，石坛花气昼生凉。
万山回合昆仑近，一水环流琬琰长。
赤羽频年荒稼穑，天书此日净池潢。
碧空云尽月如练，夜夜清光照佛堂。

洛阳徐学古所作《随中丞杨晴川登水峪寺二首》诗第二首（图202）：

苍藤古木几僧房，寺宇人传自宪皇。
胜地隔尘连石濑，灵花簇雨拂禅床。
朱幡摇映山青破，绿水流分酒碧香。
传说天骄归禹贡，指挥人是旧南阳。

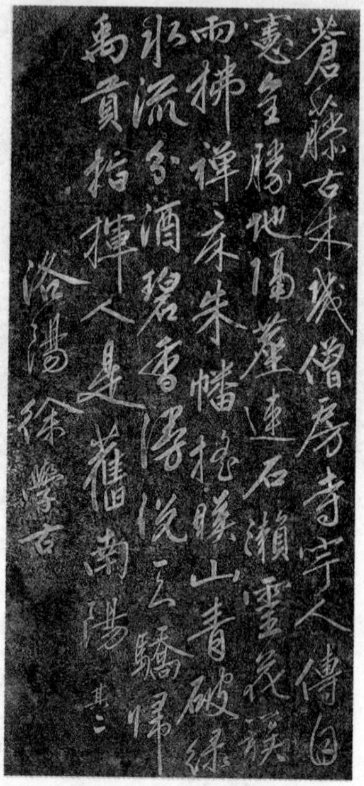

图202　明代徐学古《随中丞杨晴川登水峪寺二首》诗碑拓本（其二）

诗文笔优美，很有韵味。20世纪30年代末至40年代初，这4通诗文碑被县令祖成坤运至县城文庙。1961年6月，北京市委书记处书记邓拓与廖沫沙等来平谷视察，专程视察了兴善寺遗址。当在县城文庙内看到兴善寺诗文碑，邓拓非常喜爱，凝视良久，嘱咐一定要精心保护。现收藏于上宅文化陈列馆。

另外，兴善寺中还有1通《敕赐兴善寺记》碑，碑文为明代礼部尚书毗陵胡濙撰：

敕赐兴善寺记

明正统十二年十月　　　　　　毗陵　胡濙

兴善寺，旧名灵泉寺，在蓟州平谷县灵泉山。北倚妙高峰，东临七合岭，南抵朝阳观，西傍磨鼓岭。泉清木深，峰峦峭拔，最为胜地。但历年既久，蔽翳于荒榛荆棘之中。

永乐年间，御马少监朴公实及中贵院宗堂，令僧泽聚往彼驻锡，剪荆除砾，宴坐其间。殿堂门庑，以次兴修。三十余年扶衰举坠，靡爱其力。以至方丈、僧寮、庖湢、库庾，装严像，设钟鼓，香花、幡灯、供具外，则缭以垣墉。久废重兴，勤劳万状。其木植、颜料、工用之费，皆朴公喜舍。

正统八年二月，少监朴公适蒙钦差，往彼经过，睹兹隆胜，踊跃欢忻。乃念僧泽聚能劬躬尽瘁，以废为兴。复捐己赀，助其不给，使勿坠其成业，而益广其欲为之志。于本年二月二十八日回还，以寺未有额名其奏。钦蒙圣恩，敕赐为“兴善寺”，以僧泽聚为住持。赍捧部符回还，缁素四众瞻仰赞叹。山川改观，草木增辉。此诚少监朴公、僧人泽聚愿力所感，机缘遇合，殆非偶然也。

少监以兹寺之兴，未有纪述，遂伐贞石，征余文以记之。余惟事之废兴系乎时，物之成坏关乎数，而尤在乎得人为难。然时与数至，人固自出。今少监与泽聚成此宝坊，其秉心也专，其用功也勤，成始成终，岂非时与数至而使然耶？如是则可托以永久者，有不在区区世俗文字之末也。姑记其略，俾来者有以考构兴之岁月云耳。

碑文撰于明正统十二年，即公元1447年。重修为正统八年，公元1443年，敕赐“兴善寺”额即为这一年，石额近年在兴善寺遗址发现，“寺”字已无。村里人有说石额为“敕赐兴善禅林”的，即是敕赐为“兴善寺”，估计刊刻时不会随便改动。“正统”即明英宗朱祁镇时年号，这期间皇帝是“敕赐”或“敕建”了不少庙宇的，据说一次就“敕”了40座，并表示以后不再轻易“敕赐”“敕建”，而兴善寺或许就在这时所“敕赐”。所谓“敕赐”就是申请经皇帝批准建立的庙宇且所赐庙宇名称者，所谓“敕建”就是申请经皇帝批准让建立的庙宇，二者还是有所区别的，兴善寺即是前者了。胡濙所撰碑文收录进了民国二十三年《平谷县志》中，应是金刚殿前面两通龟趺螭首的碑之一了，现已无存。胡濙，《明史》有传，官至少师，天顺七年（公元1463年）八月卒，赠太保，谥忠安。如此显赫人物能为兴善寺撰文，可见当时兴善寺一定是闻名远近，影响非同一般。

兴善寺于1942年4月遭日军焚毁，诸多建筑瞬间夷为平地。现仅存寺庙西侧“三生石”（图203）、“今古云峰”摩崖石刻和5通碑碣、一方山门匾额及柱础等遗物。一方雕花柱础硕大，立柱柱钉直径达50公分，外沿宽80公分，尤其雕花，非常精致，为区内寺庙中所少见（图204）。这是大悲阁廊子的柱础，阁四周为廊，共18根廊柱。从这方柱础，可以想见当时大悲阁的宏阔、富丽与堂皇。

图203　南独乐河镇峨嵋山村兴善寺遗址所存三生石石刻

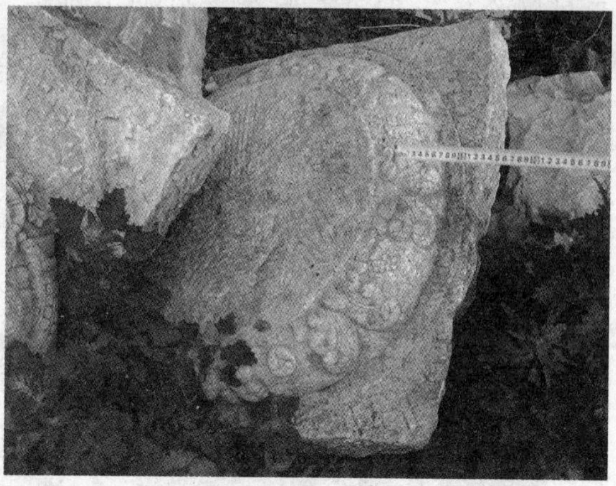

图204　南独乐河镇峨嵋山村兴善寺遗址所存雕花柱础

观音庙，位于村中，坐南朝北，当地人称为“倒坐观音”。仅一间，没院。殿内没有塑像，只有观音画像。今已无存。

地藏庙，位于峨嵋山营遗址正中，坐北朝南，东西宽约六七丈，南北长约4丈。前有山门，院内没有树和石碑，也没有东西配殿。后盖厢房，作为学校。庙有正殿三间和东西耳房。殿内供奉地藏菩萨泥塑像。地藏菩萨，地藏为梵文意译，意思是他就像大地一样包含着无限的善根种子。佛教传说，地藏曾在佛面前立下誓愿，只有度尽六道（地狱、饿鬼、畜生、阿修罗、人间、天商）中所有众生，使他们摆脱苦难，自己才肯成佛。地藏的来历众说不一，影响最大的是“地藏为金乔觉”之说。金乔觉本为唐朝时朝鲜半岛新罗国国王之子，他看破红尘，渡海到我国安徽省九华山苦行修炼。去世后，人们传说为地藏菩萨转世，以九华山为显化说法的道场。地藏菩萨坐骑为一头有点像狮子的名叫“谛听”的怪兽。地藏庙毁于20世纪60年代。

菩萨庙，当地人俗称庵庙，又称姑子庙，位于村中间，坐北朝南。东西宽约5丈，正殿3间，有东西耳房，东西配殿各3间。有山门，挺宽绰。殿内神龛供奉佛像3尊，当地人特意说，一溜3尊佛像。据此分析，既是菩萨庙，3尊塑像就有可能是中为观音菩萨，左右为善财童子和龙女。当地人只听说菩萨庙住尼姑，但谁也没见过。菩萨庙早已无存。

峨嵋山村北，1973年建造一条渡槽，东西长约2000米，东引水峪寺的泉水，流至村里（图205）。峨嵋山渡桥，下为过路的桥洞，上有题字（图206）。南面虽已掉两个字，但可看出是“峨嵋山渡桥。1973年6月”，算来至今已40年了。北面写有“固拱长流水”五个字。这是在一定时期，农村水利建设的一个物证了。

图205　南独乐河镇峨嵋山村保存至今的峨嵋山渡槽

图206　南独乐河镇峨嵋山村峨嵋山渡桥

92. 峰台村

峰台村，因村西有高大的土台而得名。志载，峰台在县城东北十八里峰台庄西，台今废。“峰台夕照”为平谷旧八景之一（图 207）。明代刘爱有咏“峰台夕照”诗：高台突兀倚晴空，远近霞连草舍红。返照平林铺锦绣，行人常在画图中。

图 207　清雍正六年《平谷县志》所绘平谷八景之六峰台夕照

峰台村旧有纪念性祠庙三义庙及道教庙宇五道庙。

三义庙，位于村东北角，为供奉祭祀刘备、关羽、张飞之庙。

刘备，涿郡（今河北省涿县）人，汉景帝之子中山靖王刘胜后代，蜀汉开国皇帝。刘备在涿郡，与关羽、张飞结为兄弟，世称“桃园结义”。关、张后辅佐刘备在成都即位称帝。伐东吴兵败，退回白帝城，因病崩逝，谥号昭烈帝，史称刘先主。

关羽因大意失荆州，被东吴将领吕蒙杀害。生前官至“前将军”，封爵“汉寿亭侯”，以忠义闻名于世。死后，历代帝王对其多有加封，由“壮缪侯”、“忠惠公”、“武安王”，直至封为“三界伏魔大帝神威远镇天尊关圣帝君”、“忠义神武关圣大帝”及“忠义神武灵佑仁勇威显关圣大帝”等。

张飞为车骑将军领司隶校尉，任巴西太守，镇守阆中达 7 年之久。后刘备强令东征，兴兵伐吴，为关羽复仇。张飞就在发兵之际，被部将范疆、张达谋害。张飞死后，谥封桓侯。

由于刘、关、张三人“桃园三结义”，同生死，共患难，在民间影响深远。平谷地区建有 7 座三义庙：东古村三义庙、马各庄三义庙、峨嵋山村三义庙、峰台村三义庙、北杨家桥三义庙、大官庄村三义庙及陈太务老爷庙。这些三义庙规模大小不等，有一进殿，有二进殿，最小的仅一间。多已毁弃，仅峰台村三义庙尚存。

峰台村三义庙坐北朝南，南北长约五六丈，东西宽约七八丈（图208）。南为山门，形如旧时农家门楼，磨砖对缝到顶，两扇对开木门。山门内西侧，有 1 棵

图208　南独乐河镇峰台村三义庙

大古槐，树心都空透了，仅剩包裹的树皮，至今还顽强地活着，年年开花结籽。此庙不知建于何时。看古槐应该为建庙时所栽，既是空洞于此，大概非数百年不可，因此建庙也不会少于数百年了。院内没有碑刻。

前殿为主殿三义殿，面阔三间，单檐硬山顶，上为龙头大脊，垂脊饰以小兽。小筒瓦合瓦垄。大殿前出廊，据村里老人回忆，在前廊一檐柱处，过去有块方砖，刻着建庙时捐款名字及时间等，早已不知下落。殿内有3座神台，上面供奉3尊泥塑坐像，中间为刘备，神台略前出一点。刘备头戴冕旒，一副帝王装扮。两边为童男童女站像，各自手捧相应的物件。背后一泥塑站像，为佛教护法神韦驮，手持金刚杵，村里人俗称降魔杵。韦驮面向北，正对后殿。东为关羽，西为张飞，两座神台略为靠后。关羽为红脸，武将打扮，双手抚膝。在大关羽像前，当地人说还有1尊小关羽像，2尺高矮，五绺长髯，武将装束，更为神似。张飞为黑脸，也是武将打扮，双手抚膝。两边各有两尊站像，东为文官，不知为谁；西为武官，赵云，周仓，周仓拿着关公那把青龙偃月刀。

前殿内，墙壁满是壁画，为连续的《三国故事》。壁画分为一个个方格，似现在的连环画小人书。当地人说，瞧了这“三国画”，再瞧别村的别扭。言外之意，这里的壁画画得精彩。据说不是一人画的。当初画时，都用帘子遮着，该交活了，就全部打开。传说大殿西山尖是一老人画的，好抽烟，有个大烟袋。那揽工的以及年轻人等，将下边好画的地方都占了。就剩下山尖的地方，让老人画。老人也不说什么，抽着烟，不慌不忙地找来两节竹竿，绑在一起，上面绑一枝画笔，蘸着墨，一笔一笔地画，在白灰墙上，以黑墨慢慢就画好了。村里老人记得，画一老头背着一捆柴火，这哪里是画，简直就是真的！画画的都服了。所以，只有这两山尖是水墨画，下面全是彩画。而现在山墙尖上还有旧壁画，虽然看得不太真切，但还可以看出隐隐轮廓，只是不知哪幅为传说的老人所画。

前殿辟有后门，从刘、关、张像两边过去，出后门就是后院。后殿为菩萨殿，面阔三间，神台上有木雕佛龛，佛龛里有木雕观音菩萨像。后殿有东耳房一小间，西耳房两间，前有东西厢房各三间。

图209　南独乐河镇峰台村三义庙匾额，书法家王友谊书

三义庙神像在1947年“土改复查”中被摧毁，菩萨殿等于20世纪70年代拆毁，翻盖学校了。仅存前殿三义殿，也是年久失修，破败不堪。2004年，村里对三义殿进行修缮，且复建了山门，并重新泥塑刘、关、张像和重画壁画。三义殿门楣上悬挂木匾，黑底金字，上书“三义庙”三个大字，为峰台村人王友谊书（图209）。王友谊，我国当代著名书法家，尤以篆书闻名于世。门前廊柱上，写有一副对联：“一座三义庙，半部春秋堂”，为峰台村人王玉书撰并书。王玉书，故宫博物院工作，我国当代著名书法篆刻家。在山门内东侧，新立1通《重修三义庙记》碑。

五道庙，位于村街里，过去有1眼水井，五道庙就在水井西边。

五道庙一大间，前出廊，一进庙门有一道栅栏，里边有个二门子。庙前一道2米多高大影壁，遮挡着大街行人看不见庙里边。影壁南北两边都写有大字，北边为“远山吞长江，一湖衔洞庭”等字，由邻村公爷坟闫瑞（号雪樵）所写，字很见功力。庙内全是画像。走廊东侧山墙上画一判官，手拿生死簿，西侧山墙画一小鬼，提个锁链子。庙内北墙画有7尊神像，所以这座五道庙又称七神殿，中为龙王，坐像，有胡子，高其他神像一头；龙王东边依次是虫王，一肩半露，身背一瓶，瓶里装虫子；财神，拿一金元宝；五道，是武将，拿一宝剑；西边依次是山神，拿一把大斧子，脚下踩一大老虎；土地，俗称土地佬，是一老头子，拄一拐杖，正嘿嘿地笑；苗神，略显年轻，后背背着禾苗。东西两山画有捉妖等许多画像。画像由南独乐河村人乔仲文所画，据说画得很传神，庙本石灰白墙，在土地神上方画一灯笼，被烧了一半，糊不囵吞的形状，灯笼里是拧的铁丝，非常真切。庙已无存，现在难以见到了。

一般从老人去世时开始烧纸，到出灵前为止，大多烧五六遍六七遍。峰台一带流传有“你着啥急，等赶七遍纸去呢?”俗语。在旧社会，有许多要饭花子，没地方住，黑夜就住五道庙里。常常是要完饭，看天不早了，就说：“入庙去啦!”这也是旧社会一种特殊社会现象。

93. 甘营村

甘营村，旧有道教庙宇五道庙及佛教庙宇普照寺。

五道庙，位于村中间，在普照寺不远处，仅为1间，画有五道等5尊神像，摆着5个香炉。村里人称其为“小五道庙”，现已无存。

普照寺，位于村中间。

普照寺坐北朝南，南北长约20余米，东西宽约20米。周围有院墙，南有山门，宽约8尺，砖砌门楼，对开木门，过去村里走会，蹬着高跷猫腰能够进去。门楣上镶嵌着砖刻“普照寺”三个大字。在门楼西山上，镶嵌着一块方砖，刻有甘营建村时间等字迹。山门前有砖砌照壁，出山门就是大街。山门东边1棵古槐，1尺多粗。普照寺分前后两进大殿，前殿面阔三间，前出廊。檐柱等饰以彩绘。廊东头悬挂1口铁钟，约1米高，上面铸有铭文，主要是捐钱人的名字，是1口“功德钟”。殿内设神台，约1.5米高，龛上供奉真武大帝泥塑坐像，高约7尺，右手掐诀。两边各有两三尊站像，如一边有周公、桃花女站像。真武大帝像背后，画有韦陀站像。殿内墙上绘有壁画。前殿辟后门，可通后院。

真武为道教之神，韦陀为佛教之神，一般在天王殿内才有韦陀像，面对后面供奉佛祖的大雄宝殿。这里，将真武大帝与韦陀一起供奉，而后殿供奉观音菩萨，说明民间根据需要供奉诸神，且佛道融为一体了，也体现了民间的多神信仰。

后殿面阔三间，有东西耳房各两间。后殿打着两堵隔断墙，中间供奉观音菩萨泥塑坐像，一手拿着花瓶，瓶里插着花。两边有善财童子（当地人称红孩妖）和龙女侍立塑像。东间供奉着药王泥塑坐像，金色脸庞。西间为看庙人住的地方。殿前有东西配殿各三间，里面有画像，新中国成立前就作为小学及村公所了。

过去庙里初一、十五打钟，农历二月十九在后殿前边搭灯棚，走会。20 世纪 60 年代拆庙盖村学校了。村里人说，在拆前殿时，柱子上有一张毛头纸，上面写着建庙时间和平谷大地震的时间等。又说，在前殿脊檩下的横木上，写着“同治九年（公元 1870 年）重修”的字样。应该所记不差，现存 1961 年拍摄的一张普照寺照片（图 210），且记述：“甘营普照寺，清同治九年重修，至今仍完整存在。”看来普照寺或许建于清以前，而平谷、三河大地震，是在清康熙十八年（公元 1679 年），区内一些庙宇的碑刻上也有地震记载。普照寺可能也在大地震中被震毁了，而后复建，到清同治九年（公元 1870 年）再次进行复建了，毕竟距大地震已近百年。村里人说普照寺是盘山七十二寺之一，归盘山管辖。

图 210　南独乐河镇甘营村普照寺（摄于 1961 年）

94. 公爷坟村

公爷坟村，因村东北有清代公爷坟，看坟人在此落户而成村。村里人说，村东北有 4 座坟，其中 3 座大宝顶，约有 2 丈来高，还有 1 座小宝顶，宝顶前有 1 通石碑，2 个石狮子。坟地有 30 亩地，四遭一圈虎皮墙。墓前有 3 间供殿，过去清明、七月十五、大年节，北京的人就坐车来祭祀扫墓。供殿前有一座大红门，就像东陵的大门似的。大红门为木制，钉着两排虎头钉。出大门，有一座旱水桥，汉白玉砌筑的罗锅桥，即单孔石拱桥。据说，当年康熙皇帝往东陵采陵，站盘山上往西北一瞅，问“那是什么所在?”告诉说是“公爷坟”。康熙皇帝说：“桥得改成平的，不能是罗锅桥。”不然，看坟的四家子里面要出皇上。随后采陵到峨嵋山，那里风水也好，有山有水，可名叫猪山顶，猪吃糠（康），这还好得了？最后就采到东陵去了。墓主人姓芮，为顺天府的。村里人说，公爷或是一位侯爷或王爷。1942 年，日军扫荡，将房子给烧了，文书等都烧毁了。

为公爷坟看坟的共有 4 户，为张姓、于姓、白姓和赵姓，看坟的有俸禄，后来他们“以禄交公”而出户。如于姓是从山东大水坡（或泊）来的，始祖叫于安得力，到现在已经八代了。村里人记得，芮姓是满族。在“文革”后期，村里红卫兵押着 4 户看坟的去拆宝顶，平整土地，就拆出一个金扣子、两个铜扣子，上交到平谷银行，说是出土文物。这王爷坟，其实早就被本村人盗了。于家过去有一座五间大厅，还有 3 间厢房，北京来人祭祀时就在这里吃住。于家的人对北京来的人，哪怕是不大的孩子，男的也要叫他们“大爷”、“少爷”，女的要叫“姑奶奶”。大厅仅存一个柱础（图 211），中为贯通的孔眼，说是放龟所用，千年王八万年龟。罗锅桥的汉白玉栏杆（图 212），还残存一角，上有云纹，雕工较为精致，纹饰自然流畅。这两个物件，保存在村老书记、79 岁的于景岐家里，以为纪念。

图 211　南独乐河镇公爷坟村于家大厅所存柱础

图 212　南独乐河镇公爷坟村公爷坟前罗锅桥石栏杆

公爷坟村旧有道教庙宇五道庙。

五道庙，位于村东南，坐北朝南，面阔一间，庙前有 2 棵槐树，约 20 多公分粗细。庙前直对着通往峰台村的路。庙内为画像，北墙 5 尊，从西往东依次为：山神、苗神、五道、虫王、龙王。西山墙邻着北墙的山神，有 1 尊画像，为土地；东山墙邻着北墙的龙王，有 1 尊画像，为财神。两山墙也有画像，如西山墙画一个兔子精，雷公打雷，闪神打闪，追着兔子精。西墙还画着 2 个小鬼，拿着锁链子叫差，锁人的魂儿。东墙画有一个长蛇精，还有天公等。画着行善的人走金桥、银桥。这一切，意在劝人行善，以通俗浅显的画面来教化人。

1966 年，“文革”初期，五道庙拆毁。

95. 刘家河村

刘家河村成村较早，金时称文泉，明代称东文家庄，近代称刘家河。因村民刘家为防止河水泛滥，出面组织开挖一条渠道，受到村里人称赞，由此改名刘家河村。1977 年 5 月，在村东发现商代中期墓葬，出土金、铜、玉等器物 40 余件，其中出土 16 件青铜礼器（图 213），铁刃铜钺将我国使用铁的历史提前了 1000 年（图 214），现为国家博物馆收藏，其余在首都博物馆收藏，这些青铜器在我国青铜器史上占有重要地位。专家认为，平谷一带地区，在商周时应该是一个方国，墓主人当为方国一级的领袖。墓址周围，可能存在一个更大的城址或居住遗址。

图 213　南独乐河镇刘家河商墓出土器物之三羊铜罍

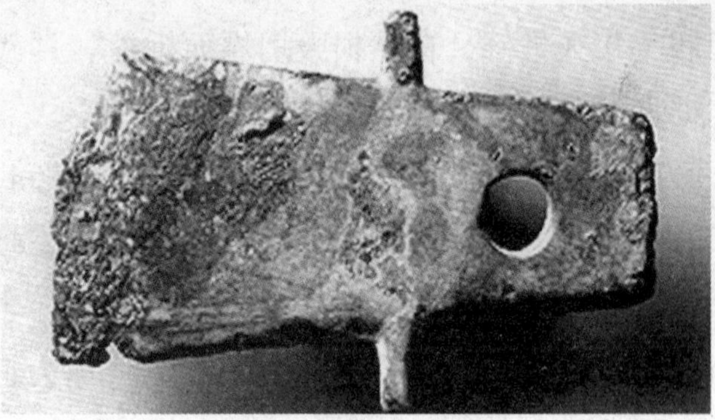

图 214　南独乐河镇刘家河商墓出土器物之铁刃铜钺

刘家河村旧有道教庙宇真武庙及五道庙。

真武庙，位于村中间偏西。坐北朝南，面阔 3 间，东西宽约 3 丈多，南北长约 4 丈，殿东有耳房。大脊半人来高，两头有大龙似的旄头，古建筑上称“鸱吻”。后来村里人认为有那两个旄头不发财，就给推倒了，换了小旄头。每年正月初一到十五香火旺盛。

前有山门，为一座小门楼，两扇木门对开，形如民居。殿内供奉真武大帝坐像，坐像前两边一男一女。东为周公，抱一把剑；西为桃花女，抱一个葫芦。真武大帝像前，两旁一边各有 3 尊塑像，村里人说有 1 尊是温神爷，其他说不出塑的是谁，只知个个龇牙咧嘴，过去孩子们都不敢看。这里说的“温神爷”，当是道教护法神温元帅，东岳大帝部将。姓温，名琼，浙江温州人。后来村里人把塑像推倒了，当了加工房。殿内墙壁有壁画，白灰抹墙，黑墨笔作画。当地人至今记得有一大人驮一小孩儿，在捅马蜂窝。画得非常逼真传神。大殿耳房没有塑像，是关公画像。

对于真武，当地也有真武爷是净肚佛，没有肠子肚子之说。当地人管那些塑像一般都一概叫佛，没有道教称神仙佛教称佛的区分。当地还流传桃花女破周公的故事。说周公娶媳妇，手拿一弓箭，想射桃花女。桃花女算计好了，周公射出的箭一支支都掉酒壶里了。村里人进一步说，没想到周公一射箭，一比划时，整把箭射出来，桃花女用酒壶一挡，正好全插在酒壶里了。村里人结婚，旧时男方都带着箭呢。这习俗看来与此有关。

真武庙不知建于何时，但在脊檩下嵌板上，当地人记得有“光绪某年重修”字样。清光绪年间为公元 1875 年至 1908 年，距今百余年。20 世纪 90 年代中期，因庙宇年久失修，自然损毁坍塌而拆掉。真武庙门前 1 棵大槐树，抗战时期被胡庄据点的日军放倒，劈柴烧了。

五道庙，位于村西，坐北朝南，面阔一间，没有门窗。庙内为画像，三面墙壁都有画像。由于烧香烧纸，墙壁熏得漆黑，画得什么也看不清了。后墙外有一小龛，供奉 1 尊观音菩萨，俗称“倒坐观音”。村里人记得，观音菩萨抱一小瓶，里面插着几根树枝。观音为佛教，五道将军为道教，民间时常将佛教、道教一起供奉，似乎没有那么多“界限”，只要想供奉什么，需要供奉什么，就供奉什么，所谓“心诚则灵”，在民间体现得最为直接、具体。同时，也体现了民间的多神信仰，并非专信一神。而我国自古以来，信仰就是多元化。五道庙今已无存。

96. 南独乐河村

南独乐河村，村里人记得过去叫孝义村，他们见过村里树立的“孝义村”大旗，后来改名独乐河的。

南独乐河村旧有庙宇9座，包括纪念性祠庙关帝庙、道教庙宇延祥观、真武庙、五道庙2座、土地庙、二郎庙和佛教庙宇东庵及基督教堂1座。

关帝庙，位于村西南，在延祥观南约200米处。

关帝庙坐南朝北，东西长约20米，南北宽约十几米，有一窄窄的小院。北面是一座小小的山门，前面为五六级石阶，山门正对大街。进山门后即是大殿，没有厢房。大殿面阔三间，东西耳房各两间。殿内供奉关帝泥塑坐像，一副帝王打扮。两边有4尊站像，周仓、关平为武将，王福、赵垒为文官，站列分文东武西。墙上绘有关公过五关、斩六将等故事壁画。村里人记得，在20世纪40年代末推倒神像时，殿里还存放着一口大棺材。村里人包括一些孩子，把绳子套在关公神像的脖子上，一拉没倒，再使劲拉，才倒。原来关公坐像屁股特别大，很沉，好不容易才拉倒，“哐”一下也把棺材砸瘪了，大家吓得就跑。

过去关帝庙是与延祥观南北对着的，从东边流过来的水，就从关帝庙前门口流过，从北往南流来的水到这里与东来的水汇合，往西流去。关帝庙毁于20世纪60年代。

延祥观，位于村西部，现在村小学的地方（图215）。延祥观又称老君观，为供奉太上老君之所。道教为张陵于东汉末年创立，以老子为祖师爷。老子，春秋末年著名思想家，道家创始人。姓李名耳，又称老聃，楚国苦县（今河南鹿邑市）人，做过周朝的守藏室史，即国家图书馆馆长，著有《道德经》，对后世影响深远。道教尊老子为太上老君，奉《道德经》为经典。太上老君，又称“太清道德天尊”，为道教最高神“三清”之一。

图215　南独乐河镇南独乐河村老君观旧址，现为村小学。这是小学原来的大门，现在走东边门了

平谷地区有4座供奉老君的庙宇，一是南独乐河村延祥观，一是峨嵋山村紫云观，一是鱼子山村北山的双峰圣水洞，一是北城子老君庙。民国二十三年《平谷县志》“古迹·坛庙”中记载：“延祥观，在南独乐河庄，至县二十里。元至

图 216　南独乐河镇南独乐河村
延祥观（摄于 1961 年）

元二十六年建。”记述尽管简单，但能上得县志，也说明此观在平谷地区是一座较为重要的庙宇。

县志记载延祥观建于元至元二十六年（公元1289年）。相传邱处机来此，手抚1棵枯死的柏树，连声说“可惜！”第二年，枯柏复活。县志里“金石”中收存元至元二十五年（公元1288年）《复生柏》诗石刻，诗为南唐老人张天度作，为一首七言长诗，其中写道：“竭来枯槁逮三年，不忍风摧并日炙。”“长春仙子偶经过，两手摩挲言可惜。明年太岁在元枵，秀叶参差如旧碧。”此诗一并收录进县志中。1961年所拍古建照片中，有老君观照片1张（图216），并有简略记述：“南独乐河老君观，建于明代，清时经过重修，至今仍完整存在。”

为写寺庙志略，最近专门购得《光绪顺天府志》，其“寺观”中记述：“延祥观，在县东北独乐河庄。初名元宝观，至元间，邱长春过此，观有枯柏，扪之复荣。有南塘老人张天度为作诗，玉谿老人赵铸为作记。《盘阴杂记》。赵铸《元宝观柏记》：岁丁亥，京东诸绅请长春真人醮于田盘山之栖云观，过平谷，饭于城东独乐村。元宝观中有柏，枯瘁岁久，师叹曰：可惜！起而摩之。明年春，其梢叶复生，郁茂如故。见者奇之。予一日托宿于州之通元观，道人李志平示予南塘老人誉长春子活死柏之诗，所谓非异人不能成异事，非异书不能表异迹也。志平欲传其传，乃书其事于石。”

诗文中所谈“长春子”，即邱处机（公元1148～1227年），字通密，号长春子，登州栖霞（今山东栖霞县）人。他年逾古稀时应聘请，率弟子西行万里，在今阿富汗境内与元太祖成吉思汗相会，谈治国之道。太祖称其为“神仙”，命其掌管天下道教，被奉为全真派始祖。由县志所记看，当先有古柏与诗刻，而后建观。而府志所记，当先有观与古柏。邱处机弟子李志常著《长春真人西游记》，并附有长虹《长春真人玄宝观活死柏碑文考释》一文。据此，就县志及府志有出入甚至错误处进行修正。

一是邱处机来延祥观时间，李志常记述为“丙戌正月，盘山请师黄箓醮三昼夜。”即在这时，邱处机去盘山途中，经过独乐河延祥观的。而“丙戌”当为成吉思汗二十一年（公元1226年）。府志记述赵铸所记为“丁亥”年（公元1227年），晚了一年。李志常跟随邱处机，所记应该不会有误。明代蒋一葵所著《长安客话》中，记载“延祥观柏”时，则道“元至元间，有异人驻驭燕京长春观中，京东诸师北面执弟子礼，岁丁亥，请建醮于盘山。”这是将成吉思汗的“丁亥”年，误为元世祖忽必烈“丁亥”年即至元二十四年（公元1287年）了，前后相差一个甲子。

二是延祥观当时的名称，府志记载初名元宝观，考释文录赵铸《玄宝观活死柏碑记》文，称作玄宝观，碑文写于当时，应不致有误。至于1961年拍摄照片时所记“建于明代”，就更所言无据了，若说明代重修或修葺尚可。

三是府志句读为“过平谷，饭于城东独乐村。元宝观中有柏，枯瘁岁久。”让人以为邱处机就餐于独乐村中。作为道士，就餐于道观中更为合适，故应句读为：“过平谷，饭于城东独乐村元宝观中。有柏，枯瘁岁久。”

至于作记的赵铸，清雍正时《平谷县志·艺文志续录》记载为荣禄大夫。荣禄大夫，金始置，从二品下。如《金史·百官志》所记：文官，从二品，上曰光禄大夫，下曰荣禄大夫。他与邱处机及张天度或为同时代人，相互熟悉了解，是否有交往不得而知。作诗的张天度，三河县人，以南塘老人为号，据说与邱处机有旧谊。民国《三河县新志》“文献志”收录韩琛《游南塘记》，记述：“南塘者，城南五里许不老淀也。旧志‘南塘落雁’，系三河八景之一。”张天度自号“南塘”的南塘，当指此南塘。

延祥观究竟建于何时？县志记载为“元至元二十六年建”。参照府志及李志常记，延祥观当在邱处机来之前就已建立，且建立很久了，因柏已“枯瘁岁久”。所以，延祥观至少建于金晚期，村里人甚至认为是唐朝时建。而村里人有“先有老君观，后有平谷县”之说，只能说明这座道观比较古老，历史较为久远。毕竟平谷建置于汉高祖十二年，公元前195年，至今已2200余年了。

延祥观，坐北朝南，南北长约70米，东西宽约100米。南为山门，门楼宽约1丈，对开木门。门楼前有13级石阶，号称“十三省”。村里人对这13级石阶一直这么称呼。据记载，明朝政府除南直隶应天府、北直隶顺天府以外，还分设13个布政使司，即山东、山西、河南、陕西、四川、江西、湖广、浙江、福建、广东、广西、云南、贵州（还曾有交阯布政司，后废除）。这13个布政使司，俗称13省。流传极广的陕北《兰花花》中有“五谷里的那个田苗子，数上高粱高。一十三省的女儿哟，数上咱们兰花花好”句，这“一十三省”即指此。而村里人对延祥观山门前13级石阶号称的“十三省”，或许亦指此。山门与正殿不正对着，略偏西一些。山门前一边1个石狮子，很威猛。进入山门内，东为钟楼，面阔、进深均为一间，悬挂1口大铁钟，楼中有一石人，老道登着石人打钟。钟楼南侧有一西开的小角门，贴着一副对联：“闲人免进仙人进，盗者休来道者来。”利用谐音，写得很有意味。由这小角门进东侧厢房，厢房有六七间，为看庙老道所住。村里人记得一位姓田的老老道，其徒弟为曹元亮，后来曹元亮到县城城隍庙去了，这当在20世纪30年代末。还一位小道士，小名“圆头”，是曹元亮徒弟。在山门内西侧，有一座戏台，戏台边也有一个石人，人们登着石人上戏台。当地人说，这两个石人是自来的。旧时正月二十八庙会，前后3天，在戏台上唱大戏，很热闹。村里人说在观内戏台上唱戏，是祭祀火神爷、马王爷。观西侧戏台前是空院，改为学校后辟作了学生操场。

延祥观有三进大殿，前殿为马王殿，面阔三间，殿内供奉2尊泥塑站像，东为三只眼的马王，西为火神，相对而立。此殿辟有后门，为过殿，当地人称“穿堂过屋”。

二殿为观音殿，面阔三间，供奉观音菩萨泥塑坐像。二殿也有后门，西侧有三间厢房，为仓房，存储谷物等。

最后为三殿，即主殿老君殿，西有耳房两间。耳房西边，为玉皇阁，又称玉皇殿，殿前一边1棵大槐树，约1米直径。玉皇殿面阔三间，殿内供奉玉皇大帝泥塑坐像，还有不少小像。老君殿前有东西厢房，东厢房南北六七间一直连着，西厢房为三间。老君殿前一边1棵梧桐树，约1尺粗细，树干上疙瘩鲁苏的，为区内庙宇中所少见。殿前东南角，观音殿后，有1棵古柏，1搂多粗，就是县志记载的“复生柏”，也称“还阳柏”，柏树下1通石碑，镌刻着“邱祖哭活还阳柏”诗，即是张天度作的《复生柏》诗了。

老君殿面阔三间，前有走廊，较为宽大，前窗为“万”字不到头的窗花。殿内供奉太上老君泥塑坐像，村里人称为“老君爷”，塑得威武高大。两边还有站像，村里人已记不清什么站像了。1947年土改复查中推倒观内神像时，在“太上老君”神像后心处，发现一面铜镜，村里人说是“照妖镜”。神像里，还发现一小布袋铜钱，写着“天启”字样。“天启”为明熹宗朱由校年号，公元1621年至1627年间，有可能在这期间对老君观进行重修或修葺，并重塑神像。

延祥观内旧有多通碑刻，应该与建观修观有关。如现在村小学校内还遗存三四通碑刻，碑首有“流芳百世”（图217）、“懿德垂俊”、“碑阴题名”等字迹，是功德碑了。其中1通碑看碑首，题额处略呈尖状，或在明以前所立，有可能是元代碑刻（图218）。我们现在掌握的元代以前的碑刻不过10来通，《平谷石刻》书中未曾收录此碑，延祥观的其他碑也未收录。

图217　南独乐河镇南独乐河村延祥观遗址所存流芳百世碑首

图218　南独乐河镇南独乐河村延祥观遗址所存石碑

如此规模宏大且历史久远的道观殿堂，于1984年拆毁，盖村小学教学楼。据说这是全县当时第一座村级教学楼。现在小学校内，除保存有三四通碑刻外，还有1棵古槐（图219），依然长势茁壮。

图219　南独乐河镇南独乐河村延祥观遗址所存古槐

真武庙，位于村西，坐北朝南，仅为1间，没有院落，庙内供奉真武帝泥塑坐像。早已无存。

二郎庵，位于村西，延祥观西北角高台上。台下面是老道坟，有十几棵柏树，看去一大片，据说这里有“邱祖坟”。村里人称这地方为“长青坟”，是由于柏树常年不落叶之故了。二郎庵坐北朝南，没有院墙，只有一座大殿，面阔三小间。殿前一边1通石碑，村里人称之为“王八驮石碑”，当是龟趺座了。殿前还有3棵柏树，各有1搂多粗。殿内供奉二郎神泥塑坐像，前有一条嚎天犬。1947年土改复查中推倒二郎庵神像时，塑像底下有“顺治”二字，起码说明这神像塑于清顺治年间，也说明二郎庵不会晚于顺治年间了，也就是公元1644年至1661年间，距今300余年了。建筑毁于20世纪50年代。

五道庙，全村有2座。一在村西南，仅为一小间，坐北朝南，画像，画有五道阎君及判官、小鬼等，是村里人乔树维所画；一在村西头，延祥观东边，面阔一间，过去庙里有泥塑像，后来毁了。2座五道庙早已无存。

土地庙，位于村东边，供奉土地爷，也早就毁了。

东庵，位于村东部，坐北朝南，南北长约20多米，东西宽约30米，有院，南为山门，大殿三间，殿前西侧靠南建有四五间房。庙内供奉菩萨泥塑像。东庵后来生产队曾作为办公用房。早已无存。

南独乐河教堂，位于村西南。说是教堂，也没有京城教堂的高大建筑，就是农村那样的“四破五”式宅院，东西宽约20米，南北长约15米，北正房一座，西南角有一过去农村那样的老门楼，朝西开。进门后还有一道二门，南开。

大约在20世纪二三十年代，由美国人骑着大马来传教。传教的美国人在北京有住所，一月来一趟。信教的主要是村西那几家，有20多人。新中国成立后，那座房子就成为村里一张姓家的住房了。

97. 南山村

南山村，旧有大小16座庙，包括道教庙宇五道庙14座及佛教庙宇龙泉寺、庵庙。

五道庙，全村有14座。据《平谷县地名志》记载，南山村明代成村，原称下店子。据传因明代皇陵所用的汉白玉石曾从这里开采，当时采石和运石人很多，刘、熊、马三姓在这里开店，以后形成村庄。村在上店子西部，地势略低，故名下店子。1991年更名为南山村，因村建在县东南部的山区，故名。在村里调查时，谈及村名，村里八九十岁的人说，他们小时就叫南山村了，不知道啥时叫的。南山村辖大小14个自然村，包括下店子，旧为八队，现在村委会驻地；上店子，旧为六队；石塘峪，旧为一队；东河，旧为二队；东罗庄，旧为三队；新房子，旧为四队；小岭，旧为五队；黑峪，旧为七队；白土岭，旧为九队；岭后，旧为十队；会庄子，旧为十一队；罗城子，旧为十二队；魏家河，从南面盘山下来一道水，就叫魏家河，河东一片人家，全是卢姓，称魏家河东，旧为十三队；河西一片人家，全是马姓，称魏家河西，旧为十四队。《平谷县地名志》记载与村里人所谈有出入，有石马子村，清光绪六年（公元1880年），闫姓人来这里给甘营刘宪家看坟，以后形成村庄。因坟地有石马，故称石马子。而村里人说，石马子是个地名，不是小自然村。那个地方过去有两户人家，归岭后，近年也搬迁了。2008 年 4 月，南山村在村北小流域治理砌坝墙施工中，出土 1 尊石马雕像（图 220），身高约 1.5 米，长约 1.8 米，宽 0.6 米，重约 3 吨，为整块淡白色青石雕刻而成。石马保存大体完好，雕工较为粗糙。文物部门初步鉴定，认为石马应雕刻于明朝之前。2012 年 11 月作者来村调查时，问及此事，村里人说，那刘家坟有一片坟头，民国时甘营的刘宪是个财主，据说上辈人做过几品官。20 世纪 60 年代末平整土地中平坟时，有一个坟里扒出 3 口大棺材，还不糟呢。谈及石马，村里人说，石马以前在地面上，后来砌在坝墙里了。砌坝墙的地方，在刘家坟西南约 100 多米处。

图 220　南独乐河镇南山村 2008 年 4 月在村北小流域治理砌坝墙施工中出土的石马雕像

过去一个小自然村有 1 座五道庙，大多 1 间，如三队、六队等，庙内为画像。也有的小自然村的五道庙就是几块石头简陋一搭，人们也去报庙烧香。现均已无存。

龙泉寺，位于南山村凤凰山脚下。

据《光绪顺天府志》记载：“龙泉寺在县东盘龙山。寺在山下盘龙，为东畿大山。蜿蜒以西，又十里为暗峪，峰峦峭刻，气势连霄，峪间夹两涯，有泉如练，自东北折，每春夏，云英英腾上，顷刻覆山谷，其色正白，若大海茫无际涯，人因目曰龙泉。泉之北，巉崖壁立，空翠扑人，左右诸峰皆相顾拱揖，黄精、赤茯，杂植其间。境异山幽，虽当烈火流金，使人翛翛有挟纩意。元至正四年，僧人顺公结庵于此处，庵以泉名，以志山川之胜。据金纯龙泉寺碑记。明成化六年，营州中屯卫千户景桢、僧可懿修之。正德五年重修，嘉靖二十七年僧大云再修，有金纯撰碑。”所载大略出自金纯明正德五年（公元 1510 年）二月所撰《龙泉寺记》，收录于民国二十三年《平谷县志》，文字略有出入。碑记中记述，明成化己丑（成化五年），“建如来大殿于中，左为迦蓝，右为祖师。又其东，为居僧之所”。后“作大士殿于主山之眉，建浮屠于案山之表”。意即正殿为如来殿，殿前有东西配殿，左为迦蓝殿，右为祖师殿。东院为僧人居住的地方。后来又建观音菩萨殿，及一座佛塔于山上。民国二十三年《平谷县志》也记载：“龙泉寺，在盘龙山西，至县三十里。元至正四年建，嘉靖二十七年重修。今俗称暗峪寺。”记载较为简略，嘉靖二十七年，为公元 1548 年。而所建元至正四年，为 1344 年，为元朝末年，距今已 660 余年了。

府志及县志基本说清了龙泉寺历史上的大致情况，但有两点问题，一是府志记载“营州中屯卫千户景桢”，县志收录金纯于明正德五年所撰《龙泉寺记》为“营州中屯卫舍人景铎”。这是名字之异，一时未有其他资料旁证，也就难以断定孰是孰非。但既是府志所记“据金纯龙泉寺碑记”，似碑记景铎更为确切，一般当世人的碑刻名字应该是不会轻易出错的；二是句读难以理解，何为“寺在山下盘龙，为东畿大山。”？或许句读有误，如“寺在山下。盘龙，为东畿大山。”“盘龙”前加一句号，就明了了。

龙泉寺坐北朝南，四周没有院墙。南为山门，就在现在村委会朝东开的门的那个地方，与北面的正殿“霹雷殿”对着，中间一条石头墁的香道，直通霹雷殿前的礓礤儿（石阶），周围没有院墙。山门是 3 座门楼，中间门楼较大，为券拱门洞。门楣上镶嵌石匾额，上刻“龙泉寺林”四个大字，楷书，旁边还有小字，村里人已记不清什么字了。那方匾额在 1957 年前后修发电站时，扣着篷在水沟上。现在就在村委会南边河道南侧埋着。山门前为空场，以石头铺墁，过去村里在这里唱影戏。

进山门后，院里有 2 通石碑，1 通已经半截，1 通是完整的，下面都是龟趺座。过去寺院里有 1 棵大柏树，村里人说遮荫足有“一亩三分地”。后来柏树死了，和尚就在那里栽旱烟，灰白火亮，好抽，还传到了北京。当年柏树上挂 1 口大钟，在一次大风中，大钟压折了树杈，一下把石碑砸断为两截。这口大钟是铁铸的，约有 4 尺高，抗战时期南山村为著名抗日堡垒村，将铁钟送到鱼子山八路军兵工厂，铸造手榴弹了。

山门内，在香道东侧，有东配殿，就在村委会东墙外胡同东面，旧供销社门东边那个地方，面阔一间，为老爷殿，供奉 3 尊泥塑像，中间是关公，红脸。村里人记得，关公的胡子是用真人头发做的，那时小孩子一看见就害怕；南边是二郎神，底下有 1 只小狗，村里说是天狗吃月亮；北边 1 尊塑像，村里人称茄（音

qié）郎，不知是哪个字，也不知是什么神。两侧，一边还有1尊侍立像。墙上画有壁画，主要是三国的内容，如“辕门射戟”等。西配殿，为祖师殿，面阔一间，七八尊泥塑像，1米多高，有蹲着的，有坐着的，也有翘着腿的，都是光着头的和尚像，村里人不知道塑像的名字。1943年左右，祖师殿就塌了，把神像都砸了。神像里有线装经书，风刮了一地。

霹雷殿，村里人就这么称呼，或许叫白了，是否为毗卢殿呢？因为毗卢佛为释迦牟尼的另一种法身，而释迦牟尼民间常称如来佛。从东侧胡同北走，走上近20级石阶，石阶的每一块石条打凿的很精致。石阶两侧为石头垒砌的坝墙（图221）。石阶上是一座比较大的门楼，石门槛、石门墩，门楼两侧为石砌院墙，基本都是过去的。门楼内一座小院，原来是三间大殿，前廊后厦，没有配殿。大殿在山根，殿内供奉的是如来佛，为铜铸坐像，1米多高。两边还有2尊泥塑站像，西边那尊手里托着一塔，村里人说是托塔天王；东边那尊手里拿着刀，村里人说是尉迟敬德。据说如来佛两边还有其他站像，其中有1尊像胳膊上搭着一个如意金钩。据此，村里人说的霹雷殿，应该是碑文记载的如来殿了。霹雷殿在1966年拆了，翻盖为四间房，作为村大队部，后又盖东厢房两小间，当作广播室了。翻盖时，还用了大殿的梁架、石料等，现在虽然已经破烂不堪，但框架还在，可见柁木檩架上，还有彩绘痕迹，证明村里人所说大殿满是盘着龙的彩绘是实情。许多旧石料，在墙基上依然可见。在霹雷殿基址前面的石阶西侧，一个七八十公分大的柱础还在（图222）。这

图221　南独乐河镇南山村龙泉寺霹雷殿山门、石阶等

图222　南独乐河镇南山村龙泉寺遗址所存柱础

一切，可见大殿的辉煌与坚固。而这座殿，估计应该是明嘉靖时重修的遗物，保存了400多年的建筑拆毁了。而那尊如来佛铜像，1942年前后，村里人为保护它悄悄藏在了村南的水坑里。后弄出砸碎，送到了鱼子山八路军兵工厂。

菩萨殿，在老爷殿北面十几米的地方，也就是霹雷殿下面东南角，没有院落，就是一座大殿。面阔五间，前出廊，村里人说那廊子足有五六尺宽。殿内供奉3尊木雕像，下有莲花座，为坐像，一人高矮。两边有小木雕像。过去每年二月二村里人来庙里添海灯。菩萨殿在1943年左右，在日军扫荡中被烧毁了。后来在殿址上盖了民房，2012年11月再去调查时，那民房也拆了。

看来，龙泉寺一直到新中国成立前，明代重修的格局基本没变，如金纯碑文所记："建如来大殿于中，左为迦蓝，右为祖师。又其东，为居僧之所。"后"作大士殿于主山之眉，建浮屠于案山之表。"直到现在，霹雷殿、祖师殿没变，而老爷殿或许就是迦蓝殿了，而大士殿就是现在说的菩萨殿，一般称观音菩萨也为观音大士，由此可知，菩萨殿主要供奉的当是观音菩萨了。在调查中，当问及山顶是否有佛塔时，村里近90岁的老人摇头说没听说过。金纯碑文记载不会有误，只能说那佛塔很早就倒塌了，近二三代人没有见过，毕竟距金纯于明正德五年（公元1510年）撰《龙泉寺记》已经500余年了。在调查中，村里人说，龙泉寺旧时归盘山管辖。盘山号称七十二寺，龙泉寺是其中之一，背阴寺（现在金海湖镇向阳村，原称背阴寺村，也有一座寺庙）也归盘山管辖。

龙泉寺附近有和尚坟，一处在村六队上店子，那地方有一片和尚坟，都是不大的坟头，现在早平了，盖了民房。过去坟地里有柏树，据说好几搂粗，所以又叫柏树坟。2008年4月，在上店子场院挖场房地基时，挖出1通和尚墓碑（图223）。

图223　2008年4月，在南山村上店子场院挖场房地基时挖出的和尚墓碑

此碑青石质，方首，碑首双钩阴刻如意云纹。通高1.28米，宽0.47米，厚0.17米。无碑座。

碑文：

额题：万古流芳

正文：圆寂老祖道增和尚 孝徒兴锐、兴善 孝孙尚、隆、和 曾孙傅律、傅芳 法心、法变、法義、法慧 眼静、眼明、眼補、眼智、普现、普承、普福、普存、觉□

石匠 李明才

落款：大清乾隆拾九年二月初七日眼明造立

清乾隆十九年为公元1754年，而碑上所记为4代僧人名字，4代约略百年，大致可上溯到1654年前后，当是清初，顺治皇帝于1644年登基。而志书所记元至正四年（公元1344年）僧人顺公、明成化六年（公元1470年）僧可懿、嘉靖二十七年（公元1548年）僧大云，都早于碑上老祖道增和尚了。或许祖师殿所供奉的，就是这些位高僧了。

在村委会东侧，菩萨殿东边，也有一片和尚坟，过去有石碑、石香炉等。1958年前后，在现在村委会房后山脚，霹雷殿西侧，挖出一座墓葬，为砖碹的。墓里没有尸骨，发现一个小瓷碗，还有1通墓碑，不到1米高，有字，县文化馆来人弄走了。村里人说好像也是和尚坟，但没有说准。墓为砖碹，且墓内有石碑，应该是有一定身份或影响的人的墓葬，而不是普通平民之墓。

庵庙，位于村五队小岭自然村南，那里有道庵子沟，是有一条南北流向的小河。沟西边有座和尚庙，不知道庙叫什么名字，村里人一直叫那个地方为龙潭庄子。河东边是姑子住的庵庙。据说和尚勾搭姑子，抢男霸女，在庙里还有地窨子，以藏女人等。皇上派人来，把和尚庙给抄了。村里人说是明代建的庙，清代拆的庙。庵庙里供奉的是菩萨，铜像，1尺左右高，不少，供奉在雕花供案上，后来不知下落了。庵庙里还有一个四遭刻有字的石碑，应该是经幢了。庵庙早已毁了。

龙泉寺在凤凰山前，那座山从南山上看，形如一只凤凰。而看龙潭庄子那一带的小山，形如一条龙。村里人相传这两山往一起长，如果连在一起，就要出皇上了。所以，明代的时候，就在凤凰的头下，建了龙泉寺。为破风水，在这里开了石场子，明代修十三陵据说从这里开采石头。开采石头时，一凿子下去，凿在了龙头上，直流血，把龙脉破了。村委会房后面崖壁的柏树，传说有几千年了，是凤凰的翅膀。

98. 望马台村

望马台村，旧有道教庙宇五道庙、龙王庙及佛教庙宇正觉寺、菩萨庙。

五道庙，位于正觉寺后面，一大间，画像。主要是为村里去世的人报庙烧香，过去要饭的人没地方住，也往往住到五道庙里。现已无存。

图 224 南独乐河镇望马台村龙王庙旁水井，现已砌筑了石棚

龙王庙，位于正觉寺后边偏东。那里有 1 眼水井，龙王庙就在井沿旁边。一间，为木雕像，两边有木雕站童。过去天旱了，就来龙王庙求雨。庙已无存，水井还在。如今，在水井上以石头砌成了一座石棚（图 224），以加强保护。

正觉寺，原位于村东，现在村中心，庙址已辟为公园。

正觉寺坐北朝南，南北长约 50 米，东西宽约 15 米。南为山门，宽约 3 米的一座门楼。山门前有四五级石阶，两边有竖着的石头垂带，孩子过去经常在上面打出溜。山门前有几棵槐树。山门里，还有一道二门，山门与二门之间，以石头铺砌一条甬道，三道石头竖着铺砌。还有 1 棵大槐树。

图 225 南独乐河镇望马台村正觉寺遗址所存古槐

二门内，一道砖砌影壁。院内 1 棵老槐树（图 225），村里人不知多少年了，现在还活着。北为正殿，面阔三间，前廊后厦。东西各有一间耳房。还有东西配殿，各三间。院中间一道河卵石铺砌的甬路。大殿内，供奉泥塑坐像，中间为佛教的坐像，下为莲花座，座下有一大鳌鱼头，

过去认为鳌鱼翻身，天摇地动。村里人记不清是佛教的什么像了，就平谷地区而言，坐像有鳌鱼的，或是观音菩萨，或是佛祖释迦牟尼。而村里人记得佛教像的东侧是火神爷，西侧是药王爷，这2尊像略小。两山墙上绘有壁画。东西配殿没供奉神像，在抗战时就是小学了。

大殿门前两边，一边1通石碑，村里叶天明、叶天亮石匠刻的。碑文由王植撰写，记载着清代嘉庆四年（公元1799年）建庙及捐款人的名字、施舍的土地、钱数等。

20世纪60年代，拆了大庙翻盖村小学。1990年，有人想把碑在学校里重新立，且抄了碑文，现在也找不到了。

菩萨庙，原位于村西头，现在是村北了。一间，为菩萨画像，现已无存。

99. 新立村

新立村，因修建海子水库，1959年从库区东马各庄先搬到上堡子，1960年又搬到这里建村。村委会内1棵大刺槐，为1960年立庄时所栽。立庄时由移民办统一盖房子，现仅存2户。一是王占奎家，王占奎88岁，为村里最老的人了。王家屋顶瓦后来揭瓦（音wà）过。王家1棵大核桃树，为全村最老的树，立庄前，这里是县林场，1958年林场种的核桃（图226）。赵财家，新立村北街58号。此家没有揭瓦（音wà）过，当初由移民办统一所盖（图227）。

图226　1958年林场种的核桃，这是新立村最早的一棵树木

图227　这是南独乐河镇新立村赵财家，为1960年建庄时由移民办统一建造的房子，至今从未揭瓦过

由于新立村为20世纪60年代初新建，故村中无庙。

100. 新农村

新农村，为1970年建村。2007年4月参加寺庙调查的老村书记、村主任、75岁的赵云荣说，他原来在东马各庄任村书记，1959年修海子水库，1960年他家搬到红石坎，1961年在搬到马家坟，1970年从马家坟搬到这里。东马各庄搬迁前264户，2200人，先后搬到新农村、新立村、耿井、晏庄、黑水湾、黑豆峪、大东沟、岳各庄、上纸寨、王辛庄、独乐河、峰台、刘家河、峨嵋山等村，共迁到60多个村，包括迁到外省市如兴隆县等有十几户。当时，有一部分人家没走的和走了又搬回去的，叫马家坟，“文革”后改为东马各庄。王宝金家旧房（图228），当时是“原拆原盖”，不够移民办给补，但个人要拿一点钱。此房为1970年建村时所盖，调查时尚在，五六年过去，不知现在是否还存在。

图228　南独乐河镇新农村王宝金家旧房，为1970年建庄时所盖

由于新农村为20世纪70年代初新建，故村中无庙。

101. 张辛庄村

张辛庄村，据《平谷县地名志》记载，据说在清顺治年间，有沥津庄两户张姓人家，迁此落户，称张新庄，因在沥津村东，又称东新庄。后演变为张辛庄。在村里调查时，是在2007年4月，曾当过村干部的宋建华，时年70岁，他小时听村里的一个百十岁老木匠说，张新庄建村有200多年历史了，在村西百十米有一西刘家庄，村东百十米有一东刘家庄，两村人经常劫道，打砸抢。一年皇上从这儿经过，两村人把皇上的贡品给劫了。皇上下令，将两村给“洗”了。“洗”了以后，从山东等地移民，在此落户，叫东辛庄子。一开始是张姓，后来从附近又迁来一些别姓的住户，如东高村王姓，北屯宋姓。宋建华的宋姓是80多年前，太爷推着爷爷和大姑奶奶从通县双福头老家逃荒过来，先到兴隆大段洼，后迁到这里。1948年以后，姓张的多，就改为张辛庄了。清顺治年间，为公元1644年至1661年间；而宋建华小时听老木匠所说时间200多年前，距今也在300多年前了。两个时间大致吻合，即建村当在清初。

全村旧有道教庙宇五道庙及佛教庙宇菩萨庙，由于建村于清初，所以建庙也应在清代以后了。

五道庙，位于村中间偏北，坐北朝南，面阔三小间，前有小院，临街开一小门，院内有树。庙内为画像，北墙、东西墙都有画像，村里人记不得画的什么像了，但记得靠墙北边摆一溜香炉。由此可知，墙上画的不是1尊神像，一般都是一个香炉后面会有1尊神像的。五道庙毁于20世纪60年代。

菩萨庙，位于村北，坐北朝南，面阔一间，建在一座高台上。庙里为画像，在北墙，中间1尊坐像，两边一边1尊站像。据此，中间画的应该是观音菩萨，两边站像为善财童子和龙女。画像前，摆着3个石香炉。菩萨庙毁于20世纪60年代。

八、金海湖镇

金海湖镇，辖28个行政村，旧有大小庙宇110座，分为纪念性祠庙7座，主要是关公庙、三皇庙、药王庙；道教庙宇73座，主要是龙王庙、山神庙、土地庙、火神庙、马王庙、五道庙等；佛教庙宇30座，主要是佛祖庙、菩萨庙等。现在，靠山集菩萨庙、中心村五道庙尚存，海子村南观堂、滑子村药王庙为近年所复建，东马各庄村三泉寺、东上营村双泉院正在复建中。

102. 东马各庄村

东马各庄村，旧有道教庙宇五道庙、龙王庙及佛教庙宇三泉寺、大庙。

五道庙，位于村西街，坐北朝南，仅为一间，画有五道等神像。1959年修建海子水库时拆毁。

龙王庙，位于村北山石崖上，坐北朝南，仅为一间，庙内供奉龙王等3尊泥塑像（图229）。过去天旱时，村里去一拨人，光着脚，头戴柳树枝，一路敲锣打鼓到龙王庙求雨。有人从河里一猛子扎下去，因为那里最深，灌一壶水上来，到龙王庙上供。龙王庙在1959年修建海子水库时拆毁。

图229　金海湖镇东马各庄龙王庙，1959年修建海子水库时拆毁

三泉寺，旧时位于村东北。

民国二十三年《平谷县志》“坛庙”中记载：“三泉寺，在上马家庄东北，至县三十五里，金永

安二年建。”查阅历史年表，金代没有“永安”年号，前后的辽、元两代也没有“永安”年号。1959年第一次文物普查资料对三泉寺有记载：“名称，三泉寺。年代，金创建，明重修。地址，平谷县韩庄人民公社东马各庄东北山上。规模与形制，坐北朝南，只存东西配殿和东跨院的偏殿，都为硬山，筒瓦箍头脊，前出廊。附属文物，碑一块，方首刻云，长方素座，为三泉寺重修，清乾隆二十年（公元1755年）四月立。金承安四年和尚塔铭一块。”由此可知，“永安”或为笔误，也许是“承安”。而金承安为金章宗完颜璟时年号，金承安二年即公元1197年。由此看来，三泉寺建于金承安二年。所存金承安四年（公元1199年）和尚塔铭，说明有一座建于金承安四年的和尚塔，这位和尚应是三泉寺的创建之人。

县志“名胜”又记：“邑东鸡足山，中峰南向而高耸，左右两峰若相拱揖，万株翠柏郁密满山。其中古寺建于金大定年间，寺前泉水杂出，而三泉独大，因以名寺。众泉汇流，自寺至南山口，弥望汪洋，水石相激，潺潺有声。山之东地名黄草凹，复有泉水一道，与山口之水汇而西流，即成巨川，有水碾数盘。迤南又有横山远照，境异景幽，为盘阴第一名胜也。”所言古寺，即是三泉寺，说“建于金大定年间”，为公元1161年至1189年，与志书上述所记略有出入，但大定末年与承安二年也不差几年。

据志书及普查资料所记，三泉寺建于金代，具体而言，大致建于金大定至承安二年间，即公元1161年至1197年间，明代及清乾隆二十年（公元1755年）曾进行重修。

在调查中，与东马各庄村人座谈，黄草洼村人也谈及三泉寺，综合进行整理。据说三泉寺是前清端王爷家庙，大致在光绪年间（公元1875~1908年）。查阅史料，清末确有一位端王载漪，不知是不是此位端王。三泉寺及东马各庄周围所有地都归他们，姓罗的就是端王家奴。

三泉寺坐北朝南，东西宽约30米，南北长约30多米，四周围有院墙。南为山门，有前后两进大殿。前殿为金刚殿，殿前东侧地上，有1口大铁钟，高约5尺，上面铸有铭文。金刚殿面阔三间，前出廊，殿内为四大金刚泥塑站像，村里人说是“四大金刚踩八怪”。前殿辟前后门，可通后院。后殿为正殿，有东西耳房各两间。殿前有东西配殿各三间，其中东配殿为关公殿，西配殿村里人记不清了。殿前两侧有2通石碑。正殿面阔五间，檐下悬有大匾，殿内供奉观音菩萨泥塑坐像，两边有十八罗汉泥塑像。

三泉寺毁于20世纪50年代。现存1通“三泉寺故英上人禅师塔碑”，碑文模糊不清。大意为：禅师号祥英，俗姓黄氏，香河人，金皇统二年（公元1142年）具戒，金承安四年（公元1199年）去世。承安四年志空为之建塔。这当是一方塔铭，为金代遗物。在调查中，村里人未曾谈及此塔。而“三泉寺故英上人禅师塔碑”，当是1959年普查资料所记载的那块“和尚塔铭”。

图230　金海湖镇东马各庄村正在复建中的三泉寺（摄于2012年4月）

近年，三泉寺在旧址正进行复建（图230），规制超越了以前。

大庙，位于村中间，现在水库中的小山上，坐北朝南，南为山门，一座砖砌门楼。院内北为正殿，殿前有西厢房，没有东厢房。西厢房过去村里人在那里读书，村里走会的大鼓等也存放这里。正殿面阔五间，有西耳房。殿内供奉1尊泥塑大佛像，村里人不知是什么佛像，旁边还有一些小佛像。抗战时期，日军曾住此，后来连村里附近的房子一起拆毁。

20世纪90年代初，北京市文物研究所和中国科学院古脊椎动物与古人类研究所对平谷地区进行石器时代考古调查，发现旧石器出土地点12处，有上堡子旧石器出土地点、罗汉石旧石器出土地点、刘家沟旧石器出土地点、马家坟旧石器出土地点、海子旧石器出土地点、洙水旧石器出土地点、马家屯旧石器出土地点、南山村小岭旧石器出土地点、望马台村豹峪旧石器出土地点、甘营旧石器出土地点、夏各庄旧石器出土地点、安固旧石器出土地点。作为东马各庄的一个自然村的马家坟的村东，红石坎泉水河右岸二级阶地上，1990年3月发现旧石器地点，出土石制品19件，另有7件采集于地表（图231）。根据遗址地质地貌和文化遗物的特征，初步确定遗址的地质时代为晚更新世，考古学年代为旧石器时代中、晚期。此出土地点以“马家坟遗址”条目，写入2006年3月版《北京志·文物卷·文物志》中，且认为“这是继北京周口店发现旧石器文化以来，在北京地区的又一重要发现。”从这些出土地点和发现的石器可以看出，平谷地区早期人类活动主要在山前台地，河流两岸，距今大约为几万年至 10 万年间。而这些人是从哪里来的，尚需今后更多的发现与深入研究。

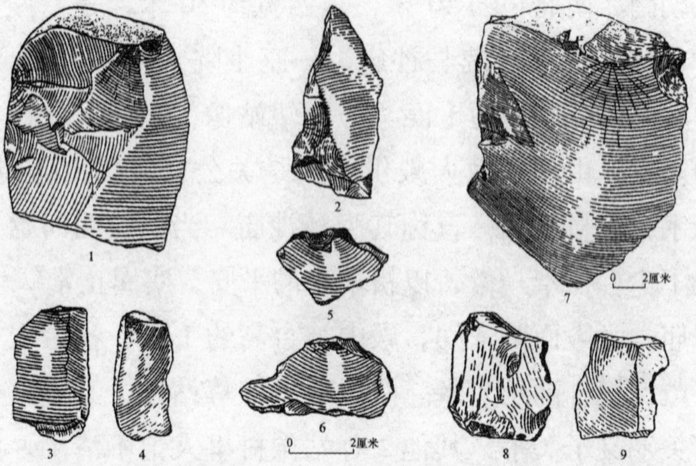

图 231　金海湖镇东马各庄村马家坟村东出土的石制品：
1. 双台面石核；2. 单凹刃刮削器；3. 天然台面石片；4. 素台面石片；
5. 单凸刃刮削器；6. 有脊台面石片；7. 修理台面石片；8. 9. 单凹刃刮削器

103. 东上营村

东上营村，明代时为将军石营，又称东上营，而中营、下营在天津蓟县境内。据《四镇三关志》载：“永乐年建。”建有城堡一座，东西长 150 米，南北宽 280 米，设有南门和西门。南门为券顶门楼，高约 3 米，现残存一高 2.2 米、宽 3.1 米的门洞（图 232）。西门处尚存大块条形基石。营内东南角，原有古炮台一座，炮台为砖石结构，5 米见方。后成村。旧有庙宇 14 座，包括纪念性祠庙老爷庙、道教庙宇

图 232　金海湖镇东上营村明代营堡残存的南门

财神庙、火神庙、马神庙、马王庙、五道庙2座、龙王庙、玉皇庙、娘娘庙、灵官庙及佛教庙宇望海观音庙、双泉院、跛拉庙。

老爷庙，位于村西南角，原村大队部，现在村委会后面。

老爷庙坐北朝南，南北长约40米，东西宽约50米，是一座大院，周遭为院墙。南为山门，山门内，为前院马神庙，一座小院，有一小门。正殿面阔三间，设前后门，可通后院。殿内一边1匹马，泥塑站像，东西对着，马边一站像牵着马。牵马者当为马卒，由于后面大殿供奉的是关公，所以，这应是老爷庙前殿，而不单是一座庙宇，但村里人一直称其为马神庙。当然，明时这里为营寨，边关要塞，养马自然不少，供奉马像，以祈求马的平安，实属正常。

后院为老爷庙，大殿面阔三间，殿内神台高约1米，神台上供奉关公泥塑坐像，红脸庞，头戴冕旒，高约3米。两边各有2尊站像，其中，西边有拿着大刀的周仓，东边有关羽义子关平，其他2尊站像村里人记不清了。殿内墙壁上绘有壁画，东西两山墙大柁以下，打成若干方块，绘有按三国章节的故事。大柁以上两山尖，绘有八仙过海等壁画。

老爷庙大殿前有东厢房四间，没有塑像。大殿两边有东西耳房各一间，东耳房为财神庙，供奉1尊泥塑坐像，村里人说不清供奉的是什么财神，过去常住要饭花子，庙里熏得漆黑。西耳房为火神庙，为火神泥塑像。火神庙前有1通石碑，现在还保存半块，在村委会院内。

整座庙统称老爷庙，只是在里边不同的房子供奉不同的神像，村里人就称什么庙。院内中间有1棵大柏树，约2搂多粗。老爷庙毁于20世纪80年代。

马王庙，位于村西南角，在老爷庙西侧约三四十米处，中间一条通道。庙不大，约占3分地的面积，坐北朝南，前有小院，敞门，没有门楼。正殿三小间，殿内神台上供奉马王，村里人称其为马王爷，泥塑坐像，3只眼，俗话“马王爷三只眼”即指此。4只手上举，各拿一把刀。马王庙毁于1947年至1948年土改复查时。

五道庙，全村有2座。一是西五道庙，位于老爷庙北约150米处，过去在村西头。庙坐北朝南，前有影壁，还有1棵大槐树，二三人搂抱不过来，人可以从空树洞中钻过去。庙为一间，有门窗。庙里为画像，画有阎王、判官、小鬼等像；一是东五道庙，位于村东头，过去村东有城，庙在东城外。也是一间，画像，庙前1棵大槐树。2座五道庙毁于1947年至1948年间。

龙王庙，位于村中心。这里有1眼水井，村里人说是苦水井，井水发涩，不好喝。井有四五丈深。井边1棵大槐树，龙王庙就在井东北边。

龙王庙坐北朝南，仅有一小间，瓦房。庙里供奉龙王石雕坐像，高约四五十公分。过去天旱时求雨，村里人用滑竿，上面绑一把椅子，将庙里的龙王石雕像放在椅子上，4个人抬着走。求雨的人都要光着膀子，赤着脚，头上插着柳条。这时家里人都要做面龙。大家抬着龙王石雕像，到南面的山前，也就是金海湖边，那里过去有一个砬碴子，有水，咋旱那里也不干，称为龙坑（音 kèng）。到龙坑南沿，挽起裤子，烧香上供，磕头祈求："龙王爷，给我们下点雨吧，我们的禾苗都不长了！"有会水的人，扎进水里，灌一瓶龙坑水，称之为"圣水"，带回来。有时也巧了，到不了家，天就真的下雨了。

灵官庙，位于村北峨山上。

峨山又称茅山、元宝山，灵官庙在峨山顶前部。灵官庙为供奉道教护法镇山神将王灵官之庙。王灵官，又称"火车灵官王元帅"、"豁落火车王灵官"、"玉枢火府天将"、"降恩真君"。道书上说，本名王善，湘阴城隍庙城隍。历史上王善确有其人，一般认为是北宋徽宗时人，曾拜萨守坚真人为师学符法，是宋代著名道士林灵素再传弟子。王灵官信仰始于宋代，明代广泛流传民间。其在道教中的地位和作用，与佛教中韦驮相似，是重要的护法神，镇守山门，为人刚正不阿，嫉恶如仇，纠察天上人间，除邪祛恶，不遗余力。百姓赞道："三眼能观天下事，一鞭惊醒世间人。"

平谷地区真正称灵官庙的，只有峨山一处。山上北起玉皇庙、娘娘庙、灵官庙，看来灵官庙处在最前位置，自是请灵官在此镇守山门及护法之意了。当然，在灵官庙前，还有一座望海观音庙，佛教与道教在峨山融合了。山顶这几座庙宇或各据一山头，或占一片山前阔地，从南往北逐渐升高。这些庙宇，其建造年代大概应在明代，也就是在建营寨与村落之后。现在，山上山下还存在几通碑刻（图233），可供进一步研究。其中有"玄庙碑"（图234），碑文为"内弟捐金重建，万历庚辰春吉日立。"此碑立于明万历八年（公元1580年），而玄庙一般供奉玄帝，即真武帝，在调查中，村里人未曾谈及有此庙，也许很早就毁了，改建供奉其他神灵了。

图 233　金海湖镇东上营村原庙内古碑，现散落在一大院内

图 234　金海湖镇东上营村所存明万历时重建玄庙碑拓本

灵官庙建在一座高台上，坐北朝南，下有一小院，小院西侧建有西厢房三间，没供什么神像。灵官庙独立成院，没有后门，北为正殿，面阔三间，殿内供奉灵官泥塑像。灵官庙早在 20 世纪三四十年代就毁了，村里七八十岁的老人，现在也只能说个大概，细节难以说清，基址尚存（图 235）。

图 235　金海湖镇东上营村嵑山灵官殿遗址

娘娘庙，位于村北嵑山顶上灵官庙之后。

娘娘庙坐北朝南，面阔三间，前出廊，没有后门及配殿，前有一座小院，殿内神台上供奉四五尊娘娘泥塑坐像，其中 1 尊娘娘像怀里抱着小孩，上马子里背

着小孩，应该是送子娘娘。大殿西北角，供奉着1尊药王像。东西两边各有2尊站像，村里人说不出什么神像。

1947年推倒娘娘庙神像并拆毁，现基址尚存。

玉皇庙，位于村北峪山顶上，娘娘庙之后。

玉皇庙为峪山道教庙宇主庙。村里老人说，玉皇庙毁得很早，他们的上辈人都没见过，上山做活时，经常刨出柏木疙瘩，很粗，火烧过。据说玉皇庙有3道门，正殿面阔五间，有大院，规模应该不小。庙址现存，还有1通碑刻及残龟趺（图236）、柱础（图237）等。碑掩埋土中，村里人记得是明万历年间（公元1573～1620年）所立。碑首圆形，确实具有明代石刻风格（图238）。而龟趺是村里人在1968年“文革”炸毁的。这是平谷地区所遗留的实物较多的一座玉皇庙址。

图236 金海湖镇东上营村峪山顶玉皇庙遗址所存残龟趺

图237 金海湖镇东上营村峪山顶玉皇庙遗址残存柱础

玉皇庙北边不远处，有2座墓，东墓以石头砌筑基座，上为墓冢，很高大；西墓为土丘墓，较矮小。村里人传说，为南宋牛皋、金兀术的墓。二人交战追杀至此，金兀术战败气死，牛皋得胜笑死。二墓现存，估计应该是古墓葬，尤其那座石砌基座的古墓，非近人所砌筑（图239）。

图238 金海湖镇东上营村创建茅山玉皇庙碑拓本

图239 金海湖镇东上营村嵑山顶古墓，相传为南宋时牛皋墓

望海观音庙，位于村北嵑山顶最南面的山头上，与北面的灵官庙相距约100余米。站此可远眺南面盘山，村庄就在山下，南面洵河从东向西流过。村里人说过去在这里，可以望见通州塔。通州塔名燃灯塔，矗立于大运河西岸，八角十三层，高56米，为典型的辽、金密檐式塔。望海观音庙为三间，庙前即为石砬。庙内应该供奉的是观音，但早已毁弃，仅存基址。

20世纪40年代末，在望海观音庙东侧山坡上，有人挖到一座墓葬，有尸骨，挖出一把“亡命刀”，还有一个方盒，盒上有鳞片，一打开闪闪发光，有人说是印盒。据说明朝时在这里守营的是个姓殷的将军，或许这是他的墓了。

双泉院，位于村北嵑山半山间。

双泉院始建于辽，金明昌四年（公元1193年）曾重修。“明昌”为金章宗时年号。而金朝为东北女真族建立的王朝，贞元元年（公元1153年），海陵王完颜亮将都城由上京（今黑龙江阿城）迁至燕京（今北京），改称中都。传至金章宗完颜璟时，金朝已至鼎盛时期，他以皇太孙身份继承祖父帝位，自幼对祖父的文韬武略耳濡目染，加之对儒家文化的融会贯通，在继行祖父“仁政”的基础上，效法北魏孝文帝实行汉化改革，不断完善政治、经济制度，实现了女真族的彻底封建化。金章宗在京城生活起居和处理朝政的同时，也常常到京郊打猎游玩，平谷地区即是其多次驾临之地。

双泉院遗址东西宽约50米，南北长约20米。据《日下旧闻考》记载：“嵑山在县东北四十里，峰峦峭峻，林谷深邃。有双泉寺，金明昌中建。”当年这里的环境应该很优美。双泉院依山而建，又据《平谷文物志》记载，寺坐西朝东，原有正殿及南北配殿各三间，是一座三合院式建筑。经调查及实地踏察，寺院山门东向，南侧为大坝沿，高约3米左右，南配殿就建在坝沿上。正殿和北配殿不知毁于何时，当地人也未曾见过。在20世纪三四十年代仅存南配殿，以至村里人误认为是南倒座三间，且认为正殿是坐北朝南。南配殿1948年拆毁。遗址西侧，有一盘石碾，碾磙尚存。寺东侧不远处有2眼水井，东西相距约4米，传说井水一苦一甜，双泉院亦由此得名。双井现存，井中有水，井边有过去捣米的石臼（图240）。井西侧原有1通石碑，碑座倒置井边，为中间束腰、雕有莲花瓣纹饰的须弥座（图241）。再西边，大约正殿前北侧原有1通石碑。

图240　金海湖镇东上营村嵑山双泉院遗址保存的水井与石臼

图241　金海湖镇东上营村嵑山双泉院遗址水井西侧散落的须弥碑座

正殿北面四五十米处，坝沿上有一天然山洞，名朝阳洞（图242）。洞上部建有屋檐，上有青瓦、滴水。洞高约三四米，洞深约四五米，洞内北部为石龛，供奉3尊铜像，中间1尊高约四五十公分，为观音菩萨；两边为站像，略矮。当地人相传，洞内旧有8尊铜佛像。洞前为一小院，西侧厢房两间，住一位老道，名勾长荣，河北三河县人，

图 242 金海湖镇东上营村峨山朝阳洞，近年在洞口复建了屋檐及门窗

新中国成立后去世；东侧二小间厢房，作为厨房及存放杂物。没有山门，前为大坝沿，从坝沿石缝里长出 1 棵大桑椹树，约 1 搂多粗。当地人称这山洞为“双泉寺朝阳古洞”，看来洞与寺院为一体。洞东边约四五十米处，半山腰有 2 座和尚坟，南北东三面砌以围墙，西面空敞。围墙早已拆毁，坟墓尚在。坟西侧有 1 口大铁钟，1 米多高，2 人才能搂抱过来，上面铸有铭文。抗战时期，东边彰作村有八路军供给处，连大铁钟及寺庙里的铜佛，运到彰作铸手榴弹了。

图 243 金海湖镇东上营村峨山金代双泉院残碑

现存 3 通与双泉院有关的石碑，一是“重建双泉禅院碑”，已残损，仅存上半部（图 243），汉白玉石质，螭首圭额，额题楷书“重建双泉禅院碑”，碑文有“驾秋狝”、“皇妃”及“公主”等字迹，落款为“大金明昌四年”。可知此碑立于公元 1193 年，“明昌”为金章宗时年号，“皇妃”当为章宗元妃李师儿，“公主”是金章宗之女了。据意当是在明昌四年秋天，金章宗与皇妃及公主一起，来这里游猎。翻阅《皇帝全传》，“章宗”明昌四年九月有“癸酉，如秋山”记载，即到秋山去。秋山在蓟州，今天津蓟县。当是章宗等从中都到蓟州秋山游猎，回来或去时途中或许驾临双泉院了。有关专家研究，双泉院很可能就是章宗八院之一，也就是金章宗出行的行宫之一。碑文还有“辽时蒙赐院额”语，说明这座寺院始建于辽代，且寺额为皇帝所赐。

二是“峨山双泉禅寺碑石”，汉白玉石质，仅存螭首式碑首，碑阳额题八思巴文（图 244），碑阴额题楷书“峨山双泉禅寺碑石”，此碑当为元代碑刻，碑阳正文当为八思巴文，可惜碑身已毁，内容与时间不得而知了。

三是“古建双泉”碑（图 245），碑为方首圆角，青石质，碑阳额题楷书“古建双泉”，碑文有缺损，大致是记述将军石营与当地人等捐资于明嘉靖二十五年（公元 1546 年）重修双泉院之事，落款为“大明嘉靖二十六年”。碑阴额题“重修碑记”，字迹不清，当是功德名录了。

图 244　金海湖镇东上营村峨山双泉院元代八思巴文碑额拓本

图 245　金海湖镇东上营村峨山明代古建双泉碑拓本

前两通残碑现存上宅文化陈列馆，第三通碑现存东上营村委会。通过这 3 通碑文，大略可知双泉院始建于辽，且寺额为皇帝所赐。金明昌四年、元代及明嘉靖二十五年（公元 1546 年）曾进行重修。这座寺院为辽代以来京东一处重要庙宇。而辽时契丹人有尊日东向习俗，那时所建庙宇多为坐西朝东，双泉院也不例外。近年，地方在逐步复建双泉院，已改为坐北朝南，正殿面阔五间，重檐斗拱，已非旧有格局（图 246）。

由于金章宗不止一次驾临平谷，便留下诸多与金章宗有关的遗迹。如平谷城南 5 里原有看花台，相传为章宗赏花之地；平谷东 20 里有望马台，西北 20 里有发箭台，都曾是金章宗游猎处；今平谷西北有乐政务村，原名下箭务，传说因为金章宗在这一带打猎时，为飞箭落下的地方而得名，民国年间改名乐政务。在金海湖还有金花公主墓，又称小姐坟，相传为金章宗之女，死后葬在了泃河岸边一座小山上。日本冈田玉山等编绘公元1802年出版的《唐土名胜图会》中，收录一幅“金花公主墓”图（图247），以4根铁链悬吊着棺木，下为河水。韩牧苹先生在《金海记游》中写道：“公主是金国章宗皇帝的女儿，生得聪明伶俐，容貌姣好，可惜她正当豆蔻年华，便自香消玉殒，与世长辞了。章宗非常悲痛，便遣人凿山为穴，以四铜环悬棺于内，引泃河水流经其下，做‘金井玉葬’故事。”金史专家经研究认为金章宗没有金花公主，但在金海湖一带关于金花公主的故事流传很广。1959年修建海子水库（后改名金海湖）时，民工在洞内拾到金簪一根、红缨一束，为墓主人遗物了。现在，在金海湖大坝内一山岗处，重建金花公主墓，成为金海湖一处重要的人文景观。

图246　金海湖镇东上营村峪山复建中的双泉院，已改为坐北朝南，面阔五间，重檐歇山顶

图247　日本冈田玉山等编绘《唐土名胜图会》中绘有金花公主墓图（公元1802年出版）

跛拉庙，位于村东北角，过去在旧城里。有村里人曾说，跛拉庙的地方，过去是守营衙署的后边，即在衙署正堂后面，称堂庙。久而久之，守营毁了，堂庙也叫白了，就成为跛拉庙了。这是一种说法吧，而跛拉庙应该是一种俗称无疑。

跛拉庙坐北朝南，南北长约30余米，东西宽约十七八米。南为山门，置对开大木门，宽约近2米。门前砌筑影壁，从两边台阶上去。前院约1丈5尺左右长，前殿西侧有1通石碑，1米多高。前殿为菩萨殿，面阔三间，前出廊，廊东西有画像，村里人不知画的是什么只是记得叫“小鬼儿”。菩萨殿没有后门。殿内为菩萨画像，骑着狮子。应该是文殊菩萨了，因为文殊菩萨就骑狮子。过去农历二月十九为庙会，走会、唱影戏、说大鼓书等，很热闹。看来菩萨殿是跛拉庙的主殿。

从菩萨殿两边，可到后院。后院有东厢房三间，没有供奉神像，曾经住人。院内有2棵柏树，其中1棵有1搂多粗。1974年，为村里知识青年锯放，盖房子了。后院没有碑刻。后殿比三间要宽，村里人记不清了，有人说七间，估计太宽了。但人们大致记得，中间是满堂佛，都是铜铸的，高约三四十公分，很多，绝不是1尊2尊。东边是几尊娘娘泥塑像，西边是药王泥塑坐像。

跛拉庙毁于20世纪80年代，这地方卖给个人盖房了。据说一般人不敢住，后来卖给村里一个姓刘的人住了。这人有些歪脖子，说是“刘海戏金蟾”。

104. 耿井村

耿井村，旧有道教庙宇五道庙。

五道庙，位于现在村中心，过去在村西头，庙前一边1棵大槐树，2搂多粗。庙为一间，前面为栅栏，有门。北墙画有五道、山神、土地3尊神像，两山墙画有壁画，也写有建庙的人名等。庙内摆着3个石香炉。五道庙毁于20世纪70年代。

图248　金海湖镇耿井村所存老井上面篷着一个青石井盖，旧为老卢家坟前石桌桌面

村里现存1眼老井，建庄时所挖。过去马屯、祖务、土门、晏庄及耿井5个村共吃这眼井水。过去称五趟街，一村一街。老井上面现在篷着一个青石井盖（图248），为过去村里老卢家

坟前的石桌桌面。

105. 郭家屯村

郭家屯村，旧有道教庙宇五道庙2座及佛教庙宇菩萨庙。

五道庙，全村有2座。一在北村口，坐北朝南，面阔一大间，庙前有2个石臼，还有一道影壁。庙内为画像，画着五道等神像，摆着3个石香炉。过去村里有人去世了，家里人报庙送纸时，往往哭着说："五道老爷呀，可别让我的亲人受罪呀！"也是对神灵的一种祈求了。北村口五道庙毁于20世纪六七十年代的"文革"之时；一在村西南，也是村口，坐北朝南，面阔一大间，庙前1棵大槐树，2搂多粗。槐树长着3个大树杈，中间长出1棵榆树，称为"槐抱榆"。20世纪70年代放倒。庙内也为画像，摆着3个石香炉，与北村口画的一样。村西南五道庙毁于20世纪70年代。

菩萨庙，位于村北部，坐北朝南，东西宽约6丈，南北长约6丈。南为山门，一座砖砌门楼。山门前一道照壁，以砖砌筑，中间抹白灰。山门前一边1棵大槐树。

院内，北为正殿，殿前中间1棵大柏树，1搂多粗，柏树下有1通石碑，方座。殿前有东西厢房各三间，后改为小学。正殿面阔三间，前出廊，廊东侧悬挂1口大铁钟，约1米多高，吊在木梁架上。正殿有东西耳房各一间半，耳房住老师。殿内砌筑神台，神台上供奉3尊泥塑坐像，观音居中，坐在莲花台上；普贤在西，骑一大象；文殊在东，当地人说是坐一只金毛犼。这3尊菩萨坐像在同一神台上，一边1尊站像。大殿墙上绘有壁画。在正殿门上边，正对着观音坐像，还有1尊白衣观音，称之为"倒座观音"。

菩萨庙于1946年推倒神像，20世纪70年代拆毁。

郭家屯过去分前街、后街，也叫前屯、后屯，正月十五搭灯棚时都搭两个，村里会头也是两个。郭家屯过去有个姓郭的，是个财主，村首富，先来立的庄，就称郭家屯了，现在还有姓郭的20多户。王姓据说是从山东过来的，先到平谷县城北门口，那里有祖坟，后从北门口再到郭家屯。村北山坡上，有个"天门洞"，洞口朝天，是个天然洞穴，不知有多深多远，人下去没走到头过，手电筒在里边也不管多大事，有人说通将军关。

106. 海子村

海子村，旧有道教庙宇五道庙及佛教庙宇兴隆观、观音堂。

五道庙，位于村北，在兴隆观南侧约 50 米处。五道庙坐北朝南，仅为一间，北墙画有山神、土地、五道等神像，五道在中间，山神在东边，土地在西边。20 世纪 50 年代，五道庙因自然坍塌而毁。

兴隆观，俗称观音庙，又称北大庙，位于村北，坐北朝南，东西宽约 5 丈，南北长约 6 丈。南为山门，砖砌门楼，门有七八尺宽，门楼上悬挂一方木匾，上写“兴隆观”三个大字。山门前有 5 棵大槐树。山门前是大道，道南边有一道影壁，影壁中间是直的，两边往北斜折一下，以石头垒砌，两边没有字画。大槐树也在道南边。

院内，北为大殿，殿前一边 1 棵柏树，粗约十几公分。有东西厢房各三间，后来作为学校。大殿有东西耳房各一间，东耳房住看庙的老道。老道是村里人，名叫刘杰，道号宗福，是个拐腿的残疾人。这个老道很和人，有求必应，手很巧，配个钥匙，打个盖顶，都能干，心眼好。1958 年去世，活了 60 多岁。西耳房住老师。

大殿面阔三间，前出廊，廊内东侧有 1 通“万古流芳”功德碑。殿内供奉白衣大士泥塑坐像，即观音菩萨。在观音的腿上，有 2 个小塑像，高约三四十公分，其中一个是红孩儿，拿一朵莲花。另一个村里人没说，当是龙女了。东为托塔天王侍立像，手托一塔；西为韦陀侍立像，手拿金刚宝杵。前有供桌，供桌上有不少小铜像，高约三四十公分。还有 1 尊四五十公分高的泥塑像。

图 249　金海湖镇海子村兴隆观山门前大槐树

1948 年，推倒神像。“中华民国大改良，拆了大庙改学堂。”村里人说这是土地改革时流行的口号。20 世纪 50 年代，兴隆观拆毁，翻盖小学。现存山门前 1 棵大槐树，已半边糟朽（图 249）。大殿廊内功德碑现立于南山观音堂东侧。

观音堂，俗称观堂，位于村西南南山坡上，坐南朝北，面阔一大间，以砖石垒砌。庙内供奉南海观音泥塑坐像，坐在莲花座上，身披黄袍，也有红孩儿等像，两边也有托塔天王和韦陀侍立像。是胡庄董修文等“抓”的泥像。这里说的“抓”像，即常说的塑像，平谷地区不少村子的人都习惯这么说。

观音堂于20世纪60年代“文革”初期，“破四旧、立四新”中拆毁，2005年在原址修复。依旧坐南朝北，面阔一间，青砖青瓦（图250），门楣上悬挂一方木匾，上写“观音堂”三个隶书大字。对开木门，门前有四步台阶，水泥砌筑。堂内供奉观音菩萨坐像，两旁有善财童子与龙女侍立像。2008年1月去庙里看时，塑像已残。庙东侧为1通清代碑刻，即兴隆观大殿廊内功德碑（图251），西侧为复建时所立新石碑。新碑记载观音堂约建于清同治三年（公元1864年）。

图250　金海湖镇海子村近年复建的观音堂

图251　金海湖镇海子村原兴隆观大殿廊内东侧“万古流芳”碑，现在立于观音堂东侧

过去村里是会里说了算，一般在腊月三十、正月十五及二月十九3天，会里出钱搞灯笼会。尤其是二月十九，村里人说是一个“节日”，意为庙会，到时走会、说书、唱影戏等，前后3天4晚上。搭灯棚，就是用炕席搭起来，像北大庙，一进庙门就搭，整座庙都搭上，当院多大，席棚就多大，席棚上挂灯笼。过去村里有一套纱灯笼，一套玻璃灯笼。纱灯笼是四角，四面画的是唐王李世民征东等故事，征的就是现在的东北及朝鲜等地；玻璃灯笼是六角，六个面画的是花鸟。灯笼会从北大庙开始挂灯笼，一直挂到观音堂。从南山坡到观音堂，挂7盏灯笼。那时

每盏灯笼里，都点着一支蜡烛。到“破四旧、立四新”时，灯笼就全毁了。

海子村坐落于金海湖坝下南侧。金海湖是名胜景区，20世纪80年代初，以北有大金山，南有海子村而得名，其前身是海子水库。海子水库修建动工于1959年10月，举全县人民之力，抢在1960年“六一”前拦洪（图252）。水库即以海子村而命名。修建时，库区移民有大马各庄（图253）、小马各庄、新开峪、酸枣峪等村。

图252　建成后的海子水库全景

图253　搬迁前的大马各庄村，现为湖区

107. 韩庄村

韩庄村，旧有道教庙宇五道庙。

五道庙，位于村西头，坐北朝南，庙西有一条南北向的道，通向土门。道边有一道石墙，长约1.5丈。庙为一间，画有五道等神像。由于年深日久，烟熏火燎，画像已经看不清了。画像前有供桌，桌上摆着四五个泥香炉。五道庙毁于20世纪40年代末。

韩庄村蔡长松家老宅（图254），老屋门东侧檐下，现存一个“宅神窑”（图255），上面原有一遮檐，饰以纹饰，20世纪60年代“四清”中说是迷信，将上檐凿掉了。宅神窑应该也是庙宇的一种，只是很小且简单罢了。村里还有一座老

图 254　金海湖镇韩庄村蔡长松家老宅

图 255　金海湖镇韩庄村老蔡家宅神窑

民宅，两山墙以砖垒砌，后墙以石砌芯，后面且以方砖出檐，过去在乡村当时建造是较为讲究的了（图 256）。其后墙曾抹白灰，残存书写的 1951 年的“镇反条例”（图 257），距今已有五六十年，也是一个时代的印迹了。

图 256　金海湖镇韩庄村一家老民宅

图 257　金海湖镇韩庄村那家老民宅后墙残存的“镇反条例”

108. 黑水湾村

黑水湾村，明代为黑水湾寨，据《四镇三关志》载："永乐年建，通步缓。"东西长约120米，南北长约250米。现存一段北墙（图258），长30余米，高近3米，及寨西门两座，当地称大西门、小西门。近年对旧城门村里进行修复，只是修得有些走样（图259）。后因寨而成村，站在旧城墙上，可以看到通往村里的曲曲弯弯的石板路（图260）。村里还保存一些较为完好的旧民居，或为当年营堡内人所居住了。如一处老房，西山墙辟小窗，券拱式，窗棂有花（图261）。后檐砖磨砖对缝，前坡上砌筑亭式烟囱。院里，大青石铺砌地面，很是讲究（图262）。近年村里发展得应该是不错，深得民心，墙上用粉笔写了不少民谣，对村建设及村书记进行了歌颂（图263）。

图258　金海湖镇黑水湾村明代黑水湾营寨保存的旧墙遗址

图259　金海湖镇黑水湾村近年修复后的旧城门

图260　金海湖镇黑水湾村曲曲弯弯的石板路

图261　金海湖镇黑水湾村一家老民居西山墙所辟小窗

图 262　金海湖镇黑水湾村那家老民居院内情景，带花窗棂，地面以青石铺砌

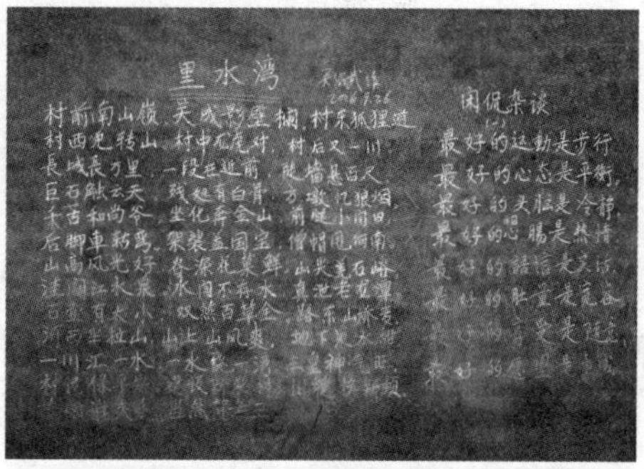

图 263　金海湖镇黑水湾村墙上的民谣

黑水湾村旧有纪念性祠庙三皇庙、道教庙宇五道庙及佛教庙宇菩萨庙、观音庙。

三皇庙，原位于旧村东部。三皇庙当年应该与营寨有关，因为平谷地区凡城寨处，多建有庙宇。而这座三皇庙，也应建于明代。

图 264　金海湖镇黑水湾村三皇庙前古槐

三皇庙坐北朝南，东西宽约 27 米，南北长约 20 米。南为山门，山门前有 4 棵槐树，现存 2 棵（图 264），门东侧那棵早已半枯，且折了，从老树边又生出 1 棵小槐树。村里人别出心裁，在枯树洞里栽 1 棵别的小树，已手腕粗细了。院内 3 棵古柏，有 2 搂粗细。没有碑刻，但有 2 口铁钟，大钟高约 1.5 米，直径约 1 米，上铸有“万历七年”（公元 1579 年）等字样；小钟高约 60 公分，直径约三四十公分，上铸有“嘉庆”（公元 1796 ~ 1820 年）等字样。这 2 口铁钟在抗日战争时期，被鱼子山八路军兵工厂运去铸地雷、手榴弹了。

三皇庙有正殿三间，东西耳房各两间。耳房住看庙的老道。大殿内，供奉天皇、帝皇、人皇三皇泥塑坐像，三皇像都没穿衣裳，如地皇身上有树叶、树枝等以蔽体。三皇像两侧有不少小铜像，高约二三十公分。西山墙前供奉着大肚弥勒佛像。三皇庙西院还有小学三间及南到座三间。南到座内塑有王灵官和韦陀像等。

1943年秋天，日军先后烧毁三皇庙及民宅百余间，并打死百姓9人，打伤多人，制造了“黑水湾惨案”。2006年，黑水湾村在原三皇庙遗址上，建成“黑水湾村老年活动站”（图265）。

图265　金海湖镇黑水湾村在三皇庙遗址建造了老年活动站

五道庙，位于村北，在旧城堡北墙根处，过去那里没有人家。五道庙坐北朝南，面阔一间，画有山神、土地、五道等神像，五道在中间正座。两山墙还画有判官、小鬼等像。村里人过去认为，老人若是早晨去世的，到出殡时能够赶上烧7遍纸，到阴间不受罪。五道庙毁于20世纪六七十年代的“文革”之时。现在五道庙旧址处前为人家，在旧址上村里人又搭一非常简易的“五道庙”（图266），只几块石板而已，也是心到神“知”了。

图266　金海湖镇黑水湾村五道庙遗址处又以几块石头搭一个简陋的小庙

观音庙，位于南庄头，旧有大槐树。观音庙坐南朝北，面阔一间，有门窗。庙里供奉观音菩萨泥塑坐像，下为莲花座，称倒座观音。过去村里有人供小鞋，正月十五添海灯。观音庙现已无存。

菩萨庙，俗称西庵，原位于村西头，现在为村中间了。菩萨庙坐北朝南，面阔一间。庙内为画像，村里人称作“地公菩萨”，北、东、西三面墙上都有画像，画着七十二司。所供奉的菩萨，当为地藏菩萨了，我国四大菩萨之一。菩萨庙毁于20世纪六七十年代的“文革”之时。

109. 红石坎村

红石坎村，旧有道教庙宇五道庙、山神庙及佛教庙宇菩萨庙2座。

五道庙，位于村中间，坐北朝南。庙前是一条路，路南为红石崖坎，村亦由此得名。五道庙仅为一间，北墙画有五道等神像坐像，东西山墙没有壁画。毁于20世纪60年代。

山神庙，位于村西，坐北朝南，庙前一道影壁。庙内供奉3尊泥塑坐像，中间为山神，手里拿一把斧子。两旁2尊塑像略小一些，不知什么神像。墙上没有壁画。山神庙毁于1979年。

菩萨庙，全村有2座。一在村中间，现在村委会所在地，坐北朝南，东西宽约3丈，南北长约8丈。庙前为道，道南为石崖。东侧为山门，一座砖砌门楼。南为前殿，面阔三间，中间辟前后门，两边没有隔断墙，为木栅栏。东间供奉关公泥塑坐像，面朝西，红脸庞。南边为关平侍立像，北边为周仓侍立像；西间供奉达摩泥塑坐像，南北一边1尊站像，一叫智能，一叫智化。进入院内，北为正殿，殿前东侧有1棵大松树，西南角有1棵小柏树。院内没有碑刻，殿前东侧有一小角门，可通后院。正殿面阔三间，前出廊，廊东侧悬挂1口铁钟，高约1.2米。中间神台上供奉观音菩萨泥塑坐像，前有红孩儿侍立像。东间山墙神台，供奉韦陀站像，面朝西；西间没有塑像。后院有东西厢房各三间，过去存放村会里的大鼓、竹杠、炕席等走会的杂物。这座菩萨庙毁于20世纪60年代，庙内2棵柏树现存（图267）；一在五道庙东边约20余丈远处，在一人家坝墙外，朝东南有个1米见方的神龛，画有菩萨等画像，村里人也到那里烧香，里边也有小香炉。现早已无存。

图267　金海湖镇红石坎村菩萨庙遗址所存柏树

110. 胡庄村

胡庄村，旧有道教庙宇五道庙及佛教庙宇吉祥庵。

五道庙，位于村中间，在吉庆庵西南角，坐北朝南，庙前1眼水井。庙为2间，北墙画有五道等5尊神像，两山墙画着小鬼拿着铁链子等壁画。五道庙毁于20世纪六七十年代的“文革”之时。

吉祥庵，位于村中间，坐北朝南，东西宽约4丈，南北长约6丈。南为山门，山门前东侧有1棵大柏树，约1尺多粗。树下有1口大铁钟，扣在地上，高约1米，上面铸有铭文，为捐款人的名字、铸造时间等。山门内有一道影壁，以砖砌筑，影壁北面辟一壁龛，里边供奉着泥塑像，村里人不知什么神像。院内没有石碑，西侧有1棵大槐树，直径约2米，树干都空了。有东西厢房各三间，住看庙的人，后改为学校。北有正殿三间，西耳房一间，耳房为老师住所。正殿前出廊，后出厦，殿内有4根明柱，进深应是三间了。殿内神台上，供奉10来尊铜像，约1尺来高。前有供桌，村里人说供桌后边有一小间封闭的，铜像都在里边。这应是木制佛龛。庙有后门。

村里人记得在殿内顶棚上有一溜金字，写着“吉庆庵，嘉庆三年建”。即建于清嘉庆三年，为公元1798年，距今200余年了。当年是拆红石坎村“青椒面王”家的大厅，盖的这座庙。“青椒面王”不知是什么人，村里人没有细说，也就难以得知了。过去村里兴农历二月十九举办庙会，到时村里人来烧香等。而这天是观音菩萨生日，说明庙里主要供奉的是观音菩萨了。

吉庆庵毁于20世纪70年代。

111. 滑子村

滑子村旧有纪念性祠庙药王庙、道教庙宇龙王庙、五道庙及佛教庙宇北寺、龙泉寺。

药王庙，位于村西南凤凰山顶上（图268）。根据1959年第一次文物普查资料，当时存有5通石碑，据群众所说和碑文记载，此庙建于唐代，清乾隆十三年

图268　金海湖镇滑子村药王庙为近年所复建

图269　金海湖镇滑子村药王庙内所存古柏

（公元1748年）重修。前为山门，中间一道略大的门，两边一边一道小便门，平时只开东便门，另两门不开。大门上有“药王庙”匾额。院内，大殿前东侧1棵大柏树（图269），现存；有1石香炉，高约七八十公分；两边有香亭子，将香客烧的香放在那里；大柏树下有1通大石碑，约2米多高，毁于“文革”，碑座现存（图270）。这是1通功德碑，记载着修庙经过及捐款名录等。大殿前建有东西厢房各三间，为村会里议事及存放杂物。药王庙正殿三间（图271），东西耳房各三间，东西耳房之外还各有1丈多宽地方。正殿后还有后院，宽约十几米，旧时庙会期间走会，可以在这里打场儿。后院有房三间，过去唱戏的就住在这里。正殿前出廊，廊东西各有1通石碑。正殿内供奉天皇、地皇、人皇泥塑坐像，村里人称作“三皇之氏”，即伏羲、神农、黄帝，神农居中，身穿树叶，头上长着犄角。三皇塑像东侧，供奉药王孙思邈，西侧供奉药圣张仲景。东西山墙画有我国历史上华佗、李时珍等10大名医像。在庙下边山坡上，有2通石碑，均已无存。还有一座香亭，旧时在此卖香等。上山的路就从香亭东边过去。在凤凰山前约200米处，建有一座戏楼，坐南朝北，对着药王庙。抗战时期，郭家屯据点的日军拆毁戏楼。1947年土改时，毁掉神像，“文革”中拆毁庙宇。

图 270　金海湖镇滑子村药王庙内所存石碑碑座

图 271　金海湖镇滑子村药王庙近年所复建的正殿

药王庙于 2006 年在原址复建，2007 年重塑三皇、药王等神像，并在东西厢房内绘有古时“二十四孝”大型壁画。过去农历五月初一为庙会。传说，水峪寺农历四月十八庙会，人家过庙，滑子人瞧着，就想也改四月十八得了。一改不打紧，刮起大风，连做买卖的都待不住。又改回五月初一了。庙会有戏 3 天，没戏 1 天。连北京、三河等地做买卖的都来。旧时搭棚子走会，村里有高跷、什不闲、吵子、大鼓、幡等多档花会，将军关、黄松峪、洙水、海子、独乐河等周边村子的花会也纷纷前来助演。

龙王庙，在龙泉寺山门外，有 1 眼水井，水井旁边有一块大石头，约 2 米见方。石头上以砖垒砌一座小庙，一“讨”（方言，两臂伸直的长度为一讨）左右宽，里面画着龙王像。现已无存。

五道庙，原来位于村前街西头，现在为村西部中间，大队部外胡同口。庙仅一间，画有龙王、财神、山神、土地、五道等 7 尊神像，所以又称七圣庙。村里老人去世了，到庙里报庙烧纸。过去要饭花子、打铁的，没地方住，常常就住五道庙里。五道庙毁于 20 世纪 60 年代初期。

龙泉寺，又称菩萨庙，俗称北寺，位于村北头。

龙泉寺坐北朝南，约 10 丈见方，南为山门。有大殿三间，东西耳房各两间，大殿插飞檐，前出廊，饰彩绘。殿内砌筑神台，高约 80 公分，上面供奉 3 尊泥塑彩色坐像，两边的是文殊、普贤菩萨，中间塑像坐着一头大鳌鱼，下面是莲花座，一角一个大汉用肩头抬着。中间这尊可能是观音菩萨；也可能是如来佛，与文殊、普贤菩萨一起合称“华严三圣”。殿内墙上绘有壁画，有人物、题字等，壁画有扇面形的。大殿前，一边1棵大柏树，长得笔杆条直，好像两根大旗杆。院内1通石碑，通高约2.5米，为功德碑，上刻“龙泉寺”字样及村里捐款建庙的名姓等。

龙泉寺毁于20世纪70年代，村里人在那地儿盖房了。

112. 黄草洼村

黄草洼村，旧有道教庙宇五道庙2座。

五道庙，全村有2座。一在村南，坐北朝南，仅为一间，没有树和石碑，庙里为画像；一在村中间，坐北朝南，仅为一间，庙前有2棵大核桃树。庙内供奉泥塑坐像1尊。2座五道庙都毁于20世纪六七十年代的“文革”之时。

113. 将军关村

将军关村，村以关名。将军关，为明代万里长城进入北京段东端第一座重要关口，位于平谷区东北部，东与天津蓟县接壤，北与河北兴隆毗邻。历史上为咽喉要道，兵家必争之地。据《四镇三关志》载：“永乐年建正关水口，东西墩空，大段头山墩空，通众骑，极冲，迤西通步缓。”《畿辅通志》载：“将军关，在州西北七十里，接密云县界。有把总驻守（《大清一统志》）。正关水口数十丈，前后俱宽，十马可并（《天下郡国利病书》）。一名将军石关，有城。关南十二里为上营，又名将军营（州志）。将军营下关、寨五：彰作里关、将军关、黑水湾寨、黄松谷关、峨嵋山寨，俱永乐年建（《四镇三关志》）。”清康熙《蓟州志》载：“将军石关，原设把总一名，外委一员，守墩兵99名。节年奉，裁兵四十四名，现存兵五十五名，向属马兰路辖。顺治十七年改隶蓟营，又于雍正二年仍归马兰镇辖。”民国三十三年《蓟县志》载：“将军石在将军关村北之阳，石高三丈六尺，兀然矗立，形基壮伟，上刻‘将军石’三大字（图272），为明成化参将王杞书，关遂亦以此石之名名之。”将军关大部建筑毁于战火，将军石上的匾额，毁于“文革”中，惟有巨石屹立。现存关城基址，东西长120米，南北宽80米。关城内从防御角度设计的“丁”字街，依然保持原有布局。2002年，对将军关遗址抢险修缮（图273），整治周边环境和修整登山步道。修缮中，发现部分墙体、敌台中间以石头垒筑，外以单层或多层城砖包砌，由此可见，此段长城曾多次修缮。同时，清理出石雷、铁炮、炮弹、铁镐、铁铲、铁箭头及明崇祯七年（公元1634年）分修边墙城志等重要文物。

图272　1962年所摄将军关将军石，左侧手扶山石者为平谷县长王文哲，右侧右手抚膝者为平谷县委副书记王仲林

图273　2002年修缮后的将军关遗址

将军关村旧有纪念性祠庙关帝庙、道教庙宇山神庙、土地庙、五道庙及佛教庙宇观音庙、娘娘庙。

关帝庙，位于村中心，坐北朝南，东西宽约10丈，南北长约6丈。南为山门，普通的乡村砖砌门楼。山门前有4棵槐树及1棵松树。东边那棵槐树最大，约5搂多粗，中间2棵槐树也有2搂多粗，树干都空了。院内，北为大殿，殿前东侧1棵柏树，西侧1棵刺槐。殿前一边还有1通石碑，东侧的石碑是尖顶的，西边是平顶的，2碑都是方座，为明朝碑刻。大殿前有东西厢房各三间，作为学校。大殿面阔三间，东西耳房各两间。耳房住2个看庙的和尚，后来办学校，就作为学校办公和老师宿舍。殿内供奉关公泥塑坐像，红脸庞，头戴冕旒，手持圭板。两边一边2尊站像，如周仓、关平等。墙上满壁绘有壁画，如连环画那样，都是关于关公的故事。关帝庙神像毁于1948年土改复查时，庙宇毁于20世纪60

年代初，拆庙盖村小学。

山神庙，位于村中间，在倒座观音庙东北约七八十米处，坐北朝南，没有小院，面阔一间，供奉1尊山神泥塑坐像，高约1.5米，塑像略朝前探着。过去村里人讲究往山神嘴里抹油，或者抹肥肉，据说山神爱吃肥肉，管山间野兽。山神庙毁于20世纪60年代初。

土地庙，位于村南牌楼沟。

土地庙，供奉土地神之庙。土地神，俗称土地公、土地爷，为阴官冥吏。土地神源于远古人的土地崇拜。随着社会发展，统一王朝的出现，抽象化的大地之神被尊为“后土皇地祇”，后土与天帝对应，总司土地的国家级大神，为道教“四御”之一，由国家祭祀。而地方和乡里村社则供奉地区性土地神。阴间也有一套“行政系统”，县城隍手下就是村、里的土地，土地神为阴间最基层小吏，类似于阳间地保。土地庙一般都很小，庙中供奉的土地爷形象为一穿长袍戴乌纱帽、慈眉善目、银须飘洒的白发老翁，旁边老妇人即是土地奶奶。平谷地区历史上有土地庙10座，一般一间，多为画像，也有泥塑像。

将军关村土地庙，坐北朝南，没有围墙小院，面阔一间，庙内画有土地、山神2尊画像。过去村里有事，如每年农历正月十五走会，要先到土地庙烧香上供，进行拜庙。全村有大小6座庙，只有拜完土地庙回来，再一个个拜其他庙，这是多年形成的一种习俗。土地庙毁于20世纪50年代。

五道庙，位于村中心，在倒座观音庙西侧三四十米处，坐北朝南，一间，画有五道等神像，毁于20世纪60年代初。

观音庙，又称倒坐观音庙，位于村中心，在关帝庙东边100米处，坐南朝北，没有树和石碑，前有一小院，北面一个门楼样的小山门。庙为一间，供奉菩萨泥塑坐像，墙上没有壁画。观音庙毁于20世纪60年代初。

娘娘庙，又称上庙，位于村北头高处，现在水塔的地方，坐北朝南，东西宽约10丈，南北长约10丈。南为山门，山门前东侧有1棵古槐，门前有一道影壁，以砖砌筑，南北两边有字，“文革”中涂刷了，写上毛主席语录。院内有几棵柏树，大殿前有1通石碑，没有东西厢房。院东南角有1座钟楼，悬挂1口大铁钟，高约2米，钟一敲，可响出20里地，靠山集都听得见。抗战时期，八路军兵工厂弄去铸造手榴弹了。北为大殿，面阔三间，东西耳房各两间，耳房住看庙的和尚，与关帝庙是一起的和尚。殿内供奉3尊泥塑坐像，中间是望海观音，东边是药王，西边是送子娘娘。过去人们给送子娘娘送好多小鞋。墙上绘有壁画。20世纪60年代初，娘娘庙与关帝庙同时被拆毁。

114. 靠山集村

靠山集村，旧有道教庙宇五道庙2座及佛教庙宇菩萨庙、西大寺。

五道庙，全村有2座。一在村南头，又称南五道庙，过去的粮库所在地，现在的水塔那儿，坐北朝南，一间，供奉龙王、苗神、虫王、五道等5尊泥塑神像，两山墙绘有雷公、电母等壁画。此庙毁于20世纪50年代。现在菩萨庙里的2个石香炉（图274、图275）原来就是南五道庙的；一在村东北，现在凉亭东北约2丈远处，坐北朝南，庙前1棵大槐树，1搂多粗，树上挂1口铁钟，高约六七十公分。庙内为泥塑像，与南五道庙一样。两山墙画有壁画，如蛇精等用锁链子锁着。东北五道庙毁于20世纪50年代。

图274　金海湖镇靠山集村村南五道庙所存石香炉之一，现在菩萨庙内

图275　金海湖镇靠山集村村南五道庙所存另一个石香炉，现在菩萨庙内

图 276　金海湖镇靠山集村菩萨庙（摄于 1961 年）

菩萨庙，位于村中间，在大街南头。

1961 年所拍古建筑照片中，有靠山集菩萨庙照片 1 张（图 276），且有简略记述：“靠山集菩萨庙，建于明万历四十六年，但不知重修年代，寺庙建筑至今仍完整存在。”

《平谷文物志》“寺庙”中记载靠山集菩萨庙：位于金海湖镇靠山集村，始建于明万历四十六年（公元 1618 年），清道光十一年（公元 1831 年）重修。

菩萨庙，原占地约 1 亩，整体建筑坐南朝北，建有山门、大殿、东西配殿等建筑。山门东侧，立有一石，上刻“泰山石敢当”字样。

现仅存大殿三间（残损），面阔 12.8 米，进深 7.47 米。整体建筑为瓦石结构，筒瓦顶，硬山花脊、吻兽、垂兽、走兽、仙人、排山滴水。戗檐砖分别雕有阳文楷书“阿”（图 277）、“弥”、“陀”、“佛”四字。前出廊，双层檐椽，施旋子彩画，前后插肩柱，五架梁，正中脊檩上用楷书记载“大清道光拾壹年岁次辛卯临桂月会中信仕众善人等同主持觉太建立”（图 278）和“京都顺天府东路厅蓟州郡城西北靠山集合庄众信仕人等重修”。两山山墙内侧分别绘有七十二司壁画。

图 277　金海湖镇靠山集村菩萨庙戗檐砖雕“阿”字

图278　金海湖镇靠山集村菩萨庙脊檩上大清道光十一年复建时题记及彩绘

1985年，被县政府公布为县级文物保护单位。2000年，靠山集村委会本着“保护为主，抢救第一”的原则，对大殿进行修缮，清理出部分残损碑刻，现原址保护。

上述所记基本将庙宇建筑格局等写清了，与村里人调查所谈更为详实具体。

菩萨庙，坐南朝北，东西宽约5丈，南北长约6丈。北为山门，一座很古气的砖砌门楼，山门前有4步石阶，一边1棵大槐树，各有2搂多粗。院内没有树，一进山门处有一道影壁，以砖垒砌，扇子面形式，影壁南面辟一小龛，供奉1尊韦陀铜像，高约2尺。过了影壁，有东西厢房各三间，东厢房住看庙的和尚。那和尚法号空灵，俗姓蔡，本村人。他家哥四个，他是老四。母亲算卦说他不好活，就送他庙里出家了；西厢房住蓟县的保卫团，大汉奸殷汝耕成立冀东防共自治政府，包括冀东22县，下面成立保卫团，归殷汝耕管。而靠山集当时归蓟县管辖。

南为正殿，面阔三间，前出廊，单檐硬山顶，合瓦垄。廊西侧山墙画有韦陀像，手拿金刚宝杵；廊东侧也有1尊画像，手中拿棍，不知什么神像。廊两边一边1通石碑，廊里还挂着1口大钟，1米多高。殿两边没有耳房。殿内神台上，供奉3尊泥塑坐像，中间是观音菩萨，旁边有善财童子和龙女站像；两边为文殊、普贤菩萨。在观音坐像西侧，有一白鸽子，红嘴，红爪。前边有供桌，供桌上还有10多尊铜像。墙上绘有壁画，两山墙上为“二十四孝图”。

过去农历正月十五在街中间搭灯棚，唱影戏等；二月十九走会、唱戏等；平常初一、十五进香。菩萨庙于1948年土改复查中推倒神像，改为小学。后又有卫生所、大队部、加工房等先后在此。现在，正殿现存（图279），2002年春天进行修缮，北面新修了走廊及山门（图280）。庙名改为“普渡寺”，门楣上悬挂匾额。殿内保留了旧有彩绘，部分重施彩绘，上面贴金。可见脊檩嵌下一边书有“京都顺天府东路厅蓟州郡城西北靠山集镇合庄众信士人等重修”，另一边书有“大清道光十一年岁次辛卯临桂月会中信众善人等同主持觉太建立”等字迹。殿内供奉的神像，改为送子观音铜像，怀里抱着一个小孩，两边还有善财童子和龙女站像。庙内住着一位尼姑，名释果善（图 281），据说是从五台山来的。殿后 1 通石碑，为“香火碑记”（图 282）。已折。碑首有云纹等，上有四字“香火碑记”，双沟。中部有“万历四十六年”等字迹。下部左边可见是在旧碑上刻的字迹，有“雍正六年”等字迹。此碑原镶嵌在山门东侧墙上。过去山门西侧墙上也镶嵌着 1 通碑，现在下落不明了。正殿前廊的 2 通石碑，后来篷村北头井了。

图 279　金海湖镇靠山集村菩萨庙正殿后面情景，地方较狭窄，前面、后面都不便于拍摄

图 280　修缮后的靠山集村菩萨庙

图 281　金海湖镇靠山集村菩萨庙内尼姑释果善

图 282　金海湖镇靠山集村菩萨庙内保存的香火碑

村南3里有和尚坟4座，空灵是新中国成立后（平谷地区一般习惯将新中国成立后简称为建国后）去世的，没葬在那里。据说空灵有钱，抽大烟。通州南边有宝通寺，菩萨庙就归通州那边管。

西大寺，位于村西北，距菩萨庙约300多米。坐北朝南，东西宽约5丈，南北长约6丈。南为山门，砖砌门楼，山门前临街。院内，北为正殿，殿前东侧有3棵柏树，西侧有1棵柏树，各有1搂多粗。正殿没有耳房，前面也没有厢房。正殿面阔三间，前出廊，廊西侧有1通石碑。正殿两边一边有8尺风刹。殿内神台上，供奉3尊泥塑坐像，中间为如来佛，两边为文殊菩萨和普贤菩萨，都坐在莲花座上，合称“华严三圣”。西山墙前有4尊泥塑坐像，黑脸，有降龙、伏虎罗汉等；东山墙前有4尊泥塑像，有二郎神（旁边还有哮天犬）、红脸拿刀的关公、山神、土地神等。墙上绘有壁画。西大寺不如菩萨庙红火，归菩萨庙和尚管。西大寺毁于20世纪80年代初。

115. 罗汉石村

罗汉石村，村里人说原叫林铁村，相传很久以前，有一天阴雨密布，下起瓢泼大雨。在盘山后，有个山崖叫憨崖子，挡住了流水，淹了周围很多村庄，百姓纷纷弃庄而逃，流离失所。一罗汉私自下凡，见此情景，发了恻隐之心。为拯救百姓，一掌劈开山崖，一半就叫半壁山，一半被水冲走了，形成了现在的金海湖。百姓得救了，而罗汉属于私自下凡，违了天规，玉皇大帝就将他贬为石头，就是村东的崖带，当地人称“罗汉”，村由此得名。

罗汉石村旧有道教庙宇大小五道庙7座。

五道庙，位于村北刘家沟，坐北朝南，以石头垒砌，高约2米多，宽约1.5米，庙里为画像。村里有人去世了，就到那里报庙。逢年过节，附近的人家也到庙里烧香，且张贴对联。

过去因人家居住散落，往往一两家或三五家在附近就用三五块石头搭1座小石头庙，人们也称之为五道庙。村西1座，村东北1座，村南3座，村刘家河东坡1座，村里有人去世了，也到这些石头小庙报庙烧纸。

这7座大小五道庙都早已无存。

116. 马屯村

马屯村，旧有纪念性祠庙老爷庙、道教庙宇真武庙、五道庙及佛教庙宇观音庙。

老爷庙，位于村西边，坐北朝南，一间，画有关公坐像，周仓持刀东边侍立。后来老爷庙被集体改作库房，一栅栏门敞着，也没人动库房的东西。老爷庙毁于20世纪80年代初。

真武庙，位于村北，坐北朝南，庙前1棵柏树，1搂粗细。庙为一间，北墙画有真武帝坐像，还有一蛇和龟的画像。两山墙也有画像。村里人说，后来那棵柏树放倒后，那个地方栽烟好抽，有柏树香味。真武庙毁于20世纪70年代，翻盖扩建村小学。

图283　金海湖镇马屯村五道庙西侧古槐

五道庙，位于村北，坐北朝南，庙前西侧1棵大槐树，直径约1米。庙为一间，北墙画有五道阎君神像，黑脸。两山墙，画有判官，拿着生死簿；小鬼，拿着勾魂牌，牌上写着“勾魂”两个字。庙内摆着1个石香炉，高约四五十公分。五道庙毁于20世纪60年代末。

庙前西侧大槐树尚存（图283），树干空洞。2004年，里边自己着了一把火，从树里往上喷火，用水管浇不灭，县消防车来才扑灭。原有两根大树杈，东南那杈大风刮折了，折断处又长出不少新枝。着火以后，大槐树长得更旺了，每年还开花呢。

观音庙，位于村中心，坐南朝北，东西宽约4丈，南北长约七八丈，北边正对大街。北为山门，一座砖砌门楼。庙前有3棵大槐树，1搂多粗。院内，南为大殿，殿前西侧1棵柏树。在大殿前，东房山外，有厢房五间，北边两间为小学校，有一间为老师所用，另两间为村会里存放东西。殿内神台上，供奉观音菩萨泥塑坐像，下为莲花座，前边站着红孩儿。观音坐像东侧为韦驮站像，西侧有一黑脸站像，不知是什么神像。

过去，农历二月十九为庙会，前后 3 天，搭灯棚，就是使苇席搭的灯棚，说大鼓书等。观音庙毁于 20 世纪 60 年代末。庙前原有 3 棵大槐树，现仅剩 1 棵（图 284），原在山门东侧，半拉已空，旁有一石臼（图 285）。

图 284　金海湖镇马屯村观音庙山门东侧古槐

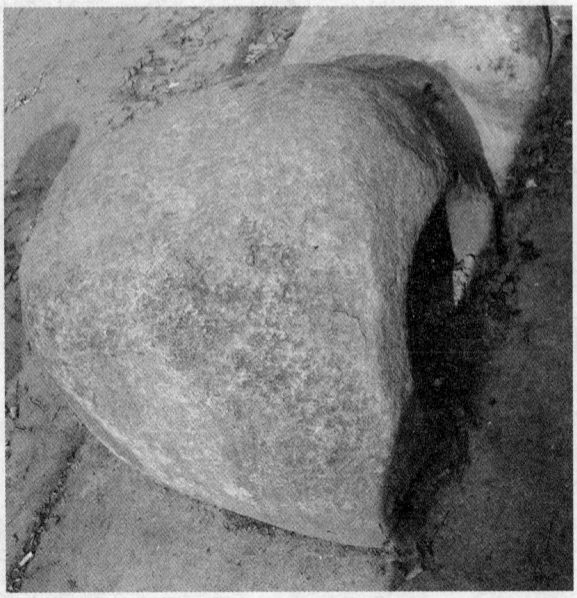

图 285　金海湖镇马屯村观音庙山门东侧古槐旁边有一过去用来舂米谷等的石臼

村里人谈及村南 1 里处卢家坟，当是耿井卢家祖坟，耿井在马屯西北相邻。那是一大片坟地，栽满了杨树及柏树等。西北角为 1 座大坟，有 1 通石碑。东南摆有石桌，清明或平时祭祀时在上面摆供。谈及的坟前石桌，恰可与耿井人谈及盖老井的石桌面相吻合。

117. 茅山后村

茅山后村，旧有石头搭的小五道庙 3 个。

村里参加调查的人唐有军，2007 年时 76 岁。他说小时这里仅七八户人家，分为三片，每片以三五块石头搭 1 个小石头庙。一在西坡，老李家搭 1 个；一在东坡，老马家、老靳家搭 1 个；一在唐家沟里搭 1 个。过去村里人逢年过节也去烧香，村里人去世家人也去报庙。这3个小石头庙都已无存。

118. 上堡子村

上堡子村，旧有道教庙宇五道庙、山神庙2座及佛教庙宇罗圈寺、姑子庵。

五道庙，位于村西头，建在一座高约1米四五的台上，坐北朝南，前有院落，西厢房三间，存放过去村里走会的灯棚、木杠、炕席等杂物。庙前有1棵大槐树，足有四五搂粗。五道庙面阔一间，庙里画有9尊神像，神像上面写有名字，村里人记得有五道、土地等神像。两山墙画有各式各样的小鬼等像。庙内北墙前砌筑供台，上面摆有石香炉等。村里人去世了，都来这里报庙。五道庙毁于20世纪五六十年代。

山神庙，全村有2座。一在村中间，现在村委会北面，建在一座高台上，坐北朝南，没有石碑。南有石阶，可上庙里。山神庙面阔一间，北墙画有3尊神像，中为马王爷，3只眼；东为山神，西面什么神像村里人记不清了。两山墙画有雷公、闪公等神像。山神庙毁于20世纪五六十年代，庙前1棵大松树现存，为一级古木（图286）；一在村东上安子，坐北朝南，仅一间，没有画像和塑像，逢年过节附近人家去烧香拜庙，庙已无存。

图286 金海湖镇上堡子村村中间山神庙前古松

罗圈寺，位于村东，现在属于三队。村里人说，罗圈寺是和尚庙，据说是花和尚，不学好，被官方给毁了，村里人谁也没见过。听说寺庙有一片房子，现在那里是一大片平地，还可见散落的砖瓦。

姑子庵，位于村东，现在属于三队，具体位置在罗圈寺西边。村里人说，三队是个自然村叫上安子，过去写作“上庵子”，就是由于原来这儿有尼姑庵。尼姑庵，也叫姑子庙，坐北朝南，庙前有2棵松树。姑子庵仅有一间，村里人说这个庙比五道庙、山神庙建得要早，他们小时庙里就没有画像和塑像，不知供奉的是什么神像，毁于20世纪50年代。

119. 上宅村

上宅村，旧有道教庙宇五道庙2座及佛教庙宇菩萨庙。

五道庙，全村有2座。一在村西，坐北朝南，一间，北墙画一五道老爷像，两边画有判官、鬼卒等像。五道庙前出廊，在一进门处，走廊两边，各画一个鬼卒，举一招魂牌，上写“你也来了!”字样。村西五道庙毁于20世纪60年代；一在村东。过去上宅村分为两个小自然村，村东叫半匹街，村西叫上寨，一村一个五道庙。村东五道庙坐西朝东，庙前1棵大槐树，1搂多粗。庙为一间，画像，与村西五道庙画的差不多，毁于20世纪50年代。

菩萨庙，位于村西北，坐北朝南，东西宽约9丈，南北长约10丈。南面东侧为山门，山门西侧有南倒座房4间，存放杂物。山门前一边1棵大杨树，各有1搂多粗。院内，北为大殿，中间一条甬路。殿前东侧1棵柏树，1搂多粗。甬路两边，一边还有1棵松树，东边的松树1搂多粗，西边松树略细些。有东西厢房各三间，为看庙和尚所住，村里人至今记得有一个和尚叫岳壁。

正殿面阔三间，东西耳房各三间。耳房为村会里存放杂物之地。殿内神台上，供奉1尊菩萨泥塑坐像，坐在莲花台上，左手持净水瓶，右手持树枝，这应该是观音菩萨。在同一神台上，东边有一站像，头上梳着两个小抓髻，像个小男童，或为善财童子了。在东山墙前，即大殿东南角，有1尊手拄棍子的男站像，就不知是谁了。西边没有塑像。墙上绘有壁画。

过去逢年过节及初一、十五烧香。后来村小学就设在庙里，东厢房为老师住。20世纪60年代，拆毁菩萨庙盖小学了。

村西北于20世纪80年代初，在第二次文物普查中，发现了新石器时代遗址（图287），时间约在六七千年前，属于新石器时代中早期，发现了石磨盘（图288）、深腹罐（图289）、鸟兽陶柱（图290）、小石猴、陶塑猪头（图291）等数千件器物，与北埝头遗址一起命名为上宅文化，并在附近于1989年建立了上宅文化陈列馆。村里人说，过去那个地方约有30亩地，现在不过20多亩了，南半部由于村里人使土、烧砖瓦窑，被蚕食了。在使土中，曾有红烧土、瓦罐、石器等，或许更为重要的居住遗址被蚕食掉了。好在西边北埝头遗址中发现了10多处半地穴式居住遗址，还可对此予以弥补。

图287　金海湖镇上宅村上宅遗址全景

图288　金海湖镇上宅村上宅遗址出土器物之石磨盘、石磨棒

图289　金海湖镇上宅村上宅遗址出土器物之深腹罐

图290　金海湖镇上宅村上宅遗址出土器物之鸟首陶柱

那座菩萨庙就建在遗址东南部，那里就称为庙台子。过去村里有人在庙里要钱，被捅到县衙。县衙来个衙役，结果村里人把衙役给打了。后来，县衙又来人抄上宅，天刚亮就进庄了，甭管老少，见人就打。独乐河有五虎棍，来了50多人，也好挨打了。最后罚了300吊钱，过去是木头车，整拉了一车。村里人说，这大概是明代的事。

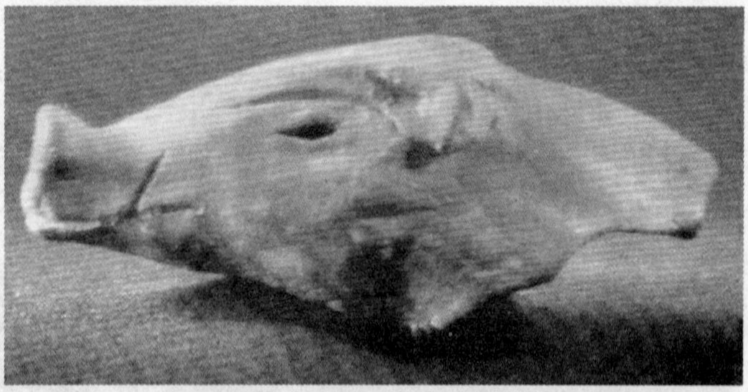

图291　金海湖镇上宅村上宅遗址出土器物之陶塑猪头

120. 水峪村

水峪村，旧有纪念性祠庙老爷庙、道教庙宇龙王庙、五道庙及佛教庙宇菩萨庙。

老爷庙，位于村中心，坐北朝南，东西宽约10丈，南北长约20丈。南为山门，大殿前有1通石碑，有2棵松树各有1搂多粗，有2棵大槐树各有2搂多粗。殿前有东西厢房各三间，为看庙老道住着。大殿面阔三间，东西耳房各一间，耳房存放杂物。大殿前出廊，廊两边有画像，梁柱等绘有彩绘。殿内神台上，供奉关公泥塑坐像，旁边有几尊站像，东西两山墙前也有几尊站像。1947年推倒神像，改作学校。20世纪五六十年代拆毁庙宇，盖为学校。近年小学搬走了，经整修辟为一家奇石收藏展室。石碑现存庙址内，2棵槐树（图292、图293）及1棵松树、1棵柏树现存（图294）。

图292　金海湖镇水峪村老爷庙前院东侧古槐

图 293　金海湖镇水峪村老爷庙前院西侧古槐

图 294　金海湖镇水峪村老爷庙后院有 2 棵古树，为西柏东松

龙王庙，位于村南一座高台上，现在水库南侧，称“小鱼塘”，那里一直有水不干。庙为一间，坐北朝南，供奉龙王等神像。庙北侧有松柏树。过去天旱时人们到那里去求雨。龙王庙毁于 20 世纪 50 年代初。

五道庙，位于村中心正北，坐北朝南，面阔一间，画有五道等神像，两山墙也有画像。五道庙毁于 20 世纪 50 年代末。

菩萨庙，位于村南西坡。民国二十三年《平谷县志》“坛庙”中记载：“会云庵，在水峪庄南，至县三十里，永乐二十二年建。”会云庵当是菩萨庙，永乐二十二年为明成祖朱棣之时，即公元 1424 年。

菩萨庙坐西朝东，大殿面阔三间，前有小院，殿前北侧，木架上悬挂 1 口铁钟，高约 1 米，粗约 80 公分。殿内神台上，供奉菩萨泥塑坐像，坐像前有站像。过去，每月初一、十五敲钟、烧香。菩萨庙毁于 20 世纪 50 年代。

121. 土门村

土门村，旧有道教庙宇五道庙及佛教庙宇菩萨庙。

五道庙，位于村东头，坐北朝南，庙前没有树和石碑。庙为一间，中间横砌一堵隔断墙。前面为五道庙，北墙画有五道等 5 尊或 7 尊神像，两山墙上画有雷公、闪公、下雨等壁画。过去有两口子都是瞎子，就住五道庙里。整天“叫街”，数着数来宝：“可怜瞎子一碗饭，修您老少爷么住高楼。”后来瞎子也生一个儿子。五道庙毁于1958年。

菩萨庙，俗称大庙，位于村西，坐北朝南，东西宽约20米，南北长约30米。南为山门，一座砖砌门楼。山门前东侧，有1眼水井。山门内，砌筑一道影壁，影壁北面辟小龛，龛内供奉菩萨泥塑站像。

院内，有4棵柏树，后来死了1棵，有人补栽1棵槐树，村里人记得小时写着字：“王卓堂栽”，那人要活着有100多岁了。那棵槐树长了1搂多粗，20世纪50年代刮风给拔倒了，砸了大庙的东厢房。北为正殿，正殿前有东西厢房各三间，过去西厢房曾存放村里人的棺材板等杂物，后来东西厢房改为学校。正殿面阔三间，东西耳房各一间半，东耳房为看庙和尚所住，和尚叫大智。大智是村里人谁家抱养的一个孩子，后来出家做了和尚。正殿前出廊，殿内神台上，供奉1尊观音菩萨泥塑坐像。在菩萨像底下，有一小铜座，上面有1尊小铜像，脸朝北。过去的孩子说：“小佛爷给大佛爷磕头呢！”在神台下，两边一边1尊站像，其中东边的站像手里拿着一个叉子，上边是圆口、三尖。北墙上还画着骑狮子的人等，或许是文殊菩萨等。两山墙上也是壁画。画像是滑子村人姓倪的师傅画的。

过去农历二月十九观音菩萨生日时，村里要搭灯棚，上供，上供的东西就归和尚了。菩萨庙毁于20世纪70年代。庙内3棵柏树现存（图295），在抗战时期，日军来了，非要把柏树给放了，村里人给日军磕头作揖，有1棵柏树还拉了一道锯口，后来没放。山门外东侧那眼水井，现在用水泥板盖上了。村里有2眼水井，村西北老井，一立庄就有，现在篷着。新井，就是庙前这眼井，有70多年了（图296）。井边石刻有字迹：“大队”、“民国五拾一年七月一日”等字，当在1962年所刻，这是谁人所写？为什么这么写？村里人一时也说不清。

图 295　金海湖镇土门村菩萨庙遗址所存 3 棵古柏

图 296　金海湖镇土门村菩萨庙山门前东侧水井

122. 向阳村

向阳村，旧有纪念性祠庙老爷庙及佛教庙宇慧阴寺、朝阳寺。

老爷庙，位于村北，一进山沟沟口处，坐北朝南，一大间，画有关公坐像，两边一边画 1 尊站像，如东边是周仓。在新中国成立后的“四清”运动中，在庙里圈牛。老爷庙毁于 1965 年前后。

慧阴寺，位于村东南沟西坡沟底下，地名叫西树园。村里人连庙刹子都没见过，大概很早就毁了。过去人们干活，曾刨出过砖头瓦块。看地势，西边是山坡，原来的庙宇应该是坐西北朝东南。据说庙里的和尚抢男霸女，让人家给抄了，不知道什么时候抄的。现在，庙址早已是一片坟地，有七八座坟头。

朝阳寺，位于村东沟北坡台地上，坐北朝南。村里人也没见过，20 世纪 70 年代，在那里闸沟垫地，在庙址东南角出土过铁钟、磬，铁钟掉在磬上了。钟上有姓“窦”、“李”及“平蓟两县”等字迹。铁钟高约五六十公分，给砸了铸粘子了。磬大小有三四十公分。还出土了不少砖头瓦块，包括两山的小兽。北坡那地方就叫“大殿后”，又称“庙刹子北坡”。

朝阳寺比慧阴寺要大些。传说慧阴寺和朝阳寺的和尚一个叫吴穷，一个叫火沟（和尚外号），抢男霸女不行好事，人们就把两座庙都给烧了。在村二队西坡，分别离两座庙约1000米处，即在慧阴寺西北、朝阳寺西南的三角地带，有一片塔坟，坟地约1亩多地，靠西边有一溜3座塔。过去村里人见到的，两边的塔只剩塔座了；中间的塔塔尖没了，还有半人高矮，底下一个大圆座，条石垒砌。那地方现在就叫“塔坟”。以前挖出过1个黑瓷缸，缸边烧的有龙的图案等。村里有人弄家去了，结果人老是长疮，就砸坏扔了。村里人说那缸上面还扣一缸，两缸上下一合。这应是3座和尚墓塔，或许是2座庙的高僧了，一般的和尚是不可能造塔的。所谓2个缸上下一合，就是和尚圆寂时，坐在里边，大概就是“坐化”吧。称之为“塔坟”，不为过。现在，塔坟的一个石构件尚存，圆形，直径57公分，高16至17厘米，底下有眼，周遭饰以浮雕纹饰。这当是墓塔的一部分，村里李景富老人背到家里，中间凿凹，做猪槽子了，依然在用（图297）。

图297　金海湖镇向阳村朝阳寺旁墓塔石构件，李景富老人背下来当作猪槽子了

谈及寺庙，就不能不谈到村的名字，过去叫背阴寺，后改为向阳村。说背阴寺，其实是叫白了，本名应是慧阴寺，即村以寺名。过去，背阴寺与水峪是一个村。村里人说，在抗战时期，日军让人看电线杆子，水峪老让背阴寺人去看，倒1根电杆子砍1人的头，没人爱去。后来，政府开会，就把背阴寺划归蓟县了。1958年，背阴寺由天津蓟县划归了北京平谷县。

123. 小东沟村

小东沟村，旧有道教庙宇五道庙及东小庙。

五道庙，位于村南沟，坐西北朝东南，面阔一间，画像，西墙画有5尊坐像，南北两山墙西侧各有1尊画像。主要有龙王、虫王、山神、土地神、五道等，如虫王抱着1个小瓶子。两山墙还有其他壁画。庙内摆着7个泥香炉。五道庙于20世纪60年代拆毁，在庙址给北京下放遣返回村的人盖了两大间房子。

东小庙，位于村东一山梁上，那个地方俗称“庙梁”。小庙仅为一小间，下大雨时，只够2个人避雨。小庙内供奉着4尊泥塑站像，约五六十公分高矮，其中一神像手里拿1把斧子，是否为木匠祖师鲁班，村里人没细说。正月初几村里人都去那里烧香。村里人去世了，是不去那里报庙的，说明不是五道庙。在1947年土改复查中，庙毁，村里人用篓子将4尊神像背到一大核桃树下，后风吹日晒雨淋，神像就毁了。

据说在这道庙梁北边的山洼处，过去有一座庙，不知道建于什么时候，也不知道毁于什么时候。只是在干活时，挖出过砖头瓦块。连村里七八十岁的人的爷爷，也没见过这座庙。听说是过去这里人烟稀少，庙里的和尚抢男霸女，让外地的武家子给抄了，只留下1眼井。抗战时期，日军修路，将井劈下半拉。1972年大旱时，村里曾请万庄金矿的人找过这眼井。在新中国成立后“破四旧、立四新”中，将“庙梁”改称“友谊岭”，也打上了时代烙印，现在人们依然称之为庙梁。

124. 晏庄村

晏庄村，旧有道教庙宇大庙、五道庙及佛教庙宇水音寺。

大庙，位于村东小学处，坐北朝南，东西宽约5丈，南北长约6丈。南有山门，山门前砌筑几步石阶。院内，没有树木，北为大殿，殿前有东西厢房各三间。西厢房后来作为学校，东厢房南面有一间耳房，应为盝顶。大殿面阔三间，东西耳房各一间。殿内神台上，供奉5尊泥塑坐像，两边一边1尊站像。因时隔岁久，村里人已说不清供奉的什么神像了，有人恍惚记得有火神爷、财神爷等，但不是正座主神，如财神爷在东面。院内一大石香炉，坐在四方的石柱上，足有2米多高，人称“罗大天”。这样的石柱托举着石香炉，不知何意，在全区1000余座大小庙宇中，未曾听说有第二个。根据庙内供奉火神爷、财神爷像，故将大庙列为道教庙宇。大庙毁于20世纪五六十年代。

五道庙，位于村中间，坐北朝南，庙前1棵大槐树，约5搂粗，据说是立庄时栽的，树干都空了。五道庙有一小院，前面辟一小山门。庙为一间，画有五道等以及小鬼等像，摆着四五个香炉。五道庙毁于20世纪50年代。

水音寺，位于村北，坐北朝南，东西宽约30多米，南北长约100多米。南为山门，一座砖砌门楼，较为宽大，现在的小拖拉机能够开进去。院内，有松柏树，不刮风也呜呜响。北为正殿，殿前有1通石碑，东西厢房各三间。大殿在20世纪30年代就拆了。庙后有1座塔，以砖垒砌，方形，实心，高达十几米。抗战时期，为修郭家屯炮楼，把塔拆了。据说拆塔的时候，塔四角一角一条小花蛇，往东南跑去了。20世纪40年代末，山门、厢房等都已无存。村里人对庙内供奉什么神像说不清楚，但根据水音寺寺名可以肯定，这是一座佛教庙宇。过去农历正月二十八放烟花，烟花地有十几亩地，一放半夜，就在水音寺南边。

125. 彰作村

彰作村，旧有道教庙宇马神庙、五道庙及佛教庙宇菩萨庙。

马神庙，位于村南一座高台上，坐北朝南，东西宽约10米，南北长约10米。南为山门，砖砌门楼。山门前一道照壁，以砖砌筑，两面没有字画。院内，北为大殿，殿前一边1棵大青杨，1尺多粗。大殿面阔三间，神台上供奉马王爷泥塑坐像，3只眼，4条胳膊，上举的2条胳膊拿着刀等物，另2条胳膊搭在腿上。两山墙前一边1尊侍立站像。过去小孩黑夜一个人不敢进殿里去，胆小害怕。谁家死牲口了，就到庙里上供，说是得罪马王爷了。墙上没有壁画。

这里过去为明代彰作里关，《四镇三关志》有载。《平谷文物志》记述：“彰作里关，位于靠山集镇彰作村东，是明代万里长城进入北京段东端第一关。据《四镇三关志》载：‘永乐年建正关水口，红石谷墩空，通众骑，极冲。’关口宽约50米，位于两山之间，原有关门一座，两侧建有敌楼。彰作村内原有关城，设东、南、西三门，北侧建有敌楼，有把总驻守。村南为校军场。均毁，现无存。”关城等建筑是毁了，村里人说还有城根子等遗迹存在。所以，过去这里建有一定规模的马神庙，应该与关口有关。

马王庙毁于20世纪50年代。

五道庙，位于村西北，坐北朝南，面阔一间，北墙画有五道、山神、土地神等5尊神像，东西山墙绘有花草、小鬼等壁画。过去村里有人骑车快了，就会有人开玩笑地说："赶七遍纸呢?"玩笑中也有骂人的意思，意为你骑得这么快找死去咋着！1946年前后，国民党军进攻，解放军在五道庙里存放制作的手榴弹、炸药等，引起火灾，将五道庙烧毁。

菩萨庙，位于村正北街里，坐北朝南，东西宽约5丈，南北长约6丈。南为山门，砖砌门楼。山门前临街，有四五棵柏树，约四五寸粗。院内，一进山门，有一间小殿，坐南朝北，殿内供奉韦陀泥塑站像，手拿金刚宝杵。北为正殿，殿前两侧，有东西厢房各三间，西厢房为看庙人所住及村会里办公，东厢房后改为学校。正殿面阔三间，东西耳房各一间，耳房存放杂物。殿内神台上供奉观音泥塑坐像，坐在莲花座上。在神台上，坐像前边两侧有2尊小站像，西为红孩妖，东为一小童，当是佛教中的善财童子和龙女。墙上绘有壁画，如八仙过海等。也有劝人向善的壁画，如有人从山崖上掉下来，一只大手给接住了，说那人上辈子做了好事。20世纪70年代，将菩萨庙批做宅基地，就拆毁盖房了。

126. 中心村

中心村，分南庄（即南中心村，俗称南头）、北庄（即北中心村，俗称北头），这两庄是一个村。过去称乍峪，后来改为中山后，与东上营是一个村，又叫"一个会"，过去都称"会"，最早超不过20户人家。叫中心村，是抗战时期日本人起的。而中心村号称七沟八梁一面坡，是指村里人家散落在这些沟梁里。"七沟"是指：石板沟、白家坟、牛槽沟、黑枣沟、二道沟、马家沟、牌楼沟，"八梁"就是这七沟间的八道梁，"一面坡"即指东四坡。这是村里人所述。

中心村旧有道教庙宇五道庙3座及山神庙。

五道庙，全村有3座。一在北中心村东（图298、图299），庙东为山，山上明代长城由南往北蜿蜒而去。庙前1眼老井，一村人过去就吃这井的水。这座五道庙，石垒根基，砖砌墙，白灰勾缝，硬山顶，中为大脊，顶覆乡村常用的小青瓦。面阔半间大小，前敞，无门窗。庙内被烟火熏得漆黑，早已看不清过去有什么画像了。据村里人讲，庙北墙中间为一大画像，一边一小画像，两山墙没有画像。作为五道庙，画像五道阎君或许不可少了。附近人家在庙里面随便堆放一些柴草杂物。村里七八十岁老人说，他们小时五道庙就这样，曾揭瓦（音 wà）过一次。细看墙砖发黄，应该有一二百年了。这是全区现存最早也最完整的一座五道庙。区文物部门汇编的 2008 年第三次文物普查资料，即《平谷文物揽胜》中收录了此庙："中心村五道庙，位于平谷区金海湖镇中心村东山脚下，西距民房约 160 米，东距山脚约 80 米。庙前有一眼水井，现已废弃封存。水井前有一眼大口井（图 300），约为 20 世纪六七十年代村里人以鹅卵石垒砌，早已干涸，也是一个时代水利设施的一个物证了。该庙为石垒根基，砖砌墙，白灰勾缝，硬山大脊，屋顶仰瓦覆盖。东西长 2.6 米，南北长 2.1 米，前脸无门窗。梁架和基础较好，屋顶局部瓦件脱落。"一些数字更为具体些。2013 年 3 月，作者再次来村里调查时，发现这座五道庙屋顶脱落严重，村里人反映应该修修了，不然就塌了；一在村南头，现在村委会前，坐北朝南，面阔一间，庙内为画像，画有山神、土地、龙王、五道、虫王、苗神等 7 位神像。庙前约 3 米处有一双眼水井，半个井盖子散落街头（图 301），成为人们休憩的坐垫了；一在南北庄中间，小学校西侧，坐北朝南，面阔两间，画像。后 2 座五道庙毁于 20 世纪六七十年代。

图 298　金海湖镇中心村现存五道庙

（摄于 2007 年 8 月）

图 299　金海湖镇中心村现存五道庙

（摄于 2013 年 3 月）

图 300　金海湖镇中心村现存五道庙前大口井

图 301　金海湖镇中心村南头五道庙前水井的半个井盖散落街头，成为人们休憩的坐垫了

山神庙，位于村西白家坟沟，坐北朝南，面阔一间，庙里画有山神等画像。旧时春节了，附近人家也去庙里贴山神纸像。山神庙毁于 20 世纪 50 年代。

127. 洙水村

洙水村，旧有道教庙宇龙王庙、山神庙、火神庙、五道庙 2 座及佛教庙宇崇圣寺。

龙王庙，位于村北，在村老井北边，坐北朝南，面阔一大间，画有龙王坐像。过去村里人打水排队，就在庙里坐下歇息。庙里悬挂一方木匾，上面写着捐地方、捐钱、打井时间等，是一方功德匾。井打成以后，王家主动闪出一条道，为方便打水排队等。20 世纪 60 年代，为修扬水站，需用木架等，拆毁龙王庙，那地方便做宅基地了。

山神庙，位于村东南，渣饽饽山前面的山顶上，仅为一间，没有围墙，坐北朝南，画有山神等画像。20 世纪 60 年代因年久失修而塌毁。

火神庙，位于村南四五里，归平谷县城火神庙管。村里人说，那时有火神会“锅钬”（音为锅钬，不知确切哪两个字，什么意思）。具体由锅钬管。火神庙坐北朝南，也就是对着山，三间草房，没有院落。盖在村南白水峪山往北伸的一道梁的北头上，山底下有白土子，流下的山水是白色的。那个地方现在也叫庙梁。

1925年，老高家6口人从平谷城街上搬来，拆了3间火神庙盖房子了，县城锅钬让高家来这里的。过去老高家在县城街上开棺材铺，老高家与火神庙锅钬关系不错，见他们生活艰难，就让高家把这座火神庙拆了，且种锅钬的地。

五道庙，全村有2座。一在村东，坐北朝南，一间，没有院落，就是一座孤零零小庙，画有五道等神像，毁于20世纪50年代；一在村西，坐西朝东。庙南面是北大街，东北—西南向，为村里的主街；庙北边是北小街，东西向。两条街在五道庙东面交汇一起。庙为1间，东西约有1丈多宽的小院，前面有一道影壁，影壁上写有字迹。庙南房山前有1棵槐树。庙内画有五道等神像。五道庙毁于20世纪60年代，槐树现存（图302），五道庙那个地方还空着。据说过去这一带有1眼水井，水是苦的，村里人说是海水，后来就填上了。

图302　金海湖镇洙水村五道庙南侧大槐树

崇圣寺，位于村东头，俗称东大庙。

崇圣寺始建于明初，明隆庆六年（公元1572年）、清乾隆十八年（公元1753年）、道光十年（公元1830年），曾先后进行复建或修葺。崇圣寺旧时属盘山云罩寺管辖，曾有徐空等法师住持，并有200多亩耕地，作为庙产。1961年所拍古建筑中有崇圣寺1张照片（图303），并简略记述：“洙水崇圣寺，清乾隆十八年重修，至今仍完整存在。”

图303　金海湖镇洙水村崇圣寺（摄于1961年）

崇圣寺坐北朝南，东西宽约60米，南北长约100米。南为山门，较为宽大，据说以花岗岩、琉璃瓦和青砖垒砌而成，过去可以走大车。门楣上镶嵌石匾额，上有“崇圣寺”三个大字（图304）。两边一边一个小便门，二人可错身而过。寺院四周建有围墙，墙体全部为磨砖对缝，卧砖到顶。前后通街。

图 304　金海湖镇洙水村崇圣寺匾额拓本

第一进殿，当地人称“金刚殿”，面阔三间。殿前有三步台阶，东侧有 1 棵柏树，1 座钟楼，西面建有戏楼。殿西还有 1 棵大槐树，都长空了，里面放一张八仙桌可以打牌。殿内两侧墙壁，彩绘四大金刚像，即四大天王画像，此殿也称为天王殿，每个金刚脚下踩着一个丑八怪。中间有背南面北的韦陀彩色泥塑站像。

第二进殿，当地人称罗汉殿，面阔三间，有东西耳房。罗汉殿与菩萨殿一样，建造结构坚固精美，全是线椽线檩，四柁十柱木架，七檩六嵌，前出廊，前檐采用双层插飞。屋顶方椽上面铺方板砖，苫背后用滴水瓦、花边瓦、筒瓦封顶。房脊和四哨（音 shào）为琉璃砖、琉璃瓦。三层大殿四哨（音 shào）都饰以神兽，大脊两端饰螭吻。大殿前有五步台阶，前檐及门窗绘有油漆彩画，屋内地面以方砖铺墁。殿前有 2 棵柏树，2 通石碑。西边碑首刻有“良缘辐辏”字样，是 1 通功德碑，为清乾隆十八年（公元

图 305　金海湖镇洙水村崇圣寺清乾隆十八年重修碑，现散落小学校内

图 306　金海湖镇洙水村崇圣寺另 1 通石碑，当为明初之碑，现散落村小学校内

1753年）所立（图305）。东碑，村里人记得立于明永乐年间，也就是明朝初年，当为建庙时所立了（图306）。殿内正中为神台，高约1.2米，长约2米，神台上有莲花座，坐上为如来佛泥塑坐像，两侧有侍立像，村里人称如来佛侍卫，侍立像前面东西两侧塑有带着机关、眼睛会动的哼哈二将。如来佛身后有一道屏障，屏障后面塑有坐南面北、手拿浮尘的倒坐观音。观音两侧塑有善财童子和龙女，村里人称座下左边塑的善财童子是“木吒”，说“木吒”怀抱着花瓶。殿内东西两侧内墙下高台上，各塑9尊罗汉像，其中东南角为济公塑像。两山墙绘有壁画，后墙壁画绘有金翅鸟等。整座大殿显得十分威严，应是佛教庙宇中的主殿大雄宝殿了。殿前建有东配殿。大殿辟前后门，是一座过殿。

第三进殿，为菩萨殿，面阔三间，殿内脊檩下写有“道光十年重修”的字样。殿内神台上，供奉菩萨铜像，下为莲花座，莲花座下还有两个侍立像。菩萨像面前，摆放着高大的供桌，供桌西头放着念经用的木鱼和一盏燃烧香油的长明“海灯”，供桌正中摆放着供品和香炉。当地有“尺七的板凳，尺八的床，三尺供桌好烧香”之说。殿内东西山墙和后壁，绘有壁画，如三国故事等内容。殿两侧建有东西耳房，殿前建有东西配殿。东配殿供奉刘关张3尊塑像，南山墙绘有赵子龙画像，北山墙绘有黄忠画像，这应是三义殿。西配殿内也是3尊塑像，其中有1尊是托塔天王李靖塑像。

据村里人统计，寺院中共塑有50余尊神像，形象逼真，栩栩如生。明清时期，每逢初一、十五开庙门，钟声传遍邻近村庄，村民百姓来此进香，许愿、还愿者络绎不绝，就连寺院内的柏树也被很多所谓木命的人认做干妈。每年农历二月十九是“菩萨”生日，这天后殿前面高搭灯棚，进香观灯通宵达旦，演戏、说书以及唱影戏，十里八村的人纷至沓来，香烟缭绕，供品满桌。至今当地还流传着“明初建庙历代修，苍松槐柏景最优。殿宇雄伟佛各异，五杈奇柏世一株。佛祖显灵传奇故，水涨船高佛保佑”的诗语。

崇圣寺有很多传说故事。相传很早以前的农历五月十六夜，大雨如注，山洪暴发，洙水全村被洪水围困。住在前街地势较低的人家已经进水泡塌了炕，住在村北地势较高的户院内也已经进水。这时上了年纪的老人不约而同地跑进寺院烧香，求佛祖保佑村民安全。到中午以后，洪水就有点回落，快到天黑时洪水明显减小。于是村里有位老者想到村口看水情，他路过庙门，就见村南河迎面过来一群男人，老者心想这群人好像在哪儿见过，可又不知这么大的水是怎么过来的。

但见他们个个满头大汗，卷着裤腿光着脚，还议论着同洪水搏斗的经过。这群人与老者擦肩而过，老者一心想看水情，继续往前走，边走边琢磨着那群人议论的内容。突然回头，一看那群人不见了。这时老者转过头来往回追，追到庙前，听到庙内有说话的声音。老者东找西找，院内没有一个人。当他走到罗汉殿一看，十八罗汉个个都满头大汗，再仔细一瞧面孔就是刚才见过的那群人。从此佛祖显灵、十八罗汉挡水保村庄的故事，便流传开了。

图 307　金海湖镇洙水村崇圣寺西跨院五杈柏，近年枯死

图 308　金海湖镇洙水村崇圣寺遗址现为村小学，院内古柏尚存

崇圣寺有东西跨院。西跨院是寺院的菜园，院内栽有3 棵侧柏，其中 1 棵是闻名远近的五杈柏树（图 307）。此树于树干 2.5 米高处，均匀分出五杈，每杈直径粗约 30 厘米，树高 10 余米，像一把巨大的伞，遮天蔽日，极为壮观。菩萨殿后面有一片场院，过去 200 多亩地收获的粮食全在这里打轧晾晒。

崇圣寺于 1967 年至 1969 年间，先后被拆毁各殿堂建筑，盖了村小学（图 308）。现在寺庙原址，还是小学校舍，只是已经重新规划了。那棵五杈柏，在 1957 年刮大风被刮折 2 杈，现已枯死，尚存。小学校内，

图 309　金海湖镇洙水村崇圣寺遗址散落的石构件

散落着庙里旧碑、柱础、石构件（图309）及古柏等旧物。

128. 祖务村

祖务村，旧有道教庙宇五道庙及佛教庙宇大庙。

五道庙，位于村东路北，在大庙西边，坐北朝南，1间，画有五道等神像。庙里摆着3个黄色瓦盆的香炉。五道庙毁于20世纪50年代。

大庙，又称东大庙，位于村东头。民国二十三年《平谷县志》“坛庙”记载：“胜水寺，在祖务庄东，至县三十五里。今俗称阁儿寺。”当为此庙。

大庙坐北朝南，东西宽约40米，南北长约70米。南为山门，砖砌门楼。山门前1座大庙台，台上有3棵槐树，各有1尺多粗。前院，前殿殿前有3棵柏树，西侧那棵有1搂多粗。有东西厢房各五间，西厢房为学校，东厢房存放杂物。前殿面阔三间，殿内供奉观音泥塑坐像等，墙上绘有壁画。前殿辟有后门，可通后院。后院，北为后殿，后殿前西侧有1棵银杏树，直径约1米多。殿前东侧有1通石碑，下为龟趺座。后殿面阔5间，东西耳房各2间，西耳房过去有好多小铜像，后来住老师。后殿内供奉3尊泥塑坐像，两山墙前一边1尊站像。庙后有两块地，一块8亩，一块5亩，作为庙产，也称“会地”。

图310　金海湖镇祖务村大庙内所存银杏树

大庙农历二月十九为庙会，前后3天，到时唱戏等。大庙毁于20世纪60年代。庙内后院银杏树尚存（图310），树上生有树瘤，还根生出一丛小树，有胳膊粗细。银杏树旁还有1棵古柏。

129. 红石门村

红石门村，旧有道教庙宇山神庙2座及四五个石头垒的小山神庙。

山神庙，村里有2座。一在老村西边，西石湖一高台上，坐北朝南，仅为一小间。过去春节时，村里人贴山神像等。庙里摆着1个石香炉；一在老村北边，大条石沟长城下边。庙为一间，画像，摆着1个石香炉，就是过去长城上用的滚木雷石的雷石，上面恰好有1眼，可以烧香。20世纪六七十年代的“文革”之时，破除迷信，就把2座山神庙毁了。

另外，过去由于一些人家居住分散，就在家附近三五块石头垒个小庙，称之为小山神庙。每一片人家垒1个，约垒四五个小山神庙。里边放个碗，到时也烧香上供等。村里有人去世了，家里人就到这些山神庙去烧纸报庙的。

村东部有明代长城。平谷段明长城，为北京段明长城最东端，蜿蜒于东北部群山间，东起河北省兴隆县、天津市蓟县和北京市平谷区交界处的红石门村大松木顶（图311），为三省市交界处，所谓“一脚踏三省”即指此地。长城沿区界向西北延伸至黄松峪乡，经南独乐河镇，向北经山东庄镇、熊儿寨乡、镇罗营镇等6个乡镇19个村，至镇罗营镇北水峪村北山，出平谷区境，进入密云县、兴隆县境内。

图311　金海湖镇红石门村大松木顶三省界碑，为平谷段长城起点

九、马坊镇

马坊镇，辖22个行政村，旧有大小庙宇60座，分为纪念性祠庙8座，主要是关公庙、药王庙；道教庙宇39座，主要是真武庙、三官庙、马神庙、娘娘庙、五道庙等；佛教庙宇12座，主要是佛祖庙、菩萨庙等；基督教教堂1座，马坊教堂。这些庙宇现都已无存。

130. 北石渠村

北石渠村，旧有道教庙宇五道庙2座。

五道庙，全村有2座。一在村东头，又称东小庙，过去是李家家庙。坐北朝南，前有小月台，一间，画有龙王、财神、土地、苗王、五道5尊画像，其中龙王在中间，龙王东边有财神、苗王，龙王西边有五道、土地神。东西两山墙画有壁画。庙里摆着5个香炉。村里人说，过去人去世后，家里人来庙里烧纸报庙。如果是前半夜去世的，就会送8遍纸；如果是后半夜去世的，就送7遍纸了。烧纸的人将烧纸（音zhi，读轻音）往五道庙的墙上挂，在哪角挂住了，就认为去世人的魂儿就在那儿呢，烧纸的人就会朝那儿哭。东小庙在1958年破除迷信中拆毁。

图312　马坊镇北石渠村中间五道庙西侧大槐树

一在村中间，又称西小庙，建在一座高台上，坐北朝南，南边有7步石阶。庙前西侧有1棵槐树（图312），1搂多粗。庙为一间，前出小廊，廊东西两山墙上，各画有1像，东边是尉迟敬德，西边是拿锏的秦叔宝。这应是2尊门神像。庙内为画像，北墙画有7尊神像，中间是龙王。摆着7个石香炉，中间香炉最大，圆形，高约30公分，直径约30公分，底下有3个小爪。东西山墙画有壁画，如关公水淹七军等。过去除死人报庙外，还有春节三十黑夜、初一、十五等来这里烧香。在廊东侧，悬挂1口铁钟，高约60公分。村里有大年三十黑夜抢头钟的习俗，有人甚至不吃饭，就在庙这儿等着到时敲头遍钟。西小庙与东小庙一起，毁于1958年，而西小庙前西侧大槐树现在还在，树干已空。

北石渠村西半里处，有一墩台，是过去村里查（音zhā）家修的，名叫镇水塔。塔高约5米，下面2米以石头砌筑，上面3米以砖垒砌，方形，约2米见方，石头以上略有收分。上为平顶，空心。西面有几块砖，砖上有用朱砂写的一些字迹，如在一块砖上，有核桃大的6个字：唵嘛呢叭咪吽。这是大明咒，即大慈大悲观世音菩萨咒，源于梵文。村北有金鸡河，过去直接奔村街里流过来。修了这座塔，河水就往北一拐，向东流了。从村后东流，村东边的庄叫东撞，河水没撞东撞村，却往英城流，英城叫“西撞”。小河流入泃河，而泃河往西一流，正撞英城街里。调查的村里人80来岁了，自其小时以来，泃河河道往西移了五六十米，英城搬了不少人家。过去北石渠村真有一道石渠，水冲走了。还有南石渠一说，据说就是现在的石佛寺。石佛原来在北石渠，一夜跑到石佛寺去了。且说石佛背后刻着“南石渠、北石渠”的字呢。镇水塔毁于20世纪50年代。

北石渠村有查家坟。查家为大兴榆垡人，后到天津，为盐商巨贾，有“查半城”之说。查家在天津建有园林水西庄，清代乾隆皇帝下江南，几次驻跸于此。天津有人研究水西庄，认为是曹雪芹《红楼梦》大观园原型之一，里边很多建筑、景观名字，与大观园一样。查家后被抄家。查家百年寿地在北石渠村、洼里村等。洼里村查家后人曾保存有乾隆皇帝御笔匾额，在20世纪60年代“四清”中劈了烧火了。而北石渠村查家坟，葬有查莲坡等。查莲坡即查为仁，清代天津著名诗人，其诗被收入《四库全书》。上宅文化陈列馆现存“清例授承德郎议叙六品莲坡查君（为仁）元配金安人继配刘安人墓志铭”拓本（图313）。

图 313　上宅文化陈列馆现存清例授承德郎议叙六品莲坡查君（为仁）元配金安人继配刘安人墓志铭拓本

131. 杈子庄村

杈子庄村，旧有道教庙宇五道庙。

五道庙，位于村西，应该是立庄后修的这座小庙。立庄时，李姓从南宅搬来，赵姓从赵各庄搬来，安姓从河奎搬来。2007 年，全村有 84 户，200 多人，主要就这三大姓，还有张姓 2 家。当时东撞那边有一条沟，冲着杈子庄村头，就盖了这座小庙。庙为一间，坐北朝南，庙西一道土埂子。庙内供奉 1 尊泥塑坐像，村里人去世了，家人就到这里送纸报庙。五道庙毁于 20 世纪 50 年代末。

132. 东撞村

东撞村，旧有佛教庙宇菩萨庙。

菩萨庙，位于村中心，坐西朝东，建在一座庙台上。庙前 2 棵大槐树，各 2

搂多粗。庙为一间，供奉1尊菩萨泥塑坐像，坐像前摆着1个石香炉。过去逢年过节时到庙里烧香，村里有人去世了，家人也来这里烧纸报庙。

菩萨庙毁于20世纪50年代，那时已经入社，檩条被村里打办公桌了。庙前2棵大槐树尚存，北边那棵树大枝杈已枯干，南边那棵更粗些（图314），过去4个人可以坐上面打扑克。

在调查中，村里人说，过去村里有个叫王松元的，在宋哲元队伍里任副旅长，三几年时，与日本人打仗死了。2007年6月，作者来东撞村调查时，应该是近日选举的村主任，村委会院内车库大门作了计票的黑板（图315）。院内还保存着选举的会标："东撞村第七届村民委员会选举大会"，一个字写在一块老红纸上，张贴于北正房的屋檐下。

图314 马坊镇东撞村菩萨庙前2棵大槐树

图315 马坊镇东撞村委会近日选村主任，村委会院内车库大门作了计票的黑板

133. 打铁庄村

打铁庄村，旧有道教庙宇五道庙。

五道庙，位于村东北，坐北朝南，前面临街。庙前西侧1棵老槐树，2搂粗。庙为一间，画有1尊大的坐着的神像，还画有其他小像，如雷公、闪公以及小鬼叫差等。庙内摆着1个石香炉。五道庙毁于20世纪50年代。

村南有2座清代王爷坟，俗称南北宫。南宫为康熙皇帝24子允祕之墓，北宫为允祕长子弘畅之墓。墓已毁，仅存部分石雕（图316)、石构件等，现为原址（即今马坊中学）保护。

图316　马坊镇马坊中学院内石雕，据说为王爷坟前之物

134. 东店村

东店村，旧有道教庙宇三官庙、五道庙3座及佛教庙宇华严寺。

三官庙，位于村东，在华严寺前，中间接一条路。三官庙坐东朝西，在20世纪二三十年代院墙就已坍塌，只剩一座正殿和前面一座门楼了。山门前东侧，有1棵槐树，1搂多粗。正殿面阔三间，前出廊。殿内砌筑神台，高约1米。神台上，供奉天官、地官、水官3尊泥塑坐像。北山墙前供奉药王爷泥塑坐像，南山墙前供奉药圣泥塑坐像。1947年春天，国民党军拆毁正殿，将砖瓦拆走修马坊炮楼了，就剩墙芯的土坯及梁架。庙东边是洵河，村里有“三官庙脊上挂苲草”之说。是说过去洵河曾发过大水，水漫过了三官庙顶。1949年发大水，拆剩的残殿就整个落架了。国民党军同时拆毁的，还有二条街药王庙、三条街娘娘庙、西门外悬山寺等。现在，山门前老槐树（图317）尚存，西南半拉有些空了，树下大根裸露出来。

图317　马坊镇东店村三官庙山门前大槐树

五道庙，全村有3座。一在村西路北，坐北朝南，仅为一间，画像。毁于20世纪50年代；一在村东头，在华严寺西南角，坐北朝南，一间，画像。过去村里有个田姓人给学校做饭，就住这座五道庙里，有人报庙就搬出来，报庙的人走后再住进去。1963年前后拆毁；一在村东南，在三官庙南约300米处，坐北朝南，一间，画像，在20世纪50年代自然坍塌。

华严寺，俗称如来庙，位于村东，坐北朝南，东西宽约7丈，南北长约10丈。南为山门，一座砖砌门楼，对开木门。院内，大殿前一边1棵柏树，各约1搂多粗，有东西厢房各三间。大殿面阔三间，有东西耳房各2间，西耳房为村里办公之所，东耳房供奉菩萨。大殿前出廊，廊前东侧悬挂1口铁钟，高约有1米。过去初一、十五敲钟。抗战时期，八路军兵工厂将铁钟弄去铸造手榴弹了。殿内，供奉如来佛泥塑坐像，高约3米。下为莲花座，坐下四角有力士像。莲花座下有一头鳌鱼，村里人说是如来佛压着，不然，鳌鱼翻身就要地震。东西两山前，为十八罗汉像。20世纪50年代拆毁，盖村小学了。

135. 二条街村

图 318　马坊镇二条街村大槐树

二条街村，旧有道教庙宇五道庙。

五道庙，又称龙王庙，位于村西，在西大街东头，过去二条街、西大街两村人都来这里烧纸报庙。庙为一间，坐北朝南。庙内画有龙王、五道等神像，墙上还画有小鬼、牛头、马面等像。西大街村人谈及的龙王庙，就是这座五道庙，故在西大街处舍去不写。五道庙毁于 20 世纪 50 年代。

二条街村有 1 棵大槐树（图 318），村里人说大概有 100 多年了。大槐树东边十几米处，还有 1 棵小槐树，直径也有 1 尺多粗了。

136. 果各庄村

果各庄村，分大果各庄和小果各庄，大庄分 4 个生产队，小庄过去是第五生产队。全村旧有庙宇 7 座，包括纪念性祠庙老爷庙、道教庙宇真武庙、土地庙、五道庙 2 座及佛教庙宇菩萨庙、大庙。

老爷庙，位于村东二队，坐北朝南，建在一座庙台上。庙前有 4 棵槐树，庙台下有 2 棵槐树，各有 1 尺多粗。庙为一大间，供奉关公泥塑坐像，红脸，头戴冕旒，手持圭板，应该是关帝像。西边，周仓持大刀侍立；东边，关平也拿着刀侍立。老爷庙毁于 20 世纪 60 年代。

真武庙，位于村北四队，坐北朝南，一大间，供奉真武帝泥塑坐像，毁于 20 世纪 60 年代。

土地庙，位于村北，坐北朝南，一小间，庙后为小河。村里人说，没建小庙时，河往南来。建了这座小庙，河就往北去了，冲不着村庄了。庙内画有土地等神像。过去附近人家有人去世了，也来这里送纸报庙。看来不仅画有土地神像，一定还画有五道等神像的。土地庙毁于20世纪60年代。

五道庙，全村有2座。一在村后街，坐北朝南，面阔一间，没有塑像，应该是有画像，庙里摆有五六个香炉；一在小果各庄村西，又叫小果各庄五道庙，面阔一间，画有五道等神像。2座五道庙都毁于20世纪60年代

菩萨庙，位于西边三队，坐南朝北，向北正对南北大街。庙为一间，没有塑像，只是画像，画有观音菩萨等。菩萨庙毁于20世纪60年代。

大庙，位于村中心。清乾隆《三河县志》记载果各庄有“静业庵”，或为此庙。

大庙坐北朝南，东西宽约7丈，南北长约十几丈。南有山门，一座砖砌门楼，山门在南墙东侧。山门前两侧，有2棵大槐树，各有1尺多粗。大庙分前后院。前院，没有树和石碑，有前殿三间，殿内供奉1尊泥塑坐像，两边各有1尊站像，武将打扮。墙上绘有壁画。前殿辟前后门，由后门可至后院。前殿东侧辟一小门楼样的便门，亦可通向后院。后院，后殿前一边2棵柏树，各有1尺来粗。有东西厢房各三间，西厢房住姑子。有一姑子叫沙奎，小名小五，排行老五。有一姑子走了，招到王各庄。后殿为正殿，面阔三间，东西耳房各两间。殿内供奉的是铜像，有几十尊，高约三四十公分，村里人说铜像是风白铜加渗金。其中有一个约20公分高的小铜像，一手上指天，另一手下指地。这或许是佛像，叫小五姑子弄走了。

大庙旧有庙产40亩地。

大庙毁于20世纪50年代初。

果各庄村东小河边有棵大槐树（图319），1搂多粗，长得很粗壮，很茂盛，连一根树枝也没人敢动。据说上面住有蛇，村里人都敬畏着大槐树。

图319　马坊镇果各庄村东小河边大槐树

137. 河北村

河北村，旧有道教庙宇三官庙、马王庙、五道庙及佛教庙宇庵庙。

三官庙，位于村北。

1959年第一次文物普查资料记载有三官庙。名称，三官庙。年代，建于辽金，明清重修。地址，平谷县马坊公社河北村，坐北向南。规模与形制，前大殿三间，硬山脊，吻代（带）剑把，有垂兽，有四小兽，筒瓦顶。大式作法。通面长11.30米，明间3.35米，次间3.20米，进深7米。明窗修改，内部撤（彻）上明造，旋子彩画，五架梁，前后插今（金）柱。现为小学。附属文物，大殿前有石碑一块，螭首，龟趺方座，高2.50米，宽0.80米，后0.25米。方座浮雕二龙戏珠。碑文重修碑，崇祯癸未年重修。群众传说转角碑，一夜间面向东南。周围环境，建于高台，四周依田地。保管和使用情况，小学利用。保留价值，无保留价值。调查日期，1959年4月29日。附注，后大殿三间，硬山清水脊代（带）兽头。小式做法。门窗改装，合瓦垄。长10.50米，明间3.20米，次间3.10米，进深6.80米，内部撤（彻）上明造，前有插今（金）柱，三架梁，彩画不清。东西厢房各两间，清水脊瓦顶。东西配房各三间，清水脊瓦顶。绘有简略平面图。

普查资料记述了大致格局，与村里调查的情况可互为补充。

三官庙，坐北朝南，东西宽约7丈，南北长约30丈。南为山门，一座砖砌门楼，山门前有一道影壁，以砖垒砌。门前东侧，有1棵大槐树，2搂多粗，树干已空。前院，东南角建有钟楼，一大间见方，一层，高约2丈，悬挂1口大铁钟，高约1米七八；西南角建有鼓楼，与钟楼格局一样，里面摆着一面大鼓。前殿西侧，有1棵柏树，2搂多粗，旋转着长，村里人称其为拧丝柏。前殿东侧有1通汉白玉石碑，螭首楷书，为清代重修时所立。当时庄头叫李明芳，碑正面朝东南，背面向西北，正是以八卦中“巽”“乾”之位摆放，故称之为转角碑。据说把碑摆正了，自己还转过来。对此钟及转角碑，民国《三河县新志》“金制古物”和“石刻古物”有记：“三官庙前，大钟高五尺，径三尺余，崇祯十年造。在西马坊。”“三官庙转角碑，先面向西，后因地震面向东南，崇祯癸酉年立。在西马坊。”这起码说明两点，一是村里人所谈不虚，二是志书所载西马坊即是现在的河北村。崇祯十年，为公元1637年；崇祯癸酉年，即崇祯六年，公元1633年，已是明代晚期了。前殿面阔三间，东西耳房各两间。正殿檐下悬挂一方木匾，蓝底金字，上写“真有灵应”四个大字。前殿有走廊，廊两边有2通小碑。殿前建有月台，前面砌筑三四步石阶。前殿辟前后门，从后门可通后院。殿内建有神台，高约1米。神台上供奉天官、地官、水官3尊泥塑坐像，坐像约2米多高。两山墙绘有壁画。后院，中间铺砌一条甬道，甬道两侧有六七棵柏树。后殿比前殿略矮些，后殿前东侧，有1棵紫丁香树。殿前建月台，前有三四步石阶。东西厢房各三间，为看庙人所住及村公所办公等用。后殿面阔三间，东西耳房各两间。后殿内也供奉有泥塑像，比前殿塑像小。村里人记不得神像名字了。

三官庙毁于1973年，原庙内石碑碑首尚存，已断为两截，上半部高54厘米，下半部高50厘米，宽87厘米，厚34厘米。碑额篆字“三官碑记”（图320）。从碑首看，整个碑身应该不小。

图320　马坊镇河北村三官庙内残存石碑碑首

马王庙，位于村西南，坐北朝南，庙前东侧1棵松树，树下1通小石碑。庙面阔一大间，画有马王等神像。这里建有马王庙，大概与过去这里有养马场有关。马王庙毁于20世纪50年代。

五道庙，位于村中间，在庵庙院外西侧，坐北朝南，仅为一间，画有五道以及雷公、闪公等神像。村里人记得，在西墙北侧，画一小鬼，手捧招魂牌，上面写着：“你来正好，正要拿你！”五道庙毁于20世纪50年代末。

庵庙，位于村中间路西。民国《三河县新志》“庙宇”中记载马坊河北有“观音寺”，或为此庙。

庵庙坐北朝南，东西宽约7丈，南侧还有七八丈。庵庙分前后两层殿。南面有一大间，为药王殿，两边有墙，各辟一便门。庙前2棵大槐树，3搂多粗。药王殿（村里人也称药王庙）为南倒座，南面辟窗，北面开门。殿内供奉1尊泥塑坐像，为药王孙思邈，面朝北，约1米多高。墙上绘有壁画，其中东墙画一只老虎半蹲半卧，张着嘴，村里人说药王是在给老虎剔牙，应该是药王正在给老虎掏卡在嗓子里的东西。院内，北为正殿，殿前西侧1棵大柏树，2搂多粗，柏树形如一杆毛笔。有东西厢房各三间。大殿面阔三间，东西耳房各两小间，东耳房有一间为小门道，可通后院，后院为一片空地，约有五六丈长，后来作为小学操场。殿内，神台上供奉1尊泥塑坐像，在同一神台上，两边还各有1尊站像。根据村里人所述，或许供奉的为观音菩萨，两边站像为善财童子和龙女。庵庙毁于20世纪60年代初。

图321　马坊镇河北村马坊遗址

河北有马坊遗址（图321），在村西台地上。过去传说这里有城，这里且是城里，现在还可见三合土打的城墙。据说辽代萧太后在这里养马。村里的一些土地，叫的名字还跟养马场有关，如村北有“草栏地”、村东北有“草场”的名字等。村西2里，有一大坑，称“官马壕”，传为饮马所用。前边早立庄村有一个小自然村叫“菜园”，相传过去养马的人在那里种菜。

1959年第一次文物普查资料对马坊遗址有简略记述：名称，古城。年代，辽建，明重修。地址，平谷县马坊公社河北村。规模与形制，本村西有一城址，西一里。其痕迹尚存，有沟纹砖、篦纹陶片、折唇陶器，有笨重的圈足的碗碴，有石灰加沙的根基。群众传萧太后养马场。附属文物，在城中央有废墟一块，据说是马王庙，尚存石碑一块，碑身倒卧于地。碑阳，我朝□□设京东百余里地。马旧点，设于马神庙。年深朽，又重修。……殿宇存焉，上雨旁风鸟便，瓦甓飘裂，加靖岁次……。碑阴，掌马坊太监□官赵公良、刘公印、王公增、高公恩，管马指挥佥事李洪、千□等字样。

普查资料认定为辽代遗址，且说建有马王庙，并存在1通石碑。石碑内容尽管不完整，从其行文可大致看出应为明代所立。刘家店镇孔城峪村磕头沟云岩禅寺所存明代碑刻，就记载明景泰年间，御马监太监阮让捐资重建云岩禅寺事。明代兵部尚书商辂明确写道：“景泰初，御马监太监阮公让奉命提督沿山诸处马房”，可为佐证。《平谷文物志》等书对马坊遗址有记载。马坊遗址占地面积约2.5万平方米。遗址分布于台地上，原有500米见方的围墙，后毁于战火，现仅存南部一段残墙，长38米，宽5.5米，高3米，墙基为三合土夯筑。在遗址上，也有大面积的僵硬的三合土，三合土层约为70公分厚。在遗址南部边缘，可见有砖层，或为砖墁的地面。文化层中，有大量碎砖堆积。遗址现为农田，曾有大条石等建筑构件出土。1997年第三次文物普查时，征集到3件从残墙南侧出土的汉代陶罐。

138. 河奎村

河奎村，旧有纪念性祠庙老爷庙、道教庙宇五道庙。

老爷庙，位于村南，建在一座房子那么高的台上，坐北朝南，庙南面是水坑，西边是沟，沟西边是道，北边也是大土坡。到庙上要从东边上去才行，其他地方上不去。庙前东侧有1棵大槐树，2尺多粗。庙为一间，供奉3尊泥塑像，中间为关公坐像，红脸庞，头戴冕旒，手持圭板。前边周仓、关平塑像侍立两旁。墙上绘有壁画。逢年过节村里人来庙里烧香。据说，村里一个姓甄的人，将神像推到南边水坑里了，后来就落下毛病，老喝坑水。老爷庙毁于20世纪50年代。

五道庙，位于村中间，坐北朝南，仅为一小间，庙里没有泥塑像，人去世了来这里烧纸报庙。五道庙毁于20世纪50年代。

139. 蒋里庄村

蒋里庄村，旧有道教庙宇五道庙3座及佛教庙宇悬山寺。

五道庙，全村有3座。一在悬山寺西南角，有小庙台，有1棵国槐，庙前1眼水井。庙坐北朝南，一间，画像；一在村中心，坐北朝南，一间，庙前1棵大槐树，画像；一在村西头，坐北朝南，庙前1棵大槐树，1眼水井。庙为一间，画像。这3座五道庙与悬山寺一起，在抗战胜利后不久拆毁。

悬山寺，位于村东北，坐北朝南，建在一座高台上，东西宽约 30 多米，南北长约 40 多米。南为山门，对开木门，门前 1 对石狮子，有四五十公分高。门前上边有 7 级台阶，下边有 13 级台阶。门西侧有 1 棵大槐树，3 搂多粗。山门前为道，道南有 1 眼水井。山门西侧有一座五道庙，与西山墙连着。

前院，前殿前面，一边 2 棵松树，各有 1 搂多粗。有东西配殿各五间，东配殿供奉刘备、关羽、张飞 3 尊泥塑像。东配殿南侧有钟楼，悬挂 1 口大钟，近 2 米高，钟上铸有铭文；西配殿村里人没说供奉什么神像。前殿面阔三间，辟前后门。殿内，神台上供奉如来佛泥塑坐像，神台下有两条龙，两山墙悬塑许多小神像。在东西两角，有两个泥塑动物像，上边有人骑在上边。村里人又称如来佛为当阳佛、花边佛。在如来佛背后有挡板，挡板后有观音菩萨坐像，面朝北。

后院，后殿前一边 1 棵松树，东侧 1 棵绒花树，有东西配殿各三间，东配殿有泥塑像，西配殿为画像，画有七十二司。后殿前东侧有一小便门，可以出去。后殿面阔五间，供奉菩萨等坐像。

悬山寺西侧有跨院。农历四月二十八为庙会，到时如东店高跷、西大街五虎棍、二道街小车会等都来走会。抗战胜利后不久，国民党军傅作义部队过来，拆了庙，把木头用来烧火了，在后院改建了炮楼。时间不长，国民党军就被解放军打跑了。

140. 李蔡街村

李蔡街村，旧有庙宇 6 座，包括纪念性祠庙大老爷庙、小老爷庙、道教庙宇娘娘庙、五道庙 3 座。

大老爷庙，位于村东南，坐北朝南，建在一座高台上，南有三四级石阶，庙西为水坑，东为水沟，村里人称南柳沟。有正殿五间，殿内供奉关公泥塑坐像，红脸，两边为周仓、关平站像。周仓旁边有赤兔胭脂马，一把大铁刀 120 斤重，也摆放旁边。石佛寺村人白贺明能“背三花”，把大刀要起来。庙内 1 通石碑。近年村里改水，街道挖沟时挖出碑座，为须弥座，上面雕刻着莲花瓣等图案（图 322）。庙里有一副联语，上联为“兄玄德弟翼德德天德地”，下联为“友子龙师卧龙龙有龙种”。横批“亘古一人”。大老爷庙毁于 20 世纪 50 年代初，拆庙盖村小学了。

图 322　马坊镇李蔡街村大老爷庙旁碑座

小老爷庙，位于村东南，在大老爷庙西侧，房山对着房山。村里有“自来佛”的传说，说有个师傅早晨起来一看，来了个佛像。坑里有扳倒井，关公显圣，马渴了，没有水桶，就把井扳倒。后来，就在这里盖了座关公庙。仅为一间，坐北朝南，庙内关公为红脸，泥塑坐像。早在民国二十七年（公元 1938 年）时，村里人就没见过这座小庙了，或许很早就毁了。

娘娘庙，位于村西北，现在村活动中心的地方，坐西朝东，南北宽约 60 米，东西长约 110 米。东为山门，有 3 座门楼，中间是一座大门楼，其间以卡子墙连接。山门前 1 棵大槐树，树干有四五搂粗，后来放倒后，村里人在树桩上放一张小桌子，坐 4 个人打扑克。据说是明代的时候栽的，当地有“千年松，万年柏，还得问老槐”的老话。中间山门外，有高约 1 米、宽约 7 米的高台，前面平直，两边半圆形，周遭条石砌筑，台面方砖铺墁。东部中间砌筑台阶，不是 7 级就是 9 级。在台上曾唱过影戏。槐树在台下，正对台阶。槐树东边，有一道大影壁，底下为条石基座，南北长约 2 丈，高约 1 丈，磨砖对缝，东面镶嵌一块大方砖，雕饰蟠龙图案；西面也有一块砖雕。影壁东面为大水坑。

进入山门，前院，有 3 棵香柏，前殿南侧 2 棵，北侧 1 棵，约 1 搂粗，长得笔杆条直。传说树上落过凤凰，过去南蛮子给 3 斗银子想买 1 棵树，村里不卖。1966 年把 3 棵柏树给卖了，卖了 800 元，那棵大槐树也放了。殿前北侧，还有 1 棵小槐树，约 1 搂粗。另外有 2 个拴马桩，大青石的，地上高约 1 米六七，宽约 60 公分。殿前东南角有 1 眼水井。从山门至前殿有砖墁甬路。前殿面阔五间，起脊抱厦，大脊饰螭吻，垂脊饰望天犼等神兽。村里人说前殿有抱厦，抱厦敞着，有 4 根明柱，没有门窗。抱厦两侧，一边 1 尊站像，相对而立，蓝脸，长得龇牙咧嘴，手里拿着一个方牌，村里人说是勾魂牌。前殿内每间砌筑 1 座神台，神台上分别供奉 3 尊泥塑坐像，为琼霄娘娘、云霄娘娘、碧霄娘娘，彩画金身。两侧没有站像。墙上画有72司。如打公公、骂婆婆的，割舌头。生前做善事，走金桥，过银桥。旁边还有一条血水河，做恶事就打入血水河里。村里人说，“人怕死，鬼怕托生”。托生是把鬼打到火里，然后上“轿”走了。“法轮”老是转着，该进哪道轮回就进哪道轮回。

后院，在后殿南侧，有1棵大黑枣树，1搂多粗，东边枝能搭着前殿后檐，西边枝能搭着后殿前檐。后殿北侧，还有1棵绒花树，1尺来粗，春天开粉红色花，很香。后殿前有南北配殿各三间，20世纪三四十年代改作学堂。后殿面阔五间，前出廊，廊北山墙上，镶嵌1通石碑，高约1.5米，下为碑座，碑上刻着“五合会”人捐款名字。过去周边5村的孩子来这里读书，有早立庄、戴家庄、菜园、李蔡街、娘娘庙庄，简称“五合会”。后殿有南北耳房各两间，南耳房住看庙的和尚，北耳房存放杂物。后殿内，供奉关公泥塑坐像，红脸，五绺长髯，卧蚕眉，丹凤眼，绿缎包匝巾，绿战袍。两边有周仓、关平等站像。墙上绘有壁画。

过去，农历四月初四为庙会，唱影戏、蹦蹦戏（评剧前身）等，善男信女挎着厦斗子，里边是煮熟的黄豆，来上供，庙里每年至少能收3笸箩。村里人过去听庙外的老和尚说，娘娘庙有庙产10亩地，种些玉米、豆子等庄稼，够庙里的和尚吃一年了。村里记得一个和尚叫心秀，谦恭和善。心秀有个徒弟叫阎贺仁，是村里人，法号元灵，曾受过戒，北京大钟寺请他几次不去。后来在娘娘庙。还俗后一直也没结婚，2006年去世，享年79岁。留下一个戒钵，上面有“北京拈花寺戒钵”字样（图323）。

图323　北京拈花寺戒钵

娘娘庙1966年拆毁，那时“五合会”分了，李蔡街分后殿和西配殿。而早立庄分了前殿和山门，拆了盖村小学了。

五道庙，全村有3座。一在娘娘庙西边，坐北朝南，一间，画像，毁于20世纪50年代；一在村中间，坐北朝南，建在一座高台上，台高六七尺，前有十几步石阶。在庙台右侧，以一块1米见方的大石头抱角。庙东为一条道，西为人家。庙仅为一间，画像。借这座庙，村里人搭台唱戏。这座五道庙毁于20世纪60年代；一在村东头，坐北朝南，一间，画像，毁于20世纪50年代。

141. 梨羊村

梨羊村，村里人相传过去从“阳宅”那地方，就是现在马坊中学东边那地方，有几户人家搬来，建立了梨羊村。梨羊村有冯、李、孙三大姓。新中国成立前有几十户，100多人，现在已有100多户，500多人了。村里出了个冯玉忠，曾任辽宁大学校长，多年来潜心研究社会主义经济理论，出版有《社会主义经济理论探讨》、《中国革命与建设的基本问题》、《冯玉忠文集》等多部著作。在国内外具有广泛影响，1995年被美国传记研究院推举为“本年度名人”，并聘为该院顾问。

梨羊村旧有1座道教庙宇五道庙。

五道庙，位于村西头，坐北朝南，庙前有4棵槐树，最大的1尺多粗。庙为一间，画有五道等4尊神像，庙内摆着4个石香炉。五道庙毁于20世纪50年代末。

142. 石佛寺村

石佛寺村，旧有道教庙宇五道庙及佛教庙宇石佛寺。

五道庙，位于村东头，在石佛寺东南角墙外，坐北朝南。庙南面有一道大影壁，影壁在大街东头。影壁东面是水坑。影壁以砖垒砌，壁芯抹白灰，东西两面中间都是砖雕龙的图案。五道庙面阔一间，庙内为画像，北墙画有五道等3尊神像，两山墙画有龇牙瞪眼的小鬼等像。画像前有3个石香炉。五道庙毁于20世纪50年代。

石佛寺，位于村东头。

据说，这村以前叫南石渠。清康熙十八年（公元1679年）平谷、三河大地震，石佛寺震毁，重修时迁至村东，村亦以寺而名。在1961年所拍的古建筑照片中，有石佛寺照片（图324），并有简单记述：“石佛寺，据说清末民初年间重修，至今仍完整存在。”1959年第一次文物普查资料也有记述：名称，石佛寺。年代，建于唐代贞观年。地址，平谷县马坊公社石佛寺村东头，坐北向南。规模与形制，大殿三间，硬山脊筒瓦顶，吻代（带）剑把，有垂兽。大式做法，通长11.3米，明间3.15米，次间3.05米，进深6.8米。有前廊。五抹方格，阁（槅）扇，砖石坎墙，东西有8个阁（槅）扇。内部撤（彻）上明造，五架插（梁），旋子彩画，插今（金）柱。这即是说，后殿面阔三间，单檐硬山顶，上覆青瓦合瓦垄，大脊两端为螭吻，四道垂脊饰以神兽，以不同于民间的质量较高的官式木作法，前出廊，中间为门，门两边下面是矮墙，亦称坎墙，矮墙上面为方格槅扇窗，东西共有8个槅扇。大殿内没有顶棚天花，梁（柁）上承托5条桁（檩），梁枋施以明清官式建筑中运用最为广泛的仅次于和玺彩画的旋子彩画，殿内檐柱以里设有明柱。普查资料记载附属文物，有3个石制须弥座，上刻莲花瓣，东次间前须弥座，雕刻“贞观元年正月初一日住持悟胜”。

图324　马坊镇石佛寺村石佛寺（摄于1961年）

石佛寺建筑较为讲究，而殿内原来供奉着石佛像，这也是石佛寺得名的由来。应该说，佛寺主要是供奉佛祖释迦牟尼等的庙宇。简单地说，佛教中最高的就是佛，佛祖为释迦牟尼，也称释迦佛，最流行的称呼是如来佛，还有药师佛、阿弥陀佛、燃灯佛、弥勒佛等。这些佛是庙宇中所供奉的本尊，有时也有菩萨、十八罗汉等陪祀。石佛寺自然也不例外。而佛像座上刻有“贞观元年”，即唐太宗李世民年号，时为公元627年。由此看来，石佛寺最晚建于唐初。与调查资料互为补充。

石佛寺坐北朝南，东西宽约60米，南北长约80米，有后院。南为山门，且是前殿，为门殿合一，辟前后门，面阔三间，对开红木门，木门两边为槅扇窗，村里人说是“正打斜交”的窗棂。两山两边各有一门楼样的小便门。山门前有月台，周遭以石砌筑，台上以砖铺墁。前殿内，供奉关公木雕坐像，红脸。关公雕像后面有挡板。周仓在西侧侍立，周仓旁边有1把大铁刀及1匹红马。据说一个人非要骑上去，结果下不来了，用猪头上供才下来。那把铁刀108斤重，一般人很难耍起来。过去有个叫何兰亭的人，却能够耍动。关平在东侧侍立，为泥塑像。两山墙绘有三国故事壁画。前殿于20世纪50年代拆毁。

进入院内，中殿前东侧，有1棵白丁香花树。中殿前有东西配殿，也供有泥塑神像，村里人记不得供奉什么神了。中殿面阔三间，辟前后门，殿内供奉大肚弥勒佛泥塑坐像，背后为韦驮站像，双手合十，金刚宝杵横于腕上。中殿墙上绘有壁画。中殿于1943年被日军拆毁，盖马坊炮楼了。

后院，北为后殿，全寺主殿，有东西耳房各两间，西耳房住看庙和尚，东耳房存放杂物。殿前砌筑月台，月台下东侧有1通石碑，长方形碑座，通高约2.5米。后殿前有东西配殿各三间，称作东西禅堂，20世纪三四十年代改为学堂。后殿前有月台，中间有砖墁甬道。甬道两边，一边1棵红牡丹，近2米方圆；另一边1棵芍药。后院有2口铁钟，东侧1棵桑树悬挂1口铁钟，高约六七十公分，铸有铭文；还有一小钟扣在地上。后殿面阔三间，门楣上边悬挂一方木匾，上书“佛光普照”四个大字。后殿前廊后厦。殿内，神台上供奉3尊石雕像，两侧为十八罗汉。至第一次普查时，仅存3个石制须弥座，普查者没有见到石佛。原“有石佛5尊，已埋在西配殿南约3米的地方”。是建国初期破除迷信，推倒佛像，村里人没有砸毁，而是于1952年埋入地下。1985年，石佛寺列入第二批县级文物保护单位。1987年7月，寺因雨倒塌。1986年，将5尊石佛从地下挖出，包括释迦牟尼佛、文殊菩萨、普贤菩萨及迦叶、阿难（图325）。文殊菩萨骑六牙象，普贤菩萨骑狮子。看来，普查时见到的“三个石制须弥座”，就是释迦牟

图325　马坊镇石佛寺村石佛寺现存石佛像，近年文物部门在整理中，又将文殊、普贤菩萨像换位，说过去摆位不对

尼佛、文殊菩萨、普贤菩萨坐的莲台了，迦叶、阿难为侍立的站像。

释迦牟尼佛像，通高151厘米，莲花石座上盘腿成跏趺坐，左手掌心向上横放左腿上，右前臂已损坏，看其姿势，应是右手向上向前，再具体说，向上向前的右手拇指和中指接触弯曲成环状，这种手势称“说法印”。释迦牟尼为佛教创始者，其本人是古印度北部迦毗罗卫国的王子，29岁时出家，35岁悟道成佛。弟子将其教法记录整理结集，成为经、律、论“三藏”，形成世界性的宗教。迦叶像，侍立佛祖左侧，年长，通高187厘米，双手抱拳于胸前，侍立椭圆形莲花石座上。石像已损坏为三截，腿部、颈部断裂处中心均有圆孔，用以嵌楔相连。佛祖圆寂后，僧侣们就是由迦叶来领导，通过大家回忆背诵，对佛祖言教进行第一次结集，使许多佛教理论学说得以流传，被尊为传承佛法的第一代祖师。阿难像，侍立佛祖右侧，年轻，头已无存，残高152厘米，双手合掌于胸前，侍立椭圆形莲花石座上。阿难为佛祖堂弟，随侍佛祖25年，直至佛祖圆寂。他博闻强记，且以闻法最多著称，一人诵出全部经藏（佛教三藏经、律、论之一）。初祖迦叶逝世后，阿难继续率领信众，被尊为“二祖”。

文殊菩萨像，残高71厘米，右腿盘坐于莲花石座上，左腿垂下，左手掌心向上置于右脚上，右手向上竖于胸前，头部不存。莲花座下跨石狮。石狮高75厘米，长105厘米，狮头左倾，狮身左侧雕刻一持缰狮奴。文殊道场在山西五台山，寺庙里通常作为佛祖左胁侍，专管智慧，表“大智”，与管理德、表“大行”的右胁侍普贤，并侍佛祖两旁。其坐骑青狮，表智慧威猛。普贤菩萨像，残高50厘米，左腿盘坐于莲花石座上，右腿垂下，左手掌心向上置于左脚上，右手竖于胸前，胸部以上不存。莲花座下跨六牙石象。石象，高77厘米，长120厘米。象身右侧雕刻一持缰象奴。普贤道场在四川峨眉山，寺庙里通常作为佛祖右胁侍，与文殊并侍佛祖两旁。其坐骑白象，表威灵，象征“愿行广大，功德圆满”。

这些造像雕刻线条流畅，形象生动，虽然原有彩绘已脱落，但隐约尚可看出痕迹。历经1000余年风雨沧桑、战火动乱，能够较好地保存至今，十分珍贵。作为唐代造像，在北京地区也不多见。唐代石佛现为上宅文化陈列馆收藏。

143. 三条街村

三条街村，旧有道教庙宇娘娘庙及2座五道庙。

图 326　马坊镇三条街村娘娘庙西侧石桥条石

娘娘庙，位于村西路北，坐东朝西，南北宽约 7 丈，东西长约十五六丈。西为山门，砖砌门楼。山门前砌筑 20 多级石阶，石阶正对一座小石桥，石桥桥面为大条石（图 326），两边有石栏杆，是一座带望柱的梁桥。前院，在前殿前面北侧有 1 棵大柏树，2 搂多粗。柏树下边放着 1 口大铁钟，1 人来高。柏树西边，有 1 通石碑。南北有配殿各三间，南配殿为火神殿，供奉火神爷和马王爷泥塑坐像，一边有 4 个拿着刀等的站像；北配殿为娘娘殿，供奉 3 尊娘娘泥塑坐像，中间是子孙娘娘，怀里抱着小孩，身上背着的上马子里也装着小孩。前殿有南北耳房各两间，为看庙人所住。前殿面阔五间，前出廊，后出厦，前后辟门。殿内神台上，供奉娘娘泥塑坐像，不是 1 尊，村里人记不清都有什么神像，只是说中间是“正宫娘娘像”，但记得南边是眼光娘娘，村里人眼疼了就上庙里供供，给娘娘添油。两边还有泥塑站像。墙上没有壁画。从后门进入后院。后院，没有树和石碑，也没有配殿和耳房，就有后殿 7 间。殿内没有塑像，满墙都是壁画。中间有三大画像，不知什么神像。而壁画有油锅炸的，小磨磨的，做买卖给小分量用秤钩子钩的，俗称阎王殿，画的是阴曹地府七十二司了。过去农历四月十八为娘娘庙会，十七至十九连着 3 天，十八为正日子。到时要走会的，拉大片的，卖东西的，三里五村的人都来烧香赶会。1947 年，国民党军住着，拆娘娘庙去盖炮楼了。炮楼就在马坊镇水塔附近，供销社北部的地方。

五道庙，全村有 2 座。一在村东路北，坐北朝南，面阔一间，画像；一在村西北，坐北朝南，庙前东侧 1 眼枯水井。庙为小三间，没有塑像，画像。2 座五道庙都在 20 世纪 50 年代破除迷信中拆毁了。

在村西头河北，与娘娘庙对着，村里人说他们小时就有一庙台，比娘娘庙要长，宽向差不多。啥庙不知道，那时就种地了。在村东头路北水坑边上，也有一庙台。周边都种地了，庙台中间空着。他们小时听大人说过去这里是一座庙。这两座庙毁的或许都很早，湮没年深日久，现在一点遗迹都没有，以至连什么庙人们都不记得了。

144. 塔寺村

塔寺村，旧有道教庙宇五道庙及佛教庙宇塔寺。

五道庙，位于村中间，坐北朝南，建在一座庙台上。小庙仅为一间，庙两边一边1棵大槐树，西边那棵槐树还活着，树干早已空了，村里人为保护古树，往树洞里添了些砖头等物。空洞的树干里边似乎什么时候着过火，可见黑乎乎烧焦的痕迹（图327）。庙台下东边有一条南北向大道，道东边是水坑。庙内为画像，北墙画有3尊神像，筑有供台，摆着香炉。五道庙毁于20世纪40年代末。

图327　马坊镇塔寺村五道庙西侧老槐树

塔寺，位于村西北，村里老人小时见过塔根子和庙刹子。立庄为明末清初，建村时有塔，为庙里塔。这座庙据说为皇家庙宇，方丈为皇帝干儿子，死后修了一座塔，葬在塔下，传说是铜棺材。有一句话流传至今，庙里有名的和尚一千五，没名的和尚数不清。三条街老爷庙为东配殿，李蔡街娘娘庙为西配殿，塔寺为正殿。说明庙的规模很大。

从建庄来看，原来这地方叫南石渠（石佛寺村的人也说石佛寺村过去叫南石渠），后来建这村，就叫塔寺。新中国成立前叫塔儿寺，新中国成立后简称塔寺。这个村过去就在庙址里边，一建村吃的就是庙井的水，现在这井还在，被掩埋了。

因为是皇家庙，势力大，抢男霸女不行好，地方官又惹不起，就上报朝廷。皇上口谕，叫御史来："惊惊，怕怕。"本意是吓唬一下。御史听错了，以为是"耕耕，耙耙。"结果，到庙这儿，把和尚们一个个像栽葱一样都栽在地上，就露个脑袋，用犁给耠了。回去一报告，皇上也无奈，就把庙毁了。

村里人推测，明朝时应该有庙，是明朝拆毁的。现在王八驮石碑（龟趺座）

的残碑还在，龟趺的头部（图 328）还在。半块残碑为碑的上半部，碑首抹角，看去应是明代石碑（图 329）。碑首额“万善同□碑”。碑右侧有“南石渠东马”等字迹。碑左下侧有“锦衣卫指挥”、“天寿山五灵”等字迹。还有南寨里、东店及一些人名等。庙里用的碾子的碾轱辘散落街头（图 330），还有一些沟纹砖，或为辽代遗物。如此说来，这庙比明代要早，或建于辽代也未可知。根据名字及村里人的介绍，这应是佛教庙宇。至今村里还相传：“南道北道，九缸十八窖，刨出银子修大庙。”到现在银子也没刨出来，庙也没修。

图 328　马坊镇塔寺村塔寺残龟趺头部

图 329　马坊镇塔寺村塔寺残碑

图 330　马坊镇塔寺村塔寺内碾轱辘，现散落街头

145. 洼里村

洼里村，旧有纪念性祠庙老爷庙、道教庙宇五道庙及佛教庙宇南大庙。

老爷庙，位于村西，坐北朝南，东、北、西三面都是水坑，庙就在3个水坑中间。庙为一间，供奉关公泥塑坐像，西边周仓持刀侍立，东边关平侍立。庙西边有1棵大榆树，1搂多粗，朝南歪长着。这榆树奇怪处，是秋后长榆钱。老爷庙毁于20世纪50年代。

五道庙，位于村中间，坐北朝南，一间，画有五道等神像，墙上都是壁画。五道庙毁于20世纪50年代。

南大庙，位于村南，现在为村小学。清乾隆《三河县志》记载洼里有“圆通寺”，当是此庙。庙里曾有铁钟，民国《三河县新志》“金制古物”记载：“圆通寺钟，明万历四十一年铸。在洼里庄。”明万历四十一年，为公元1613年，明晚期了。

南大庙坐北朝南，东西宽约11丈，南北长约8丈。南为山门，一座民居似的门楼，前有5级台阶。山门前，有4棵槐树，各有1尺多粗。山门东侧，还有1通石碑，方碑座，座有1米高，通高约3米，宽约1米，厚约30多公分。碑首为盘龙，即螭首。碑身两面都有字，村里人记得还是篆字，内容记不清了。

山门内，以砖砌筑一道影壁，影壁南北两面写有字迹。影壁北边有1棵柏树，直径约1尺。院内，有东西厢房各三间，东厢房作为学校，西厢房为看庙人所住，原来是和尚，后来就由本村里人看管了。北为大殿，面阔五间，前出廊，东西耳房各三间，耳房存放杂物。殿内砌筑神台，神台上供奉3尊木雕坐像，下为木雕莲花座，雕像头上都有发髻。当是供奉的佛祖了，即是3尊，或横三世佛，或竖三世佛，因佛像已无存，也就难以确定了。在木雕像两边，各有2尊泥塑像，村里人记得有一骑象的在东边，4尊泥塑像都骑着什么，也许是四大菩萨吧，如普贤菩萨就骑着象的。在西山墙前，有药王泥塑坐像，面朝东，药王旁边还有1尊站像，拿着枪，尖帽子，戴盔甲；东山墙前，也有1尊塑像，面朝西。墙上绘有壁画，所画都是人物。

南大庙后面，有2棵大杨树。20世纪50年代，县里修大礼堂，将南大庙拆毁了。

146. 新建村

新建村，1970 年 4 月修黄松峪水库时，从库区里雕窝等村搬迁而来，所以，村里没有庙宇。

他们搬来时，这里是农场。2007 年 6 月进村调查，建村时所盖的库房（图 331）还在，被一人家在 1987 年以 2000 元买下。库房大概有六七丈宽，主人是一位老太太，说一丈二一间。大概是五间，看去有六七间。这家人还在住着。库房东山角有“抓革命”字样，西山角有“促生产”字样（图 332），这是毛泽东主席的指示。1970 年建村时盖的房子还有一家（图 333），是崔义家。房为三间，砖包角，石砌芯。屋前墙门东侧有“走大寨之路”漫画，西侧有“学大庆精神”漫画。这些漫画，很有时代烙印。院里养猪，屋早已不住人，存放杂物。屋顶挂满蛛网，可见芦苇苫背。西山墙已很残破。院里 1 棵柿子树，建庄时就有，树干有些空洞，据说当年就这样。

图 331　马坊镇新建村建村时所盖的库房

图 332　马坊镇新建村建村时所盖库房上有“促生产”字迹

图 333　马坊镇新建村 1970 年建村时盖的房子

147. 西太平庄村

图 334　马坊镇西太平庄安俊广家后院并生 3 棵大桑树

西太平庄村，旧有道教庙宇五道庙。

五道庙，位于村东头，坐北朝南，庙前 1 棵大槐树，3 搂多粗。庙为一间，画像，中间画的是龙王，还有五道、苗神等 5 尊神像。两山墙画有雷公、闪公、量天尺、小鬼等壁画。五道庙画像画于 1936 年，是顺义小塘村人画的。过去村里才 20 多户，都比较穷，盖不起瓦房。流传着一句顺口溜："太平庄，街头长，刨除小庙没瓦房。"是说五道庙还是村里最好的房子了。五道庙拆毁于 1958 年。

2007 年 6 月进村调查时，新村部正在建设中，村委会就临时设在书记安俊广家里办公。安家后院并生 3 棵大桑树（图 334），是紫桑椹，都有一二搂粗。如此粗大的桑葚树，在平谷地区不多见。

148. 小屯村

小屯村，旧有道教庙宇真武庙、三官庙、五道庙 2 座及佛教庙宇菩萨庙。

真武庙，位于村南，建在一座高土台上，坐北朝南，东西宽约 6 丈，南北长约 7 丈，四周一圈石头基座的院墙。南辟山门，门框与门槛以一块石头雕凿而成，村里人称"一块玉儿"。门前 1 对石狮。门前东侧 1 棵大松树，约 1 搂粗细。院内，有一进大殿，面阔三间，前出廊，廊东侧一木架，悬挂 1 口铁钟，高约 1 米。西有耳房三间，为看庙人所住。看庙人叫岳小七，外地人，落户西大街。大殿前有东西厢房各三间，东西厢房南各有盝顶两间。东厢房中间供奉许多小佛像，二三十公分高矮；西厢房早在 20 世纪三四十年代就已辟作学堂。大殿前东南侧 1 棵绒花树，直径约五六寸。院里没有石碑。大殿内，神台上供奉真武帝坐像。神台坐像前有 1 尊小站像，一手拿宝剑，一手南指。据说南边土岗是一条龙，真武庙就建在龙头上，镇着这条龙。真武帝像前两边，一边三四尊站像。

1948年秋，国民党军（又称顽军）进攻时，拆毁真武庙盖炮楼了。

三官庙，位于村后街西头道北，坐北朝南，庙前有2棵槐树，1搂多粗；庙后边也有2棵槐树。庙为一间，北墙画有天官、地官、水官3尊神像，两山墙还有许多小画像。庙内摆有6个石香炉。在1948年时，有伙会儿，又称摸瞎队，一到晚上10来点钟就来了。所以，村里的民兵就在村口埋地雷。埋地雷时，将石香炉扣在地雷上，使地雷杀伤力更大。庙北为洵河，1953年前后发大水，连庙带树一块儿冲走，树在河里翻滚，没人敢捞。三官庙的位置，现已在洵河河道中间了，洵河河道随着水冲也是变动的。

五道庙，全村有2座。一在村北街中心，菩萨庙山门西侧贴墙而建。坐南朝北，一间，画像。菩萨庙是村里老周家的家庙，五道庙与菩萨庙是一起的。1948年秋国民党军修炮楼时，与菩萨庙一起拆毁；一在村前街东南，坐北朝南，没有树和石碑，就是孤零零一间五道庙，建在一座土台上。庙里画有五道等神像。五道庙早已无存。

菩萨庙，位于村北街中心，东西宽约三四丈，南北长约五六丈，坐南朝北。北为山门，山门为普通的乡间的门楼子。门前西侧1棵槐树，约1尺粗细。山门西侧，贴墙建一座五道庙。院内，在大殿前西侧有1棵松树，西厢房三间，为学校。大殿面阔三间，门外东侧檐下悬挂1口铁钟，高约四五十公分。抗战时期，八路军兵工厂将铁钟弄去铸造手榴弹、地雷了。大殿有东西耳房各两间，东耳房供奉有小铜像，高约二三十公分。西耳房住人。大殿内供奉观音菩萨泥塑坐像，东山墙前有1尊泥塑坐像，据说是关公；西山墙前也有1尊泥塑坐像，村里人不知什么神像。神像前摆有供桌、香炉等。1948年秋，国民党军将菩萨庙拆毁，修炮楼了。

图335　马坊镇小屯村老槐树

村里1棵老槐树，大半都糟朽了，只剩一点树皮还活着。树下乘凉的大石头，都磨得非常光溜了（图335）。

149. 西大街村

西大街村，旧有纪念性祠庙药王庙及基督教堂马坊教堂。

药王庙，位于村北，庙址现为马坊中心小学。药王庙坐北朝南，东西宽约5丈，南北长约15丈。南为山门，山门前有六七棵槐树，一般1尺多粗。南面建有戏楼，坐南朝北，木结构建筑，面阔三间，进深三间。进入院内，前院没有石碑，有1棵柏树、1棵槐树，东西厢房各三间。北为前殿，面阔五间，辟前后门，一边2尊站像，中间没有塑像，这应是一座过殿。后院，有东配殿四间，没有西配殿。院内有五六棵槐树，各约1尺多粗。后殿为正殿，面阔五间，有东西耳房各三间，耳房为看庙所住。殿内，神台上供奉药王等3尊泥塑坐像。药王庙为农历四月二十八庙会，前后3天，到时唱大戏、走会等，三里五村的人都来赶庙会。药王庙在1947年拆毁，当时国民党军占领，在此不过1个月，拆药王庙修炮楼了。

马坊教堂，位于西大街村路北，属于基督教中的长老会，隶属于北京鼓楼西教会。清光绪二十九年（公元1903年），美国牧师海国瑞在马坊建造，占地1.5亩。这座教堂，主要建筑有二层楼房1座，还有瓦房17间。另在西大街路南，占地8亩，建楼房1座，瓦房40间，为教会学校，在马坊西门里路南。当时建筑要用红砖，而当地烧的都是青砖。可巧南宅村砖窑烧两窑都是红砖，正卖不出去，就都给海牧师了。一般每个有大教堂的地方，都设有学校、医院。所以这里也建一座小学，名崇实小学。长老会立的学校都叫崇实小学，北京还有崇实中学。

这一带没有多少人信教，传教时，在外边街上，吹打洋号、铜鼓，集聚人多了，就开始讲经传教。至于念书，那时农村还是念私塾，没人上教会学校去。起初对于去的学生每人给1块钱，就那样也没人去。后来有些孩子去了，又该花学费了。而这些学生来源，都是信教人的子女。

教堂每礼拜日上午要做礼拜，由海牧师或传教士进行宣讲。当时传教中，有牧师、长老及传教士，牧师比长老大，再下为传教士。做礼拜时，还有外地信教的人一起参加，如三河的，都是农民模样，套着马车来，车上拉着自己的老婆。

1917年，海国瑞去世，美国詹申牧师接任。后又相继在张各庄、南独乐河设立分教堂。

抗战时期，马坊教堂被日伪军占为兵营，住着“1418”部队及宪兵队。抗战胜利后，马坊教堂作为区公所办公用房，新中国成立初期拆毁。

150. 英城村

英城村，旧有庙宇4座，包括纪念性祠庙老爷庙、道教庙宇娘娘庙、五道庙及佛教庙宇南大庙。

老爷庙，又称北大庙，位于村中间，北大庙与南大庙对着。清乾隆《三河县志》记载英城有“关帝庙”，当是此庙。

老爷庙坐北朝南，建在一座高台上，四周都是坡子，东西宽约9丈，南北长约20多米。南为山门，砖砌门楼。院内，北为大殿，前有月台。月台上一边1棵柏树，各有2搂多粗。大殿面阔五间，东西耳房各两间，西耳房住看庙的人。看庙的人是一个拐子，一条腿，另一条腿是木头的，在大腿上绑着。殿内供奉关公泥塑坐像，红脸，前边一边有2尊站像。

20世纪50年代，县里修大礼堂时，将老爷庙拆毁。

娘娘庙，位于村西，坐北朝南，有正殿五间，没有院落配殿。殿内，供奉泥塑坐像5尊，其中有眼光娘娘。村里人说，这5尊娘娘像与丫髻山供奉的娘娘像一样，而且殿内西侧塑一小毛驴，一小孩牵着，坐着一位老太太，人称王二奶奶。这座娘娘庙随着丫髻山庙会，也是农历四月初一开庙门，四月初十关庙门。庙前搭上大席棚。庙会期间，香河、武清、宝坻等地朝拜丫髻山的香客，经过此地，便先在此进香，吹打一通，并表演中幡、大鼓、小车会等。然后，香客们才到丫髻山敬香朝拜。

这座娘娘庙，《三河县志》没有记载，毁于20世纪50年代。

五道庙，位于村西，在娘娘庙东侧，中间隔一条道。五道庙建在一座高台上，坐北朝南，庙前有一道影壁，以砖砌筑。影壁前面是下坡，有二三十步砖垒的台阶。庙为一间，供奉3尊泥塑坐像，东西山墙一边1尊神像，为相对坐像。塑的什么神，村里人记不清了，反正村里有人去世了，就来这里报庙。五道庙毁于20世纪50年代。

南大庙，位于村东南。民国《三河县新志》记载英城有“观音寺”，或为此庙。

1959年第一次文物普查资料中有英城药王庙的记述：名称，药王庙。年代，建于明代，清代复修。地址，平谷县马坊公社英城村，东南，坐北朝南。规模与形制，庙门楼，悬山顶，有吻有垂兽，大式作法。西吻已残。通宽3米，进深3.50米，门宽1.50米。前殿有三间，硬山脊，吻代（带）剑把，垂兽有四个小兽，筒瓦顶，通面长11.50米，明间3.40米，次间3.20米，进深7.35米，内部撤（彻）上明造，五架梁，前后插今（金）柱，旋子彩画（小学）。附注：东西配殿各三间，硬山脊，吻代（带）剑把，有垂兽，筒瓦顶，大式作法，长9.90米，明间3米，次间2.50米，进深6.15米，内部撤（彻）上明造，三架梁，旋子彩画，前有插今（金）柱。西配殿门窗改修，东配殿已残。后殿三间，硬山清水脊，代（带）兽头，小式作法，筒瓦顶，旋子彩画，长11.30米，明间3.15米，次间3.10米，内部撤（彻）上明造，五架梁，进深6.45米，前有插今（金）柱，东西配房各三间，东西厢房各两间。绘有简略平面示意图。

在清乾隆《三河县志》、民国《三河县新志》中，都没记载英城有药王庙，就其格局当是南大庙，即观音寺。普查资料记述中，后殿有“东西配房各三间”，看图示，当指东西耳房。资料所记较为详实具体，是难得的第一手资料。而调查的情况为村里人口述，更为直接具体。

南大庙坐北朝南，东西宽约100米，南侧还有50米。南为山门，砖砌门楼，对开木门，2扇门有近3米宽。山门前有七八棵槐树，都有1尺多粗。前院，前殿前面一边1棵柏树，各有2搂多粗，没有石碑。东南角地上扣着1口大铁钟，高约1.5米，铸有铭文，铭文有铸造年号、人名等。民国《三河县新志》“金制古物”记载：“观音寺钟高四尺五寸，径三尺六寸，置地下，清顺治十四年造。在县北英城。”村民所述，与志载相合。清顺治十四年，即公元1657年，时为清初。前殿有东西配殿各三间，配殿里各有泥塑站像七八个，不知什么神像，塑的较凶，看了让人害怕，一般人都不敢进去。前殿面阔五间，供奉1尊泥塑坐像，有七八尺高，据说这是菩萨庙，供奉的大概就是菩萨像了。门内两边一边有2尊站像，东西山墙一边各有4尊站像。前殿辟前后门，从坐像两边过去，出后门，可至后院。后院，后殿前西侧1棵松树，东侧1棵柏树，里边是红色，村里人称

图 336　马坊镇英城村街头还散落着一些建筑石构件

“胭脂柏”。有东西厢房各三间，后来改为学校。后殿面阔五间，东西耳房各两间，耳房为看庙和尚所住。庙里有一个和尚，叫张永生，村里人。后殿内，供奉几十个铜像，一般二三十公分高，最高的有三四十公分高，那些铜佛不知哪里去了。后殿有夹皮墙，不知做什么用的。

南大庙毁于 20 世纪六七十年代的“文革”之时。

村里人说，过去有个皇上的干儿子，是个侯爷，在这里建有宅院，街头现在还散落着一些该宅院的建筑构件（图 336）。他家门前有一对上马石，20 世纪 70 年代被知识青年砸坏了，缺了一角。上马石上雕刻着奔跑的马、盆花等图案（图 337）。村里说，过去这里有货栈，里边死个人，三河县城警察来办案，见此石赶快下来，问此家主人在不在，要去拜访。一听说不在了，就走了。村里有 1 棵古槐，糟朽得只剩少半边树皮（图 338），一些树枝还顽强地生存着。街头散落着辽代沟纹砖，说明这里过去有辽代建筑。

图 337　马坊镇英城村侯爷家门前上马石

图 338　马坊镇英城村古槐半边糟朽了

151. 早立庄村

早立庄村，旧有纪念性祠庙老爷庙、道教庙宇五道庙及佛教庙宇北大庙。

老爷庙，位于村南，坐北朝南，东西宽约4丈，建在一座高台上。庙前一个大水坑。庙台前西南有1棵大槐树，村里人说有这村就有这棵大槐树，树干都空了，5个人在里边随便转，下雨时在里边都淋不着。树上有3个大树杈，每个树杈1个人也搂不过来。1958年集体吃食堂时，将槐树放倒烧火做饭了。庙有正殿三间，西耳房一间，耳房为村里人打更歇息之所。殿内供奉关公泥塑坐像，红脸，头戴冕旒。坐像前，东边有周仓侍立像，西边有关平侍立像。过去村里一般正月烧香，烧过破五，一过初六就不烧了。老爷庙毁于20世纪五六十年代。

五道庙，位于村北，坐北朝南，仅有一间，画有五道等神像。庙后墙朝北辟一小龛，画有观音菩萨坐像。过去庙里住要饭花子，放一个破锅划儿，要来饭煮着吃。五道庙早已无存。

北大庙，位于村北，庙大约占3亩地。村里人小时就没见过这座庙，这里早就种地了，连砖头瓦块村里人都捡走盖房了，所以不知道什么时间毁的。庙里过去有1通石碑，还有1口大铁钟，1米多高，现在都不知下落。据说北大庙是唐朝时修的，有“唐朝庙，清朝道”之说，即是唐朝讲究修庙，清朝讲究修道。查阅《三河县志》，未见相关记载。

过去村有“五合会”，由早立庄、李蔡街、戴庄、菜园、娘娘庙庄5个庄组成，管村里的事。戴庄、菜园现在属于早立庄，娘娘庙庄属于李蔡街。李蔡街有扳倒井，自动流水。据说辽时萧太后曾在这里作战，过去早立庄称草栏地，给萧太后养马。河北村算城里，早立庄算城外。现在养马场遗址尚存。

十、马昌营镇

马昌营镇，辖17个行政村，旧有大小庙宇47座，分为纪念性祠庙8座，主要是关公庙；道教庙宇29座，主要是真武庙、文昌庙、五道庙；佛教庙宇10座，主要是菩萨庙等。现在，王官屯村老爷庙后殿尚存，为清中早期建筑遗构。

152. 薄各庄村

薄各庄村，分为大薄各庄和小薄各庄两个自然村，旧有庙宇6座，包括纪念性祠庙老爷庙、关公庙、道教庙宇五道庙3座及佛教庙宇大庙。

老爷庙，位于村中心路南，坐南朝北，建在一座庙台上，面阔一间，没有树和石碑。庙内供奉关公泥塑坐像，红脸庞，头戴冕旒，手执圭板，这应是帝王装扮。老爷庙毁于20世纪50年代末。

关公庙，位于村南街东口。民国《三河县新志》“庙宇”中记载薄各庄有“关帝庙”，或是此庙。

关公庙坐东朝西，建在一座庙台上。庙左（南边）有3棵大槐树，庙右（北边）有1棵槐树、1棵大榆树。庙前有一道影壁，影壁两面画有山水、马等图案。正殿面阔三间，供奉关公泥塑坐像，红脸庞，前面一边1尊站像，为周仓、关平。殿内四壁绘有壁画。

图339　马昌营镇薄各庄村关公庙柱础散落街头

关公庙过去属于村里马家所盖的家庙，脊檩上写着建庙人“马三让”等名字。庙内悬挂着匾额，匾额上写着建庙捐款的人名，匾额后面写着马家的事儿等。关公庙后面当时是藕坑，庙后置一龟头，朝东，正对着藕坑。关公庙毁于20世纪60年代，尚存2个柱础（图339），散落街头。

大庙，位于村中心路北，坐北朝南，东西宽约30米，南北长约30余米。南为山门，一座砖砌门楼，磨砖对缝，比农村的二门楼子更为精致。对开木门，门墩连着1对石狮子。山门前有4棵大槐树，村里人说，在1棵大槐树下，有一六棱石头（实物现存，这应该是经幢，区内现存辽金时期经幢不少，这种经幢一般是八棱），60公分直径，三四十公分高，每面都有字迹（图340），下面有莲花座，三四十公分高。庙内，在大殿前面，东面1棵槐树，西面1棵柏树。院东南角有1座钟楼，面阔一间，方形，下有台子，四周以石头包角。钟楼内悬挂1口大铁钟，高约1.5米，上面铸满铭文。大铁钟毁于1958年大炼钢铁时。大殿前有东西配殿各三间，20世纪40年代，东配殿为学堂，西配殿为村公所办公的地方。大殿面阔三间，前出廊，有东耳房三间，为学堂；西耳房两间，为教师办公室。大殿内，神台上供奉关公泥塑坐像，红脸庞；西侧供奉药王泥塑坐像，披着黄袍；东侧空着。大殿四壁绘有壁画，连柁檩上及走廊上都有彩绘，至拆毁时彩绘也很清楚。

图340　马昌营镇薄各庄村大庙前石经幢残件

这座庙村里人称其为大庙，是其建筑格局比前两座庙要大，不知过去有没有庙名。按大殿内供奉的神像看，应该是关公庙。从山门前所有的经幢看，则是佛教庙宇。或许是后来塑神像时，改塑了关公、药王，也未可知。1976年7月大地震时，并没有震毁，随后人为拆毁，盖村小学了。

五道庙，全村有3座。一在村中，朱家坑北上边，坐北朝南，仅为一间，画有五道等神像。过去村里人去世了，家人去报庙烧纸。到“烧三”时，家人拿着烧纸往庙墙四角上挂，在哪儿挂住了，就认为故去的亲人的魂就在哪儿呢，拎着走。那时就在五道庙前的坑下烧车。过去这里归三河县管，村里人认为故去人的魂儿就坐着车上三河了；一在村南，老爷庙南面约 50 米处，坐北朝南，一间，画像；一在村四队，即小薄各庄村，坐北朝南，一间，画像。3 座五道庙都毁于 20 世纪 50 年代。

村里人说，村里的老李家过去是看坟的，说是“皇上带子”，即皇上的贴身侍卫。清代时，一到年底，李家就把租子给北京送去。一到清明节，北京的人就来上坟。旧时“皇上带子”的房子就在大槐树北边，村里人称之为“大门里头”，北京人来上坟时住。这棵大槐树（图 341），已经空洞了。大槐树南边有 1 眼古井，石条铺砌井台，2 个石井口，四周似有石栏，因为周边条石上各有几个凹槽，似立石柱所用（图 342）。一大石槽散落街头（图 343），大概有 3 米来长。如此大石槽，区内少见。过去是应在井边，村里人洗衣、饮牲口所用。过去村东有 4 座大坟，其中有 3 座宝顶，1 座土包坟；南小坟 3 座，有 2 座宝顶，1 座土包坟。据说过去坟地里都是大松树，没有碑和石人石马。20 世纪二三十年代，宝顶坟被土匪盗了。坟空了，里边住狐狸，村里人进去掏狐狸。1974 年平整土地，当时用雷管把宝顶炸了。村东有一座石桥，就是建坟时修的。

图 341　马昌营镇薄各庄村东头大槐树

图 342　马昌营镇薄各庄村东头大槐树南边古井

图 343　马昌营镇薄各庄村街头散落的大石槽

村里人还说，薄各庄原来叫龙泉寺，后来西观上有两个看庙的都姓薄，就由龙泉寺改为薄岭各庄。西观在村西北大坡上，那儿的瓦砾里还有琉璃瓦，在地里干活拉口子了，找块琉璃瓦刮点末，抹上就止血了。清康熙十八年（公元1679年）平谷、三河大地震时给震毁了，就剩瓦茬子了。村里人所言当非凭空而言，而是有所依据。民国《三河县新志》“庙宇”中记载薄各庄有“龙泉寺”，所谓大庙或许就是此庙。定是在清康熙时大地震被震毁后，龙泉寺又重建了，不然没有庙宇、且庙宇没有一定规模，是不会记入县志中的。而当初也许确是村以庙而名，尚未可知。在此书即将付印之际，做最后校对，翻阅民国《三河县新志》，“金制古物”中记载：“龙泉寺钟弘治十年五月造，铭云：闻钟声，罪业转。菩提长，智慧生。离地狱，出火坑。愿成佛，庆众生等语。在县北薄各庄。”这恰与大庙内铁钟相对应，证实大庙原名应该是龙泉寺，村里人所谈为实。而弘治十年即公元1497年，为明中期。

153. 北定福庄村

北定福庄村，旧有道教庙宇五道庙。

五道庙，位于村西南。村里人说，最开始，在南、北定福之间，有一座五道庙。20世纪40年代，南定福庄把那座五道庙拆了，北定福庄就在村西南盖了这座五道庙。庙坐北朝南，一间，没有塑像等，毁于20世纪60年代。

图344　马昌营镇北定福庄村北清代无名氏墓

北定福庄村北，有1座无名氏墓。东距民房20米，南临土路，西、北均为农田，占地面积约40平方米。此墓为清代封土墓，高2.5米，直径6米，圆柱形，三合土夯筑（图344）。地下构造不详，墓北侧有盗洞。未发现墓碑及其附属文物，墓主人身份无考。

154. 东双营村

东双营村，旧有纪念性祠庙老爷庙及道教庙宇五道庙。

老爷庙，又称大庙，位于村中间，坐北朝南，东西宽约20米，南北长约20多米。南为山门，砖砌门楼，对开红木门。院内，大殿前东侧，有1棵大柏树，1搂多粗，起码有100多年了。山门内有一边1棵槐树，七八寸粗。殿前有东西厢房各三间。住看庙的老道。正殿面阔三间，东西耳房各两间。正殿前出廊，廊西侧有1通石碑，廊东侧悬挂1口铁钟，高约1米。殿内，中间供奉关公泥塑坐像，前有周仓、关平2尊泥塑站像；西间供奉药王，东间也供奉1尊泥塑站像，村里人记不得什么神像了。墙上绘有壁画。过去初一、十五敲钟，紧七下，慢八下，人们闻得钟声便来上香。

图345 马昌营镇东双营村老爷庙现存石碑

老爷庙石墙残存，廊西侧那通石碑（图345）完好存在，就在原庙院内，现在是一户人家。碑首抹角云纹，双沟“永垂不朽”。碑上写着“香地亩数”、“庙内旧有香地五”、“沙岭郝姓作坟补”、“至开后钱粮郝姓”、“换地四至”及“地五十四亩其中九亩”“补民地二十七亩永”“东至张姓地南至横地”、“九亩换与三河县”“永为香火地寺”、“郝姓南至荒阶”等字迹，这是1通功德碑。

在老爷庙东墙外，有3棵大槐树，直径都1米多粗。其中南边那棵是半拉树，相传遭雷所劈，北半拉给劈下来了，只剩南半拉，还生长着，里边可以藏1个人。

1973年，上山下乡的知识青年插队时，拆庙盖了知青宿舍。

五道庙，位于村中间，在老爷庙山门外东侧，坐北朝南，一大间，从脊檩下横砌一堵隔断墙，前为五道庙，画有五道阎君、小鬼、判官等像，墙上画有壁画。庙内摆着3个石香炉；后为菩萨庙，画有观音菩萨等坐像，也摆放着3个石香炉。五道庙毁于20世纪50年代初。

东双营村委会门道里，有2个燕子窝。其中一个围着吊灯线而衔泥筑造（图346），一只燕子飞出去了。一会儿，一只燕子又飞回来，或许里边有小燕子了吧。东边墙角一个燕子窝，略大些。有燕子筑窝，人燕和谐相处，终归是有益的事。

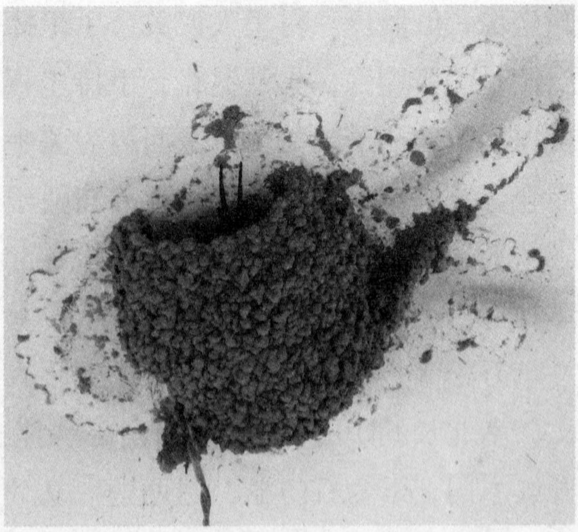

图346　马昌营镇东双营村委会门道里的燕子窝，一只燕子刚飞进去，还露着尾巴

155. 东陈各庄村

东陈各庄村，过去称东街，西陈各庄村称西街，就叫陈各庄。1956年成立初级社时，分为了两个村。

东陈各庄村旧有道教庙宇五道庙及佛教庙宇菩萨庙。

五道庙，位于村北街西头，坐北朝南，建在一座高台上。庙为一大间，画有五道阎君及鬼卒、判官等像。五道庙于1957年拆毁。

菩萨庙，位于村北街，坐南朝北，面阔一间，画有观音菩萨坐像，两边有善财童子和龙女站像。菩萨庙毁于20世纪60年代初。

156. 圪塔头村

圪塔头村，旧有庙宇3座，包括纪念性祠庙老爷庙、道教庙宇五道庙及佛教庙宇万松寺。

老爷庙，位于村北，坐北朝南，正对着一条大沟。庙为一大间，供奉关公泥塑坐像，红脸庞。村里人说关公手里捧着一个木板，脸前耷拉下来许多珠子。这应该是关帝塑像，头戴冕旒，手持圭板。关公脸有五绺长髯，过去孩子淘气，上去捋关公的胡子。关公坐像西边为关平侍立，拿着一小包，里边有书等；东边为周仓侍立，拿着一把大刀。老爷庙毁于20世纪50年代。

五道庙，位于村中间，在万松寺北边，坐北朝南，一间，北墙画有五道等9尊神像。五道庙毁于20世纪50年代。

万松寺，又称大庙，位于村中心，坐南朝北，建在一座高台上，东西宽约7丈，南北长约10丈。北为山门，一座砖砌门楼，上面起脊，脊两头有兽头，对开红木门，下为石门槛，门两边一边1个石鼓。山门北边西侧，有1棵大槐树，直径约有3尺。山门外有3丈多宽的空院。

进入山门后，为前院，建有韦驮殿，起脊抱厦，大脊两端有兽头，垂脊饰以小兽，面阔一间，设南门，没有北门，殿内供奉韦陀泥塑站像，两手合十，降魔杵横于腕上。

过了韦驮殿，即是后院，有一座大殿，面阔三间，东西耳房各两间。过去东耳房空着，村里人存放“寿材”（棺材）；西耳房为药王殿，供奉3尊药王泥塑坐像，中间塑像约1米多高，两边塑像约80公分高。两山墙画有10大名医像。殿前有东西厢房各三间，过去东厢房改为学校，西厢房为看庙老道的住所，据说以前主持的是和尚，后来改为老道了。那老道名叫郭长胜，是顺义县人。大殿内，供奉3尊菩萨泥塑坐像，村里人说3尊菩萨像下面都有坐骑，中间观音菩萨骑犼，东间菩萨骑狮子，西间菩萨骑大象。根据村人所述，骑狮子的应该是文殊菩萨，骑大象的应该是普贤菩萨。在观音菩萨坐像前，有善财童子和龙女侍立像，在另外2尊菩萨像前也有侍立像。东边山墙前，供奉关公泥塑坐像，坐东朝西，周仓、关平在北边侍立；西边山墙前，供奉二郎神泥塑坐像，坐西朝东，村里人说北边台下还塑有1尊红脸的杨戬站像，手拿三尖两刃刀，再北边还塑有一只嚎天犬。大殿墙上绘有壁画，如南墙画一挂签，好像飘起来了。又如观音显圣，一人正要举刀杀人，是一把单刀，一下断为三截，下边一人跪着，画得活灵活现。

万松寺平常是初一、十五开庙门烧香，逢年过节时村里人都来烧香。1947年推倒神像，1972年拆毁殿堂建筑，修建村里的学校。

图 347　马昌营镇圪塔头村西现存清代王爷坟

圪塔头村西一大片地，村里人说是清代王爷坟，是乾隆皇帝的叔辈。有一最大的宝顶还残存着，约有 10 来米直径（图 347）。宝顶西北角不远处，村里人近年在地里干活时还发现有大棺材，又埋上了。附近还有一小点宝顶，以汉白玉砌筑，那小石碑在宝顶里。南边 30 米远有一五洞的石牌楼，牌楼前有两个石柱，上有狮子。这石柱或为墓前望柱。《平谷文物揽胜》记载有“尹氏墓”，“原有一墓碑，碑上刻有‘诚亲王侧室尹氏之墓字样，现无存。”小宝顶或为尹氏墓了。书中未记述王爷坟，似乎也未在其他相关书中见这一带有王爷坟的记载。可村里人所说又如此具体，且残宝顶又存在，起码不是一般平民百姓的坟了，值得进一步研究。

157. 后芮营村

后芮营村，旧有庙宇 3 座，包括道教庙宇五道庙及佛教庙宇观音庙、大庙。

五道庙，位于村东，坐北朝南，建在一座高台上，南有 10 来步石阶。庙为一间，北墙画有四五尊坐着的神像，两山墙画有打雷、打闪的壁画。五道庙毁于 20 世纪 50 年代。

观音庙，又称后观堂，位于村东北角，坐南朝北，前有水坑。庙为一间，画有观音菩萨等像。20 世纪 50 年代，村里打井时把观音庙拆了，用那些石头去甃井帮。

大庙，位于村西，坐北朝南，东西宽约 5 丈，南北长约六七丈。南为山门，以砖砌筑，前有 3 步台阶。山门前一边 1 棵大槐树，2 尺多粗。院内，中间 1 棵大柏树，两尺多粗。有东厢房三间，过去在这里念私塾。北为正殿，面阔三间，东西耳房各一间。西耳房住看庙的人，看庙人是村里的一个男人，外号叫“姑子”。东耳房住教书先生。正殿前出廊，廊东侧悬挂 1 口铁钟，约 2 尺来高，1 尺多粗。在抗日战争中，八路军兵工厂将铁钟弄去铸造手榴弹了。殿内砌筑神台，神台上供奉1尊菩萨泥塑坐像，在同一神台上，菩萨坐像前边，西侧有1尊韦陀站像，两手合十，金刚宝杵横于腕上。菩萨坐像两边，一边有2尊泥塑站像。墙上没有壁画。庙后有一片空地，地上有1棵大青杨，直径3米来粗。1947年，政府要劈柴，就把大青杨放了。树干已空，围着大青杨长了一圈小杨树，也有一二搂粗。

图348　马昌营镇后芮营村大庙后大杨树根生出的小杨树

从殿内主要供奉菩萨来看，这座大庙应该是菩萨庙。

大庙毁于20世纪70年代。庙后在大杨树西北三四丈远处，根又生出1棵小杨树（图348），已有五六丈高、一搂粗细了，因地方有些狭窄，相机很难拍全。

158. 马昌营村

马昌营村，旧有庙宇4座，包括纪念性祠庙老爷庙、道教庙宇娘娘庙、五道庙2座。

老爷庙，位于村北，坐北朝南，一大间。庙内神台上，供奉3尊泥塑坐像，中间为关公；两边分别为二郎神，白脸；药王，手拿一葫芦。老爷庙毁于20世纪50年代。

娘娘庙，位于村中间偏东，坐北朝南，东西宽约五六丈，南北长约12丈。庙前有1棵大槐树。南为前殿，前殿东侧辟一小便门，可进院内。前殿为娘娘殿，面阔三间，供奉娘娘泥塑坐像。前殿辟前后门，可至院内。院内，有东西厢房各三间，住看庙人。后殿面阔三间，东西耳房各一间。后殿前出廊，廊东侧悬挂1口铁钟，高约1米。殿内供奉3尊菩萨泥塑坐像。

农历四月初一为娘娘庙会，与丫髻山庙会对着。过去，蓟县、宝坻、香河、武清等县的人朝拜丫髻山，都先在这里烧香，再到丫髻山进香。20世纪60年代末，娘娘庙因修公路而拆毁。

五道庙，全村有2座。一在村中间娘娘庙前边西侧，坐北朝南，一间，画像。早已无存；一在村东南，仅为一间，坐北朝南，画有五道等神像。毁于20世纪50年代初。民兵夜里巡逻，看到庙里有火，以为是鬼火，就把庙给拆了。

159. 毛官营村

毛官营村，分东庄、西庄，即东毛官营、西毛官营。据说是姓毛的人在此立的庄，村东北有毛家坟，现在村里已经没有姓毛的了。毛官营村旧有庙宇5座，包括道教庙宇五道庙4座、佛教庙宇观音庵。

五道庙，全村有4座。一在村中心观音庵前，坐北朝南，面阔一间。庙前后有4棵大槐树，各有一二搂粗。庙后还有1棵大榆树，约五六搂粗，村里人称之为“大榆仙”，1958年放倒。庙内为画像，北墙和两山墙都有画像。庙内砌筑供台，摆放五六个泥香炉；一在村东头，庙后1棵大杨树，树干都空了，里边可以放张桌子4个人打牌。过去传说大杨树有18搂，有些夸张，实际有五六搂粗；三在村东南，庙前1棵大杨树，直径约2米。树空了，1958年与大榆树一块儿放的，放倒后，人可以直着从树干洞里走过去；四在村西头。4座五道庙都是坐北朝南，面阔一间，画有五道等神像，村里有人去世了，家人就到附近的五道庙去烧纸报庙。4座五道庙毁于20世纪50年代。

观音庵，又称观音庙，位于村中心。民国时所编《三河县新志》“庙宇”中简略记载：“兴隆庵，毛官营。”没有具体记述始建时间及庙宇等情况。

观音庵坐北朝南，东西宽约15米，南北长约50米。南为山门，砖砌门楼，对开木门。山门前东侧，有1棵大杨树。

院内，北为大殿。大殿前东侧，有一座八棱三层的石构之物，村里人根据上面雕有吹拉弹唱的图案，而称之为“五音石”。《平谷石刻》书中依据上面雕刻着人物且称之为“人物幢”：“残损。其中一节幢身，高30厘米，每面宽26厘米，分别雕刻驯兽等民间杂技；另一节幢身，高33厘米，每面宽66厘米，分别雕刻高26厘米、宽20厘米的龛，龛内雕刻舞伎，坐于莲台之上，或弹，或吹，或舞。汉白玉石质。为八面直棱幢。”记述较为具体。村里人说，这座石构之物为三层，下层雕刻着吹拉弹唱的图案，第二层雕刻着拉马等人与动物的图案，上面第三层雕刻着兵器等。下面有底座，上面有帽子，就像塔尖那样的形状。现存下层、二层、座部、檐部及顶部（图349），座部、檐部、顶部已残。二层每面为浮雕，下层每面开龛，龛内为浮雕。区内存在不少辽金时期的经幢，一般都是刻着佛号或经咒的石柱，很显然这不是经幢。根据村里人所述及所存残构建，或为一座石塔，其石质为汉白玉，形状为三层八角，上面满布石雕。就其浮雕内容，即是立于佛教庙宇内，就应从佛教角度去理解，甘肃敦煌莫高窟壁画中有飞天等，重庆大足石刻有“牧牛证觉道场”、“圆觉道场”、“正觉像”等。牧牛道场就是以牛喻心，以牧人喻修行人，表现修行者领会佛法、调伏心意的过程。那么这座石塔所雕刻的人物（图350）、动物等，或许也有这类寓意（图351）。就在此书即将付印，做最后校对之时，再次翻阅民国《三河县新志》，发现“卷之十二”“石刻文物”记载：“毛家营兴隆庵石塔，汉白玉雕成，传言由毛家坟挖出。”记述很简略，详情不得而知。但由此也证实了写此物时关于石塔的推断，至于塔上雕刻内容，如是墓前之物，则另当别论了。大殿前一边1棵大柏树，东西厢房各三间。东厢房后来改为学堂，西厢房为看庙人所住，村里人称看庙人为“老道”。

图349　马昌营镇毛官营村观音庵殿前石刻残构件

图350　马昌营镇毛官营村观音庵殿前石刻残构件浮雕

图 351　马昌营镇毛官营村观音庵殿前石刻残构件浮雕

图 352　马昌营镇毛官营村观音庵殿前廊东侧石碑，现存村委会院内

大殿为观音庵正殿，有东西耳房各一间，存放杂物等。正殿面阔三间，前出廊。廊前东侧，有 2 通石碑，方座。其中 1 通为功德碑，上面刻满人名，在“文革”中被人砸碎。另 1 通现存村委会院内，为清乾隆六十年（公元 1795 年）观音庵重修碑（图 352）。碑为青石质，方首抹角，额题“兴隆庵记”，首题“观音庵重修碑记”，由泃水居士徐道存篆文书丹，住持性德募化。看来此庙正如三河县志所记，正名应为兴隆庵。碑记写到：“畿东三邑境内，村名毛官营。营有观音庵。庵之建也，始于明嘉靖年间。建立迨我皇清定鼎以来，于康熙年间重修一次。夫有毛官营即有兴隆庵，庵与营而并建。”过去毛官营属于三河县，即所谓“三邑”。观音庵始建于明嘉靖年间（公元 1522 ~ 1566 年），且立庄的同时就建庙了，即是说毛官营立庄在明嘉靖时了。而 2007 年 4 月参加调查座谈的村里人有陈朝凤，时年 67 岁，说他的始祖叫陈显玉，从山东挑着挑子过来的。观音庵至清康熙年间（公元 1662 ~ 1722 年）重修，乾隆六十年（公元

1795年）再次重修。正殿内神台上，供奉观音菩萨泥塑坐像，两边为善财童子和龙女侍立像。东西两山墙前，一边各有4尊站像，手里拿着不同法器。

过去，过春节时正月初一、十五到庙里进香。

观音庵毁于20世纪60年代。

毛官营村南边，发现一个石刻，中一透孔，上为平面（图353），柱础大小，可又不像柱础，一时不知当初作何用途。

图353　马昌营镇毛官营村南边一石刻

160. 南定福庄村

南定福庄村，旧有道教庙宇五道庙2座。

五道庙，全村有2座。一在村北，坐北朝南，一大间，中间横砌一堵隔断墙。南为五道庙，北墙画有五六尊神像，中间是1尊大像，东西两山墙画有雷公、闪公等壁画。庙内有石头垒的供桌，摆着3个石香炉，中间是1个大香炉。北为菩萨庙，供奉1尊菩萨泥塑坐像，也有石头垒砌的供桌以及摆着1个香炉。1957年，那时已是高级社，村里将五道庙拆了，用庙的料石甃井帮；一在村南，像一座门楼一样，以青砖垒砌，起脊，宽约2米，进深约1米，高约2米。这是村里老李家盖的家庙。据说老李家原为满族，过去是从三河大道李旗庄过来的，与《彭公案》中李七侯、李八侯是一脉。老李家过去礼法多，有家谱，家谱在“文革”中毁了。现在后人很兴旺，民族成分早已变成汉族了。五道庙没有塑像，有1个石香炉。由于年久失修，五道庙于20世纪60年代自然坍塌。

161. 前芮营村

前芮营村，村里人说原来叫郝家庄，有后芮营以后，才改为前芮营。前芮营村旧有道教庙宇真武庙、五道庙。

真武庙，位于村中心。清乾隆《三河县志》记载“芮家营”有“真武庙”。芮家营当是现在的前芮营了。

真武庙坐北朝南，东西宽约100米，南北长约100米。南为山门，一座砖砌门楼，对开木门。山门前没有树和石碑，有一条大沟。前院，有东厢房五六间，住看庙人等。前殿没有东西耳房，村里人没有说前殿以及后殿为几开间，一般多是面阔三间。殿内砌筑神台，神台上供奉真武帝泥塑坐像，背后为倒坐观音泥塑坐像。真武帝两边，一边有3尊泥塑站像。墙上绘有壁画。前殿辟有前后门，从坐像两边过去，出后门，可至后院。后院，后殿前西侧，有1棵柏树。后殿与前殿一般大，村里人说没有供奉神像。真武庙毁于20世纪50年代。

五道庙，位于村南中间，坐北朝南，面阔一间，画有五道等神像。五道庙毁于20世纪50年代。

162. 天井村

天井村，旧有纪念性祠庙老爷庙、道教庙宇五道庙、佛教庙宇大佛寺。

老爷庙，又称大庙，位于村东。民国《三河县新志》记载天井村有“关帝庙”，当是此庙。

老爷庙坐北朝南，东西宽约100米，南北长约250米。南为山门，一座普通的砖砌门楼，平常日子不开，每到初一、十五才开。山门东边有一小便门，平时出入都走便门。山门前西南有1棵大槐树，树干都空了。1943年下半年挖地道时，有个地道口就是这棵大槐树。东边小便门东侧，有1棵大槐树。

前院，没有树和石碑，北有前殿，面阔三间，前出廊，后出厦。殿内神台上，供奉关公泥塑坐像，金脸庞，头戴冕旒，手持圭板，完全是帝王的装扮。在同一神台上，还塑有2个小站童，端着什么东西。村里人称之为“茶童”，大概以为是为关帝端茶递水的吧。关公坐像两边，一边有2尊泥塑站像，如东边有手拿大刀的周仓。关公坐像上面，悬挂一方大木匾，上面写着什么字村里人记不清了。墙上绘有关公故事等壁画。关公坐像背后，有1尊泥塑坐像，面朝北，约1米来高。前殿辟有前后门，从后门可通向后院。

后院，后殿前一边 2 棵大柏树，有 2 搂粗，很高大。过去一出马坊北门，就能看到这 4 棵大柏树。后殿前，有东西厢房各三间，为看庙的老道住的地方及村里会所办公的地方。后殿面阔三间，没有东西耳房，前出廊，比前殿略宽些。后殿为娘娘殿，神台上供奉眼光娘娘、送子娘娘等多尊娘娘泥塑坐像，各有 1 米多高。在北墙，村里人说有好几排神像，高约三四十公分。

老爷庙毁于 1946 年前后。村里人记得，过去老爷庙做村小学时，在学校门前，有两块汉白玉的石雕，雕有龙凤的图案，不知是什么雕刻，据说原来是大佛寺的，现在不知其下落了。

五道庙，位于村东头路北，坐北朝南，仅为一间，画有龙王、五道等神像。五道庙毁于 1947 年前后。

大佛寺，位于村东南 1 里左右处。清乾隆《三河县志》记载天井庄有“朝阳庵”，或为此庙。

对于大佛寺，村里人说，这是个和尚庙，后来抢男霸女，让官府给抄了。据说庙前有一条小河，叫“思家河”，河里有一坑，叫“媳妇坑”。据说大佛寺为明代建造，清代所抄，把和尚用犁耠的。这与马坊镇塔寺村关于塔寺的说法类似，而官府抄寺也当在清乾隆之后了，毕竟乾隆时志书还有记载。在 1974 年平整土地时，还挖出过直径 1 米多的青石柱钉石，还有残砖墙，砖是青砖，后面印有席纹。

163. 魏辛庄村

魏辛庄村，旧有道教庙宇五道庙及佛教庙宇菩萨庙。

五道庙，位于村后街西头，坐北朝南，庙前有二三棵槐树，约七八寸粗。庙为小两间，庙内为画像，中间为五道阎君，两边各有 1 尊小一点的画像，村里人已记不清是什么神了，3 尊画像都是坐像，庙内摆放 3 个香炉。两山墙上，画有雷公、闪公、风婆、量天尺等神像及下雨等情景。庙内还画有判官、鬼卒等像。五道庙毁于 20 世纪六七十年代的“文革”之时。

菩萨庙，位于村东头，坐南朝北，庙前有 2 棵小松树，还有 1 棵大槐树。菩萨庙为一间，庙内南墙上画有观音菩萨坐像，坐莲花座上。两边为善财童子和龙女站像。庙内摆放3个泥香炉。20世纪二三十年代，全村仅有60多户，现在有80多户。过去逢年过节时，村里人就来这里送香上供。菩萨庙毁于20世纪六七十年代的“文革”之时。

村里人说，过去村里有四五棵老槐树，都二三搂粗，现在没有了。但人们还记得一句歌谣：“千年松，万年柏，不如老槐䠱一䠱。”是说这些树都长的时间久远了。

164. 王各庄村

王各庄村，由4个自然村组成，包括西王各庄、上坡、下坡、盆窑。过去总称高庙王各庄，后简称王各庄了。而盆窑主要是烧瓦盆，后来改成烧花盆。现在花盆也不烧了。拉土破坏土地资源，烧窑污染环境，再说煤也挺贵，烧不合算。当然，所说这一切都是客观存在，但毕竟烧瓦盆技术已传承多年，属于非物质文化遗产，不应轻易失传才是。再说，那些瓷花盆和塑料花盆，无论如何也替代不了透气、透水的泥瓦花盆的。

王各庄村旧有庙宇4座，包括道教庙宇五道庙3座及佛教庙宇高庙。

五道庙，全村有3座。一在村中间高庙东南角下面，上坡、下坡村北的人家来这里报庙烧纸。庙为一间，画有五道等神像。五道庙于1964年随高庙一起拆毁；一在村一队西王各庄，坐北朝南，一间，画像，1948年前后拆毁；一在村四队盆窑村西路北，坐北朝南，画像，一间，毁于20世纪50年代。

图354　马昌营镇王各庄村观音庵（摄于1961年）

高庙，位于村中间，在上坡、下坡两个自然村之间。两村以庙为界，庙上边为上坡，庙下边为下坡。对于高庙，清乾隆时《三河县志》和民国时《三河县新志》都没有记载。村里人据说高庙为元朝所建。1961年所拍的古建筑照片中有1张王各庄观音庵的照片（图354），且简略记述："王各庄观音庵，清康熙、嘉庆年间都经重修，至今仍完整存在。"

高庙坐北朝南，东西宽约60米，南北长约80米。南为山门，一座砖砌门楼。山门前有一大坡子，有32步石阶。石阶分三部分，大台阶18级，还有小台阶，共32步。

前院，中间一条甬路，直接前殿。前殿前面，甬路东西两侧，一边1棵大柏树，直径各有1尺多。甬路西侧，还有1棵梧桐树，直径约2尺多。殿前一边1通石碑，为方形碑座，碑首有"万古流芳"字样，是修庙时捐款人的功德碑，上面镌刻着一些人名等。前殿面阔三间，门两边为槅扇窗。殿内，供奉1尊泥塑坐像，坐像两边一边1尊小站像。村里人说这是菩萨庙，联系到上面记载的观音庵，这尊坐像或许是菩萨像了，西边小站像，当是善财童子和龙女。

后院，没有树和石碑，有后殿三间，东西耳房各两间，耳房住看庙的"和尚"。说是和尚，其实是个女的，叫王同顺，村里人称她为"三爷"或"三哥"，不愿人叫她尼姑。她死于"文革"之时，活了七八十岁。她有个徒弟姓丁，后来嫁到马坊河北村；徒孙臣头，也是女的，嫁到马坊洼里。殿前没有东西厢房。殿内没有泥塑像，北墙和东西山墙画有神像和壁画，具体画的是什么神像村里人说不清楚。

在高庙前殿东边，跨出一间，为药王殿，供奉药王。殿里有个洞，据说通丫髻山。有人下去过，一直没上来。

高庙没有庙会，现在村委会的地方，就是高庙旧址。1946年，拆了高庙，建村小学。

过去几乎家家房前门东侧墙壁上，都砌一小龛窑，称"宅神窑"，也烧香等。"文革"中视为"四旧"，横扫一切牛鬼蛇神，都不存在了。在村四队盆窑村东边约150米处，有一大宝顶，直径约10米，高三四米，就是一个大圆土包，以三黄土加白灰砸的。前面没有石人石马。20世纪六七十年代，平整土地，将大宝顶平掉了。里边有个土井子，土井子里也没有什东西。宝顶规模不小，应该不是一般的墓葬。过去，帝后陵寝中有"金井玉葬"之说，这在明清两代是最高等级的葬礼。这座宝顶墓穴中有土井，或许所葬墓主人级别不是很低。

165. 王官屯村

王官屯村，旧有纪念性祠庙老爷庙及道教庙宇五道庙2座。

老爷庙，又称大庙，位于村北。民国《三河县新志》记载王官屯有观音庵，或为此庙。

老爷庙坐北朝南，东西宽约7丈，南北长约七八丈。南为山门，砖砌门楼。山门前西侧1棵大槐树，有三四搂粗；东侧1棵大杨树，有四五搂粗，俗称傻青杨。庙前建有戏台，农历五月十三庙会唱戏等。村里人说五月十二为老爷（关公）磨刀日，五月十三到东吴单刀赴会。村里有句老话，说小旱不过五月十三，大旱不过六月二十四。六月二十四是龙王爷生日。

前院，主要有前殿，面阔三间，殿内供奉关公泥塑坐像，金脸，头戴冕旒。坐像前有两个小童相对站立，双手合十。坐像两边，东有王甫、赵垒（文）2尊待立像，西有拿着大刀的周仓及关平（武）2尊侍立像。关公背后有韦陀泥塑站像，面朝北。前殿辟前后门，由后门可至后院。前殿为老爷殿，东边有一座小门楼，由此也可至后院。

后院，后殿前东侧，有1通石碑，方形碑座，即须弥座。村东西街争庙产，将碑文拓了送到县官处，那时王官屯归密云县管辖。结果还没判呢，日本鬼子来了。这大约在20世纪30年代末。后殿前东侧，有1棵大杏树，有1尺三四粗，杏长得大且好吃。有东西厢房各三间，住看庙的和尚及存放杂物。后殿为菩萨殿，面阔三间，东西耳房各两间。后殿前出廊，廊东侧悬挂1口铁钟，约1米高，敲时钟声特别清脆悠远。过去每逢初一、十五敲钟，后来集体出工下地，也敲这个钟，就敲坏了。殿内神台上，供奉菩萨泥塑坐像，下为莲花座，上有木龛。两边还各有1尊菩萨坐像。墙上绘有壁画。

老爷庙前殿毁于20世纪50年代初，拆庙盖村学校。现在，后殿于1951年重修（图355），原是大脊，有螭吻。殿前有3步石阶。殿内原为小学，现已搬走。后殿脊檩下的嵌上，东西各有一行字迹，东边字迹为："大清乾隆岁次戊午年

图355　马昌营镇王官屯村老爷庙后殿

端月吉旦（图356）”，下面还有“重修”两字。“戊午”，应是乾隆三年，公元1738年，为清中早期。这是全区为数不多的有明确书写年款的最早的一座建筑。西边字迹：“顺天府昌平州密云县王官屯”，下面还有两个字：“建立”。梁架上饰以彩绘，两山墙戗檐砖雕有花卉图案。后殿前那棵柏树（图357）还在，为一级古木。由山门前东侧那棵老青杨树根滋生出的小杨树（图358），也已1搂多粗了。

图356 马昌营镇王官屯村老爷庙后殿脊檩下清乾隆时题记

图357 马昌营镇王官屯村老爷庙后殿前古柏

图358 马昌营镇王官屯村老爷庙山门前东侧原来老青杨树根滋生出的小杨树

五道庙，全村有2座。一在村东头，坐北朝南，一间，画有五道等神像；一在村西头，坐北朝南，画有龙王、苗神、马王、虫王、五道、土地等7尊神像，故又称七圣神祠，还称龙王庙。两山墙画有刮风下雨等壁画。2座五道庙毁于20世纪50年代末。

166. 西海子村

西海子村，旧有纪念性祠庙老爷庙及道教庙宇五道庙。

老爷庙，位于村西头，坐北朝南，仅为一小间，北墙画有关公坐像，红脸庞。庙内有1个泥香炉。老爷庙毁于20世纪50年代末60年代初。

五道庙，位于村东头，坐北朝南，面阔一大间，北墙画有五道等5尊神像，两山墙画有雷公、闪公、下雨等壁画。庙内摆着5个香炉，中间1个为圆香炉，高约20多公分；两边4个为方香炉。五道庙毁于1958年。

图359 马昌营镇西海子村老井井口条石

西海子村旧有老井，因不用早已填埋。井口条石（图359）保存至今，可见很深的绳沟。不知村里多少人多少辈提绳打水，绳子才将井口条石磨得如此。

167. 西陈各庄村

西陈各庄村，旧有道教庙宇五道庙及佛教庙宇大庙。

五道庙，位于村西头，坐北朝南，一间，供奉1尊泥塑坐像，黑脸，应该是五道阎君；一边1尊站像，一像拿书，或许是判官手拿生死簿吧；一像拿棍，当为鬼卒了。五道庙毁于20世纪50年代。

大庙，位于村东头，坐北朝南，东西宽约20米，南北长约30米。南为山门，有3座门楼，门楼间以卡子墙连接，中间门楼较大，两边门楼较小，为红木门，墙也是红的。山门前，有2棵大槐树，2搂多粗。院内，殿前东侧有1棵大柏树，直径约1米粗细，柏树杈上悬挂1口铁钟，约1米高，上面铸有铭文。殿前有东西厢房，存放杂物。正殿面阔五间，东西耳房各两间，西耳房住3个尼姑，年长的叫金宝，中年的叫南良，小的叫小歪子。殿内神台上，供奉1尊泥塑坐像，同一神台上，在坐像前有2个小站像，前边一边还有2尊泥塑站像。主要供奉的应该是观音菩萨像。全殿共有大小5尊泥塑像。墙上绘有壁画。

大庙毁于20世纪50年代，拆大庙盖村大队部。庙拆了以后，金宝到顺义张镇娘娘庙去了，南良嫁到了张镇。小歪子嫁到了一个村子，后又改嫁到前芮营。

168. 西双营村

西双营村，旧有1座道教庙宇五道庙。

五道庙，位于村东街北头，坐北朝南，正在北街口。庙建一座高台上，庙前以砖垒砌一道影壁。庙台前一边1棵大槐树，现仅存1棵（图360）。槐树西边有1眼水井，井帮石头碹的，井口2眼，大条石的，后来村里人垫街道用砖给垫起来了。而井口可见年深日久提水绳子磨出的一道道痕迹。井两边一边1个石槽，过去村里人在井边洗衣、饮牲口等，一石槽边可见半个拴牲口的绳眼，石槽也是难得的民俗文物了。

图360　马昌营镇西双营村五道庙前大槐树及石槽

庙面阔一间，庙内为画像，中间为五道阎君，东边为观音菩萨、土地神，西边为虫王、财神，两山墙也画有壁画。

村里人相传，过去庄稼人种地打场，财神来用手一指：就这场了。结果多打了粮食。这应该是过去以农为生的人们朴素的美好愿景。而闹虫灾时，村里人就给虫王爷上供，祈求虫王爷把虫子给收回去。五道庙两山墙上画着壁画，上面画有油锅炸、锯拉等图案，以此警示人要行好事，莫做坏事，不然到阴曹地府也会受到惩罚。

五道庙毁于20世纪六七十年代的“文革”之时。

十一、峪口镇

峪口镇，辖20个行政村，旧有大小庙宇84座，分为纪念性祠庙10座，主要是关公庙、三义庙、药王庙等；道教庙宇54座，主要是真武庙、娘娘庙、三官庙、龙王庙、马神庙、山神庙、五道庙等；佛教庙宇20座，主要是佛祖庙、菩萨庙等。现在，胡家营村龙王庙为近年所复建。

169. 北杨家桥村

北杨家桥村，旧有庙宇12座，包括纪念性祠庙老爷庙、三义庙、道教庙宇真武庙、马神庙、娘娘庙、五道庙3座及佛教庙宇北大寺、观音堂、西青寺、菩萨庙。

老爷庙，位于村中间，坐北朝南，东西宽约3丈，南北长约5丈。南为山门，山门前有一道影壁，以砖砌筑。庙东西两边都是大街。院内，有1个石香炉，高约1米。北为正殿，面阔三间，殿内神台上，供奉3尊泥塑像，都是关公像，村里人称为大老爷、二老爷、小老爷。大老爷坐在中间，二老爷坐在东边，只有小老爷站在西边。3位关公都是黄脸。大老爷背后，为倒座观音塑像。殿内墙上画有壁画。一座殿中供奉3尊关公塑像，不多见。过去天旱了，就抬着小老爷像，上大旺务南山的青龙潭去求雨。老爷庙毁于20世纪50年代。

三义庙，位于村东南。清乾隆《三河县志》及民国《三河县新志》记载了杨家桥有三义庙，也记载了有真武庙、娘娘庙等，但都是记载了一个名字，并没有具体内容。

三义庙坐东朝西，南北宽约十五六丈，东西长约10丈。庙北有跨院，跨院有十几间房子，还有1棵大松树。西有山门，山门外临南北向大道。山门前一边1棵大松树。院内，大殿南侧有1棵大松树，没有碑刻。大殿面阔三间，殿内砌筑神台，神台上供奉3尊泥塑坐像，中间为刘备，南为关羽，北为张飞。南边有1尊站像，为拿着大刀的周仓。三义庙毁于20世纪60年代。

三义庙西南有2座石桥，所谓“三步两座桥”即指此，俗称“双桥子”。抗战时期，日军拆了一座桥，修桥头村西边一座桥，现在还剩一座桥了。

真武庙，位于村北，坐北朝南，东西宽约7丈，南北长约五六丈。南为山门，砖砌门楼。山门前，有一道砖砌影壁以及1棵大槐树。院内，没有树和石碑，北为正殿三间，东西耳房各两间。殿内供奉真武帝泥塑坐像，真武帝前有龟蛇塑像，两边一边还有2尊站像。庙西是空地，为庙产。真武庙毁于20世纪50年代。

马神庙，位于村南路北，与观音堂斜对过，在观音堂东北方向。马神庙坐北朝南，东西宽约3丈，南北长约六七丈。南为砖砌山门，山门外一边1棵大槐树。北为大殿，面阔三间，殿内神台上，供奉马王爷泥塑坐像，马王爷有3只眼，4只手，两边塑有判官、小鬼等像，南杨桥村北半村的人家有人去世了，都来这里报庙。这里明代为养马场，建有马神庙很正常，但村里人去马神庙报庙不多见，同时也是民间多神信仰、一庙多神供奉的体现。马神庙毁于20世纪60年代。

娘娘庙，位于村西南，坐北朝南，东西宽约三四十丈，南北长约10丈。庙东西两边有空院。南为山门，是一个大门洞。山门前有2棵大槐树以及大杨树。山门前建一座戏台，以石头垒砌，八九米见方。进山门，东侧有钟楼，悬挂1口铁钟，约1米多高。西侧没有鼓楼。村里人说有南罩房5间，中间为门道，上面悬挂一方木匾。北为大殿，殿前有东西厢房各三间，西厢房住看庙的老道，东厢房存放村会里的桌椅板凳等物。殿前东侧有1棵大柏树。大殿面阔三间，东西耳房各一间。殿内神台上，供奉3尊娘娘泥塑坐像。过去农历三月十八为娘娘庙会，俗称“饸饹会”。庙会时来亲戚了，没什么吃的，就轧饸饹吃。娘娘庙毁于20世纪80年代。

五道庙，全村有3座。一在村东北角，俗称“八家”的地方，坐北朝南。庙旁有1棵大槐树，还有1棵1搂多粗的大桑树。庙仅为一间，庙内供奉1尊泥塑坐像，应该是五道阎君。两边一边1尊站像，东边是判官，西边是鬼卒。村里人说，小鬼会出来，就拿大钉子把小鬼的脚钉上，就不出来了；一在村西北，坐北朝南，临一大坡子，大坡子下边有1眼水井。庙为一间，庙里画有五道等神像；一在村西，坐北朝南，一边1个大水坑，就是孤零零一座小庙，前面有石头垒砌的台阶。庙前边是大道。庙为一间，画有五道等神像。过去要饭花子常住这里。3座五道庙都毁于20世纪五六十年代。

北大寺，位于村北，坐北朝南，东西宽约5丈，南北长约10丈。南面是一座砖砌山门，山门前有一道影壁，影壁前1眼水井。进山门后为前院，有前殿面阔三间，辟前后门。殿内供奉4尊天王泥塑站像，村里人称为“四大金刚踩八怪”。从前殿后门进入后院，院里1个石香炉，东西配殿各三间，西配殿南面有两间小房，当为盝顶，住看庙的和尚。东配殿供奉药王泥塑坐像。北为后殿，为全庙正殿，供奉十八罗汉，不知何时烧毁。根据前殿供奉四大天王站像，后殿当为大雄宝殿，供奉佛祖释迦牟尼，也只有佛祖像两边才会有十八罗汉。北大寺毁于20世纪50年代。

观音堂，位于村南，坐南朝北，东西宽约7丈，南北长约10多丈。北面为山门，一座砖砌门楼。山门东侧，有1棵柏树和1棵大榆树。前院有前殿三间，东西耳房各两间。殿内供奉3尊泥塑坐像，坐像下为莲花座，坐像上面有悬塑，两山墙有画像。前殿没有后门，从东耳房进入后院。后院，有1棵柏树，后殿前有东西厢房各三间，村里人说东西厢房各有两间耳房，当为盝顶。后殿前东侧，有1通石碑。后殿面阔五间，据说供奉的是铜像，后来没有了。观音堂后来改为学校。20世纪50年代末60年代初建立乡政府时，后院为乡政府所在地。观音堂毁于20世纪60年代。

观音堂山门外有一条东西向大道，观音堂在道南，马神庙在道北，南北相隔5步远近。故此，过去有“三步两座桥，五步两座庙”之说。

西青寺，位于村西。在与村里人调查时，村里人说西青寺俗称青龙寺。而清乾隆时《三河县志》记载杨家桥有“清林寺”，或许这是正名，青龙寺是村里人久而久之叫白了。

西青寺，坐北朝南，到20世纪30年代初期，庙就剩南面的山门了，是一座砖砌门楼。村里人小时听大人说，西青寺大概毁于火灾，庙里有四大金刚和十八罗汉。看来，主要供奉的是佛祖释迦牟尼了，其规模不小。

菩萨庙，位于村西北张辛庄街西头南侧，坐南朝北，占地面积约2丈见方，四周圈有方形院墙，北面面对街道有3尺宽一道敞门。院南部为正殿，一大间，面阔约1丈5尺，进深约5尺，北面敞着，没有门窗。南墙画有观音菩萨等像，像下依南墙垒砌1尺高供台，摆有泥香炉。菩萨庙毁于20世纪五六十年代。

170. 蔡坨村

蔡坨村，旧有纪念性祠庙西大庙、道教庙宇五道庙2座及佛教庙宇北大寺。

西大庙，位于村西北，坐北朝南，东西宽约60米，南北长约90米。南为山门，山门外有4棵松树。有前后两进大殿。前院，主要是前殿，殿前一边1棵松树。前殿面阔三间，辟前后门。前殿为马殿，殿内一边有两匹泥塑马像，旁边有拿着大刀的拉马的人。后院，有五六棵松树，东西厢房各三间。后殿应为正殿，面阔三间，东西耳房各二间。后殿有泥塑像，但村里人不知供奉的是什么神像了。查阅《三河县志》，有蔡家坨，应该就是蔡坨村，记载有“关帝庙”，或许就是此庙。西大庙毁于20世纪50年代。

五道庙，全村有2座。一在村北，一在村中心，都是坐北朝南，一间，画有五道等神像，毁于20世纪50年代末60年代初。

北大寺，又称北大庙，位于村北，坐北朝南，东西宽约40米，南北长约40米。南为山门，一座砖砌门楼。山门前一边1棵大槐树。山门前东侧有1眼古井，天多旱也没干过。庙有前后两进大殿。前院，前殿门前两侧一边1棵松树，有东西厢房各三间。前殿面阔五间，有东西耳房各两间。后院，后殿前门两侧一边有2棵松树，东西厢房各三间，东西耳房各两间。后殿面阔五间，供奉五六尊泥塑像。村里人记不清庙里供奉的什么神像了，由于称作“寺”，所以应是佛教庙宇。过去庙里住着和尚，有老和尚，有小和尚，打柴、馇粥等活儿，都由小和尚来干。

北大寺毁于20世纪50年代，庙前东侧那眼古井（图361）尚在，石头井口，足有10余丈深浅，至今还有水。周边现在是桃树林。在南边一机井旁有半个柱础（图362），不小于五六十公分，可以想见当年殿堂规模不小。《三河县志》记载蔡家坨有“延寿寺”，或为此庙。

图361　峪口镇蔡坨村北大寺前东侧古井

图362　峪口镇蔡坨村北大寺柱础，现散落田间地里

村里人相传，过去有蔡家五虎，当清朝皇帝上东陵从这里经过，便把皇杠劫了。这哥五个被灭门九族，就埋了一个坟头。蔡坨村地势好，风水好，水在下边走，就是不冲蔡坨。过去流传着顺口溜：“冲了中桥打了埝（北埝头村），挂了东西二柏店。向西一拨，再挂蔡坨。”是说发大水返不回来。村里人说，中桥就是一条大河的中心，后来建成村了。村下面挖1米深就会出沙子，是老河道。这里所说的中桥、北埝头、东柏店、西柏店，都在蔡坨村东南不远。

171. 厂门口村

厂门口村，旧有道教庙宇五道庙2座及龙王庙。

五道庙，全村有2座。一在村东，坐北朝南，庙前1棵榆树、1棵槐树。庙为一间，庙内中间靠后横砌一堵墙。前面为五道庙，北墙画有五道等3尊神像，两边一边画1尊站像。两山墙也绘有壁画。后为菩萨庙，画有观音菩萨等像。前后都为栅栏门；一在村西头，坐北朝南，庙前1棵歪脖槐树。庙为一间，画像。这2座五道庙都毁于20世纪六七十年代的“文革”之时。

龙王庙。位于村北大坑北坡上，坐北朝南，一间，有龙王泥塑坐像，毁于20世纪40年代末。

村北有古代养马场，村里人相传为北宋杨家将养马的地方，而民国《三河县新志》及《平谷文物志》记载为古代养马场（图363）。遗址尚存，可见坚硬的灰土、散落地表的砖瓦等。在村街头，有块1米长的长条石（图364），一面有浮

图363　峪口镇厂门口村古代养马场遗址

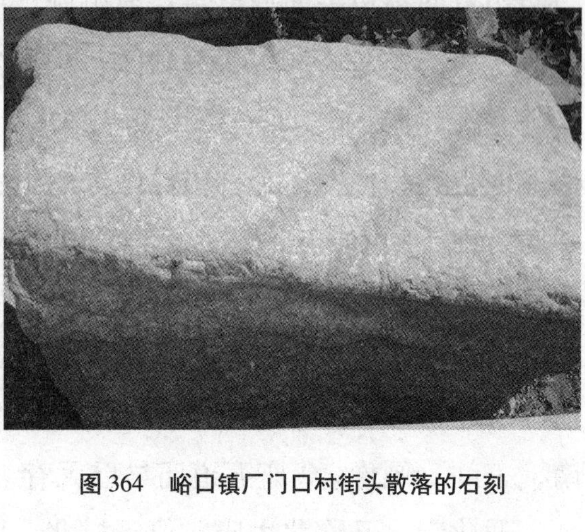

图364　峪口镇厂门口村街头散落的石刻

雕图案，似是龙的一部分，或为养马场遗物。

172. 东樊各庄村

东樊各庄村，旧有庙宇7座，包括道教庙宇真武庙、山神庙、五道庙2座、佛教庙宇通化寺、东庵、观音庙。

真武庙，位于东、西樊各庄交界处，坐北朝南，东西宽约十四五米，南北长约20米。南为山门，一座砖砌门楼。院内没有树和石碑，北为正殿，殿前西侧有西厢房三间，为看庙人所住。正殿面阔三间，殿内神台上供奉真武大帝泥塑坐像，神台上还有龟、蛇泥塑像。两旁各有1尊站像，东边男像为周公，西边女像为桃花女。殿内墙上没有壁画。当地流传，周公为真武大帝宝剑变成的，桃花女为真武大帝剑鞘变成的，且说2人是两口子，互相斗法。“周公灵，周公圣，请周公老爷算卦命。桃花女，破周公，一破破了十八卦，卦卦有灵应。”这是一首民谣，至今村里人还记得。当地人还传说，腊八粥就是真武帝留下来的。说真武要见大佛去了，临走时想吃点什么，一看没东西，就把五谷杂粮搅和一起，熬成粥喝了。见到大佛，真武成圣了。真武成圣时喝的就是传到今天的腊八粥。1947年，将真武庙分给村里的一家地主住，后来就拆毁盖房了。

山神庙，位于村东北角，建在一座高台上，东临大道。山神庙坐北朝南，东西宽约10米。庙前一道影壁，石头所砌，没有院落。庙面阔三间，中间是门，门两边有两个扇子面形窗户，前出廊。庙内供奉3尊泥塑坐像，中为山神，东为五道，西为土地。旁有2尊站像，东为判官，西为鬼卒。村里人说，那个小鬼抓的“正”，也就是塑得好，塑得传神。说那小鬼一副绿脸，手拄狼牙棒，你咋瞅他，他也咋瞅你，你越害怕他好像越歪脖看你。小孩常常趴着窗户偷看。这座山神庙，由于塑有五道将军，自然也少不得判官与鬼卒的。1947年推倒神像，不久，庙也拆除了。

五道庙，全村有2座，一在村东部，坐北朝南，一大间，画有五道等神像，前出一小廊。由于村里人烧纸等，庙里烟熏得黑乎乎的；一在村西部，坐北朝南，一间，画像。2座五道庙早已无存。

通化寺，又称北大庙，位于村北，紧靠山根。

通化寺在清乾隆《三河县志》记载："通化寺，樊各庄。"简略一笔，别无它述。1959年第一次文物普查资料中记述较为详实：名称，同普寺，又通化寺。年代，辽，明清重修。地址，平谷峪口公社东凡各庄，北坐向南（应坐北向南）。规模与形制，山门硬山箍头脊，筒瓦顶，撤（彻）上明造，三架梁，通长4.17米，进深4.50米，门宽2.15米。前殿硬山顶，吻代（带）剑把，有垂兽，四小兽，筒瓦顶。长10.05米，进深5.25米，明间3.38米，次间3.05米，门窗改，撤（彻）上明造，苏式彩画。附属文物，碑三块，重修碑，中华民国21年，高6尺，宽2.5尺，厚6寸。螭首方□（或是座字）碑，高6.5尺，宽2.4尺，厚6寸，乾隆年。西边有石山一个，用自然石头而成，□□（或是其上二字）御笔字迹不清。周围环境，东临大道，西靠平地，北靠大堡子山，南村庄。现存情况，现存6个大殿，为小学占用。附注，简画通化寺平面图。平面图中，将东侧娘娘殿画在一起。而西侧通化寺中殿前画有2通石碑，文字记载为3通。后殿西侧画有石山一座，即是假山了，具有园林意蕴，这在全区寺庙中不多见。

与村里人调查中所谈大致吻合。通化寺，坐北朝南，东西宽约40米，南北长约70米。南为山门，中间一座大门，两边有两个小角门。全寺有3座大殿，前殿为金刚殿，面阔三间，殿内中间供奉大肚弥勒佛木雕坐像，雕刻得很传神，无论从前面还是侧面看，都在冲着人笑。两旁为四大金刚站像，踩着八怪。那些小怪物高约六七十公分，有一个小怪是活动的，绿脸顶着金刚。过去孩子们常拿出去玩，玩完了再放回去。中殿，为大佛殿，村里人说殿前东侧有1通石碑，为重修通化寺圣祖殿立的碑，石碑立于民国初年，为村里的清末最后一科秀才王兆元撰写的碑文，村里一个石匠刊刻。大佛殿面阔三间，殿内供奉3尊木雕大佛像，村里人说东山墙前是全手全眼佛，或许是千手千眼佛；西山墙前为目莲僧，村里人说是李翠莲舍金钗，木雕像，手拿九连环。两山墙上画有壁画，为十八罗汉。大殿后勾连搭的廊，有韦驮站像，面朝北。大殿辟后门，可通后院，韦陀正对着后殿。村里人说后殿是圣祖殿，并说就是菩萨殿，面阔三间，殿内供奉的是泥塑像。接受调查的村里人名宋德臣，2007年为81岁，在村里秀才王兆元的私塾里学习，有文化，记忆力很强，所谈可作为参考。按佛教规矩，韦陀应站在天王殿即金刚殿大肚弥勒佛背后，面对正殿，通化寺应该以大佛殿为主殿，即大雄宝殿，殿内又是木雕像。在大佛殿大佛像背后的，应该是观音菩萨，所谓倒座观音。根据石碑在中殿前，且为圣祖殿所立，那么，可以说，中殿的大佛殿应该是圣祖殿，供奉的是佛祖释迦牟尼坐像，既然是3尊木雕坐像，或是横三世佛，或是竖三世佛了。后殿前，有东禅堂（村里人称东川堂）三间，东禅堂南面有三小间房，称为盝顶。这与普查资料平面图略有出入，图上标示为后殿前有西厢房三间，后殿前东南角有三小间房，当是盝顶了。紧贴菩萨殿东山墙，村里人说有6间房，平面图标示为8间，资料记载为9间“清水脊、瓦顶”房。看来是有八九间瓦房，与民房大致相同，旧时为和尚住房。后殿前有3棵大柏树，1搂粗细，还有1棵小柏树。小柏树现在还活着，直径已有1尺了（图365）。

通化寺院内东侧，贴后殿那一溜瓦房前面，建有娘娘殿。娘娘殿，普查资料称为“东后殿”，并施以斗拱，“东后殿三间，硬山箍□脊，带垂兽，有四个小兽，筒瓦顶，一斗二升叼麻叶的斗拱，明间五攒，次间四攒。”带斗拱的庙宇过去平谷地区寺庙中所见不多。殿内供奉天仙圣母、眼光娘娘、送子娘娘等9位娘娘，东侧有1尊小灵官站像，高约80公分，手持钢鞭；西侧神台边，建一小庙，高约40公分，据说小庙里住的是修建丫髻山的王二奶奶。小庙外边塑一小黑驴，旁边一小站像，头戴毡帽，说是王二奶奶娘家人，人称“窦二哥”。娘娘殿前有东西配殿各三间，为七十二司画像。娘娘殿南面为灵官殿，面阔三间，殿内供奉手持钢鞭的王灵官塑像，背后有罩碑。东侧供奉药王孙思邈，西侧供奉药圣，村里人记不得名姓了。东山墙前有马王等2尊站像，西山墙前也有2尊站像。灵官殿前建有山门。娘娘殿前东侧，有1棵大核桃树，娘娘殿西侧有一小角门，可通后院。殿前西配殿北有一小角门，通向西院。后面6间房中间，有1小间互相贯通。

图365　峪口镇东樊各庄村通化寺后殿前小柏树

按说东侧实际应该是娘娘庙，为道教庙宇，西侧属于佛教庙宇，可东西院墙连在一起，村里人通称北大庙，第一次文物普查时，也记入了通化寺中。

村里人说，通化寺据说建于唐朝。兴盛时有七八个和尚，有一个和尚叫本兴，村里人叫他三和尚。到民国时就剩俩和尚了，没有徒弟，就从峪口西门外的天齐庙过继了一个小和尚叫路广祥，法号觉祥。老和尚脾气暴戾，抗战中小和尚当兵去了，牺牲在了宝坻那边。通化寺农历四月初七庙会，西樊各庄为农历四月初八庙会，一开庙会就半个月，从初一开始走会，门口做买卖、茶炉都摆上了，到时北京也下来人。

通化寺内曾有铁鼎及铁钟，村里人未曾谈及，民国《三河县新志》“金制古物”有记：“通化寺铁鼎，高七尺，四方形，下有铁足四，顶形尖而圆，两旁有耳四，足上刻八卦图，制造颇古。康熙二十五年造。又古钟一，亦康熙年造。均在县北樊各庄。”康熙二十五年，为公元1686年。

通化寺神像在1947年时被推倒，殿堂建筑后来逐渐拆毁，至20世纪60年代就荡然无存了，仅存活1棵小柏树。

东庵，位于村东部，东西宽约10米，南北长约40米。南为山门，一座小门楼，磨砖对缝，甚至使用砖椽，盖得很精致，用村里人的话说是“盖的四平八稳”。进入山门为前院，有前殿三间，殿前一边1棵“胭脂柏”。殿内进门处一小影壁，中间为韦陀画像，故村里人称前殿为韦陀殿。前殿有后门，可通后院。北为后殿，面阔三间，中间供奉白衣菩萨泥塑坐像。两边为画像，画有菩萨经历的“八大难”。东西间住人。后殿后面为空院。东庵在农历二月十九菩萨生日时举行庙会，到时搭芦席棚，唱影戏、说书等，历时3天4晚上。东庵毁于20世纪五六十年代。

观音庙，又称倒座观音庙，位于村横街南头，正对街口，坐南朝北，仅有一间，庙里画有观音菩萨像，毁于20世纪50年代。庙拆毁后，那个地方空旷，近年又重新修建了一道影壁（图366）。

图366　峪口镇东樊各庄村倒座观音庙遗址处新建一座影壁

东樊各庄村东北，旧有清诚郡王允祉陵寝，俗称三王爷坟。允祉（胤祉）为清圣祖康熙皇帝第三子，曾主持编辑《律历渊源》等书，丫髻山有其所写碑刻。墓前大殿拆毁于1933年，连大树也一起放了。北京建人民大会堂时，1959年六七月间北京来一吊车，将汉白玉石头等都拆走了，以后这里就是一片平地了。村街头可见散落的部分石构件（图367、图368），甚至有的人家还用那些散落的砖石盖房了（图369）。

图367　峪口镇东樊各庄村东北有清康熙皇帝三子胤祉墓，拆毁后一些石构件散落街头，立着的石柱及水井边的条石应该都是墓地之物

图368　峪口镇东樊各庄村东北有清康熙皇帝三子胤祉墓，拆毁后一些石构件散落街头，这似是券拱形石构件

图369　峪口镇东樊各庄村里有的人家以散落的胤祉墓砖石建造房屋

173. 大官庄村

大官庄村，旧有大小庙宇11座，包括纪念性祠庙老爷庙、药王庙、三义庙、道教庙宇真武庙、三官庙、火神庙、娘娘庙、龙王庙2座、五道庙2座。

老爷庙，位于村西北。1959年第一次文物普查资料，记载有“西大寺”，根据所建格局，应该就是老爷庙。记载其年代，建于明代，清重修。地址，大官庄庄北，坐北朝南。规模与形制，前大殿三间，硬山顶，脊石雕二龙戏珠，吻代（带）剑把，有垂兽，四个小兽，筒瓦顶，大式。通宽 11. 45 米，明间 3. 30 米，次间 3. 15 米，进深 7. 50 米，门窗改观，旋子彩画。内部撤（彻）上明造，五架梁，前后插今（金）柱，旋子彩画（小学）。附属文物，石刻已破坏。周围环境，东靠道，西靠坑，南临街。此庙在一个高阜地带。保管和使用情况，为小学校占用。附注，后大殿三间，硬山箍头脊，筒瓦顶。彩画不清。长 9. 90 米，明间 3. 20 米，次间 3. 10 米，撤（彻）上明造，进深 6. 70 米，三架梁，前后插今（金）柱。绘有西大寺简画平面图。

与村里人调查的情况，大致吻合普查资料所记。

老爷庙，坐北朝南，村里人说，庙东西宽约 200 米，南北长约 250 米，应该是庙周边有这么大的地方，建筑不会有这么大的。前有山门，砖砌门楼，大门宽约 4 米。门前有一座砖碹的罗锅桥，即券拱桥。老爷庙有前后两进大殿，前殿面阔三间，前有月台，台四周以砖砌筑，台面为土垫，台上一边 1 棵柏树。殿内供奉关公泥塑坐像，红脸。西为周仓侍立像，东为关平侍立像。殿内没有彩绘。关公塑像后面有韦驮站像。前殿辟前后门，为过殿。后院没有树和碑刻，后殿面阔三间，没有耳房。殿内神台上供奉 3 尊泥塑坐像，1 米多高。根据前殿有韦驮站像，所面对的应该是佛像，即是 3 尊，或许是三世佛。后殿后面有 1 棵大榆树，足有 3 搂多粗。村里人说，大官庄的庙一般都是明代所建，有“明朝庙，清朝道”之说，即指明朝建的庙宇，清朝修的官道吧。老爷庙毁于 1968 年。

药王庙，位于村西北，在老爷庙西侧，坐北朝南，东西宽约 100 米，南北长约 200 米。南为山门，一座砖砌门楼，山门前有平台。山门内，东为钟楼，二层，1 口大铁钟悬挂在上层。铁钟高约 1. 5 米，上面铸有铭文。西面没有鼓楼。院内没有碑刻与树木。北面有正殿三间，顶上大脊中间有二龙戏珠，垂脊饰以小兽。大殿没有耳房。殿内供奉 1 尊药王爷泥塑坐像，墙上没有壁画。在大殿后面，还有院落，有房五六间，为和尚、老道住的地方。西面有跨院，西厢房六间。药王庙为明代所建，毁于 20 世纪 60 年代，一些柱础（图 370）等构件尚存。

三义庙，位于村东，坐北朝南，有一小院，东西宽约 10 米，南北长约 10 米，南为小山门，山门前有 1 棵柏树。院内有正殿三间，供奉刘备、关羽、张飞泥塑坐像。三义庙为明代所建，毁于20世纪60年代。

图370　峪口镇大官庄村药王庙散落街头的柱础

真武庙，位于村东北角，坐北朝南，东西宽约200米，南北长约300米。南面有山门，一座砖砌门楼，对开木门。山门前为平台，平台上有2棵大槐树，1搂多粗。山门前有一座照壁。真武庙建在一座高台上，高台砌筑10级台阶，以便上下。台下有2棵大杨树。山门内，没有碑刻，没有树木。北为正殿，面阔三间，前有走廊。殿内供奉1尊泥塑坐像，每手拿把宝剑，交叉高举头顶上。既是称真武庙，坐像就应是真武帝了。殿内没有壁画。殿前有东配殿三间。新中国成立前辟为小学。真武庙有西跨院，建有北房三间，为看庙人所居住。真武庙毁于20世纪50年代。

三官庙，位于村西南，坐北朝南，东西宽约50米，南北长约150米，四周围院墙。南面正中为山门，山门前有一道砖垒的花墙，还有1棵大槐树。院内，北面有正殿三间，殿内供奉3尊泥塑坐像，即为天官、地官、水官。墙上没有壁画。殿后还有三间平房，为看庙的人住的。三官庙为明代所建，毁于20世纪60年代。

火神庙，位于村南，坐北朝南，东西宽约100米，南北长约200米。南面没有山门，是一个敞院，后面设有便门。火神庙有三进殿，前殿面阔三间，供奉火神泥塑坐像。中殿为阎王殿，面阔三间，供奉阎王爷、小鬼、判官等像，两边还有四五尊站像。后殿为观音殿，坐南朝北，一大间，便门在观音殿东边。殿内供奉观音泥塑坐像。火神庙为明代所建，毁于20世纪60年代。

娘娘庙，位于村东北街头，坐北朝南，东西宽约70米，南北长约100米，有一小院，没有山门。院内有正殿三间，具体供奉什么娘娘像村里人说不清了。娘娘庙毁于20世纪60年代。

龙王庙，全村有2座。一在村西北角，药王庙山门外西墙角，仅一间，供奉龙王泥塑坐像及其他侍立像。庙西侧为水坑；一在村东，那里有一道河沟。庙坐北朝南，面阔一间，供奉龙王泥塑坐像。2座龙王庙都毁于20世纪60年代。

五道庙，全村有2座。一在大官庄厂门口，面阔一间，坐北朝南，为画像，为村里人梁会增所画，画于新中国成立初期；一在村南，坐北朝南，面阔一间，也为画像。2座五道庙都毁于20世纪60年代。

大官庄村西北，有明代养马场遗址，俗称“城后头”。清乾隆《三河县志》载：旧志明设御马监，内监掌之，公廨墙垣皆极宏丽。又有南北马房，儿东马房在县北二十二里，儿西马房在县西北二十五里，为南马房。杨家桥马房在县北四十三里，官庄马房在县东北四十五里，张各庄马房在县西北四十五里，为北马房。又有牧马草场地。至国朝康熙十八年地震，公廨墙垣无存。大官庄遗址已为农田，仍沿用当年草场、马道等地名，地表随处可见散落的碎砖瓦及陶、瓷等残片。而大官庄村有十几座大小庙宇，应该与明代养马场有关。

174. 胡辛庄村

胡辛庄村，旧有道教庙宇五道庙。

五道庙，位于村西南角，坐北朝南。庙前1棵大槐树，有2搂来粗，树冠很大，能够遮过庙台。庙为一间，画有五道等神像，毁于20世纪50年代。

175. 胡家营村

胡家营村，旧有纪念性祠庙老爷庙、道教庙宇龙王庙、五道庙及佛教庙宇菩萨庙。龙王庙为近年所重建。

老爷庙，位于村西北角，坐北朝南，东西宽约10米，南北长约15米，有小院。南为山门，砖砌门楼。院内有1棵大槐树，北为正殿三间，殿内每间以隔断墙隔开。中间神台上，供奉关公泥塑坐像，紫红脸，两边为关平、周仓站像。东间有站像三四尊，西间看庙人所住。村里人说，老爷庙的关公像没有胡子。相传一年村里发大水，树梢上挂苲草。庙里的关公用胡子一掸，大水就下去了，可关公的胡子却被水给扽走了。老爷庙毁于20世纪70年代。

龙王庙，位于村北山腰（图371），坐西朝东，下为旧河道，旧时水流不断，现已干涸。龙王庙毁于1963年，2000年在旧址复建。龙王庙仅为一间（图372），画像，西墙中间画有1尊娘娘像，一对童男童女侍立两旁。左右分别为四海龙王，即东海龙王、南海龙王、西海龙王和北海龙王（图373）。两山墙画有风神、雷神、闪神（图374）及河神、禹神及关公（图375）等神像。2000年天大旱，村民自发到龙王庙求雨，说来也巧，人还没到家，天就下雨了。

图371 峪口镇胡家营村龙王庙坐落村北山腰

图372 峪口镇胡家营村北山腰龙王庙

图373 龙王庙西墙画有娘娘及四海龙王像

图 374　龙王庙山墙画有风神、雷神、闪神等神像

图 375　龙王庙山墙画有河神、禹神及关公等神像

五道庙，位于村中心，坐北朝南，面阔一间，画有五道等神像，1950 年拆毁。

菩萨庙，又称观音殿，位于村东南，现在为村小学。

1959 年第一次文物普查资料，对胡家营村观音庙有记载：名称为观音殿，年代为明代，清重修。地址为峪口公社胡家营庄东南，坐北朝南。其规模与形制，山门，硬山清水脊，合瓦顶，长 2. 80 米，门宽 1. 9 米，进深 3. 20 米；前殿一间，硬山箍头脊，长 3. 50 米，进深 4. 70 米，旋子彩画。东西僚房各两间，清水脊瓦顶，长 6 米。后殿三间，硬山箍头脊代（带）垂兽，吻代（带）剑把，大式筒瓦顶，（长）11. 20 米，明间 3. 35 米，次间 3. 15 米，门窗改修，旋子彩画。内部撤（彻）上明造，五架梁，前有插今（金）柱。附属文物，有泥胎佛象（像）9 尊，其中有二坐像，7 尊站像，均是清新塑。周围环境，四周都是平原田地。现存情况，年久失修。保管和使用情况，学校。调查日期，1959 年 4 月 29 日。附注，东西配房各三间，清水脊，瓦顶。并有菩萨殿简画平面图。

第一次文物普查时，不但寺庙建筑完整，而且泥塑像还完好存在。平谷地区的寺庙造像，在土改复查中，基本都毁了，而胡家营村的寺庙塑像竟能完好地保存下来，也是奇迹。普查资料与村里人所述基本一致。

菩萨庙坐北朝南，东西宽约 6 丈，南北长约 10 丈，有院落。南为山门，一座砖砌门楼。山门前有 2 棵槐树，空场可以唱戏。进入山门后，为韦驮殿，面阔一间。殿内为韦陀泥塑站像。殿西侧为过道，可通后院。殿东侧是药王殿，供奉药王泥塑坐像，药王为白脸，红衣服，头戴圆帽，殿内有壁画。后院有2棵柏树，七八寸粗。北为后殿，有东西耳房各两间，西耳房看庙的人住，东耳房塑有菩萨像。后殿面阔三间，神台上供奉观音菩萨泥塑坐像，手持净水瓶，神台上有木制佛龛。殿内有一方木匾，墙上绘有壁画。

菩萨庙毁于20世纪70年代，拆庙翻盖村小学。据说拆庙时，在一根柱子底下，石柱础凿一小坑，里面放了一只小龟，还活着。现在，2棵古柏尚存（图376），原在菩萨庙内的石香炉（图377）现供奉龙王庙前。

图376　峪口镇胡家营村菩萨庙遗址上内2棵古柏尚存

图377　原在菩萨庙内的石香炉，现供奉在龙王庙前

176. 黎各庄村

黎各庄村，旧有道教庙宇五道庙。

五道庙，位于村西头，坐北朝南，建在一座高台上，前有小院。庙门前一边1棵大杨树，约有3搂多粗。庙台下面东南角，有1棵大槐树，2搂多粗。庙面阔一间，中间横砌一堵隔断墙。前面为五道庙，北墙中间画有五道阎君，两边画有小鬼

等像。从庙西边可到北面，北为菩萨庙，画有观音菩萨坐像，坐在莲花座上。1952年，放大杨树，卖钱盖村小学。放树时没拆庙。五道庙毁于20世纪50年代。

177. 南营村

南营村，过去叫楼子营。村里人说，峪口是一个口子，《三河县志》记载为如口。也是一个镇，一镇有四营，分为南营、东营（即兴隆庄）、西营及北营（即胡家营）。这都是明代所设的营。所以，南营村建村于明朝，村里王姓为明朝朱棣时从山西移民过来的，不是洪洞，是另一个地方。王姓过去是皇粮庄头，也就是给皇家催粮的。明朝时，王家手里有一“龙批护照”，如同今天的开办买卖的执照。现在王家的一脉在峪口，原来都是一个坟地。村东井沿边有1棵大榆树，四五个人搂抱不过来，树上的大叉子就有1搂多粗。树根部凸起有1米高，村里饮牲口在树根上拴驴。1943年左右，日军在峪口北边有炭窑，他们不烧煤，而是烧炭，就把这棵榆树弄了去烧炭。放树时，两边锯口都对口了，树也不倒。他们就在树上边一边拴上绳子拉，一边用一根木头顶，木头上还缀着3个碌碡，这才拉倒。这棵大榆树，是建村时栽的。

南营村旧有纪念性祠庙老爷庙、道教庙宇五道庙及佛教庙宇菩萨庙。

老爷庙，位于村北，东西宽约3丈，南北长约三四丈，没有院墙，只有一座大殿。殿前东侧1棵大榆树，西侧1棵大槐树，有2搂多粗。大殿面阔三间，殿内神台上，供奉关公泥塑坐像。金脸庞，头戴冕旒，帝王装扮。坐像前，有周仓、关平等站像。墙上绘有壁画，北墙西边画有刘备坐像，东边画有张飞坐像。村里人说，农历六月二十四为关公生日，到时烧香上供。

五道庙，位于村东北，坐北朝南。庙前1棵大榆树，有2搂粗，抗战时期日军放的，劈劈（音 pǐ）柴了。庙为一间，画有龙王、五道以及雷公、闪公等神像。

菩萨庙，位于村西，坐北朝南，庙前1棵榆树，有2搂多粗。庙面阔一间，画有观音菩萨坐像。农历二月十九为观音菩萨生日，年年到时搭灯棚等。

这3座庙宇都在1947年拆毁。

走进南营村调查时，发现旧宅院不少。一家屋顶烟囱，并非一般简单的一根烟囱管，而是形如一座小房子（图378），有青砖檐椽、大脊、小门、小窗等，瓦檐滴水雕花，过去一定是较为富有人家的大宅院。还有老门道，一条胡同里有前后两座大门道（图379），很宽阔，过去应该是可以走马车的。这样的大门过道，在乡村已不多见。

图378　峪口镇南营村一家屋顶烟囱

图379　峪口镇南营村中老门道

178. 南杨家桥村

南杨家桥村，过去与北杨家桥、厂门口、桥头是一个村，大致在1945年以前各自独立成村。庙宇主要集中在北杨桥家村。南杨家桥村只有1座道教庙宇五道庙。

五道庙，位于村西北角，坐北朝南，庙前1棵大歪脖松树。庙为一间，画有五道等神像，两山墙画有七十二司及判官、小鬼等。五道庙毁于20世纪50年代。

179. 桥头村

桥头村，旧有道教庙宇五道庙、佛教庙宇菩萨庙。

五道庙，位于村中间道北，前临街，坐北朝南。庙为一大间，画像，北墙画有虫王、五道等5尊神像，两山墙上还画有雷公、闪公等。五道庙毁于1958年。

菩萨庙，位于村西头路北，坐北朝南。庙前有2棵大槐树，直径2尺来粗，树干都长空了。庙为一间，沿脊檩横砌一堵隔断墙，南为菩萨庙，画 1 尊菩萨像，坐在莲花座上；北为观音庙，画观音菩萨坐像，两边为善财童子和龙女站像。过去腊月三十、正月初一村里人都来上供，5 碗菜，5 碗馒头。菜有白菜、胡萝卜等，都是素菜，村里人说菩萨吃素。菩萨庙于 1958 年拆毁。

参加调查座谈的是村里两位刘姓人，他们说是山东的根，从三河灵山迁来的，到现在大约有 10 辈了。村东头有几家，过去是给杨家看桥的。从这里到古北口，过去有一条大道。而顺义张镇有一个厂门口，大官庄有一个厂门口，南杨家桥南边还有一个厂门口，都是古代的养马场。桥头村东南小河上，有一座石桥，两孔，现在没有了。看的就是这座桥。“杨家”的杨，就是杨家将。这村里人语，或许一辈辈口口相传至今，不完全是无端的传说。民国《三河县新志》载：“杨家桥庄在三河城西北五十里。考其命名，由故老相传，系宋代杨家将镇守北方，屯军该地，有大水由西而东，人马难渡，筑桥以利交通，派人看守，名曰桥头。嗣后成村落，门户多，建筑扩大，遂以杨家桥为村名，此村之原始也。该村以桥头街为最古，桥在桥头街东不半里，现在湮没地中，深可丈余。上年，桥头街人欲发旧桥之石，及掘一二丈，其石甚巨，不易运出，发桥之议遂寝。村东南厂门口街，系当时养马处，偶经其地，遗迹可稽。街南苜蓿园，为养马原料。街北有井，圆口，直径丈余，泉水甚旺，屡淘不干。传凿此井时，泉通海眼，水势太大，不可遏止。旁置龙王庙以镇之。井上有石刻：宋真宗年造。现已销毁。但此古语实足证杨家桥建村之原始起自赵宋也。”现在，杨家桥已分为南、北杨桥两个村庄，村东有小河，河东为桥头村，东南为厂门口村。南杨家桥南边的养马场遗址、大官庄北边的养马场遗址尚存。

180. 三白山村

三白山村，顾名思义，有西白山（俗称西山子）、北白山（俗称北山子，因出产凿碾子的石头又名碾子山）、东白山（俗称东山子）3 个自然村，后有峪口村刘姓前来落户，随着人口繁衍，称作刘八家，形成一个小自然村，20 世纪 70 年代，划归了北山子。三白山村委会所在地是在西白山，院内西侧 1 棵大泡桐树

（图380），有1搂多粗，估计有几十年了，全区不多见。

图380　峪口镇三白山村委会内泡桐树

三白山村旧有道教庙宇山神庙4座及娘娘庙。

山神庙，全村共有4座，一在西山子村西，以三五块石头搭的极简陋的小石头庙，没有神像，有3个石香炉。过去散灯花也散到那里；一在西山子村东，也是三五块石头所搭；三在东山子村北，以石头垒砌，约1人多高，摆着香炉；四在北山子村西，也是三五块石头所搭。这4座山神庙，逢年过节、初一、十五村里人来烧香，村里人去世了，家里人也来报庙烧纸，兼作五道庙了。4座山神庙均已无存。

娘娘庙，位于西山子龙潭西坡。西山子有一龙潭，天多旱都不会干涸，现在还有。过去天旱了，西樊各庄、白各庄、北城子村的人一起到三白山子，与三白山子村人一起求雨，才能求得雨。村里人说，不知娘娘庙建于何时，也不知毁于何时，他们小时庙就没有了，只见遗址上有琉璃瓦。庙里所供奉的娘娘是个女的，据说是白各庄娘家，北城子村婆家。这座娘娘庙拆了以后，就搬到了西樊各庄，所以西樊各庄也有一座娘娘庙。过去这里是农历四月初八庙会，与西樊各庄庙会一样。

181. 坨头寺村

坨头寺村，旧有道教庙宇五道庙及佛教庙宇菩萨庙、东大庙、普静寺。

五道庙，位于村十字街北头，坐北朝南，庙前一道影壁，以砖垒砌，两边写有字迹。庙为一间，画有五道等神像。五道庙毁于20世纪40年代末。

菩萨庙，位于村东街口，坐东朝西，有一小院，南开门。院里1棵大槐树，1搂多粗。有正殿三间，殿内供奉1尊菩萨泥塑坐像。在北墙外面，以白灰写有

“阿弥陀寺”字样，现在坨头寺村名即由此而来。菩萨庙毁于20世纪40年代末。

东大庙，位于村东道北，坐北朝南，东西宽约20米，南北长约20米。南为山门，一座砖砌门道，前面临街。院内没有树和石碑，没有东西厢房，只有正殿五间，殿内供奉泥塑像，村里人说不出是什么佛像。据说庙里过去住有和尚，曾有庙产100多亩。这应该是一座佛教庙宇。过去庙里备有干柴，早年因失火而庙毁。

图381　峪口镇坨头寺村北小山

普静寺，位于村北小山上。这是一座孤山（图381），海拔仅63米，上为平顶，约四五亩地。村里人说，山顶上建有庙宇，有3座大殿，庙前有3棵大柏树。也有1通石碑，在村街头修桥时给用了。村里八九十岁老人也没见过这座庙，不知毁于何时。庙址现在还保存有柱础（图382），柱础长85厘米，宽80厘米，中间放柱子的柱钉处，直径达57厘米。柱础如此之大，可见当年庙宇一定很宏大。

图382　峪口镇坨头寺村普静寺遗址现存柱础

村里有人说此庙叫普静寺，查阅清乾隆《三河县志》，记载有“普静寺”，下写“陀头庄”三字。如果“陀头庄”就是现在的坨头寺村，那么，村里人说的普静寺就是志书所记之庙了。当地有此庙的传说，大意是说庙前的3棵大柏树，就是3炷香，这座孤山就是香炉，山北峪口西边有清康熙皇帝三子胤祉选的百年寿地。四子胤禛登基，就是雍正皇帝，派人到这里一看，认为以后会出皇帝，就把这座庙给拆了，风水给破了，雍正皇帝把胤祉也贬了。说明这座庙清早期就毁了。

村里兴农历四月初七庙会，与北边的丫髻山庙会一样，初七是正日子。

182. 西樊各庄村

西樊各庄村，旧有庙宇7座，包括纪念性祠庙老爷庙、道教庙宇娘娘庙、山神庙、马神庙、瘟神庙及佛教庙宇观音庙、白庵庙。

老爷庙，位于现在村中心小学校处，坐北朝南，东西宽约十六七米，南北长约20米。南为山门，面阔三间，中间为穿堂门，一边1个泥塑大马，旁边各有一拉马的马童。马童上面有一方大匾，为村里人任寿朋书写。从穿堂门进入院内，有几棵柏树，没有石碑。北为正殿，两边有耳房各一间半，为看庙人所住。殿前西侧有西厢房三间。正殿面阔三间，前出廊。殿内供奉关公泥塑坐像，没有其他塑像。老爷庙毁于20世纪50年代。

娘娘庙，位于村西庄头，现在老村委会东院那个地方。民国《三河县新志》简略记载西樊各庄有“娘娘庙”。

娘娘庙坐北朝南，东西宽约12米，南北长约20米，建在一个大土坡上，周围有院墙。南为山门，一座砖砌门楼，山门外有2棵大槐树。院内，北为正殿，面阔三间，前出廊。殿内供奉1尊娘娘泥塑坐像，前边有2尊童子侍立，一男一女，高约80公分。

村里人相传娘娘庙所供奉的娘娘，是白各庄娘家，北城子村婆家。原是个傻丫头，抱着一线轱辘跑了，家里人随着线轱辘捯到了三白山子。三白山子西有一山坡，下有龙潭，无冬历夏有水。娘家人捯到那儿去了，把傻丫头抬回来。傻丫头很沉，抬到村西头抬不动了，就在那里修了一座庙。传说与三白山村人所说大同小异。过去天旱，西樊各庄人都要到三白山子龙潭求雨，而且要与白各庄、北城子人一起去，据说只有一起去才能求得雨。到时还从龙潭扤碗水带回来，每家每户都要在当街等着泼水。这是一种求雨的仪式与过程。同时村里各档花会如高跷会等，要进行走会，热闹一番。过去农历四月初八为庙会。

娘娘庙毁于20世纪50年代。

山神庙，位于村北小山上，坐北朝南，仅一间，庙内为山神画像。山神庙毁于20世纪50年代。

马神庙，位于村中间，坐北朝南，一大间，庙内画有马王爷等画像。马王爷是3只眼，脑门中间长着1只竖眼。东西山墙上，画着七十二司壁画。过去，村里人都来这里烧纸报庙。马神庙毁于20世纪50年代。

瘟神庙，位于村北小山东侧山腰上，坐北朝南，也是一间。庙里没有塑像，只是瘟神画像，当地俗称“瘟神爷”。瘟神庙虽然很小，也享受着一方香火，村里人善良而虔诚地向瘟神祈求瘟疫不要发生，祈求瘟神消灭瘟疫。瘟神庙早已无存。

观音庙，位于村中心小学校门外大影壁处，坐西朝东，面阔一间，正对着东边大街口，庙前修筑一道影壁，影壁外有1棵大槐树，1搂多粗。村里人说，过去村里有8棵大槐树，都没了。庙内供奉观音菩萨坐像，为铁铸，高约1米七八，比一般人高些，墙上没有壁画。1947年前后推倒神像，将其铸铧犁了。春节时走会、正月散灯花都来这里，当然村里各个庙都会去。观音庙毁于20世纪50年代。

白庵庙，位于村东部。清乾隆《三河县志》简略记载樊各庄有“白衣庵”，或指此庙。

白庵庙坐北朝南，东西宽约15米，南北长约80米。南为山门，一座砖砌门楼，比一般民居门楼要宽大，前后檐砖插飞。山门前，有1棵大槐树，2个人搂抱不过来。进山门，有一道二门子，院内没有别的东西，是个空院。进了二门子，北为正殿，西有耳房一间，住着1个尼姑。殿东边空着。殿前，一边1棵小柏树，东西厢房各三间。厢房后作为学校。正殿面阔三间，殿内供奉观音菩萨泥塑坐像，两边一边有1尊侍立像，一男一女，应该是善财童子和龙女。正殿后有空院，后院1棵大槐树，村里好多人去认干妈，到那儿烧香。

白庵庙毁于20世纪50年代。

183. 西营村

西营村，旧有道教庙宇五道庙。

五道庙，位于村中间，坐北朝南，面阔一间，画像。中间画有菩萨神像，两边画有龙王、五道、土地、山神等神像。两山墙画有壁画，如一人拿着量天尺、下雨等情景。五道庙主要是村里有人去世了，家人来这里报庙。过去天旱时，峪口村常常会有4个人抬着老爷（关公）像，来这里求雨。五道庙拆毁于20世纪50年代。

184. 小官庄村

小官庄村，过去与大官庄村是一个村，农历五月初一庙会，都到大官庄村去上庙会。后来独立成村。所以小官庄村没有大庙，只有1座道教庙宇五道庙。

五道庙，位于村东街口，坐北朝南。庙前一边1棵大槐树，有三四尺粗。庙为一间，画有五道等神像，毁于20世纪50年代。

185. 兴隆庄村

兴隆庄村，旧有道教庙宇真武庙、五道庙及佛教庙宇菩萨庙。

真武庙，位于村中街北头。过去村里有3条大街，南北向，现在是5条大街了。真武庙坐南朝北，东侧有一小胡同。庙有小院，面阔一间，画有真武帝等神像。真武庙毁于1947年。

五道庙，位于村北，坐北朝南，庙前西侧有1眼水井和1棵大槐树，庙北边过去是乱葬岗子，庙前东侧有一道大影壁。影壁南北向，以石头垒砌，长约五六米，高约4米，南面正对大街，北面对乱葬岗子。影壁北面辟一小龛，高约50公分，宽约30公分，没有画像。这个小神龛，村里人称作“天地窑”。五道庙面阔一间，画像，北墙画有10尊神像，其中3尊站像，其他为坐像，村里人记不清都是什么神像了，但知道有阎王爷、小鬼等。庙内摆着石香炉。

村里人记得一个传说，五道庙里住着一个要饭的，有一家给他端了一盆饭，有一家给他端了半盆饭。结果，有一天发大水，就听有人喊：“注意，兴隆庄有个半好！”听到喊声，大水就绕过大影壁，从村东过去了。现在村东的地方还有“东小河”之称。后来，房檐挂柴火，“淤水”没进庄。

五道庙毁于20世纪50年代。

菩萨庙，俗称南大庙，位于村东大街南头，坐北朝南，东西宽约7丈，南北长约7丈，有后院。南为山门，就是乡村的二门楼子的样式。山门前一边1棵大槐树。进入山门，有一南倒座，前后辟门，供奉药王泥塑坐像，面向北，高约三四十公分，一边1尊站像，也是向北而立。北为正殿，有东西耳房各两间，存放杂物。东西厢房各三间，东厢房为学校，西厢房为和尚住所。大殿前西侧，有1棵大柏树。正殿面阔三间，前出廊，后出厦。殿内三间贯通，每间供奉1尊神像。中间为观音菩萨坐像，坐在莲花座上，下面有4个大力士抬着。村里人说，这4个人都有名，一个叫白牛酿子，是喝牛奶长大的；一个叫腰掖树，耪地时腰里掖着1棵大树；一个叫手捅井，用手一杵地，就捅出1口井；一个叫扳倒山，用手一划拉，就把山给扳倒了。据说这4个人是老哥四，拜把子兄弟。走到庙里饿了，老太太给些吃的。吃完了，老太太说，你们把那块石头搬起来。老太太坐在了石头上，她就是观音菩萨。东西两间各供奉1尊菩萨像。两山前一边1尊站像，东为哼，西为哈。3尊大像前还有许多小泥塑像，如龙王等，高约三四十公分。殿内没有壁画和匾额。过去每月初一、十五来庙里烧香。

庙里有一个老和尚，叫自严；有一个小和尚，叫性义。1947年推倒神像。老和尚说："指啥活着！"他哭了，"我该归位了"。不久，即1948年老和尚就死了。老和尚死时，村里一家拿1斗米发丧的。

菩萨庙毁于1978年。

186. 峪口村

峪口村，又称迦口，为平谷区大村之一。全村旧有大小庙宇9座，包括纪念性祠庙老爷庙、道教庙宇天齐庙、三官庙、娘娘庙、五道庙4座及佛教庙宇延福寺。

老爷庙，位于村北门西侧。

1959年平谷县第一次文物普查资料对老爷庙有记载，称为"关帝庙"，年代为建于辽金，明重修。其地址为峪口庄北。规模为正殿三间，硬山脊，有垂兽，吻代（带）剑把，脊雕龙凤、海水波浪纹。通长11.30米，明间3.50米，次间筒瓦顶，3.50米，内部撤（彻）上明造，五架梁前后插今（金）柱，旋子彩画。附属文物，大殿前有两块石碑，西碑重修光绪23年立，东碑俯卧文字不清。周围环境，南、东临大街，西依住户，北靠大道。现存情况，完整。保管和使用情况，为学校。后面有附注：①西配殿三间，硬山清水脊，小式做法，筒瓦顶，长8.80米，明间2.90米，次间2.80米，撤（彻）上明造，三架梁，旋子彩画，进深6米，前有插今（金）柱。②倒座观音殿三间，硬山脊代（带）垂兽，通面长8.80（米），明间3.25（米），次间2.80米，进深5.70米，撤（彻）上明造，三架梁，前有插今（金）柱，旋子彩画。且附有简画的关帝庙平面图。

普查资料与向村民的调查略有出入，二者应为一座庙宇。时隔多年，记忆可能会有误，当年普查时所笔记及绘图，大致应该不差。普查资料与村民调查可互为补充。

老爷庙坐北朝南，东西宽约百十米，南北长约60米。前为山门，一座砖砌门楼。山门前是大街。院内，有四五棵松树。大殿前，两边一边1通石碑，上面刻有建庙时间，为功德碑。没有配殿，只有正殿三间，殿内为泥塑像，中间为关公坐像，红脸；两边有2尊侍立像，一边是关平，一边是周仓。老爷庙西有跨院，建三四间厢房，老道居住，村里人记得有一位老道叫佳和。1947年推倒神像。当时延福寺为峪口小学，老爷庙为小学分校。20世纪60年代拆毁。

天齐庙，位于村西，现在棉纺厂院内。

清乾隆《三河县志》“寺观”中记载“如口”有“天齐庙”。而民国《三河县新志》“文献志”中，收录了3篇重修此庙的碑文。清嘉庆二十五年（公元1820年）《重修东岳行祠碑记》写道：“兹因三河峪口镇之天齐庙积久倾圮……由明迄今重修姓氏旧碑已详。”《重修东岳天齐庙碑文》记载：“峪口镇东岳庙正统间碑碣即称古刹，盖在前明以前矣。”清光绪二十三年（公元1897年）《重修东岳庙碑记》亦载：“峪口镇西偏东岳庙，不详其创建所自，大抵为镇压地穴而建。自元迄明，代有重修，国朝以来屡经修葺。”说明这座东岳庙在明清两朝几经重修，而明以前已经建成。

图383　峪口镇峪口村88岁张树林老人，调查时他正在吃饭，牙齿已脱落，但头脑清晰，思维敏捷

峪口村天齐庙，又称东岳庙、东岳行祠，几次与村里老人座谈，说法不一。而88岁的张树林老人（图383），头脑尚清晰，基本说清了大致建筑布局及所供奉的神像等情况。天齐庙坐北朝南，南有山门。山门前过去是猪市，有东西一

条大道。道南为一座戏楼，两边起脊，稍（音 shào）垄上饰以小兽。戏楼三面敞开，四根大柱。戏台大约面阔二间，前边唱戏，后做后台。山门东侧为药王殿，辟前后门，殿内供奉 3 尊泥塑坐像，中间为药王孙思邈。西侧为韦驮殿，也辟前后门，供奉韦驮坐像（一般佛教庙宇中韦驮都是站像），金刚宝杵横于腿上。北为大殿五间，前有月台，正座供奉着东岳大帝。前有厢房，墙壁绘有七十二司。大殿前有碑刻，也有松柏树，1 搂多粗。大殿西边为一小殿，供奉观音菩萨像。实际上，观音殿对着韦驮殿，这是东岳庙的西跨院，其间有一道隔墙。

农历三月二十八，为天齐庙会，这天据说是东岳大帝圣诞日。庙会时举行唱戏等活动。

20 世纪 50 年代，天齐庙被拆毁，建子母扣厂，后又改为京棉三厂，现在称作玉腾棉纺厂。场内庙址处，还存在 1 个大碑座（图 384），长 1.1 米，宽 0.52 米，高 0.58 米，当年的碑身也一定很宽阔高大。碑座正面，浅浮雕仙鹤、神鹿等吉祥图案。可惜碑已无存，这碑座应是志载 3 通重修碑的碑座之一，亦是天齐庙唯一遗物。戏楼拆后盖县城招待所了。

当地传说，在天齐庙大殿东岳大帝像后，有一深洞，无人知其深浅，相传通丫髻山黄花岭。碑文所说“大抵为镇压地穴而建”，或指此洞。据说过去有两个唱戏的武生，自恃了得，拿着刀就下去了，要探个究竟，不曾想一下去就再也没上来。村里也有人下去过，很快就上来了，说夏天里边很清凉，似有很大的风。相传洞里有一条很长的大蛇，出来到庙前西南角那眼井里喝水。井边 1 棵柳树，蛇盘在柳树上，身子探进井里吸水。后来这个洞被填上了，至今当地人仍然可以随手指出洞的位置。

图 384　峪口镇峪口村天齐庙遗址所存碑座

三官庙，位于村东门外，坐东朝西，南北宽约 20 米，东西长约 50 米，有院落，西面有山门，一座砖砌门楼，山门前是路。有正殿三间，村里人不知供奉的什么神像，即是三官庙，供奉的应该就是天官、地官、水官 3 尊神像。大殿有北配殿三间，没有南配殿。20 世纪 40 年代初，毁于火灾。

娘娘庙，村里人也有称娘娘宫的，位于村南大街南头路东，俗称九龙口北。娘娘庙坐东朝西，南北宽约十二三米，东西长约十七八米，有院落，西面辟山门，砖砌门楼。院内没有碑刻树木，有大殿三间，殿内供奉3尊娘娘泥塑坐像，即云霄、琼霄和碧霄娘娘，村里人并说这是姐仨。墙上绘有壁画。娘娘庙毁于20世纪50年代。

五道庙，全村共有4座，分别位于村东、村南、村西、村北，都是坐北朝南，一间，画像，早已无存。

延福寺，位于村东街，建于唐贞观年间（公元627～649年），至明崇祯时先后3次重修，清乾隆十三年（公元1748年）再次重修。清乾隆《三河县志》“寺观”中记载“如口”有“延福寺”。

1959年第一次文物普查资料中，对延福寺作简单记录：名称，延福寺。年代，唐观贞建（笔误，应为贞观），明清重修。地址，平谷峪口东街。规模与形制，庙门楼庑殿顶，砖石结构，长3.60米，进深3.32米，门宽0.8米，筒顶瓦。前大殿，硬山代（带）垂兽，筒瓦顶，吻代（带）剑把。9.9米，明间3.25米，次间3.20米，撤（彻）上明造，苏子彩画，进深4.2米。后殿东西有石碑各一块，东碑大清乾隆十三年重修，西碑螭首方座，身高6尺，宽2.8尺，厚6寸，（碑文：延福古刹创于唐贞观字样。保管和使用情况，学校。保留价值，应保留。附注，后殿三间，长11.35米，明间3.60米，次间3.50米，进深7.7米。东配殿长9.40米，明间3米，次间3米；西（误写作东）配殿长8米，明间2.72米，次间2.60米。东西僚房各三间，长8米，明间2.75米，次间2.60米，进深5米。绘有简略平面图。

图385　峪口镇峪口村延福寺

（摄于1961年）

普查资料所记，前殿为单檐硬山顶，大脊饰以鸱吻，垂脊饰以小兽，筒瓦顶。殿内屋顶为“彻上明造”，即没有天花，且绘有苏式彩画。后殿单檐硬山顶，大脊饰以鸱吻，“吻带剑把，大式做法”；“硬山脊带垂兽，有五个小走兽，筒瓦顶”。后殿“内部彻上明造，五架梁，旋子彩画，前廊后厦”。另外，1961年所拍古建照片中，有延福寺1幅照片（图385），根据普查资料，这应是后殿前东侧的清乾隆时碑，碑阳面以仿毛泽东主席笔体，写上了“好好学习”四个大字。随着照片，有简略记述：峪口，延福寺，清乾隆时三年重修，至今仍完整存在。

与村里人调查，所谈更为具体细致些：延福寺，又称东大寺，坐北朝南，东西宽约七八十米，南北长约100余米。南为山门，为一座砖砌门楼，砖石结构，两旁有2座便门。平时山门不开，走两边便门，村里人称“随墙门”。山门前为大街。

进入山门为前院，北为前殿，一边1棵柏树，殿前西侧有1口大铁钟，约1人高矮，一直在地上扣着。前殿面阔三间，辟前后门，为一座过殿。此殿为天王殿，村里人称金刚殿，供奉四大天王泥塑站像，所谓“四大金刚踩八怪”。一边还有1尊泥像，称为哼哈二将。村里人说前殿前面有二三通石碑，与普查资料有异。

后院，北为后殿，殿前有3棵柏树，西边2棵，东边1棵。东西配殿各三间，不知配殿过去供奉什么佛像，在20世纪三四十年代就已改为学校。后殿面阔三间，东西耳房各两间。后殿为全寺主殿，也就是一般佛教寺院中的大雄宝殿。根据普查资料记载及照片来看，后殿前有月台，村里人未曾谈及。月台以石头砌筑，南面中部置三四步石阶，东西也设踏步以供上下。南面石阶两边各有1通石碑，其中东碑螭首方座，碑身高约6尺，为“大清乾隆十三年重修碑”；西碑螭首方座，碑身高约6尺。殿内中间供奉释迦牟尼佛泥塑坐像，妙相庄严；两旁塑十八罗汉坐像，神态各异。

峪口村过去归河北三河县管辖，三河旧志中只记载“延福寺”寺名，没有过多记述。而村里人说，延福寺旧有东西跨院，后殿耳房与配殿之间有小便门，可通跨院。东跨院有正房七间，南倒座七间；西跨院南倒座七间，没有北正房。另外，大殿后有后院，约50亩地。后院东北角有1眼井，东墙辟一小门，便于村里人用水。还有人说寺后有二层楼阁建筑，称为“后槁”，且说后槁里边有坐像。一般有一定规模的佛教寺院，往往后面有藏经阁，就是二层。普查资料未有记述。

延福寺在1947年推倒神像，新中国成立后一直做为村小学使用，20世纪70年代拆毁。现小学已搬迁，寺址辟为宅基地了。

187. 云峰寺村

云峰寺村，旧有道教庙宇五道庙及佛教庙宇云峰寺。

五道庙，位于村西头庙台上，西侧下面为高土坎，坎下面为水井及水坑。庙东侧为空地。五道庙坐北朝南，南北长约五六丈，东西宽约五六丈。前有小院，南为小山门，对开木门。院内西南角，有1通石碑，长方碑座，通高约3米。院内北面为正殿，面阔一大间，殿内画有五道等神像。过去年年春节时在这里搭灯棚。五道庙现已无存。

云峰寺，位于村东，又称东大庙，因庙外有2棵大杨树，庙内有2棵大柏树，故又名双杨二柏云峰寺，而村以庙得名。云峰寺始建年代不详，由于明时已成村，寺庙起码明时已有。民国初年曾重修。在20世纪40年代辟为小学。1961年所拍古建照片中，有云峰寺2幅照片（图386、图387），可看出建筑大致情况，并有简略记述：云峰寺，民国初年重修，至今仍完整存在。

图386　峪口镇云峰寺村云峰寺全景（摄于1961年）

图387　峪口镇云峰寺村云峰寺正殿及殿前西侧大柏树（摄于1961年）

云峰寺坐北朝南，东西宽约9丈，南北长约10来丈。一座近似方正的院落，南为山门，一座砖砌门楼，宽约2.5米，对开木门。山门前为一大空场，山门前约四五丈远处，有2棵大杨树，直径有1米多，1947年前后放倒。山门外东侧，有1通立碑及几通倒地碑。院内，正殿前有2棵大柏树，三四搂粗，长得直挺，方圆十里八村没有如此2棵一般齐高一般粗大的柏树了。西面那棵柏树曾遭雷劈，被劈下半拉。过去村里许多人领着孩子，认大柏树为干妈。院内还有2棵小柏树。院内北为正殿，面阔三间，进深三间，前出廊。东西耳房各三间。殿内供奉的神像，村里人或说供奉1尊大佛像，为泥塑坐像，两边一边1尊站像。或说供奉3尊菩萨泥塑坐像，下面还各自骑着什么，两边有4尊站像。看来供奉的可能是菩萨了。殿内两山柁上面墙壁绘有壁画。大殿前有东西配殿各三间。1947 年，将殿内神像曾搬到西耳房内，后毁。大柏树及庙宇建筑毁于 20 世纪 70 年代。大殿拆毁后翻盖村小学，大柏树破成板材做村里建的服装厂裁案了。

图 388　峪口镇云峰寺村西原一队场院北侧路边沟内散落半块残碑首

村西原一队场院北侧路边沟内，散落半块残碑首，为螭首（图 388），可看清碑额“记”字；还有半块残碑，右侧首题“积善塔碑记”，左侧时间为“道光癸卯”（图 389），当为道光二十三年，公元 1843 年。碑阴刻有捐款人名字，其中有柴吉祥等名字。作者就是云峰寺村人，几年前曾编柴氏宗亲谱，柴吉祥为第八代。云峰寺村柴氏从密云县东邵渠村迁来，到作者这儿为第十二代，已近 300 年左右，约在明末清初迁来。作者曾两次到东邵渠村，与柴姓人座谈，基本认为柴家是从山东来的，具体什么时间、什么地方说不出了。他们只是说，老柴家是东邵渠的“坐山户”，一立庄就来了，东邵渠为明代建庄。而作者小时就在村东大庙大殿里上学，对村里一些情况还是熟悉的。在调查中村里人也未谈及有塔，不知这残碑是否为大小庙中之物，抑或其他地方之碑。

图 389　峪口镇云峰寺村西原场院北侧路边沟内散落半块残碑局部

作者在村里从小到大生活 20 余年，打草拾柴，下地干活，几乎村南北东西都留下了作者的脚印。村北有一道水沟，水从西向东流，流到村东大龙河，村里人称之为“北棱沟子”；村南也有一个地方，叫“南棱沟子”。后来仿佛听老人说应该叫“北蒋沟子”、“南蒋沟子”。村西北，也就在北蒋沟子北面，有一片高岗地，地表散落着不少砖头瓦块。大概在 20 世纪六几年的一个秋后，人们平整土地时，挖出一小推车的铜钱，让集体当废铜烂铁卖了。同时还挖出 1 眼水井，砖碹的，已被土掩埋。村西北一带，还曾发现一些墓葬，据说里边也以砖碹砌，好像还搭有小炕。作者就此电话询问在村当过多年队长的 78 岁柴志珍老人，他说那些墓具体也说不清楚，过去有个说法，60 花甲子，不死就活埋，听说是这活埋的墓。他还听说那高岗的地方过去是个村子，不知道啥时候毁的。这么说，这里一定是有村子了。毁的村子或许与“蒋”字有关，是否就叫北蒋村呢？村南毁的村子叫南蒋村了。村子毁的应该很早。现在的云峰寺村，《平谷地名志》记载“明已成村”。就从寺内 2 棵三四搂粗的柏树看，恐怕没有几百年长不成。而出土的钱币，应该是窖藏钱币，或为有钱人家所储藏，或村庄由于什么原因被毁时匆忙逃离而掩藏，也未可知。作者看过那铜钱，里面是红高粱面的颜色。请教收藏家李润坡先生。他说，红高粱面颜色的铜钱，最晚是宋代，早可至汉代。李先生曾多次来这个地方，肯定地说，村西北这片高地，过去一定是个村庄，那一带出土不少汉代墓葬。这些铜钱就是汉代钱币，极可能是西汉早期的钱币。因为后来发展，铸造钱币比较规范。而吕后之时铸有八铢半两、五铢半两，大小不一。况且那时铸造钱币时杂质较多，就呈现了高粱面的粉红颜色。如此说来，村西北的村落，极可能在西汉之时就已毁灭了。查阅一些地方志书典籍，未见有关记述，或许早已鲜为人知了。

188. 中桥村

中桥村，旧有道教庙宇真武庙、五道庙及佛教庙宇后庙。

真武庙，俗称西庙，位于村前街西头。民国《三河县新志》记载有真武庙，只记载了一个名字，没有其他。真武庙坐北朝南，东西宽约 7 丈，南北长约十二三丈。东有跨院宽约 5 丈，且有后院约 5 丈。南为山门，比一般农家门楼要大，对开木门。山门前有六七尺的平台，前有 3 步石阶。进入山门，前院有 4 棵大柏树，约 1 搂多粗。没有石碑。前殿面阔三间，前出廊，后出厦。前廊两头灰墙上，各画 1 尊画像，都拿着武器。殿内神台上，供奉 1 尊泥塑坐像，为真武帝。在神台上，东有周公侍立像，西有桃花女侍立像。真武帝像前边还有三四十公分高的小坐像。神台前有大供桌，供桌上有一大铁香炉，香炉底下是圆的，有肚，上边是方的，两边有环。在供桌下边，即在真武帝脚下，有龟蛇泥塑像。两山墙前一边有3尊站像，其中东边有马王爷，西边有赵公明等神像。墙上绘有壁画。真武帝罩碑后面，有1尊韦驮站像，面向北。殿内东侧地上，放着1口铁钟，高约六七十公分。前院东边有一条小胡同，东墙辟一小便门，可通后院。

后院，后殿前一边1棵柏树，约1尺来粗。前殿后面还有1棵槐树，约有1尺多粗。有西厢房三间，存放杂物。后殿面阔三间，西耳房三间，东耳房一间。东耳房存放杂物。西耳房中间有门，两间住和尚和存放村会里的东西。后殿，中间一座神台，上有莲花座，座上供奉观音菩萨泥塑坐像，怀抱一小孩，两边各有1尊站像，为红孩妖和龙女。神台西边，有一大鼓架，摆着1面大鼓。观音东侧，有木雕神龛，里边供奉关公石雕像，高约30公分。关公的左脚搭在右腿的膝盖上。石雕像前边，一边1尊泥塑小红马。过去天旱求雨，就把关公像抬出来。墙上绘有壁画。后殿前廊东侧，悬挂1口铁钟，高约六七十公分。

真武庙西侧，与前殿一条脊，为药王殿，比前殿略矮，前殿和药王殿中间有2尺宽的“夹道”。药王殿面阔三间，前出廊，檐下悬挂一方木匾，上写“有求必应”四个大字。殿内中间供奉药王泥塑坐像，村里人说是药王孙思邈，为金脸，有胡子。两边一边1尊泥塑站像，其中1尊站像怀抱着药葫芦。在坐像两边一边还有1尊小坐像，高约三四十公分。前面有个大青花瓷香炉，西边还有一磬。两山墙一边有5尊画像，为我国历史上的十大名医，每位名医像下摆1个泥香炉。

真武庙毁于20世纪60年代。

五道庙，位于村前街西头，真武庙药王殿西侧墙外，坐北朝南，前有小院落，南为一座小门楼。庙为一间，供奉5尊泥塑坐像。北墙中间为龙王，东边为苗神，抱着2个谷穗；西边为虫王，抱着1个瓶子，据说里边装的都是虫子。两山墙北侧，东边是五道，西边是土地，脸对脸坐着。两山墙上画有壁画，画着求雨、雷公、闪公、风婆婆等。五道庙与真武庙一起拆毁。

村前街西头，有道南北向的影壁，西侧辟小龛，龛里供奉1尊土地像。这尊土地像为木雕，1尺来高，手拿一根拐杖。相传，日军不敢到这村来，一来土地用拐杖一拨拉，就把日军拨拉走了。村里人后将这尊木雕像请到后庙大殿里供奉，又以为“土地爷享受不了大香火”，就把后庙前殿东房山的那座通往后院的小门楼后边砌上，供奉那里，就成了一座小土地庙。正月十五搭灯棚，人们也来给土地烧香。据说木雕像后来让西樊各庄的1个人弄走，劈柴烧了。

后庙，位于村后街中间，现在村委会所在地。后庙应由坐落村后街而得名，是一种俗称，原名叫什么，村里人不清楚。清乾隆《三河县志》“寺观”中记载中桥庄有“观音庵”，或为此庙。后庙东西宽约12丈，南北长约10来丈。庙有后院约5丈，有西跨院宽约五六丈。南为山门，一座砖砌较大的门楼，大门约有2米宽。西跨院有一道木栅栏门。山门前西侧，有1棵大榆树，3尺来粗。

前院，有前殿，殿前砌筑月台，月台下边一边1棵柏树，台下西侧有1通石碑。前殿面阔三间，前出廊，廊东侧一木架，悬挂1口大铁钟，有2搂多粗，1人多高，上面铸有铭文。村里人记得上面有“永乐二年（公元1404年）”字样。殿内脊檩嵌板下，写有“大清乾隆十二年（公元1747年）重修”。殿内供奉1尊菩萨泥塑坐像，村里人也有圣祖爷之说。坐像前面两侧，一边1尊站像，西边是托塔天王，东边1尊不知是什么神像。坐像后面有罩碑，背后有韦驮站像。殿内辟后门，可通后院。前殿东房山砌一小门楼状便门，亦通后院。

后院，后殿前一边1棵大柏树，东边是桧柏，有五六搂粗。村里人说，过去说胭脂柏、香柏都是土名，其实就是桧柏；西边是侧柏，也有2搂多粗。有东西厢房各三间，西厢房后来改为学校，东厢房是村会里办公的地方，也住老师。后殿面阔三间，东耳房一间，存放杂物；西耳房三间，一间住看庙的和尚，两间存放会里的桌椅等物。殿内神台上，供奉3尊菩萨泥塑坐像，坐像下有莲花座。坐像前有木供桌。东侧也有一张大供桌，上面摆着几十个小铜佛像，高约二三十公分。抗战时期，曾将小铜佛像藏到殿前东边的桧柏上，上边的大树杈就有1搂多粗，把整个后院都遮严了。后来小铜佛像不知下落。殿墙上绘有壁画。

农历二月十九为菩萨生日，到时村里举行庙会，从十八至二十一，前后4天，而十九是正日子。到时搭灯棚、唱影戏、说书等，年年如此。后庙应该是佛教庙宇，看来主要是供奉观音菩萨等，就是菩萨庙，从庙会亦可佐证。后庙过去初一、十五开庙门，平时不开。后庙毁于20世纪60年代。

过去过春节时，村里人到庙里上供，都用整猪。村里有3个灯笼会，各家拿点高粱、豆子，喂1头小猪，到春节时一宰上供。上供完了，大家一吃。

十二、大兴庄镇

大兴庄镇，辖18个行政村，旧有大小庙宇56座，分为纪念性祠庙7座，主要是关公庙；道教庙宇29座，主要是老君庙、真武庙、龙王庙、三官庙、五道庙等；佛教庙宇20座，主要是佛祖庙、菩萨庙等。这些庙宇均已无存，一些古树及碑刻尚存。

189. 白各庄村

白各庄村，旧有道教庙宇五道庙及佛教庙宇菩萨庙、青龙寺、西庵。

五道庙，位于村中间，在西庵前东南角，坐北朝南，面阔一间，画有五道等神像。庙内有一张红供桌，2米多长，供桌上摆着香炉。五道庙于1958年底拆毁，盖村小学。

菩萨庙，位于村北，坐南朝北，庙北对着一条东西向的水沟。庙仅一小间，约2米多高，2米多宽，画有观音菩萨等画像，1958年左右拆毁。

青龙寺，又称东大殿，位于村中间，坐北朝南，东西宽约7丈，南北长约8丈。南面中间辟山门，山门前砌筑一道大影壁，影壁北面书写一个大“佛”字。山门前还有2棵大槐树，约2搂多粗。山门前有一水簸箕。院内，北为正殿，殿前西侧有1棵小柏树，约六七寸粗，有百十年了。殿前有东西厢房各三间，东厢房住看庙的和尚，西厢房改作了学校。东西厢房南面，各有一小间，称作“盝顶”。正殿有东耳房两间，西耳房一间。西耳房房山前有一道月亮门，可通西庵。正殿面阔三间，前出廊后出厦，前有三四步台阶。廊东侧悬挂1口大铁钟，约1人多高，1米粗细。殿前西侧1通石碑。殿内神台上，供奉3尊泥塑坐像，前边东西一边1尊站像。村里人记不得什么神像了。

青龙寺前面过去是功夫市，即是找干活的人的市场。寺后是大场，有80亩庙产。在大兴庄村东有 40 亩庙产。据说青龙寺归蓟县盘山管辖，住持和尚往往也由那里派遣。1947 年推倒寺内神像，1961 年底 1962 年初拆毁庙宇盖村学校。

西庵，又称西大殿，村里人称姑子庵，位于村中间，在东大殿西侧，与东大殿仅隔一条道。过去有句顺口溜："白各庄两座庙，当间夹条道。"西庵坐北朝南，建在一座一人多高的庙台上，东西宽约 7 丈，南北长约 8 丈。南为山门，砖砌门楼，对开红木门，门槛有三四十公分高。山门前有 4 棵大槐树，其中 2 棵槐树结籽，2 棵不结籽。院内，有 4 棵大柏树，是侧柏，一角 1 棵，都长树瘤了。其中东北角那棵最大，直径约有 2 米，大概有上千年了。没有东西厢房。北为正殿，面阔三间，前出廊后出厦，殿内供奉泥塑像，村里人记得有送子菩萨等。

村里人说，庙里的 4 棵柏树都长空了，钉子楔进去，全长里头了。后来放树时，木匠很不好放，连锯条都拉折了，而且一拉就流红汁儿，像流血。1947 年，推倒西庵神像。1954 年前后，拆毁庙宇盖村学校。

190. 北城子村

北城子村，旧有纪念性祠庙老爷庙、道教庙宇东大庙、老君庙、龙王庙、五道庙及佛教庙宇西大庙、三教堂。

老爷庙，位于村北，坐南朝北，正对泇河。

村北泇河南岸，在那里建有 4 座庙，西起依次为老君庙、三教堂、老爷庙、龙王庙。庙在高处，离泇河有 1 里多地。泇河北岸是放光村，建一座菩萨庙。村里人说，北城子这 4 座庙都是对着放光的菩萨庙（北城子人称作三霄女庙），以至暗地里把菩萨的眼睛都给抠去了，为的就是希望泇河水不要往南岸冲。结果是水从西北来，一直还是往南冲，南岸地势高。

老爷庙面阔一间，中间横砌一堵隔断墙，北为老爷庙，南为菩萨庙，画有关公、菩萨等神像，毁于 20 世纪 50 年代。

东大庙，位于村后街东头，坐北朝南，东西宽约 4 丈多，南北长约 8 丈。南为山门，山门前西侧 1 棵大槐树，2 搂多粗。进山门为前院，有西厢房五间，过去为村里小学。西厢房房山南面，辟一小便门，以便孩子上下学出入。前院西南角有一座炮楼，过去有绑票的等，村里为保护村庄、维护治安所建。炮楼一间见方，二层，上有枪眼，摆着一个二三寸粗的“大抬杆”，俗称土炮。北为前殿，面阔三间，殿内砌筑神台，神台上供奉3尊泥塑坐像，两边一边有2尊站像。墙上绘有壁画。前殿没有后门，从前殿西边可至后院。后院，北为后殿三间，东西耳房各一间，西厢房三间。殿内一说供奉几尊铜像，高约二三十公分；一说供奉1尊灶王爷泥塑像，高约五六十公分，黑色，俗称“小黑灶王爷”。村里一张木匠心口疼，给打了一座木龛，以此祈求神灵保佑。过去年年正月二十九在东大庙说书。

对于东大庙，村里人或说不出供奉的什么神像，或说是三官庙，前殿供奉三官神像，后殿供奉灶王爷神像。如实录此，以供后人参考研究。

东大庙1947年推倒神像。新中国成立以后作为村小学，后又做村大队部。大队部搬走后，卖给个人，于20世纪70年代末拆毁盖房了。

老君庙，位于村北，坐南朝北，建在一座台上，在4座小庙中处于最西边。庙内有太上老君画像。老君庙毁于20世纪50年代。

龙王庙，位于村北，坐南朝北，一间，中间横砌一堵隔断墙，北为龙王庙，南为虫王庙，有前后门，都是画像，毁于20世纪50年代。

图390　大兴庄镇北城子村五道庙前大槐树于2007年7月下雨时刮倒，现仅剩树桩和根部滋生的几棵小槐树

五道庙，位于村前街东头，坐北朝南，前有月台。月台约1人多高，2丈多宽，村里过去在台子上唱戏。庙前东侧1棵老槐树，2搂多粗，树干都空了，过去村里不少人认老槐树为干妈。庙为一间，画有五道等神像，摆着3个泥香炉。五道庙毁于20世纪60年代。庙前大槐树于2007年7月下雨时刮倒，现仅剩树桩和根部滋生的几棵小槐树（图390）。

西大庙，位于村后街西头，东西宽约4丈，南北长约六七丈。南为山门，砖砌门楼，对开木门，门前一边1个石狮子。山门前边，一边1棵大槐树，2搂多粗。西大庙有前后两进大殿。前院，东南角一座钟楼，面阔一间，进深一间，一层，比平常的房子要高。钟楼内悬挂1口大铁钟，1人多高，上面铸有铭文。在这里敲钟，10多里外的平谷城都听得见。北为前殿，面阔三间，门上有大匾。殿内神台上，供奉1尊泥塑坐像。村里人说不出供奉的什么神像，只是说坐像大肚子，没戴帽子，下面是汉白玉的莲花座，圆座，六棱。两边一边还有2尊站像。从莲花座判断，当是一座佛教庙宇。

前殿没有后门，从前殿两边可到后院。后院，北为后殿，前出廊，檐下有木匾，写有小字等。后殿面阔三间，有东西耳房各一间，存放杂物。还有西厢房五间，北边为看庙人所住，南边村里人存放寿材（即棺材）。殿内供奉铜像，不是1尊。据说中间是“老爷”，高二三十公分，过去天旱了，村里人抬着去求雨。这所谓“老爷”，即是关公，其他村求雨也有抬着关公像的。

对于西大庙，村里人也有真武庙一说，即前殿供奉真武帝，后殿供奉药王。

西大庙于1947年推倒神像，20世纪60年代初拆毁。

三教堂，位于村北，坐南朝北，一间，檐下悬挂一方木匾，上写“三教堂”三个大字。庙内为画像，村里人说有几个画像，具体什么画像说不出来。就名字而言，即是三教堂，大概应该供奉儒学孔子、道教老子及佛祖释迦牟尼三位。或许是村里人为镇住泇河北岸放光村南的那座菩萨庙，请出了儒道释三教最高之神了。三教堂毁于20世纪50年代。

北城子村，旧称应为城子庄。清乾隆《平谷县志》记载：汉平谷故城在今平谷东北十二里城子庄。今天那一带没有城子庄，而山东庄镇大、小北关，基本在今天城东北12里左右。现在的北城子村在城西北约12里左右，民国二十三年《平谷县志》也说故县城“在县西北十二里，即城子庄”。现在一般认为平谷最早故城应在山东庄大小北关一带，若说在城子庄，就应是现在的北城子。村东南200米处台地上，现在还有汉城遗址（图391），由于郦道元《水经注》记载为汉代博陆城遗址，也都依此之说了。后来做过

图391 大兴庄镇北城子村东南汉城遗址

其他县城，但不是平谷县城遗址。若以城子庄论，平谷故城当在西北，而不再东北，毕竟城子庄尚在。暂且存疑，留予后人探讨。

过去北城子村归三河县管辖，清乾隆《三河县志》“寺观”中记载城子庄有“关帝庙”和“菩萨庵”，关帝庙为供奉关公之庙，菩萨庙为供奉观音、普贤、文殊等菩萨之庙。由于志书没有具体记述，也就不知供奉的是什么菩萨了。曾先后两次进村调查，村里人说法前后不一，大家比较统一的说法是东大庙、西大庙，对具体是什么庙就难以结论了。如第二次访谈，说东大庙是三官庙，西大庙是真武庙，与关帝庙、菩萨庵都对应不上。也许乾隆时供奉的是关公与菩萨，后来重修时另塑神像了，也未可知。参与调查的80多岁或近80岁，都亲眼见过庙宇与神像的，他们若说不清，庙宇早已无存，后人也就难以言说了。

191. 北埝头村

北埝头村，旧有道教庙宇五道庙及佛教庙宇圆觉寺、观音庙。

五道庙，位于村中心，在圆觉寺西侧50米处，坐北朝南，庙前2棵槐树。庙为一间，画有五道等神像，两山墙画有小鬼等。五道庙毁于20世纪60年代。

圆觉寺，位于村中心。民国《三河县新志》在“庙宇”中记载埝头有“圆觉寺”，与村里人所谈一致。

圆觉寺坐北朝南，东西宽约5丈，南北长约7丈。南为山门，一座小门楼，对开木头门。山门内，一边1棵大柏树，1搂多粗。北为正殿，殿前西侧，有1通石碑，后来那通石碑在集体供销点时垒地基用了。殿前砌筑月台，月台四周以石头垒砌，上面以砖铺墁，南面置5步台阶。正殿面阔三间，没有耳房，前出廊，廊东侧悬挂1口铁钟，高约1米。檐下悬挂一方木匾，上写“圆觉寺”三个大字。殿内神台上，供奉观音菩萨泥塑坐像，座下为鳌鱼。在同一神台上，一边1尊小站像，即善财童子和龙女。在坐像两边地上，一边1尊站像，东边是韦陀，西边是托塔天王。村里人说，在两山墙前，一边还有6尊泥塑像，说是菩萨的十二弟子。并说有坐着的，有卧着的，有站着的，有拿琵琶的，有拿伞的，有骑狮子的等等。

寺东有跨院，正殿前东侧辟一月亮门，可通跨院。跨院比正殿院大一倍多，长一半。北有正房五间，东厢房三间，中间横砌一堵隔断墙，辟一道门，分成前后院。前院有一道普通栅栏门。正房前出廊，东边三间为学生学堂，西边一间为老师宿舍，西边第二间供奉 1 尊泥塑像，黄色，村里称作“金佛爷”。东厢房做厨房。院内 1 棵柏树，有七八寸粗。

过去是初一、十五烧香。农历二月十九为观音菩萨生日，到时搭灯棚、说书、唱皮影等。圆觉寺 1947 年推倒神像，20 世纪 50 年代初拆毁。

观音庙，位于老庄西北，现在那里已成野荒地。原来北埝头在泃河北岸，由于发大水，老是坍塌，就搬到现在的地方了。村里人还简单画了一幅示意图，过去的泃河从许家务、莲花潭村南往东流去，许家务管泃河叫南河。泃河老河道应该在许家务、莲花潭村南不远的地方，北埝头就在那时泃河的南岸。北埝头搬到现在的地方大约有百十年了，泃河似乎也随之南移，由许家务西南不再东流，而是往南一拐，至北埝头村北折东而去。

观音庙坐南朝北，面阔一间，画有观音等神像，画像 1 米多高。当村庄搬迁后，那里就剩孤零零一座庙，毁于 20 世纪 40 年代。

现在的北埝头村西，泃河南岸上，20 世纪 80 年代发现了六七千年前的新石器时代遗址（图 392），出土了石磨盘、陶罐等，尤其发现了 10 多处半地穴式居住遗址。与金海湖镇上宅遗址一起，命名为上宅文化，是北京地区目前发现的最大的新石器时代遗址，在海内外具有广泛影响。

图 392　大兴庄镇北埝头村新石器时代遗址

192. 陈良屯村

陈良屯村，旧有道教庙宇五道庙。

五道庙，位于村中间，坐北朝南，庙前西侧有1棵槐树。庙为一间，庙前没有石碑，在檐下东侧悬挂1口铁钟，高约五六十公分。上面铸有“毛仁仪”等人名，村里过去有姓毛的，现在没有了。过去村里着火，就用镐头敲钟，把钟给砸坏了。庙内为画像，画有五道、苗神、虫王、财神等5尊神像。摆着5个香炉，中间1个最大，两边各有2个小香炉，都是泥瓦盆烧的。两山墙绘有壁画。一进门处，一边1尊画像，拿着枪刀，像看门似的。庙后墙辟有小壁龛，朝北，画有观音等画像。过去农历二月十九说书，都在房后头。平时唱影戏等在庙前。

五道庙毁于1956年，拆庙建村小学了。

193. 大兴庄村

大兴庄村，旧有纪念性祠庙老爷庙及道教庙宇真武庙、五道庙。

老爷庙，位于村中间，坐北朝南，东西宽约5丈，南北长约10丈。南为山门，一座砖砌小门楼。山门前一边1棵大槐树。前院，主要是前殿，面阔三间，供奉关公泥塑坐像，红脸庞，头戴冕旒，前边一边1尊站像，其中周仓手持大刀侍立。前殿辟前后门，从后门可至后院。后院，北为后殿，殿前东侧1棵柏树，西侧1棵松树。在柏树西边有1通石碑，为村里老杨家许愿所立。后殿面阔三间，东西耳房各两间，耳房住看庙的。后殿为药王殿，供奉药王泥塑坐像，旁边有站像。过去初一、十五烧香。村里有人出天花、出疹子等，都要到庙里烧香，弄点香灰带回来。老爷庙于1958年拆毁，盖县委大礼堂了。现在，庙内那棵柏树尚存，但近年已枯死（图393）。

图393　大兴庄镇大兴庄村老爷庙遗址柏树尚存，但已枯死

真武庙，位于村北头，坐北朝南，没有院落，就是一座大殿，面阔三间，前有月台，上面以砖铺墁，四周石头垒砌。南边置台阶踏步，以便上下。月台下面，东有1棵大槐树，树干已空，2搂多粗；西有1棵大杨树，2搂多粗，五六丈高。殿内神台上，供奉真武帝泥塑坐像，一边1尊站像，一男一女，当是周公和桃花女。前边还有2尊站像，东边站像黑脸，一身黑装束，拿枪；东边站像白脸，拿刀。真武帝像后面有屏风，有1尊菩萨像，高约四五十公分，面朝北。过去天旱了，村里人就抬着菩萨像去求雨。真武庙于1958年拆毁，盖县委大礼堂了。

五道庙，位于村西北角，坐北朝南，一间，画像，毁于20世纪50年代。

194. 东柏店村

东柏店村，旧有道教庙宇五道庙及佛教庙宇菩萨庙。

五道庙，位于村西北角，在菩萨庙西约200米处，坐北朝南，前边是水坑，一大间，前出廊，没有树和石碑。庙内供奉五道等3尊泥塑坐像，前面一边还有4尊站像。站像都龇牙咧嘴，眼珠子冒咕着。五道庙于1956年前后拆毁，用庙砖甃村东的水井。

菩萨庙，位于村北，坐北朝南，建在一座高台上。庙东侧是水坑，有1棵老柳树，一半抱庙台石帮上，一半在水里，直径约1.5米，2搂多粗，树干有七八米高，大概有几百年了。庙前台上，正对着庙门，有一八棱石柱，上有“大辽”字样，这应为经幢。庙为一大间，磨砖对缝，前出廊，供奉3尊泥塑坐像，高约1.5米，都坐在一个神台上，中间为观音菩萨，台下一边有4尊站像，真人高矮。东南角第一个站像是周仓，手拿大刀。过去是农历正月初一、十五烧香，平时一般不烧香。菩萨庙与五道庙一起拆毁，甃水井了。

村里人说，东柏店村原来在北埝头村那个地方，有一座大庙就是东柏店人建的，北埝头村在洳河北边。这是一九一几年前后的事，村里有个清末的拔贡，姓崔，称崔拔贡。拔贡说那大庙是家庙，与北埝头在三河县打官司，结果输了，大庙一村一半。北埝头人多，占了那个地方，东柏店就搬到了现在的地方。

195. 东石桥村

东石桥村，旧有道教庙宇五道庙及佛教庙宇功德寺。

五道庙，位于村中间，建在高台上，面阔一间，坐北朝南。庙前为月台，约1人高，东西宽约八九米，南北长约五六米，前有九步石阶。月台东边有1通石碑，通高约2米，宽约1米，下面是1个小碑座。碑前面有字，背面碑首刻有“万古流芳”四个大字，下面还有许多小字，应该是1通建庙的功德碑。庙里为画像，画有五道等神像，画像前有小供台，村里有人去世了，就去那里烧纸报庙。五道庙毁于1957年前后。

功德寺，位于村西，坐北朝南，东西宽约5丈，南北长约七八丈。南为门楼状山门，山门外东西各有1棵槐树。据说过去有三进大殿，后来村里人只看见一进殿了。山门内东侧为钟楼，面阔一间，方形，一面有一个小窗洞。钟楼为二层，二楼内悬挂1口大铁钟，约1人多高，上面铸有铭文。抗战时期，也就在1943年前后，八路军兵工厂弄去铸造手榴弹了。西边据看庙的人说有鼓楼，但村里人没见过。翻阅民国《三河县新志》，曾记载：“公益寺磬，明正德十五年造。东南角钟楼一座，悬钟一。明崇祯五年造。在县西北西石桥。”公益寺，功德寺，或为一庙，村里人叫白了吧。在西石桥村调查时，未曾听说此庙，志书当记载有误。

在大殿前西侧，有一个石头雕刻的柱子一样的东西，分为两节，下面一节为六棱状，上面刻满佛像；上面一节，上边雕有1尊佛像，高约40公分，坐在座上。过去天旱时，抬着小佛像到周村河那儿，放到河中间，大家往佛像上泼水，岸上的人敲锣打鼓助威。过去流行一个顺口溜：“十二男，十二女，十二寡妇去求雨。”据传，不久真的就会下雨了。周村就怕这样，一下雨发水就把周村淹了。殿前还有1棵大槐树，没有碑刻。

大殿面阔五间，有东西耳房各三间，耳房为看庙人所住。殿内砌筑神台，高约1米，宽约2米，长约3米。上面供奉佛祖释迦牟尼泥塑坐像，坐像两边一边1尊站像。大殿两侧，塑有十九罗汉，其中东边9尊，西边10尊。村里人说，相传当初是塑了十八罗汉，第二天一看多了1尊，说是自己来的。殿内墙上绘有壁画。

村里人记得看庙人说过，功德寺在明代万历年间（公元1573～1620年）曾重修。20世纪50年代初拆毁。

东石桥村东约100余米处，有梁家坟，约毁于1970年前后。现村委会院内保存梁家坟墓碑等两三通。其中有“梁可斋、刘氏合葬墓碑”（图394），虽已断为两截，但尚完整。额题篆书“精白贻安”四字，碑身正文为楷书“皇清敕授文林郎湖北宜昌府□东县知县可斋梁公赐孺人刘太君之墓”。字迹漫漶，查阅资料，宜昌地区有巴东县，梁公或为此地人士。“皇清”，当是清朝了。“文林郎”，清朝时为正七品文官所授的散官名。与此相应，“孺人”，亦是明清时为七品官的母亲或妻子的封号。不知为何葬此，询问村里人，现在村里是否还有梁姓人家，说有一户，也不一定就是他的后人。

图394　大兴庄镇东石桥村梁可斋、刘氏合葬墓碑拓本

196. 管家庄村

管家庄村，旧有纪念性祠庙北大庙及道教庙宇五道庙。

北大庙，位于村北。民国《三河县新志》记载管家庄有“关帝庙”，或为此庙。

北大庙坐北朝南，东西宽约9丈，南北长约十二三丈。南为山门，山门前五六丈远处有一道影壁，高约2.5米，长约5米，上面写有字迹。进山门后为前院，前殿面阔三间，供奉泥塑坐像，两边有站像。所供奉神像，村里人已然说不清楚，即是志书记载为关帝庙，前殿或为关公坐像，应是头戴冕旒、手持圭板的帝王装束，两旁为关平、周仓等侍立像。前殿有后门，可进入后院，也可以从前殿两边到后院。后院1棵大枣树，还有柏树等，没有碑刻。后殿面阔五间，前出廊，殿内有泥塑像。村里人记不得供奉的什么神像了。后殿有东西耳房，过去西耳房为小学，学生念书；东耳房老师住。北大庙毁于20世纪50年代。

五道庙，位于村南，大街南头，坐北朝南，仅一间，为画像，画像前摆着1个石香炉。五道庙早已无存。

197. 韩屯村

韩屯村，原来叫北韩家屯村，过去在老爷庙的山墙上写着的。还有南韩家屯，在河南，是跟着燕王过来的。据说立庄时，有一家姓韩，称韩二奶奶，捻钱修的老爷庙。韩二奶奶会看病，一些癔症等一看就好，是个神太太。看病中，见这荒地就住下了，形成了这个村子。后来简称韩屯，抗战时期化名杨村。

韩屯村旧有纪念性祠庙老爷庙、道教庙宇龙王庙、五道庙及佛教庙宇观音堂、如意庵。

老爷庙，位于村东丁字街街口处。民国《三河县新志》简略记载韩屯有“关帝庙”。

老爷庙坐北朝南，建在一座高台上，前有院落。庙前有1眼水井。庙内没有树和石碑，只有正殿三间。正殿前出廊，殿内供奉关公泥塑坐像，红脸庞，头戴冕旒，一副帝王打扮。过去称之为关帝庙，村里人说老爷庙是俗称，与志书记载吻合。两边一边2尊站像，如东边为周仓拿刀侍立像。过去正月初一开庙门，一直开到正月十五。老爷庙毁于20世纪50年代。

龙王庙，位于村西。村西北有一道水，从南营那边流过来。修龙王庙就是为了镇这道水，以免冲韩屯村。龙王庙坐北朝南，庙前没有树和石碑。庙为一间，庙内为画像，北墙画有龙王像，两山墙上画着雷公、电母等壁画。村里人说，庙里还有1尊小泥塑坐像，高约五六十公分，这应该是龙王塑像了。过去天旱时，就抬着小塑像求雨。最早求雨是到南山村一带的岘山，在盘山西边，那里有个黑龙潭。到时不仅抬着小塑像，村里的高跷会也后面跟着。去的人拿着水瓶，到了黑龙潭，将水瓶挂在脖子上，到龙潭里，等水灌满了水瓶，再爬上来。龙王庙毁于20世纪50年代。

五道庙，位于村中间，坐北朝南。庙前有月台，高约80公分，以石头垒砌。月台前西侧，有1棵大槐树。庙仅一间，画有五道等神像。五道庙毁于20世纪60年代。

观音堂，位于村北。民国《三河县新志》简单记载韩屯有“观音堂”。

观音堂坐北朝南，建在一座庙台上，村里人说是有前后月台。庙前台上，砌筑一道影壁。影壁北侧，有1棵大槐树，将庙宇都遮过来了。台前有五六级台阶，以砖垒砌。观音堂有正殿三间，殿内中间横着有一道木头隔板。中间1尊大泥塑坐像，两边一边略小些坐像，西边坐的是1个小狮子或小狗。另一边是莲花座。据村里人所述，中间塑像应该是观音菩萨，因为庙名就叫观音堂。骑狮子的或是文殊菩萨。也许前面供奉的是3尊菩萨像了。从塑像东边可至后面。后面，西北角供奉1尊药王泥塑坐像，过去村里人常送小鞋等。东北角也有1尊泥塑坐像，村里人说不清是什么神像了。隔板北面，悬塑倒座观音，两边一边一小孩。村里人说的这两个小孩，当是善财童子和龙女。在悬塑中，塑有“九妖十八洞”，就是唐僧取经的那一套。后面还有东、西门。20世纪50年代，拆观音堂建县大礼堂了。

如意庵，位于村东头没人家的地方，北边是坑，东边是土坑子，西边是坡子，村里人说这地方是“龙脑袋”。民国《三河县新志》简略记载韩屯有“如意庵”。

如意庵坐北朝南，东西宽约7丈，南北长约15丈。南为山门，中间为正门，砖砌门楼，上面镶嵌着“如意庵”匾额，正门平时不开。东边有一小便门，平时开放。庙有前后两进殿。前院，前殿西侧有二三通石碑，没有厢房。前殿面阔五间，前出廊，有西耳房两间。东辟便门，可通后院。殿内，供奉3尊泥塑坐像，两边各有二三尊泥塑站像。墙上绘有壁画。前殿辟后门，也可通后院。后院，北为后殿，应该是主殿。后殿前东侧有1棵大柏树，前殿后门的后边还有1棵大槐树，朝西倾斜。还有东西厢房各三间，为看庙人所住。后殿面阔五间，比前殿要大些，有东西耳房各一间。后殿二层，中间铺的木板做楼板。一层西侧，挨着后檐墙置木梯，可上二层。一层供奉着泥塑坐像，高约1米。二层供奉千手千眼佛泥塑坐像，有14或16只眼睛。

如意庵毁于“文革”后期，是村里“地主”、“富农”拆的，拆出了一个木匠用的墨斗子。2007年，庙前那棵大柏树尚存，由于取土等，近年柏树枯死（图395）。

图395　大兴庄镇韩屯村如意庵前古柏，近年枯死

198. 吉卧村

吉卧村，旧有纪念性祠庙老爷庙、道教庙宇五道庙及佛教庙宇菩萨庙、西大庙。

老爷庙，位于村中间，坐北朝南，一间，供奉关公泥塑坐像，两边有周仓等站像。墙上有画像，是关于刘、关、张故事的壁画。老爷庙毁于20世纪50年代末。

五道庙，位于村后街西头，坐北朝南。庙前有小月台，月台上有一道影壁，两面画有山水画。庙为一间，画像，北墙画有五道将军画像，东山墙画有天神布云降雨等情景，西山墙画有降雨后的情景。庙内摆着1个大石头香炉。五道庙毁于20世纪60年代。

菩萨庙，位于村后街西头，坐南朝北，一间，画有观音菩萨像，毁于20世纪60年代。

西大庙，位于村西头路北。民国《三河县新志》简略记载吉卧有“朝阳庵”，当是此庙。

西大庙坐北朝南，东西宽约10丈，南北长约20丈。南为山门，砖砌门楼。山门前有一道影壁，影壁东面有1棵大槐树，2尺多粗；影壁西南有1眼水井。

院内，建有前殿，殿前砌筑月台，殿前月台上一边1棵古槐，月台西侧有1棵古柏，古柏直径约1米。前院山门东墙拆墙时，曾拆出一个八棱碑，残长约1.5米，村里人说没有字。这应该是经幢，或为辽金时遗物。前殿面阔三间，东有耳房四间，为村会里存放八仙桌、凳子、灯笼等杂物；西有耳房两间，为看庙人所住。殿内供奉1尊泥塑坐像，西南角有一木龛，高约2米。有雕花。殿内还有一小木龛，约1米多高，龛在台上，供奉药王坐像，药王手里拿着一个宝葫芦。木龛前有红漆供桌。前殿有后门，可至后院。

后院，没有树和石碑，殿前东侧有2棵松树，西侧南面有1棵松树，西侧北面有1棵柏树，松树约有1尺左右粗。后殿面阔三间，地基高些，显得比前殿略高。后殿前出廊，没有耳房，东面有一跨院。后殿中间供奉1尊泥塑坐像，村里人说好像是释迦牟尼佛，上面有木龛。殿东西有4尊站像，称为四大金刚。

后殿后边据说还有地方，准备修建一座二层的“槁”，木料都备好了，后来没修，受陈良屯苏家欺负（陈良屯有苏家坟）。结果姑子跑了，把东西弄到西柏店建庙了。后殿前廊有两方木匾，一方是清道光时的，一方是清光绪时的，都是重修大庙时捐助的功德匾。据说西大庙过去有好多铜像，起码有多半篓子。也有一小金佛，一拃多高，一手指天，一手指地。这当是小时佛祖像，为天地之间唯我独尊之意。村里人说这尊小金佛是黄白铜加渗金。这些铜像后来都不知下落了。

西大庙推倒佛像是在1947年土改时，改作了学校。1967年拆毁大庙，修建学校。

村里人大致记得，西大庙过去是姑子庵，名字就叫什么庵，这与志书所记吻合。在后殿脊檩下面的嵌上，写有一行字迹，为重修时所记，上写着“鸡窝”二字。过去有一家保存的房地产的文书，上面也写着“鸡窝”二字，说明过去就叫这个村名。村里有个二先生，是王小峰的父亲，认为“鸡窝”不好听，就改为“吉卧”了。王小峰要活着有120岁了，由此算来，改村名大概有150年左右了。

在村东约200米处，有个地方叫“庄户顶”，据说老村过去在那儿，占山户占的是那里。20世纪70年代平整土地时，在村东北还平整出砖碹的井来，还出土了铜镜和陶罐。村南曾挖出一个鼎及一小推车土簸箕的铜钱，都当铜卖了。村地里还出土过小石佛和汉白玉的莲花座，相传过去有座石佛寺。

199. 良庄子村

良庄子村，旧有一座五道庙。

五道庙，位于村东头，又称村东小五道庙，坐落一个小高台上，台子周边为条石垒砌，上面方砖铺墁，台前砌三步石阶。前面没有院落，庙前一边1棵大槐树。五道庙坐北朝南，一大间，从庙内后檩处东西打一道隔断墙，形成前宽后窄的两个小间。前面中间设门，为对开木门，门两边有窗。前面庙内为画像，画有龙王、马王、苗神、虫王、土地、五道等7尊神像。后面没窗，只有一个小门，庙内有3尊画像，中间是菩萨，坐在莲花座上，两边为2个站像。应该是观音菩萨，村里人记得过去每年农历二月十九举行灯会，就在后面搭棚，说书走会。

过去良庄子很小，仅十几户。到1947年前后，才28户人家。过去村里天旱求雨、老人去世了，都到这里来。白各庄、蔡坨村求雨走会，也在这里打场。

五道庙前面是路，20世纪30年代，一个瞎子来算命走到这里，说要修个影壁更好。于是，村里人就在五道庙南面，接一条道，南北向以石头修筑了一道影壁，东面对着大坑，西面对着大街。影壁两面各砌一个砖窑，也就是一边1个小壁龛，里面贴着财神。过去过春节时，也挂灯笼甚至烧香，散灯花也来这里散。20世纪90年代扩展街道时，影壁重新以砖垒砌，更为高大厚重（图396）。其西面为瓷砖镶嵌的“八仙过海图”，两边书写着“天时地利人和，改革开放搞活”联语；东面为瓷砖镶嵌“迎客松”，两边书写着“福如东海常流水，寿比南山不老松”联语。只是“常”字应“长”字为宜。为村人走路方便，建造新影壁时，在旧影壁基址上东移了六七米。

图396　大兴庄镇良庄子村五道庙南面，在过去影壁的遗址东侧，近年重新修筑了一道影壁

五道庙毁于1962年前后。

200. 鲁各庄村

鲁各庄村，旧有纪念性祠庙老爷庙及道教庙宇龙王庙、五道庙。

老爷庙，位于村西北，现在村委会所在地，坐北朝南，东西宽约7丈，南北长约15丈。南为前殿，是老爷殿，殿西侧辟一便门。殿前有3棵大槐树，东侧槐树最大，有一二搂粗。老爷殿前出廊，所谓前廊后厦。廊西侧有1通石碑，是立的捐款修庙的功德碑。廊东侧悬挂1口铁钟，高约1米。殿内，供奉关公泥塑坐像，金脸庞，头戴冕旒，手持圭板。两边各有1尊站像，东为周仓拿着大刀，西为关平。关公坐像背后，塑一面向北的观音菩萨坐像。墙上绘有壁画，内容为关羽有关的故事，画的如同今天的连环画。

进入院内，后殿前有4棵柏树，各有1搂半粗。殿前西侧，有1通石碑，青石质，为蟠龙的螭首。殿前有东西厢房各三间，东厢房为看庙人所住，西厢房为学校。殿前还有1个大石香炉，坐在柱子似的座上，通高约1米二三。后殿面阔三间，前出廊，有东西耳房各两间，东耳房供奉着药王泥塑坐像，西耳房为画像，据说是“盘山老祖”。过去村里一位老太太，是个娘仙，看庙，她说是盘山老祖要落座在这儿，不知后来为啥没有塑像。每当做好饭，娘仙总是都供到了，自己再吃，要是凉了就再热热。殿内供奉观音菩萨泥塑坐像，下为莲花座，菩萨像前有2个小站像，村里人说是童男童女，应该是善财童子和龙女侍立像。殿内还有一些小铜像，高约三四十公分。后来改为学校，就将铜像请到东厢房保存，最终不知下落了。

民国二十三年《平谷县志》“人物志·宦绩”记载：“贾龙文，字采公，山右蒲州人。康熙十年知县事。十八年地震，岁频歉。民多流亡，公设法召集之。免其徭役，俾各遂生业。又建置书院，嘉惠士林。在任凡二十有二年，功德在民，邑人建有遗爱碑，在县西鲁各庄庙内。”为官做了好事，有功德于民，民不会忘记，勒石以记。记载遗爱碑“在县西鲁各庄庙内在”，或在老爷庙内。龙王庙、五道庙仅为一间大小，估计是不会树立遗爱碑的。“山右”之山，当指太行山。山右即为山西省旧时别称。我国古人常以坐北朝南来看，“坐于”太行山，则太行山右侧为山西省，故称其为“山右”。而蒲州在山西西南部地区，其治所在今永济境内，至今中条山下还有蒲州镇。蒲州古城遗址尚存，唐代王之涣《登鹳雀楼》诗所写的鹳雀楼，即在“城西河洲渚上”，毁于金元之际，近年修复。

老爷庙毁于1977年前后。

龙王庙位于村东，坐北朝南，庙前东侧有1棵大槐树，六七搂粗。庙为一间，画有龙王坐像。龙王庙毁于20世纪50年代。

五道庙，位于村中间，坐北朝南，一间，画有五道等神像，毁于20世纪50年代。

在调查寺庙中，村里人谈了些轶闻奇事。过去张、王、田、付等姓，都是村里的“坐山户”，即一建庄就来了。过去有个张四道，说一夜就把错河（洳河）石桥修上。人们说神了。到第二天一看，村里家家的大牲口都浑身是汗，全给拉去使了。人们向他磕头，他说，河南好麦子。人们说，你胡说呢。他一伸手，从怀里掏出一大麦穗。河南的麦子应该比我们这边的麦子熟的早，他早到那里转一圈儿回来了。而鲁各庄原来叫鲁家庄，不知啥时着了一把天火，把原来的村子烧了，就搬到这儿，改叫鲁各庄了。后来在村子东边，洳何西边的地方，村里人干活时还发现好多砖头瓦块。

201. 三福庄村

三福庄村，旧有道教庙宇五道庙及佛教庙宇文殊庙、观音庙。

五道庙，位于村西南角，文殊庙西南墙外，坐北朝南。庙前边有月台，一人高矮，以大块料子石砌筑，台前有五步台阶，台东南角有1棵大柳树。台南为街道，庙正朝街口。五道庙面阔一间，有门窗。庙内为画像，画的全是阎王小鬼。孩子一般不去那儿玩，看了画像害怕。过去有两个要饭的瞎子曾在庙里住，山东过来打铁的也住这儿。五道庙毁于20世纪50年代。

文殊庙，位于村西北角，坐北朝南，东西宽约6丈，南北长约七八丈。南为山门，是一座磨砖对缝的门楼，据说是按英城村的一座庙门楼修的，为出檐方砖。山门前西侧，有1棵大柳树，有三四搂粗，树干已空，人可以钻进去。

院内北面一座正殿，面阔三间，有东西耳房各一间半。东耳房为看庙人住，西耳房存放杂物。殿前西侧1棵大柏树，约1搂粗，柏树上悬挂1口铁钟，有1米来高，过去初一、十五敲钟。铁钟铸于清末，上有铭文，其中有“孙天福”的名字，若活着大约130岁了。殿前东侧3棵小柏树，八九寸粗。正殿前出廊，檐下有匾额，蓝底金字，匾额内容村里人记不住了。殿内神台上，供奉泥塑坐像，具体什么神像村里人也说不出来了。但根据庙的名字，供奉的塑像应该是文殊菩萨。墙上绘有壁画，梁架有彩绘。

文殊庙山门西侧，建有南倒座房2间，叫“慈航殿”，供奉着倒座观音。慈航殿毁于20世纪50年代。文殊庙于1968年拆毁，盖村小学。

观音庙，位于村东北，坐南朝北。庙西南角有1眼水井，村里人说当初盖这座小庙，是镇物，为镇这眼水井。观音庙面阔一间，庙内为观音泥塑坐像，坐在莲花瓣上，一手拿净水瓶，一手拿柳树枝。两边墙上画着小鬼、油炸锅等壁画，看来是阴曹地府了，以劝人向善。村里人记得西墙画有一头小黑驴，活的一样。

庙前有1石香炉，高约60公分，粗约60公分，在地下埋着半截。村里一人悄悄搬回家做猪槽子，结果猪吃猪死。黑夜睡觉时，那人似着不着的老是梦见一头黑驴踢他脑门，吓得赶紧把香炉又给搬回来了，跪着跟菩萨说："可别跟我一般见识，我不懂事！"

观音庙毁于20世纪50年代。

202. 唐庄子村

唐庄子村，应该是明初成村。村里人说，过去唐庄子就是唐姓一姓，没有别的姓。后来又有一王姓，一安姓。现在由于通婚招赘等，姓就多了，如张、李、刘、王等姓。唐姓是"燕王扫北"时过来的，俗话说的"随龙过来的。"当时是当兵从南京（即金陵）小兴镇来此，开始叫唐家庄，后来改为唐庄子，全村种供地。第一代为唐福宝，生2个儿子，到2007年时，唐姓已至21代。

唐庄子村，旧有道教庙宇五道庙及佛教庙宇大庙。

五道庙，位于村东，在大庙北边，坐北朝南，面阔一间，画有五道等神像，毁于1956年。

大庙，位于村东，坐北朝南，东西宽约10丈，南北长约七八丈。南为山门，砖砌门楼，对开木门。山门前有一片空场。院内，北为大殿。大殿前西侧有1棵大槐树，1搂多粗；东侧有1棵柏树。大殿面阔五间，没有耳房和厢房。殿内砌筑神台，神台上供奉5尊泥塑坐像。中间是大肚弥勒佛，据说胸口处有金子，后来被人剜走了，抹了一块泥。应该是塑造神像时有装藏，被人掏洞窃走了，在盗洞处抹了块泥。在5尊坐像下边，也有泥塑站像。而在坐像的同一神台上，一边有1个小站童，高约五六十公分。东边有观音菩萨画像，有木制佛龛在神台上，台高约1米，龛高约1.2米，木龛雕花，上吊一海灯。西有关公画像。

图397 大兴庄镇唐庄子村大庙前古柏，近年枯死

大庙过去归村会里管，没有庙会，每逢初一、十五开庙门烧香。大庙1953年拆毁，给一个复员军人盖民房了。庙前那棵柏树现存，只是近年已枯死（图397）。

203. 西柏店村

西柏店村，旧有道教庙宇五道庙、二仙庙及佛教庙宇常兴寺和观音堂。

五道庙，位于村东，在1眼老井的西边。五道庙坐北朝南，面阔一间，前有门窗。庙里没有塑像，画有五道阎君等神像。过去有要饭的，就在那里住，弄得烟熏火燎。抗战时期，在庙里搭一小炕，民兵站岗放哨，做联络站。

五道庙前有一月台，东西约10米来宽，南北约五六米长，高约1.5米。月台周遭以石头垒砌，西侧砌五步石阶。过去村里有小评剧团，逢年过节就在这里演戏，把月台当戏台，五道庙当化妆室，曾演出过《刘伶醉酒》、《李三娘打水》、《茶瓶记》等曲目。村里人至今还记得当年有“西柏店，不用去，一唱就是《茶瓶记》”的顺口溜。就是在“文革”中，村里还在这里演出节目呢。五道庙月台东南角，有1棵老槐树，树干都空了，且向东南平仰着，下面有桩子撑着。每当唱戏时，一些人就坐老槐树上去看。人们打井水倒向老槐树空树干里，当水簸箕，水流向旁边的菜地。1958年老槐树被放了，五道庙也毁于20世纪70年代。

二仙祠，位于村北常兴寺外东南角。常兴寺前有2棵大杨树，四五人合抱不过来，后来杨树放倒，空洞的树干，一人可以站着走进去。就那杨树枝，也有1搂粗细。村里人称其为“仙”，特在寺东南角建一小祠堂，名“二仙祠”，祠堂前边就是这2棵大杨树。二仙祠面阔一间，北墙壁画有大杨仙、二杨仙画像，是2个白胡子老头的形象。由于大杨仙、二杨仙为地方民间树神，所以在道教仙班系统中，是没有的。祠堂上边有一方横匾，上写“蓬莱仙境”四个大字，据说是吴佩孚送的。西墙壁还有一首诗：“松下问童子，言师采药去。只在此山中，云深不知处。”是唐代贾岛的一首小诗，题目为《寻隐者不遇》。祠堂门内有一大供桌，门外有1石香炉。农历三月十五常兴寺庙会时，村里人也来二仙祠上供，据说上供的点心足足装几十口袋。二仙祠约毁于20世纪40年代末50年代初。

常兴寺，位于村北，据民国《三河县新志》记载常兴寺，始建于辽清宁三年，时为公元1057年，辽道宗时，是辽代中晚期了，相当于北宋仁宗嘉祐二年。明清时曾重修。民国时，由16个半村集资重修，这是常兴寺最后一次重修。这

16个村包括：北埝头、东柏店、北城子、唐庄子、管庄子、三福庄、大兴庄、石桥、陈良屯、吉卧、韩屯、周庄子、梁庄子、中桥、蔡坨、兴隆庄，这16个村过去都归三河县管辖。另外半个村是莲花潭。莲花潭过去东半村归平谷县管辖，西半村归三河县管辖。现在“一村分二县”的那条胡同还在，还是原来的旧墙，地上为青石墁地。胡同很窄，并过2人须错身才行。庙建成后据说吴佩孚献了一方大匾。

1959年第一次文物普查资料对常兴寺有简略记载：名称，常兴寺。年代，建于辽金，明清重修。地址，平谷县峪口公社西柏店庄北，坐北朝南。规模与形制，前大殿三间，硬山脊，吻代（带）剑把，有垂兽，筒瓦顶，旋子彩画。通长10.50米，明间3.40米，次间3.25米，进深6.70米。内部撤（彻）上明造，前有插金柱。中间大殿三间，硬山脊，代（带）垂兽，有5个小走兽，吻代（带）剑把，为大式做法，苏式彩画，撤（彻）上明造，前后插金柱。长11.80米，明间3.3米，次间3.15米。附属文物，后殿前有方首方坐（座）石碑一块，重修常兴寺，民国二十五年重修。方座浮雕猴子偷桃。中殿石碑两块，已倒卧，字不清。前殿东有六楞碑（应为八棱）一块有辽代重修常兴寺字样。保管和使用情况，学校。附注，画有简略平面图。

1961年拍摄的古建筑照片中，有1张常兴寺照片（图398），且有简略记述：西柏店常兴寺，建于辽代，但原来庙宇早已损毁无遗，现存之建筑即民国二十五年时所重建。现仍完整存在。

图398　大兴庄镇西柏店村常兴寺（摄于1961年）

与村里调查访谈的常兴寺情况，更为详实具体。

常兴寺坐北朝南，南北长约100米，东西宽约150米。村里人相传，过去常兴寺没有正庙门，正庙门在南边十几里的门楼庄村，据说门楼庄就由此而得名。其实，村里人所说没有正门，不是真的没有，只不过是山门与前殿合一了。门前一边1棵大杨树，四五人搂抱不过来。前殿（山门）面阔三间，中间为门，且前后有门，为一座过殿。门楣上悬挂一方大匾，上书“常兴寺”三个大字。门中间一座佛台，供奉大肚弥勒佛泥塑坐像，两边为四大金刚，又称四大天王，脚下踩着丑八怪，一脚踩一个。前殿两侧，各辟一座小便门，可以出入。

进入常兴寺中院，中殿前有月台，高约1米。月台前有2棵平顶松，月台东侧1棵柏树，柏树现存（图399）。柏树下有个八棱经幢，坐在莲花座上。松树下一边1通石碑，为重修寺庙的记事功德碑。过去中殿前东南角，建1座钟楼，西南角建1座鼓楼，清末民初重修时拆毁了。东南角有1棵大枣树，树下扣放1口大铁钟，1人多高，四周铸满铭文。20世纪50年代，学生砸碎卖铁了。中殿面阔三间，有东西耳房各三间，东耳房旧时住和尚，西耳房存放杂物等。中殿檐下悬挂一方大匾，当地人只记得有一“慈”字，是否为“慈航普渡”呢？殿内佛台上，供奉1尊观音菩萨坐像，这是这座寺院供奉的本尊，中殿也应该是主殿。观音坐在1个莲花座上，有五层莲花瓣，佛台高约1.5米，观音坐像高约2.5米，胳膊上抱一小孩。一边1尊站像，分别是善财童子和龙女。观音背后有一背罩，从两侧至后门，可到后院。东西两山塑有十八罗汉像，罗汉背后墙画有壁画，上面的柁檩间画有一幅幅《施公案》、《西游记》等壁画。中殿前有2通石碑。

图399　大兴庄镇西柏店村常兴寺中殿前月台东侧柏树

图400　大兴庄镇西柏店村常兴寺后殿前松树

常兴寺后院，有后殿五间，盖得有些简陋，不如中殿威武，且比前殿矮一些。后殿前一边1棵松树，也是平顶松（图400、图401）。后殿中间供奉如来佛

图 401　大兴庄镇西柏店村常兴寺后殿前另 1 棵松树

泥塑坐像，佛像前边一边 1 尊站像。村里人说佛像是中桥村人陈强“抓”的，他是画匠。西边两间为画像，画的是狐仙，一个是狐仙爷，一个是狐仙奶奶。东边两间空着，过去庙会时在那里开会、吃饭。

农历三月十五为常兴寺庙会，十二日开始搭台，十三至十六日四天。这些村早在二月初二就要商议办庙会事宜，而办庙会也需要花钱的。1951 年、1952 年还办两年庙会，后来就停办了。常兴寺 1968 年拆毁。庙址上现存 2 棵松树、1 棵柏树和 2 通石碑（图 402）及一节经幢，都收录《平谷石刻》书中。其中，1 通石碑为“蔡坨庄、吉卧庄、东石桥、埝坨庄合会公立”的“重修常兴寺后殿碑”，时为民国二十五年，即 1936 年。碑记写到：“常兴寺系建于辽清宁三年，有六面石竭可考。”这里明确写着常兴寺建于“辽清宁三年”。“六面石竭”当指经幢，辽金经幢一般都为八面，1959 年第一次文物普查资料中也记载“前殿东有六楞碑”，应是同一经幢。说“六面”“六楞”或有误，此幢尚存；1 通石碑没有首题，只是额题“功馥万代”四字。石刻书写为“常兴寺捐资碑”，就内容而言，都是中桥、三福庄、管家庄、陈粮屯、后芮营、河奎庄、西鹿角、许家务、莲花潭、杨家桥、西胡家务、周村、唐家庄、埝头庄、蔡家坨、大兴庄、兴隆庄、东柏店、韩屯、梁庄子、吉卧庄、东石桥、西柏店等村人施舍钱款数，如“芮家营郝万福施钱一百吊”。这或为碑阴，碑阳也许有碑文，且写明重修捐款时间的。但从款额数量为吊来看，应为明清之时碑

图 402　大兴庄镇西柏店村常兴寺遗址现存 2 通石碑

刻。经幢（图403），为八角直棱，汉白玉石质，只存幢身，高100厘米，上面直径29厘米，底径30厘米，三面题记，记述常兴寺庙产数，其余镌刻经文。经幢有镌刻有辽清宁三年立石字样，当为辽代建庙时所立经幢，至今已900多年。全区目前所存最早的碑志即为辽时，仅有4通（方），这是其一。照片拍摄于2007年2月，经幢尚完整。2013年3月再前去察看经幢，已残破一角，散落地上，尚可复合。

图403　大兴庄镇西柏店村常兴寺中殿前月台东侧柏树下经幢

作为供奉观音菩萨的庙宇，西柏店村常兴寺规模较为宏大，格局较为完备。

观音堂，位于村东北，坐南朝北，又称倒座观音。庙为一大间，前有月台，没有院落。庙内为观音泥塑坐像，怀里抱着一个小孩，应该是送子观音了。村里人说，过去一个孩子，10来岁时憋不住尿了，就到观音堂里，对着观音怀里的小孩尿尿，说把你跐坏了，结果真的把小孩腿跐坏了。观音堂毁于20世纪50年代。

204. 西石桥村

西石桥村，旧有道教庙宇五道庙。

五道庙，位于村西头，坐北朝南，面阔一间，画有五道等神像，1958年拆毁。

2007年3月，西石桥村刘福成参加调查座谈，时年84岁。他记得在抗战时期，也就是在20世纪40年代时，西石桥村仅49户人家，不到200人。到2007年时，已达204户，620人了。

205. 周村

周村，由5个自然村组成，村东头为东街，是四队；东街西边为赵家胡同，是四五队；村东北为北岗子，是六队；村西边为西庄，是一二队；赵家胡同西边为西街，又称老街，老街有前后街，是三队。全村旧有纪念性祠庙老爷庙、道教庙宇五道庙3座及佛教庙宇庵庙、菩萨庙和1座无名庙。

老爷庙，位于村老街前街西头，坐北朝南，南北长约5丈，东西宽约3丈。南面为山门，门外为1丈高石台，台前有石阶，台阶下一边1尊石狮子。石台上，东边1棵大榆树，头朝下长着，村里人相传说是“老爷灯笼”。榆树长得都出古了。进山门后是一道砖砌影壁，两边有字。影壁北边东侧，有一铁铸的“和尚”站像，1人多高，如塔似的，三节，中间是空的，可以烧香，上边有铁帽子，如和尚头，下雨不漏。铁和尚北边有1大钟。大殿面阔三间，前出廊。在廊东面悬挂着1口大铁钟，约有1人高，上面铸有铭文，都是当年建庙捐款人的名字。殿内神台上，供奉着3尊泥塑像，中间为关公坐像，红脸。关公前面两边有2尊侍立像。台下两侧，各有2尊泥塑侍立站像。殿内绘满壁画，为三国故事。大殿西侧有1间耳房，为看庙人住。院内有1棵槐树，没有碑刻。老爷庙毁于1964年。

五道庙，全村有3座。一在西庄，一在赵家胡同南头，一在六队东头，都是一间，画像。赵家胡同南头那座，坐北朝南，前边有十几步台阶。据说1942年发大水，把五道庙的香炉都漂走了。1958年发大水，跟五道庙台平了，庙台足有1丈高。3座五道庙都已无存。

庵庙，位于村老街西北角，西庄东边，过去西庄与老街相距约半里多地。庵庙坐北朝南，东西宽约5丈，南北长约5丈。南面为前殿，面阔两间，前有六七步台阶。前殿两边各辟一小便门。西侧有2棵大柏树，约2搂粗细。东侧倚墙1棵大杨树，约2米多粗。站平谷城头能够看到这棵大杨树，抗战时期日军就在城头瞄着大杨树打周村。前殿设前门，殿内供奉1尊泥塑坐像，两边还有小像。其中有1尊小铜像，三四十公分高，一手指天，一手指地。庵庙有大殿三间，前出廊，殿内神台上有3尊泥塑坐像，比人略高，墙上绘有壁画。村里人不知供奉的是什么佛像。大殿两边有东西耳房各两间，西耳房住看庙的。大殿前有东厢房四间，西厢房两间，新中国成立前村里小学就设在这里，东厢房可以摆放三溜桌子。院内没有碑刻，在大殿前西侧有 2 棵柏树。庵庙不知建于何时，佛像毁于 1947 年，建筑于 20 世纪 60 年代拆毁。

庵庙西边有一座王家坟，据说是一夜冒咕出来的。那座坟比大门还高，比周村西庄街口都高。北岗子西边是个大土岗，庵庙正建在龙头上。庙西边有 1 眼井，庙东边也有 1 眼井，说是 2 只龙眼。东井现在还存在，据说打水水筲掉井里，水筲会从村南二三里远的阎王坑（又称窑缸子）里出来。阎王坑那里是洳河，从西北流来，过村南，往西南流去，汇入泃河。在周村这一段，村里人称周村河。由于庵庙这里的地势是道龙岗，上边有观风水星相的，观出来了，说这里要出皇上。所以，就在这里修建一座庵庙，庙东南十五六丈远处，建一座老公坟，相传庙里还有一个皇上大印，就是为镇庙西那座坟的。老公坟前有小石桌子、小石碑及石香炉。现在都已无存。

菩萨庙，位于赵家胡同南头西侧，五道庙东北角三四丈远处，坐北朝南，为一大间，砌筑有神台，神台上供奉泥塑菩萨坐像，抱着一个小孩，是送子观音，连神台有 3 米高。庙前三四丈的地方，有 1 棵松树。正月十五挂灯笼，灯笼上画的都是《西游记》故事。菩萨庙早已毁。

无名庙，位于周村西庄西头，坐北朝南，南北长约六七丈，为两进殿。从山门进去，前殿面阔三间，前有 2 棵松树。前殿没有后门，需从前殿东侧走向后院。后院有正殿三间，没有耳房。村里人记不得庙里供奉什么神像了，是佛教还是道教，甚至连庙的名字，都无法说清。此庙毁于 20 世纪 60 年代。

206. 周庄子村

周庄子村，旧有道教庙宇三官庙、五道庙。

三官庙，位于村西头街道口。民国《三河县新志》“庙宇”中记载周家庄有“三官庙”，与村里人所说一致。

三官庙坐北朝南，东西宽约十五六米，南北长约 20 米。南为山门，一般农村一样的老门楼。山门东侧 1 眼水井，井东边 1 棵老槐树，约 2 搂粗；井西边 1 棵老槐树，约 2 搂多粗。院内，进山门后，一边 1 棵老槐树，东边那棵 1 搂多粗，西边那棵2搂多粗。有西厢房两间，存放杂物。北为正殿三间，前出廊，西耳房一间。耳房过去存放杂物，后来一建学校，就住老师了。西耳房门后头，是个地道口，1944年挖地道时全村共挖3个地道口，这是其中之一。殿内砌筑神台，神台上供奉天官、地官、水官3尊泥塑坐像，神像高约2米。至今人们还记得三官全称为“三元三品三官大帝”。两山墙前一边2尊站像，有一拿刀，有一拿枪，有一拿鞭，有一3只眼，或为道教护法神了，如拿鞭的有可能是王灵官。

过去村里人往往在农历大年三十黑夜去庙里上香，正月十五搭灯棚说书，农历六月二十四上供。过去讲究六月挂锄说书，三官庙一进山门有一道影壁，以砖垒砌，院里搭满罩棚，说书人就靠着影壁，面朝北说书。三官庙于1947年推倒神像，改为小学，20世纪60年代末拆毁。

五道庙，位于村东头南街，坐北朝南，仅为一小间，没有树和石碑。庙内画像，村里人说，北墙正座画的是南海观音，东山墙画的是大鬼钟馗，西山墙画的是个小鬼，叫小亳。这是与其他五道庙不同处。或许北墙还应该有五道等其他画像的，村里人没说。如果画的主要是观音菩萨像，那就是菩萨庙了。村里有人去世了，家人是来这里报庙烧纸的，这确实是一座五道庙，毁于20世纪50年代。

村里人谈起周庄子来历，说是全村人都姓周，一说从山西大槐树下来的，一说从山东来的，而山东是大榆树。周庄子老祖坟在后芮营，那里有7座坟头，老祖宗周尚文就埋在那里。村后有老苇塘，百十亩，长满苇子，里面生存着各种鸟。周庄子后来的祖坟在村南，老周家人去世了，都安葬在那里。祖坟上都是杨树、杜梨树和橡子树。过去村会里有10多亩地，各家轮流坐庄。该谁家值年，就管那10多亩地，打的粮食、收的柴火都归那家。到清明节上坟时，那家要管全村人的饭，这就是吃“关桌”。周家现在已传十五六辈，“福”字辈往上为“景”、“廷”、“德”、“良”、“永”等字。再往上人们说不出来了，十五六辈大约400左右年，相当于明代中晚期时到这边来的了。这对于研究平谷地区人口源流，具有重要价值。

十三、大华山镇

大华山镇，辖20个行政村，旧有大小庙宇80座，分为纪念性祠庙6座、道教庙宇60座及佛教庙宇14座。这些庙宇现多已无存。

207. 陈庄子村

陈庄子村，旧有纪念性祠庙老爷庙、道教庙宇五道庙及佛教庙宇菩萨庙。

老爷庙，位于村东小山上，坐北朝南，面阔一间。庙内为画像，北墙画有3尊站像，中间为关公，红脸，手持大刀。老爷庙毁于20世纪50年代末。

五道庙，位于村西头，坐北朝南，面阔一间。前有小院，东侧辟门。庙内为画像，北墙和东西山墙都有画像。村里人去世了到那里报庙。庙后墙辟一小壁龛，也有画像。五道庙现已无存。

菩萨庙，位于村中间，坐北朝南。南为山门，山门东侧有1棵大槐树，约3搂粗，树干已空。分前后两院。前院，有东西厢房各2间，中间一道墙，贴中墙建一座朝北的韦驮殿。韦驮殿东侧，有一便门，可进入后院。这座韦驮殿就在后院南面，面阔一间，供奉2尊泥塑像，一是韦驮，一是土地神，俗称土地佬。北为正殿，面阔5间。西侧有耳房3间。殿前有东西厢房各5间。正殿前出廊，廊东侧有1口铁钟。殿前有1通石碑，现存村委会前公园内，已碎裂（图404、图405）。碑上有“大清乾隆十年”（公元1745年）及“观音菩萨”等字迹，是1通功德碑。《平谷石刻》一书中，收录了此碑碑文，

图404　大华山镇陈庄子村菩萨庙功德碑

图405　大华山镇陈庄子村菩萨庙功德碑碑座

碑上字迹多已漫漶不清，首题应为“重修观音菩萨殿记”，即清乾隆十年为重修。碑文中也说，“观音菩萨庙不知何人，始于何时”。清乾隆时就不知道谁建的，什么时候建的了。正殿内供奉3尊坐像，都有坐骑，中间为观音菩萨。墙上画有壁画，梁架饰以彩绘。在前廊内东西两山，画有哼哈2将。农历二月十九为观音菩萨生日，晚上添海灯，碗大的一个玻璃的灯，用铁丝吊着，里面放上棉花搓的灯芯。菩萨庙毁于20世纪70年代末80年代初。

208. 大华山村

大华山村，旧有8座庙宇，包括纪念性祠庙药王庙、老爷庙、道教庙宇五道庙3座及佛教庙宇梨花庵、菩萨庙2座。

药王庙，位于村西头。

民国二十七年《密云县志》绘有西方庵平面图（图406）及简略记述，看内容与调查资料比照，西方庵和药王庙应是一座庙宇：寺名，西方庵。所在地，大华山村西。主持僧人，无。在寺僧人数，无。寺之沿革，据村人云：闻此庙为清道光年重修，至建于何时？因无遗迹，未能详查。庙产，并无庙产，庙中房屋，现为乡公所暨初级小学占用。庙为瓦房。占地一亩二分。

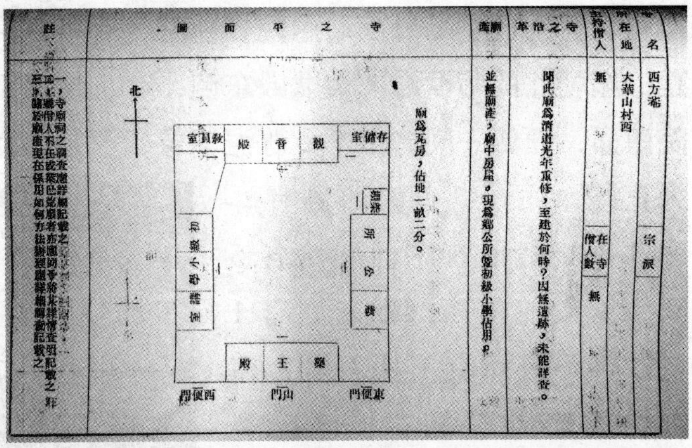

图406　民国二十七年《密云县志》所绘大华山村西方庵平面图

志图所绘西方庵，坐北朝南，南为前殿药王殿，面阔三间，辟前后门。殿东西两侧筑墙，且辟东西便门。从药王殿后门或东西便门进入院内，有东配殿各三间，东配殿为乡公所，东配殿北山墙边建柴棚一小间；西配殿为初级小学讲室。北为正殿观音殿，面阔三间，东西耳房各两间，东耳房为存储室，西耳房为教员室。

在与村里人调查座谈中，村里人也说药王庙与村东头菩萨庙并列，所建庙宇格局一样。

药王庙坐北朝南，有前后两进殿。东西宽约9丈，南北长约15丈。前为空院，药王殿两侧一边一座便门。药王殿前约10来丈远，建一座戏台，为石头所垒。药王殿面阔三间，殿内供奉药王泥塑坐像，墙上绘有壁画。药王塑像背后，塑有韦驮站像，手持金刚杵。后院，为菩萨殿，殿前东侧1棵古柏，约1尺多粗。柏树南边1棵银杏树，至今尚存，已有1米多粗（图407）。菩萨殿前有东西厢房各3间，厢房住看庙的等。菩萨殿面阔三间，东西耳房各三间。菩萨殿前出廊，殿内供奉1尊菩萨泥塑坐像，前边还有不少小铜像，高约四五十公分。1947年推倒神像，改为小学。后陆续改建，至20世纪80年代初全部拆毁。现在还是村小学，原菩萨殿处已为东西向宽阔大道，老银杏树在小学房后，大道南侧，为一级古木，围以护栏，加以保护。

图407　大华山镇大华山村药王庙后殿前银杏树

老爷庙，位于村中心，坐北朝南，西侧辟门，下砌7步台阶。老爷庙面阔一间，殿前廊下东侧有1通石碑。殿内为关公泥塑坐像，红脸庞。关公前，东有周仓，持大刀；西有关平，握宝剑。关公像后面，塑有韦驮站像，持金刚杵。墙上画有关公过五关斩六将等三国故事。老爷庙毁于20世纪50年代。

五道庙，全村有3座。一在村东南，过去归平谷、密云两县管辖。坐北朝南，面阔一间，画像，村东部人家有人去世了来这里报庙。毁于20世纪60年代；一在村中间，过去归怀柔县管辖。坐北朝南，面阔一间，画像，村中部人家有人去世了来这里报庙。毁于20世纪六七十年代的“文革”之时；一在村西北，过去归密云县管辖。坐北朝南，面阔一间，画像，村西部人家有人去世了来这里报庙。毁于20世纪六七十年代的“文革”之时。

梨花庵，位于村东北。

民国二十七年《密云县志》绘有梨花庵平面图（图408）及简略记述：寺名，梨花庵。所在地，大华山村东山坡。主持僧人，无。在寺僧人数，无。寺之沿革，庙已荒废，保管无人，细辨破钟字迹，为清嘉庆年重修，至建于何时？无从查考。庙产，并无庙产。庙基占地一亩六分，均瓦房。

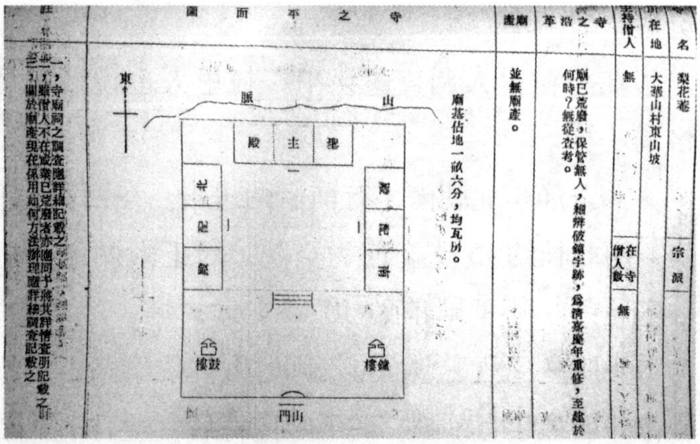

图408　民国二十七年《密云县志》所绘大华山村梨花庵平面图

志图所绘梨花庵，坐东朝西，西为山门。进入院内，东南角有钟楼，西南角有鼓楼。东为一片高台，上三四步台阶，有南北配殿各三间，东为主殿名圣主殿，面阔三间。庙后面为山。

从志书所记可看出庙宇布局等，而调查所记更为细致详实。

梨花庵坐东朝西，南北宽约5丈，东西长约十几丈。西为山门，一座民居式的门楼。山门前建有一道影壁，以砖垒砌。进入院内，东南有钟楼，一间见方，悬挂1口大铁钟，高约2米，直径约1米多。大殿前南侧有1棵柏树，1搂多粗；北侧有1棵银杏树，2搂多粗。树西边一边有厢房各三间，靠着钟楼。殿前南侧还有1通石碑。大殿面阔五间，前出廊。殿内供奉3尊泥塑坐像，中间坐像坐着鳌鱼，两边坐像1尊坐着狮子，1尊坐着大象。佛教中往往是文殊菩萨坐着狮子，普贤菩萨坐着大象。联系到梨花庵主殿为圣主殿，故坐鳌鱼的或为释迦牟尼佛法身毗卢遮那佛了。在华严经中，文殊菩萨以智、普贤菩萨以行辅佐释迦牟尼佛法身毗卢遮那佛，故称“释迦三尊”，又称“华严三圣”。大殿前还有南北配殿各一间，南配殿为岳王殿，供奉岳飞泥塑坐像，两边还有站像；北配殿为达摩殿，供奉达摩老祖，两边也有站像。在山门前南侧，有一片和尚坟，分布着10多座坟头，坟中间建一座砖塔，约3丈多高，塔有底座，中间大肚，上边一尖。从当地人所叙述的形状看，这座塔应该是覆钵式喇嘛塔。大华山村为明代建村，据说这座庙也建于明代。梨花庵1946年拆毁。

菩萨庙，位于村东头。

民国二十七年《密云县志》绘有东方庵平面图（图409）及简略记述，细看内容与调查资料比照，东方庵和菩萨庙应是一座庙宇：寺名，东方庵。所在地，大华山村东。主持僧人，无。在寺僧人数，无。寺之沿革，据村人云：庙为前清道光年重修，至建于何时？因荒废已久，无从稽考。庙产，并无庙产。庙为瓦房。占地一亩四分。

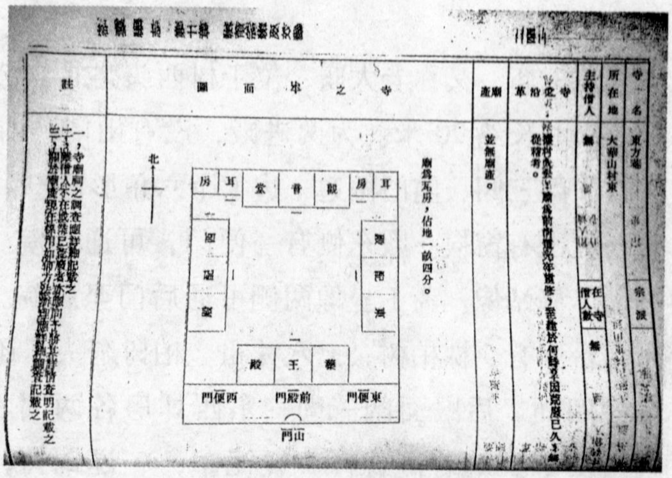

图409　民国二十七年《密云县志》所绘大华山村东方庵平面图

志图所绘东方庵，坐北朝南，南为山门。进入山门后便是前殿药王殿，面阔三间，辟前后门。前殿东西两侧筑墙，且辟东西便门。从药王殿后门或东西便门进入院内，有东西配殿各三间，北为正殿观音堂，面阔三间，东西耳房各两间。

志书记述了庙宇布局等，与调查的情况可互为补充。

菩萨庙坐北朝南，有前后两进殿，前殿为药王殿，后殿为菩萨殿。东西宽约9丈，南北长约15丈。药王殿前为空院，药王殿面阔三间，有前后门，殿内供奉药王泥塑坐像，后为照壁，塑有韦驮站像，墙上画有壁画。后院，为菩萨殿。殿前有东西厢房各三间，过去村里人没有房子的，就住这里。菩萨殿面阔三间，有东西耳房各三间，也住有没房的穷人家。菩萨殿前出廊，殿内一座神台上，供奉观音菩萨等3尊泥塑坐像。菩萨庙有后院，约2丈多宽。过去农历二月十九为观音菩萨生日，进行走会，俗称灯花会。菩萨庙于20世纪40年代末拆毁。

小菩萨庙，位于村北，建在一座孤零零的土包上。小菩萨庙坐南朝北，面阔一小间，约2平方米见方，砖抱角，石砌墙芯。庙内为画像，毁于20世纪六七十年代的“文革”之时。

209. 大峪子村

大峪子村，旧有纪念性祠庙药王庙、道教庙宇真武庙、五道庙2座及佛教庙宇尼姑庵。

药王庙，又称老大庙，位于村西头路北，松塔山前，坐北朝南，东西宽约20米，南北长约20米。为两进殿，没有山门。前殿药王殿，前临东西向马路。药王殿面阔三间，前门两边一边1个六角形窗户，村里人俗称“海眼”，约80公分直径，没有窗棂。殿东侧有一便门，可通后院。殿内供奉药王孙思邈泥塑坐像，一边1尊站像。药王坐像两侧可通后门至后院。后院大殿前建有月台，台高约1米，台下有5棵柏树，七八寸粗。柏树东头，还有1棵大黑枣树。殿前有东西厢房各四间。后殿面阔三间，东西耳房各两间。殿内供奉3尊菩萨像，一说泥塑，一说铜铸，中间为观音菩萨，两边为文殊、普贤菩萨。后殿前东侧悬挂1口铁钟（图410），现存村委会内，上铸铭文：“今为京都顺天府北路厅昌平州怀柔县寅洞里大峪庄居住”，下为“刘天纯、刘德、杨自甡”等诸多人名，落款时间为“大清宣统元年”，即公元1909年。庙内先住和尚，后为老道。经过4任老道，最后一个老道名崔四儿，本村人，死于20世纪60年代。过去农历四月二十八为药王庙会。药王庙毁于1958年。

图410　大华山镇大峪子村药王庙内铁钟

真武庙，大峪子村过去分东庄西庄，真武庙位于东庄村北后山，坐北朝南，面阔一间，供奉真武帝泥塑坐像，一边1尊站像。当地传说，后北宫村一小庙朝北，这座小庙朝南，对着修建。真武庙毁于20世纪60年代初。

五道庙，全村共有2座。一在村西，药王庙西侧，又称七圣庙，坐北朝南，面阔一间，画有小鬼、判官等像。毁于1958年；一在村东，坐北朝南，面阔一间，画像。早已无存。

尼姑庵，位于村北松塔山后山洼处。村里人没见过，只是听说，不知什么时候建的，也不知什么时候毁的。

210. 东辛壮村

东辛壮村，旧有道教庙宇五道庙及佛教庙宇铁佛寺。

五道庙，原位于村西，现为村中心。坐北朝南，庙前一道影壁，影壁东边有3棵大槐树。五道庙面阔一间，为画像，北墙画有苗王、虫王、山神、土地等四五尊神像。两山墙也画有山水画或者大铁链串着做坏事人等劝人向善的图案。五道庙毁于20世纪60年代初。

铁佛寺，过去位于村北，现为村中间，坐北朝南，东西宽约15米，南北长约15米。南辟山门，为一座门楼，对开红木门。门楼前边有一座戏台，在戏台和山门之间有一座石桥，道沟峪水由这里流下去。戏台四周以石头所砌，台面铺土。戏台一边约10米宽。桥南头一边1棵大槐树，各有2搂多粗。院内，有东西厢房，西厢房内念私塾，东厢房内存放杂物。院内没有树和石碑，以石头墁一“十”字甬路。北为正殿，面阔三间，东西耳房各两间。耳房住和尚和存放杂物。

大殿内，砌筑一座神台，约1.1米高，神台上供奉5尊铁像，分别坐莲花座上，莲花座为泥塑。中间1尊为观音菩萨，略显高大，高约1米；其余4尊不知名字，略矮。两山墙前有塑像。东山墙前为关公，南北两边有周仓持大刀和韦驮持金刚杵侍立像；西山墙前为药王坐像，一边1尊侍立像。据说过去大庙挨过大水冲，药王爷没找到，就使泥塑像了。戏台东南一家，打萝卜窖时，打出了铁韦驮像，就供在了关公旁边。

图411　大华山镇东辛壮村立庄时所栽古槐

大殿墙上画有壁画，画有玉皇大帝、济公等神像。大殿前出廊，廊东侧悬挂1口铁钟，高约80公分，铸有铭文，为铸钟年代、捐款人名等，是1口功德钟，钟上男人名字多。殿内还有一大罄，上面也铸有许多名字，罄上女人名字多。

村里人一般初一、十五烧香。过去翟各庄天一旱，就来庙里求雨。

相传过去铁佛寺是两进大殿，发大水时冲毁了，再建时就建一进大殿了。

铁佛寺毁于1958年。村里人把铁佛藏在了炕洞里，后来又砌在五道庙里。1964年“四清”运动中，挖出来砸毁了。

村中1棵古槐，半边都空了（图411）。村里人说，一立庄就栽上了，应该有1000多年了。村里人甚至认为立庄近2000年了。

211. 挂甲峪村

挂甲峪村，旧有道教庙宇五道庙2座及小山神庙7座。

五道庙，全村有2座。一在村南山上，坐北朝南，面阔一间，庙内北墙为画像，前面摆着5个香炉，东西墙画有七十二司壁画，庙毁于20世纪50年代末；一在村北一队，坐北朝南，面阔一间，庙毁于20世纪50年代。庙前东侧有1棵大槐树，2搂多粗，连树杈都空了，1958年吃食堂给放了。

由于过去居住分散，在一些人家附近，就以几块石头搭的小山神庙，共有7座，现都已无存。

图412　大华山镇挂甲峪村2005年新建龙王庙全景

另外，在这些庙宇之外，挂甲峪村于2005年新建一座龙王庙（图412），南为山门，大殿三间，单檐硬山顶，合瓦垄。东西厢房各三间，单檐卷棚顶。东厢房住道士等。大殿前立着2通古碑碑首，都是蟠龙的螭首（图413），不知原碑树在何处庙宇。尤其东侧碑雕刻得很精致，当年规格不低，似是清代碑刻。大殿内正座供奉龙王泥塑坐像，一边2尊泥塑站像，似是雷公等。庙内住有道士。其中一位很年轻，名高钰（图414），自称邱（处机）祖二十七代弟子，老家安徽，隶属于北京道教协会。问年龄，答“道不言寿”。

图 413　大华山镇挂甲峪村新建龙王庙内所立西侧碑首

图 414　大华山镇挂甲峪村新建龙王庙内所住年轻道士高钰

212. 后北宫村

后北宫村，村名来历据说与明朝一个太监来这里修建庙宇有关，在前北宫修建了一座灵岩寺，后北宫修建了关帝庙。那太监姓梁，为自己在村南大木顶山底下修了老公坟。这个说法与前北宫村所说类似。现在村委会院内，还保存一扇出土的石墓门。

后北宫村旧有纪念性祠庙关帝庙、道教庙宇五道庙、财神窑、马神窑及佛教庙宇菩萨庙。

关帝庙，位于村西部，现在村委会所在地，坐北朝南，有前后两进殿。山门前有 1 棵大槐树，3 搂多粗，树心已空，小孩可在里边玩耍。前殿面阔三间，前出廊，廊东侧地上有 1 口铁钟，约三四十公分粗，高约六七十公分，铸有铭文。东西耳房各一间，东耳房为门，西耳房过去养猪等。殿内供奉关帝坐像，金脸，关帝两边有 2 尊站像，一捧印，一拿浮尘。东西两山墙前有 4 尊站像，东边是关平、赵垒，西边是周仓、王福。关帝像背后为韦驮站像，面向北。北辟后门，直对后殿。前殿旧有几方大匾，门上一匾为“亘古一人”；西部一匾为光绪年间（公元 1875 ~ 1908 年）重修时捐款人名，即功德匾，村里人说，相传宋朝时就有这座庙了；关帝像上边一匾，书有“忠义同天”。而前殿西北角设一小龛，供一狐仙画像，为一白胡子老人像，龛上写着“有求必应”四字。殿内东西两山墙绘有壁画，为过五关斩六将等三国故事。

后殿，前出廊，殿门前一边1棵柏树，廊东侧有1通石碑，为“大清咸丰三年冬月”立，现存村委会院内，已断为两截，碑首写着“新修庙记”四字，碑身字迹仔细辨认尚可识出（图415）。后殿前有东西禅堂各三间，西禅堂住看庙的老道，东禅堂改作了学堂。过去住着一个老道，是小峪子人，叫龚自和。后来又来一个小老道，叫拃儿头。后殿面阔三间，东西耳房各一间，东耳房为村会头议事之所（相当于现在的村委会）。西耳房为农历六月六求雨及“吃会”时做饭之地。后殿门上悬挂一方大匾，上写“佛光普照”四个大字。殿内砌筑一座大神台，供奉3尊菩萨泥塑坐像，中为观音菩萨；西间供奉文昌帝君，上悬一匾，写有“以育英才”四个大字。西山墙前摆着十大名师牌位，如孔子、孟子等，墙上画一学堂，其中还有“至圣先师孔夫子之神位”的圣人牌位，还有一副对联“栽培新上帝，涵养性中天”；东间供奉2尊坐像，一是药王孙思邈，后山墙画一老虎，据说孙思邈给老虎看过嗓子；一是药圣，不知何人。东山墙前摆着10大名医牌位，如华佗、张仲景等。东山墙上画着一座大山，一老人上山采药等壁画。在后殿西南角设一小龛，供奉眼光娘娘泥塑像，高约四五十公分。后殿东西山墙还画有哼哈二将。

图415 大华山镇后北宫村关帝庙后殿前廊东侧新修庙记碑

后殿墙外，在墙上以砖垒砌一财神窑，朝东，约2尺多高，画有财神比干像。

1946年推倒关帝庙内神像，改作村小学。20世纪50年代末至60年代初将庙拆毁。

五道庙，又称七圣祠，位于村东，坐北朝南，面阔一间，前有小院，西南角辟门，门两边一边1棵大槐树，约3搂来粗。庙内画有7尊神像，中间为龙王，东边为苗神、虫王、五道，西边为财神、山神、土地神。1944年，日军将庙烧毁，说庙里藏粮食。过去有要饭花子，没地方住，夜里就住五道庙中。

马神窑，位于村北后小街，街口北边有一影壁，当时是一家场院的墙壁。在影壁南面辟一神龛，砖垒，约1尺多宽，2尺多高。马神窑正对东、西、南三条道，窑里贴一马王的码子，或者逢年过节贴个黄纸条，上写“马王之神位”。影壁连同马神窑于20世纪60年代拆毁。

菩萨庙，位于村北，临道，坐南朝北，俗称倒坐观音，只有一小间，画有南海观音坐像及善财童子和龙女侍立像。菩萨庙1958年拆毁。

213. 李家峪村

李家峪村，旧有纪念性祠堂老爷庙及道教庙宇五道庙6座。

老爷庙，位于村西庙峪庙刹子沟，原是供奉老爷（关公）的庙宇，现仅存一座老庙台（图416），上辈人也没见过这座庙，说明毁得很早，当地也有此庙建于清光绪年间之说。

图416　大华山镇李家峪村老爷庙庙台

图417　大华山镇李家峪村一条沟里的1棵大核桃树，2人合抱才搂过来

据说庙里有1尊铁铸的关公，一次发大水给冲走了，冲到南边翟各庄，河边人听见喊救人，捞上来，听说是李家峪庙里的，就想送回去。送到东辛壮村，就在那里落座了。那里有座“铁佛寺”，是菩萨庙。铁佛寺确实有1尊铁老爷像，高约80公分。相传翟各庄人去那里求雨特别灵。天旱了，李家峪人也到东辛壮村抬着老爷铁像求雨。

五道庙，全村共有6座。一在村西一队，坐北朝南，面阔一间，画像，画有五道、马王、小鬼等。庙后墙上辟一龛，画有观音菩萨像；一在村西二队，一在村东三队，一在村东北四队，一在村东北五队，都是坐北朝南，面阔一间，画像。还有一在村南六队，俗称佛爷坎，一崖棚上，春节时贴画像。这6座五道庙都毁于20世纪六七十年代的“文革”之时。

李家峪一条沟里，有1棵大核桃树。村里人说，起码有150年以上了，2个人合抱才搂过来（图417），这样粗的大核桃树不多见。李家峪是个小山村，不过百余户人家，500来人。

214. 麻子峪村

麻子峪村，旧有几块石头搭的山神庙2座，属于道教庙宇。一在村西，老尹家所搭，已无存；一在村南，为叶荣秀家所搭，现存（图418）。

图418　大华山镇麻子峪村叶家保存至今的石头搭的山神庙

215. 泉水峪村

泉水峪村，旧有道教庙宇五道庙及佛教庙宇胜泉庵。

五道庙，位于村中间，老村委会东侧约 100 多米处，坐北朝南，庙前一道影壁，影壁北面辟个小壁龛，供奉观音像。庙前 1 棵大槐树，悬挂 1 口铁钟，高约 60 公分。过去若发生了偷东西等事，村里就敲钟，以集合众人。

五道庙，建在一座高台上，前有台阶，没有院。这里为 3 间房屋，东边一间为五道庙，另两间存放棺材、木杠等物。五道庙北墙画有五道等神像，两山墙画有雷公、闪公、风婆等。五道庙毁于 20 世纪六七十年代“文革”之时。

原来胜泉庵有 1 尊关公铜像，高约 80 公分，后来就放在五道庙，村里天旱时，抬着关公像去求雨。过去说大旱不过五月十三，意思是天多旱到农历五月十三也会下点雨的。相传五月十三这天，是关公磨刀的日子，而下的雨是关公的磨刀水。关公铜像后来不知下落了。

图 419　大华山镇泉水峪村胜泉庵后有泉水流出，近年整治了环境

胜泉庵，位于村东神龟岭上，俗称王八盖子山。山形如一只乌龟，据说庙正建在乌龟盖子上。两边有河沟，庙后东南有泉水流出（图 419）。

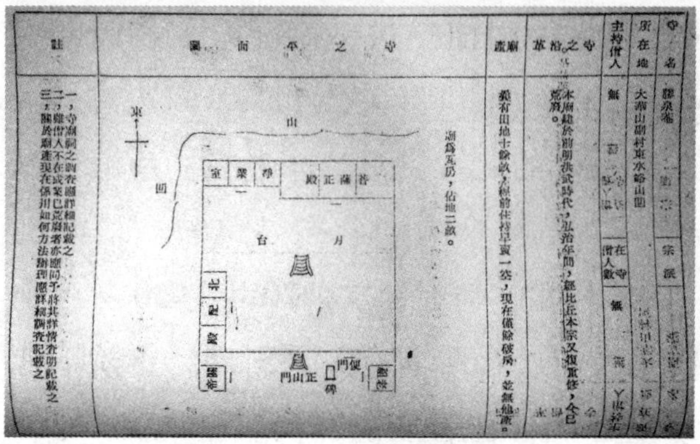

寺名	所在地	主持僧人	在寺僧人數	寺之沿革	廟產
勝泉庵	大華山副村東水峪山凹	無	無	本廟建於前明洪武時代，弘治年間，經比丘本宗又復重修，今已荒蕪。	舊有田地十餘畝，被前住持早賣一空，現在僅餘破房，並無他產。

寺之平面圖：山　東　西　室　業　淨　菩薩正殿　月台　正山門　便門　碑
周圍瓦房，佔地二畝。

註：一、寺廟之創建沿革應詳細記載之；二、雖僧人不在或業已荒廢者亦應問明；三、關於廟產現在係用如何方法辦理應詳細調查記載之。

图 420　民国二十七年《密云县志》所绘胜泉庵平面图

民国二十七年《密云县志》绘有胜泉庵平面图（图 420）及简略记述：寺名，胜泉庵。所在地，大华山副村东水峪山凹。主持僧人，无。在寺僧人数，无。寺之沿革，本庙建于为前明洪武时代，弘治年间，经比丘本宗又复重修，今已荒废。庙产，现有田地十余亩，经前住持早卖一空，现在仅余破房，并无他产。庙为瓦房，占地二亩。

志图所绘胜泉庵，坐东朝西，西为山门，山门前砌筑台阶。山门南面有1通石碑，且辟一小便门。山门前面，依南北展出的院墙，南建老祖殿，北建关帝殿。院内，西北侧，贴北墙和山门墙建北配殿三间。北配殿建在庙前部月台下，院中间，与山门对着，砌筑台阶，沿台阶可上月台。月台宽大，东南角贴东墙与南墙建正殿菩萨殿，面阔三间。正殿北侧建耳房三间，为净业室。

志书还收录了一篇胜泉庵碑文：所在地，东水峪胜泉庵庵门前。建立之沿革，前明弘治年住持僧比丘本宗改建是庙时立此碑记。现况，碑文因残破不堪择要抄录。记载文，密邑东南六十里许，有古迹兰若曰胜泉庵，其东有山名水峪，其西有笔架山，南曰龙山，北曰虎山，泉源激湍绕流庵中。山照廊庑，四围壮丽，真乃祇□之胜境也。惟庵建洪武年间，岁月延深，隳腐不堪。近者，有比丘本宗同诸善眷刘宜等择于旧基，迤东高岩之地，施赀财购营工料，重行改建，并造茄蓝、祖师二所、净灵堂三间，俾神得安其位，人亦有所瞻仰而皈依矣。此碑立于明弘治丁巳年，即明弘治十年，公元1497年（图421）。

图421　大华山镇泉水峪村胜泉庵遗址所存明代重修水峪胜泉庵碑

与村里人调查座谈的情况，与志书所记基本一致。

胜泉庵坐东朝西，东西长约30余米，南北宽约20余米。庙随山就势而建，西为山门，是一座门楼。山门前有1通石碑。山门前一边一座配殿，各面阔一间。北殿供奉达摩老祖，一边还有二三尊站像；南殿供奉关公坐像，两边有持大刀的周仓等2尊侍立像。像均为泥塑。这里所说的北殿供奉达摩老祖、南殿供奉关公，与志图所绘相反。

山门内南侧1口大铁钟，1人多高，二三搂粗，铸有铭文。20世纪50年代初入社时，集体铸犁头了。进山门不远，便是台阶。台阶前有2通石碑。台阶下西南角，有一座石头搭的小山神庙。北有厢房三间，住看庙的和尚。据说是“武”和尚，飞毛腿，能偷，后来被人打死了。庙南边据说有一座塔，那个地方当地人称为"塔洼"，也有和尚坟。北厢房后来着火烧了，谁也没见过。

东为正殿，面阔三间，前有2米宽的走廊，梁架饰以彩绘，描龙画凤，红柱子（图422）。正殿檐下悬挂一方大木匾，上写"胜泉庵"三个大字。殿前有2通石碑。殿内一座大神台，高约1米。神台上供奉3尊泥塑坐像，高约2米。中间为观音菩萨。观音菩萨南边的那尊大像，据说心是金子的，让和尚偷走了。后来推倒时，肚子里都是书，为塑像时装藏之物了。大像下边有好多小像，其中有药王爷、千手千眼佛等，高约60公分。殿内南、北、东墙壁，画有十八罗汉像。

图422　大华山镇泉水峪村胜泉庵遗址残存的柱础

图423　大华山镇泉水峪村胜泉庵遗址

关公铜像，就在庙里，过去有夹皮墙，墙里有洞。天旱了，就抬着去求雨。

胜泉庵毁于20世纪50年代初，现存遗址（图423）、2通石碑，近年新建一殿，较为简陋。

胜泉庵旧有庙会，农历二月十九为观音菩萨生日，庙会三四天，唱大戏等，三里五村的人都来赶会。

216. 前北宫村

前北宫村，旧有道教庙宇真武庙、山神庙、五道庙及佛教庙宇灵岩寺、菩萨庙、姑子庙。

真武庙，位于村西头北大庙西北角，坐北朝南，面阔一间，建一座高台上。

庙内为画像，北墙画有真武帝坐像。真武庙毁于20世纪50年代。

山神庙，位于村南小金山上，坐北朝南，面阔一间。画有山神坐像。20世纪50年代，拆毁山神庙，在那里为3位在抗日战争和解放战争中牺牲的烈士建烈士墓了。

五道庙，位于村中心，坐北朝南，面阔一间，庙内供奉3尊泥塑坐像，两边有画像，画有雷公、风婆婆等，一边画3个。还画一小鬼，拿着勾魂牌。五道庙毁于20世纪50年代。

灵岩寺，旧称金谷灵岩寺，又称北大庙，位于现在村西头，过去在村北头。灵岩寺坐北朝南，东西宽约六七丈，南北长约八九丈。有两道山门，头道门有2丈来宽，对开两扇大黑门。前院为空院，大门西边有2间小房，坐南朝北。二道门两边有墙。二道门前东侧，地上扣着1口大铁钟，高约1.5米。

后院，北为大殿，殿前一边1棵柏树，各有1搂多粗。一边还有1通石碑。大殿面阔三间，有东西耳房各一间，耳房存放杂物。殿前有东西配殿各三间。东配殿内有泥塑坐像3尊，一边1尊站像；西配殿也是3尊泥塑像。村里人不知配殿所供奉的是什么塑像。正殿檐下有一方木匾，上书“西湖灵隐寺”五个大字。殿内，供奉3尊坐像，都坐在莲花座上，每个莲花座四角有1尊大力士。中间为如来佛，莲花坐下还有一鳌鱼。3尊大佛像眉间都有一红点。3尊佛像两边一边1尊站像。3尊佛像背后都有罩碑。两山墙前泥塑十八罗汉坐像，高约1米。在3尊大佛像前，有3个大罄，都有1搂多粗。庙西有跨院，院内有几棵柏树，还有七八间北正房，东西厢房各3间，住看庙的和尚。

过去正月十五搭灯棚，在大门以里，二门以外。1946年或1947年推倒佛像，改为学校。

关于灵岩寺过去有一个传说，说是清朝有个皇上，得了一种病，谁也瞧不好。这夜，皇上做了一个梦，说京东有棵枣树结个大马蜂窝，就派个老公去寻找。老公是北辛庄人，姓梁。他找到前北宫，见一枣树有个锅盖那么大的马蜂窝。带回，献给了皇上。皇上后来治好了病，就建了这座庙。当初想建五层大殿，可老公把这钱就建了后来的一个殿，其他钱给贪污了，修了自己的墓地。皇上知道了，就把他正法了。据说村里人后来在那个地方还挖出了一些石头。而前后北宫的村名也由此来的。2008年在后北宫村调查时，发现村委会院内有一扇石墓门（图424），村里人说这是过去相传的太监修庙时贪污钱款为自己造墓的一扇石墓门。或许历史上确有此事。

图 424　大华山镇后北宫村委会后院西墙边所立一扇石墓门

灵岩寺毁于 20 世纪 70 年代，现仅存 1 通功德碑（图 425），碑首镌刻着“万古流芳”4 个大字，碑身刻满捐款者的姓名等，这或为碑阴，因无法翻看底下那面的文字，故不知碑阳正文书写于何时。此碑现存村委会院内。

菩萨庙，又称南庙，位于村南头，坐南朝北，称倒坐观音。菩萨庙东西宽约 3 丈，南北长约六七丈。前有院，从菩萨庙西山外辟山门，下有台阶。庙为正殿三间，供奉 3 尊菩萨泥塑坐像。还有其他一些神像，大小约有 10 来尊。在这里也搭灯棚。庙后来集体作加工房，毁于 20 世纪 80 年代初。

图 425　大华山镇前北宫村灵岩寺所存功德碑

姑子庙，据传，在三道庵子山，有一座姑子庙，后来毁了，姑子就把佛像搬到菩萨庙，都是木雕佛像，高约三四十公分。

217. 山门沟村

山门沟村，由石窝子、山门沟、老官顶组成，旧有道教庙宇龙王庙、五道庙及佛教庙宇石佛寺。

龙王庙，位于村东半山间石佛寺下面，有一小井，庙在井东侧，坐东朝西，面阔一间，为老孙家人所建，大概有 100 多年了。庙内为画像，东墙正座画有龙王坐像，龙王两边一边有 2 尊画像，有苗神、虫王、财神等，共 5 尊神像。前面摆 5 个泥香炉。南北两山墙画有小鬼、判官、牛头、马面等。过去这一带的村里人去世了来这里报庙，天旱了也来这里求雨。龙王庙毁于 20 世纪 80 年代。

五道庙，位于村中间石窝子，坐北朝南，面阔一大间，约有30平方米。庙内画像，毁于1965年前后。

石佛寺，位于村东半山间，据说建于唐代，村里人曾见过一半截残碑，上有“辽代重修”字样，残碑现已无存。早年山洪暴发，庙被泥石流冲走了。据传，大辛寨庙有座石佛，就是山门沟石佛寺的佛像。当时山洪把半个山冲下来，石佛被冲到大辛寨那个地方，喊救人，村里人捞上来一看，是尊石佛，就地建庙供奉。大辛寨村有“扳倒井，自来佛”之说。那一带是村里老孙家人居住，庙址那片地方过去是孙家坟，挖墓穴时曾挖出过大青方砖。

218. 苏子峪村

苏子峪村，旧有道教庙宇五道庙5座。

一在村西，坐北朝南，面阔一间，庙内有2尊泥塑像，两山墙有画像。泥塑像塑得很凶，孩子们看了害怕，一般不敢进去；一在村东北，俗称“台上”。坐北朝南，面阔一间，中间垒一堵隔断墙，南为五道庙，北为菩萨庙。都是画像。五道庙里有四五个香炉；一在村东，坐北朝南，三五块石头搭的，那一片七八户人家死人了都去那里报庙；一在村北，坐北朝南，面阔一间；一在村东北山坡上，坐东朝西，面阔一间，由康凤田家所修，庙内供奉2尊木雕神像。5座五道庙现均已无存。

另外，在村东2里的山腰，有一个滴水潭，过去潭上住有几户人家，饮用潭里的水。民国二十四年《三河县新志》记载：“滴水塘，苏子峪山，在邑北七十五里。山腰居民数十户，自为村落。惟无水，饮料甚难。幸山峰下有滴水塘一处，水自石隙涌出，滴至塘中，昼夜不息，水质甘洁，足供数十户居民之用。最奇者，塘中生蛤鲜米，味甚美，人争取之。虽产量无多，亦特品也。”滴水塘即

图426　胜利村1966年搬迁至此时，由移民办帮助盖的房子

村里人所谈的滴水潭，现存，水从石隙流出，且有虾米随水浮游出来，或许是志书所说的“蛤鲜米”了。民国十三年（公元1924年），村里人在潭西侧崖壁凿一小龛，高约六七十公分，宽约四五十公分，深约10余公分。凿后以白灰抹面，村里人康功田以毛笔书写一副对联，上联为“龙潭金玉液”，下联为“滴水涌琼浆”。横批“滴水长流”。中间没有塑像，也没有画像，在小龛上摆有一个小泥香炉。村里人说，这应该是一个小龙王庙。小龛现存，笔迹可见。

219. 胜利村

胜利村，为1966年修西峪水库时，从上镇村搬迁而来，属于新建村落，没有庙宇。尚存当时由移民办帮助盖的最初的一座房子（图426）。

220. 梯子峪村

梯子峪村，旧有道教庙宇五道庙5座。

五道庙，全村有5座。一在村北老胡家西房山处，坐北朝南，那片人家有人去世了去那里报庙；一在村西南，坐西朝东，张家人去报庙；一在村中，坐西朝东，老高家、老王家报庙；一在村二队，卧龙峪，坐西朝东，老陶家报庙，那里就三四户。这4座五道庙都是石头垒的，各高约1米，1米见方。还有一座在村东南，老王家报庙，约2米多高，2米见方。

图427　大华山镇梯子峪村边有六七棵大核桃树，树龄大约有500年以上了

这5座五道庙，到春节时也贴土地神等神像，都毁于20世纪60年代。

梯子峪村边有六七棵大核桃树（图427），树龄大约有500年以上了，依然枝繁叶茂。

221. 瓦官头村

图 428　大华山镇瓦官头村五道庙前老槐树

瓦官头村，旧有道教庙宇五道庙。

五道庙，位于村街里，坐北朝南。庙前建一道影壁，砖垒，两面画有松柏等。五道庙面阔一间，庙内为画像。北墙画一大坐像，两山墙画有小像。庙内有一方小匾，写着建庙年代。毁于20世纪六七十年代的“文革”之时。

图 429　大华山镇瓦官头村五道庙前老槐树局部

五道庙前东南角有1棵古槐，据说没立庄就有了，南部还有1眼老井。村里人不知啥时立的庄，只记得过去叫瓦关楼，一说叫瓦缸楼，或说村东山根旧有大庙，或说有白楼，上世纪60年代在那地方挖防空洞时挖出过瓦片。看来一定有过什么建筑，很早就毁了，村名也许与此有关。而这棵古槐，村里人说咋着也有300多年了。槐树现存，约六七搂粗（图428）。树南部先有一大杈，一天夜里刮大风给掰了下来。但见大槐树中间空的都裂开了，可以钻过人去。树南部半拉空没了，只剩了树北部的少一半，里边自己又复生出了树皮(图429)。过去槐树上挂1口铁钟，约2尺多高，1尺半直径，上面铸有村里张氏家谱。铁钟在“文革”中被人砸碎，卖废铁了。大槐树过去倚着墙，墙上的一块石头竟长进了树里，被包裹上了，这需要多长时间！大槐树上生有脸盆大的树瘤，人老生癍，树老生瘤。所以，这棵大槐树应该不止300多年，全区尚未有如此粗大如此空洞的古槐。

222. 西牛角峪村

西牛角峪村，旧有道教庙宇五道庙3座。

五道庙，一在村东，也称虫王庙，坐北朝南，面阔一间。庙内画有好几个神像。村里人去世了，去那里报庙。春节时，上猪头大供。天旱时也去那里求雨。

毁于20世纪60年代；一在村西北大洞，坐北朝南，石头垒的，没有画像。附近二三户人家的人去世了，去那里报庙。后来没人用，就坍塌了；一在村西北，那里是二队。坐北朝南，面阔一间，石头垒砌，上边以石片搭盖。没有画像，二队的人去世了去那里报庙。毁于20世纪70年代。

223. 小峪子村

小峪子村，旧有道教庙宇真武庙、五道庙及佛教庙宇菩萨庙。

真武庙，位于村北，建在一座高台上，坐北朝南，面阔一间。庙内供奉真武帝泥塑坐像，前面有2尊站像。墙上绘有壁画，其中有龟和蛇的画像，据说那是真武帝的肚子和肠子所变。真武庙毁于20世纪六七十年代的“文革”之时。

五道庙，位于村街里北井沿北边，坐北朝南，面阔一间。庙内为画像，画有阎王爷等。五道庙毁于20世纪50年代初。

菩萨庙，位于村东头，坐北朝南，东西宽约八九丈，南北长约10多丈。南为山门，一座砖砌门楼。山门前东南角建一座戏台，石头砌造。山门前东侧有2棵大槐树，一二搂粗；西侧有1棵槐树，约2搂多粗。进入山门，横砌一道墙将庙分为前后两院。前院为空院，中墙辟有3个门，中门最大，两边为两个便门。后院，北为正殿，殿前有东西厢房各四间，东厢房存放杂物，西厢房民国年间改为学校。大殿面阔三间，东西耳房各两间，西耳房住老师，东耳房住看庙的。大殿前有月台，月台东侧1棵柏树，1搂多粗；西侧1通石碑。月台前一边1棵松树，各有1搂多粗。大殿内供奉观音菩萨坐像，下坐一独角兽，在同一神台上一边1尊泥塑站像，应是善财童子和龙女。两山墙前一边1尊泥塑站像。过去农历二月十九为庙会，唱戏、说书等，有时还请两台班子唱对台戏。菩萨庙毁于20世纪六七十年代的“文革”之时，那地方盖知青住房了。

图430　大华山镇小峪子村北老象峰

村北山中有一峰似像，得名老象峰（图430），近年开辟为风景名胜区。

224. 西长峪村

西长峪村，旧有道教庙宇五道庙3座及小山神庙4座。

五道庙，全村有3座。一在村一队邢家台，坐北朝南，面阔一间，顶覆小灰瓦，庙里白灰抹墙。庙内画有龙王、山神、土地神、虫王、苗神、五道等神像，摆着3个泥香炉，中间香炉略大，两边香炉略小。在3座五道庙中，这座最为精致。一队人去世了到那里报庙；一在村二队梁家台，坐北朝南，面阔一间，庙内为画像；一在村三队后山坡，坐北朝南，面阔一间，有供台，没有画像。3座五道庙都毁于20世纪50年代。

小山神庙，全村有4座，因人家居住散落，就在一些人家附近，以三五块石头一搭，就是一座非常简陋的小庙，北部山区这样的小庙较多。西长峪村的4座小山神庙，有3座在村东南闷勒儿峪，那里有3户人家，1家1座。其中，一家姓王，小山神庙搭在山沟里边；两家姓邢，小山神庙一搭在沟中间，一搭在沟门口。还有1座，搭在村西李家北台。这4座小山神庙，高约五六十公分，宽约六七十公分，写个红纸条贴石头上，到春节时也贴挂贴等，里边也摆个小香炉，逢年过节也烧香上供，甚至家里有人去世了，也在这里烧纸报庙。约在20世纪60年代，拆毁小山神庙垒坝墙了。

据《平谷地名志》记载，西长峪村清道光年间成村，始以姓得名，称李家台。这与村里人所述有出入。作者于2013年3月就寺庙等一些具体情况再次进村调查，77岁的李德林与71岁的梁树芳两位老村干部参加座谈，他们一致公认，西长峪村梁家来得最早，李家随后来的，邢家等后来才来。李家过去有家谱，祖根是山东，这一脉是从大华山镇大华山村搬来，有八九辈了。李家供祖宗第一个是李显耀，往下依次为李旺、李久泉、李长春、李鹏、李德林。李德林之子李学忠、孙李辉。李家至李德林为六辈儿，大致150年左右，或在清咸丰（公元1851～1861年）之时，来此落户，至早超不过道光（公元1821～1850年）晚期。而梁家也是山东祖根，这一脉从王辛庄镇辛庄子村搬来，供奉的始祖是梁宗合，往下依次为梁军永、梁万龙、梁玉芝、梁善继、梁朝合、梁树芳。梁树芳之子梁自刚、孙梁立勇。梁家至梁树芳为七辈儿，约180年左右，或在道光之时（公元

1821～1850年），至早不会超过嘉庆之时（公元1796～1820年）。梁树芳曾见过其太爷梁玉芝时的一张分家单，为清光绪时（公元1875～1908年）。所以，说西长峪村成村于清道光年间，基本准确，至早超不过清嘉庆时。地名志将“始以姓得名，称李家台”，这里是把李家作为最早的立庄户了，而西长峪村不仅有李家台，还有梁家台、邢家台。这三台大概是这三姓人家最早来到的地方了。但梁家最早，这是大家公认且不争的事实。

225. 西峪村

西峪村，旧有道教庙宇五道庙及佛教庙宇秀峰寺。

五道庙，位于现在的村中心，过去在村西，坐北朝南，面阔一间，正面画有阎王爷等像，两边画有牛头、马面等，一边3个画像。中间有一张供桌。毁于20世纪60年代。

秀峰寺，位于村北山脚下，相传建于明朝。据说上镇北大庙、关上北山庙、峪口东大寺、水峪庙等，都由这个庙管辖。

民国二十七年《密云县志》绘有秀峰寺平面图（图431）及简略记述：寺名，秀峰寺。宗派，曹宗派。所在地，西峪村北山。主持僧人，浩明。在寺僧人数，长工二人。寺之沿革，庙为清朝世德僧人改建，民国十七年复经界亭募化重修，今属上镇仁蓬寺管辖，派徒浩明住此主持。庙产，现有庙地十二亩，由住持自行耕种，每年收入，作为本寺岁修，暨僧徒养廉。庙基占地二亩，均为瓦房。

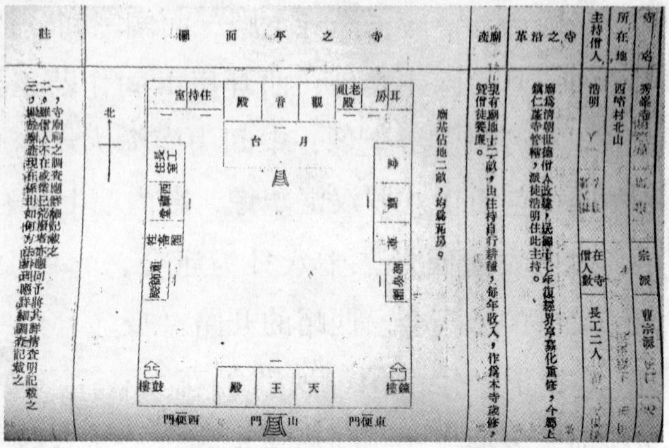

图431　民国二十七年《密云县志》绘有西峪村秀峰寺平面图

志书图绘秀峰寺，坐北朝南，南为天王殿，面阔三间，辟前后门。殿两侧砌筑院墙，且辟东西便门。院内，东南角有钟楼，西南角有鼓楼。有东西厢房各三间，东厢房为东禅堂，东禅堂南墙外建一间小屋为关帝庙；西厢房中间为西禅堂，北间为长工住室，南间为牲畜圈。西厢房南墙外建一间小屋，为祖师殿。北为大殿，是观音殿，面阔三间，前有月台，东耳房三间，其中西间为老祖殿；西耳房两间，为住持室。

与村里人调查的情况，较为详实具体。

秀峰寺坐北朝南，南北长约十五六丈，东西宽约8丈。南为山门，并排三道门，中间门大，两边门小些，门与门之间以卡子墙连接。山门前有一座小石桥，4棵大松树，各相距约3米，如给庙烧的4支高香一样。山门前两侧各有1通石碑，1通是明朝立的，1通是清朝立的。据说这碑是皇上来所立。

山门内为前殿，面阔三间，中间供奉大肚弥勒佛，两边为四大金刚。殿前东侧为钟楼，悬挂1口大铁钟，高约2米，上铸铭文，是十几个村走会会头的名字。那钟坏了一角，传说来了一只老虎，和尚吓得去敲钟，慌忙中敲坏了一角；西侧为鼓楼。钟楼北面有一间老爷庙，上有一匾："亘古一人"。庙内供奉关羽及侍立的拿大刀的周仓等。过去殿前有1棵大松树，高约4米，完全是平顶的，遮住了院子，下雨下雪时都给遮住了。殿前建有月台，台上摆个大香炉，高约1.5米，上面也刻有字迹。十几年前还存在着半个。

后殿为菩萨殿，全寺主殿，面阔三间，俗称"明三暗九"格局。有东西耳房各2间。耳房除住人外，西耳房1间作药王殿，东耳房1间作祖师殿。正殿内，供奉3尊菩萨泥塑坐像，中间为南海大士，也就是南海观音，还有眼光菩萨等。东西两山前有十八罗汉泥塑像，殿内墙上没有壁画。主殿前有东西禅堂各4间。

过去农历四月二十八日为庙会，如瓦关头的小车会、西峪的开路（要叉）、吵子、什不闲、秧歌等花会，纷纷前来表演，一时间热闹非常。

秀峰寺毁于1948年。

村东有一水库，1968年建成，因西邻西峪村而得名。水库坝边临道处，有一影壁（图432），中间为大字"全世界无产者联合起来"，两边为"中国共产党万岁"、"毛泽东思想万岁"，代替了过去的联语。这些字都以水泥堆塑。就其内容推测，影

图432 西峪水库大坝边影壁

壁当建于1970年前后，即水库建成以后不久，很有时代烙印。

226. 砖瓦窑村

砖瓦窑村，原来叫聚福庄。由于村里的土质好，适宜烧砖瓦，过去自己盖房，都是自己烧砖瓦，大概有100多年的历史了。几乎家家都会烧窑，就用当地的柴火，慢慢就叫砖瓦窑村了。

砖瓦窑村，旧有道教庙宇五道庙2座。

五道庙，全村有2座。一在村北，坐北朝南，面阔两间，东间为过去打更住的，西间为五道庙，庙内没有塑像，全是画像，有六七个香炉。庙内还悬挂1口铁钟，高约60公分，上面铸有铭文；一在村西山沟口，也是坐北朝南，只有一小间。那一带有十几户人家，人去世了都去那里报庙。这2座五道庙都毁于20世纪六七十年代的“文革”之时。

十四、刘家店镇

刘家店镇，辖14个行政村，旧有大小庙宇57座，分为纪念性祠庙7座，主要是三皇庙、关公庙、药王庙；道教庙宇38座，主要是玉皇庙、真武庙、娘娘庙、山神庙、五道庙等；佛教庙宇12座，主要是佛祖庙、观音庙等。其中，丫髻山在京津冀地区具有广泛影响，丫髻山道教建筑群主要建筑近年已经复建，且存在大量碑刻；江米洞村山神庙为近年复建。孔城峪磕头沟云岩禅寺遗址及碑刻尚存，江米洞村真武庙洞穴遗址尚存。

227. 北店村

北店村，旧有道教庙宇五道庙。

五道庙，位于村北，坐北朝南，庙前东侧1棵柏树，前有小院。庙为一间，画像，有1个泥香炉和1个小铜磬。五道庙毁于20世纪60年代。庙前古柏现为一家所有（图433），20世纪80年代，这家老太太花1000元买下柏树，至今一直保护得很好。

图433　刘家店镇北店村五道庙前古柏

228. 北吉山村

北吉山村坐落丫髻山脚下，丫髻山号称具有千年道教文化，山上山下布列着20余座大小庙宇。

丫髻山，矗立于北吉山村西侧，海拔361米。因两峰高矗，状若古代少女丫髻而得名。丫髻山坐北朝南，山势回环，峰峦起伏，松柏茂密，苍翠葱郁。山后

图 434　刘家店镇北吉山村丫髻山全景

绝壁深谷，山脚村落拥抱，泃水绕村南流。庙宇亭阁坐落山间，丛林掩映，肃穆庄严。故丫髻山素有“近畿福地”之称，“北方泰岱”之誉，成为北方道教胜地，京东名胜大观（图 434）。

丫髻山主要为碧霞元君信仰。“碧霞元君”封号始于宋代。碧霞元君信仰是泰山信仰的重要组成部分，其职能由最初管理生长发育发展到小至一家人口的寿夭祸福，大到国家的治乱，威灵赫赫，庇佑九州，普遍受到人们崇拜，尤其华北地区人们的崇拜。因此，全国各地纷纷兴建元君庙。北京旧有“五顶”“两山”之说，都是主要供奉碧霞元君神像的。“五顶”在北京城区，即“南顶”，位于左安门外弘仁桥（元代称马驹桥），建于明成化年间；“西顶”，旧名护国洪慈宫，位于西直门外蓝靛厂长椿桥附近，建于明万历年间；“中顶”，位于右安门外草桥以北，建于明天启七年；“东顶”，位于东直门外，俗称行宫庙，建于明代；“北顶”，位于德胜门外，建于明代。“两山”即京东丫髻山，京西妙峰山。妙峰山，位于北京市门头沟区境内，娘娘庙等主要庙宇创建于明代。由此可见，丫髻山元君庙在北京地区是建造较早的一座。

我国道教兴起于东汉末年，随着道教的发展，到元代中后期，逐步形成两大教派，即正一道与全真道。正一道以龙虎山为中心，主要从事符箓斋醮、祈雨驱鬼、为世人治病辟邪等宗教活动。全真道，由王重阳于金大定七年（公元 1167 年）在山东宁海全真庵创立，修行方术以内丹为主，认为修真养性是道士修炼唯一正道，北京白云观即属全真道。而丫髻山道教则为正一道。

正一道在江西龙虎山设天师府，明时改为“大真人府”，丫髻山住持往往在大真人府兼有职务。如第十三代住持李居祥，为大真人府赞教厅兼丫髻山住持；第十五代住持王显信，为大真人府知事厅兼丫髻山住持；第十六代住持张一茂，为大真人府掌事厅兼丫髻山住持。丫髻山道教属于周祖灵宝派，其谱系为：“思道洞本真，明香克理忠。洪良居士显，一嗣永承宗。德大传家久，清修福泽长。世肇因衍庆，慈风蓬业祥。”丫髻山住持第一至十二代已无从查考，第十三代住持为李居祥。可以说，丫髻山现在的格局，主要形成于李居祥之时。第十四代住持张士杰，为士字辈，清康熙五十五年（公元1716年）康熙皇帝巡幸丫髻山时，赐其为道录司觉义。道录司为清代设置的掌有关道教事务的官署，张士杰相当于皇帝所赐的掌管道教事物的道录司基层官员。从清代康熙年间（公元1662~1722年）一直到20世纪40年代，丫髻山住持一直按周祖灵宝派谱系所传承，共传承至第25代“久”字辈。在丫髻山后大虫峪，现为林场，有明清时期道士墓，由西至东按辈分排列，墓前竖有小石碑（图435）。

图435　刘家店镇北吉山村丫髻山道士李显叶墓碑，李显叶当为第十五代道士

相传唐朝初年，即有道人在山上结庐修炼。也就是盖个茅草房子，道士在里边修行，没有建造正式殿堂。丫髻山道教应该是兴于元，盛于明清。既然清康熙时李居祥为第十三代住持，往前推12代约为300年，所以，第一代住持大致在元晚期了。而清康熙五十四年（公元1715年）《丫髻山玉皇阁碑记》，康熙皇帝所撰碑文写道：“距京师百里有山曰丫髻，隶怀柔县。两峰高矗，望之如髻，故得是名。自元明以来，号为近畿福地。”皇帝都称“元明以来”，当有所据。丫髻山道观曾有建于唐贞观六年（公元632年）之说，相关文献未曾谈及，只在康熙四十八年（公元1709年）《丫髻山天仙庙碑记》有“怀柔，古白檀地也，其名昉于唐贞观六年。历代皆土城，至明成化三年始甃以石，遂屹然巨丽。其东南九十里，有山奕如双峰插天，因名丫髻，绵历数百年”的记载。这里所说的“唐贞观六年”，应指怀柔古城建城时间，而非丫髻山，当初或许有人将此误读了。

丫髻山兴于元，盛于明清。元时丫髻山西顶应该有殿堂类的建筑了。至明嘉靖时，明确说“旧有碧霞元君庙三间。”这就是清康熙六十年（公元1721年）《怀柔县志》所载：“护国天仙宫，在丫髻山。山旧有碧霞元君庙三间，明嘉靖中有王姓老媪发愿修建，以山高风烈，瓦易飘失，募化铁瓦，独身运至山上，往来迅速。人异之，施者渐众，殿以告成。”这王姓老妪应是后来所说河北香河王二奶奶，

图436　明代敕建灵应宫匾额

所建殿俗称铁瓦殿。庙宇的复建，使丫髻山香火愈来愈旺盛，逐渐受到皇帝重视，嘉靖时有“敕赐护国天仙宫”匾额，镶嵌于西顶钟楼门楣上。还有一方明代“敕建灵应宫”匾额（图436），现仍嵌丫髻山顶山门上。

丫髻山在清康乾时达到鼎盛。康熙三十七年（公元1698年），丫髻山第十三代住持李居祥撤铁瓦殿，改建大殿三间。据有关文献记载，清康熙年间，先后建造东顶玉皇阁、山门东侧御座书室、西小峰凉亭、玉皇阁下台基、坝墙、鼓楼、万寿亭、回香亭、东岳庙、紫霄宫等。可以说，丫髻山主要建筑均在康熙年间建成，形成丫髻山庙宇的宏大格局，从而受到皇家青睐。据记载，起码康熙四十三年（公元1704年）四月、五十五年（公元1716年）九月，康熙皇帝2次驾临丫髻山，题有多幅楹联匾额，为建东顶玉皇阁立有御碑，而且丫髻山设有康熙皇帝60大寿万寿道场；乾隆七年（公元1742年）九月、十二年（公元1747年）二月、十八年（公元1753年）十月，乾隆皇帝先后3次驾临丫髻山，欣然题匾赋诗；道光皇帝做太子时，奉嘉庆皇帝之命，10余次来丫髻山“诣山瞻礼”。就在道光十六年（公元1836年），丫髻山失火，道光皇帝“特命禧恩估修”。翌年三月，道光皇帝亲奉皇太后“安舆祇诣升香”，且立御碑。其实，嘉庆皇帝也曾到了丫髻山，住在了丫髻山行宫，时间在嘉庆十八年（公元1813年）九月，只是鲜为人知。皇帝的相继驾临，极大推动了丫髻山道教的发展，扩大了丫髻山的社会地位和影响，使丫髻山达到鼎盛。清同治以后，尤其到了慈禧之时，国力衰微，内忧外患，清廷已无力移驾承德，丫髻山也渐渐被朝廷所冷落。

丫髻山兴盛了数百年，建造数十座大小庙宇，主要毁于20世纪四五十年代。近年进行修复，尤其是2004年，丫髻山文物建筑保护修缮修复工程列入北京市“人文奥运”文物保护计划，修缮修复了主要建筑紫霄宫、东大殿、东岳庙、回香亭、御碑亭、万寿亭、山门、三皇殿、碧霞元君祠等，保留明末清初建筑风格，重

图437　2006年4月，在东岳庙举行丫髻山主体工程竣工仪式

塑殿堂神像，重制楹联匾额，再现了丫髻山昔日辉煌（图437）。

丫髻山前辟太极广场，以为休闲之所，祈福之地，且由此上山。

广场石板墁地，南建石拱桥，北修牌楼，东西筑仿古房，中嵌阴阳太极图。牌楼为四柱七楼式，三券拱门洞，上覆黄琉璃瓦，斗拱彩绘，富有皇家气派。南面坊额“丫髻胜境”，北面坊额“元君福祉”。广场北，新辟祈福山道三百六十五级，条石铺砌，护以石栏，直接东岳庙。古建专家罗哲文先生鼎力支持丫髻山修复，欣然为广场题名。

牌楼东侧，两巨岩矗立，相距一二米，形同石门，天地造化，非人力所为，尤其上嵌巨石而不滚落，浑然形似一桃。平谷有20余万亩大桃，号称中国桃乡，而丫髻山又为道教圣地，取名神桃峰，列为平谷新十六景之一“神桃天降”（图438）。

图438　刘家店镇北吉山村丫髻山神桃峰

近年来，在太极广场每年都要举行祈福活动，祈求国泰民安，人民幸福。登临丫髻山的人，也纷纷向碧霞元君神像祈求幸福安康，事业有成，心想事成。自古以来，丫髻山就“灵应如响”，因此，“丫髻祈福”同时列入平谷新十六景。

从365级祈福道直接走上去，所至第一座庙宇即东岳庙。

东岳庙为供奉东岳大帝之所。东岳大帝，即泰山神，掌管人类贵贱和生死的大神。泰山，五岳之一。泰山神东岳大帝是山峰的神化和人格化，源于古人自然崇拜中的山川崇拜。由于泰山神被说成执掌人世臣民贵贱高下之分、禄科厚薄之事、地狱各案簿籍、七十二司生死修短之期，权势极大，所以，受到历代统治者的崇拜。唐玄宗封其为天齐王，宋真宗封其为仁圣天齐王，后又加封为东岳天齐大生仁圣帝，成为东岳大帝。因而所奉祀的庙宇称为东岳庙、天齐庙。

丫髻山东岳庙，清康熙年间（公元1662～1722年）已建，毁于20世纪40年代末50年代初。2004年进行遗址清理，清理出原来残损的泥塑神像及正殿与配殿基础。现存建筑就在旧有遗址上所复建。

东岳庙前辟宽阔广场，广场南部建两柱三楼牌楼。

图439　刘家店镇北吉山村丫髻山东岳庙

东岳庙为一四合院式建筑（图439），坐北朝南。南置山门，面阔三间，进深一间，硬山顶，上覆青瓦，合瓦垄，大脊饰螭吻，垂脊饰走兽，檐下施旋子彩绘。门内两侧供奉道教护法神四大元帅，东侧为马魑元帅、赵公明元帅，西侧为岳飞元帅、温琼元帅，各执法器，高大威猛。山门两侧各建倒座房三间。据当地人讲，东侧倒座房原设皇帝宝座，为皇帝来丫髻山进香时休憩之所。东岳庙东南角外跨一小间供奉狐仙的狐仙楼，这次没有复建。

图440　刘家店镇北吉山村丫髻山东岳庙内供奉的东岳大帝神像及侍立的金童、玉女

北为正殿，面阔三间，进深三间，单檐硬山顶，青灰瓦覆顶，大脊饰螭吻，垂脊饰走兽，檐下施大点金旋子彩绘。檐下悬挂“东岳庙”横匾。前出廊，廊柱悬挂“清净道场香盛仙灵丫髻曾经称福地，繁华庙会民殷俗阜京畿犹得沐春风”联语。殿前筑高大月台，月台上置一为丫髻山特铸的大铁香炉，月台前砌垂带踏跺。殿内神台上，供奉泰山神东岳大帝泥塑坐像（图440），高2.8

米，头戴冕旒，身着衮袍，手持圭板，俨然帝君。在同一神台上，金童、玉女捧印等侍立东岳大帝左右。东岳大帝塑像前，东侧侍立手持笏板的两位文臣，西侧侍立手握金瓜与钺的两位武将，神情威严。

正殿前东西两侧建配殿，供奉十二太保。东配殿南北两殿各面阔三间，北配殿供奉中为周广元帅、北为康席元帅、南为宁世夸元帅，南配殿供奉中为高原元帅、北为张安元帅、南为杨彪元帅；西配殿南北两殿各面阔三间，北配殿供奉中为庞元帅、北为殷郊元帅、南为朱彦元帅，南配殿供奉中为李伏龙元帅、北为铁元帅、南为任无别元帅。

东岳庙内神像全部为泥塑雕像，高大魁伟，生动传神，堪称佳作。丫髻山道观建筑群各个殿堂建筑修建完工后，所有神像均由山西民间雕塑家进行泥塑。我国有“中国塑像看山西”之说，山西有很好的塑像工艺和传统。丫髻山塑像经山西民间雕塑家之手，受到专家学者广泛赞誉。

回香亭，位于东岳庙北面，丫髻山半山腰。

回香亭原为崇功祠。“崇功祠”是明天启年间（公元1621～1627年）巡按御史倪文焕为大宦官魏忠贤所建生祠，熹宗朱由校赐名“崇功祠”，后因魏忠贤被黜而停建。如明末清初著名史地学家顾炎武《昌平山水记》所记：“东南三十里为丫髻山，二峰高耸，上有碧霞元君祠。天启七年，巡按御史倪文焕请建太监魏忠贤生祠于此，赐名‘崇功祠’，未成而忠贤败。”因其基址宏壮，住持李居祥在此改建回香亭，内供奉存身娘娘。1935年，住持赵大安曾主持重修。现存建筑为20世纪90年代重建，2004年依旧制进行整修。

回香亭由前后两进院落组成。

前院有山门、东西配殿、灵官殿。山门为一座对开式门楼，以青砖砌筑，硬山顶，脊饰鸱吻，类似旧时乡村人家的门楼。东西配殿各五间，进深二间。灵官殿面阔三间，进深三间，单檐硬山顶，上覆青瓦，合瓦垄，脊饰鸱吻，垂脊饰走兽，檐下施小点金旋子彩绘。前出廊，槅扇门，木格窗。门上悬“灵官殿”匾额，门前廊柱悬“八面威风安社稷，一鞭紫气振乾坤”联语。塑像后辟后门，为过殿，可通后院主殿。殿内供奉道教护法镇山神将王灵官。王灵官，又称“火车灵官王元帅”、“豁落火车王灵官”、“玉枢火府天将”、“降恩真君”。道书上说，本名王善，湘阴城隍庙城隍。历史上王善确有其人，一般认为是北宋徽宗时人，曾拜萨守坚真人为师学符法，是宋代著名道士林灵素再传弟子。王灵官信仰始于宋代，明代广泛流传民间，在道教中的地位和作用与佛教中韦驮很相似，是重要的护法神，镇守山门。其为人刚正不阿，嫉恶如仇，纠察天上人间，除邪祛恶，不遗余力。百姓赞道："三眼能观天下事，一鞭惊醒世间人。"殿内王灵官为站像，泥塑，高2.1米，三目怒视，右手举鞭，脚踏风火轮，形象威武勇猛，令人畏惧。旧时灵官殿中间没有塑像，东西两边一边一尊木雕像，东边为王灵官，西边为五显灵官。当地人说，王灵官白天值班，五显灵官夜里值班。五显灵官可以变化5种相貌，针对不同情况而不同显相。东西五间配殿为道士所住。

图441 刘家店镇北吉山村丫髻山回香亭

后院为主院，由正殿、东西配殿及后门组成（图441）。正殿面阔三间，进深三间，单檐歇山顶，青瓦合瓦垄覆顶，大脊饰螭吻，垂脊饰走兽，檐下施大点金旋子彩绘。从建筑规格来看，歇山顶要高于硬山顶，在丫髻山古建筑群中，歇山顶建筑仅此一座。正殿前出廊，槅扇门，木格窗，门上悬"回香亭"匾额，门前廊柱悬"万籁如吹顿悟道，诸缘了却渐安贫"抱柱联语。正殿红门红窗红柱青砖瓦，建在前砌垂带踏跺的高大月台上，一派典雅庄重。殿内供奉的神像，与西顶碧霞元君祠供奉的神像一样，亦为碧霞元君、痘疹娘娘、眼光娘娘、引蒙娘娘、子孙娘娘5位娘娘，只是碧霞元君在北面正座，其余4位分坐东西两侧。旧时殿内5位娘娘塑像都在正座，两边为侍女站像。殿内过去有不少的大匾，大柁上、廊子上都是，匾上曾住鸽子。院内有很多大柏树，连坝墙外都是。丫髻山过去满山是大松柏树，得有好几百年了，一刮风呼呼山响（图442）。碑刻也很多，其中有2个大龟趺座，所谓王八驮石碑，据说还有1通铁碑。正殿前置东西配殿，均为敞殿，东西各五间，进深二间，单檐硬山顶。脊饰鸱吻，檐下施旋子彩绘。分别悬挂"生前造孽不知悔，死后轮回难自逃"和"地府惩顽神道设教，仙山兴善世风趋淳”联语。殿内塑有十殿阎王及阴曹地府两大组群塑，且用了悬塑手法。十殿阎君为冥间地府神灵，分为十殿，各有一王主管，分别为秦广王蒋、楚江王历、宋帝王余、五官王吕、阎王天子包、卞城王毕、泰山王董、都市王黄、平等王陆、转轮王薛。十殿阎君坐像高 2 米，其下为判官、牛头、马面等站像，下面为油炸、刀山、割舌、锯割、杵捣等阴曹地府情景（图 443），对前世作恶之人的鬼魂进行惩处，以警示劝善世人。

图 442　日本所编《唐土名胜图会》中所画丫髻山上有不少松柏树

图 443　刘家店镇北吉山村丫髻山回香亭东配殿所塑阴曹地府情景

十殿阎罗等塑像一般应在东岳庙内，如京城朝阳东岳庙即是如此，而丫髻山却在回香亭中，这是与其他庙宇不同之处。

出回香亭东北角后门，进香路左侧，有五尊菩萨殿遗址，柱础等尚存。原建筑内供奉文殊菩萨、普贤菩萨、观音菩萨、地藏菩萨、大势至菩萨，像下各有坐骑，分别为青狮、白象、朝天吼、谛听、麒麟。2012 年在遗址上进行复建（图 444）。

图 444　刘家店镇北吉山村丫髻山五尊菩萨殿

三官庙，位于回香亭后，进香路右侧高台上。

三官庙为供奉天官、地官、水官之所。三官是天官、地官、水官的合称，三官信仰源于原始宗教中对天、地、水的自然崇拜。三官功能为，天官赐福，地官赦罪，水官解厄。因与人之祸福荣辱密切相关，故受到广泛崇奉。道教为我国本土教，常常把对中华民族发展起过重要作用的历史人物树而为神。而三官来历，说法不一，其中一种较为普遍的说法，三官就是我国远古三位部落首领尧、舜、禹，被道教封为三官大帝。因三官大帝的出生日是在三元日，即上元正月十五，中元七月十五，下元十月十五，所以三官又称“三元大帝”。

三官庙清康熙时已建，现存建筑为1997年所复建，2004年进行整修（图445）。台前砌石阶，殿前为狭窄的砖砌小院，小院西侧辟便门。庙仅一座正殿，面阔三间，进深三间，单檐硬山顶，大脊饰螭吻，垂脊饰走兽，上覆青瓦，合瓦垄，前出廊。檐下悬挂“三官殿”横匾，门前廊柱悬挂“威掌南天法界，慈护中土生灵”抱柱联语。殿内供奉天官、地官、水官三尊泥塑坐像。

图445　刘家店镇北吉山村丫髻山三官殿

三官庙西侧，为眼光娘娘殿遗址。原建筑相传为戏楼式建筑，坐西朝东，面阔三间，供奉眼光娘娘，专司一切眼疾，柱础遗址尚存。

三官庙后面东侧，建有御碑亭。

从三官庙往北不远处，路左侧一照壁，上为国民党元老陈立夫所题“仁者智者之所乐”碑刻。沿山路北上，可见右侧风化形成的石林，学名为含硅质条带硅质白云岩，形成于距今约14亿年前，是一种奇特的地貌景观，俗称“石经书”、“石塔林”。

巡山庙，建在进香路右侧一座岩石上垒砌的高台上。

巡山庙在清康熙时已建，现存建筑为2002年在原址复建（图446）。前为砖砌小院，卷棚顶对开门楼，门前砌石阶。门楼前左侧1棵七八寸粗细的树，被砌在石阶中，繁茂的枝叶遮挡着山门。询问当地人，说这就是“山黄瓜树”，结的

图 446　刘家店镇北吉山村丫髻山巡山庙

果子有黄瓜味道。这也是一种果树，当地人不知学名，便随口这般称呼了，且赋予了一些传说。巡山庙没有附属建筑，只有一座正殿，面阔三间，进深三间，单檐硬山顶，大脊饰螭吻，垂脊饰走兽，上覆青瓦，前出廊，檐下施旋子彩绘。门上悬“巡山庙”匾额，门前廊柱悬挂“山森无客至，地闭有仙居”联语。联语中，“森”字似应“深”字为宜，“闭”字似应“僻”字更好，或为村里人口口相传之误。殿内供奉泥塑黄天化坐像，左侧一匹白马塑像。

黄天化为黄飞虎之子，天下总巡山之职。据《封神演义》所述，黄天化学道于紫虚洞清虚道德真君，后战死，姜子牙封其为统领三山正神炳灵公，历代多有封赐。白马据传为丫髻山第十三代住持李居祥坐骑，故后人又称巡山殿为白马殿。据说原来的塑像中，在马旁塑一马童，生动传神，很让人喜爱。

图 447　刘家店镇北吉山村丫髻山顶及石狮（摄于 1961 年）

巡山殿东侧，旧有茶棚，为东厢房，西向，面阔三间，庙会期间舍茶。茶棚北面还有 2 间小房，一到庙会，道士们就在这里值班休息。现在遗址尚存。

过巡山庙，沿进香路北上。左侧路边，1 棵柏树与 1 棵松树生长一起，因上有万寿亭，故称万寿柏抱松，且树有石碑，为大画家李苦禅之子李燕篆书。不远便到“四十八盘”，即四十八级石阶。上去，四十八盘出口处，为 2 尊石狮，汉白玉石质，蹲坐于连体座上，应是清代遗物（图 447），是丫髻山唯一存在的 1

对石狮。过去在石狮子两边还有杉木旗杆1对，各有1尺粗细，打着铁箍，3丈6尺高，上有挂灯笼用的黄顶子。石狮北面，为万寿碑亭，东侧为碑林，上去即为巍然耸峙的丫髻山顶了。

图448　刘家店镇北吉山村丫髻山山门及三皇殿遗址（摄于2004年8月）

山顶建有山门，为三座门，三门之间以卡子墙连接，中间一座门高大，券拱形门洞，石券拱，歇山顶，小瓦合瓦垄，脊饰鸱吻，垂脊饰走兽。石券拱上镶嵌一方“敕建灵应宫”石匾，为明代遗物。2004年复建时，重新镶嵌山门上。山门左右是依山岩而建造的高大坝墙，2011年对西顶坝墙进行抢险修葺。山门前，一边1个石头方座，中间一眼，为石头灯笼座。进入山门，即是三皇殿（图448）。三皇殿前面旧有1对大旗杆，还有旗杆座等遗迹。

图449　刘家店镇北吉山村丫髻山2006年修复后的三皇殿

三皇殿建于两髻之间，为二层楼阁，面阔三间，进深三间，单檐硬山顶，大脊饰螭吻，垂脊饰仙人走兽，顶上覆绿琉璃瓦黄剪边（图449）。前出廊，下层槅扇门，木格窗；上层槅扇门窗，置护栏，东西山墙辟门，可通东西两顶。下为药王殿，门上悬挂“药王殿”匾额，门前廊柱悬挂“日月有情长照护，江山无恙自萧闲”抱柱联语。殿内供奉药王韦慈藏、孙思邈、扁鹊泥塑坐像，一药童手捧葫芦、一药童提篮握镐侍立左右。

上为三皇殿，门上悬挂“三皇殿”匾额，门前廊柱悬挂“端居向标薮，胜赏在烟云”抱柱联语。殿内供奉天皇、地皇、人皇3尊泥塑坐像。一般认为三皇就是伏羲、神农、轩辕，为我国最古的3位帝王。伏羲据说与女蜗是兄妹，二人结婚，诞生了中华各个民族。因此，他们被称为人类始祖。又传说，伏羲教会了人们制绳、织渔网和烧烤食物，且相传伏羲为八卦太极创立者。据说，甘肃天水为伏羲故乡。神农，即炎帝。传说神农人身牛首，三岁知稼穑，长成后，身高八尺七寸，龙颜大唇。神农用木制作耒、耜等农具，并教会人们耕耘庄稼，故神农被尊为我国农业之祖。神农曾亲自尝百草，了解其寒、温、平、毒性能，并用于治病，有“神农尝百草”之说。因此，神农被尊为我国医药之祖。陕西宝鸡为神农故乡。轩辕，即黄帝，大约生活于距今5000年前，相传率领氏族部落，伐炎帝，战蚩尤，统一各部族，建都于河北涿鹿。同时，黄帝发明文字，制造舟车，培育蚕桑，制定音律算数等，被尊为中华民族“人文始祖”。我们常说中华民族为炎黄子孙，炎、黄指的就是炎帝（神农）和黄帝（轩辕）。殿内供奉的三尊神像，伏羲身披树叶，双手持举八卦图；神农身披树叶，手持药草；轩辕头戴冕旒，身着衮服，一派帝王形象。

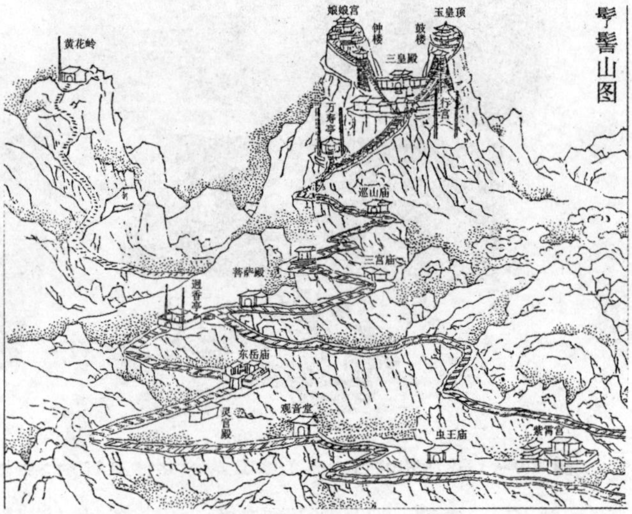

图450　清康熙六十年《怀柔县志》所绘丫髻山图

山门内东侧，为写雾轩遗址。写雾轩即行宫，始建于清康熙五十六年（公元1717年），由直隶总督臣赵宏燮所建御座书室五楹，名写雾轩。当地人称之为“皇上宝座”，并说这里有五间房子，坐北朝南，皇帝坐的龙椅、窗子上也都有雕刻，柱子是金龙盘玉柱，尤其这里用的家具以及装饰都是花梨紫檀。这里应为皇帝进香上山时休憩之所，在康熙六十年《怀柔县志》所绘“丫髻山图”（图450）上，这里明确写着“行宫”二字，即是说这里为皇帝下榻之所了。其东侧原有狐仙楼一座，已毁。山门内西侧，为道士房。当地人清楚记得这些房子分为三截，与“丫髻山图”标示一样，由东往西一截比一截高，一截老道住，二截厨房，三截储藏室，俗称“道士房”。道士房始建于清代。经清理，发现12间房屋遗址，有墙基、柱础及灶间、火炕、灶台、甬路等（图451），墙上且有墨色壁画及书法作品。

图451　刘家店镇北吉山村丫髻山西顶下道士房遗址

丫髻山鼓楼，位于山门内东侧，玉皇阁下；钟楼位于山门内西侧，西顶下。钟鼓楼清康熙时已建。现存建筑为2001年所复建。

钟鼓楼形制相同，均为二层，面阔一间，进深一间，重檐歇山顶，脊饰螭吻与走兽，顶覆青瓦，合瓦垄，檐下施大点金旋子彩绘。下层为罗汉墙，券拱门洞，对开木门。钟楼门洞上原镶嵌明代“敕赐护国天仙宫”匾额，现为丫髻山管委会收藏。鼓楼门洞上原镶嵌“敕赐玉清宫”，现已无存。

钟楼内原有1口大铁钟，高约2米，过去是每月初一、十五敲钟。据说建钟楼时，由于铁钟比较大，是先把铁钟挂好，再行建筑。后来拆钟楼时，对大铁钟用火一烧，再浇凉水，钟就“炸”了，不然砸不动。

鼓楼内原来有一面大鼓，也高约2米。建造鼓楼时也是先摆好鼓，不然鼓大运不进去。旧时是每到初一、十五，丫髻山是先敲钟，再击鼓，钟声、鼓声彼此相继响起，山鸣谷应，声闻方圆十几里。

对于庙宇而言，如果有钟鼓楼，一般都是钟楼在东，鼓楼在西，所谓晨钟暮鼓。而丫髻山正好相反，是鼓楼在东，钟楼在西。究其原因，就是因为丫髻山起码从明嘉靖年间，就有碧霞元君庙大殿三间，即是说先建造的西顶建筑，随之建造了钟楼。而东顶玉皇阁则始建于清康熙五十二年（公元1713年），至“康熙五十九年（公元1720年）捐建鼓楼于三皇殿前之东，以配钟楼”。历史文献明确记载，就是先建钟楼而后建鼓楼所致，非有其他说道。

玉皇阁，位于丫髻山山门内三皇殿东侧东顶上。

玉皇阁始建于清康熙五十二年（公元1713年）。丫髻山第十三代住持李居祥为祝康熙皇帝60大寿，建玉皇阁于山顶。上特赐内帑，并皇会布施银共5000两。阁成，康熙五十四年（公元1715），康熙皇帝赐御碑文，记六旬祝禧之事。并赐御书“清虚真宰”及“金阙握灵枢览九州惟善是福，玉衡施妙运育兆姓以仁为归”联语。王公大臣及旗民等，请在京道官48人到丫髻山建万寿道场。三月初一日建成，康熙皇帝命皇十子敦郡王、皇十二子固山贝子及御前太监魏珠等前来降香。是夜满山灯火，赛若繁星。十八日万寿节，至山进香者二三万人。现存建筑为2002年在原址基础上所复建。

图452　刘家店镇北吉山村丫髻山东顶玉皇阁

玉皇阁建在高大石砌台基上，下为巨大岩石，将玉皇阁凌空托起，大有凌霄碧空之概（图452）。阁下建鼓楼，鼓楼门洞上原镶嵌“敕赐玉清宫”匾额。从鼓楼门洞进入，沿盘道而上。阁坐北朝南，12面木构建筑，重檐攒尖顶，顶上冠以琉璃宝珠，脊饰仙人走兽。顶部和阁层檐面，均覆黄琉璃瓦。阁内中央以4根大木内柱作擎天柱，直贯到顶，支撑顶部。外以12根檐柱，支撑下檐。在外檐柱与内柱之间，有12根粗大明柱，支撑上檐，形如重檐金柱，与外檐柱环布成两个同心圆，组成柱网，分别寓意一年四季、十二个月及一天十二时辰。据说过去号称28根木柱，以象征28星宿。其中使用24根大柱支撑高阁，另有4根为玉皇大帝坐着，也就是支撑着玉皇大帝座椅。玉皇阁檐下饰斗拱，下檐五踩斗拱，上檐七踩斗拱。正南三间辟槅扇门，其余柱间砌矮墙，上置槅扇窗。上下檐间也辟槅扇窗，以便采光。门上悬挂“玉皇阁”匾额，门柱悬挂“有道骨有仙风常令宝剑和书睡，无市相无俗气每使金言并世长”联语。

阁内神台供奉玉皇大帝泥塑坐像（图453）。玉皇大帝全称昊天金阙无上至尊自然妙有弥罗至真玉皇上帝，为道教中最高级的神明之一，其地位在三清尊

图 453 刘家店镇北吉山村丫髻山玉皇阁内玉皇大帝塑像

神之下。而在世俗人眼中，玉皇大帝却是中国最大的神。玉皇大帝身穿九章法服，头戴十二行珠冠冕旒，手持玉笏，高达 3.6 米，神态威严，完全是秦汉帝王装扮。左右侍金童玉女，高 2.1 米。这组雕塑历史上为木雕像，近年修复时改为泥塑。

玉皇阁高踞山巅，翘角飞檐，结构繁复，气势雄伟，堪称丫髻山标志性建筑，统领丫髻全山。而旧时西顶碧霞元君祠顶为黄琉璃瓦，东顶玉皇阁顶为绿琉璃瓦。近年复建都用黄琉璃瓦了，使丫髻山更为辉煌壮观。

碧霞元君祠，位于丫髻山山门内三皇殿西侧西顶上（图 454、图 455）。

图 454 1947 年所摄丫髻山西顶

图 455 在丫髻山东顶眺望西顶（2011 年 9 月摄）

碧霞元君祠始建年建代不详。据清康熙六十年《怀柔县志》记载："护国天仙宫，在丫髻山。山旧有碧霞元君庙三间。明嘉靖中，有王姓老媪发愿修建，以山高风烈，瓦易飘失，募化铁瓦，独身运至山上，往来迅速。人异之，施者渐众，殿以告成。"清康熙三十七年（公元 1698 年），丫髻山第十三代住持李居祥撤铁瓦殿，改建大殿三间，殿后为寝宫、圣母阁。道光十七年（公元1837年）再次重修。道光皇帝所作道光十七年重修丫髻山碧霞元君庙碑文记载："工既竣，诹吉于丁酉三月十三日，躬奉圣母皇太后安舆祇诣 。"《嘉庆道光两朝上谕档》也有"道光十七年三月初一日，皇太后安舆诣丫髻山拈香"记载。可见道光皇帝亲奉皇太后莅临了修缮后的开山典礼。现存碧霞元君祠，1988年当地在原基础上所复建，2004年挑顶修缮。

碧霞元君祠前后两进院落，前院由石牌楼、转角房、正殿碧霞元君祠组成；后院有正殿斗姆宫。转角房是南3间，北2间，东南角有一小门。据说这里过去是客房及存放杂物之所，老道与王爷平起平坐，就住3间房那儿，一般人不能住。那座牌楼为以砖石砌筑的3个券拱门，上为3楼，斗拱飞檐。牌楼一角悬挂一铃铛，名"惊鸟铃"，一刮风叮咚作响。现在，牌楼已无存，转角房及斗姆宫等仅存遗址。正殿坐落于西顶上，巍然陡峭的巨大岩石，南部西部筑以高大坝墙，将正殿托举半空，如入仙境。正殿坐北朝南，面阔三间，进深五间，单檐硬山顶，上覆黄琉璃瓦，大脊饰螭吻，垂脊饰仙人走兽，檐下施大点金旋子彩绘。前出廊，槅扇门窗。门上悬挂"碧霞元君祠"匾额，门前廊柱悬挂"丫髻高耸接天瑞，平谷幽宏积地福"联语（图456）。殿内现存塑像比原来前移1米，供奉的5位娘娘为泥塑坐像，高2.2米，较为丰润，具有唐代遗风。中为碧霞元君，右为琼霄元君、眼光娘娘，左为云霄元君、送子娘娘（图457）。东西两侧分别侍立3位侍女。历史上殿内塑像为铜铸坐像，高约2米，1尊铜像重约1000斤，铜像头是活动的，可以拿下来。铜像毁于20世纪40年代末。2004年重塑时改为泥塑。过去殿内有多方木匾，据文献记载，前殿外檐恭悬圣祖御书额曰"敷锡广生"，殿内恭悬皇上御书额曰"神霄朗照"。圣祖即康熙皇帝，皇上

图456　刘家店镇北吉山村丫髻山西顶碧霞元君祠正殿

图 457　刘家店镇北吉山村丫髻山西顶碧霞元君祠内供奉的五尊娘娘像

即乾隆皇帝。当地人记得碧霞元君祠所悬匾额有花梨紫檀木的，并说檀木匾不招蚊子。而这种紫檀匾额，只有是皇帝所书写的匾额，而不会其他。

另外，正殿内西侧侍女南面，神龛内供奉王二奶奶塑像。相传王二奶奶为河北省香河县城东南乔各庄人，嫁到城南雀林院。王二奶奶乐善好施，会接生、看病，每天骑着毛驴为三里五村的乡亲驱病除灾。明嘉靖中，募化铁瓦，建成碧霞元君殿，修行成仙。后人在碧霞元君殿后斗姥宫中塑王二奶奶像，以为纪念。光绪十九年（公元 1893 年），京都顺天府东路厅香河县西小屯庄合会等人公立《天仙圣母碧霞元君灵感显应碑记》记载："有本邑王奶奶者，性有仙根，终归正果，皈依圣教，一视同仁。凡有圣慈之下逮，无不辅相以博施，普济之功大矣正矣！"

正殿前西侧，建有宝藏库。后为斗姆宫遗址，斗姆宫在清朝初年由道士李居祥创建，柱础、拜石、石阶、残墙等尚存，现为遗址保护。斗姆宫原面阔三间，由于东侧靠近山崖，故向西移一间位置。上下两层，一层供奉王母娘娘及七仙女泥塑像，过去门有竹帘子，门口有道士看着，一般人不能进去；二层供奉斗姆，道教尊为圆明道母无尊，为北斗众星之母。王二奶奶塑像供奉一层（也有二层之说）西侧，坐西朝东，泥塑坐像，据说还塑有 1 头小黑驴及一赶脚的小叔子。

斗姆宫后西北角，有急转陡峭的石阶，下去，一座砖砌门楼，对开木门，2011 年进行修葺。这是丫髻山后门，旧时可由此下山，亦可由此去往黄花岭，清工部样式房所绘丫髻山顶图就有通往西北方向的山路。

真武庙，位于丫髻山西北面约5里黄花岭上。

真武庙，为供奉北方之神真武大帝之庙。真武大帝，道教之神。相传古净乐国王子生而威猛，越东海来游，遇天神授宝剑，入湖北武当山修炼。功成飞升，威镇北方，号玄武君，后为避讳而改真武。宋代以来屡有加封：翌盛将军、翌圣保德真君、镇天武侯灵应佑圣帝君、元圣仁威玄天上帝等。明成祖崇奉真武，御用的监、局、司、厂、库等衙门中，都建有真武庙。由于宋元以来诸代倡导，真武庙几乎遍及天下。人祈求延生长寿，都要奉祀真武大帝。农历三月初三，为真武大帝神诞之日，各地真武庙均有奉祀祝诞祭典。

黄花岭现在丫髻山林场内，岭上瞭望塔的地方，即为真武庙遗址，至今还有残墙瓦砾。真武庙始建年代不详，清康熙六十年《怀柔县志》所绘丫髻山图，丫髻山西北处标有“黄花岭”，图示为一座券拱门房子，房前竖立一根高高的旗杆，应是庙宇类建筑，只是未写“真武庙”三字，不能断定清康熙时一定就建造真武庙了。另外，图上标示有一条山路曲曲折折通向黄花岭。这条山路，看走向应与丫髻山顶西顶后门相通。也就是说，从丫髻山顶可通向黄花岭。

真武庙南北长约15米，东西宽约15米。南设山门，为砖砌门楼，对开木门。山门前有平台，生长着1棵大松树，1棵大柏树，很高大，由于是在山顶，早晨太阳升起时，松柏树的影子可遮阴到山北密云西邵渠那儿。院内北面正殿三间，前出廊。殿内供奉真武大帝泥塑坐像，廊西侧有3口大铁钟，各高1.5米多，上铸铭文。殿内悬挂匾额，过去有“砸明火”的，白天把刀枪放匾后边藏着，黑夜再拿出来行事。旧时每年三月三走会，走会人从丫髻山一直走到黄花岭。

正殿前东西各有配殿一间，东配殿为狐仙堂（也称狐仙楼），供奉狐仙之所。狐仙为民间俗神，将狐狸作为一种灵物崇拜。这种信仰，源于原始社会后期的狐图腾，主要流行于我国北方。从唐初到清末民初，供奉狐仙之风不绝，其间最盛时一些地方村村皆祀狐，以致形成一句俗语：“无狐魅不成村”。在丫髻山道观群中，建有两座狐仙庙，又称狐仙楼，半山间东岳庙前东南角外跨一座狐仙楼，一小间；山顶山门东侧有一座狐仙楼，坐北朝南，面阔三间。两座狐仙楼内都为泥塑像，据说供奉的是狐仙爷、狐仙奶及狐仙女。黄花岭真武庙正殿前东配殿设狐仙堂（当地也有西配殿是狐仙堂之说），供奉一仙女，即狐仙，为泥塑像。相传庙门悬挂“在深山修真养性，出古洞四海扬名”联语，横批为“有求必应”。西配殿住人、存放杂物等。现均为遗址保护。

清代中晚期及民国时期，北京地区流行狐狸、黄鼠狼、刺猬和蛇 4 种动物崇拜，认为这 4 种动物是有灵性的，如时常烧香供拜，会保佑家宅平安，诸事顺遂；如侵犯了它们，它们就会以妖术报复，招致灾祸。通称狐狸为“胡门”，黄鼠狼为“黄门”，刺猬为“白门”，蛇为“柳门”或“常门”，合称“胡、黄、白、柳“四大门”（我国北方民间也有“五大门”之称，有些地方将老鼠列入，称灰门）。过去京城供奉碧霞元君的祠庙较有影响的有 5 座，称作东、南、西、北、中“五顶”。这“四大门”分别住在“东顶”、“南顶”、“西顶”、“北顶”。“四大门”外有“总门”，总门就在丫髻山，据说黄花岭真武庙内狐仙堂，就是总门驻地。这四大门信徒，到时都要到丫髻山朝顶进香。

慈航殿，位于丫髻山回香亭东侧山脚，东面山下即是紫霄宫。

慈航殿始建年代不详，清康熙六十年所绘丫髻山图在此位置附近有观音堂。现存建筑为 1996 年在原址西侧所建。

图 458　刘家店镇北吉山村丫髻山慈航殿

慈航殿坐西朝东，前有小院（图 458）。南侧辟门，一座砖砌门楼，卷棚顶，门楣上镶嵌“慈航殿”匾额。正殿面阔三间，进深三间，单檐硬山顶，上覆青瓦，合瓦垄，大脊饰螭吻，垂脊饰走兽。前出廊，槅扇门，木格窗，门楣上悬挂“慈航殿”匾额，门前廊柱悬挂“永使苍生离苦海，常教赤子有慈航”抱柱联语。

殿内供奉慈航真人。慈航真人，又称慈航道人，元始天尊门下，为道教“十二金仙”之一，古代传说中的神仙。居于普陀山落伽洞，法宝为清净琉璃瓶。其实，慈航真人就是佛教中所供奉的观音菩萨，道、佛二教相互渗透吸收，相互融合，共同信仰，由此可见一斑。慈航真人手托宝瓶，端庄秀丽，端坐莲花座上。穿着红肚兜、两手合十、面相庄严的善财童子与身着红衣、双手揣于袖内、神情严肃的龙女，胁侍左右。

旧时从紫霄宫往西上山不远，路北建有马王庙，路南建有姑子庵。马王庙坐北朝南，面阔五间，坐北朝南，没有院落，殿内塑有龙王、虫王、马王、火神、财神像，马王在中间。塑像前面两边还有雷公、闪公等塑像。殿两边有 10 来通石碑。姑子庵坐南朝北，面阔三间，建有后院，一边两间厢房。庵内供奉菩萨，称为倒坐观音。据说是密云县大财主老宁家家庙，一姑奶奶没出阁，便在此修建一座庙宇。1947 年推倒神像，1948 年拆毁庙宇。从姑子庵再往上就是慈航殿。慈航殿往南为龙王殿。龙王殿面阔三间，坐北朝南，前有月台，没有院落。殿内有龙王等塑像，殿前 4 棵松树，笔杆条直，又高又大。马王庙、姑子庵、龙王殿等都已无存，尚有遗迹可寻，没有再复建。

紫霄宫，位于丫髻山东侧山脚下。

紫霄为传说中神仙居住之所。神仙居住之所分为九霄，即神霄、青霄、碧霄、丹霄、景霄、玉霄、振霄、紫霄、太霄，紫霄为九霄中第八层。紫霄宫，又称西宫，清康熙六十年所绘丫髻山图中已标示。紫霄宫由前后四进院落组成，号称九道大门。前院为道士下院，正殿为经堂，第二进院落为过殿，第三进院落为一道平门，第四进院落当地人说曾设有皇帝宝座，即皇帝等上丫髻山朝山进香时休憩之所。当地人还说，过去紫霄宫山门二檩悬挂蓝地儿金字“圣旨”匾额。山门前一边 1 个上马石、下马石。山门内陈列有条案，为皇家所赐，平民百姓犯有过错时，放在条案上惩罚，打死无罪。经堂内供奉全山神像画像。第四进院落正殿原有太师椅、条案等家具陈设。紫霄宫西跨院为斋堂，现已无存。

1987 年，当地政府修缮紫霄宫第四进院落正殿；1993 年，修缮山门；1995 年，修缮过殿及东西配殿。由于条件所限，修缮较为粗糙，且格局略有改变。2004 年，对现存建筑又进行修缮。

修缮后的紫霄宫，分前后两进院落。前院由山门、转角房、东西厢房、过殿组成（图459）。山门，面阔三间，进深三间，硬山顶，上覆青瓦，合瓦垄。大脊

图459　刘家店镇北吉山村丫髻山紫霄宫

饰螭吻，垂脊饰走兽。檐下施小点金旋子彩绘。前出廊，门前悬挂“紫霄宫”匾额，门前廊柱悬挂“金殿东来气尽紫，仙鹤西去云腾霄”抱柱联语。山门外面一道大木门，因是门道，北面还有一道门。山门两侧，为转角房，连接东西配殿。进山门，在原道士诵经的三间经堂（原来的经堂也是前后两道门）处，建一座照壁，磨砖对缝，上为螭吻大脊，南面中间镶嵌黑色花岗岩，镌刻“万古长青”四个金字，为故宫博物院著名书法篆刻家王玉书先生所书。过去在经堂前，西厢房南属第二间为门，可通向西跨院，道士由此去斋堂用餐。正殿为过殿，前后有门，面阔三间，进深两间，前出廊，硬山顶，上覆青瓦，合瓦垄，大脊饰鸱吻，垂脊饰走兽。檐下施小点金旋子彩绘。殿内辟中国道教人物书画展，绘有老子、吕洞宾、王重阳、张三丰等历代道教代表人物画像，为我国著名书画家翟德年先生所绘，具有较高的历史价值和艺术价值。正殿前为东、西厢房，硬山顶，各面阔十间，进深两间。前出廊，廊北部山墙各辟一便门，以便出入。过去东厢房为仓库，存放粮食等物；西厢房住人，主要住丫髻山道士。现在，将东厢房辟作“丫髻山历史文化展”，西厢房辟作“中国道教文化展”，以图文并茂的形式，展示了丫髻山道教和中国道教的丰富深厚的历史文化。

出前院正殿后门，便进入后院。过去这里靠后院东西配殿南山墙东西向砌一道砖墙，中间辟一道平门。平门其实也是一道门楼，大约 2 米多宽，外面一道对开木门，里边没有墙，北面东西一边一根柱子支撑，北边也有一道门。迈进这道门楼，可以从东西两侧进入后院，也可以直接从北面门进入。东西两边各有一间小房，称作东西盝顶，北面与后院东西厢房相接。在 1987 年修缮中，这道墙与平门未复建，却在东盝顶南边另辟一道东便门。

后院由正殿、东西配殿及东西盝顶组成。后院形如一座三合院格局，由于正殿等过去是皇家来人和王公大臣等朝山进香时休憩之所，所以使用青砖、青瓦、硬山顶，建造得有如古色古香的民居，现在改为神殿，而形制尚未改变（图460）。正殿面阔七间，进深三间，前出廊，檐下施旋子彩绘。正殿前面西侧、西厢房北面的房岔子墙辟一道小便门，可通西跨院斋堂。中间三间为真武殿，一道门，加上前面的门，共计九道门了。东边两间现为办公之所，西边两间现为存放杂物之地。真武殿门楣上悬挂“真武殿”匾额，门前廊柱悬挂“清虚寡私欲，醇泊养天和”抱柱联语。殿内供奉真武大帝泥塑坐像（图461），两侧侍立金童、玉女。前有东西配殿各四间，进深二间，前出廊，青瓦硬山顶，檐下施旋子彩绘。

图460　刘家店镇北吉山村丫髻山紫霄宫后院

图461　2006年1月，正在塑造中的真武殿真武大帝像

东配殿北一间为办公之所，南三间为文昌殿，供奉主管人间功名利禄的文昌帝君。过去文昌庙、文昌宫、文昌阁等遍布全国，其祖庙为四川梓潼文昌宫，为纪念晋代张亚子而建。张亚子极其孝顺母亲，在晋朝为官，不幸战死，百姓为其立一座庙。初作雷神祭祀，后逐渐成为地方重要神明梓潼神。唐时玄宗、僖宗因避乱入蜀，加封梓潼神为左丞相、济顺王。由于唐朝皇帝大力推崇，梓潼神从一地方神而为全国性大神。宋元道士假托梓潼神降笔作所谓《清河内传》，并说玉皇大帝命他掌管文昌府和人间禄籍。而文昌本是星官名，包括六个星，即斗魁（魁星）之上六星的总称，道教尊为主宰功名禄位之神，也称文星。隋唐科举制

度产生后，文昌星尤为文人学子顶礼膜拜，认为文昌“职司文武爵禄科举之本”。因文昌星和梓潼帝君同被道教尊为主管功名利禄之神，所以二神慢慢合二而一了。至元代，仁宗封梓潼神为“辅文开化文昌司禄宏仁帝君”，简称“文昌帝君”。在文昌帝君两侧，常塑二侍童，俗称天聋、地哑，知者不能言，言者不能知，防止泄露秘密。文昌殿坐东朝西，门楣上悬挂“文昌殿”匾额，殿内神台上供奉文昌帝君坐像，高 1.8 米。左右侍立天聋、地哑，高 1.55 米，较为生动传神。

西配殿面阔四间，青瓦硬山顶，前出廊。北一间为办公之所，南三间为财神殿，供奉财神。财神为民间俗神，分文武财神。文财神比干、范蠡，武财神赵公明、关羽。过去春节时，除夕之夜，人们吃完饺子，彻夜不眠，等待着接财神。有人还送“财神”上门。到初二往往还要祭财神。财神殿坐西朝东，门楣上悬挂“财神殿”匾额，殿内供奉文财神比干、武财神赵公明泥塑坐像，两旁侍立招财童子及利市塑像。

过去后院植有 2 棵大柏树，各有 1 搂多粗，早已无存。现在正殿前 2 棵，为 20 世纪 80 年代所新植，已有六七寸粗细了。

紫霄宫东侧，隔南北一道小街，有一座东大殿，又称过路厅（图 462）。据当地人讲，东大殿是万和会（一说万缘宫）的一部分。万和会又称东宫，始建年代不详。相传，万和会房产归通州万和会所有，平时归丫髻山道士管理。原有房屋百余间，由五间房、七间房、九间房、过路厅、大门、东西厢房等组成。大致格局为：南为砖砌南倒座大门，门内往西，有门房、碾子房等。而一进门往北所见，就是现存的三间大殿，再往北是七间房，有正房 7 间，东西厢房各 5 间。往东，是五间房，有正房 5 间，东西厢房各 3 间，建有门楼，前有影壁。由此往北，是九间房，有正房九间，东西厢房各 5

图 462　刘家店镇北吉山村丫髻山东大殿

间。四周建还有很多房子，有马厩、羊厩、磨房等建筑。原有房屋毁于20世纪五六十年代，仅存大殿三间，2004年进行挑顶修缮。据有关专家考证，认为东大殿具有明末清初建筑风格，应是丫髻山现存最早的一座建筑了。东大殿面阔三间，进深三间，前出廊，槅扇门窗，单檐卷棚硬山顶，上覆青瓦，合瓦垄，檐下施小点金旋子彩绘。门前廊柱悬挂“心上有天地常运坎离交日月，山中无历日惟凭花鸟记春秋”抱柱联语。

另外，在紫霄宫东墙外，旧时还建有一座小庙，仅面阔一间，1丈左右，坐北朝南，顶覆小青瓦。前有照壁，照壁北面绘有山水画。庙内供奉7尊泥塑坐像，为民间神土地、苗神、五道等，故当地称其为七神庙，俗称五道庙，当地人去世了，家里人就到那里烧纸报庙。塑像毁于20世纪40年代末，建筑毁于20世纪60年代。

紫霄宫东边，泇河东岸，过去建有一座大戏楼，底座有2米多高，人站底下看不着戏。当地人描述，戏楼木石垒砌，面阔三间，号称“前为四檐，后面两坡”，有四五米高。大致说来，前为戏台，方形，以四柱支撑，上为卷棚顶，当地人称“过龙脊”，东西跨度大约七八米，台四周以青石垒砌，台面以土夯筑。后为化妆之所，三面围墙，南北两面设圆窗，上亦为卷棚顶，只是后面建筑略高于前面。建筑后面有门，以便进入戏楼。前后台之间，南北有两门，演出时上下场。而戏楼顶部，前后两坡相连，便于流水，当是二卷勾连搭式了。当地人说，周边没见过这么好的戏楼，可惜毁于“文革”中了。戏楼面向西北丫髻山，过去每当丫髻山四月庙会，就给娘娘唱大戏，那时好热闹呢。

瓦堂寺，位于丫髻山东麓北吉山村北约200米处。

在丫髻山诸多碑刻中，有清乾隆二十九年（公元1764年）所立“寅洞里丫髻山护国天仙宫地基碑”，尽管碑已无存，但拓本仍在，其中写道“丫髻山敕赐护国天仙宫地基四至：东至瓦堂寺，西至唐家峪，北至黄花顶，南至石门，四至分明”。这是清康熙二十八年时由丫髻山第十三代住持李居祥等所立，乾隆二十九年第十五代住持傅显扬等“复勒碑刻铭”，也就是重新镌刻立碑。

四至中写到丫髻山“东至瓦堂寺”，这至少应该说明两点，一是清康熙时丫髻山已有瓦堂寺，二是瓦堂寺清康熙时就归丫髻山管理。按说寺应是佛教庙宇，与道教无关。在清康熙六十年“丫髻山图”上，也没有标示瓦堂寺。那么，瓦堂寺究竟在什么地方，又是怎样的情况呢？

根据文献资料，瓦堂寺建于东汉。明万历三十二年《怀柔县志》“寺观”记载：“瓦堂寺，在县东八十余里，创自汉时，名□泉寺，重修于正德己卯，改名曰瓦堂寺。”“艺文”收录王源所撰《重修瓦堂寺碑记》：“距邑东南百里许，曰寅洞里，有寺名曰宝泉，系古刹也。□□汉时建武至筳今而年远矣。”清康熙六十年《怀柔县志》记载：“瓦堂寺，在丫髻山东麓，旧名宝泉寺，明正德己卯重修，改今名，有刑部主事王源碑。”这里，“建武”为东汉开国皇帝刘秀的年号。两个空字也许是“自东”二字，连起来即是：“自东汉时建武至筳今而年远矣。”，也就是说瓦堂寺自东汉始建以来，至今年代很久远了。一般认为佛教是东汉初年传入我国，而瓦堂寺创自汉时，不要说在平谷，就是在北京地区乃至全国也算得较早的一座寺庙了。

瓦堂寺坐北朝南，南为山门，对开木门，约2米来宽，老话说能过一驮水的驴驮子。山门前有几棵四五十公分粗的大松树。山门在低处，砌有盘道可登上北面高台。高台上原为两层大殿。前殿面阔三间，供奉如来佛及2尊站像，前殿西房山处有1棵1尺多粗的大松树。西侧1眼水井。后殿面阔三间，供奉真武大帝及2尊站像，还有龟蛇塑像等。后殿东间空着，西间绘有狐仙画像。

相传因庙里和尚私铸铜钱，甚至欺男霸女，并在庙里设夹皮墙，以藏匿女人，被官方查抄，寺院归丫髻山道士管理。后来有和尚回来，因庙内有1通石碑及一个磬，上面都有关于此庙是佛教的字迹，要求追回庙里产权。道士就悄悄把石碑和磬推入井里，掩埋了。那眼井的地方，当地人种地一直影影绰绰的不爱长草。至20世纪40年代末，只有前后两进殿，周围没有院墙。在20世纪40年代末推毁神像，拆毁庙宇。

现在，这片山前台地种有桃树等果树，瓦堂寺早荡然无存，在遗址处尚可寻到散落的砖瓦等建筑构件。调查时作者在遗址上随手拾得一个瓦当，雕饰龙纹，具有元末清初特点（图463）。无论如何，瓦堂寺毕竟有方志记载建于汉代，应该旧有

图463　瓦堂寺残存的龙纹瓦当，应为元末明初遗物

图464　刘家店镇北吉山村丫髻山万寿亭东侧碑场子碑林

所本，不会无所凭依。而东汉为公元25年至220年间，瓦堂寺始建距今近2000年了。由此可以说：丫髻山庙宇建造，具有近2000年的历史了。

丫髻山现存数十通碑刻，并在山顶下建有碑林（图464），主要分为御碑、王公大臣碑和民间老会碑等。如清康熙五十四年（公元1715年），康熙皇帝赐御《玉皇阁碑文》（图465），记六旬祝禧之事，盛赞丫髻山“自元明以来，号为近畿福地”。雍正元年（公元1723年），新帝登基，百端待举，恰值康熙皇帝70诞辰，雍正皇帝按康熙旧制，命人到丫髻山进香，并立丫髻山进香碑。此后，内务府到丫髻山进香成为定例。为此碑建有六角碑亭，黄琉璃瓦覆顶，名“御碑亭”（图466）。道光十七年（公元1837年），道光皇帝撰《重修丫髻山碧霞元君庙碑记》，记述：

图465　刘家店镇北吉山村丫髻山丫玉皇阁碑，摄于2003年12月，丫髻山三皇殿尚未复建前

图466　刘家店镇北吉山村丫髻山御碑亭

“两峰高耸，象形而名，又谓之鸦髻，旧有碧霞元君庙，建自前明，我朝康熙年间规模益备。”康熙三子诚亲王胤祉也作有《丫髻山行宫碑文》（图467），建有黄琉璃瓦六角碑亭，名“万寿亭”。另外，还有大量老会等碑刻。这些碑刻，为研究道教文化和丫髻山发展历史及民俗文化，具有重要价值。

图467　刘家店镇北吉山村丫髻山所存清康熙三子胤祉丫髻山行宫碑，摄于碑亭复建前

丫髻山庙会，号称京东第一庙会，在京津冀地区具有广泛影响，始于明嘉靖年间。《光绪顺天府志》记载，当铁瓦殿建成，“每岁四月十八日，四方聚会五日。”至今已400余年。清初，庙会改为四月初一至二十日，南到天津、保定，北到承德，四方商民、花会，善男信女，来赶庙朝山。庙会兴旺时，每天朝山进香者多达两三万人（图468）。《丫髻山玉皇阁碑记》也写到：“每岁孟夏，四方之民会此祈祷者，骈肩叠迹，不可胜计。”参加庙会的，一是京城达官显贵，朝山进香；二是善男信女，许愿还愿；三是民间花会，来山助“善”，如开路、五虎棍、中幡、大鼓、高跷、坛子、小车、跑驴、旱船、吵子、时不闲、龙灯、狮子等，多来自京城和京东各县；四是民间香会、善会，如粥茶老会、献盐老会、拜席老会、巧炉老会、掸尘老会、燃灯老会、缝绽老会、盘香老会、诚意老会、龙灯老会、献茶老会等，一般有百年以上历史的方可称为老会。香会、善会中，以“一山善人”灯会最为著名。康熙时，丫髻山盘道上夜设灯笼，接济往来。乾隆二十四年（公元1759

图468　丫髻山四月庙会时情景

年），京城德胜门内涤见胡同袁士库夫妇捐募108盏灯笼，排列成“一山”二字，悬于西顶。并置山下地175亩，每年收租银35两，舍在庙内，为修补灯笼费用。后又有人组建善人灯会，组成“善人”二字，与“一山”二字排列，成“一山善人”四字。每当日暮，月色灯光，辉映山谷，虽数十里外，犹隐隐可辨。旧时丫髻山庙会，“每岁夏四月，往来奔走，为国家祝禧者，肩摩毂击焉。兼之赛禳有会，鱼龙百戏，众巧毕呈、士女交错，终是月无虚。”“四方老少，男女贤愚，莫不奔驰，捧香顶烛，络绎不绝，解衣散钱，自朝乃暮。”即使到了20世纪三四十年代，丫髻山庙会依然十分红火。

由于丫髻山的影响，京城一些庙宇，还有专建丫髻山娘娘殿的。如朝阳门外东岳庙，于道光年间建丫髻山九位娘娘行宫，专供皇室女眷及年老体弱不能来丫髻山进香者祭祀，至今这个建筑还在，在东岳庙后罩楼内，只是娘娘像已毁于20世纪50年代。崇文门外南岗子天仙宫，亦称斗姥宫，供奉碧霞元君和斗姥元君，相传为丫髻山娘娘的“娘家”，丫髻山庙会一开，那里马上开庙，从农历四月十五至十八。刚从丫髻山下山的香客循例到这里谢香。现在天仙宫已荡然无存。

总之，丫髻山庙会影响深远。1956年停办，1987年恢复。现在，丫髻山庙会随着丫髻山主要庙宇的复建，神像的再塑，已然愈来愈红火，而且已列入北京市非物质文化遗产名单。

229. 东山下村

东山下村，旧有纪念性祠庙老爷庙及道教庙宇五道庙。

老爷庙，位于村西头，现在村委会所在地，坐北朝南，庙前一道影壁，以砖垒砌。庙前东南侧有1棵古槐。庙为一间，中间横砌一堵隔断墙，南为老爷庙，画有关公坐像，红脸庞。北为菩萨庙，一边1棵槐树。庙北也有一道南北向大影壁，朝东挡着西街口。影壁上东面，辟一小壁龛，如一小房子状，龛里供奉的也是观音菩萨。影壁西边有一戏台，朝着丫髻山的娘娘，给娘娘唱戏。庙内画有观音菩萨坐像，旁边一童子站像，怀抱净水瓶，瓶里插着柳条。

农历（平谷地区习惯称为旧历或阴历）二月十九为观音菩萨生日，过去在庙北搭灯棚，说大鼓书，前后3天4晚上。密云大石门的人曾来这里说过大鼓书，据说他是跟老师“土疙瘩”学的。不知“土疙瘩”为何许人，想必很能说大鼓书的。说大鼓书时，灯棚里都挂着灯笼，有纱灯、玻璃灯等，玻璃灯上贴着人物画。灯笼里点着蜡烛。每年丫髻山四月庙会从这里经过，走会的花会在这里烧香、打场。每当这时，庙里就会吊着一盏海灯，四五寸直径，就像一个大海碗。做买卖的经过这儿，烧烧香、添添油。添的都是香油，人们说观音菩萨不吃荤。

老爷庙毁于20世纪50年代，庙东南侧古槐尚存，有些糟朽，用水泥抹上了（图469）。

图469　刘家店镇东山下村老爷庙前古槐

这里现在作为村委会，院不大，古槐茂密的简直遮蔽了整个院落。

五道庙，位于村北，面阔一间，坐北朝南，画有五道等神像。两山墙画有风调雨顺、国泰民安壁画。庙内1个铁香炉，高约四五十公分。一边1个小香炉，也是铁的。庙里摆着3个香炉，一般应画有3尊神像。村里人至今记得一首歌谣：“土地土地，住在庙里。挨点子烟熏火燎，吃点子花子臭屁。”歌谣一是说五道庙除必画有五道神像外，还画有土地神像，那么所画的3尊神像的另1尊神像是谁就不得而知了；二是说五道庙里曾住着要饭花子的。五道庙毁于20世纪60年代。

230. 凤落滩村

凤落滩村，据说因这里曾落过凤凰而得名。村里的张姓、曹姓、王姓、赵姓等都是坐地户，即是立庄时来的了。而曹姓是跟着努尔哈赤过来的，曾有东曹、西曹之说，西曹早搬走了。过去曹家门前有上马石、下马石，皇上曾经从曹家选过一位妃子。

凤落滩村旧有道教庙宇全五道庙及佛教庙宇菩萨庙。

五道庙，位于村北道东，坐北朝南，一间，神台上供奉五道等7尊泥塑像，台下一边还塑1个小鬼像。五道庙毁于20世纪60年代。

菩萨庙，又称南大庙，位于村南道东，坐东朝西，南北宽约十五六米，东西长约25米。西为山门，砖砌门楼，山门前约15米处砌一道墙，墙外是洳河。院内，大殿前一边1通方座石碑，还有南北厢房各三间。大殿面阔三间，前出廊，殿内供奉1尊观音菩萨泥塑坐像，一边1尊站像，其中北为红孩妖。两山墙前一边有1尊站像，南山墙前的站像手里拿一鞭，不知什么神像。过去农历二月十九搭灯棚，说大鼓书、烧香。菩萨庙毁于1967年。

村西有戏楼，坐东南朝西北，正对丫髻山娘娘顶。前有4根大明柱，后面有2根明柱。后面有两个门。楼顶前后连着，后部有“天沟”流水。楼下台子有7尺高。村里人称戏楼为“明三暗九”格局，“四方八乍”，顶四角一角1个龙头。西楼后边有窗户。这就是北吉山村人说的“洳河东岸”的那座戏楼。过去农历四月唱戏，主要是河北梆子、评剧等。戏楼毁于20世纪六七十年代的“文革”之时。据说原来有座铁戏楼，在村北头的河北边，后来发大水给冲走了。村里至今还有“气死王八累死龟”的说法，或与冲走铁戏楼有关。

231. 胡家店村

胡家店村，旧有纪念性祠庙老爷庙、道教庙宇北大庙、五道庙及佛教庙宇菩萨庙。

老爷庙，位于村北，小庄北边。胡家店村分两个自然村，南边为大庄，北边为小庄。老爷庙坐北朝南，面阔一间，画有关公坐像，东边画有关平拉马侍立像，西边画有周仓拿大刀侍立像。老爷庙毁于1947年土地改革中。

北大庙，位于村西北，坐北朝南，东西宽约10丈，南北长约10多丈。南为山门，山门两边一边1个石狮子，对开木门，两扇木门有2米来宽。山门前一道影壁，一边2棵槐树，约2尺来粗。

进入山门，为前院，北为前殿，前殿西侧有1棵大柏树，2搂多粗。1947年土改中放倒，破板给每家打了一副木筲。前殿东侧有1棵龙爪槐，1搂多粗，还有1通石碑。前殿面阔三间，前出廊，廊东侧悬挂1口铁钟，高约1米。有东西耳房各两间。西耳房存放杂物，东耳房一间为药王殿，一间为通向后院的过道。药王殿内供奉药王泥塑坐像，手托药丸。眼疼也来这里烧香，做一串眼镜，还有做小花鞋的，供在药王坐像前。前殿内神台上，供奉3尊泥塑坐像，中间高，坐像为黄色。有说是3尊娘娘像，其中有送子娘娘及拿一眼珠的眼光娘娘。两边一边有4尊站像，有判官，拿本账及拿支笔；也有小鬼等。在大殿进门处，东边摆一供桌，桌上有一灵官像，手拿狼牙棒。墙上绘有壁画。

从东耳房那间过道至后院，北为后殿，后殿前有棵松树，2尺多粗。后殿前东侧有通石碑，下面是个长方碑座。后殿前还有个石香炉，香炉上凿着花等图案。东西厢房各三间，西厢房为学校，东厢房为看庙人所住。后殿面阔三间，东西耳房各一大间。后殿供奉着铜像，高约二三十公分。

根据村里人所述前殿供奉的神像应为道教的神像，但村里人也有说前殿供奉的是卧佛，黄色，头朝西，两边为十八罗汉站像，这应是佛教神像。由于神像已于1947前后的土改中推倒，庙宇改作了学堂，又没有准确资料记载，便难以查证了。今遵一说，列入道教庙宇中，而另一说录此，以存资料。或以后有新的发现，再行修改。20世纪50年代，北大庙拆毁，盖村小学了。

五道庙，位于村西北，北大庙西边，坐北朝南，前边和西边是水坑。庙为一间，画有五道等神像。五道庙毁于1947年。

菩萨庙，位于村南，坐南朝北，面阔三间，前有月台，5尺多高，形如戏台。殿内神台上，供奉菩萨泥塑坐像，菩萨下面骑着鳌鱼，一边还有1尊小站像。在菩萨像背后，有屏风，上面也有画像。供奉的，或许是观音菩萨及善财童子和龙女。菩萨庙于1947年土改中拆毁。

村西北有1棵大槐树（图470），六七搂粗，几百年了，那地方过去是邱家祖坟。2007年8月，村里参加调查的，有一邱家人名叫邱洪章，78岁。他说祖上是随着“酣王扫北”过来的，老家是山东坡庐口（坡庐口是村人所

图470　刘家店镇胡家店村西北古槐

说读音，是否为筐箩口），老两口子一挑子从山东挑着来的。这“酣王”未说清是谁，在有的村调查时有说好像是指“李闯王”，那就是明末起义军领袖李自成了。一般说“燕王扫北”，而燕王当是明太祖朱元璋第四子、后来做了皇帝的明成祖朱棣了。这位邱洪章，过去是楦笸箩、楦簸箕的，称之为“叉柳”，手要的哗啦哗啦响的四个铁片，叫作“唤头”。进村一要“唤头”，人们就知道楦笸箩、楦簸箕的来了，无需吆喝。过去村里有一王家地主，家里有300亩地。现存中间腰房，是过去念私塾的地方（图471）。腰房面阔七间，房前一块大条石，近3米长。应是过去盖房子之物。东边为门道，一对钉着大铁铆钉的对开大门，很宽绰，门下边有雕花石门墩，门墩有莲花、鹿等浮雕图案等（图472）。如此讲究的老房，全区已经不多见。

图471　刘家店镇胡家店村王家地主家中间腰房，为过去念私塾之所

图472　刘家店镇胡家店村王家地主家中间腰房门道

232. 江米洞村

江米洞村，旧有道教庙宇真武庙、山神庙。

真武庙，位于村北山上，在南坡半山间有一山洞，朝南，依洞穴口以砖砌筑一山门（图473），为券拱形。山门西边有一间小房，存放杂物或住人。洞内，供

奉真武帝泥塑坐像，约 1 人高矮，两边还有站像。坐像前边，以砖垒砌一张大供桌。两边崖壁上，有毛笔写的字迹。过去这里住着一位老道，叫高殿旺，是顺义段村的人。

这座真武庙所依的洞穴，就叫江米洞，洞穴尚存（图 474）。村里人指着洞中一凿洼处，说就是传说中流江米的地方。

关于江米洞的传说，一直在流传：村北山上有一个洞，北壁像神龛似地凹进一块，正心有一拇指粗细的眼儿。这个洞就是江米洞。相传，白莹莹的江米就从那石眼儿往外流。后来，那个石眼儿咋不流江米了呢?

图 473　刘家店镇江米洞村真武庙遗址

过去，江米洞是一座真武庙，庙里住一个老道。有一年夏天，接连几天下大雨，山洪下来了，老道的粮食也吃光了。这天早上，老道正在念经，眼前一黑，晕倒洞里。昏迷中他听到洞里有响动，打起精神一看，真武大帝身后的石壁上，冒出一股白花花的江米。老道急忙弄点米，蒸一顿香喷喷的江米饭。

从此，那老道便每天吃石眼儿流出来的米。说也怪，那石眼儿每天流出来的米，刚好够他吃一天，若是来了客，米就多流些，也将够吃。虽说没啥富余，可老道也觉舒心展意的了。慢慢的，老道吃完饭，总是望着那个石眼儿想：若石眼儿能多流些米，就可以拿出去卖。几年后，置几亩地，娶一房媳妇，不比呆在这荒山野庙受用?

图 474　江米洞由于久无人来，根本没有上山的路。村里人带着镰刀前面割去荆棘等，直至半山间洞穴前，作者向村里老人细致调查。时为 2007 年 8 月

老道起了贪心，行动坐卧，心里都想着这码事。想着想着，忽然灵机一动：把石眼儿凿大点儿，不就会多流米吗？他为自己的聪明高

兴，急忙下山，借来锤子和錾子。回到洞里，天已黑了，他不等天亮，借着洞口射进的月光，丁丁当当地凿起来。

第二天，石壁凿凹进一大块，这一凿那石眼儿却再也不往外流江米了！

这是经过整理的关于江米洞的传说，在与村里人调查时，村里人所谈大致如此，但说洞里每天流一碗米够吃了，可那个老道财迷，想让多流点，结果一凿，流出的是沙子了。流出沙子似乎比整理过的传说更为生动。1946 年，推倒洞内神像，山门西边那间小房也拆了。在洞穴东南角，有一小炕，过去住过人，后来圈羊了。山洞外面东南七八米处，有 1 眼水井，一人多深，常年有水，天多旱也没干过。村里人说这里叫江水洞也行。村子过去就叫江水洞，1956 年入社时，改为了江米洞。

图 475　刘家店镇江米洞村近年复建的山神庙

山神庙，位于村西北，坐北朝南，仅为一小间，画有山神、龙王、虫王、土地、苗神 5 尊神像。山神庙毁于 20 世纪 60 年代。

村里过去人去世了，没报过庙，离山近，信山神。1998 年，在原地按旧制村里自发重修山神庙(图 475)。这是一间敞殿，没有门窗。庙前两山墙悬挂联语：出龙宫风调雨顺，入海藏物阜民康。檐下有横批，纸已破碎，但可见一“五”字，或许是“五谷丰登”吧。当初应该是贴着四五张挂签的，现仅存一张了。庙内北墙画有 5 尊神像，左起：土地、苗王、山神、龙王、虫王（图 476）。东山墙画二值曹，值年、值月；西山墙画二值曹，值日、值时。所画即是四值功曹，为

图 476　刘家店镇江米洞村近年复建的山神庙内所画神像

道教所信奉的天庭中的四位小神，相当于天界的值班神仙。这样的画像，已不多见，具有一定的民俗文化价值。画像下，贴北墙砌筑供台。供台下谁家拆房时揭下的水泥瓦，大概没地方存放，而堆放于此。

233. 孔城峪村

孔城峪村，旧有庙宇7座，包括道教庙宇娘娘庙、财神庙2座、五道庙及佛教庙宇云岩禅寺、上白果寺、下白果寺。

娘娘庙，又称磕头庙，位于孔城峪磕头沟村东选矿厂旧址东侧，寺庙旧址恰在板油路的地方。现在板油下面，还有当年石头铺墁的步道。

村里人相传，过去皇帝到丫髻山进香，先要到云岩禅寺烧香。皇帝从京城到顺义行宫下榻，经樊各庄，过烈虎桥，走磕头沟村头。皇上为免去云岩寺上山之劳，就在磕头沟外面，建一座娘娘庙。据清康熙六十年《怀柔县志》记载，谈及云岩禅寺时写道："入国朝，草场地复被侵占，迩年寺僧来宽渐次恢复，寺亦修整。山下增建娘娘庙。"这说明娘娘庙建于清康熙年间，与当地相传吻合。

娘娘庙坐北朝南，南北长10来丈，东西宽10来丈，一方正的院落。南面辟山门，对开红漆木门。山门前西侧有7通碑刻，东侧1棵大槐树，五六搂粗细，后来树放倒，树干比一人还高。娘娘庙为前后两进院。

前院建有前殿，面阔三间。前殿为过殿，设前后门。东间供奉关公坐像，红脸庞，村里人称关公头戴"英雄帽"，上边饰以大球。两边还有周仓和关平2尊侍立像；西间，中间供奉老祖，双手执圭板，头戴道帽，就是诸葛亮戴的那样的帽子，村里人说这老祖是道教中的元始天尊。东边供奉药王，抱一药葫芦。西边供奉马王，3只眼，4只手臂上举，手里拿着2把刀，还有宝剑、印等器物。当地过去有一句骂人话："这人三只眼，马王爷转的!"

后院，较为规整，有东西厢房各三间，为和尚所住，村里人称和尚住的地方为禅堂。北为正殿，"明三暗九"格局，即前廊后厦，面阔三间，进深三间。廊东侧，有一口大铁钟，高约1米，悬挂钟架上。正殿内，供奉9尊娘娘像，为木雕坐像，高约1.5米，雕像前各有牌位。娘娘像前两侧，一边2尊侍女站像及一边1尊灵官像，另外西侧还有一王老太太骑毛驴像，也是木雕。村里人所说的王老太太，应是修丫髻山的王二奶奶。正殿上方悬挂一方木匾，书有“天仙圣母”四个大字，金字蓝底。

娘娘庙西侧为跨院，跨院另开院门，南面院门黑色。跨院有五间正房、西厢房及南倒座房，住和尚、存放粮食、杂物等。

村里人将云岩禅寺称为上寺，当问及下寺，说娘娘庙就是下寺。娘娘庙毁于20世纪40年代末。村里人说，那些木雕神像被万庄子村一人搬到家中，于20世纪50年代劈柴烧火了。

财神庙，磕头沟有2座，村里人说供奉的是五显财神，故又称五显财神殿。

概言之，财神庙为供奉财神之庙。财神，民间俗神，分文武财神。文财神比干、范蠡，武财神赵公明、关羽。此外民间信仰的财神还有五圣等。过去春节时，除夕之夜，人们吃完饺子，彻夜不眠，等待着接财神。有人还送“财神”上门。到初二往往还要祭财神。据有关记载，宋代有五圣信仰，后有五通、五显等。五显神为宋代江西德兴、婺源一代信奉的财神，兄弟五个，宋代均被封王，因其封号首字都为“显”字，显聪昭应灵格广济王、显明昭烈灵护广佑王、显正昭顺灵卫广惠王、显真昭佑灵祝广泽王、显德昭利灵助广成王，故称“五显神”，所祀庙宇称为五显庙。当地人即称这里的两座财神殿为“五显财神殿”，所供奉的当是五显神了。说明随着皇帝的加封，五显信仰影响越来越大，信奉自然也越来越广，已然慢慢从南方信奉到北方了。

这2座财神庙，坐落在村东北山间，一在上白果寺南约三四百米处，坐北朝南，庙内没有碑刻，只有正殿三间。殿内供奉5尊泥塑坐像，两边分别有童子侍立。这座财神殿在平谷地区的财神庙中，还是规模较大的一座，毁于20世纪40年代末；一在下白果寺北面台地上，何时所建及毁于何时，村里人已说不清了，也没有人见过，遗址上还是可以见到散落的砖瓦。对这2座财神殿，志书文献没有记述。

五道庙，位于现在村委会前，坐北朝南，仅为一间，画像。村里人去世了，去那里报庙。五道庙毁于20世纪六七十年代的“文革”之时。

云岩禅寺，在孔城峪磕头沟半山石崖上（图477）。

磕头沟村，为孔城峪村一个自然村，坐落孔城峪村东北1.5公里处。村西一道沟谷，谷里半山石崖上旧有云岩禅寺，以前进香人累了，常在下面沟口磕头烧香，沟由此得名。现在，磕头沟村仅10来户人家，30多人。

据文献记载，云岩禅寺始建于辽乾统（公元1101～1110年）初年，当时义琛禅师建有道院，名梼栳砖。明景泰年间（公元1450～1457年），御马监太监阮让捐资重建，景帝朱祁钰赐名“云岩禅寺”，且赐经一藏，并令僧德洽来寺住持。成化三年（公元1466年）再次进行修复。明末又废。清康熙年间（公元1662～1722年），僧来宽渐次修整，再复旧观。1942年底，云岩禅寺毁于战火。

图477　刘家店镇孔城峪村磕头沟云岩禅寺遗址

云岩禅寺坐北朝南，寺前和东侧为石崖，以石砌筑坝墙，南侧坝墙上镶嵌一方刻石，风化日久，已漫漶不清，尚可看出“康熙十七年”等字迹。这或者与康熙时僧人来宽“渐次修整”有关，也许这高大坝墙就是来宽主持垒砌的呢。寺庙前隔沟谷，面对大山。寺西侧为山谷，数丈高石崖绝壁，雨季山水流下形成瀑布，秋冬可见瀑布痕迹。寺后倚山崖峭壁。远远望去，整座寺庙就坐落在石崖托起的高台上，景象颇为壮观。

云岩禅寺西侧辟山门，山门上镌刻着“敕赐云岩禅寺”字迹。院内，南有倒座房10间，中间一间为过道，过道两侧，有一间住和尚，一间供奉韦陀木雕站像，面向北，正对大殿。西有厨房三间，北边挨着山门。东有配殿三间，供奉3尊木雕像，为和尚祖师；西有配殿三间，供奉3尊木雕坐像，其中中间为西方老祖。南面一间为狐仙庙，有狐仙画像，为一慈祥老人形象。在西厨房与西配殿之间，形成一个南北向过道。村里人说，要进入寺庙院内，须进山门后往南走，至西配殿南侧与南倒座之间，形成一敞门，由此往东即至院内。从现存遗址看，基本是这种格局，而且大致可以看出，南倒座房应是贴南部石崖所建，中间确实有一间似通道，比较宽绰，残墙尚在。

北为正殿，面阔三间，所谓“明三暗九”格局。顶为四面坡，俗称“四方八厦”。正殿檐下悬挂有木匾，上写“大雄宝殿”四个黑底金色大字。殿内供奉3尊木雕坐像，中间为佛祖释迦牟尼，下为莲花宝座；东为文殊菩萨，下面坐骑狮子；西为普贤菩萨，下面坐骑大象。殿内两边有十八罗汉木雕像。其中西侧伏虎罗汉戴着一顶虾米须草帽，当地相传是康熙皇帝一年四月十八来进香，见一罗汉满头是汗，随手就把带来的草帽给那尊罗汉戴上了，说：“我上山这么轻松，是你护我上来的吧？”等走时想摘，却摘不下来了。

寺东北角，有一山洞，叫“磕懒头”，一说磕头沟名由此而来（图478）。洞口有门窗，洞里供奉“圣母菩萨”塑像。现在山洞尚存，可见门窗痕迹。洞顶有墨书明、清年间老会朝山进香的题记：“京都前三门……会首于祥芝、白承吾、傅春□、杨瑞芝、崔芝、胡瑞云”、“通州北门……万历三十八年四月”等字样。正殿北面山崖有天然崖棚，宽约五六米，高约2米多，深约三四米，石壁上面也有墨笔题字，如“康熙十年”、“仓头庄”等题字。有的似是一首题诗：“清虚日月度□□，僧家不比□□□。从来客至无□□，□勤只是一杯茶。”落款是“京都顺天府大兴县……庄会□此。”这些题字，多是前来朝山进香者所题留。云岩禅寺北距丫髻山不过四五里远近，墨书中又写有“四月”等字样，或许是从京城、通州、大兴等那边来丫髻山朝山进香的各个老会，经过云岩禅寺时先来进香，这与上面传说的康熙皇帝来云岩禅寺进香相吻合。

图478　云岩禅寺遗址东侧，贴石壁有砖垒的斜坡道，上去就是一开凿的石洞

东北洞前，为砖砌高台，过去建有二层楼，当地人称作槁，又称塔楼，以砖砌筑，方形，面阔一间，进深一间。一层供奉地藏王，二层供奉三皇。有木板梯，两边有铁链，可上二楼。槁下边，东配殿东面，还有四间房，称东四间。

抗战时期，日军在这一带掠夺开采金矿，就住庙里。还有一说日军派所谓“护山警”2个班，住在这里。据说在1942年底，日军到密云过阳历年去了，剩下几个日伪矿警看守。这时八路军过来，将其歼灭，战斗中寺庙也被烧毁了。

应该说，云岩禅寺在明代盛极一时，其影响要大于丫髻山，毕竟与皇家及太监有一定关联，且那个捐建庙宇的御马监阮让去世后，经皇帝允许，就葬于寺庙西侧不远处。不仅如此，庙内还有3通明代云岩禅寺碑刻。一是碑文收录在明万历三十二年《怀柔县志》和清康熙六十年《怀柔县志》的“敕赐云岩禅寺碑”，署名为光禄大夫少傅太子太师礼部尚书胡濙。碑文记述了御马监太监阮让，捐资及募众缘在旧址建造云岩禅寺及皇帝御赐“云岩禅寺”事。碑文“推太监历事太宗文皇帝、仁宗昭皇帝、宣宗章皇帝、太上皇帝、今上皇帝，列圣宠眷，思无补报，特兴兹寺”，说明太监阮让从小至老，历经5位皇帝。太监进宫一般很小，而从明永乐元年（公元1403年），至去世天顺四年（公元1460年），共57年，假如10来岁进宫，活了大概近70岁，历经成祖朱棣、仁宗朱高炽、宣宗朱瞻基、英宗朱祁镇、代宗朱祁钰及再次做皇帝的英宗朱祁镇。作为一个太监，一直受到几代皇帝赏识和重用，不易。碑文撰写者胡濙，江苏武进人，建文二年（公元1400年）进士，授兵科给事中。永乐元年成祖即位，迁户科给事中。《明史·胡滢传》载：“惠帝之崩于火，或言遁去，诸旧臣多从者，帝（指成祖）疑之。（永乐）五年遣颁御制诸书，并访仙人张邋遢，遍行天下州郡乡邑，隐察建文帝安在，以故在外最久。”即从永乐五年（公元1407年）起连续14年，胡濙在外暗访建文帝踪迹。永乐十四（公元1416年）年回朝，擢礼部左侍郎。宣德元年（公元1426年），进礼部尚书。“土木堡之变”，英宗被俘，加兼太子太师。天顺元年（公元1457年），英宗复辟，称病辞归。历仕六朝，卒年89岁。胡濙节俭宽厚，喜怒不形于色，能以身下人。对医学、文学有研究。明英宗正统十二年（公元1447年），胡濙曾为峨嵋山兴善寺撰写“敕赐兴善寺记”。而撰写“敕赐云岩禅寺碑”则在明代宗景泰六年（公元1455年），已换朱祁钰为皇帝了。

二是住持德洽所立碑，内容与胡濙“敕赐云岩禅寺碑”大致相同。

上述二碑今已无存，重要的是第三通碑，碑文收录在清康熙六十年《怀柔县志》的“重修云岩寺碑”，署为兵部尚书商辂。此碑现存于云岩禅寺遗址，已断为两截。碑为青石质，螭首，额题篆书“敕赐云岩禅寺重修记”（图479）。年款为“庚寅秋九月重阳日”。

图479　刘家店镇孔城峪村磕头沟云岩禅寺商辂碑碑首

商辂（公元1414～1486年），明时一代首辅，浙江淳安人。于宣德十年（公元1435年），举乡试第一（解元）。第二年会试落第，遂入太学潜心读书达十年，深受国子监祭酒李时勉赏识。正统十年（公元1445年）以会试（会元）、殿试（状元）双第一，大魁天下，成为所谓“三元及第”。在明代近300年科举考试中，第一个“三元及第”的是黄观，后被朱棣除名，商辂为第二人，所以又说商辂是明代唯一“三元及第”者，时年31岁。商辂为人简重宽厚，至临大事，决大议，则果敢刚毅，不为他人所动。历仕英宗、代宗、宪宗三朝，历官兵部尚书、户部尚书、太子少保、吏部尚书、谨身殿大学士，时人称“我朝贤佐，商公第一”。商辂与胡濙当同朝为官了。商辂著有《商文毅疏稿略》、《商文毅公集》，纂有《宋元通鉴纲目》等。现在浙江淳安保存有商辂故居、纪念的庙宇等，且在街头立有雕像。

重修云岩寺碑

兵部尚书　商　辂

云岩寺在怀柔县栲栳山，乃古刹也。

景泰初，御马监太监阮公让奉命提督沿山诸处马房，因见栲栳山峰峦秀拔，溪流澄彻，中有古刹，殿宇虽圮，遗址尚存，乃慨然以兴造为任，首捐己赀，徐募众缘，重建殿廊，庄严像设，广厦重墉，焕然一新。事闻蒙赐额曰“云岩禅寺”，兼赐护持、藏经及寺前故越府草场空地，与寺内永为长住，命僧德洽住持领众焚修。

太监先是宣德间随征迤北有功，升御用监太监，至是改任御马监。丙子冬，奉敕督军征剿湖寇。事竣，因留镇湖贵地方。明年，复进剿东苗，诛其首恶，余党悉平。

天顺庚辰秋八月，以疾卒，柩还，蒙赐祭葬于本寺西庑之侧。

岁月滋久，殿廊颓毁，地土荒芜，多见侵于人。同事御用太监潘公瑛实睹其事，乃于成化丁亥六月，奏复前地，择贤而能者主之，令监工官覃芳再修殿宇，重建廊庑，由是寺获更新，田无失业。庶几僧众晨香夕灯，祝厘祈福，永有所赖。

且佛氏之教，本以劝人为善，而世人崇奉之者，亦以善心之发也。二公兴建于前，而修复于后，庸非一念之善，有以贯而通之乎？使后之人皆以二公之心为心，嗣而葺之，则寺以永存，化及一方，将贪嗔之念弗萌，而斗争之风自息，是重有裨于时者矣。

潘公求予为记，而并及阮公履历者，不没其善，抑以使后来者有所于考也。

岁庚寅秋九月重阳日记（图480）。

图480　明代商辂所撰敕赐云岩禅寺重修碑记拓本

如此重臣，为云岩禅寺重建撰写碑文，可见重建人的位置及寺庙影响非同一般。

碑文中，“天顺庚辰”为天顺四年（公元1460年），阮让于1460年去世。“成化丁亥”为成化三年（公元1467年），也就是阮让去世后的第七年，将云岩禅寺进行修复。撰文立碑为“庚寅”年，即成化六年（公元1470年）。

图481　刘家店镇孔城峪村磕头沟云岩禅寺遗址残存的龟趺

现在云岩禅寺遗址上，除商辂“重修云岩寺碑”外，另存2个残损的碑座龟趺（图481），或许一为商辂之碑座，另一为胡濙之碑座了。

上白果寺，位于云岩禅寺西约500米处，与云岩禅寺隔一道山梁，在沟谷里边。不知建于何时，亦不知毁于何时、由于什么所毁。

现在，沟谷里还保存着一道大坝墙，高约八九米，20来米长，以大石所砌。坝墙东部有一巨石，约2米多长，1米宽，在没有现代起重设备的过去，不知如何垒上去。在石缝上面长出1棵榆树，有四五寸粗细了。遗址在沟谷尽头，很宽阔，坝墙上面，分三级阶地，各有低矮的阶坝。这道大坝墙及最北面矮坝墙，应该垒砌很早了，石缝间旧有树桩，七八寸粗细，都糟朽了，这需要时间。

下白果寺，位于磕头沟村西部北面，坐北朝南，有正殿，还有东跨院，大约在20世纪30年代就已毁为一片废墟。现在，还可见东部残墙及一些散落的瓦砾。

白果寺因有白果树而得名，据说上白果寺有1棵大白果树，结的白果能吃。下白果寺西侧有1棵大白果树，结的白果是臭的，不能吃。而下白果寺的白果树，在遗址西南角，据说三四人搂抱不过来，当年放倒时，锯下的树根有三四十厘米粗。

对于白果寺，志书文献没有相关记载，详情不得而知。但当地有“拆了上寺盖下寺”之说，说明上寺要早于下寺。也有“拆了上白果寺盖云岩寺，拆了下白果寺盖磕头庙”之说。如果真的如此，那上白果寺起码在辽乾统时就有了，其始建年代应早于乾统之时。而磕头庙大致建于清康熙年间（公元1662～1722年），康熙六十年《怀柔县志》记载：“入国朝，草场地复被侵占，迩年寺僧来宽渐次恢复，（云岩）寺亦修整。山下增建娘娘庙。”即是说，下白果寺大致毁于清康熙年间了。

图482　刘家店镇孔城峪村磕头沟云岩禅寺遗址西边沟谷里，财神殿遗址西北侧残存的经幢

村里人世代居住于此，有些早年之事往往口口相传，有所源本的。只是上下寺供奉什么，今已无从查考，据名字推论，一般称之为“寺”者，多是佛教庙宇。

在上白果寺南约三四百米处，财神殿西北侧，坝墙根底下，有一八棱经幢（图482），一节，汉白玉质地，上有幢帽，1米多高，下为砖砌筑的底座。经幢现残存两截，可见上面镌刻着字迹，已看不清内容。一般经幢八角，多刻《陀罗尼经》。所以，这个经幢也应该是镌刻的经文，大约为辽金之时所立。

经幢东北侧四五米处，有1座古塔，当地人称和尚塔，以砖砌筑，实心，底座为汉白玉。其形制为楼阁式塔。当地有塔为三层、五层乃至十三层之说，但一致认为与平谷城南文峰塔照片一样，且说塔有2丈多高，大约六七米。根据塔的高度来推测，大约是三层，至多五层。和尚塔毁于20世纪40年代末50年代初，塔内发现一小水杯大的瓷罐，绿釉，罐底有几个字，当时没人认识。在塔的二层，每面都镶有一方塔铭，八九十公分见方，上有镌刻着字迹。张福老人记得，拆塔时，有认识字，念着，他一边听着，记得说是十二三岁一个人，是一个皇亲，出家了。据此，塔铭是否为记述佛祖释迦牟尼事迹，尚未可知。

现在，和尚塔遗址尚存，散落着一地辽代沟纹砖。因此，砖塔应为辽代所建，清《钦定日下旧闻考》记载："乾统初于椤栳砖立小院，前后访法者二百余人，（义琛禅师）后染末疾入定如眠，有红光发于顶面，照满一室，今塔尚存。"清《光绪顺天府志》也记载："云岩寺在县东椤栳山。山向有道院，名椤栳砖，创自金乾统中，义琛禅师所居，参访受法者前后三百余人，义琛入定坐化，备著灵异。有沙门圆撰塔记。"清康熙六十年《怀柔县志》也记载："后于椤栳砖立小院，精修净业，参访受法者前后二百余人，远近持供者无数。后染末疾，入定如眠，有红光发于顶面及脐上，光照满室，咸以为得道之验。今塔尚存。人呼为华严祖师塔云。"三书都记述了有塔，或许现存塔址即是所记述的义琛禅师塔，有待进一步对塔址清理及文献研究考证。

和尚砖塔西南二三百米远的山坡上，有1座白塔，当地人称为"镇山塔"，说塔上过去有字，就这么写的，且说塔像倒扣的坛子，1丈多高，白色，就像北京北海的那座白塔那样，只是比北海白塔要小，塔刹有一圆盘，上为塔尖。塔下建有地宫，辟一小门，人可进去。抗日战争时期，日伪军"扫荡"，老百姓"跑反"时躲藏里边，可以藏六七个人。镇山塔毁于20世纪60年代。现任孔城峪村书记、61岁的韩秀礼，小时见过此塔，并依记忆现场画出塔的形状。现在遗址处，散落着大量残转，尤其一大半圆的石盘，边部浑圆，雕刻着精致的祥云图案，正是白塔上部塔刹部分的圆盘，周边还

图 483　刘家店镇孔城峪村磕头沟云岩禅寺遗址西边山上镇山塔塔刹圆盘部分

散落着三四块残片（图 483）。一块圆形砖恰好与圆盘边吻合，又有几块较大的圆形转，在地上摆了半个圆圈，应是塔身遗物了，可大致看出圆形塔身约 1 米五六的直径。这进一步印证了韩秀礼记忆的准确无误。

这座白塔所建时间不清楚，文献也没有记载，地方也没有具体口碑资料。村里人谈及的北京北海白塔建于清顺治八年（公元 1651 年），而北京西城区阜成门内还有一座妙应寺白塔，为我国现存元代最早最大的一座藏式佛塔，建于元至元八年（公元 1271 年）。可以说，地方志书对云岩禅寺记载，主要在于明代，清代又进行整修，所以，这座白塔可能与云岩禅寺有关，也可能无关，就其建造时间，大致在明清之际，尤其在清代可能性大。村里人也有说镇山塔与磕头沟外面的娘娘庙有联系，如果是这样，那就大约建于清康熙年间了。

白塔西边有一道杨树沟，当地人说过去有和尚坟六七座，早都给挖了，也没挖出什么。在磕头沟东南，磕头庙西边，20 世纪 60 年代建的选矿厂的那个地方，也是一片和尚坟，没有塔，就是一片墓地。

234. 刘家店村

刘家店村，旧有纪念性祠庙药王庙、道教庙宇五道庙及佛教庙宇菩萨庙。

药王庙，位于村北，坐北朝南，东西宽约 5 丈，南北长约七八丈。南为山门，一座砖砌门楼。山门前砌筑一道影壁。影壁两边各有 1 棵槐树，有 2 搂多粗。山门外临大街，这是南北向一条大街，北口是药王庙，南口是菩萨庙，两头不透气。院内，有西厢房三间半，曾是刘家店村小学。厢房前有 1 眼水井。北为正殿，正殿前一边 1 通石碑，汉白玉石质，上有“万古流芳”字迹，看来是修庙的功德碑了。正殿面阔三间，有东西耳房各一间，耳房住看庙的。正殿前出廊，廊东侧有1口大铁钟，高约1.5米，铸有铭文。殿内供奉3尊泥塑坐像，村里人说中间是如来佛，西边是药王，东边是老爷（即关公），老爷前有1尊站像，拿着大刀，或为周仓了。过去是初一、十五敲钟。药王庙毁于20世纪六七十年代的“文革”之时，拆庙修建村小学。

五道庙，位于村南，在南庙东侧五六十米处，坐北朝南，建在一座土坡上。庙仅为一间，画有五道等神像。五道庙毁于20世纪50年代。

菩萨庙，位于村南街口，又称南庙，坐南朝北。北为山门，山门前临大街。西侧有一座戏台，高约1.5米，四周以石头垒砌。院内，没有石碑，有2棵松柏树。东有厢房三间，住看庙的人及存放杂物。南为正殿，面阔三间，前有走廊。殿内供奉观音菩萨泥塑坐像，旁边还有红孩妖等站像。菩萨庙毁于20世纪六七十年代的“文革”之时。

235. 前吉山村

前吉山村，旧有道教庙宇五道庙。

五道庙，位于村北桥西侧，坐北朝南，面阔一间，北墙画有5尊神像，中间是龙王，还有苗王、虫王、五道等神像；两山墙北侧各画1尊神像，有山神、土地。所以，又称七神庙。五道庙毁于1948年前后。

236. 松棚村

松棚村，旧有道教庙宇五道庙及佛教庙宇崇慧寺。

五道庙，位于村东，坐北朝南。村里人说，庙前有1通六棱碑，底下有座，上面有帽子。从村里人所绘的图看，应该是两节。这是经幢，一般应八棱，上面刻满经文。庙为一间，画有龙王、虫王、苗神、山神、土地神、五道等7尊神像，故又称之为七神庙。东西两山墙画有雷公、电母等壁画。五道庙毁于20世纪六七十年代“文革”之时。

崇慧寺，位于村西。

村里人说，过去庙里有棵大松树，连山门带大殿都给篷上了，所以俗称松棚寺，村也由此得名。明万历三十二年《怀柔县志》，在“山川”中记载有丫髻山，在“寺观”中有记载有瓦堂寺，却没记载崇慧寺。在“景致”中记载：“松棚挽翠，在县东八十里。”，列入了怀柔八景之一。据说松棚寺建于金元，兴盛于明代。相传寺里的和尚是花和尚，与北吉山村瓦堂寺和尚勾结一起，抢男霸女。至清代，官府将松棚寺与瓦堂寺一块儿抄了。这应该是一代代人口口相传，较为可信的口碑资料。

明万历三十二年《怀柔县志》记载瓦堂寺：“瓦堂寺，在县东八十余里，创自汉时，名□泉寺，重修于正德己卯，改名曰瓦堂寺。”“正德己卯”，即明正德十四年，公元1519年，为明朝中期了。清康熙六十年《怀柔县志》在“庙寺”中记载“崇慧寺，在县东松棚庄，今废。”从志书所记，可知在清康熙时崇慧寺已毁，即是与瓦堂寺一起被抄，瓦堂寺在明正德时曾重修，崇慧寺大松树列入了怀柔八景，明代志书收录了提学御史戴仁、建德叶胜、巡关御史仪真马文卿3位写松棚的诗篇，那么，崇慧寺那时也应为兴盛之时。如戴仁诗中所写：“从容问历几年纪，不知何代栽植始。”明代人当时都不知道松树是什么时代栽的了，可见其历史之久远，村里人相传寺庙建于金元，或为实情。

从遗址看，崇慧寺坐北朝南，东西宽约100米。南北长约八九十米。由于寺毁的很早，村里人也只是在地里干活时，见到那些散落的砖头瓦块、小兽头等。在庙址上，村里人曾见过1个六棱碑（一般八棱，为经幢），高五六十公分，每一面都刻有人像。村西有1眼井，是崇慧寺的井。据说和尚将金银财宝藏里边了，上面有井盖。那里有3亩地，是和尚的菜园子，称为“三亩园”。有人曾经想打开井盖，结果冒出一道金光，人们赶紧盖上了。现在庙址处，栽满了桃树。

237. 万家庄村

万家庄村，旧有道教庙宇真武庙、五道庙及佛教庙宇大庙。

真武庙，位于村西头，坐西朝东，正对村大街。庙为一间，没有树和石碑。庙内画有真武帝坐像等。过去村西边有赵家坟，是刘家店的。而万家庄村俗称万庄子，村里人认为是赵家坟脚踩万盏灯，对万庄子不利，就修了这座真武庙，以镇那座赵家坟。真武庙毁于20世纪六七十年代的“文革”之时。

五道庙，位于村东，在大庙东边，坐北朝南，一间。庙中间横砌一堵隔断墙，前边为五道庙，画像，庙里摆着5个石香炉，香炉都为方形。根据香炉，大致可知庙内北墙应画有五道等5尊神像；后边（即北面）也有画像，一般是倒坐观音像。五道庙毁于20世纪50年代。

大庙，位于村东北，坐北朝南，东西宽约50米，南北长约70米。南为山门，券拱形门楼，山门前临街。进入山门为前院，北为前殿，殿前东侧有1通石碑，方座。殿前一边还有1棵大槐树，各有1搂多粗。在槐树北边，前殿前面，有一道影壁，以石垒砌。前殿面阔三间，前出廊，殿内供奉1尊木胎泥像，为坐像，下面坐着一鳌鱼。村里人说是鳌鱼翻身，就要天塌地陷。两边一边1尊站像，为哼哈二将。墙上画有壁画。前殿辟前后门，由后门可至后院。后院，没有树和石碑，有东西厢房各五间，作为学校和老师住。北为后殿，后殿面阔三间，东西耳房各三间，耳房住看庙的和尚。过去庙里有3个和尚，一拐和尚姓赵，一叫俊三和尚，一叫吴正和尚。吴正和尚是葫芦峪的人。后殿内，供奉3尊菩萨泥塑坐像，两边有站像。村里人说，过去农历二月十九说大鼓书等，那么，大庙所供奉的主要就应是观音菩萨了，也就是说，这是一座菩萨庙。1947年前后，推倒大庙内神像。20世纪六七十年代的“文革”之时拆毁庙宇建筑。

村里人还谈及村西3里有娘娘庙，根据所述坐落位置及建筑、供奉神像等，应是孔城峪碴头沟村东的娘娘庙，这里不再记述。据村里人说，村东道边有一家，过去是给皇上看坟的，吃皇家俸禄，是满族。皇上一过来，问这里是啥地方，说是“沙龙岗”。底下是沙子了，皇上一听就没葬这儿，要说是卧龙岗，就葬这儿了。村里有1棵古槐树，三四搂粗细，据说一立庄就有这槐树。粗大的树干，里边都空了。几年前，大树正倚着人家后房檐，大树杈碍事，被锯掉了。空洞的大树干上部，长出了密麻麻的小树枝（图484）。

图484　刘家店镇万家庄村古槐

238. 辛庄子村

辛庄子村，旧有纪念性祠庙药王庙及道教庙宇五道庙、瘟神庙。

药王庙，又称南大庙，位于村西南，现在“爱林农家院”的地方，坐北朝南，东西宽约 30 米，南北长约五六十米。南为前殿，前殿东侧，东山墙外边为山门。前殿前面西侧，有 1 棵大槐树，约五六搂粗。南面有戏台，四周以石头垒砌，约 3 丈见方。戏台北边一边 1 棵大杨树，杨树北边一边 1 棵大松树。戏台南面是水坑。前殿面阔三间，前出廊，殿前中间门前砌筑 7 步台阶。前殿为药王殿，殿内神台上，供奉药王泥塑坐像，黑脸庞，手拿一球，应是一颗药丸，有小馒头那么大。村里人过去一有病就去摸，球上被摸出了一个凹坑。在同一个神台上，药王坐像前面，一边有 1 个站童，是童男童女。两山墙前还有 2 尊站像，背着旗子、拿着刀等。墙上画有壁画。在药王坐像背后，有哪吒脚踏风火轮的泥塑站像，面朝北，拿着花枪。村里人说，哪吒归观音菩萨管辖，让他干啥就干啥。前殿辟有后门，可至院内。

图 485　刘家店镇辛庄子村重修侯府辛庄菩萨庙碑文拓本

院内，后殿前一边 1 通石碑，青石，方座。东边的石碑上写着辛庄子一建庄有多大面积等，西边的石碑上有哪户捐多少钱等。这 2 通石碑，1 通在村里建大库房时用了，1 通由区文物部门征集，现在上宅文化陈列馆收藏。所收藏的石碑为“重修侯府辛庄菩萨庙碑”（图 485），碑为青石质，高 137 厘米，方首抹角，碑首额题“普渡庵志”，碑为“大清咸丰五年”立，碑文记载村前旧有菩萨庙，系前明建立，有观音大士殿阁。咸丰三年（公元 1853 年）暮春鸠工新建药王殿、东西客堂及内外殿宇墙垣。由此看来，起初是只供奉观音菩萨，是座菩萨庙，叫普渡庵。到清咸丰三年重修庙宇，而增建药王殿。村里人称之为药王庙，是依据前殿药王殿了。后殿前东南角还有 1 棵小柏树。后殿面阔三间，有东西耳房各两间，东西厢房各三间，为看庙人所住及存放杂物等。后殿供奉观音菩萨泥塑坐像，坐像前一边 1 尊站像，应该是善财童子和龙女。东西两山墙前也有站像，其中东边是白脸，西边是黑脸，一个拿刀，一个拿枪。后殿是菩萨殿，东北角供奉 1 尊大肚弥勒佛，铜像，高约六七十公分；西北角墙上画有狐仙像，狐仙是坐像，有 2 尊，一男一女像，男像在东边，女像在西边，当是狐仙爷爷、狐仙奶奶了。

过去从正月初一至十五，每天早中晚一天烧 3 遍香。平常是初一、十五开庙门，其他时间不开。农历二月十九菩萨生日为庙会，前后 3 天，到时搭席棚、说书等。20 世纪 50 年代，拆毁药王庙，盖村小学。

五道庙，位于村南，坐北朝南，一间，中间横砌一堵隔断墙。前面是五道庙，画有五道等 3 尊神像，摆有 3 个泥香炉。五道庙毁于 20 世纪 50 年代。

图 486　刘家店镇辛庄子村北影壁

瘟神庙，位于村北约 100 米处，过去这里是一乱葬岗子，在岗子上建了一座瘟神庙。庙坐北朝南，面阔一间。庙内供奉瘟神泥塑坐像，两边侍立童男童女。另外，在墙壁上绘有壁画，东边画着一条龙，西边画着雷公、闪公、量天尺等像。瘟神庙毁于 20 世纪 50 年代。

这些庙宇都早已毁了，但村北还存在一座影壁（图 486），砖包脚，石砌芯，东西长约七八米，厚约 80 厘米，高约 3.5 米，东部曾被拖拉机撞塌一角，村里人认为风水不好，又修上了。这是村里现存最古老的建筑，村里人也不知道啥时修建的，是为了遮挡西街，大概有二三百年了。同时，村里人说，过去叫旧村，不叫辛庄子，抗战时期给八路军送信时，还叫旧村呢。而《平谷县地名志》记述辛庄子，“明初成村，因比邻村寅洞成村晚，称新庄，后演化为今名。抗日战争时期化名旧村。”或许是村里人记反了。

239. 行宫村

图 487　刘家店镇行宫村山神庙前古柏

行宫村，旧有道教庙宇五道庙、山神庙。

五道庙，位于村东，坐北朝南，建在一座庙台上，庙后 1 棵大杨树，2 个人搂抱不过来。庙为一间，画像，北墙画有六七尊神像，东西山墙绘有壁画。五道庙毁于 20 世纪 50 年代。

山神庙，位于村东五道庙下边，相隔约 10 来米。山神庙坐北朝南，建在一个高台上，庙前西南侧有 1 棵古柏。庙为一间，画有山神、土地等神像。山神庙毁于 20 世纪 50 年代。古柏现存（图 487）。

行宫村北部，有丫髻山清代行宫，且村以行宫而得名。行宫大致应建于清乾隆初期，乾隆皇帝于乾隆七年（公元 1742 年）、十二年（公元 1747 年）、十八年（公元 1753 年）先后 3 次来丫髻山、嘉庆皇帝于嘉庆十八年（公元 1813 年）行次丫髻山、道光皇帝做太子时 10 余次来丫髻山进香以及道光十七年亲奉皇太后来丫髻山拈香，都应驻跸于此。现存清工部样式房所绘行宫草图及故宫关于行宫陈设档案等。行宫布局东西略窄，南北略长，平面呈长方形。四周围墙，有大宫门、垂花门、大殿、后照房、假山、六角亭、值房、朝房等建筑。丫髻山行宫于 1923 年拆毁，当时盘山等处行宫总管曾发布布告（图 488）。行宫遗址现存 2 眼古井（图 489）及一些精致的石构件（图 490）。

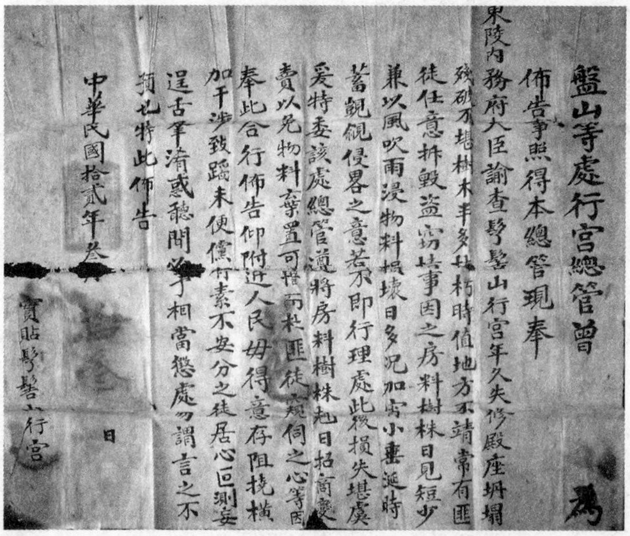

盤山等處行宮總管曾　為
佈告事照得本總管現奉
東陵內務府大臣諭查髽髻山行宮年久失修殿座坍塌
殘破不堪樹木半多枯朽時值地方不靖常有匪
徒任意拆毀盜竊該事因之房料樹株日見短少
兼以風吹雨浸物料損壞日多況加窃小[illegible]延時
蓄覬覦侵畧之意若不即行理處此後損失堪虞
爰特委該處總管遵將房料樹株卽日招商變
賣以免物料棄置可惜而杜匪徒覬伺之心等因
奉此合行佈告仰附近人民毋得意存阻撓橫
加干涉致蹈未便儻有素不安分之徒居心叵測妄
逞舌筆淆惑聽聞以事相當懲處勿謂言之不
預也特此佈告
中華民國拾貳年叁　　　日
實貼髽髻山行宮

图 488　1923 年盘山等处行宫总管关于拆毁丫髻山行宫的布告

图489　丫髻山行宫前保存的东井

图490　丫髻山行宫遗址所存带有装饰与实用价值的石构件

240. 寅洞村

寅洞村，旧有纪念性祠庙大庙及道教庙宇五道庙。

大庙，位于村北，坐北朝南，东西宽约7丈，南北长约10丈。南为山门，一座砖砌门楼。山门前西侧1棵大槐树，1尺多粗。进入山门为前院，没有树和石碑。北为前殿，面阔三间，殿内供奉关公泥塑坐像，红脸庞。关公坐像背后有屏风，屏风北面有一画像。两边一边1尊站像，西边为周仓，拿着大刀；东为关平。墙上绘有壁画，村里人记得画有让做坏事的人走煎饼铛子、秤钩钩人等内容，是教化人做好事，不要做坏事。前殿辟前后门，由后门可至后院。后院，北为后殿，后殿前有1棵大槐树，有东西禅堂各五间，村里人叫白了说是“传堂”。西禅堂住看庙的老道，后来改为学校。后殿面阔三间，东西耳房各两间，耳房存放杂物，后来西耳房改为老师的厨房。后殿不知供奉什么神像。就村里人将后院厢房称作禅堂，这是佛教中的用语，亦称“僧堂”，是众僧坐禅用的堂室，佛徒打坐习静之所。有可能后殿供奉的是佛教神像，但不清楚所供奉的什么神像了。由于可知前殿供奉关公坐像，故将大庙列入纪念性祠庙。1946年推倒神像改学校，20世纪50年代拆毁大庙盖学校。

五道庙，过去位于村西北角，即西河套北边，后来搬到村南。五道庙坐北朝南，面阔一间，北墙画有五道等3尊神像。村里有人去世了，家人到五道庙里报庙拉魂。五道庙毁于20世纪50年代初，1952年成立初级社，在那个地方建一砖瓦窑，五道庙就已经没有了，可那个地方一直叫五道庙。

十五、镇罗营镇

镇罗营镇，辖20个行政村，旧有大小庙宇120余座，分为纪念性祠庙8座，主要有关公庙、药王庙；道教庙宇百余座，主要有城隍庙、龙王庙、山神庙、五道庙等；佛教庙宇9座，主要有佛祖庙、菩萨庙等。现在，东牛角峪村龙王庙、关上村龙王庙、五里庙村五里庙、大井庙、张家台村史家台龙王庙等为近年所复建。

241. 北水峪村

北水峪村，旧有纪念性祠庙老爷庙、道教庙宇龙王庙、五道庙及小山神庙2座。

老爷庙，位于村西北，坐北朝南，面阔一间，画有关羽坐像，红脸庞，东画周仓侍立像，西画关平侍立像。东西两山还画有其他小像。老爷庙毁于20世纪60年代。

龙王庙，又称九神庙，位于村东南，坐北朝南，面阔一间。庙内画有9尊神像，北墙画有龙王、火神、虫王、苗神、马王等，其中龙王居中，西山墙北头画有土地，东山墙北头画有五道。东西两山墙上，画有雷公、电母、风婆、雨师等。庙后面墙上辟有小龛，画有观音菩萨像。龙王庙毁于20世纪60年代末。

五道庙，又称五神庙，位于村西，坐北朝南，面阔一间，画有龙王、山神、土地、五道等5尊神像。村里有人去世了，家人来这里烧纸报庙。至今村里人还记得有“赶七趟庙吧”的骂人的话。五道庙毁于20世纪60年代。

全村还有2座小庙，一在村东，是座2米多宽、2米多高的小房子，没有画像，过春节时附近人家贴土地等小纸像；一在村西北，水库西边，也是2米多宽、2米多高的小房子，建在了沟口，过去水很大，可是不冲这个小庙。村里人称这2座小庙为小山神庙，早已无存。

另外，由于一些人家居住散落，一两户、三五户在附近以三五块石头搭个简陋的小庙，也烧纸上供。

242. 北四道岭村

北四道岭村，旧有道教庙宇五道庙。

五道庙，位于村中间，坐北朝南，面阔一间，庙内北墙上画有五道等六七尊神像，两山墙也画有壁画。20世纪50年代破四旧时，五道庙被拆毁。

243. 玻璃台村

图491 2007年4月，作者在玻璃台村街头采访89岁老人刘德荣。老人一脸漂亮白胡须，他说外面好多人给他照相，说像齐白石画像，也像法国老人头牌服装上的头像

图492 镇罗营镇玻璃台村已倒地糟朽的大玻璃树

玻璃台村，据村里人（图491）说，山台上原有1大棵玻璃树，2搂多粗，村以此而得名。由于根裸露着，2001年被一场大风刮倒，现在仍顺势倒在一刘家前面的山坡上（图492），已有些糟朽，但终归这是村子的标志树。玻璃台村旧有道教庙宇龙王庙和五道庙2座。

龙王庙，位于村西乍子沟，坐北朝南，面阔一间，庙内画有六七尊神像，摆有4个石香炉。村里人说，都说“大水不冲龙王庙”，沟两边的人家都被水冲走了，可小龙王庙在河中间，却没冲走。龙王庙毁于20世纪60年代。

五道庙，全村有2座。一在村西北的西沟子，那里住着三两户人家。五道庙坐北朝南，1米多高，建在1.5米高的一个小台上；一在村西，村里人称为前一个后一个，说是两个小庙，一间，前面朝南为五道庙，后面为山神庙。看来是中间横筑一堵隔断墙，就成了前后小庙，庙内为画像。庙里摆放着石香炉。2座五道庙都毁于20世纪60年代。

村里人过去称蛇为蟠龙，称黄鼠狼为黄爷，常常搭几块石头就供。那也是一种小庙，山区这类小庙不少。

244. 大庙峪村

大庙峪村，1956年从上镇村分出来。据村里人说，过去老是受上镇村人的气，就要求独自建村。1956年，打官司到通州地委，大庙峪去2个人，上镇村去4个人，结果他们打输了，大庙峪就独立成村了。

《平谷地名志》记述：因村北山谷里有1座观音庙，故名。

过去这里归密云县管辖，1950年划归平谷县。查阅民国二十七年《密云县志》，有上镇村仁蓬寺的记载，却没有这座寺庙的记载。2013年1月，向村里年岁最长的85岁的刘义芳调查了解，他说没听说过山里有庙的事，他父亲也没说过，他认为这里没有庙。村北沟口有一道横梁，没有门，所以过去一直叫大门峪，以后不知道怎么就叫大庙峪了。

245. 东牛角峪村

东牛角峪村，旧有道教庙宇龙王庙及小山神庙2个。

龙王庙，位于村西南，坐北朝南，仅为一间，前有小院，南为山门，庙里为画像，毁于20世纪六七十年代的“文革”之时。在20世纪80年代中期，在旧址按旧制复建（图493）。南面山门，一座小门楼，写有联语：“青山环抱一座庙庙小神灵，鸟语花香有庄村村民善良。”门楣上横批：“保佑合村，神灵民善，国泰民安。”院内正殿门上也书有联语：“祈四时风调雨顺，保人才国泰民安”。横批：“九圣神祠。”北墙画有9尊神像，中间为龙王，两旁为马王、财神、苗神、虫王、雹神、五道和山神、土地神（图494）等，东西山墙还画有行雨图等，与五里庙所画壁画相差不多。庙后墙设一小龛，中间画有观音菩萨坐像，东为善财童子两手合十侍立像，西为韦陀手拄金刚宝杵侍立像。两边书写一副联语：“香烟缘旧平安子，莲台座下竹吐花”。过去天旱时，村里人来这里求雨。村里有人去世了，家人也来这里报庙。

图493　镇罗营镇东牛角峪村近年复建的龙王庙

图494　镇罗营镇东牛角峪村龙王庙所画龙王等神像

三五块石头搭的小山神庙，全村有2个，一在村南马家台子那地方，一在村北下坎那地方，过去也贴对联等。当逢年过节、初一、十五也来烧香，养牲口也祈求山神保佑。现在早已无存。

246. 东四道岭村

东四道岭村，旧有30个小石头庙及一个庙址。

村里人说，东四道岭与北四道岭、季家沟过去是一个村，统称四岭。20世纪60年代初，各自独立成村的。东四道岭过去大庙没有，全村30户人家，几乎一家用三五块石头搭一个小山神庙，也拿着点心去上供。

传说过去村北有一座庙，村里人小时见过那个地方有砖头瓦块，但没见过庙什么样，或许很早就不存在了。

247. 东寺峪村

东寺峪村，旧有道教庙宇山神庙、龙王庙和佛教庙宇沐浴庵。

山神庙，位于村北，在沐浴庵西边，坐北朝南，面阔一间。庙里为泥塑像，正座为山神坐像，两边还有小鬼、判官等塑像。过去村里有人去世了，家人就到山神庙报庙送纸，其实就是五道庙了。山神庙毁于20世纪60年代。

龙王庙，位于村北北山前，西沐池旁边，坐北朝南，面阔一间，画有龙王、雷公、电母等神像。过去农历每月初一、十五到这里来进香。龙王庙毁于20世纪60年代，2010年复建。

沐浴庵，位于村北北山前，过去在村中间。

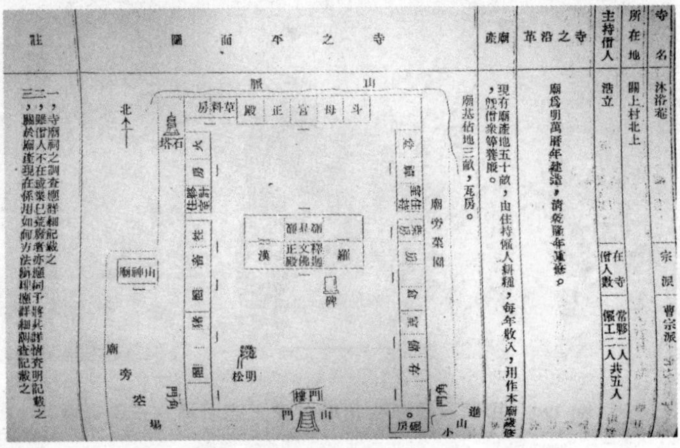

图495　民国二十七年《密云县志》所绘关上村北沐浴庵平面图

民国二十七年《密云县志》有记载，但将所在地记为“关上村北上”。或为“北山”，“上”为山之误。当时主持僧人浩立，在寺僧人数共5人。寺之沿革，庙为明万历年建造，清乾隆年重修。庙产，现有庙产地50亩，由住持雇人耕种，每年收入，用于本庙岁修，暨僧众等养廉。对寺庙绘有平面图（图495），图上记载，庙基占地3亩，瓦房。庙坐北朝南，北面依山。南面有门楼式山门，山门前砌筑石阶。山门东侧墙外把角处，有一座碾房。院内分为前后两进院落，前院，前殿面阔三间，供奉释迦文佛，两边为罗汉。前殿前面东侧，有1通石碑。图示前殿后面紧挨着再建一观音殿，看来是前后贯通，前殿有前门，观音殿有后门，在两殿之间的东西隔断墙上辟有两道门。从观音殿后门，可通后院。后院，后殿前面西南角，有1棵歪脖松树。殿两侧建有东西配房各八间，一直建到南墙。东侧配房存放杂物等，西侧配房为牲口房、猪圈等。在两配房南间，为东西角门。庙外东边为菜园；西边为空场，并建有一座小山神庙。后殿面阔五间，为斗母宫。斗母，道教神名，又作“斗母元君”，应是供奉斗母神的殿堂了。殿西侧有耳房两间，为存放草料场之所。殿前两侧有东西配房各三间，东配房为主持住处及禅堂，西配房为伙房等。庙西侧外北角，有一座石塔。这是1938年时，沐浴庵的大致情景。另外，志书还收录一篇碑文《重修沐浴庵碑志》。此碑所在地，关上庄沐浴庵佛殿前，为清乾隆三十二年（公元1767年）住持朗珠等修庙时建立此碑。至民国二十七年时，碑仍完整。碑文记述朗珠、士宽重整佛殿三间、后殿五间，以彰地灵之肚，而旌善人之心。

过去东寺峪属于关上村，所以志书“关上村北上（山）”属实。后与核桃洼、西寺峪组成一个村，最后各自独立成村。2007年3月，与村里人座谈沐浴庵，说位于村中间，这是指旧村，过去的东寺峪村是围绕着沐浴庵建的。1987年，由于泥石流等原因，村南迁至今址。所以，沐浴庵就位于现在的村北北山前了。经与村人调查了解，所述与志书记载可互相参照。

沐浴庵坐北朝南，东西宽约50米，南北长约60米。南为山门，一座砖砌门楼，对开木门，每扇门约1.5米宽。门打开，驴驮子能够进去。山门内，前殿中间有1棵大松树，3个人手拉手还差1尺搂过来，树干空了，1只小鸟叼进1颗杏核，从松树洞里竟长出1棵杏树来，有4寸粗，光开花不长杏。这是1棵平顶松，人躺上去掉不下来。在松树底下乘凉，晒不着太阳。

图496　镇罗营镇东寺峪村散落街头的沐浴庵残碑

前殿，门两边一边1通石碑，方座，碑身约2.5米高，30公分厚，上面有“嘉靖年间重修”的字样。现存一块残碑（图496）。殿前东有钟楼，西有鼓楼。钟楼是一间，二层，中为木板，底层是空的。木板中间有圆孔，下面有木梯，登着梯子，

图 497 镇罗营镇东寺峪村沐浴庵遗址残存的大脊螭吻

人从圆孔可钻到上层。上层挂有 1 口大铁钟，高约 1.5 米，铸有铭文。过去庙里烧木炭，存放钟楼里，20 世纪 40 年代失火，钟楼被烧毁。前殿面阔三间，前出廊，有后门，螭吻大脊（图 497），每个垂脊饰以 7 个小神兽。前殿檐下有一方匾额，上写“佛光普照”四个大字。殿内中间供奉释迦佛，泥塑坐像，下有莲花宝座。座下有鳌鱼，四角有力士像。这佛像连座足有 2 丈高，金身。佛像上面有罩碑，就像伞，罩碑是木头的，雕有小佛像。罩碑上面有锁链，与屋顶连着，与佛像不连着。东西两山墙前，为十八罗汉泥塑像，比人高。在罗汉像前，有 2 尊泥塑站像，身高丈二。东边 1 尊，是韦陀，手举一金刚宝杵；西边 1 尊，是托塔天王，手里托着一座小塔。在殿内每间二檩上，盘着一条龙。村里人说，这是京东最好看的庙，据说北京护国寺有底案。也有说，沐浴庵与大华山镇泉水峪村的胜泉庵是姊妹庙。佛像背后为观音塑像，两侧为善财童子和龙女侍立像。观音坐像两边，东边有一狮子，西边有一大象。过去孩子念书，在里边藏猫猫，把狮子耳朵弄坏了。

后殿，面阔三间，前出廊，一边一间耳房。殿内供奉千手千眼佛，泥塑坐像，约 5 尺高，一边有 3 条胳膊，头有前、左、右三面脸。头上戴着一顶唐僧那样的帽子，过去在佛帽子上曾孵出一窝小鸡来。据说在大佛像前，还有小铜佛像，1 尺多高。殿内墙壁上，写有不少诗句。东西耳房为和尚们存放所用的东西，也就是库房。

沐浴庵东西两边，各有 11 间厢房。东厢房叫东穿堂，西厢房叫西穿堂。和尚们住、做饭、存放东西，还有羊圈、牛圈等。这些与志书所记基本一致，村里人称之为的“穿堂”，应是“禅堂”。在东禅堂的墙上，抹着白灰，村里人记得写有古诗句：“清晨入古寺，初日照高林。曲径通幽处，禅房花木深。山光悦鸟性，潭影空人心。万籁此俱寂，但余钟磬音。”这应是唐朝诗人常建写的《破题山寺后禅院》诗。大殿内也写有古诗，看来建造庙宇时，住持和尚不仅对佛教，对我国古诗词也很喜欢甚至很有研究了，所以才会往墙壁上书写。

庙西跨院，为塔院，建有一座砖塔，八角五层，高20余米，空心，没门。每一面有一券拱形的假窗，顶是尖的。在二层南面有一凹进的平面，好像有字迹，应该是塔铭。1966年，塔和山门一起拆掉了。塔下面有地宫，略呈长方形，里面有一个大坛子，有盖，高约1米。坛子里是骨灰，没有别的东西。由此看来，这应该是一座楼阁式塔，而且是高僧的舍利塔，极有可能是沐浴庵第一代高僧的舍利塔。

图498　镇罗营镇东寺峪村沐浴庵遗址所存西沐池及近年树立的标志碑和西沐池边2010年复建的龙王庙

村里人说，沐浴庵最早应该是姑子庙，明朝嘉靖重修时就有和尚了。据说这座庙在大唐朝时就建造了，而且说是在李世民定天下后，由尉迟敬德监造。相传李世民巡视天下，见此地是一个蜘蛛形状，风水很硬，要出皇上。为早日一统天下，须修一座庙加以镇住，就修了这座庙。修庙的那个地方，正是蜘蛛嘴。志书已明确记载，沐浴庵为“明万历年建造”，说唐时建造就为传说了。庙上面有2眼泉，称为东沐池、西沐池（图498），和尚把石槽接上，引到庙里饮用。后来一条蛇随着水流到锅里，被煮死了，和尚认为杀生了，从此就不再用这水。而这2眼泉，恰是蜘蛛的眼。北山曾发生泥石流，将庙冲毁了，后来又重建。20世纪40年代末推倒佛像，办了村小学。佛像里有铜铃、丝线、经书等，这应是塑佛像时装藏的东西。村里人有“在后殿大佛像前，还有小铜佛像，1尺多高”之说是实，大概是沐浴庵佛像被推倒后，村里一姑奶奶应该是信奉佛教，便将铜佛像（图499）收藏起来。后嫁到大华山镇小峪子村，就将铜佛请到了小峪子婆

图499　镇罗营镇东寺峪村沐浴庵铜佛像

家。1991年村里进行管道改造时挖出，县文物部门征集收藏。铜佛为明代所铸，是1尊释迦牟尼像，通高53厘米，宽处37厘米，坐在椭圆形莲花座上，为结跏趺坐，身披袈裟，偏袒右肩，面相丰满庄严，服饰线条流畅，为区内现存最大的铜佛像。村里人记得，庙里的最后一个和尚是李明宽，法名浩立。这与志书记载一致。浩立是当地人，于20世纪60年代末去世。

沐浴庵毁于20世纪50年代，拆毁前后大殿、东西禅堂，盖学校了。

248. 关上村

关上村，明初曾在这里设关，关上也由此得名，至今关城城址尚存（图500），所在地为东山沟。据《平谷县地名志》所记，明初设关，建城堡，属密云兵备道管辖，城外设村，以关命名，称上关。后迁至今址，改名新关城，后又演化为今名。

全村旧有庙宇7座，包括纪念性祠庙药王庙、老爷庙、道教庙宇城隍庙、龙王庙、山神庙、狐仙庙及佛教庙宇崇兴寺。现存龙王庙，为近年所复建。

图500 镇罗营镇关上村明代关城遗址

药王庙，民国二十七年《密云县志》称其为玄帝庙，并绘有平面图（图501）。药王庙位于村北街山坡，为明万历癸未年（即万历十一年，公元1583年）建，清同治十二年（公元1873年）重修。

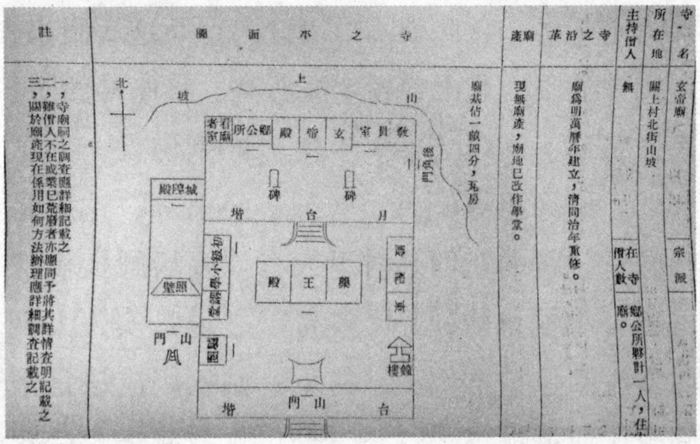

寺名：玄帝廟
所在地：關上村北街山坡
主持僧人：無
在寺僧人數：鄉公所夥計一人，住……
宗派：
寺之沿革：廟爲明萬曆癸未建立，清同治年重修。
廟產：現無廟產，廟地已改作學堂。
寺之平面圖
廟基佔一畝四分，瓦房
註：一，寺廟之調查應詳細記載之；二，雖僧人不在或業已荒廢者亦應同予將其詳情查明記載之；三，關於廟產現在係用如何方法辦理應詳細調查記載之

图501 民国二十七年《密云县志》所绘关上村玄帝庙平面图

药王庙坐北朝南，南北长约18丈，东西宽约8丈，志书

记述占地一亩八分。庙有前后两进大殿，南面为山门，磨砖对缝，面阔一间，宽约1丈，对开木门，上覆筒瓦，四角饰以小兽。山门前为砖砌平台，平台前正对山门为石阶。

前殿为药王殿，面阔三间，前出廊，辟有后门，为过殿。殿前东侧有1棵古柏，现存（图502）。殿内供奉药王泥塑坐像，约1米多高。村里人记不清是什么药王了，但记得是圆盘脸，头上戴着“公子帽”，两边有垂下的穗儿。一边各有1尊侍立童子像，其中一童子拿书。两山墙有画像。殿内悬挂有蓝底金字匾额，村里人记不得内容了。药王殿两边有东西配殿各三间，俗称穿堂，东配殿村里走会存放东西，西配殿民国时曾作为小学。东南角有钟楼，面阔一间，二层，中间为木楼板，置木楼梯以供上下。钟楼南面，辟圆形窗。二层悬挂1口铁钟，过去每月初一、十五敲钟。西南角有两间小房，坐西朝东，村里人记得每年祭祀时就在那里做饭等，而志书记载为“驴圈”，大概是时间不同而用途有变了。

图502　镇罗营镇关上村药王庙遗址所存古柏

从前殿后门出来，为月台，高约3米，以石砌筑，上面铺砖。月台中间前面有13级石阶，这里的人也称石阶为礓礤。上月台，北面为玄帝殿，面阔三间，前出廊。玄帝即真武大帝，所以村里人称其殿为真武殿。殿内神台上，供奉真武大帝泥塑坐像，神台上真武大帝坐像两边有金童玉女侍立像。神台前两边一边有3尊侍立像，不知名字。殿内悬挂有蓝底金字匾额。后殿有东西耳房各两间，东耳房为小学老师住所；西耳房东间曾为乡公所办公之地，西间为看庙人住所。后殿前有2棵柏树，2通石碑。1通为明万历癸未秋冬之时捐资建庙碑，1通为清同治十二年重修碑，2通碑文收录民国二十七年《密云县志》中。

药王庙为农历三月二十八庙会，据说这天是药王生日。庙会三天，唱影戏，做买卖，走会，三里五村的人都来赶庙会。过去有病的人，到药王爷这里取“圣水”，回去喝，据说可以治病，这也是有病的人一种冀盼。药王庙毁于20世纪60

图 503　镇罗营镇关上村药王庙铁钟，现悬挂山东庄镇山东庄村轩辕庙钟楼内

年代“文革”中。药王庙钟楼内铁钟（图 503）尚存。据《平谷文物志》记载，此钟铸于明万历三十七年（公元 1609 年），体高 107 厘米，纽高 27 厘米，口径 97 厘米。钟纽为双龙头蒲牢纽，肩部饰以 8 朵莲花瓣，莲花瓣下铸有一周乳钉纹。钟腰处一周乳钉纹将钟体分为上下两部分，上部铸有“镇罗营旧关，真武庙住持镇明，会首薛才、刘大良、刘大宝，万历三十七年五月吉日，金火将许仲金”铭文，下部铸有施舍人名字、数目等。铭文下方铸有 4 个钟月、8 个钟耳。钟耳波状口较深。此钟 1985 年由县文物部门征集收藏，20 世纪 90 年代中期山东庄轩辕庙建成后，将其悬挂轩辕庙钟楼内。

老爷庙，位于村西半山上，坐北朝南，一大间，没有院，庙内画有关公画像等，早已无存。

城隍庙，位于村北街山坡药王庙西侧，紧贴药王庙西墙而建，民国二十七年《密云县志》所绘玄帝庙平面图西侧有城隍庙图。城隍庙坐北朝南，有小院。前有砖砌山门，为一座门楼，门楼前有石阶。进山门后，有一道照壁。北为正殿，一大间，殿内为城隍泥塑坐像，两边一边 1 判官，一边 1 鬼卒。村里老人去世了，就到城隍庙报庙烧纸。城隍庙毁于 20 世纪 60 年代末。

图 504　镇罗营镇关上村近年复建的龙王庙

龙王庙，位于村东北角路边，坐北朝南，面阔一间，前有小院。庙内供奉 3 尊泥塑像，中间为龙王坐像，旁边 2 个塑像略小一点，东边是火神，西边是马王。墙上还有画像。

1958年发大水，将附近的人家都冲了，龙王庙却没冲，村里有“大水不冲龙王庙”的话茬。也就在这一年，龙王庙被拆毁。

图505　镇罗营镇关上村近年复建的龙王庙内所绘龙王像

1989年，村里将龙王庙复建（图504）。由过去一间改为三小间，前出廊。庙内为画像，中为龙王，还写有牌位（图505）。西为火神，再西为苗神。龙王东为马王，再东为冰王。墙上绘有壁画，北墙上画有山水、古塔、庙宇、仙人等；东墙绘有“行雨图”，量天尺、雷震子、风神等，与五里庙内壁画有些类似。在“行雨图”北侧，题有一首“祈辞”，连佛、神仙都祈求了。西墙绘雨后，行雨神仙回去了，百姓下地做活了。西墙上留有画壁画人题字：“修庙无财，才请我来。神座安排，缺少记载。笨手拙笔，腹内无才。行家莫笑，神仙莫怪。笑哉，笑哉！李树尊，1989年。”字里行间，还是透着几分谦逊的。

过去天旱了，关上村的人总到密云白龙潭去求雨，说白龙和关上是亲戚，据说每次求雨回来天就下雨。求雨时，要先宰1只羊，给白龙王上供。还要写一份表，上给白龙王。去的人跪在白龙潭边，往潭里扔草叶。如果草叶打开了，天上打闪了，说明龙王收到了。起来时，还要从白龙潭里取点水带回来。可见山里人一片虔诚之心，老天今儿不下雨，明儿不下雨，总有一天会下雨的。

山神庙，位于村中心西侧，坐北朝南，一大间，前出廊，有小院。庙内为泥塑像，有山神、路神、河神、土地、虫王等。毁于20世纪五六十年代。

狐仙庙，位于村西山上，在老爷庙西边。山半腰有一平台，上建狐仙庙，坐北朝南，一大间，庙内为狐仙画像。过去相传这里闹狐狸，一到夜间就吐火球，盖一座狐仙庙，据说就没事了。

崇兴寺，民国二十七年《密云县志》记载为此名（图506），村里人称之为如来庙，应该是与供奉如来佛有关了；又称灯棚庙，过去村里正月十五在这里搭灯棚，说书、走会等。志载崇兴寺位于关上村豆家里，村里人说现在村西北头西沟子的地方，明洪武年间（公元1368～1398年）建造，嘉靖六年（公元1527年）重修。至民国二十七年时，志书所记已经荒废，房多倒塌，且并无庙产。当时尚存庙基二亩八分，大殿两边围墙已塌毁。

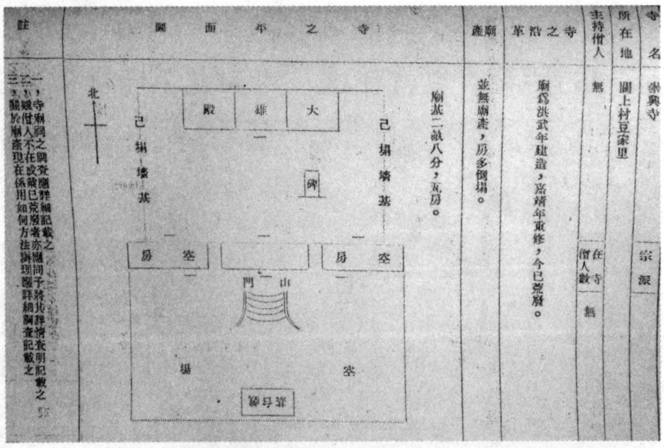

图506　民国二十七年《密云县志》所绘关上村崇兴寺平面图

崇兴寺坐北朝南，村里人说南北长约10丈，东西宽约10丈，南面有南倒座房6间。志载与村里人所说倒座房为空房相一致，但看图中标示，倒座房6间，东西则不够10丈，大概有五六丈；据此，南北恐怕也不够10丈。中为山门，山门前有石砌台阶，再前面为空场，南为戏台。戏台坐南朝北，村里人说戏台北距山门十五六丈。戏台以石头垒砌，里面填土。戏台高约1.6米，东西宽约3丈，南北长约4丈。台前石头上有眼儿，过去演戏时打场儿插旗子用。戏台两边有大槐树，都长空了，每逢演戏时，孩子们往往爬到树上去看。

崇兴寺院内，北为大殿，志载为大雄殿，面阔三间，没有耳房，殿内供奉泥塑坐像。村里人说，坐像下有莲花座，四角各有一个大力士使劲扛着，下面还有一只鳌鱼。两边有2个童子站像。据说前边还有2尊站像，还说一个是舅舅站西边，一个是外甥站东边。传说爷俩看谁跑得快，结果外甥跑得快，就抢先占东边了，乐滋滋的站立着；舅舅只能站在西边，耷拉着脸不高兴。村里人说不出供奉的佛像，但据所称如来庙及志载大雄殿，供奉的应该是佛祖释迦牟尼，即如来佛；而前面站立的所谓舅舅、外甥，舅舅应该是释迦牟尼佛前左侧胁侍像、年长的迦叶尊者，外甥应该是释迦牟尼佛前右侧胁侍像、年轻的阿难尊者了。

志载明嘉靖六年重修崇兴寺碑文，有“建造佛殿三楹，中塑圣像、菩萨、罗汉、茄蓝、祖师，钟楼、僧房，金碧交辉，益显壮丽”语，看来确实还有其他一些塑像的，但所塑为主佛释迦牟尼无疑。碑文说有钟楼，村里人（图507）说，据说过去山门内有钟鼓楼，后来烧了，把钟也烧哑了，钟就扣放在大殿西侧，有1人多高，铁钟，上面铸有铭文。与碑文所记相吻合。村里人还记得，在大殿前

图 507　作者 2007 年 2 月至镇罗营镇关上村调查，时年 90 岁的张福增老人拄着拐杖到村委会。一年后，即 2008 年 1 月作者再来调查，老人已不能下地，作者便登门造访

东侧，有 1 通石碑，当是明嘉靖六年所立之碑了，志绘崇兴寺平面图中标有此碑。

过去正月十五在崇兴寺院内搭灯棚，两边挂木框纱灯，上面有图案、字等，劝人行善事，别做恶事，也是寓教化于灯会中了。往往是白天打场儿走会，晚上说大鼓书，好不热闹。

崇兴寺毁于 20 世纪 60 年代末。

249. 核桃洼村

核桃洼村，过去是一个自然村，与东寺峪为一个村，20 世纪 50 年代独立成村。村里过去没有庙。

250. 季家沟村

季家沟村，旧有道教庙宇五道庙。

五道庙，位于村北沟，后来发大水，搬到南山梁。五道庙坐北朝南，面阔一间，画像。庙里有一个小供台，供奉龙王、观音等。两山墙也有画像。人去世了，就去那里报庙。庙北有 1 眼水井，井水常流，流到河沟，终年不干。五道庙早已无存。

251. 见子庄村

见子庄村，据《平谷地名志》所述：清同治年间成村，所在地明代为镇罗营屯兵养猪之所，称猪圈仓。建村后改成圈子庄，后演化为见子庄。就在村东北，牛金坨崖壁上有古字，初看似西夏文字，细看又不是，可能是汉字的变体，在特殊情况下写成的。现存两三个字。如似一“佛”字，左边却是双立人（图508）。十几年前，山石崩落，上面的两个字崩落了。崩落的两个字就在一块大石头下面。又如一字上面为“故”，下面为“系”；还有一字，上面草字头，下面左边为女字旁，右边两个口中间加一“十”字，就是“菇”多了一个“口”字。而“佛”字下面似乎还有字，或许当初有不少的字，就这样风化或崩落了。村里人说，每到夏天，山崖里总有发大水一样的哗哗声，从崖缝渗出的泉水清甜，比矿泉水好喝。崖壁前有一“石臼”，或许很早以前就有人在此生活过，也未可知。崖壁下，整个山谷间，长满了野核桃树。

图508　镇罗营镇见子庄村东北牛金坨崖壁古字

村里人至今还记得老辈人说的一个传说：过去有人到这里放牛，10头牛到这儿就多1头，变成11头了，每天如此。山里有一个石槽子，常年有水，用来饮牛。放牛的人有心，在多出的牛身上做了个记号。等那头牛想钻进山里去，放牛的人就赶紧往外拽，一下拽掉了牛尾巴。回来一看，牛尾巴是金子的，这山岭就叫牛金坨了。

见子庄村旧有纪念性祠庙药王庙和道教庙宇五道庙。

药王庙，位于村北山上，坐北朝南，仅为一间，北墙画有药王等5尊神像，其中药王手里拿着一个葫芦。药王庙毁于1948年前后。

五道庙，位于村东头，坐北朝南，庙前有2棵大杨树，四五个人搂抱不过来，村里人称之为大杨、二杨。五道庙仅为一间，中间横着一堵隔段墙。南面，画有五道、雷公、闪公等神像，两山墙还画有判官、鬼卒等像。北面，画有观音菩萨坐像，两边有善财童子和龙女侍立像。五道庙毁于1948年前后。

252. 清水湖村

清水湖村，旧有纪念性祠庙老爷庙、道教庙宇五道庙3座、石头搭的小五道庙3座。

老爷庙，位于村西山台上，坐北朝南，面阔一间，前有院墙，东边开一小门，没有树和石碑。庙内为画像，北墙中间为关公坐像，红脸。东边为关平侍立像，西边为手持大刀的周仓侍立像。东西山墙绘有壁画。老爷庙毁于20世纪六七十年代的“文革”之时。

五道庙，全村有3座，一在村西老爷庙台下西侧，坐北朝南，面阔一间，庙前有一道影壁，影壁南边写有字迹：“为人不必逞英雄，万事无非一理通。”庙里为画像，北墙画有五道等5尊或7尊神像，东墙画1尊神像，西墙画1尊神像。村里人记不得神像名字了，只记得在土地改革时一民兵试枪，看着中间的画像瞄准，结果打响了，正打在中间神像的肚子上，打掉饽饽那么大一块儿；一在村西大水泉的地方，一在村东南白石沟的地方，都坐北朝南，一间，画有3尊神像。3座五道庙都毁于20世纪六七十年代的“文革”之时。

另外，三五块石头搭的小五道庙，三五户人家附近就搭一个，里面连画像也没有，往往就是写个红纸一贴。石头搭的小五道庙有3座，早已无存。

253. 上营村

上营村，明代时为边关隘口，设营戍守，即镇罗营。《四镇三关志》记载：“原为猪圈头营，永乐年建。”分上、下二营，东为上营，西为下营，后来成村。上营村旧有庙宇10座，纪念性祠庙老爷庙、道教庙宇龙王庙、城隍庙、文昌庙、马王庙、山神庙、土地庙、五道庙及佛教庙宇菩萨庙、南庙。

老爷庙，位于村西头。

民国二十七年《密云县志》绘有关帝庙平面图（图509）及简况：寺名，关帝庙。所在地，镇罗上营西门内。主持僧人，本庙并无住持僧人，庙事由本村水月庵道人刁信福兼理。寺之沿革，本庙为前明（万历）三十六年建造，清同治九

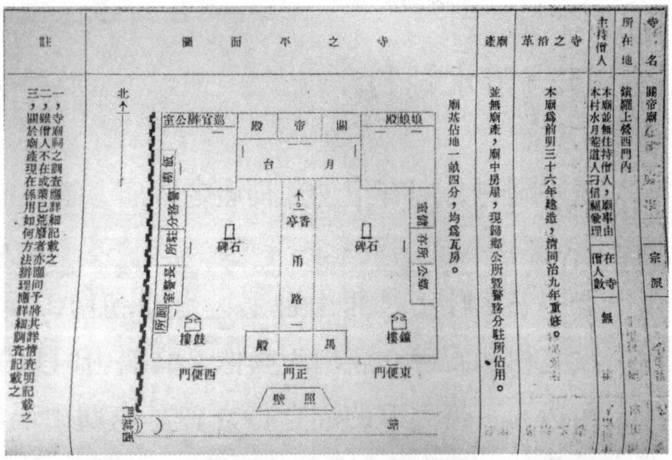

寺名：關帝廟
所在地：鎮羅上營西門內
主持僧人：本廟並無住持僧人，廟事由本村水月菴道人刁信福兼理
在寺僧人數：無
寺之沿革：本廟爲前明三十六年建造，清同治九年重修。
廟產：並無廟產，廟中房屋，現歸鄉公所暨警務分駐所佔用。
廟基佔地一畝四分，均爲瓦房。
註：一，寺廟祠之調查應詳細記載之 二，雖僧人不在或業已荒廢者亦應問予將其詳情查明記載之 三，關於廟產現在係用如何方法辦理應詳細調查記載之

图 509　民国二十七年《密云县志》所绘镇罗营上营村关帝庙平面图

年重修。庙产，并无庙产，庙中房屋，现归乡公所暨警务分住所占用。庙基占地一亩四分，均为瓦房。

关帝庙坐北朝南，南为马殿三间，中间为前后门，马殿东边有东便门，西边有西便门。马殿前有照壁，照壁前临街，庙西侧为上营西城墙，西城墙南面与照壁所临街道对应为西城门。院内，中间铺砌甬路，南街马殿后门，北街北面主殿关帝殿前月台，甬路北侧月台前建有香亭，甬路东西两侧各有 1 通石碑。北有正殿关帝殿，面阔三间，前有月台。正殿两侧有东西配殿各两间，东耳房为娘娘殿，西耳房为巡官办公室。正殿前有东西厢房各三间，东厢房为乡公所存储室；西厢房为警务分驻所，西厢房北面有一小间为饭棚，南面一小间为厕所。院内东南角为钟楼，西南角为鼓楼。志书收录 2 通石碑碑文，一为关帝殿前前明万历三十六年所立碑文，这是始建关帝庙时所立碑的碑文；一为关帝殿前前清同治九年重修、同治十一年立碑的碑文，这是重修关帝庙时所立碑的碑文。

志书图示及简况所记，基本说清了当时寺庙的情景，与调查的情况大致吻合，一些细节略有出入。

老爷庙，村里人一直这么称呼，也是尊称关公为关老爷之故。老爷庙坐北朝南，东西宽约6 丈，南北长约6 丈。南为马殿，有前后门。马殿两边各有一角门。马殿前有一道影壁，以砖砌筑，南面有字，村里人记不清了。影壁南面有一座戏楼，坐南朝北，前台演出，后台两间多（一说五间）为化妆的地方。平时都是完秋了唱戏。马殿前西侧有 1 棵大槐树。马殿前东角门边有一间房子，过去为管城门的住。马殿内，一进门，一边 1 尊马的泥塑雕像及 1 个马僮雕像。北面为老爷殿，有东西耳房各两间，东耳房供奉着菩萨坐像。殿前两侧有东西厢房各三间，过去村里有的人家贫穷，如龚永春一家，没有房子，就住在那里，并负责关上营城东门、西门及北门 3 个门，上营城没有南门。抗战时期，厢房住着伪警备队。

殿前有香池，像塔一样的建筑，过去在那里烧香。香池两边一边1通石碑，西边是王八驮石碑的底座，即龟趺座；东边石碑是方座，即须弥座。碑两边一边1棵松树。在厢房南边，马殿后边，东有钟楼，一间，方形，二层，上层悬挂一口大铁钟，高约5尺，铸有铭文；西有鼓楼，也是二层，没有鼓。正殿为三大间，大约有5丈的地方，前出廊。殿内供奉关公泥塑坐像，红脸。两旁各有3尊侍立像，那把青龙偃月刀在关公坐像西边立着，是1把大铁刀，约有80斤重，一般人要不起来。老爷庙毁于20世纪70年代末，戏楼在20世纪50年代初，与峪口戏楼等一起，拆了去修平谷大礼堂了。

龙王庙，位于村西南南庙东侧，坐北朝南，仅一间，供奉龙王泥塑坐像。庙前有1个八棱的石柱，村里人称为八棱角，庙内有1眼方井，就在龙王坐像脚底下。过去村里流传着老话，说镇罗营有八棱角，庙里有井，井里有鱼。药王井吃水，龙王井洗衣裳。龙王庙毁于20世纪五六十年代。

城隍庙，位于村北上营城北城门城墙上，坐北朝南，仅一间，正面为城隍画像，两边没有画像。在北墙上有枪眼，摆着火枪“大抬杆”，预防着来土匪了。抗战时期，日军拆城墙时将城隍庙一起拆了。

一般一座县城就建一座城隍庙，而平谷地区竟有5座，除县城一座外，其余4座都分布于镇罗营一带，即关上村城隍庙、上镇村城隍庙、上营村城隍庙及下营村城隍庙，这应该与镇罗营一带为明时重要的关城营寨有关。

文昌庙，位于村东头，马王庙东100米，原上营城东城墙根处，坐南朝北，面阔三间，有一小院。北为山门，一座小门楼。庙里没有碑刻，没有塑像，只有画像，而且两山墙都有画像，只是具体画的什么，当地人已说不出了。文昌庙毁于20世纪五六十年代。

马王庙，位于村内东头，坐南朝北，一间，殿内塑有马王泥塑像。村里人说，最明显的，就是马王爷3只眼。马王庙毁于20世纪五六十年代。

山神庙，位于村东东城外小山上，坐南朝北，仅为一间，没有门窗，是一座敞着的小庙。庙里供奉山神泥塑坐像，村里人说是“抓像”。山神庙毁于20世纪五六十年代。

土地祠，位于现在的村中间，过去在城内，坐北朝南，面阔一间，庙前1棵大槐树，3个人搂抱不过来。土地祠内供奉土地泥塑坐像，两边还有站像。土地祠毁于20世纪五六十年代。

五道庙，位于村南，坐北朝南，一间，前有影壁。庙内中间横筑一道隔断墙，前后都有画像。村里人没有细说，这一带这种庙南面往往画有五道等神像，北面画有观音菩萨等像，所谓倒坐观音。五道庙毁于20世纪五六十年代。

菩萨庙，位于村东东城门右边，坐南朝北，正殿三间，前有院落，北为门楼样的山门，院内1棵松树。殿内供奉观音菩萨泥塑坐像，两边有2尊侍立像，应该是善财童子和龙女。菩萨庙毁于20世纪五六十年代。

南庙，位于村西南。

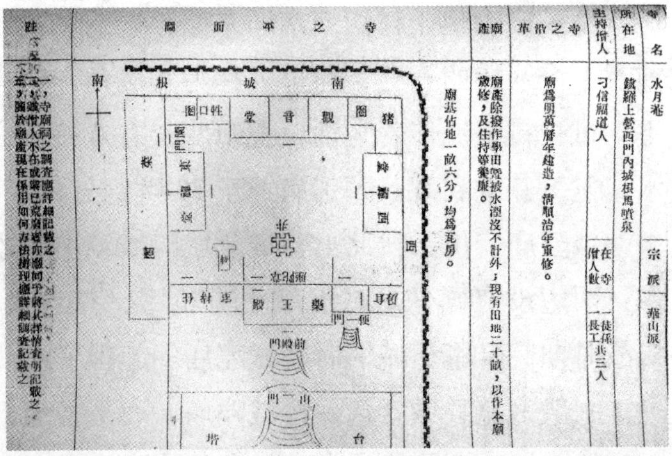

图510　民国二十七年《密云县志》所绘镇罗营上营村水月庵平面图

民国二十七年《密云县志》绘有南庙平面图（图510）及简况：寺名，水月庵。宗派，华山派。所在地，镇罗上营西门内城根马喷泉。主持僧人，刁信福道人。在寺僧人数，一徒孙，一长工，共三人。寺之沿革，庙为明万历年建造，清同治年重修。庙产，庙产除拨作学田暨被水淹没不计外；现有田地二十亩，以作本庙岁修，及住持等养廉。庙基占地一亩六分，均为瓦房。

水月庵坐南朝北，北为山门，山门前砌筑台阶。进山门为前院，南为药王殿三间，中间北开门，东间南开门，药王殿内朝南为韦陀座。药王殿东西有耳房各两间，东耳房为住持室，西耳房西间为仓房，东间为便门，南北有门，门前有台阶。后院，药王殿南面有1眼水井，住持室南面有1通石碑。南为正殿观音堂三间，前面两侧有东西禅堂各两间。正殿与西禅堂间有转角房连接，作为猪圈；正殿东有耳房两间，作为牲口圈。在东耳房与东禅堂之间，有一道小门，为园门，可通庙东侧菜园。志书收录立于镇罗上营水月庵殿前、清顺治十七年“重修水月庵古刹碑”碑记。

志书图示及简况所记，大致写明了当时寺庙的情景，与调查的情况基本一致。

南庙，因位于村南之故，当是村里人的俗称。南庙坐南朝北，东西宽约7丈，南北长约7丈。庙东侧有菜园子，村里人说庙西有空地，也为庙产。看平面图西侧及南侧应该是城墙。北为山门，一座砖砌门楼。门里为7尺宽一条胡同，门内东侧有1棵平顶松。进山门后，上5级台阶就是药王殿，面阔三间。殿内供奉药王泥塑坐像，药王背后为韦驮站像，韦陀双手合十，腕上横金刚宝杵。在站像脚下有1眼水井，和尚就吃井里的水。后殿为正殿，在庙的最高处，村里人说是面阔五间，殿中间不知道供奉的什么神像，两边有十八罗汉，罗汉前还有好多小铜像。院内东侧有1棵大塔松，有1搂粗。殿前有东厢房两间，旁边一小门，通东边的菜园。东厢房住看庙的老道，老道是一个老人，识字念经。正月初五是南庙的庙会，到时走会，高跷、大鼓、十不闲、吵子等，这些档会都要到南庙集中，然后再去全村各街走会拜庙。南庙毁于20世纪五六十年代。

254. 上镇村

上镇村，北魏年间，要阳县由北内迁，城址就在今上镇村，东魏省。后为古校军场。上镇村旧有道教庙宇龙王庙、城隍庙、五道庙及佛教庙宇仁蓬寺。

龙王庙，位于村东南，坐东朝西，有院墙，院外有1棵大松树，直径1米多。村里人过去常有人认大松树为“干妈”，往往是人口少的，孩子缺，认为认木命干妈，有干妈养着好活。西面为山门，就是一个普通的便门。正殿三间，神台上供奉龙王等3尊泥塑坐像，龙王在中间。两边还有雷公、闪公、风婆、雨师4尊泥塑站像，两山墙上还有下雨、丰收等情景的壁画。过去天旱时，就来龙王庙求雨。求雨时，要找18个寡妇，弄一顶小轿，轿上插着柳树枝，轿上绑一把椅子，上面抬着1尊小铜像。一路上到谁家门口，就要往铜像上泼水。18个寡妇在前面导引，一直将小轿抬到龙王庙。龙王庙于1957年拆毁。

城隍庙，位于村南，现在村委会西边，坐北朝南，东西宽约10米，南北长约30米。南面为山门，一座砖砌门楼。院内有1棵松树，约1搂多粗，没有配殿及碑刻。北为正殿三间，殿内供奉城隍泥塑坐像，两边有站像。两山墙绘有壁画，如阴曹地府的炸油锅等情景，以此教育人生前不要做坏事，要学好，不然到地狱里也要受到惩处。城隍庙1957年拆毁。

五道庙，也称七神庙，位于村西，坐北朝南，面阔三间，前有月台，没有院，也没有树及石碑。庙里为画像，北墙、东西墙都有画像，具体画的什么村里人已经说不清了。村里人记得只要村里有人去世了，就去那里烧纸报庙。五道庙于1957年拆毁。

作为五道庙，无论规模大小，是泥像还是画像，其作用，都是村里人去世了，到那里报庙烧纸，这在平谷地区几乎大同小异。一般“报庙”，是村里哪位老人一咽气，穿好装老衣裳，家人就从家里哭着送纸到五道庙。不管是白天还是黑夜，路上一哭，一村人就都知道是谁又“老”了。这是头遍纸，有地方又称“倒头纸”。这意味着家人将老人的“魂儿”给五道老爷送来了。同时烧着纸，一边烧一边说着：“您使钱吧！”随后，早午晚要各送一遍纸。在第二天晚上，家人拿着扫帚托着老人的衣物，到五道庙去领老人的“魂儿”，将纸钱在庙内的墙角上挂，在哪儿“挂”住了，就认为老人的“魂儿”在哪儿呢，叫着“跟我们走吧！”到村头，摆放好糊好了的纸车，一般老太太糊牛车，做牛车稳当，也有说女人一生多洗洗涮涮，牛能喝脏水；男人糊马车，高头大马跑得快。到车这儿，家人把扫帚托的衣物在牛或马身上转一圈儿，叫着“您上车吧！”然后，就进行烧车。意味着老人的“魂儿”坐着车就“走”了。名为“烧三”。回来把老人穿过的衣物扔在家房上。当然，各地区也不完全一样，如上镇一带，男人去世了糊驴，俗话说“纸糊驴——大嗓”，即从这儿来的。还要糊一纸人，称为“来安”，拿一小鞭。有时把驴车烧了，回家一看，把“来安”拉下了，“得，后赶吧！”家人拿着又到街头烧去了。

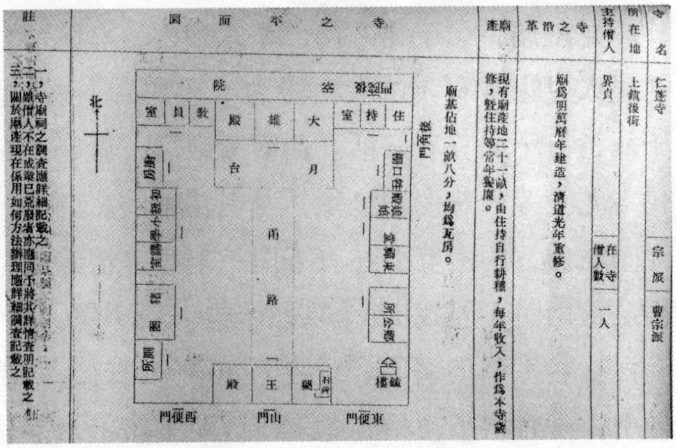

图511 民国二十七年《密云县志》所绘镇罗营上镇村仁蓬寺平面图

仁蓬寺，位于村西北，现在小学的地方。

民国二十七年《密云县志》绘有仁蓬寺平面图（图511）及简单记述：寺

名，仁蓬寺。宗派，曹宗派。所在地，上镇后街。主持僧人，界贞。在寺僧人数，一人。寺之沿革，庙为明万历年建造，清道光年重修。庙产，现有庙产地二十一亩，由住持自行耕种，每年收入，作为本寺岁修，暨住持等常年养廉。庙基占地一亩八分，均为瓦房。

仁蓬寺坐北朝南，周围院墙，南为药王殿三间，中间有前后门，即是药王殿，又做了山门。殿内东山墙壁镶嵌1通清道光二十一年（公元1841年）重修庙宇时所立石碑，志书收录其碑文。药王殿两侧，分别辟有东便门、西便门。院内，中间一条甬道，从药王殿后门直接北面大雄殿前月台。北为大雄殿，面阔三间，有东西耳房各三间，东耳房为住持室，其中中间一间耳房为过道，称后院门，通庙后面的空院。西耳房为教员室。大殿前有东西配殿各三间，东配殿北间为娘娘殿，南两间为东禅堂。东配殿北有牲口棚一小间，牲口棚与东耳房间辟后角门。东配殿南面另建房两间，为乡公所。乡公所南面，寺院东南角，建有钟楼；西配殿为初级小学讲堂，西配殿北有厨房一小间。西配殿南面，另建一座猪圈。猪圈南面一小间，为厕所。

志书图示及简单记述，大致说明了当时寺庙的情景。

与村里人座谈调查，更细致地了解了仁蓬寺的情况。仁蓬寺，坐北朝南，东西宽约40米，南北长约50米。南面为药王殿，有后门，可通后院。殿前1棵大松树，前面临街道。殿内供奉药王泥塑坐像，一边1尊侍立像。东西两山墙有画像。在药王背后，为韦陀站像，朝北，面向后面正殿。药王殿两边，东西各有一个小门，为砖砌门楼。进入后院，北为正殿，殿前东边1棵大松树，西边1棵大槐树。正殿前出廊，廊西侧有1通石碑，正面碑首有“永垂不朽”四个大字，碑身刻有人名等，这是重修庙宇时立的功德碑。廊东侧悬挂1口大铁钟，高约1.5米，铸有铭文。正殿两边有东西耳房各三间，住和尚，后来改为小学校了。正殿前有东西厢房各五间，西厢房后来作为小学校，东厢房为村公所办公和存放东西，东厢房北屋为娘娘宫，供奉5尊娘娘像，其中有1尊是眼光娘娘。东南角有钟楼，二层，方形，1口大铁钟悬挂在上层，高约1.5米，铸有铭文。西面没有鼓楼，是厕所。正殿面阔五间，与志书所绘三间有出入。殿内筑有神台，一人来高。神台上供奉3尊菩萨泥塑坐像，高约2米。神台上还有牛魔王儿子红孩儿的侍立像，即是善财童子。神台两边，一边1尊站像，一个是托塔天王，一个是韦陀。也有村里人说一个是舅舅，一个是外甥，外甥站在东边了，舅舅一看，就说“我站西边吧。”就站西边了。在神台前摆有供桌，供桌上还有几尊小铜像。志书记载后殿为大雄殿，应该是供奉佛祖，而村里人所说为供奉菩萨，且石碑位置也不同。志书记载于1938年，抗战已经开始，在战争的境况下，应该不会再修庙了，也就是说不太可能重新塑像。若是有红孩儿侍立，应该是观音菩萨像，村里人所记不会有误。两山绘有十八罗汉，一般只有在佛祖殿才会有。塑像之事暂且存疑，建筑格局尽管开间有出入，但大致一致。

仁蓬寺神像在1947年被推倒，殿堂建筑毁于1957年。那时讲“破除迷信”，村里给下面分任务，两个队拆一个庙，全拆毁了。

255. 桃园村

桃园村，旧有佛教庙宇菩萨庙。

菩萨庙，位于现在的村委会北边，坐北朝南。庙前面砌筑一座小戏台，过去在这里唱戏、说大鼓书、唱皮影等，现在戏台早拆了。菩萨庙面阔一间，神台上供奉观音菩萨坐像，毁于20世纪50年代。

桃园成村在约150年前后，据说最早叫逃回岭，山梁上有道，山坡上有砖头瓦块。村里人说是外国兵进来，我们有一位大将站山坡上大吼一声，把外国兵吓得逃回去了，故称逃回岭，后改为桃园。现在全村有80多户，新中国成立前仅有30多户人家，而最早是13户，从外面搬来。一般每家每户都有用几块石头搭成的简陋的小山神庙，春节时供山神等。

256. 五里庙村

五里庙村，东至关上村5里，西至上营村5里，故名，且一座小庙亦称五里庙。五里庙村旧有道教庙宇五里庙、大井庙、三娘庙，五里庙、大井庙为近年复建。

五里庙，又称九神庙，位于村北，不知始建于何时，毁于20世纪60年代，20世纪90年代末在旧址按过去形制修复。

五里庙坐北朝南，面阔一间，没有院落，庙前一道照壁（图512）。庙内北墙绘有9尊神像，左起依次为：土地，五道，火神，马王，龙王，牛王，财神，苗神，山神（图513）。神像下面，各有1只香炉。过去据说在北墙绘有7尊神像，山神画在东墙北面，五道画在西墙北面。而五里庙与南独乐河镇峰台村五道庙比，多了火神、马王、牛王，却没有虫王。可以大致看出，平原地区与山区所供神像，还是各有特点，主要是依据自己生活需要来供奉。

图512　罗营镇五里庙村近年修复的五里庙

图513　镇罗营镇五里庙村近年修复的五里庙内所绘神像

五里庙两墙上，东墙画有龙王派来行雨官，运雨车，一男一女手拿柳条，推云的童子，张着口袋正在布风的风官，雷公雷震子正在打雷，闪公正打闪在劈一只兔子，上有一女子形象，右手举镜，似在照妖，镜光照到什么，雷和闪电就劈什么。接着，一神拿着量天尺在量雨，量到哪儿雨就下到哪儿，不许多下，也不许少下（图514）。以上是天上。地下，眼看要下雨了，人们牵着马、赶着猪、鹅等赶紧回家避雨。西墙所画上面，一当官者与两个兵卒，押着一驴车，车上载着捉到的妖孽等回去，接着大概是拿着量天尺的神在前边领着，后有3位当官者视察下雨情况。这似与东墙的天上情景相连接。下面为雨后，人们纷纷下地干活。一毛驴尥蹶子，竟把驮着的磝轱辘子儿甩下来（图515）。通过这些壁画，朴素而形象地表现了百姓希望风调雨顺、天下太平的愿景。

图514　镇罗营镇五里庙村近年修复的五里庙内东壁所绘壁画（局部）

五里庙前照壁北侧，辟一小龛，画有观音，烟熏得看不清了，也摆一小香炉。

大井庙，又称龙王庙，位于村南，因庙西北角10来米处有1眼水井而得名。村里人记得是民国二十六年建造，与五里庙基本一样格局，坐东朝西，庙前一道照壁。庙内也是画有龙王等9尊神像，庙后面即东面设一小龛，龛里画有观音神像。在庙西边七八丈远处，建有一座戏台，坐西朝东，以石砌筑，3丈见方。大井庙毁于20世纪60年代末。2007年复建（图516），2012年彩画神像等。殿内画像，东墙左起五道、虫王、牛王、龙王、马王、财神、苗神，北墙东侧为山神，南墙东侧为土地神（图517）。南山墙画有“行雨图”，北山墙画有“秋收图”。殿前出廊，廊南侧山墙画有判官像，廊北侧画有鬼卒像。庙前照壁东侧辟一小龛，画有观音菩萨像。

图515　镇罗营镇五里庙村近年修复的五里庙内西壁所绘壁画（局部）

在村南山，大井庙西边约1里远的地方，有一个老地名叫高粱殿，至今依然这么叫，不知过去是否有庙宇，村里人也不清楚。也有村里人认为高粱殿就是大井庙，既然流传至今的地名所指的地方，与大井庙不是一处，就应该不是一回事。

三娘庙，位于村南山上。村里人说，他们也是听老人口口相传，确实在南山上有一座庙址，都说是三娘庙，但供奉的三娘是什么神，村里人说不清楚。南山那个地方，现在还叫三娘顶。看来过去应该是有庙宇，只是早已毁弃，无人知情了。

图 516　镇罗营镇五里庙村近年修复的大井庙

图 517　镇罗营镇五里庙村近年修复的大井庙内所绘神像

257. 西寺峪村

西寺峪村，旧有大小庙宇（包括小石头庙）30 余座，主要有道教庙宇龙王庙 4 座、小石头庙约 30 座和佛教庙宇寺儿庙、菩萨庙。

龙王庙，全村有 4 座。一在村西一队北台上，坐北朝南，一间，画像，画有龙王、虫王、马王、五道、土地、河神等 9 尊神像，其中以龙王为主；一在村南三队，也是一间，画像；在村二队有 2 座，一座在寺儿庙北面，一座在现在村委会北面。如村委会北面的龙王庙，又叫梨沟西面，坐北朝南，面阔一间，画像，有石头香炉。也是画有 9 尊神像，北墙正座 7 尊，东西山墙靠北面一边 1 尊，是土地、五道。据说过去在这座龙王庙前搭灯棚，走会。这 4 座龙王庙，天旱时村里人来求雨，有人去世了，也来烧纸报庙。这些小庙，往往根据祭神需要，画有 7 尊或 9 尊神像，也称七神庙（或七圣神祠）或九神庙，但龙王都坐中间主位，所以一般都称龙王庙。这些龙王庙早毁于 20 世纪四五十年代。

在调查寺庙过程中，村里76岁的隋长生老人，还保存着年轻时手抄的《祭节日表文》，其中有“祭龙王表”式一篇，今录如下：

奉

佛行雨龙王雨师风婆雷公电母位前献供祈福保安庆祝吉祥文表

南赡部州

冀东北平镇罗营密云县城东关上庄居住

奉

佛行雨龙王之位前 是日合村信善弟子香首会末人等沐手焚香同心上叩

投词意者伏为弟子等

邮近山谷　地处高原

幸居中国　德秉彝良

天地覆载之恩　雨露生成之惠

日月照临之泽　风雷动盪之公　　向蒙

佛祖好生慈悲之大德　　更赖

龙王默施甘霖之深恩

四时常沾吉庆　八节永远安康　　吾侪小民

每怀答报之志　未遂奉酬之心　　今仅詹于

中华民国　年　月　日　　正

行雨龙王垂恩赐福布云施雨之吉

乃小民焚香献供酧德之吉期

是以虔备香帛云马清茶醴酒果品以供粢盛敬献柔毛冥资钱粮疏词等仪致祭于

行雨龙王雨师风婆雷公电母众圣之驾前

舒慧目之祥广纳斯善意

察凡民之志诚降其祯祥

润之以风雨俯屁三苗茂盛

益之以霡霂默佑五谷丰登

风顺雨调群黎得遂升平之福
财丰物阜众庶均沾乐利之恩
献供答田苗永无披乱之苦
焚香谢五谷免其冷冰之殃
冷冰虽动与我田苗无害
慈悲默佑常保禾稼无妨
霖雨不止　白天降康　禾易长亩
稼穑卒祥　兆民赖之　泽及万方
春祈之心无敢懈　秋报之志未敢忘
既谷深恩于已往　再祈福祉与来将　　是咸赖
灵神之护佑　斯可得乃积而乃仓　　伏乞
圣意照鉴垂恩来格尚享
既答深恩祈厚泽是以合村公同捐资莫不欣然乐从信众弟子等
跪封吉祥文表

录此文表，作为一种民俗文化，以供后人研究。毕竟时过境迁，这类“文表”早已难得一见了。不过，求雨后，一旦风调雨顺，五谷丰登，到时还要“谢表”的。

西寺峪小村，过去三四十户人家，建有30来个小山神庙，也就是三五块石头一搭，现在还有一座小石头庙（图518）存在，里面摆个小香炉，临近那户人家时时还敬香的。

图518　镇罗营镇西寺峪村小石头庙

寺儿庙，位于村北。村里人据说寺儿庙建于清代嘉庆年间（公元1796～1820年）。坐北朝南，东西宽约20米，南北长约50米，有院落。南为山门，进山门后，东侧为钟楼，面阔一间，进深一间。钟楼内1口大铁钟，约1人高，上面铸有铭文，村里人记得有“寺儿峪”字样。现在，村里人不知道这座寺庙叫什么名字，只管叫寺儿庙。西侧为鼓楼。北为正殿，面阔三间，前出廊。殿内，正中供奉1尊大泥塑坐像，坐像上面有罩碑。两边有十八罗汉泥塑像，在泥塑像前边，有与泥塑像一样的小罗汉像，高约1尺，铜铸。正殿两边有东西耳房各两间，存放杂物。正殿前两侧有东西配殿各三间。院内有大石碑，埋入地下了。

据村里人说，庙里的和尚是个花和尚，那时东寺峪有沐浴庵，又叫姑子庵，这个和尚与姑子庵串通了，把铜佛倒到松树梁子，就说铜佛不愿在这儿住了。后来，一把火把这庙烧了。老和尚住在这里，现在还有和尚坟。小和尚就搬到了姑子庵。人们记得，在20世纪30年代，寺儿庙就是一个庙刹子了，大约是清朝末年民国初年毁的。

菩萨庙，位于村北寺儿庙旧址东侧。在寺儿庙毁了以后，村里人就在庙刹子东边建一个小菩萨庙，坐北朝南，画着南海观音像。北墙外面辟一小神龛，有倒坐观音画像。菩萨庙毁于20世纪40年代末。

258. 下营村

下营村，旧有纪念性祠庙老爷庙及道教庙宇城隍庙、三官庙、娘娘庙、五道庙。

老爷庙，位于村西头，坐西朝东，有小院。庙为一间，有小门。庙内为泥塑坐像，中间为关公坐像，红脸。北为周仓，手持一把大刀；南为关平，双手举一木牌，背背一锏。20世纪40年代后期，推倒佛像，五六十年代庙毁。

城隍庙，位于村中心路北，坐北朝南，有院，东西宽约4丈，南北长约六七丈。南为山门，一座小门楼，对开木门，顶上为合瓦垄，脊上有两个小兽，垂脊一角一个小兽。门前有一道大影壁，约1丈宽，7尺高。院内，没有树和碑刻，没有配殿。院东南角有一座钟楼，一间，方形，高约4米，一层，悬挂1口大铁钟，高约1.5米，一人搂抱不过来，钟上铸有铭文。过去，村里着火或开会就敲钟，着火打乱钟，开会是一下下敲。1958年拆毁钟楼，大钟就挂在营城西门南边，作为干活敲钟。北面为大殿，面阔三间，前出廊，殿内有匾额。殿内正座，供奉城隍泥塑坐像，金眼，头戴帽子。帽子上有翅儿，不大。东西山墙前，各有2尊泥塑站像，为大小二鬼、判官等站像。

这里建有城隍庙，应该与关城营寨有关，祈求城隍以护城佑民。城隍庙在20世纪60年代“四清”中拆毁，盖村小学了。

三官庙，位于村东路北，旧时城门外。民国二十七年《密云县志》绘有三官庙平面图（图519），记载：所在地，镇罗下营东门外。在寺僧人数，乡公所伙计王仲一人住内看庙。此庙建于何时无从查考，房屋早已改作学堂。并无庙产。三官庙坐北朝南，前为山门，山门内一道照壁。北为正殿三官殿，面阔三间，有东西耳房各两间。东耳房为乡公所和伙计室，房后有一厕所，估计为后建，与庙无关。东北角墙外，有1眼水井。东耳房前，东墙处有一后角门，可通往庙后面，庙后厕所西面为小操场。西耳房为教员室。正殿前东西两侧，有东西配殿各三间，为学校教室等。西配殿北侧，有一小间，为厨房。

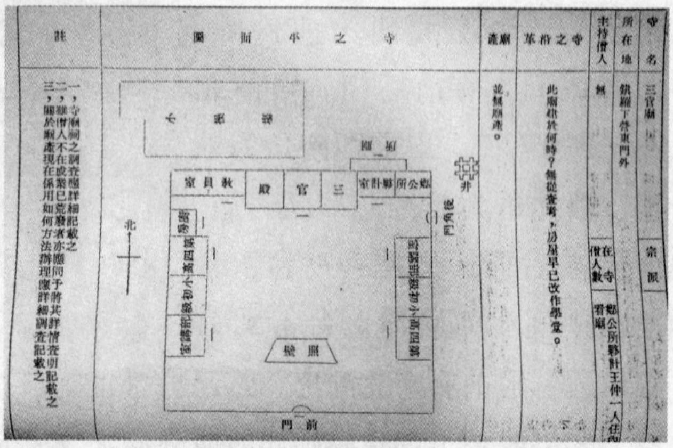

图519　民国二十七年《密云县志》所绘镇罗营下营村三官庙平面图

与村里人座谈中，村里人说，三官庙坐北朝南，东西宽约六七丈，南北长约七八丈。南为山门，一座门楼，山门内有一道影壁，上面写有字迹，没有画。院内右边有2棵大松树。北为正殿，面阔三间，殿内供奉3尊泥塑坐像，为天官、地官、水官。两山墙前一边1尊站像，身穿铠甲，很威武。正殿有东西耳房各两间，东耳房，外间有菩萨像，1尺来高，铜像。里间住人。西耳房也住人。殿前东西两侧，有东西穿堂各四间，原来住老道等，后改为小学。后来区公所也在庙里。1946年推倒神像，20世纪60年代庙毁。

娘娘庙，位于村南山顶。民国二十七年《密云县志》绘有娘娘庙平面图（图520），记载：娘娘庙所在地，镇罗下营照良山。住持僧人，无。寺之沿革，庙为明嘉靖年建造，今已荒废，原有配殿，钟鼓楼，墙垣，门楼，亦皆坍塌无存。庙

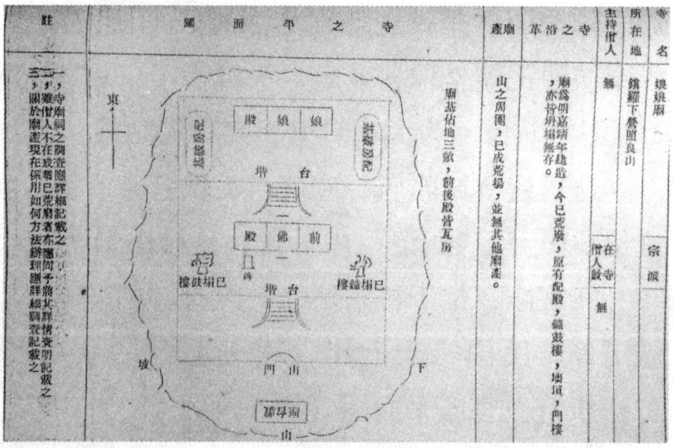

图 520 民国二十七年《密云县志》所绘
镇罗营下营村娘娘庙平面图

产，山之周围，已成荒场，并无其他庙产。庙基占地三亩，前后殿皆瓦房。娘娘庙坐东朝西，前为山门，山门前为戏台。山门内为一高台，前面中间砌筑台阶。台上北面为前佛殿，面阔三间，有前后门。殿前北面，1 通石碑。殿前西南角为钟楼，西北角为鼓楼，都已坍塌。前佛殿后面，又是一高台，台前面中间砌筑台阶。台上北为娘娘殿，殿前有南北配房，都已成基址。

志书收录了创建娘娘庙时所立碑之文：碑所在地，镇罗下营娘娘庙殿前。建立之沿革，大明嘉靖十六年（公元 1537 年）住持朗秀暨善士王雨等建立。现状，年代较远碑迹模糊。碑文记载，其已兴举也，则老稚妇女络绎不绝，撮土已成，工削险以就易，不数月，则正殿三楹、两庑六间、钟鼓楼各一座、门楼及墙垣，计工购料彩画咸毕，俨然来远人之盛观也。碑由镇守马兰峪等处地方右参将都指挥癸未科武进士渔阳戴廉立，提调熊儿峪营等营把总佥事冯万里书，猪圈头营把总指挥丙子科武进士渔阳李圻撰。碑文记载与志书记载基本说清了庙宇格局，立碑者、撰文者及书写者对研究当时地方军事设置等，有较高资料价值。

同下营村人调查娘娘庙的基本情况，与志书所记略有出入：娘娘庙坐东朝西，南北宽约 3 丈，东西长约六七丈。西有山门，是一道月亮门。山门外，建有一座戏台，以石砌筑，高约 2 米，3 丈见方。进山门后，在前殿南边，立有 1 通石碑，为王八驮石碑，即龟趺座。一进门，有 1 口大铁钟，在门北边地上扣着，约 1.5 米高，上面铸有铭文。前殿为一间，供奉观音菩萨坐像，下有莲花座。两边有红孩妖等侍立像。前殿有后门，可进入后院，后面有三四步石阶。后院有正殿三间，供奉 3 尊泥塑坐像，分别为云霄娘娘、碧霄娘娘、琼霄娘娘。

过去，娘娘庙农历三月二十八为庙会，到时三里五村的人都来进香，还在戏台那儿演戏。据说，一年演关公斩蔡阳的戏，头天晚上，扮演蔡阳的演员到老爷庙里，对关公塑像说："明儿咱俩一场大战啊！"结果，第二天，扮演关公的演员在演戏中，一挥木刀，真的把扮演蔡阳的演员打死了，就葬在了娘娘庙附近。上下营村的人都谈到了这件事。从此，村里就不再唱关公斩蔡阳的戏了。后来把庙里关公的木刀也裹上了红布，上面挂一面镜子。

娘娘庙毁于 1946 年，拆毁盖上营村完小。村南山顶娘娘庙址上，新中国成立后栽了几棵柏树，近年包这片山场的人捡些石头，又简单地垒了一个"小庙"（图 521）。而前面戏台四周石头已被当地人拆去，只剩中间的土堆。

图 521　镇罗营镇下营村娘娘庙址上，近年包这片山场的人简单垒个"小庙"

五道庙，位于村南，坐北朝南，仅一间。村里人说，庙里三面墙上画着 10 尊神像，画的是十道阎君。北面墙前，有石头垒砌的一供台，约 1.3 米高。村里人去世了，就来这里烧纸报庙。五道庙毁于 20 世纪 60 年代。

259. 杨家台村

杨家台村。旧有纪念性祠庙老爷庙、道教庙宇五道庙。

老爷庙，位于村北，建造于 20 世纪 30 年代，坐北朝南，面阔一间，画有关羽坐像，红脸庞。东西两山墙画有周仓、关平侍立像。老爷庙毁于 20 世纪六七十年代的"文革"之时。

五道庙，位于过去村中间，现在水库大坝北面。杨家台水库修建于 1975 年，2005 年重修大坝。五道庙坐北朝南，仅为一间，北墙画有 5 尊神像，有龙王、山神、土地、五道等，东西山墙画有风调雨顺等内容的壁画。五道庙毁于 20 世纪六七十年代的“文革”之时。

260. 张家台村

张家台村包括张家台、朱家台、史家台及范家台4个自然村，过去每个自然村建一座小庙，即五道庙2座、山神庙及龙王庙，都属于道教庙宇。

五道庙，全村有2座。一在张家台村东头，坐北朝南，一大间，画像，画有五道、龙王、山神、土地等神像，毁于20世纪六七十年代的“文革”之时；一在朱家台村东头，坐北朝南，一大间，东西打一道隔断墙，前有门及影壁。前边画像与张家台差不多，墙上还画有雷公、闪公、小鬼叫差等。隔断墙后面为菩萨画像。庙毁于20世纪六七十年代的“文革”之时。过去大年初一，村里人会端着猪头来这里上供，举着写好的“束”烧了，如果燃烧过程中发出“砰砰”响声，就是老天爷收了，以此祈求一年风调雨顺，有好收成。

朱家台村过去每到大年正月初一、十五，要散灯花。灯花是把灯花纸剪成几个口儿，卷成五六个叶子，用香油蘸了。傍晚散时，以筷子夹着，点着了，家里要散，囤底、粮食茓子等地儿都要散，大道上也散。灯花分两种，白纸捻的，为祈求新的一年平安丰年；红纸捻的，村里人说有“横死鬼”、“屈死鬼”要顶着红灯花去托生，不然，这些“横死鬼”、“屈死鬼”就要拿“替身”了。散灯花也有避邪之意。

山神庙，位于范家台村头半山间，坐北朝南，一间，前有影壁。庙里为画像，前有摆香炉的台子。1958年发大水，发生泥石流，将山神庙冲毁了。现还有半截残墙，使用旧城砖垒砌（图522）。说是山神庙，村里人天旱了来这里求雨，村里人去世了来这里烧纸报庙，一庙具有多种作用，恰说明民

图522　镇罗营镇张家台村范家台山神庙遗址

间的多神信仰与现实功用。

图 523　镇罗营镇张家台村史家台近年复建的龙王庙

龙王庙，位于史家台村北半山的平台上，坐北朝南，面阔一间，前有影壁，画像，毁于 20 世纪六七十年代的“文革”之时。20 世纪 80 年代，村里人在平台原址重建龙王庙，依然面阔一间，前面影壁以旧城砖垒砌，而庙为红砖红瓦及石头砌筑（图 523）。庙内为画像，自东往西依次为山神、苗王、虫王、龙王、火神、财神、土地 7 尊画像。东墙壁画“降雨图”，那位神拿着量天尺，量到哪儿，雨就下到哪儿。村里人管他叫“梁三尺”，或为量天尺吧。还有管打雷的、打闪的等；西墙壁画，关羽骑马持刀赶罪人，罪人坐马车上，村里人指着说，赶跑了罪人，地方百姓好安心种地、生活。下面，就画着扛耠子等农具及拉牛的人等雨后下地耕作去了。所绘神像等与五里庙类似。在龙王庙墙后，设一小龛（图 524），画有观音菩萨像，拿着净水瓶、枝条等。龛里有一家常用的白瓷碗，作为香炉，里面香灰快满了。民间称此为倒坐观音。

图 524　镇罗营镇张家台村史家台近年复建的龙王庙后面壁龛

史家台人过去正月初一凌晨三四点钟就到龙王庙上供烧香，期望上得第一份供，烧得第一炷香，祈求神灵保佑赐福。这一带过去天旱了，都到密云白龙潭求雨，那时整猪整羊的上供。取回水来，拿到全村 4 个小庙里，用柳条蘸着水淋洒。村里人纷纷跪下磕头烧香，祈盼苍天早点下雨。

十六、熊儿寨乡

熊儿寨乡，辖8个行政村，旧有大小庙宇52座，分为纪念性祠庙2座，主要是药王庙；道教庙宇45座，主要是娘娘庙、五道庙、龙王庙、土地庙、山神庙、马王庙、真武庙等；佛教庙宇5座，主要是观音庙等。现在，仅北土门村娘娘庙为近年所复建。

261. 北土门村

北土门村，旧有道教庙宇娘娘庙、五道庙及佛教庙宇观音庙。

娘娘庙，位于北土门村九里山前，坐北朝南，面阔一间，前出廊。前有小院，南为山门，以石头砌筑，小木门。门前砌有石头影壁。庙内供奉3尊娘娘泥塑坐像，中间正座1尊，村里人记不得神像名字了；东为送子娘娘，怀抱一小孩儿；西为眼光娘娘。相传村里一放牛的孩子，在娘娘庙避雨，随手将1尊娘娘像的脑袋扭得脸朝后了。后来，他奶奶得病了，也脸朝后。请村医一看，说得了"娘娘病"。赶紧拿钱，把娘娘像重塑了。

图525　熊儿寨乡北土门村1995年复建的娘娘庙

娘娘庙毁于20世纪60年代末70年代初。1995年，村里人自发捐款，复建娘娘庙（图525），庙内为画像，绘有3尊娘娘像及1尊观音菩萨像（图526）。庙前有个长方形小石香炉，应是旧物。

五道庙，位于北土门村北街口，坐北朝南，面阔一间，前出

图526 熊儿寨乡北土门村1995年复建的娘娘庙内所绘神像

廊，前有院墙，没门，是一座敞院，庙内为画像，不仅画有五道将军像，也画有龙王像。而村会里有香火地，包给人家中，到秋后交粮食给庙里，买蜡烛、油等物。到时往往是有钱的财主舍一头羊，把皮剥了，大家抬到五道庙里，还有4个人抬着一张八仙桌，把羊放到八仙桌上，点着香烛等上供。供完了，就抬回去大家一起炖吃了，这叫“吃会”。过去，每年农历六月十三，在五道庙祭龙王。五道庙毁于20世纪60年代末70年代初。

观音庙，位于村中间，坐北朝南，不知何时所建。南为药王殿，村里人称其为药王庙，面阔一间，辟有后门，可通院内。庙西面开一小门。药王殿前没有树和石碑，殿前东侧一门，挂1口大铁钟，高约1.5米左右，钟身铸有铭文。殿前东侧铁钟前面，有1棵大槐树。药王殿前有月台，过去村里走会在那里打场。殿内供奉药王泥塑坐像，是一个长挂脸、尖下颏的形象。

进入院内，北有正殿三间，东西耳房各一间，正殿前有东西厢房各三间，院内没有碑刻。东西厢房存放走会搭棚的席子及会里所用杂物等。正殿前出廊，柱子和檐子绘有彩画。殿内供奉3尊泥塑坐像，中间为观音菩萨，东为二郎爷，前边还有1只狗，西为红脸关公。东西山墙前各有2尊泥塑站像，如东边有1尊拿着大刀的周仓站像。

图527 熊儿寨乡北土门村九里山娘娘庙前，保存有“文革”中所修建的影壁

观音庙毁于20世纪60年代末70年代初。

九里山娘娘庙前，保存一道影壁（图527），应为“文革”中所修建。

262. 东长峪村

东长峪村，旧有8座庙宇，包括纪念性祠庙药王庙、道教庙宇龙王庙和小土地庙3座、九神庙2座及西庙梁庙。

药王庙，位于村委会西北，坐北朝南，面阔一间。庙内筑有神台，神台上供奉药王泥塑坐像，高约七八十公分，神台前有1石香炉。过去谁家有人病了，就到庙里上供，做一双孩子能穿的小鞋摆那儿，再对药王塑像嘱咐嘱咐。外村人也有来这烧香的。药王庙毁于20世纪六七十年代的“文革”之时。

龙王庙，位于东长峪村南，大峡谷水库东边，坐东朝西，面阔一间，庙内为龙王画像，有1石香炉。过去这里有上龙潭，在大峡谷底下是下龙潭。村里人过去吃完上龙潭的水，再吃下龙潭的水。正月十五散灯花，也会一直散到下龙潭的。山里过去吃水很困难，天大旱龙潭旱到底，就往下挖，一下雨又淤上了，旱了再挖。传说潭里有龙，村里人称之为“秃尾巴老李”，说是到哪儿去串门，一关门把尾巴掩掉了，在这儿已有300多年了。一老头骑一小黑驴，见村里人说：“快走吧，要闹天了！”他一晃没影了。天上打一个雷，雨就下来了。这人就是“秃尾巴老李”。20世纪60年代，修上龙潭水库时，把龙王庙拆了，垒水库大坝了。龙潭挖到底，底下有活水，每天能出10来挑水，没干过，也没见过底，那就是龙泉。

土地庙，全村有3座。一在村东，坐北朝南，一小间，贴有土地神像，有供台、石香炉；一在村前东头，山沟里边，坐北朝南，一小间；一在村南，坐北朝南，一小间。过去都是附近一片几户人家，逢年过节烧香，还“请”土地等神像，贴在庙里，以便供奉。这3座土地庙毁于20世纪六七十年代的“文革”之时。

九神庙，全村有2座。一在现在村委会南边，坐北朝南，面阔一间，砌一供台，有1米来高，前有1石香炉。庙内没有塑像，也没有画像，逢年过节时村里人到县城买些纸马、挂贴，往墙上一贴挂。这一片七八户人家，就来这儿烧香；一在现在村委会西侧，坐北朝南，面阔一间，与上面的九神庙类似。这2座九神庙毁于20世纪六七十年代的“文革”之时。

西庙梁庙，据说过去西边那山上有个庙，很早就没了，村里的老人小时候都没见过，只是留下个地名叫庙梁。抗战时期，人们在那个地方站岗放哨。

263. 东沟村

东沟村，旧有山神庙4座，有3座是石头垒的，很小。有一个在村南，略大一点，也就1人多高，坐北朝南。村里人把这4座小庙都叫山神庙，现均已无存。

264. 花峪村

花峪村，旧有11座庙宇，包括道教庙宇五道庙及小山神庙10座。

五道庙，位于村中心，坐北朝南，面阔一间，青砖抱角，石头垒砌墙芯，顶覆小青瓦。庙内为画像，画有山神、土地、五道等神像，东西墙绘有壁画。村里人去世了，家人就到这里来报庙。

村里还有三五块石头搭的小石头庙，有的上面就简单篷块石板，一般贴纸像。这样的小石头庙有10来个，就在散落的人家附近，一般称作山神庙，也有叫五道庙的，也去报庙。过去，逢年过节、初一、十五，附近人家也烧香。

过去天旱时，村里求雨，到村东3里的龙潭，在山半腰。龙潭常年流水，里边有泉，这几年天旱，水不往外流了。过去求雨，拿着香和供品，还有一老人要“上表”，就是一纸糊的，里边装着求雨的祷告词。在龙潭边烧香上供，再把那“表”烧了。

花峪村这些大小庙宇，都在20世纪六七十年代的“文革”中毁了。

265. 老泉口村

老泉口村，旧有道教庙宇五道庙2座。

五道庙，全村有2座。一在村西山梁上，一在村东头，都是坐北朝南，面阔一间，绘有山神、土地、五道等画像，逢年过节村里人到庙里烧香，村里人去世了，也到庙里报庙。抗战时期，村里人在小庙里为八路军站岗。2 座五道庙毁于 20 世纪 60 年代初。

266. 南岔村

南岔村，旧有道教庙宇五道庙及小山神庙 3 座。

五道庙，位于现在村中心，过去在村北，建在一座高台上，坐北朝南，面阔一间，以砖垒砌，前有门窗，上覆小青瓦。庙前一座影壁，以石砌筑。庙内画像，北墙中间绘有龙王像，两边有五道将军等画像。东西山墙也绘有壁画。中间一大香炉，两边各有一小香炉。村里人“老”了，要去五道庙报庙。过去大年三十在家供祖宗，也要到小庙去上供，往往就是 3 碟小菜，胡萝卜、粉条等很简单的 3 样小菜。还要烧香，中间大香炉放一整“束”香，两边小香炉各放 3 支香。

图 528　熊儿寨乡南岔村五道庙前石影壁

五道庙毁于 20 世纪 80 年代初，石影壁现存（图 528）。

小山神庙，全村有 3 座，都是三五块石头简陋一搭的小石头庙。一在村西沟，那一沟里就姓赵的一家子；一在村南沟，姓张的一大家子在那沟里；一在村杨家沟。春节时，人们也贴挂联，也去上供，里边也摆 1 个小香炉烧香，人去世了家人也到那里烧纸报庙。这些小山神庙都已无存。

267. 魏家湾村

魏家湾村，旧有 14 座庙宇，包括道教庙宇五道庙 3 座、三五块石头搭的五道庙 9 座及佛教庙宇渤州寺、九花庵。

五道庙，全村有3座。一在村西，坐西朝东，一小间，庙内为画像，绘有五道、山神、土地神、河神、路神等，村里人说这些画像都呐眉噪眼的，孩子去了都不敢看，捂着眼，有孩子光顾捂眼了，就掉坝沿底下了；二在村西南，面阔一间，抹着白灰墙，墙上绘有画像。庙内有1个石香炉，有人背回家当猪槽子喂猪，家人闹牙疼，受不了，把香炉又送回到原来的位置。这2座五道庙都毁于20世纪六七十年代的“文革”之时；三在现在村委会后面，也就是现在的村中间，坐北朝南，面阔一间，庙内北墙画有5个大画像，东西墙画有壁画。庙内1个大石香炉。抗战时期，日军在北土门南庄头建有炮楼，北土门离魏家湾3里地，当时联合县政府就住魏家湾，县长是李光汉，时间在1942年前后。民兵就在这座五道庙里站岗，日军一出来就喊话报信。日军后来把这座小庙给烧了，剩下一根檩，不久就塌了。

另外还有三五块石头搭成的小五道庙9座，分布在散落的人家附近，与那3座五道庙一样，附近人家也去烧香报庙，现在都已无存。

渤州寺，位于魏家湾村西约2里处。不知何时所建。村里人记得有“蓟州城渤州寺”之说，具体情况都不清楚，谁也没见过。那里又是山，在山后曾挖出过棺材板，村里人说可能是和尚坟。而在山前庙址处挖出过铁瓦、大砖等。就寺庙而言，此庙应为佛教庙宇，不知毁于何时。

九花庵，在魏家湾西南，村里人也未见过这座庙宇。现在那道沟就叫九花庵，还住着人。据说过去是姑子庵，住过尼姑。

魏家湾村南约2里的山上，有石砌“边墙”。东边为九泉山，九泉山那边是桃棚村，边墙就从那边过来，经山口东侧山头，山顶有东楼堆子（图529）。再往西，过山口，上山至顶，当地人称西楼堆子。继续往西去，约四五里地，一座山脊像驴脊梁骨，当地人称刀棱背，还有边墙。再往西南就是萧家

图529　熊儿寨乡魏家湾村南山上明前长城遗址东楼堆子

岭了。这一带的边墙，现在都成了石埨子，散落坍塌的石头随处可见。而东、西楼堆子，应是边墙间的两座敌台，又称敌楼。村里人称作“楼堆子”，应与此有关。对于边墙，当地也有萧太后拦马的一说，并说萧太后曾站楼堆子上望马。专家认为，近年在桃棚、魏家湾一带发现的城墙遗迹，应为明前长城，有可能是北齐长城。而平谷境内的明代长城，正在北齐长城基础上所修建。

268. 熊儿寨村

熊儿寨村，旧有6座庙宇，包括纪念性祠庙药王庙、道教庙宇九圣庙、马王庙、真武庙及佛教庙宇观音庙2座。

药王庙，位于村中间，过去在村东头，现在这里已经成为村中心了。

药王庙坐北朝南，有前后两进院落。前为药王殿，面阔三间，不出廊，辟有前后门。前砌月台，月台前面是东西向通道。殿东西两侧，各建一座小门，村里人称为山门，平时西门不开，大概与认为西门是鬼门有关吧。从东门可进入后院。当然也可以由药王殿后门进入后院。东西门前各有1棵大槐树。殿内筑神台，神台上供奉药王泥塑坐像，一边1尊侍立的童子像。还泥塑1龙1虎像。相传一老虎截住药王，使爪子抓嘴。药王一看，骨头卡住老虎嗓子了，便伸手到老虎嘴里，将骨头掏出来。老虎自此就跟着药王了。龙呢，据说原来是1条蛇，一群孩子正要打蛇，药王见了，急忙止住孩子没让打。蛇得救了，变成1条龙，与老虎一起，跟随药王左右。殿内两山墙绘有华佗等10大名医画像。在药王坐像罩碑后面，绘有韦陀站像。

后院，有2棵槐树。北为后殿，地藏菩萨殿，村里人也称地藏菩萨庙，面阔三间，前出廊。廊西侧，有1通石碑，为重修庙宇的功德碑。碑上有“许凤廷”等名字，老许家是明嘉靖十四年（公元1535年）从山西洪洞县迁来的，应该是明朝中晚期了。药王庙大致应该建于明中早期，当是随着建营寨而建，清朝末年重修。除药王庙外，村里还有九圣庙、马王庙、真武庙、2座观音庙等，都应与营寨有关。廊东侧，有1口铁钟，高约80公分。菩萨殿内，供奉地藏菩萨等3尊木雕坐像，高约半米，下有莲花座。在神台上，还摆着20来公分高的木雕或铜铸佛像。两山墙绘有十殿阎君、小鬼等画像。菩萨殿有东西耳房，东耳房存放桌椅板凳等物，西耳房为看庙人所住。殿前建东西厢房，东厢房后来改作学校，西厢房存放搭棚的杆子、席等杂物。

在地藏菩萨殿东侧，紧挨东山墙，建一座戏台。戏台坐北朝南，高约1.5米，面阔约10米，进深约10米，基本是一座方形台子。戏台后边是道，过去唱戏时，在台后道上搭棚，作为化妆室。过去没有公益一说，都是村会里到各家各户捻钱。唱戏一般在逢年过节时，平时不唱。戏台是大约在1957年前后被拆毁，为扩展道路。

过去每年正月十五搭席棚，挂灯笼。农历四月二十八日据说是药王爷生日，届时在庙前月台上说书。

药王庙毁于1947年，建了村小学。仅那通青石碑现存村委会内，碑下还叠压着1通石碑，不便于翻看，不知是什么时候的碑刻了（图530）。上面的青石碑碑首阴刻楷书“药王圣祖”四个大字，碑身有“重建龙泉庵古刹碑铭”，“熊儿寨旧有文殊、普贤菩萨庙宇，一殿内供奉药王圣祖，传至大清，……百余年”等字样，说明这座庙宇旧称龙泉庵，以供奉佛教神像为主，殿堂内还供奉药王。

图530　熊儿寨乡熊儿寨村药王庙碑

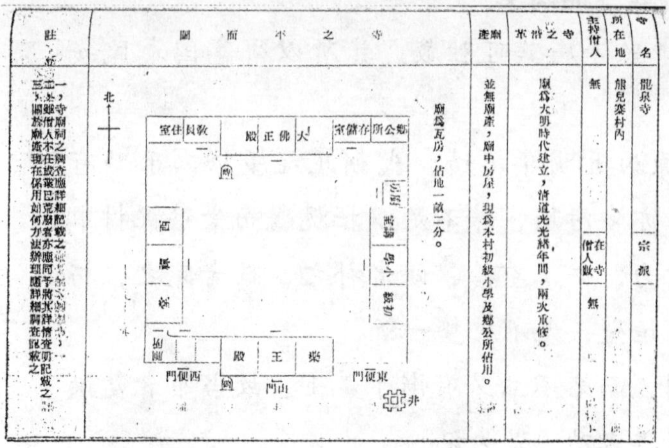

图531　民国二十七年《密云县志》所绘熊儿寨村龙泉寺平面图

民国二十七年《密云县志》收录了药王庙的平面图（图531），所写为“龙泉寺”，那时已无住持僧人，且无庙产，庙中房产时为本村初级小学及乡会所占用，庙为瓦房，占地1亩2分。庙为大明时代建立，清道光、光绪年间，两次重修。平面图所示，与当地人所谈基本吻合，这也证明尽管几十年过去，庙已毁多年，但村里人所记不谬。另收录2通碑文摘录；

重建龙泉庵碑记

盖自混沌初开，乾坤始定，而后古代先民营建之寺院庵观，实莫可胜数矣。

大明永乐年间，熊儿寨旧有古佛文殊、普贤二大菩萨庙宇一所，内供药王圣像。传至大清，已历数百余年。善众人等佥以佛殿狭隘，塑像倾颓，共议重修，并于佛殿之前新建药王正殿三间，以资崇祀。

阖境诸人踊跃捐输，分猷效力，鸠工集匠，不日告成。于是，庙貌巍峨，圣像俨尊，雕梁画栋，焕然一新。虽非蓬莱仙境，亦堪为凭依之地。

恭维药王圣祖，青囊（古代医家存放医书的布袋，借指医术、医生）妙术，济世活人，御灾□于不觉，施佛法于无形。吾人托足其间，既免疾痛之苦，得享安乐之福。每感鸿施，愧无以报，以故勒碑刻铭，略叙梗概，不惟宣扬神圣庇佑之德，且表好善诸人建造之诚，是为记。

大清道光元年（公元1821年）张增、王凤来等一百七十人敬立

第二通碑文

大清开国，最重神佛，建兴寺庙莫可胜数。其所以得享国泰民安者，实赖神力之默佑也。

熊儿寨之旧有龙泉庵，原为大明年建造，我朝几经重修，乐助有人。近因殿宇年久倾颓，佛像亦多污垢，殊不足以壮观瞻而崇供祝村中父老□目动念。于是，各输财力，兴工重修，缺者补之，敝者完之，朽腐者易之，所有殿宇神像门窗垣壁，无不重整一新。

夫功即成，固无愧于神明，而名不立必有惭于善士，故当事者复议立碑，永垂不朽，以为后之好善者劝，是为记。

刘永德、许凤春等一百四十二人敬立。

大清光绪十五年（公元1889年）岁次己丑嘉平月朔日 穀旦

由于这2通碑文并非原文，而是择要抄录，不免有遗漏处及笔误者，但可以看出大概，对于研究这座庙宇的历史，也弥足珍贵了。由此可知，保存在村委会的叠压的2通碑，上面碑首镌刻有“药王圣祖”四字的石碑，就是道光元年所立石碑，而底下那通无疑是光绪时所立的石碑了。通过碑文可以看出，明时只有后殿，为佛教庙宇，名龙泉庵。到清道光时，建造前殿，专供奉药王，当地人便称之为药王庙了。

九圣庙，又称五道庙，位于村中间药王庙东门东边。庙前1眼水井，为全村第一眼水井，当时叫苦水井，没有别的井水好吃。九圣庙坐北朝南，面阔一间。庙内北墙绘有龙王、五道、苗神、山神、土地神、喜神等9尊画像，两山墙绘有刮风下雨等壁画。过去村里有老人去世了，家人就来这里烧纸报庙。九圣庙毁于1947年。

观音庙，全村有2座。一在村中间九圣庙东边，坐南朝北，故又称倒坐观音庙。北为山门，红色木门。院内，门两边一边1棵松树。正殿面阔三间，殿东侧有1通石碑，上有“熊儿谷寨”字样。村里人说，由于下雨浇着，就称“浇龙碑”。或许是理解庸俗了，碑首两条龙盘着，为“交龙碑”，应称作“螭首”。正殿前出廊，碑在殿前东侧。殿内供奉3尊泥塑坐像，村里人称为“泥抓的。”3尊坐像分别在3个神台上。中间神台宽大，高约1米，台上置一木质神龛，村里人说是像小房子一样的篷子，龛里供奉观音菩萨，坐鳌鱼上。鳌鱼有1米高，观音坐像高约1米六七；观音两旁有2尊站像，村里人称为“红孩妖”等，应该是善财童子和龙女。西侧为文殊菩萨，坐下为象；东侧为普贤菩萨，坐下为狮子。在3尊坐像两侧，两山墙前，有十八罗汉，一边9尊，也为坐像。墙上绘有红孩妖救人等故事。

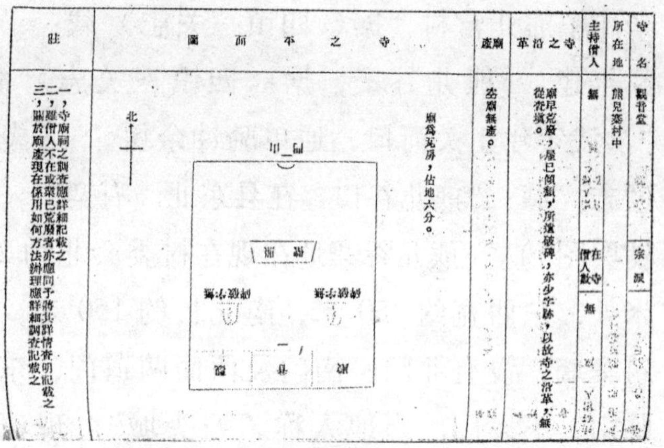

寺名	所在地	主持僧人	在寺僧人數	寺之沿革	廟產	寺之平面圖	註
觀音堂	熊兒寨村中	無	無	廟早荒廢，屋已傾頹，所遺破碑，亦少字跡，以故寺之沿革無從查填。	本廟無產。	廟為瓦房，佔地六分。	一，寺廟祠之調查應詳細記載之 二，雖僧人不在或業已荒廢者亦應同予將其詳情查明記載之 三，關於廟產現在係用如何方法辦理應詳細調查記載之

图532　民国二十七年《密云县志》所绘

熊儿寨村观音堂平面图

民国二十七年《密云县志》收录了观音堂平面图（图532），“庙为瓦房，占地六分”。可那时不但没有住持僧人，而且是“空庙无产”，“庙早荒废，屋已倾颓，所遗破碑，亦少字迹，以故寺之沿革，无从查填”。尽管如此，但看平面图与当地人所谈大致相同，估计其所建时间，大致与龙泉庵同时。每年农历二月十九为观音菩萨生日，到时搭棚说书走会。村里人至今还记得过去说书说的一首诗：“南有胜景乐迦山，四面周围水连天。此山已似莲花样，没有虔心见山南。”观音庙与药王庙、九圣庙大致同时拆毁。

另一座观音庙在村北头，坐北朝南，面阔一间，庙内为观音画像。观音庙面对村北街口，当年村里人是为堵北街口而建，具有“镇物”作用。村北是山砬子，就是晾马山。抗战时期，民兵站岗放哨都在观音庙里，看街口，称为“活电杆子”。新中国成立以后修路，观音庙拆了。

马王庙，位于村西北，坐北朝南，仅一小间，没有画像，也没有塑像，每当春节时，村里人就在庙里贴纸马王。马王庙大约毁于20世纪五六十年代，拆了庙，在那里盖了供销社。

真武庙，位于村西北，坐北朝南，面阔三间，供奉真武大帝泥塑坐像。前有院子，有石碑，大约毁于清末。

熊儿寨村因明代设熊儿谷寨而得名，据明代《四镇三关志》记载，熊儿谷寨由镇虏营所管。熊儿谷寨南有熊儿谷营，在王辛庄镇熊儿营村，据《四镇三关志》载：“洪武年建。”熊儿谷寨，据《四镇三关志》载：“洪武年建正关河口，通单骑冲余缓。”《畿辅通志》载：“熊儿谷口，在县东北。有寨（《畿辅舆图》）。”熊儿谷寨址在现在村委会北约200米处，东西宽约350米，南北长约150米，石筑寨墙，设有北门、南门及西面两道门，东面临山，不设门。当地人称“石头城”。现残存一段北墙（图533），可见很大的条石块在墙上砌筑。寨东南几十米就是药王庙。过去的熊儿寨村，就在营寨里面，村不大，大致在20世纪40年代初才400多人，现在是1100多人，320

图533　明代熊儿谷寨遗迹

多户。大约70年间，每年平均增加10人左右。熊儿寨东西依山，过去有“两山夹一嘴，必定得有水”之说。是因山上植被涵养水之故，慢慢下流，而聚集在下面。当地还有“是村即有庙，是山即有道”之说，熊儿寨村历史上有六七座大小庙宇，主要应该是与营寨建造有关。

十七、黄松峪乡

黄松峪乡，辖7个行政村，旧有大小庙宇约100座，分为纪念性祠庙3座，主要是关公庙、太公庙；道教庙宇约90座，主要是真武庙、龙王庙、山神庙、土地、五道庙等；佛教庙宇7座，主要是菩萨庙等。现在，黄松峪村西山银杏树下观音庙、梨树沟村土地庙等为近年所复建。

269. 白云寺村

白云寺村，明代成村。旧有白云寺，建于山坡上，时有白云缭绕，故名白云寺，而村以寺得名，辖白云寺、康石岭2个自然村，原属黑豆峪村，称黑豆峪北沟。1943年独立为行政村。白云寺村旧有道教庙宇土地庙及佛教庙宇白云寺。

土地庙，位于村北一山梁盖上，梁盖下面是人家。土地庙坐北朝南，有半间屋大小，以石头垒砌。没有院，也没有树和石碑。庙内画有土地等神像。过去村里养牲口的，就到庙里对土地神“叮嘱叮嘱”，希望得到保佑。逢年过节，村里一些人家也到这里敬香。抗战时期，日军将这里划为“无人区”，土地庙就毁于那时。

白云寺，位于现在村委会所在地。

在平谷历史上，白云寺应该是一座较为重要的庙宇。《光绪顺天府志》记载：“白云寺在县北黑豆峪寨，金皇统四年建，明弘治十二年重修，俗称继广寺。”民国二十三年王兆元所编《平谷县志》中，有几处写到白云寺，“古迹”记载：“白云寺，在黑豆峪寨北，至县二十五里。金皇统四年建，明宏（弘）治十二年重修。今俗称继广寺。”“名胜”记载：“白云寺，距城三十里，居众山之间。南五里至黑豆峪寨，邻蓟县界，东至东岭，北界长城，西连山谷，奇峰迭耸，高者岈然，低者洼然，望之皆深秀而蔚然。寺中有古柏五株，苍翠参天。寺前有泉，咽而不流，取之不竭。山四围草木丛茂，春夏间山鸟争鸣，野芳竞秀。入寺中，其幽僻清静之趣，令人心神冥合，万虑皆空，诚异境也。寺创自金皇统四年，重修于明弘治十二年，清初亦加修补云。”“文类”中，邑人金纯于明弘治十二年九月作《白云寺记》，“大德初，有僧名继广者，集石为垣，采山栋而始构焉，元末荡为灰烬。入我皇明六十余年，无有因旧而兴之者。正统乙丑春，济南继广禅师北游诸刹，卓锡于斯。仰观山形，俯察地脉，有泉有田，遂有油然而不忍去之意。”“遂募于檀那，而勤于己力。阅而如来殿成，苟美苟完，百废粗作。迨景泰甲戌秋，钦差御马监左监丞黄帽以上命之边，偶经于寺，一接广师，参乘竟日。”“即相与握手，曰：吾师居此，得无隘且陋乎？乃出钱若干万缗，增其三世殿为三间，创左之堂为迦蓝，右之堂为祖师，承堂而构为居僧之所。”“入其门，大殿翚飞，金碧相照，俨然一大祝厘地也。黄公不以为德，广师不以为功。垂四十年，卒无发心纪其事者。今年师且殁，……遂征予文以纪之。”

由志书相关记载可知，白云寺建于金皇统四年，即公元1144年，重修于明宏（弘）治十二年，即公元1499年。明时俗称继广寺，或许由“大德初，有僧名继广者”而来，“大德”为元成宗铁穆耳一个年号，公元1297至1307年间。清初也曾修葺。1942年前后，日本侵略者实行所谓“治安强化”运动，在长城内外制造“无人区”，搞“集家并村”，反复进行大扫荡。这期间，日军烧毁了白云寺，大殿烧了3天。同时，还烧了百十来户民房，满山沟里乌烟瘴气。来的日本鬼子有千八百人，还有抓来的民工二三千人。

白云寺，现在村委会所在地就是过去寺庙旧址，建在一山圈儿里，背靠神仙坡，西倚王八盖儿山，东依松树梁子，梁子上有5棵大松树。

白云寺坐北朝南，南北长约50米，东西宽约25米。南为山门，一座大门楼，砖砌，宽约8尺，对开木门。门上边有砖雕花草、山水景物等。门前东西有2个方台，南北、东西各约6米。山门前东西各有1棵大柏树。进山门后，北为大殿，面阔三间，前有走廊，宽约六七尺，五六根红色廊柱，每根粗约50厘米，上画金龙形象，殿两边各有一两间耳房。屋顶为灰瓦，顶四角各有小神兽五六个。大殿南北宽约10米，殿内有神台，高约1.6米。神台上，中间供奉观音菩萨泥塑坐像，坐在鳌鱼上，传说鳌鱼一翻身就要地震，4个大力士顶着鳌鱼座；菩萨东侧有六七个铜佛像，约四五十公分高矮；菩萨西侧供奉着老爷像，即关公像，当地人说关公脸前垂着穗子，应供奉的是关帝了。村里人一直说这里是老爷庙，大概由此而来。大殿墙上没有壁画，檐下施彩绘。前廊东西各悬挂 1 口大铁钟，高约 1 米，60 公分粗，上有纹饰，一敲余音袅袅。大殿前，有东西配殿各三间，东厢房存放杂物，西厢房学生念书。

据说寺内有大柏树，瞅不见天，寺上面老是有云罩着，便初名云罩寺，后来改为白云寺。山门外西侧有 1 通石碑，龟趺座，俗称王八驮石碑，碑首圆形，饰以云纹，镌刻“重修白云寺记”（图 534）。碑阴额首镌刻“十方檀越施主”，碑阴为功德施者名录了。此碑文由明代金纯撰写，民国二十三年《平谷县志》存录。1994 年，黑豆峪村将石碑运至飞龙谷百帝山庄上面的太清宫，那里原来没有庙，为近年所建。山门外东侧，还有八棱碑，即经幢，“文革”中也被黑豆峪村人运走，不知下落。

图 534　黄松峪乡白云寺村白云寺前重修白云寺碑

村里人说，白云寺住持和尚龙顺，为齐各庄人，寺里还有其他和尚。

在这里，有两点值得研究，一是寺内所供奉的佛像，村里人说以供奉观音菩萨为主，为亲眼所见，相信人们记忆不会有错，这就与明金纯所记有出入，金文说“阅而如来殿成，……增其三世殿为三间”。毕竟白云寺已历经四百余年风雨，或许在明代那次重修后，又多有修葺，以至在一次修葺中，将所供奉的如来佛等改为观音菩萨，也未可知；二是志书所记“重修于”“明宏（弘）治十二年（公元 1499 年）”，与金纯所记有出入。金纯《重修白云寺记》中“明弘治十二年九月”，这不是重修寺庙时间，应是撰文立石时间。金纯在文后明确写道：“殿始于景泰乙亥之三月，而落成于明年丙子五月”，即始于景泰六年，公元 1455 年；落成于景泰七年，公元 1456 年。而金纯距此仅 40 余年，文中所记应该有所本。

撰写《重修白云寺记》的金纯，自称“邑人”，字文明，营州中屯卫军籍，江南松江府上海县人，景泰甲戌进士，除南京刑部主事，继升郎中。后升山西参政、本司右布政使，阶通奉大夫，从二品。其子金濂为正德辛未进士。一门两进士，可谓书香门第、官宦之家了。

270. 大东沟村

大东沟村坐落于乡东南一条较大的山沟之中，村由此得名，全村由大东沟、小东沟和槁寺3个自然村组成。而北为小东沟，又称尖山峪，过去归黄松峪村；南为槁寺，过去归晏庄村；中为大东沟，过去归黑水湾村。约在20世纪三四十代，3个自然村并为一村。当地人说，并村是在解放前，一说在抗战时期八路军为送信方便而合为一村，一说并村时日本人还没来呢。并村后以大东沟为村名，现为村委会驻地。

由于大小东沟2个自然村过去分别为黄松峪和黑水湾一部分，故此没庙。而槁寺村即因寺得名。

槁寺遗址，位于村南，现为矿山管理处原晏庄金矿所在地。村里人说，槁寺过去庙产光地就有100余亩，所谓“一顷多地”。槁寺坐北朝南，南北长100多米，东西宽100多米，四周护以围墙。南为山门，砖砌门楼，对开木门，宽约3米。门楣上镶嵌着砖雕匾额，村里人已不知匾额上的字迹了。院内有四五通石碑，三进殿堂，三进殿前都建有东西配殿。其中前殿前有2通石碑，中殿前东侧1棵大树下有1口铁钟，扣在地上，约1人半高，1人搂抱不过来，上有铭文。庙北外边，建有一当地人称作“槁”的建筑物，比房子高许多，方形砖砌，三四米见方，一节一节的，顶子小，高约十四五米，内部实心，拆一遭里边还是砖。四周画有骡马牲口等图案，还有拉马的。据说到秋天，黑夜这些骡马把周围的谷子、高粱都给吃了，人们把骡马肚子刨开，里边真有粮食。刨了，以后就不吃了，而刨下的砖上面都有5个手指印。相

图535　黄松峪乡大东沟村槁寺遗址所存石刻遗物

传槁为一夜所修，村里有姐俩，姐姐修上半截，妹妹修下半截，姐俩一直修到鸡叫了，还没有修完，就好歹收口了，所以上部看去似没有修完。根据村里人所述，所谓“槁”或许是佛教的砖塔，只是建筑早已无存，难以看出其形制特点了。而槁寺，当是一座佛教庙宇。

槁寺不知何时所建，亦不知何时所毁，由于什么所毁，村里八九十岁的老人小时所见，就是一个庙刹子了（图535）。抗战时期，郭家屯日本守备队把槁等建筑物能够拆的，都拆去盖日军炮楼了。

271. 雕窝村

雕窝清代成村，相传附近山崖洞里住过雕，村由此得名。后习惯称刁窝，我国著名作家、原文化部部长王蒙在此购得民居，常来此写作（图536），觉得此地民风淳朴，不是刁民，故建议由“刁”改为“雕”，且认为过去这里应该有雕窝的。

图536　著名作家王蒙登北山回首眺望雕窝自己的家（柴福善摄于1999年10月，王蒙很喜欢这张照片，收入了《我的人生哲学》书中以及中央电视台播出的“大家”介绍王蒙的专题片中）

雕窝村有大小庙宇40余座，其中纪念性祠庙老爷庙、道教庙宇朝阳洞、三娘洞及石林峡中有一庙。另外，过去每家都以三五块石头搭一个小山神庙，逢年过节也烧香，到春节时也贴16开纸那么大的神灵画像，俗称纸码。有的也贴对联，如“山神在此位，土地保平安”。那时全村有40多户，起码有40多个这样的道教庙宇小山神庙，现已无存。

老爷庙，位于村南山下边，坐北朝南，仅半间大小，约2米来高，2米来宽，以石头砌筑，顶上铺薄石板作瓦。庙中间横砌一道墙，南面画有关公等像，故称老爷庙；北面画有观音菩萨等像。故又称此庙为菩萨庙。老爷庙大约建于民国时期。庙前有联语："庙小神灵大，保佑我一方"，表达了人们的朴素愿望。此庙现已无存。据说，当初建老爷庙是为镇"王八脖子"，也就是庙前边的一座小山，说是对着村这边不好。

朝阳洞，位于雕窝西山上，坐西朝东，洞前有1棵直径五六寸的小树，一座小院，垒着石墙。洞约一间进深，前有门窗。洞顶滴水，过去放一水缸，每天接的水够人吃了。洞里住着2个老道，在此修行，其中1个是峨嵋山的陈兆怀。洞里供奉着牌位，上面写着"奉祖龙门派"几个大字。此洞至今尚存（图537）。

图537　黄松峪乡雕窝村西山上朝阳洞

三娘洞，位于湖洞水景区里边北崖上。洞朝西南，约有2米多高，六七米宽，可容纳四五十人。前有门窗，门西侧里边搭有土炕，里边还修有佛堂，为石头所砌。据说陈太务一个叫陈三的人，好耍钱，后来耍穷了，就来这里修行。媳妇带着闺女、儿媳找到这里，陈三又躲到塔洼那边了，不见娘仨。后来，这娘仨就在这里修行了。此洞现存，且近年进行了修复。上三娘洞，须登700余级石阶，庙上石崖写着"三娘洞"三字。复建的三娘庙，面阔三间，倚洞穴而建（图538）。洞内北部，尚存过去砌墙等痕迹。洞内大约有三间屋宽，两间屋进深。站洞前南眺群山，悬崖峭壁很是壮观。

图538　黄松峪乡湖洞水景区里近年复建的三娘庙

石林峡景区里边，有一片台地，当地人过去干活时，时常发现城砖大瓦。那地方叫二道场子，有一座庙刹子，不知道叫什么名字，早已毁弃，村里老辈人都没见过。相传为唐朝时所修，与罗通扫北有关，故又有此处为山寨之说，或说旧时有人在此占山为王。后来，将这座庙拆毁，去修塔洼庙了。

272. 黑豆峪村

黑豆峪村明代已成村，始称黑虎峪，后因山林中无虎，且村中多种黑豆，故改今称。全村旧有道教庙宇真武庙、五道庙及佛教庙宇菩萨庙。

真武庙，位于黑豆峪村南一座高台上，现在为村中心，坐北朝南，南北长约十一二米，东西宽约十四五米，围护一遭石头院墙。南为山门，一座小门楼，两扇对开门，门前有 11 步青石台阶。当年日军抓住村里百姓，问多少步台阶，说不出来就打。

正殿面阔三间，神台上供奉着真武大帝泥塑坐像，约 2 米多高。真武帝两边有雷公、闪公、电母、风婆婆、龟、蛇等塑像，一边 4 位，都是站像。周公和桃花女站在真武帝像前，当地人有两种说法，或说 2 人是夫妻，或说桃花女是周公儿媳。周公有 3 支箭、火盆等物，桃花女有照妖镜，2 人在下面总是斗法。而真武帝端坐神台，手掐“真武诀”，镇着 2 人。访问村里老人李宽，75 岁，曾做过糊匠，手指很巧，学着真武帝坐姿，且伸出左手，食指伸直，其余四指捏在手心，不露指尖（图 539）。传说真武帝是空肚神，修行时肚子饿了，咕咕叫唤，老是闹，便将肠肚掏出，扔进了河里，肚子变成了龟，肠子变成了蛇，来保护真武帝。

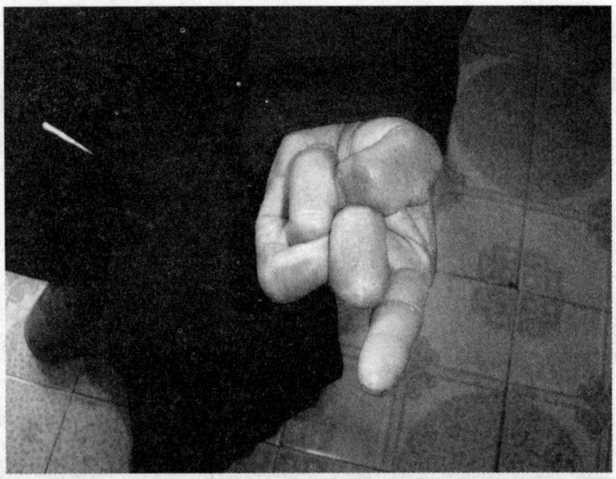

图 539　黄松峪乡黑豆峪村民李宽在模仿真武塑像手掐真武诀的手势

大殿檐下悬一方大匾，上写“万古流芳”四个大字，下面写着好多人名，为捐钱盖庙者。其中有“谭秃子”的名字，外号“秃亮三”，脑袋没有头发。据说过去村里打豹有他。早年村里曾来了 2 只豹，刘家河哥俩打死 1 只。秃亮三手拿一破枪刀，村里人在大槐树下集群。这时秃亮三把破枪刀往槐树上一扎，有1寸多深，说："见着豹我就捅死他。"不曾想，一上北山，豹就真朝他扑来了，秃亮三把枪刀往前一顶，穿透了，秃亮三也摔倒到坝阶下边去了。脑袋没头发，满是血。豹跑一段，卧地下死了。卖了豹，买纱灯，正月十五村里挂纱灯。村里人说，这事儿大概有200多年了。

真武庙院内没有碑刻，东南角1棵大柏树，朝东南斜楞着，1搂粗细。庙东有台子，过去曾在此演影戏。村里人说真武庙一立庄时就建了，后来曾用做学校，1968年前后，拆庙盖了村里的粮食加工房，现已盖满村民住房了。

五道庙，位于村南菩萨庙东下坎，小河岸边，坐北朝南，一间，中间画有五道阎君，旁为牛头马面、大小二鬼。村里人给故去的人送纸，如果哪位故去的人能够赶上7遍纸，村里人就认为那人活着时没罪，言外之意是个大好人。1966年小河发水，五道庙被冲走了。

菩萨庙，俗称庵庙，位于村南真武庙北五六十米处，坐北朝南，砌筑石头院墙。院北有正殿三间，殿内有雕刻的莲台，高约50公分。莲台上供奉菩萨木雕坐像，高约五六十公分，雕像饰以金粉。旁有很多小像，多为进香者所捐献。正殿前有西配殿三间，后来改为学校。院内有石碑1通，古柏2棵。菩萨庙毁于20世纪50年代初期。

1984年，黑豆峪村出土了一个经幢（图540），幢身高约70厘米，汉白玉石质。经幢三面题记，其余五面镌刻佛教经文。年款为"金泰和八年四月"。幢身字迹有些漫漶，一些字迹已不可辨识。题记有"□福禅院僧，□年二十五□□出家，岁修习□闲，经卷无不通解。泰和八年四月，建石塔一座。僧道义徒弟兴严妈寺□□。"金泰和为金代章宗完颜璟的年号，金泰和八年时为公元1208年。看来当时这一带是建有一座佛教寺院□福禅院，一位僧人25岁时出家，对佛教经卷深有研究，其徒弟等特意为他建了一座石塔，即经幢。

图540　黄松峪乡黑豆峪村出土的金泰和八年经幢拓本

金代这一带或许较为重要，现存金代墓葬区，如今已为居民区，当地人俗称“鞑子坟”。1984年出土了两方金代墓志，分别收录在《平谷文物志》和《平谷石刻》中。一方为“金漆水郡夫人耶律氏墓志”（图541），墓主人于天眷二年（公元1139年）卒，葬于皇统元年（公元1141年）；一方为“金故达撒山行军谋克孛谨萧公（资茂）墓志”，葬于金大定二十五年（公元1185年）。这两方墓志所志者，耶律氏为金代京兆府尹奚族人萧公建之妻，萧资茂则为萧公建之孙。两方墓志所记史实可补《金史》之缺，对研究辽金民族关系史具有重要价值。《北京辽金史迹图志》将其收录，《北京辽金文物研究》又收录周峰所撰《金代萧公建家族两方墓志铭考释》一文，专题研究。

图541　黄松峪乡黑豆峪村发现的金漆水郡夫人耶律氏墓志拓本

所以，金代时这里建造一些庙宇实属正常，而称作禅院，当有相当规模。看来这座禅院没有延续下来，如真武庙为道教庙宇，一般为明代所建；菩萨庙也不过一座三开间庙宇而已。在与白云寺村人调查中，他们谈及白云寺山门外东侧有八棱碑和山门外西侧那通“重修白云寺记”碑，“文革”中被黑豆峪村人一起运走，重修白云寺碑现在飞龙谷百帝山庄上面近年所建的太清宫前，八棱碑或许就是这个金泰和时的经幢了，因为白云寺建于金皇统四年（公元1144年），经幢为金泰和八年（公元1208年），经幢晚于建寺64年。

273. 黄松峪村

黄松峪村，明代成村。村北有明长城关隘，因附近山上松树繁茂而得名黄松峪关（图542），后成村。黄松峪村有11座大小庙宇，包括纪念性祠庙老爷庙、太公庙、道教庙宇虫王庙、龙王庙、真武庙、玉皇庙、山神庙、五道庙、佛教庙宇菩萨庙、弥勒庵、观音庙。村里人说，这些庙宇都应建于明代。所说大致不差，应该与明代在这里设黄松峪关有关。

图 542　明代黄松峪关旧址，现已建为黄松峪水库大坝

老爷庙，位于现在村委会院内，坐北朝南。南为山门，修建的比较精致。山门前有 1 尊石马。院内北为正殿，面阔五间，殿内筑有神台，高约 1 米，长约 2.5 米，宽约 1.5 米。神台上供奉关公彩色泥塑坐像，红脸，大胡子。周仓和关平侍立左右，其中周仓手拿那把青龙偃月刀。神台前 1 个石香炉，高约 60 公分，40 公分粗细。院内 1 通石碑。过去每到正月初，村里庙门全开，小孩子可以随便进去。到秋后村里唱戏、唱影戏、说大鼓书，都住在老爷庙里。老爷庙今已无存。

太公庙，位于村北玉皇庙址前。在拆了玉皇庙后，村里不安宁，人们觉得对村不好，就在玉皇庙南边的地方，又盖一座太公庙，因为姜太公封神，能镇邪恶。太公庙坐北朝南，小三间，前有五六尺的小院。殿内供奉姜子牙画像，墙上还有上山打柴等其他画像，为南独乐河村乔仲文所画。1944 年前后，日军怕庙里藏八路军，把太公庙拆了。

虫王庙，又叫三里庙，位于村南 3 华里，在现在黄松峪乡政府北高台上，坐北朝南，只有一座殿，面阔三间，东西长约 8 米，南北进深 5 米，没有院墙，没有耳房，中间正门，门两边为两扇圆窗，1 米直径，“万”字似的盘叉窗棂。殿内没有塑像，北墙壁都是画像，正中间为虫王爷，很善良的一个模样。两边还有苗神、药王等，共 7 尊画像，东西山墙画有壁画。村里人又称虫王庙为七神庙。虫王庙毁于 20 世纪五六十年代。

龙王庙，位于村西街，南井北边，坐北朝南，没有院墙山门，只是正殿面阔一间。殿内没有塑像，只有彩色画像，龙王居中，还有风神、雨神、雷神、闪神、雹神等。像前1个石香炉。旧时，荒旱之年，村民来此求雨，男女老少，头戴柳条圈儿，在庙前磕头烧香，并喃喃祷告：“龙王龙王快下雨吧，我们这儿太旱了！”龙王庙今已无存。

真武庙，位于村大街西边，现在纸箱厂北部，坐北朝南，南北长约50米，东西宽约30米。院东南角辟山门，朝东开，为砖砌圆拱门楼，对开红色木门。进山门往北如一胡同，不远处有棵松树，栽在院内，斜长着从墙上探出，大概朝胡同的树枝碍事被砍去，朝院里的枝头继续生长，天长日久，便长得离拉歪斜，很是古怪。村里以此打一谜语：“生在墙里，长在墙外，往东一伸，往西一拜。”谜底就是这棵松树。真武庙有两进大殿，沿胡同北走约10余米，也就是前殿东山墙后，后殿东厢房南侧，有一角门，一座小木头门，由此进入后院。

前殿为真武殿，面阔小五间（不足5丈宽），前有走廊。殿内神台供奉真武帝泥塑坐像，两边一边4尊泥塑站像，全是鸡嘴、鸡爪等，有雷公、闪公等，两山墙有壁画。殿内1只石香炉。殿前东侧1通石碑，螭首，龟趺座，通高约3米。碑上镌刻“万古流芳”字样，是1通功德碑。据说这通石碑就埋在地下。殿前东侧靠墙就是伸向墙外的那棵大松树，有1搂多粗。前殿辟有后门，从角门进来后，就由后门进入前殿及前院。后殿面阔三间，前有走廊。后殿前西侧有1棵柏树。村里人多认为后殿为三皇殿（一说为药王殿，供奉药王塑像），有3尊像泥塑坐像，并说有一个塑像是长犄角的，两山墙全为壁画。所谓三皇，即天皇、地皇、人皇，当地人叫“三皇之氏”，并说他们都穿着树叶衣裳，是开天辟地的远古之神。后殿有东西耳房各一间，东耳房为火神殿，神台上供奉火神爷泥塑坐像，红脸，红胡须，红头发长长的向上成火苗状，身披红色霞衣。火神像两边一边1尊站像，1个是青脸，1个是红脸。过去村里有不干好事的，常说“押火神庙去！”。西耳房供奉送子娘娘，2尊泥塑坐像，一男一女，女的抱一小孩，两边一边2尊站像。殿前有东西厢房各三间，西厢房住看庙的和尚。真武庙看庙人一般为本村老人，有个赵明贵，村里人都叫他“赵老”，村里几座庙都由他管。新中国成立后赵明贵死了，由郑理广看。郑理广是唐山人，曾当过老道，原来在朝阳洞修行。

真武庙毁于20世纪80年代，因盖村纸箱厂而拆毁。

玉皇庙，位于村北，现在黄松峪水库管理处那个地方，坐北朝南，面阔三间，前有一小院，庙内供奉玉皇大帝画像。后来把玉皇庙拆了，黄松峪水库东山坡那个地方，现在还叫“玉皇坡”。玉皇庙院外东侧，建一高大的建筑物，村里人称之为“槁”，以砖砌筑，外抹白灰，约三四丈高，圆形，实心。建造时里面放了几本书，作为镇物。“槁”正对黄松峪村南北向那条大街，当初建此有镇物之意，以免村里出恶人恶事。玉皇庙与太公庙是前后毁的。据村里人所说，这应该是一座较为高大的圆形砖塔，因为塔在脱离了佛教的安放佛祖舍利的本义后，也具有了装点及镇物的作用了。

山神庙，位于黄松峪村西北，马路东侧，现在翟景兴家那个地方，坐北朝南，面阔一间，墙为石头垒砌，四角以城砖砌筑，顶覆小青瓦，前有门窗。北墙绘有山神坐像。过去，冬天村里人上山砍柴，往往到庙里烧个香，求山神爷保护别出事。山神庙毁于20世纪40年代。

五道庙，位于真武庙东边，称为道东，当时属于村中心，现在因村庄向南发展，五道庙的地方便属于村北了。

五道庙面阔一间，供奉五道泥塑坐像。塑像没有耳朵，过去老说“五道老爷没耳朵”。一边2个站像，长得龇牙咧嘴，有拿大棒子的，有拿锁链子的，都是听五道老爷差遣的勾魂鬼。庙前有小廊子，廊里一边一画像，为判官等。东西山墙都有画像，画的是平时不学好，打爹骂娘、坑人等做坏事，遭到报应的情景。五道庙现已无存。当地流传一出戏，名《三疑记》，说某朝唐英是一位将军，有个儿子唐子奇。唐将军看一位王先生文化好，就请来教自己的儿子。将军外出打仗去了。一天王先生病了，唐子奇母亲李月英好心，让儿子将被子给先生送去，没注意把自己的鞋带去了。唐将军回来，发现鞋起了疑心。后来弄清事情，误会解除。李月英唱道：“书房内好比座阎罗宝殿，唐将军好比作五道阎君。小翠花（李月英丫环）好比作勾魂的鬼，李月英好比作屈死冤魂。”最后唐将军对着王先生：“王先生你是个好人！”这出戏旧时评剧和河北梆子都唱。

一般村里人去世了，要到五道庙来送纸、送魂。交给五道老爷，并对五道老爷说：“我家死人了，把魂给您送来了，请您收下！”所以，老人刚一咽气，即去五道庙烧纸，为倒头纸，是第一遍纸，随后在早、午、晚时烧，一般烧六七遍，最多8遍纸。黄松峪村形成一句骂人的话：“你等赶8遍纸呢咋着！”意思是你等着赶死呢咋着！现在，随着五道庙的消失，这句话也少有人“骂”了。旧社会，有许多要饭花子，没地方住，黑夜就住五道庙里。常常是要完饭，看天不早了，就说：“入庙去啦！”这也是旧社会一种特殊社会现象。五道庙毁于20世纪50年代。

弥勒庵，位于村北部，现在那棵大槐树（图543）北边。

图543　黄松峪乡黄松峪村弥勒庵前古槐

弥勒庵坐北朝南，规模较大（图544）。南为山门，砖砌圆拱形门楼，上有砖雕花。门额上书有“弥勒庵”三字。门内两边有四大金刚画像，四大金刚踩着“八怪”，掌管一方风调雨顺。山门约有4米宽，过去门道两边存放寿材（棺材），中间走人。有一小伙子躺在寿材上睡觉，因受风而罗锅了，一辈子就头扎着地走道。山门外5米地方，建一道大影壁，东西宽约10米，高约4米，以砖砌筑，两面抹白灰，有画像，“文革”中拆毁。拆影壁时，还拆出一方小碑，约50公分高，30公分宽，上面有字（似应是修长城的碑刻），早不知下落。过去村里有“不管你新媳妇掉蛋不掉蛋，先给你影壁转一转”之说。过去村里这个地方，是黄松峪关城所在地，有两道西门，还有南门、北门，东边是山没有东门。西门是丧门，人去世了，出殡走西门。南门认为是喜门，过去结婚必须从南门进来，不管家在哪儿住，一定要绕影壁一遭，这是村里的习俗。而北门在弥勒庵门前影壁南面约30米处，那里有一座鼓楼，上面的楼层不知啥时就毁了，只剩下下面的门洞了，那就是当年关城的北门，1966

图544　黄松峪乡黄松峪村75岁老人翟长生在村委会地上以白粉笔所画弥勒庵示意图（摄于2007年）

年村里改造水管道而拆毁。

进入山门，前一空院，西为男厕所，东为女厕所。中有一道东西向隔墙，中间辟一平门。进入平门，有东西配殿各三间。东配殿为三义殿，神台上供奉着刘备、关羽、张飞泥塑坐像，刘备在中间，关羽在北边，张飞在南边，南侧为关平手持青龙偃月刀立像。门有一副对联，上联为“三人三姓三结义”，下联为“一君一臣一圣人”，横批“三义神圣”；西配殿为龙王殿，神台上供奉着龙王泥塑塑像，龙王手持笏板。两边有风婆、雷公、闪公、眼光娘娘等泥塑站像，其中那个风婆是一妇女形象，背一口袋，正手攥着口袋嘴，如果一松手人间就会刮风；雷公手里拿着一个圆物；眼光娘娘手里拿一牌子，上面画 1 只眼睛。在东西配殿北侧，操场南边，东西一边 1 通石碑，东边碑略高，2 通碑上边都有盘龙，即螭首。东西配殿廊子里各有 1 通 1 米多高小石碑。

北为一片空地，由于弥勒庵旧为村小学，这里就作为学校操场。操场北边有大殿五间，前有走廊。中间三间很早就作为学校教室了，东间为老师用房，西间为村里所用，存放走会的大杠等杂物。村里的七八十岁老人对此殿过去供奉什么，已经说不清了，尽管有人曾说是供奉三皇，但多数人不这么认为，因为他们小时就没见过这里的神像。正殿东有跨院，称为僧房，为尼姑住房。有人说与大殿对着有僧房 4 间，跨院前还有四间跨院。弥勒庵毁于新中国成立后，现在已是一片民房。

应该说，在大殿与配殿之间，有 6 丈左右长的操场。当地人说没有庙宇。而山门内有四大金刚画像，相当于佛教中的“天王殿”了。既然在山门上有“弥勒庵”匾额，那说明这或是供奉弥勒佛的庙宇。弥勒佛也称未来佛，是我国民间普遍信奉、广为流行的 1 尊佛。有两种可能，一是在山门后的空院北部，也就是那道平门的地方，有一座殿堂，供奉弥勒佛；二是在东西配殿北侧，操场南部，有一座殿堂，供奉弥勒佛。无论如何，这即是弥勒庵，却没有供奉弥勒佛的殿堂，也是名不副实。民间一座庙宇中，儒、释、道共祀很常见，但总应该有弥勒殿。不过，近日与村里 81 岁老人陈河访谈中，说过去有一中殿，不知是什么殿，也不知供奉什么，更不知什么时候拆毁的。他又说，人们叫这个庙为姑子庙，与村西边银杏树下的西洞是一式。

菩萨庙，位于村委会北 100 余米处，村里人称大街东边，坐南朝北，面阔三间约 8 米，没有院及山门。殿内满壁为彩色画像，中为观音坐像，两边为善财童子和龙女侍立像。殿内1个石香炉。

图545　黄松峪乡黄松峪村观音庙

对于这座菩萨庙，村里人称“倒坐观音”。过去村里正月十五走会，有大鼓、高跷、十不闲、小车会、五虎棍，号称“五档会”。到时要搭灯笼棚，放烟火。村里人现在依然记得，新中国成立前有一年放烟火，竟将附近一家草房烧着了。而农历二月十九日为观音菩萨诞辰日，村民纷纷来庙里烧香。尤其庙里有一盏大海灯，玻璃的，上面吊着。那时往往前后3天庙会，村里人往海灯里添香油。一般去的都是老太太，连烧香带添油，多是一二两，3天里就有三四斤了。村里有老道，就靠着海灯里的油吃。

菩萨庙现存（图545），已经残破，为个人所有，并已圈上院墙，平日将门锁着，看去青砖小瓦，形同普通民居。

图546　黄松峪乡黄松峪村朝阳洞观音庙（摄于1961年）

观音庙，又称菩萨庙，位于村西山脚。1961年所拍古建照片中，有一张朝阳洞观音庙照片（图546），并有简略记述：黄松峪朝阳洞观音庙，朝阳洞——建于明成化十年（公元1674年），至今仍完整存在（观音庙里面）。观音庙——据说与朝阳洞同时创建，但清嘉庆九年（公元1804年）已经重修，至今仍完整存在。

观音庙坐西朝东。因庙依洞穴而建，庙里为一幽深的山洞，故俗称西洞，供奉观音菩萨泥塑坐像，手拿净水瓶和杨柳枝，有3米多高。洞里小像不知有多少。洞前为小院，建东厢房三间，没有塑像。南为山门，门前为16步台阶，台阶下边有一台碾子。

图 547　黄松峪乡黄松峪村朝阳洞古银杏树

图 548　文物工作人员正在为观音庙碑拓片

图 549　黄松峪乡黄松峪村重修朝阳洞碑拓本

洞前1棵老银杏树（图547），经林业部门测算，已有500余年，树身早生出树瘤，现在依然枝繁叶茂，每年结不少“白果”，为区内最为高大古老粗壮的银杏树。银杏树下有1通近年立此的石碑（图548、图549），或说不是这里的，为附近朝阳洞的；或说原来就是这里的碑，运到别处的。从碑文看，所写应该与此洞有关，而且就称“朝阳洞”。碑文记载“此洞建自天顺七年，名为朝阳洞。至万历二十四年重修。”元代有“天顺”，但仅1年，为公元1328年，应该不是；明代“天顺”，为明英宗朱祁镇第二次称帝时年号，天顺七年即公元1463年，应是此年。距万历二十四年（公元1596年）重修，已133年了，所以碑文中才有“盖□百□□兹矣”的字眼。此次重修为清嘉庆九年，即公元1804年，距今又200余年了。银杏树前还有1尊石香炉，八角形口沿，下为鼓形，雕有莲花瓣（图550）。据说是别的庙中之物，直径约80公分。

图 550　黄松峪乡黄松峪村西洞银杏树下的石香炉

观音庙在1969年修黄松峪水库干渠时拆毁。近年村里人在此建农家院，将洞建于院内，并在洞口修了三开间的庙门（图551），上写“观音洞”三字，下书小字：“白衣大士”。左右一副对联：“芙蓉粉面春风暖，杨柳枝头甘露香。”门两旁画像四大天王。洞内两边泥塑十八罗汉，最里边供奉观音菩萨泥塑坐像，像已不完整，看洞的人说准备重塑。观音菩萨左右为善财童子和龙女待立像。

“文革”前洞里住老尼姑，是从弥勒庵尼姑赶到那里的，据说有4个尼姑。“文革”时讲“破四旧，立四新”，“扫除一切牛鬼蛇神”，在1966年农历七月十五，“红卫兵”把最后1个尼姑打死了，那个尼姑已经80多岁。

黄松峪水库始修于1969年11月，1971年6月竣工。在明代长城黄松峪关口处建造了大坝，同时修建了水库干渠。干渠在水库南面贴山脚，经过两山间低洼处，架渡槽而过（图552）。渡槽上至今还有“水利是农业的命脉”和“农业学大寨”字迹，应是1971年建成时遗物，带有“文革”时痕迹。

图551　黄松峪乡黄松峪村近年复建的朝阳洞观音庙

图552　黄松峪水库干渠

274. 梨树沟村

梨树沟村辖梨树沟、梨树沟门、尉家台、牛角沟、太平庄及黄榆沟6个自然村，清代成村。因王姓先来，建村于台地上，故名王家台。后因这里山地多梨树，而改名梨树沟。梨树沟村旧有大小庙宇38座，包括一个自然村1座的小山神庙6个、一两家1个的小山神庙约30个、土祠及“前后大殿”，这些庙都属于道教庙宇。

梨树沟村有6个自然村，过去划分为6个生产队，习惯上说1个队有1个小山神庙，都为新中国成立前所建，建在附近坝沿上，以石头垒砌，1人多高，摆上香炉，逢年过节也烧香，实际上连山神、土地一起供奉了。过去山里人家住得分散，为了方便，也有一家或三两家就近盖个小庙的，一二米高，石头垒砌，很简陋，习惯称为山神庙，约有30来个，到春节时也贴春联和山神像，烧香供奉。这些小山神庙均在“文革”中拆毁。

土祠，位于村北崖根底下，坐西朝东，仅一小间，2米来高，有门。祠内有一座神台，供奉2尊泥塑坐像，1米来高，手里拿着龙头拐杖。村里人说好像是山神、土地，也有说是龙王爷，天大旱时人们抬着猪头等到那里去求雨。土祠现已无存。现在于飞龙谷入口处，在土祠基础上重新修建一庙（图553），小三间，木门窗，檐檩施彩绘，上覆小青瓦。门两边悬挂对联，上联为“青黄赤白黑”，下联为“二四六八十”，横批“灵山圣土”。殿内神台上，供奉着山神、土地泥塑坐像。

“前后大殿”，位于梨树沟村西，有一方巨石，石上垒一道墙，形如影壁，坐北朝南，前后画像，号称“前后大殿”。过去人们天旱时，也来此求雨。影壁现已毁，影壁下巨石尚存（图554）。

图553　黄松峪乡飞龙谷口内重建的土地庙

图554　黄松峪乡梨树沟村“前后大殿”巨石

275. 塔洼村

塔洼村，辖塔洼、塔洼沟口、贾家台3个自然村，1998年，贾家台搬迁至大兴庄镇梁庄子村。村旧有一座佛教庙宇，且称塔洼庙。

塔洼庙，位于村东北山腰，村里人也未见过，现存一个庙刹子，大致坐北朝南，南北长约十二三米，东西宽约20米，西有配殿。此庙谁也不知叫什么名字，更不知建于什么年代、毁于什么年代及因为什么所毁。

寺旁二三百米处旧有塔，现今一点痕迹都没有。村里人也只是闻说，并未亲眼所见。

图555　黄松峪乡塔洼东北半山崖上立着的石板

相传，过去半山崖上有炮台，是占山为王、抢男霸女的地方。现在还有一块立着的石板（图555），1米多高，上一豁拉，说是放炮筒子的。又说，庙附近有一地窨子，通东山那边河北兴隆的陡子峪。后来，来一南蛮子，把洞里的宝给憋走了。还说，庙刹子旁边有一10来米长的大石头，相传石下一洞，当年穆桂英打仗在洞里藏兵器，是兵器库。村里一贾姓地主偷偷钻进去，取走2把铜锤。后来洞口塌陷，便谁也找不着了。“文革”中斗那贾姓地主，他始终也没承认。

据《平谷地名志》载：塔洼“清代成村，据传300年前，该村东北山顶有座寺庙，建有雷峰塔，村四周环山，中间洼，故称塔洼。”韩牧苹先生所著《泃阳杂录》，收录《金山记景》一文，写道：“塔洼村贾家台正北三里高崖上，旧有古庙，当地人呼为小寺。尚不知寺建何时。寺旁有塔，寺塔古砖已被人拆走。寺西绝壁崖盖内，有石刻莲花，花径二尺，造型甚美，以水溽湿方较明显。再向上爬半里，右侧悬崖棚内，有很多香客墨迹。也是溽湿后方显。”

“墨迹中有一处这样写的：

师傅坐塔谁人伴
定心岩畔存踪迹
□智题写无正言
黑了石头坏了笔
楼烟观玉等乱谈
……
八年三月十有五日

又一处写的是：

……
四条杨教谕
烧香至此
六日荣观

上述此类题写甚多（图556），只是年深日久不易都看清楚，此崖棚自西而东逶迤七八丈。西部虽险峻，尚可登临观赏。东部则崖陡谷深，崖台宽不盈尺，非有特大胆量者，不敢登上。山上留言，大部分为至元年间（元世祖忽必烈，公元1264～1294年）香客所书，且留言者多是山东、河南、山西等地的人。它向我们提出一个问题，像这样的深山小寺，何以能在八九百年前吸引那么多千里以外的香客，来此朝山呢？”

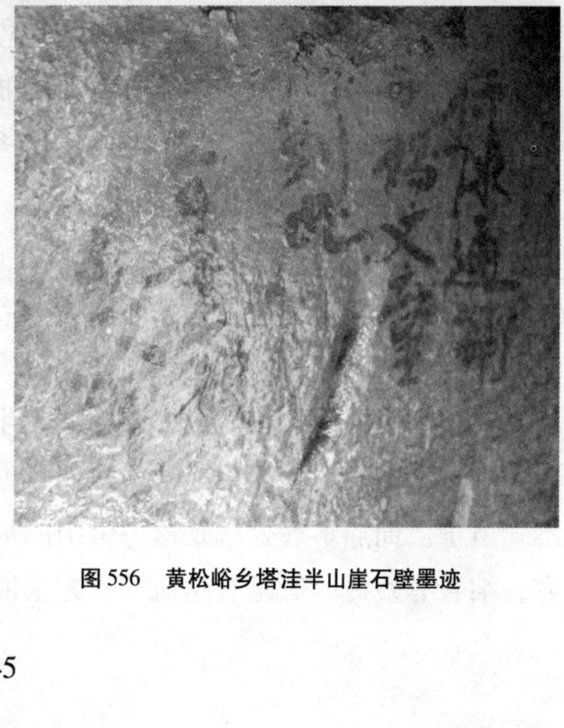
图556　黄松峪乡塔洼半山崖石壁墨迹

所引二书均为今人所著，翻阅有关旧志典籍，没有找到塔洼寺庙的相关记述。而《平谷地名志》由规划局编写，请的一些老先生，一定是走访了塔洼村老人的，只是编写中未说寺庙叫什么名字，或许那时人们就不知道叫什么了。这里写了塔称“雷峰塔”，或是当地人口口相传。如果是雷峰塔，那么杭州西湖也有雷峰塔，是法海压白娘子的，20世纪初倒了，近年又进行了修复。法海是佛家，白娘子成仙了，当属道家之列，除去表现人与神或与动物的爱情之外，是否还有佛家与道家之争呢？那么，塔洼的雷峰塔又有什么寓意呢？

韩牧苹先生的文章，写于20世纪80年代，时已过了近30年，当时崖棚的字迹都已看不甚清，作者两三年前调查寺庙去时，就更难以看清了，水一洇再洇，看出有字，但很难读出。有些可以勉强辨识出一行半句，如“岚光浓翠峰”、“松映夕阳风景处”等，显然是一首诗或词，写得较有文采。有一处题词下面有年号：“至元二年四”。“四”当是四月了。“至元二年”为元世祖忽必烈年号，时间为公元1265年。这是元朝初年，有没有比这更早的题词？一是很难看清，二是连这一个崖棚也没有看完，东边的崖棚根本无法过去看，也就不得而知了。这些题字，一定是来寺进香者或游览的文人雅士所题写，时间不会晚于元初。而村里人指给作者看庙址的地方，是较为平坦的一片山地，都已栽了树木，种了庄稼，坝阶上，垞着一些瓦砾，从中看到有带沟纹的残砖，当是辽代遗物了。而辽代相当于北宋。由此推断，此庙或许辽时所建，距今大概有千年左右了。不过，在元代，最后一个皇帝元顺帝，先后用了“至顺”、“元统”、“至元”、“至正”4个年号，而此“至元”史称“（后）至元”，以示与忽必烈“至元”的区别，且仅用了6年，即公元1335至1340年，时间很短。而忽必烈“至元”则用了31年，即公元1264至1294年。既然题字多是“至元年间”，极可能如韩牧苹先生所言当是“元世祖忽必烈年号”了。

韩牧苹先生在文中说，当地人把此庙呼为小寺。这次走访中，村里人也都这么说。小寺应是一种俗称，说明寺庙确实不大。究竟原名叫什么，时过境迁，庙已无存，也就很难考证了。

在整理资料中，与收藏家李润波先生交流，他肯定地说：那庙叫双塔寺，并说看到过有关志书的简单记述。这即是说旧有双塔，叫“雷峰塔”么？他说这就不知道了。而庙不远处就是这一带山的最高峰，名二朵盖儿，上有一片平坦的地方，细看有残砖，似是有建筑。李先生说，附近近年曾出土一根铁质禅杖及几枚铜钱，为北宋年间的。起码这大致说明：这里有庙，或建于宋辽时期，寺名双塔寺，又出土僧人所用禅杖，证明此庙当为佛教庙宇。

在半山崖棚处，山石凸出与凹进，形成图案，远望似一圆乎乎的“虎头”（图 557），不失为山中一景。

图 557　黄松峪乡塔洼半山崖棚似一“虎头”

参考文献

［1］周家楣，缪荃孙等. 光绪顺天府志〔M〕. 北京：北京古籍出版社，1987.

［2］孙承泽. 天府广记〔M〕. 北京：北京古籍出版社，1982.

［3］于敏中等. 日下旧闻考〔M〕. 北京：北京古籍出版社，1983.

［4］刘侗，于奕正. 帝京景物略〔M〕. 北京：北京古籍出版社，1983.

［5］蒋一葵. 长安客话〔M〕. 北京：北京出版社，1962.

［6］黄彭年. 畿辅通志〔M〕. 石家庄：河北人民出版社，1985.

［7］李志常. 长春真人西游记〔M〕. 石家庄：河北人民出版社，2001.

［8］李立军. 原本皇帝全传〔M〕. 延吉：延边人民出版社，1996.

［9］张映勤. 寺庙·宫观·神佛〔M〕. 天津：天津社会科学院出版社，1991.

［10］马书田. 全像中国三百神〔M〕. 南昌：江西美术出版社，1992.

［11］王兆元. 民国二十三年平谷县志〔M〕. 天津：天津文竹斋印，1934.

［12］平谷县地名志编辑委员会. 北京市平谷县地名志〔M〕. 北京：北京出版社，1993.

［13］平谷县志编纂委员会. 平谷县志〔M〕. 北京：北京出版社，2001.

［14］平谷区文化委员会. 平谷文物志〔M〕. 北京：民族出版社，2005.

［15］平谷区文化委员会. 平谷石刻〔M〕. 北京：北京燕山出版社，2010.

［16］平谷区文化委员会. 平谷文物揽胜——北京市平谷区第三次全国文物普查资料汇编〔D〕. 平谷：平谷区文化委员会，2011.

［17］施海. 北京郊区古树名木志〔M〕. 北京：中国林业出版社，1995.

［18］罗哲文，柴福善. 中华名寺大观〔M〕. 北京：机械工业出版社，2008.

［19］韩牧苹．泃阳杂录〔M〕．呼和浩特：远方出版社，2000.

［20］胡永连．平谷民间文学集成〔D〕．平谷：平谷文化馆，1999.

［21］柴福善．丫髻山〔M〕．北京：民族出版社，2012.

［22］柴福善．丫髻山楹联匾额〔M〕．北京：中国民族摄影艺术出版社，2012.

［23］柴福善．平谷史话〔M〕．北京：民族出版社，2013.

［24］密云县公署．民国二十七年密云县志〔D〕．密云：密云县公署，1938.

［25］陈昶．清乾隆年间三河县志〔M〕．北平：北平中华书局，1935.

［26］吴宝明．民国二十四年三河县新志〔M〕．北平：北平中华书局，1935.

［27］周仲士．明万历三十二年怀柔县志〔D〕．怀柔：怀柔县志办，怀柔县档案局，2001.

［28］吴景果．清康熙六十年怀柔县志〔D〕．怀柔：怀柔县志办，2000.

［29］仇锡廷．民国三十三年重修蓟县志〔D〕．蓟县：蓟县公署，1944.

［30］夏各庄村史话编委会．夏各庄村史话〔M〕．北京：团结版社，2012.

［31］蔡美彪．八思巴字碑刻文物集释〔M〕．北京：中国社会科学出版社，2011.

［32］北京市文物研究所．北京文物与考古（第6辑）〔M〕．北京：民族出版社，2004.

［33］北京市文物研究所．平谷杜辛庄遗址〔M〕．北京：科学出版社，2009.

［34］郭京宁．北京考古史·史前卷〔M〕．上海：上海古籍出版社，2012.

［35］张智勇．北京考古史·夏商西周卷〔M〕．上海：上海古籍出版社，2012.

［36］胡传耸．北京考古史·汉代卷〔M〕．上海：上海古籍出版社，2012.

［37］李永强．北京考古史·明代卷〔M〕．上海：上海古籍出版社，2012.

［38］朱志刚．北京考古史·清代上卷〔M〕．上海：上海古籍出版社，2012.

［39］张中华．北京考古史·清代下卷〔M〕．上海：上海古籍出版社，2012.

［40］林传甲．大中华京兆地理志〔M〕．北京：中国青年出版社，2012.

后　记

这是一本关于平谷寺庙的书，名为志略，实则收录了全区每一个村庄的每一座庙宇，共1200余座，大到丫髻山道观群，小到山里以三五块石头所搭的小山神庙，几乎无一遗漏，故称之为大全或大观亦不为过。同时，书中还收录了寺庙的照片及与村落相关的照片，共500余幅，不仅直观反映了平谷寺庙的历史和现状，更展现了平谷从远古至今的历史足迹。

回顾来路，我曾在县委党史办编写县志10年，查阅研究了与平谷有关的如《光绪顺天府志》、《日下旧闻考》、《长安客话》、《天府广记》等大量典籍文献；又在区文化委（县文化文物局）分管文物12年，考察了平谷地上地下所有可以察看的文物遗存，甚至带领文物工作者一步步踏察了境内近百里明代长城及营寨遗迹。利用3年时间，主持编写了《平谷文物志》，全面系统总结了新中国成立以来平谷文物事业的发展，这也是北京地区较早的区县文物志之一；后到政协文史委做文史工作又8个年头，曾在两年间，深入全区每一个村落，与村里老人座谈调查每一座庙宇情况及与村落有关的历史文化，有些重要村落甚至多次调查及实地踏察。特别是一些老人在我调查后不久就去世了，留下的口述资料更带有了抢救性。在调查中，将至今地上寺庙所有留存的遗址遗物，哪怕一块残砖、一片瓦当、一方柱础，就是庙址上已经枯死的树木，我也毫无遗漏地拍摄下来，先后拍摄了数千张照片，书里这500余张照片主要就从其中选出。当然，也有平时我从档案、志书等多方面搜集与整理的历史照片。

我做文物工作期间，有幸结识了罗哲文先生。罗先生是梁思成先生弟子，古建大家，其品格，其学识，其精神，为我辈所景仰。我虚心就教，潜心学习，并与先生合作编写《中华名寺大观》、《中华名园大观》、《中华名楼大观》等系列丛书。与先生接触前后近20年，先生既是前辈，又是恩师，怎奈先生已于去年5月，以88岁高龄驾鹤西归！期间，我努力学以促写，写以促学，从中受益匪浅。

先生生前曾专程来丫髻山考察，为丫髻山庙宇修缮修复做出了贡献。先生百忙中亲笔为丫髻山题词，书法劲秀，文辞工整，意蕴深厚，特将其刊发卷首，以为纪念。

也正是在这30来年的经历与阅历及罗老的关爱与提携的基础上，一年多来我在努力做好本职工作的同时，几乎一度暂停了文学写作，且不再应接外界约稿，集中精力，以所有周末、节假日等休息时间，整理累积的大量寺庙资料，着手编写。以求真、求实、求精的精神，博采周咨，稍有疑问，便一而再再而三地核实调查，详确考证，每落笔处，决不让有半点不实。当然，年深日久，事隔久远，被调查者偶或所记有差，所述有误，也在所难免。编写中，注意汲取北魏郦道元《水经注》等典籍记述笔法，如写至洳河时，“水出北山，山在虒奚县故城东南。东南流迳博陆故城北，又屈迳其城东，世谓之平陆城，非也。汉武帝玺书，封大司马霍光为侯国，文颖曰：博大陆平，取其嘉名而无其县，食邑北海。”郦道元顺笔就写了博陆城及霍光。本书亦如是，当写到某一村落时，有些重要文化遗址、遗存、轶闻故事等等也随之简略写来，以便记述留存与读者了解。可以说，在写作中我力求资料的扎实、内容的翔实与文风的朴实，努力追求的是一种真实的历史细节。而记录历史是为了面向未来，所以，本书所具有的历史文化、建筑文化、宗教文化、民俗文化、民间文学、方言俚语、地方戏曲、人口源流、村落演变等等诸多价值，因其主要直接来源于民间口述，其意义或许远远超越了寺庙本身，无疑为今人及后人研究平谷历史文化，提供了一个详实具体真实可信的文本！至此，我心也就释然了。

之所以“释然”，就因编写过程中，具体说是2012年8月，突然感觉心脏不适，经造影检查，原来心血管“狭窄”了，险些被放支架，从此不许过度劳累，且须适时复查！在这种境况下，我一度担忧以自己的体力与精力，能否完成。每天我必须慎而又慎，不敢剧烈活动，不敢过度熬夜，慢慢坚持日有所写，形如蚂蚁啃骨头。当终于“啃”完最后一个村庄，我长吁一口气，如释重负。起身临窗，从信息大厦八层眺望东侧世纪广场，正值三月，风和日暖，柳枝泛青，多少大人孩子兴高采烈地放着风筝。我很想放下笔，走到春天里去，走到吹面不寒的杨柳风里去。前人有“板凳要坐十年冷，文章不写半句空”语，所言极是。想我正是坐在冷板凳上，心怀一种对前人、对后代、对历史敬畏的情感，寂然伏案执笔，才使这本书终于画上了句号。由于我才疏学浅，做不到学识宏通，尽管我为此耗费了很多心血，书中一定还有些地方尚嫌粗糙，有些地方不可避免的会有遗漏，有些地方还值得进一步商榷，有些地方甚至会有舛错，敬请读者和方家海涵与教正。

本书编写受区民政局长兼区民族宗教侨务办公室主任周民同志委托并作序与鼎力支持，市社会科学院历史研究所原所长、现任《北京志》常务副主编、审读了《北京志》及区县志等110余部志书、80高龄的赵庚奇先生欣然为之撰写序文。市文物局局长舒小峰同志、市方志办高文瑞处长，给予了热情关注和支持。出版社欧光明主任及责编精心策划编辑设计，使本书得以及时顺利出版。在此，谨向诸位一并表示诚挚的感谢！

说到底，这是一本乡土志，“惟乡土之事，耳所习闻，目所常见”，街谈巷议，我只是适时做了忠实的记录者、整理者而已。所以，这本书是史志、文物、文史以及全区各乡镇村人智慧的结晶，非我一人之力。值此出版之际，谨向史志、文物、文史部门的领导及同事们，向多年来一直关心关注关爱我的领导、同事、朋友们，向全区各乡镇村所有参加座谈的乡亲们，致以崇高的谢意！如果本书对社会还有一定的价值，那么，其中也凝聚着你们的心血，也有你们的辛劳，尽管我不可能一一列出名字，但我心里永远不会忘怀你们，永远感念你们！在此，我要向你们深深地鞠躬，再一次真诚地谢谢你们！最后，也谢谢热心阅览这本书的读者朋友们！

柴福善

2013年4月谨识于善书斋。随后交付出版社，期间几经校对修改。2014年1月23日至2月11日，再作全面细致的付印前夕的校改。即使在1月30日马年除夕之日，也未歇息。且对一些地方再次实地踏查，甚至将人请来访谈，尽量减少错误与缺憾，以无愧于今人，更无愧于后人与历史。2014年2月11日再识于善书斋。

图书在版编目（CIP）数据

平谷寺庙志略／柴福善编著．—北京：民族出版社，2013.12

ISBN 978-7-105-13150-1

Ⅰ.①平… Ⅱ.①柴… Ⅲ.①寺庙—历史—平谷区 Ⅳ.①B947.213

中国版本图书馆CIP数据核字（2014）第049904号

平谷寺庙志略

策划编辑：宝贵敏
责任编辑：向　征　巴　音
出版发行：民族出版社
网　　址：www.e56.com.cn
地　　址：北京市东城区和平里北街14号
邮政编码：100013
印　　刷：北京民族印务责任有限公司
版　　次：2014年3月第1版　2014年3月北京第1次印刷
开　　本：889毫米×1194毫米　16开
印　　张：35.625
字　　数：600千字
定　　价：168.00元
书　　号：ISBN 978-7-105-13150-1/B·610（汉229）